KB065020

독일외교문서
한 국 편

1874~1910

1

이 저서는 2017년 대한민국 교육부와 한국학중앙연구원(한국학진흥사업단)의 한국학 분야 토대연구지원사업의 지원을 받아 수행된 연구임 (AKS-2017-KFR-1230002)

This work was supported by Korean Studies Foundation Research through the Ministry of Education of the Republic of Korea and Korean Studies Promotion Service of the Academy of Korean Studies (AKS-2017-KFR-1230002)

▌독일학총서 Bibliothek der Germanistik ▌

독일외교문서
한 국 편

1874~1910

1

고려대학교 독일어권문화연구소 편

개항기 한국 관련 독일외교문서 번역총서 발간에 부쳐

1. 본 총서에 대하여

본 총서는 고려대학교 독일어권문화연구소가 한국학중앙연구원에서 시행하는 토대사업(2017년)의 지원을 받아 3년에 걸쳐 출간하는 작업의 첫 결과물이다. 해당 프로젝트 〈개항기 한국 관련 독일외교문서 탈초·번역·DB 구축〉은 1866년을 전후한 한-독 간 교섭 초기부터 1910년까지의 한국 관련 독일 측 외교문서 9,902면을 탈초, 번역, 한국사 감교 후 출판하고, 동시에 체계적인 목록화, DB 구축을 통해 온라인 서비스 토대를 마련함으로써 관련 연구자 및 관심 있는 일반인에게 제공하기 위한 것이다. 본 프로젝트의 의의는 개항기 한국에서의 독일의 역할과 객관적인 역사의 복원, 한국사 연구토대의 심화·확대, 그리고 소외분야 연구 접근성 및 개방성 확대라는 측면에서 찾을 수 있다.

이번 우리 연구소가 국역하여 공개하는 독일외교문서 자료는 한국근대사 연구는 물론이고 외교사, 한독 교섭사를 한 단계 끌어올릴 수 있는 중요한 일차 사료들이다. 그러나 이 시기의 해당 문서는 모두 전문가가 아닌 경우 접근하기 힘든 옛 독일어 필기체로 작성되어 있어 미발굴 문서는 차치하고 국내에 기수집된 자료들조차 일반인은 물론이고 국내 전문연구자의 접근성이 극히 제한되어 있는 상황이다. 이런 상황에서 우리의 프로젝트가 성공적으로 마무리된다면 절대적으로 부족한 독일어권 연구 사료를 구축하여, 균형 잡힌 개항기 연구 토대를 마련하고, 연구 접근성과 개방성, 자료 이용의 효율성을 제고함과 동시에 한국사, 독일학, 번역학, 언어학 전문가들의 학제 간 협동 연구를 촉진하는 중요한 계기가 될 것이다.

2. 정치적 상황

오늘날 우리는 전 지구적 세계화가 가속화되고 있는 상황 속에 살고 있다. '물결'만으로는 세계화의 속도를 따라잡을 수 없게 되었다. 초연결 사회의 출현으로 공간과 시간,

그리고 이념이 지배하던 지역, 국가 간 간극은 점차 줄어들고 있다. 그렇다고 국가의 개념이 사라지는 것은 아니다. 오히려 국가는 국민을 안전하게 보호하고 대외적으로 이익을 대변해야 하는 역할을 이런 혼란스러운 상황 속에서 더욱 성실히 이행해야 하는 사명을 갖는다.

한국을 둘러싼 동아시아 국제정세는 빠르게 변화하고 있다. 지난 2년 사이에 남북한 정상은 두 번의 만남을 가졌고, 영원히 만나지 않을 것 같았던 북한과 미국의 정상 역시 싱가포르에 이어 하노이에서 역사적 회담을 진행하였다. 한반도를 둘러싼 오랜 적대적 긴장 관계가 완화되고 화해와 평화의 분위기가 조성된 것이다.

하지만 한반도에 완전한 평화가 정착되었다고 단언하기란 쉽지 않다. 휴전선을 둘러싼 남북한의 군사적 대치 상황은 여전히 변한 것이 없다. 동아시아에서의 주변 강대국의 패권 경쟁 또한 현재 진행형이다. 즉 한반도 평화 정착을 위해서는 한국, 북한, 미국을 비롯해서 중국, 러시아, 일본 등 동아시아 정세에 관여하는 국가들의 다양하고 때로는 상충하는 이해관계들을 외교적으로 세밀하게 조정할 필요가 있다.

한국은 다양한 국가의 복잡한 이해관계를 어떻게 조정할 것인가? 우리 프로젝트 팀은 세계화의 기원이라 할 수 있는 19세기 말에서 20세기 초 한반도의 시공간에 주목하였다. 이 시기는 통상 개항기, 개화기, 구한말, 근대 초기로 불린다. 증기기관과 증기선 도입, 철도 부설, 그 밖의 교통 운송 수단의 발달로 인해서 전 세계가 예전에 상상할 수 없을 정도로 가까워지기 시작하던 때였다. 서구 문물의 도입을 통해서 한국에서는 서구식 근대적 발전이 모색되고 있었다.

또 한편으로는 일본뿐만 아니라 청국, 그리고 서구 열강의 제국주의적 침탈이 진행되었던 시기였다. 한국 문제에 관여한 국가들은 동아시아에서 자국의 이익을 유지, 확대하려는 목적에서 끊임없이 경쟁 혹은 협력하였다. 한국 역시 세계화에 따른 근대적 변화에 공감하면서도 외세의 침략을 막고 독립을 유지하려는 데에 전력을 기울였다. 오늘날 세계화와 한국 관련 국제 정세를 이해하기 위해서는 무엇보다 그 역사적 근원인 19세기 후반에서 20세기 초반의 상황을 알아야 한다. 이에 본 연구소에서는 개항기 독일외교문서에 주목하였다.

3. 한국과 독일의 관계와 그 중요성

오늘날 한국인에게 독일은 친숙한 국가이다. 1960~70년대 약 18,000여 명의 한국인은 낯선 땅 독일에서 광부와 간호사로 삶을 보냈다. 한국인들이 과거사 반성에 미흡한 일본을 비판할 때마다 내세우는 반면교사의 대상은 독일이다. 한때는 분단의 아픔을 공유하기도 했으며, 통일을 준비하는 한국에 타산지석의 대상이 되는 국가가 바로 독일이다. 독일은 2017년 기준으로 중국과 미국에 이어 한국의 세 번째로 큰 교역 국가이기도 하다.

한국인에게 독일은 이웃과도 같은 국가이지만, 정작 한국인들은 독일 쪽에서는 한국을 어떻게 인식하고 정책을 추진하는지 잘 알지 못한다. 그 이유는 독일이 한반도 국제정세에 결정적인 역할을 끼쳐온 국가가 아니기 때문이다. 오늘날 한국인에게는 미국, 중국, 일본, 러시아가 현실적으로 중요하기에, 정서상으로는 가까운 독일을 간과하는 것이 아닐까 하는 생각이 든다.

그렇다면 우리는 독일을 몰라도 될까? 그렇지 않다. 독일은 EU를 좌우하는 핵심 국가이자, 세계의 정치, 경제, 사회, 문화를 주도하는 선진국이자 강대국이다. 독일은 유럽뿐만 아니라 동아시아를 비롯한 전 세계의 동향을 종합적으로 고려하는 가운데 한국을 인식하고 정책을 시행한다. 독일의 대한정책(對韓政策)은 전 지구적 세계화 속에서 한국의 위상을 보여주는 시금석과 같다.

세계화의 기원인 근대 초기도 지금과 상황이 유사하였다. 미국, 영국에 이어서 한국과 조약을 체결한 서구 열강은 독일이었다. 청일전쟁 직후에는 삼국간섭을 통해서 동아시아 진출을 본격화하기도 했다. 하지만 당시 동아시아에서는 영국, 러시아, 일본, 청국, 그리고 미국의 존재감이 컸다. 19세기 말에서 20세기 초 한반도를 둘러싼 국제정세에서 독일이 차지하는 위상은 상대적으로 높지 않았다.

하지만 당시 독일은 동아시아 정세의 주요 당사국인 영국, 러시아, 일본, 청국, 미국 등의 인식과 정책 관련 정보를 집중적으로 수집하고 종합적으로 분석하였다. 세계 각국의 동향을 종합적으로 판단한 과정에서 독일은 한국을 평가하고 이를 정책으로 구현하고자 했다.

그렇기 때문에 개항기 한국 관련 독일외교문서는 의미가 남다르다. 독일외교문서에는 독일의 한국 인식 및 정책뿐만 아니라, 한국 문제에 관여한 주요 국가들의 인식과 대응들이 담겨 있는 보고서들로 가득하다. 독일은 자국 내 동향뿐만 아니라 세계 각국의 동향을 고려하는 과정에서 한국을 인식, 평가하고 정책화하였다. 그렇기에 독일외교문서는 유럽 중심에 위치한 독일의 독특한 위상과 전 지구적 세계화 속에서 세계 각국이 한국을 이해한 방식의 역사적 기원을 입체적으로 추적하기에 더할 나위 없이 좋은 자료인 것이다.

4. 이번 번역총서 작업과정에 대해

1973년 4월 4일, 독일과의 본격적인 교류를 위하여 〈독일문화연구소〉라는 이름으로 탄생을 알리며 활동을 시작한 본 연구소는 2003년 5월 15일 자로 〈독일어권문화연구소〉

로 명칭을 바꾸고 보다 폭넓은 학술 및 연구를 지향하여 연구원들의 많은 활동을 통해, 특히 독일어권 번역학 연구와 실제 번역작업에 심혈을 기울여 왔다. 이번에 본 연구소에서 세상에 내놓는 4권의 책은 모두(冒頭)에서 밝힌 대로 2017년 9월부터 시작한, 3년에 걸친 한국학중앙연구원 프로젝트의 1년 차 연구의 결과물이다. 여기까지 오기까지 작업의 역사는 상당히 길고 또한 거기에 참여했던 인원도 적지 않다. 이 작업은 독일어권연구소장을 맡았던 한봉흠 교수로부터 시작된다. 한봉흠 교수는 연구소소장으로서 개항기 때 독일 외교관이 조선에서 본국으로 보낸 보고 자료들을 직접 독일에서 복사하여 가져옴으로써 자료 축적의 기본을 구축하였다. 그 뒤 김승옥 교수가 연구소 소장으로 재직하면서 그 자료의 일부를 번역하여 소개한 바 있다(고려대 독일문화연구소 편, 『(朝鮮駐在)獨逸外交文書 資料集』, 우삼, 1993). 당시는 여건이 만만치 않아 선별적으로 번역을 했고 한국사 쪽의 감교를 받지도 못하는 상태였다. 그러나 당시로써 옛 독일어 필기체로 작성된 보고문을 정자의 독일어로 탈초하고 이를 우리말로 옮기는 것은 생면부지의 거친 황야를 걷는 것과 같은 것이었다.

우리 연구팀은 저간의 사정을 감안하여 이번 프로젝트를 위해 보다 철저하게 다양한 팀을 구성하고 연구 진행에 차질이 없도록 하였다. 연구팀은 탈초, 번역, 한국사 감교팀으로 나뉘어 먼저 원문의 자료를 시대별로 정리하고 원문 중 옛 독일어 필기체인 쿠렌트체와 쥐털린체로 작성된 문서들을 독일어 정자로 탈초하고 이를 타이핑하여 입력한 뒤 번역팀이 우리말로 옮기고 이후 번역된 원고를 감교팀에서 역사적으로 고증하여 맞는 용어를 선택하고 필요에 따라 각주를 다는 등 다양한 협력을 수행하였다. 이번에 출간된 4권의 책은 데이터베이스화하여 많은 연구자들이 널리 이용할 수 있을 것이다. 총서는 전체 15권으로 구성될 예정이다.

2017년 9월부터 2018년 8월까지 작업한 1차분 4권을 드디어 출간하게 된 것을 연구책임자로서 기쁘게 생각한다. 무엇보다 긴밀하게 조직화된 팀워크를 보여준 팀원들(번역자, 탈초자, 번역탈초 감수 책임자, 한국사 내용 감수 책임자, 데이터베이스팀 책임자)과 연구보조원 한 분 한 분에게 감사드린다. 그리고 프로젝트의 준비단계에서 활발한 역할을 한 김용현 교수와 실무를 맡아 프로젝트가 순항하도록 치밀하게 꾸려온 이정린 박사와 한승훈 박사에게 감사의 뜻을 전한다. 본 연구에 참여한 모든 연구원의 해당 작업과 명단은 각 책의 말미에 작성하여 실어놓았다.

2019년 봄날에

고려대학교 독일어권문화연구소장

김재혁

일러두기

1. 『독일외교문서 한국편 1874~1910』은 독일연방 외무부 정치문서보관소(Archives des Auswärtigen Amts)에서 소장하고 있는 근대 시기 한국 관련 독일외교문서를 번역한 것이다. 구체적으로는 1874년부터 1910년에 이르는 시기 독일 외무부에서 생산한 한국 관련 사료군에 해당하는 I. B. 16 (Korea)과 I. B. 22 Korea 1에 포함된 문서철을 대상으로 한다. ※ Peking II 127, 128에 수록된 한국 관련 기사(시기 : 1866~1881)는 별도 권호를 지정해서 출판할 예정(2020년)임을 알려둔다.

2. 당시 독일외무부는 문서의 외무부 도착일, 즉 수신일을 기준으로 문서를 편집하였다. 이에 본 문서집에서는 독일외무부가 문서철 편집과정에서 취했던 수신일 기준 방식을 따랐다.

3. 본 문서집은 한국어 번역본과 독일어 원문 탈초본으로 구성되어 있다.

   1) 한국어 번역본에는 독일어 원문의 쪽수를 기입함으로써, 교차 검토를 용의하게 했다.
   2) 독일어 이외의 언어로 작성된 문서는 한국어로 번역하지 않되, 전문을 탈초해서 문서집에 수록하였다. 해당 문서가 주 보고서인 경우는 한국어 번역본과 독일어 원문 탈초본에 함께 수록하였으며, 첨부문서에 해당할 경우에는 한국어 번역본에 수록하지 않고, 독일어 탈초본에 수록하였다. ※ 주 보고서에 첨부문서로 표기되지 않은 상태에서 추가된 문서(언론보도, 각 국 공문서 등)들은 [첨부문서]로 표기하였다.

4. 당대 독일에서는 쿠렌트체(Kurrentschrift)로 불리는 옛 독일어 필기체와 프로이센의 쥐털린체(Sütterlinschrift)가 부가된 형태의 외교문서를 작성하였다. 이에 본 연구팀은 쿠렌트체와 쥐털린체로 되어 있는 독일외교문서 전문을 현대 독일어로 탈초함으로써 문자 해독 및 번역을 용이하게 했다.

   1) 독일어 탈초본은 작성 당시의 원문을 그대로 현대 독일어로 옮기는 것을 원칙으로 했다. 그 때문에 독일어 탈초본에는 문서 작성 당시의 철자법과 개인의 문서 작성상의 특성이 드러나 있다. 최종적으로 해독하지 못한 단어나 철자는 [*sic*.]로 표기했다.

2) 문서 본문 내용에 대한 다양한 종류의 제3자의 메모는 각주에 [Randbemerkung]을 설정하여 최대한 수록하고 있다.

3) 원문서 일부에 있는 제3자의 취소 표시(취소선)는 취소선 맨 뒤에 별도의 각주를 만들어 제3자의 취소 영역을 표시했다. 편집자의 추가 각주 부분은 모두 대괄호를 통해 원주와 구분하고 있다.

4) 독일어 탈초본에서는 연구자들의 편의를 돕기 위해서 각 문건 상단에 원문출처, 문서수발신 정보, 문서의 수신 과정에서 추가된 문구 등을 알아볼 수 있도록 표를 작성하였다.

예) Die Rückkehr Li hung chang's nach Tientsin. —❶

PAAA_RZ201-018901_162 —❷			
Empfänger	Bismarck —❸	Absender	Brandt —❹
A. 6624. pr. 30 Oktober 1882. —❺		Peking, den 7. September 1882. —❻	
Memo	Orig. 1. 11. nach Hamburg —❼		

① 문서 제목 : 원문서에 제목(문서 앞 또는 뒤에 Inhalt 또는 제목만 표기됨)이 있는 경우 제목을 따르되, 제목이 없는 경우는 "[ ]"로 표기해 원문서에 제목이 없음을 나타냄.

② 원문출처 : 베를린 문서고에서 부여한 해당 문서 번호에 대한 출처 표기. 문서번호-권수_페이지 수로 구성

③ 문서 수신자

④ 문서 발신자

⑤ 문서 번호, 수신일

⑥ 문서 발신지, 발신일

⑦ 문서 수신·전달 과정에서 추가적으로 작성된 문구

이 같은 표가 작성되지 않은 문서는 베를린 자체 생성 문서이거나 정식 문서 형태를 갖추지 않은 문서들이다.

5. 본 연구팀은 독일외교문서의 독일어 전문을 한국어로 번역·감교하였다. 이를 통해 독일어 본래의 특성과 당대 역사적 맥락을 함께 담고자 했다. 독일외교문서 원문의 번역 과정에서 뜻이 분명하지 않은 경우에는 [번역 주석]을 부기하였으며, [감교 주석]을 통해서 당대사적 맥락을 보완하였다. 아울러 독일외교문서 원문에 수록된 주석의 경우는 [원문 주석]으로 별도로 표기하였다.

6. 한국어 번역본에서는 중국, 일본, 한국의 지명, 인명은 모두 원음으로 표기하되, 관직과 관청명의 경우는 한국 학계에서 일반적으로 통용되는 한문의 한국어 발음을 적용하였다. 각 국가의 군함 이름 등 기타 사항은 외교문서에 수록된 단어를 그대로 병기하였다. 독일외교관이 현지어 발음을 독일어로 변환되는 과정에서 실체가 불분명해진 고유명사의 경우, 독일외교문서 원문에 수록된 단어 그대로 표기하였다.

7. 한국어 번역본에서는 연구자들의 편의를 돕기 위해서 각 문건 상단에 문서제목, 문서 수발신 정보(날짜, 번호), 문서의 수신 과정에서 추가된 문구 등을 알아볼 수 있도록 표를 작성하였다.

예)

01

조선의 현황 관련 —❶

발신(생산)일	1889. 1. 5 —❷	수신(접수)일	1889. 3. 3 —❸
발신(생산)자	브란트 —❹	수신(접수)자	비스마르크 —❺
발신지 정보	베이징 주재 독일 공사관 —❻	수신지 정보	베를린 정부 —❼
	No. 17 —❽		A. 3294 —❾
메모	3월 7일 런던 221, 페테르부르크 89 전달 —❿		

① 문서 제목, 번호 : 독일어로 서술된 제목을 따르되, 별도 제목이 없을 경우는 문서 내용을 확인 후 "[ ]"로 구별하여 문서 제목을 부여하였음. 제목 위의 번호는 본 자료집에서 부여하였음.
② 문서 발신일 : 문서 작성자가 문서를 발송한 날짜
③ 문서 수신일 : 문서 수신자가 문서를 받은 날짜
④ 문서 발신자 : 문서 작성자 이름
⑤ 문서 수신자 : 문서 수신자 이름
⑥ 문서 발신 담당 기관
⑦ 문서 수신 담당 기관
⑧ 문서 발신 번호 : 문서 작성 기관에서 부여한 고유 번호
⑨ 문서 수신 번호 : 독일외무부에서 문서 수신 순서에 따라 부여한 번호
⑩ 메모 : 독일외교문서의 수신·전달 과정에서 추가적으로 작성된 문구

8. 문서의 수발신 관련 정보를 특정하기 어려운 문서(예를 들어 신문 스크랩)의 경우는 독일외무부에서 편집한 날짜, 문서 수신 번호, 그리고 문서 내용을 토대로 문서 제목

을 표기하였다.

9. 각 권의 원문 출처는 다음과 같다.

자료집 권	독일외무부 정치문서고 문서 분류 방식			
	문서분류 기호	일련번호	자료명	대상시기
1	I. B. 16 (Korea)	R18900	Akten betr. die Verhältnisse Koreas (1878년 이전) 조선 상황	1874.1~1878.12
	I. B. 22 Korea 1	R18901	Allgemiene Angelegenheiten 1 일반상황 보고서 1	1879.1~1882.6
	I. B. 22 Korea 1	R18902	Allgemiene Angelegenheiten 2 일반상황 보고서 2	1882.7~1882.11
2	I. B. 22 Korea 1	R18903	Allgemiene Angelegenheiten 3 일반상황 보고서 3	1882.11~1885.1.19
	I. B. 22 Korea 1	R18904	Allgemiene Angelegenheiten 4 일반상황 보고서 4	1885.1.20~1885.4.23
	I. B. 22 Korea 1	R18905	Allgemiene Angelegenheiten 5 일반상황 보고서 5	1885.4.24~1885.7.23
3	I. B. 22 Korea 1	R18906	Allgemiene Angelegenheiten 6 일반상황 보고서 6	1885.7.24~1885.12.15
	I. B. 22 Korea 1	R18907	Allgemiene Angelegenheiten 7 일반상황 보고서 7	1885.12.16~1886.12.31
	I. B. 22 Korea 1	R18908	Allgemiene Angelegenheiten 8 일반상황 보고서 8	1887.1.1~1887.11.14
4	I. B. 22 Korea 1	R18909	Allgemiene Angelegenheiten 9 일반상황 보고서 9	1887.11.15~1888.10.3
	I. B. 22 Korea 1	R18910	Allgemiene Angelegenheiten 10 일반상황 보고서 10	1888.10.4~1889.2.28
	I. B. 22 Korea 1	R18911	Allgemiene Angelegenheiten 11 일반상황 보고서 11	1889.3.1~1890.12.13
	I. B. 22 Korea 1	R18912	Allgemiene Angelegenheiten 12 일반상황 보고서 12	1890.12.14~1893.1.11

10. 본 문서집은 조선과 대한제국을 아우르는 국가 명의 경우는 한국으로 통칭하되, 대한제국 이전 시기를 다루는 문서의 경우는 조선, 대한제국 선포 이후를 다루는 문서의 경우는 대한제국으로 표기하였다.

11. 사료군 해제

I. B. 16 (Korea)와 I. B. 22 Korea 1은 개항기 전시기라 할 수 있는 1874년부터 1910년까지 한국 관련 독일외교문서를 연, 월, 일에 중심으로 분류하여 정리한 사료군이다. 개항기 한국과 독일의 거의 전 분야에 걸친 다양한 관계를 확인할 수 있는 기초적인 사료라 할 수 있다. 한국과 독일의 관계 전반을 확인할 수 있는 편년체식 사료군은 독일이 동아시아정책에 기반을 둔 한국정책을 수립하는 데 기본이 되었다.

- **I. B. 16 (Korea) :** 1859년 오일렌부르크의 동아시아 원정 이후 베이징과 도쿄에 주재한 독일 공사들이 조선과 독일의 수교 이전인 1874~1878년간 조선 관련하여 보고한 문서들이 수록되어 있다. 이 시기는 조선이 최초 외세를 향해서 문호를 개방하고 후속 조치가 모색되었던 시기였다. 특히 쇄국정책을 주도하였던 흥선대원군이 하야하고 고종이 친정을 단행함으로써, 국내외에서는 조선의 대외정책 기조가 변화할 것이라는 전망이 나오던 시절이었다. 이러한 역사적 배경 속에서 I. B. 16 (Korea)에는 1876년 이전 서계문제로 촉발되었던 조선과 일본의 갈등과 강화도조약 체결, 그리고 조선의 대서구 문호개방에 관련해서 청국, 일본을 비롯해서 조선의 문호개방에 관여한 국가에 주재한 외교관의 보고서 및 언론기사를 비롯한 참고문서들이 수록되어 있다.

- **I. B. 22 Korea 1 :** 독일 외무부는 조선과 조약 체결을 본격화하기 시작한 1879년부터 별도로 "Korea"로 분류해서 한국 관련 문서를 보관하기 시작하였다. 영국외무부가 한국 관련 문서를 "China"와 "Japan"의 하위 목록에 분류한 것과 비교해보면, 독일외무부는 일찍부터 한국에 대한 중요성을 인식하고 대응했던 것으로 볼 수도 있다.

그 중에서 I. B. 22 Korea 1은 1879년부터 1910년까지 한국에 주재한 독일외교관을 비롯해서 한국 관련 각종 문서들이 연, 월, 일의 순서로 편집되어 있다. 개항기 전시기 독일의 대한정책 및 한국과 독일관계를 조망하는 본 연구의 취지에 부합한 사료군이라 할 수 있다. 그러기에 I. B. 22 Korea 1에는 한국의 국내외 정세 관련해서 한국에 주재한 독일외교관을 비롯해서 청국, 일본, 영국, 러시아 등 한국 문제에 관여한 국가에 관한 보고서 및 언론 기사를 비롯한 참고문서들이 수록되어 있다.

차례

외무부 정치 문서고 조선 관계 문서 1874.1~1878.12

외무부 정치 문서고 조선 관계 문서
1879.1~1882.6

외무부 정치 문서고 조선 관계 문서
1882.7~1882.11

외무부
A편

외무부 정치 문서고
조선 관계 문서

아시아

1874년 1월부터
1878년 12월까지

01

원문 p.379

[이와쿠라의 사직서 제출과 정한론 확산에 관한 건]

발신(생산)일	1874. 2. 21	수신(접수)일	1874. 2. 23
발신(생산)자	뮌스터	수신(접수)자	비스마르크
발신지 정보	런던 주재 독일 대사관	수신지 정보	베를린 정부
			A. 795

사본

A. 795 1874년 2월 23일 수신

런던, 1874년 2월 21일

베를린, 비스마르크 각하 귀하

이번 달 19일 에도[1]에서 도착한 전보에 의하면, 일본은 매우 심각한 혼란에 직면해 있습니다. 이와쿠라[2] 대신이 사직서를 제출했지만 수리되지 않았다고 합니다. 일본 국민이 조선과의 전쟁[3]을 원하고 있다고 합니다. 전쟁 아니면 혁명을 피할 수 없다고 전해집니다.

뮌스터

1 [감교 주석] 도쿄(東京)

2 [감교 주석] 이와쿠라 도모미(岩倉具視)

3 [감교 주석] 정한론(征韓論)

02

원문 p.380

[영국에서 제기되는 러시아의 조선 남하설]

발신(생산)일	1874. 2. 24	수신(접수)일	1874. 2. 26
발신(생산)자	뮌스터	수신(접수)자	비스마르크
발신지 정보	런던 주재 독일 대사관	수신지 정보	베를린 정부
			A. 856

사본

A. 856 1874년 2월 26일 수신

런던, 1874년 2월 24일

베를린, 비스마르크 각하 귀하

영국인들은 일본에 대해 잘 알고 있습니다. 그들은 일본에서 러시아의 술책이 조선과의 전쟁뿐만 아니라 이 전쟁과 연루된 혁명과 관련해서도 중대한 영향을 미쳤다고 일반적으로 추정하고 있습니다. 본인은 이에 대해 각하께 보고드려야 한다고 믿습니다. 러시아인들이 조선의 한 요충지에 진지를 구축하고 서서히 사할린을 점유하려 한다고 합니다.

뮌스터

03

원문 p.381

[러시아와 일본의 사할린 및 쿠릴열도 협상에 관한 건]

발신(생산)일	1874. 1. 4	수신(접수)일	1874. 3. 1
발신(생산)자	브란트	수신(접수)자	비스마르크
발신지 정보	에도 주재 독일 공사관	수신지 정보	베를린 정부
	No. 5		A. 917
메모	1. 3월 6일 통지문 독일제국 재상실에 전달		

A. 917 1874년 3월 1일 수신

에도, 1874년 1월 4일

No. 5

베를린, 비스마르크 각하 귀하

본인은 (일본 주재; 감교자) 러시아 제국 공사 뷔초프[1]가 베이징 주재 공사로 취임하기 위해 일본을 떠났다고 삼가 각하께 보고드리게 되어 영광입니다. -- 이미 지난해 여름 뷔초프는 청국 공사에 임명되었습니다. 그러나 그는 아마도 사할린 양도와 관련된 협상을 타결하기 위해 일본에 머물렀던 것 같습니다. 러시아는 사할린에 대한 대가로 현재 소유하고 있는 쿠릴 열도를 일본에 양도할 의향이 아주 없지 않은 듯 보입니다. 그러나 이와쿠라[2]는 일본 정부를 이끌게 된 직후, 일본제국 정부가 직접 상트페테르부르크에서 협상을 주도할 계획임을 뷔초프에게 알렸습니다. 그러므로 뷔초프가 일본에 더 오래 머물러야 할 이유가 없어졌습니다. 본인은 상트페테르부르크로 떠난 대리공사 하나부사[3]에게 어떤 훈령이 내렸는지 알아내지 못했습니다.

브란트

1 [감교 주석] 뷔초프(Bützow)

2 [감교 주석] 이와쿠라 도모미(岩倉具視)

3 [감교 주석] 하나부사 요시모토(花房義質)

베를린, 1874년 3월 6일 A. 917 / 통지 1

주재 외교관 귀중

1. 상트페테르부르크 No: 99
2. 런던 No: 94

기밀
보안!

본인은 사할린에 대한 협상과 관련해 금년 1월 4일 에도 주재 독일제국 변리공사로부터 받은 보고서 사본을 삼가 귀하께 기밀 사항으로 보내드리게 되어 영광입니다.

독일제국 재상을 대리하여

A. 917 / 통지문 2

에도 주재 독일제국 변리공사의 금년 1월 4일 보고서

사할린 관련 협상들

위의 보고서를 삼가 참조하시도록 독일제국 재상실에 전달합니다.

베를린, 1874년 3월 6일

외무부

04

원문 p.384

[러시아와 일본의 사할린 및 쿠릴열도 협상에 관한 보고서 회송]

발신(생산)일	1874. 3. 11	수신(접수)일	1874. 3. 13
발신(생산)자		수신(접수)자	
발신지 정보	독일제국 재상실	수신지 정보	독일제국 외무부
	No. 5		A. 1065

A. 1065 1874년 3월 13일 수신, 첨부문서 1부

베를린, 1874년 3월 11일

외무부 귀중

독일제국 재상 집무실은 사할린의 협상과 관련해 에도 주재 독일제국 변리공사[1]의 금년 1월 4일 자 보고서를 이번 달 6일 전달받았습니다. 이 보고서를 참조한 후, 심심한 감사의 말씀과 함께 삼가 외무부에 반송하게 되어 영광입니다.

독일제국 재상실

1 [감교 주석] 브란트(M. Brandt)

05

원문 p.385

일본 남부지방의 반란 발생에 관하여

발신(생산)일	1874. 2. 18	수신(접수)일	1874. 4. 18
발신(생산)자	브란트	수신(접수)자	비스마르크
발신지 정보	에도 주재 독일 공사관	수신지 정보	베를린 정부
	No. 45		A. 1487
메모	4월 26일 독일제국 재상실 전달		

A. 1481 1874년 4월 18일 수신, 첨부문서 1부

에도[1], 1874년 2월 18일

No. 45

베를린, 비스마르크 각하 귀하

본인은 이곳 일본의 전반적인 정치 상황에 대해 이미 여러 차례 삼가 보고드린 바 있습니다. 그리고 정부 수뇌부의 인물들 및 이들이 취하는 정책에 대한 불만이 특히 남부 지방에 팽배해 있다고 이미 반복해서 말씀드렸습니다. 이와 관련해 본인은 이제 그 불만이 노골적인 봉기로 이어졌다고 삼가 각하께 알리게 되어 영광입니다. 이번 달 4일, 히젠[2]현의 과거 사무라이들이 히젠현의 수도인 사가[3]에 집결해 조선과의 전쟁[4]을 요구했습니다. 그 무렵 아키[5]현에서도 마찬가지로 과거 사무라이들이 집결해 이와쿠라[6]의 해임을 요구하는 일이 있었습니다. 사가의 소요에 대한 소식은 일본 정부 측에 명백히 영향을 미쳤습니다. 특히 사쓰마[7]로부터도 흉흉한 소문들이 들려왔기 때문입니다. 이와쿠라가 사임했으며 – 이와쿠라가 사직서를 제출한 것은 의심의 여지가 없는 듯 보입니다. – 조선과의 전쟁이 의결되었다는 소문이 며칠 동안 나돌았습니다. 그렇습니다. 12일

1 [감교 주석] 도쿄(東京)
2 [감교 주석] 히젠(肥前)
3 [감교 주석] 사가(佐賀)
4 [감교 주석] 정한론(征韓論)
5 [감교 주석] 아키(安芸)
6 [감교 주석] 이와쿠라 도모미(岩倉具視)
7 [감교 주석] 사쓰마(薩摩)

에 외무경이 본인을 찾아와, 일본 정부로서는 조선과의 전쟁을 피할 수 없다고 설명했습니다. 사무라이들이 직접 조선과의 전쟁을 감행하는 것을 막을 수 없는데다가 국내 소요를 진압하기보다는 국외 전쟁을 벌이는 편이 일본 정부에 더 유리하기 때문이라는 것이었습니다.

그러나 일본 정부의 이런 관대한 분위기는 곧 강경한 태도로 바뀐 듯 보입니다. 아마도 특히 에도에 남아 있는 사쓰마 사람들의 간언을 좇은 듯합니다. 서로 이웃한 히젠 사람들과 사쓰마 사람들은 예로부터 앙숙관계였기 때문입니다. 1868년 히젠 사람들과 사쓰마 사람들의 공동 조치도 서로에 대한 증오심을 해소할 수 없었습니다. 일본 정부는 히젠현 하나도 감당하지 못했으며, 그러니 히젠 사람들과 사쓰마 사람들을 동시에 감당한다는 것은 더욱 말할 것도 없었습니다. 그래서 사쓰마 사람들을 동원해 히젠현을 진압할 수 있기를 바란 듯 보입니다. 그러므로 일본 정부는 사쓰마 일파의 수장[8], 아직 에도에 체류하고 있는 시마즈 사부로[9]에게 중요한 양보를 했다고 합니다. 즉, 그의 동향 사람들에게 그의 명성을 발휘하도록 그를 설득하려 했다는 것입니다. 그래서 그의 동향 사람들로 하여금 히젠 사람들과 싸우게 하거나 아니면 최소한 중립적인 입장에서 사태를 지켜보게 하려 했다는 것입니다. 시마즈는 이 임무를 받아들인 듯 보입니다. 이번 달 17일에 그는 최소한 요코하마를 떠나 가고시마로 향했습니다. 시마즈는 지금까지 대체로 일본 정부에게 박대를 받았습니다. 그런데 일본 정부가 궁지에 몰리자 그에게 도움을 요청했습니다. 시마즈가 일본 정부에게 진지하게 약속했는지, 그리고 시마즈가 최근 그와 결별하고 정부에 매우 적대적인 태도를 보인 그의 현을 다시 정부 측으로 회유시킬 수 있을지는 두고 봐야 할 것입니다.

일본 정부는 반란자들에 대한 대책을 강구했습니다. 그리고 사태 수습을 지휘하기 위해 태정관의 내무경[10] 오쿠보[11]와 몇몇 대보[12]를 남쪽으로 파견했습니다. 정부 소유의 선박 두세 척과 천여 명의 병력도 마찬가지로 규슈[13]로 파견되었습니다. 일본 정부는 앞으로 더 많은 병력을 그곳으로 보낼 예정입니다. 그러나 실제로 동원 가능한 군대는 그리 많지 않을 것입니다. 일본 정부는 유럽식으로 무장한 15개 연대를 보유하고 있고,

---

8 [감교 주석] 시마즈는 사쓰마 번의 번주를 맡아온 가문임. 시마즈 히사미쓰는 사마즈 가문에서 분가한 다마자토 시마즈 가문의 당주임.

9 [감교 주석] 시마즈 사부로(島津三郎), 본명은 시마즈 히사미쓰(島津久光)

10 [감교 주석] 태정관(太政官)의 내무경(內務卿)

11 [감교 주석] 오쿠보 도시미치(大久保利通)

12 [감교 주석] 대보(大輔). 부대신, 차관의 뜻.

13 [감교 주석] 규슈(九州)

한 연대는 500명의 병사로 이루어져 있습니다. 15개 연대 중 3분의 1은, 특히 규슈 사람들은 신뢰할 수 없습니다. 그 반면에 또 다른 3분의 1은 에도와 오사카를 수비하는데 필요합니다. 그러므로 일본 정부는 기껏해야 3,000명의 병사만을 동원할 수 있을 것입니다. 그런데 본인이 확실한 소식통으로부터 들은 정보에 의하면, 히젠 사람들의 병력은 4,000명에 이른다고 합니다. 그들은 스펜서 연발 소총으로 무장하고 있으며 대포와 자금도 충분히 확보했다고 합니다. 그들의 우두머리는 과거 태정관의 사법경[14]이었던 에토[15]인 듯 보입니다. 에토는 비밀리에 에도를 떠나는 데 성공했습니다.

지금까지는 반란군들이 곳곳에서 승리를 거두었습니다. 반란군은 이번 달 15일 사가성을 공격해 함락시켰습니다. 사가성 수비대는 연대 절반의 병력을 증원받았는데도, 정부군은 상당한 손실을 입었다고 합니다. 천황의 다른 부대들도 마찬가지로 거의 섬멸되었다고 전해집니다.

반란군들이 어떤 성과를 거둘 수 있을지는 예측하기 어렵습니다. 지쿠젠[16]현과 지쿠고[17]현, 아키현과 도사[18]현이 반란에 합류할 확률이 높은데다가, 사쓰마현도 합류할 가능성이 있습니다. 만일 그렇게 되면, 현 정부의 수뇌부는 곧 물러날 수밖에 없을 것입니다. 다른 현들과 특히 사쓰마현이 중립을 유지하거나 또는 정부 측에 서게 되면, 반란은 빠르게 진압될 것입니다. 그럼으로써 현재 주도권을 쥐고 있는 연정의 궁극적인 와해는 다만 뒤로 미루어질 뿐입니다. 반란의 대상은 천황[19]도 아니고 외국인도 마찬가지로 거의 아닙니다. 물론 기회가 있을 때마다 외국인을 추방하자는 해묵은 외침이 번번이 다시 드높아지는 것은 사실입니다.

좀 더 이해하시기 쉽도록 일본의 현들이 상세히 표시되어 있는 일본 지도를 삼가 동봉하는 바입니다.

브란트

내용: 일본 남부지방의 반란 발생에 관하여

---

14 [감교 주석] 태정관(太政官)의 사법경(司法卿)

15 [감교 주석] 에토 신페이(江藤新平)

16 [감교 주석] 지쿠젠(筑前)

17 [감교 주석] 지쿠고(筑後)

18 [감교 주석] 도사(土佐)

19 [감교 주석] 천황(天皇)

보고서 No. 45의 첨부문서

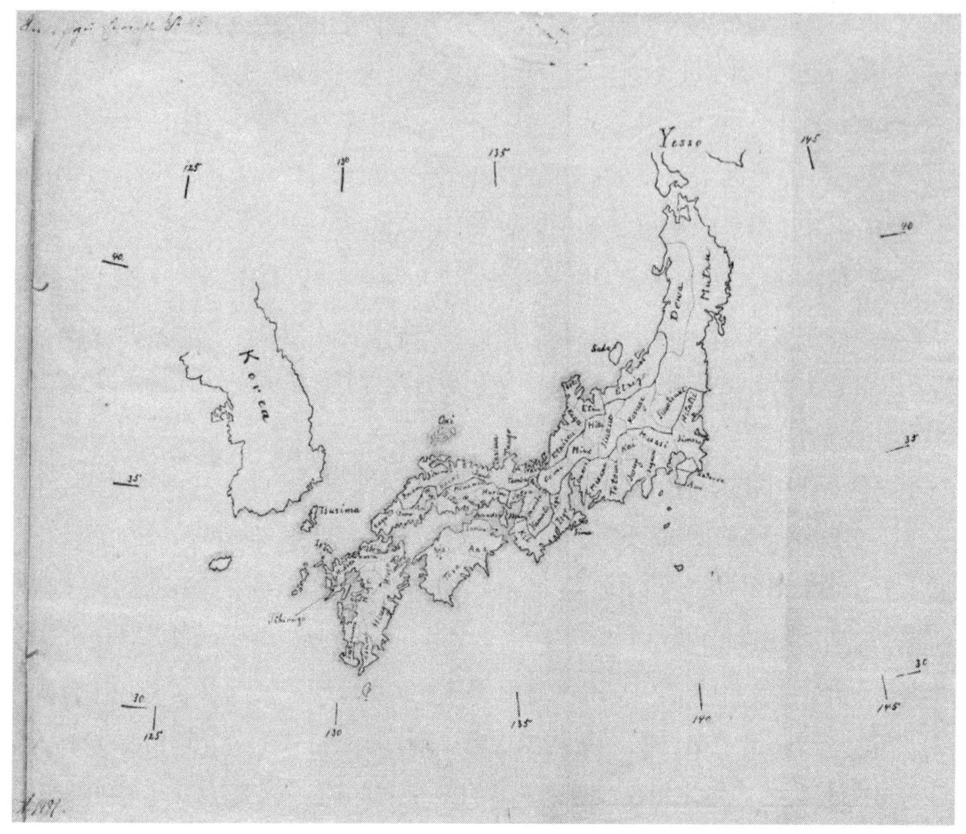

06

원문 p.388

일본 남부지방의 반란에 관하여

발신(생산)일	1874. 2. 22	수신(접수)일	1874. 4. 18
발신(생산)자	브란트	수신(접수)자	비스마르크
발신지 정보	에도 주재 독일 공사관	수신지 정보	베를린 정부
	No. 50		A. 1482
메모	4월 26일 독일제국 재상실 전달		

A. 1482 1874년 4월 18일 수신, 첨부문서 1부

에도, 1874년 2월 22일

No. 50

베를린, 비스마르크 각하 귀하

본인은 일본 남부지방의 반란에 대해 삼가 각하께 보고드린 바 있습니다. 이와 관련해, 일본 정부가 어제 에도 주민들에게 발표한 포고문 및 천황이 시마즈[1]에게 보낸 서한의 번역문을 삼가 동봉하게 되어 영광입니다.

이 두 글은 현 상황에 대한 본인의 견해가 옳음을 확인시켜줄 것입니다. 특히 일본 정부의 포고문은 일본 정부가 매우 불안해하고 있는 듯한 인상을 일깨웁니다. 예를 들어 이와쿠라[2]를 습격한 자들의 체포와 관련된 부분처럼 이 칙령의 일부 내용은 명확하지 않습니다. 이와쿠라의 습격자들 가운데 지금까지 단 한 사람만 체포되었습니다. 그리고 이 체포된 자는 지금까지 온갖 고문을 받았는데도 완강하게 자백을 거부하고 있습니다.

남부지방에서 일어난 사건들과 관련해 일본 정부가 받은 소식들을 신문에 보도하지 말라는 금지령이 내렸습니다. 이곳과 요코하마[3] 사이의 모든 역들에 오늘 처음으로 많은 경찰들이 배치되었습니다. 반군의 주동자들 가운데 한 명이 은밀히 에도를 떠났을 가능성이 있습니다. 그러나 본인은 이에 대한 자세한 정보를 지금까지 입수하지 못했습니다.

히젠[4] 사람들이 나가사키[5]를 점령했다는 소문이 돌고 있습니다. 그러나 방금 도착한

---

1 [감교 주석] 시마즈 히사미쓰(島津久光)

2 [감교 주석] 이와쿠라 도모미(岩倉具視)

3 [감교 주석] 요코하마(横浜)

우편물은 17일까지의 그곳 소식들을 전하고 있습니다. 이 소식들에 의하면, 모든 게 평온하고 정부 당국은 히젠의 반란에 별로 큰 의미를 부여하는 것 같지 않습니다. 하지만 곳곳에서 무기와 탄약의 가격이 오르고 그것들을 사재기하고 있고 있습니다.

이번 달 20일 저녁 9시 효고[6]에서 발송된 마지막 전보는, 반군들이 지쿠젠[7]의 현청소재지인 후쿠오카[8]로 진격해서 천황의 군대와 교전을 벌였다는 시모노세키[9]발 소식을 전하고 있습니다. 시모노세키와 나가사키 사이의 연락은 두절되었습니다.

브란트

내용: 일본 남부지방의 반란에 관하여

No. 50의 첨부문서
번역문

닛신신지시[10]
1874년 2월 20일

태정대신[11] 산조[12]께서 에도 총독 오쿠보[13]에게 보낸 글이 모든 현의 지사들에게 전달되었다.

에도, 2월 17일
메이지 7년(1874년)

---

4 [감교 주석] 히젠(肥前)
5 [감교 주석] 나가사키(長崎)
6 [감교 주석] 효고(兵庫)
7 [감교 주석] 지쿠젠(筑前)
8 [감교 주석] 후쿠오카(福岡)
9 [감교 주석] 시모노세키(下關)
10 [감교 주석] 닛신신지시(日新眞事誌)
11 [감교 주석] 태정대신(太政大臣)
12 [감교 주석] 산조 사네토미(三條實美)
13 [감교 주석] 오쿠보 도시미치(大久保利通)

도쿄부의 지사[14]

오쿠보 이치오[15] 귀하

지난달 하순 사가현에서 사족[16]들이 집결해 소요가 시작되었습니다. 그들은 조선을 공격[17]하고 봉건제도를 부활해야 한다는 등의 구호를 외쳤습니다. 이 소식을 접한 정부는 소요를 진압하기로 결정했습니다. 그리고 이 결정에 의거해, 내무경 오쿠보[18]에게 서쪽 지방을 향해 떠나라는 명령을 내렸습니다. 정부는 내무성과 법무성의 관리들 및 해군 대장과 병사들로 하여금 내무경 오쿠보를 수행하게 했습니다. 오쿠보는 이미 14일에 출발했습니다. 본인은 오쿠보가 수일 이내로 그곳의 평온을 회복하기를 기대합니다. 사가의 사족들이 다른 현들을 선동하고 의견이 같은 사람들을 규합할 목적으로 "조선과 전쟁"[19], "봉건제도 재건" 등등의 구호를 외친다는 소문이 돌고 있습니다. 그러나 이웃 현들에서는 전반적으로 그들에게 동조한 사람이 아무도 없습니다. 특히 가고시마[20]현과 관련해서는 물론 몇몇 사족들이 불만을 품고 있었습니다. 그러나 내무성 사무관 하야시[21]가 직접 상황을 눈으로 보았으며, 사이고[22] 장군의 귀향 후로 가고시마현은 완전히 평온하다고 보고합니다. 또한 가고시마현 곳곳에 질서가 잘 잡혀 있다는 소식들이 추후로 도착했습니다. 고치[23](도사[24])현과 관련해서는, 그곳의 사족들이 봉기해서 상황이 불안하다는 소문이 퍼졌습니다. 그러나 상세히 알아본 결과, 이 소문은 상당 부분 허위인 것으로 판명되었습니다. 지금 그곳은 완벽하게 질서가 유지되고 있습니다.

밤에 (태정관; 감교자) 우대신[25] 이와쿠라[26]를 습격한 사람들 중 여러 명이 10일 이내에 체포되었습니다. 지금 서서히 그들을 심문하고 처벌하는 중입니다. 그러나 불안한 사람들이 시국을 이용해 사악한 음모를 꾸밀 가능성이 있기 때문에, 만일 시내에서 그런

---

14 [감교 주석] 지사(知事)
15 [감교 주석] 오쿠보 이치오(大久保一翁)
16 [감교 주석] 사족(士族)
17 [감교 주석] 정한론(征韓論)
18 [감교 주석] 오쿠보 도시미치(大久保利通)
19 [감교 주석] 정한론(征韓論)
20 [감교 주석] 가고시마(鹿兒島)
21 [감교 주석] 하야시(林)
22 [감교 주석] 사이고 다카모리(西鄕隆盛)
23 [감교 주석] 고치(高知)
24 [감교 주석] 도사(土佐)
25 [감교 주석] 우대신(右大臣)
26 [감교 주석] 이와쿠라 도모미(岩倉具視)

사람들이 발견되는 경우에는 최대한 주의를 기울여야 할 것입니다.

그 밖에 우대신의 부상은 경미했습니다. 그는 즉시 회복했으며, 며칠 후에는 다시 직무를 수행할 수 있었습니다.

도슈[27] 시마즈[28]는 규슈[29]에서의 소요에 대한 소식을 들은 후, 그들을 진정시키려는 욕구에 사로잡혀 천황 폐하께 청원서를 제출했습니다. 그의 청원이 진정으로 그곳에 대한 사랑에서 비롯되었기 때문에, 천황 폐하께서는 놀라 기뻐하셨습니다. 그리고 도슈[30] 시마즈를 가고시마로 보내셨습니다. 벌써 며칠 전 그는 그곳으로 떠났습니다. 본인이 이 사실을 언급하는 것은, 먼 거리를 두려워하는 것은 좋지 않기 때문입니다.

일본의 수도는 매우 평온합니다. 우대신 이와쿠라의 부상 후로, 모든 관리들이 맡은 바 임무에 더욱 열심히 매진했습니다. 그러나 정부는 무엇보다도 치안 경찰의 증강에 노력을 기울였습니다. 이제 새로 임명된 치안경찰관들이 속속 수도에 도착하고 있습니다. 그러므로 치안경찰은 충분할 것이고 불안해할 이유가 전혀 없습니다.

정부는 원래부터 흔들림 없이 물러나지 않는 것을 목표로 삼았습니다. 그러나 이미 말한 바와 같이, 정부는 무엇보다도 안정을 회복하는 것에 주력하고 있습니다. 내무성의 관리들도 마찬가지로 이것을 명심하고 충실히 본분을 다해야 할 것입니다.

게다가 그들의 관할구역에서도 무법적인 사람들이 모여서 자극적인 말을 하고 국민들을 선동하는 일이 있을 수 있습니다. 그런 일을 미리 예측할 수 없는 탓에, 만일 그런 일이 발생한다면 상급관리들은 담당 지역을 떠나서는 안 됩니다. 그것이 국민들의 정서에 영향을 미칠 수 있기 때문입니다. 각자 본분에 충실하고, 평화와 안전의 유지에 관심을 기울이고, 국민이 잘못된 길에 들어서지 않도록 최선을 다해야 합니다.

태정대신 산조 사네토미

27 [감교 주석] 당주(當主)
28 [감교 주석] 시마즈 히사미쓰(島津久光)
29 [감교 주석] 규슈(九州)
30 [감교 주석] 당주(當主)

도슈 시마즈 히사미쓰에게 내리는
천황의 교서

그대 히사미쓰는 서쪽 지방의 상황을 비통해하며 직접 가고시마현에 가게 해달라고 여러 번 우리에게 청원했노라. 우리는 그대의 이런 충성에 놀라 기뻐했다.

국내에서 많은 일이 벌어지고 있는 이 시기에 사실 그대는 내 곁을 떠나서는 안 될 것이다. 허나 상황이 달리 허락하지 않으니, 그대는 서둘러 가고시마현으로 가서 최선을 다하도록 하라.

나는 그대가 곧 수도로 돌아오길 기다리고 있겠노라.

번역

켐퍼만

07

원문 p.392

[조선의 반란 발생 소문에 관한 건]

발신(생산)일	1874. 3. 19	수신(접수)일	1874. 5. 3
발신(생산)자	나이트	수신(접수)자	
발신지 정보	상하이 주재 독일 영사관	수신지 정보	베를린 외무부
			A. 1645
메모	1. 5월 10일 상트페테르부르크(No. 237), 뉴좡, 베이징(No. 4) 전달		

A. 1645 1874년 5월 3일 수신, 첨부문서 1부

상하이, 1874년 3월 19일

베를린, 외무부 귀중

Advices from my Consulate at Newchwang of a somewhat important political character having reached me in advance of all others at this place, I have the honor to transmit to the Foreign Office the substance of my letter as follows: - It says:

"A revolution has recently taken place in Corea, dethronement of the usurper king and the placing of the rightful young king on the throne under the guardianship of his mother. These are not only well inclined to foreigners, but are said to be Christians; and promise a hopeful future for the country."

I believe the above information is reliable, and I shall be glad if this communication of it reaches the Foreign Office at a moment when it shall prove of interest.

I am told that the Government has the intention to dispatch at no distant date, a naval fleet to the China waters; and, noticing by the late newspapers that H.I.H. Prince Frederic Charles may visit the East, it has occurred to me that, in view of the recent hopeful changes which are reported to have taken place in Corea, the Government might well consider the expediency of having H. I. H., with a strong probability of meeting with a more friendly reception than, in 1872 was accorded to the Americans, visit that country.

The Government doubtless is well informed of all that has taken place in that direction, and is in possession of copies of the charts of the west coast, and the approaches to the capital of that country, which were made by the American officers under command of Rear Admiral Rodgers.

It is agreed that, had the American fleet but been companied of gunboats of light draught, and great steam power, Corea might not to-day be sealed to the outer world.

I have reason to believe that the presence of Russia on the North, and the open threats from Japan, have prompted the Coreans to think of adopting a changed policy: -

In view of which it might be most satisfactory to the German Navy, and to the Government if, among other ends accomplished by the China (Asiatic) Fleet, it should succeed in opening up Corea with her reputed Nine million of population to the commerce, and civilization of the world, as did the American Commodore Perry in Japan.

There are many who believe that the opening up of Corea, will prove the opening-key to progress in China; who know as well, that in such an event, the many interests concerned will not be speedily advanced if, either the Japanese make the primary move, or, when the way is free, the Corean court is largely influenced by the machinations of the Catholic Missions.

I have the honor to endorse some extracts from a local newspaper, which may not, at the time of their publication, have reached the Foreign Office.

Francis P. Knight -
H.I.M.'s Vice Consul.
Newchwang

A. 1645의 첨부문서

첨부문서의 내용(원문)은 독일어본 393~398쪽에 수록.

베를린, 1874년 5월 10일 A. 1645

대리공사
알펜스레벤 귀하

상트페테르부르크 No. 237

뉴좡[1] 주재 우리 측 부영사 나이트[2]가 금년 3월 19일 조선의 상황에 관한 보고서를 보냈습니다. 본인은 이 보고서 발췌문을 참조하도록 귀하께 보내드립니다. ....,[3] 조선에서 혁명이 일어났다고 하는데 이곳에서는 아직까지 전혀 알려진 바가 없습니다.

독일제국 재상을 대리하여

1 [감교 주석] 뉴좡(牛莊)
2 [감교 주석] 나이트(F. P. Knight)
3 [감교 주석] 원문에 점선 표기

베를린, 1874년 5월 10일

A. 1645

1)
부영사
프란시스 나이트 귀하

뉴좡 (청국)

금년 3월 19일 자 귀하의 보고서가 이곳에 무사히 도착했습니다. 귀하께서는 독일 함대의 청국 해역 파견과 더욱이 프리드리히 카를 폰 프로이센 왕자 전하의 동아시아 여행에 대한 소식을 들었다고 말씀하십니다. 그것은 근거 없는 소문들입니다. 물론 올해 안으로 독일제국 해군 소속의 코르벳함 한두 척이 일본과 청국의 해역을 항해하고 몇몇 항구에 들릴 가능성은 있습니다. 그러나 "독일 함대"의 파견 및 프리드리히 카를 왕자 전하의 여행은 어불성설입니다.

게다가 조선의 상황과 관련해, 귀하께서는 독일 정부가 조선의 상황에 관심이 있을 것이라고 전제하고 있습니다. 그러나 독일 정부는 조선 상황에 전혀 관심이 없습니다. 본인은 조선과 관련해 떠도는 독일의 계획에 대한 모든 소문들을 하릴없이 지어낸 이야기로 치부하시길 귀하께 극히 단호하게 부탁하는 바입니다.

독일제국 재상을 대리하여

2)
대리공사 홀레벤 귀하

베이징 No. 4

본인은 뉴좡[4] 주재 부영사 나이트에게 오늘 보낸 훈령의 사본을 귀하께 보내 드립니다.

금년 3월 19일 자 나이트의 보고서는 조선에서 혁명이 일어났다는 소식을 담고 있습니다. 지금까지 통치하던 왕이 혁명으로 인해 폐위되고 외국인에 우호적인 내각이 새로 들어섰다는 것입니다. 나

4 [감교 주석] 뉴좡(牛莊)

이트는 이곳에서 독일 함대를 동아시아 해역에 파견할 계획이며 프리드리히 카를 폰 프로이센 왕자 전하께서 동아시아로 여행하실 예정이라는 소문이 있다고 말합니다. 나이트는 이러한 일들이 조선 원정대 파견으로 이어져 조선으로 하여금 유럽 무역의 문호를 열게 할 수 있기를 기대 ....[5] 본인은 이런 환상적인 생각을 적시에 부인하는 것이 적절하다고 여깁니다. 귀하께서도 기회가 생길 때마다 부디 그곳 영사들에게 이런 내용을 알려주시기 바랍니다.

독일제국 재상을 대리하여

5 [감교 주석] 원문에 점선 표기

08

원문 p.402

[일본 남부지방의 반란에 관한 건]

발신(생산)일	1874. 3. 8	수신(접수)일	1874. 5. 11
발신(생산)자	포케	수신(접수)자	
발신지 정보	효고 주재 독일 영사관	수신지 정보	베를린 외무부
	No. 8		A. 1767

발췌문

A. 1767 1874년 5월 11일 수신

효고[1]-오사카[2], 1874년 3월 8일

No. 8

베를린, 외무부 귀중

1872년 중반에 조선인들 측에서 그 무렵 일본 정부에 보냈다고 하는 급보의 원문이 널리 알려졌습니다. 그 급보는 일본 정부에 대한 극히 모욕적인 표현을 다수 담고 있었습니다.(1872년 8월 1일의 보고서 No. 9 참조)

일본 정부가 완강하게 침묵을 고수했기 때문에, 여론은 그 서한의 신빙성을 두고 오랫동안 분열되어 있었습니다. 또한 일본 정부가 이른바 그 모욕에 대해 모종의 보상 조치를 요구했다는 말도 전혀 들리지 않았습니다. 조선에 아직 머물고 있는 일본인 거류민들을 데려오기 위해 나중에 일본 측에서 조선에 원정대를 파견했는데, 오히려 그 원정대를 소환했다고 합니다. 이것은 양국의 우호적인 관계를 유지하기 위한 선의의 의도를 확신시키기 위한 것이었습니다. 1873년 10월에 이르러야 비로소 이 문제가 새롭게 수면 위로 떠올랐습니다. 외무경 소에지마[3]가 같은 해 3월 외교적인 임무를 띠고 베이징으로 떠났기 때문입니다. – 대만 사람들이 난파한 류큐[4]제도 사람들에게 가한 폭력에 대한 징벌을 요구하기 위한 것이 분명했습니다. – 그러나 그때 이미 떠돌던 소문처럼, 일본과

1 [감교 주석] 효고(兵庫)

2 [감교 주석] 오사카(大阪)

3 [감교 주석] 소에지마 다네오미(副島種臣)

4 [감교 주석] 류큐(琉球)제도

조선의 관계도 양국의 협상 대상 중의 하나였습니다. 그야 어떻든지 간에, 일본 사절단이 임무를 성공적으로 완수하고 귀국한 후 조선과 전쟁을 벌이는 문제가 내각에서 신중히 논의된 듯 보입니다. 또한 그즈음 외무경이 데라지마[5]로 교체되고 이와쿠라[6]가 우대신(제 3대신)에 등용된 것도 그 전쟁을 반대하는 결정에 영향을 받은 듯 보입니다. 그러나 이처럼 평화정책이 공식적으로 승리했는데도, 일본 국민들 사이에서는 해묵은 분노가 이 새로운 모욕에 자극받아 더욱 들끓었습니다. "조선과의 전쟁"[7]은 함성이 되었고 불평분자들이 그 구호 아래 모여들었습니다. 그것은 결국 무장 폭동으로 이어졌습니다. 그러나 이념적인 요인보다는 물질적인 동기에서 그 원인을 찾을 수 있을 것입니다.

포케

5 [감교 주석] 데라지마 무네노리(寺島宗則)
6 [감교 주석] 이와쿠라 도모미(岩倉具視)
7 [감교 주석] 정한론(征韓論)

09

원문 p.404

조선의 정권교체

발신(생산)일	1874. 4. 11	수신(접수)일	1874. 6. 2
발신(생산)자	홀레벤	수신(접수)자	비스마르크
발신지 정보	베이징 주재 독일 공사관	수신지 정보	베를린 정부
	No. 27		A. 2064

A. 2064 1874년 6월 2일 수신

베이징, 1874년 4월 11일

No. 27

베를린, 비스마르크 각하 귀하

프랑스의 라자리스트[1]회 소속 신부 리델[2]이 조선에서 정권이 무력에 의해 교체된 소식을 프랑스 외교사절들에게 알려주기 위해 며칠 전 뉴좡[3]으로부터 이곳에 도착했습니다. 그 후 조선을 지금까지 지배한 정권 찬탈자가 실각하고 정당한 왕위 계승자인 젊은 왕이 집권했다고 합니다. 새 조선 정부는 기독교 및 외국과의 교류에 호의적이라고 전해집니다.

리델은 조선에서 선교사들이 추방될 때까지 조선에 살면서 프랑스 선교단을 이끌었습니다. 그 후로는 뉴좡과 조선 국경 사이의 오지에 머물고 있습니다. 그분은 조선의 상황에 대한 최고 전문가 중 한 사람이라는 평판을 받고 있습니다.

본인은 직접 개인적으로 리델 주교에게 들은 내용과 또 다른 경로로 탐문한 정보에 의거해, 그 과정들을 보다 상세히 이해하실 수 있도록 다음과 같이 삼가 알리게 되어 영광입니다. 「1864년 조선의 군주[4]가 세상을 떠났습니다. 그는 1393년부터 조선을 통치한 이씨 왕조의 마지막 직계 후손이었습니다. 그의 모친은 생존해 있었고, 조선의 고관대작들과 궁중 점성술사들의 동의하에 왕가의 먼 친척인 조선 귀족의 당시 약 8세였던[5]

1 [감교 주석] 라자리스트(Lazaristae). 선교수도회(宣敎修道會)의 별칭.

2 [감교 주석] 리델(F. C. Ridel)

3 [감교 주석] 뉴좡(牛莊)

4 [감교 주석] 철종(哲宗)

아들을 양자[6]로 입양했습니다. 그 후 그 소년은 조선의 합법적인 군주로, 그리고 그의 양모[7]는 섭정으로 간주되었습니다. 어린 왕의 부친[8]은 높은 왕족으로서의 직함[9]을 하사받고 아들을 따라 입궐했습니다. 그리고 머지않아 실제로 통치권을 장악하기에 이르렀습니다. 그는 야심 많고 포악하고 무엇보다도 외국인들에게 적대적인 것으로 알려져 있습니다. 그는 냉혹하고 과감하게 조선 정부를 이끌었습니다. 60년대 말 선교사들의 추방과 대량학살[10] 및 1871년 미국 원정대 거부[11]는 실제로 그의 소행이었습니다.

얼마 전, 젊은 왕은 불만을 품은 고관들의 지원에 힘입어 부친을 강제로 섭정의 지위에서 내려오게 하고 직접 정부의 주도권을 쥐었습니다.」

리델은 조선에서 이제 선교사들의 복권이 이루어질 것이라고 보고 이를 위해 프랑스 외교사절들의 도움을 받으려 하고 있습니다. 새 조선 정부가 외국인들에게 그 밖의 일들도 허용할 의향이 있을 것이라는 추측이 옳은지는 물론 당분간 예단하기 어렵습니다. 그러나 조선인들의 완고한 보수주의로 미루어 그럴 가능성은 희박해 보입니다.

이곳 외교관들 사이에서는 이런 사건들이 일본과 조선의 갈등을 해소하는 데 기여할 것이라는 견해가 지배적입니다. 이제 이 문제에 대한 결정권은 조선 정부의 태도보다는 오히려 일본 국내의 주도적인 상황에 좌우될 것입니다.

홀레벤

내용: 조선의 정권교체

---

5 [감교 주석] 고종이 즉위했을 때 12세였음. 즉 보고서의 내용은 잘못된 정보에 기인한 것으로 보임.
6 [감교 주석] 익종(翼宗)과 신정왕후(神貞王后) 조 씨(대왕대비 조 씨)의 양자.
7 [감교 주석] 신정왕후(神貞王后) 조 씨(대왕대비 조 씨)
8 [감교 주석] 이하응
9 [감교 주석] 흥선대원군(興宣大院君)
10 [감교 주석] 병인박해
11 [감교 주석] 신미양요

10

원문 p.406

[고종의 친정과 조선 정부의 대외정책 전환 가능성]

발신(생산)일	1874. 3. 30	수신(접수)일	1874. 6. 8
발신(생산)자	브란트	수신(접수)자	비스마르크
발신지 정보	에도 주재 독일 공사관	수신지 정보	베를린 정부
	No. 73		A. 2151
메모	6월 27일의 에도 No. 3 독일제국 재상실 전달		

A. 2151 1874년 6월 8일 수신

에도, 1874년 3월 30일

No. 73

베를린, 비스마르크 각하 귀하

본인은 조선에서 정치적 변혁이 일어났다는 소식을 삼가 각하께 알리게 되어 영광입니다. 본인은 이 소식을 상하이 주재 독일제국 영사를 통해 입수했습니다. 이 소식은 조선에 파견된 가톨릭 신부 리델[1] 주교에게서 유래하며 뉴좡[2]에서 상하이로 전달되었습니다. 현재 리델 주교는 조선 국경에 거처하고 있습니다. 지금까지 미성년 국왕의 숙부[3]가 조선 국정을 이끌었는데 정치적 변혁으로 인해 실각했다고 합니다. 그리고 18세의 왕이 양모[4]의 섭정하에 옥좌에 앉았다는 것입니다.[5] 새 조선 정부는 기독교인들과 외국인들에게 우호적일 것이라고 전해집니다.

본인의 프랑스와 영국 동료들도 이와 유사한 소식을 받았습니다. 그들은 지금까지의 섭정이 왕위 찬탈자와 군사계급의 대변자로서 일반적으로 증오의 대상이었다는 점에서

1 [감교 주석] 리델(F. C. Ridel)

2 [감교 주석] 뉴좡(牛莊)

3 [감교 주석] 독일외교관들은 고종이 즉위 당시 익종(翼宗)의 양자로 들어간 사실을 고려해서 흥선대원군과 고종의 관계를 숙부로 표현하였음. 독일외무부에서 1882년 10월 25일에 수신한 A. 6536(2권에 수록)에서 흥선대원군을 고종의 숙부로 표현한 내용이 서술되어 있음.

4 [감교 주석] 신정왕후(神貞王后) 조 씨, 대왕대비 조 씨(조 대비).

5 [감교 주석] 고종 친정 이전에 이미 대왕대비 조 씨의 섭정이 끝남. 고종은 이미 성년이 지났기 때문에 섭정을 할 필요가 없었음. 즉 보고서의 내용은 조선에 대한 잘못된 정보에 기인함.

[*sic.*] 가능성을 보고 있습니다. 또한 이미 여러 차례 섭정에 반대하는 모반이 있었습니다. 조선인 기독교인들은 항상 그런 모반에 참여했습니다.

일본 관청들은 그런 상황 변화에 대해 전혀 모른다고 주장하고 있습니다. 일본과 조선의 관계가 거의 완전히 단절되었기 때문에 그럴 가능성도 매우 다분합니다.

본인의 하찮은 소견으로는, 새 조선 정부가 외국인과 기독교인에게 우호적인 방향을 취할 것이라는 기대는 오산일 것 같습니다. 조선이 수백 년 동안 세상과 격리되어 있었는데, 조선 정부의 자발적인 의지로는 이것을 거의 극복할 수 없기 때문입니다. 그러나 변혁 및 변혁의 의미에 대한 소식이 사실로 입증되는 경우에 조선과 조약을 맺는 것이 서구 열강의 이해와 직결되지 않을까 하는 문제는 사정이 다릅니다.

물론 그런 조치로부터 상업상의 이익은 기대할 수 없을 것입니다. 그러나 조선의 쇄국정책의 존속이 이웃국가인 청국과 일본에게 주는 해로운 영향은 해소될 것입니다. 특히 외국에 대해 거부정책을 촉구하는 정파들이 이런 해로운 영향을 이용하고 있습니다. 나아가 조선의 문호개방은 러시아에 의한 강제합병으로부터 조선을 보호할 수 있는 가장 확실하고 유일한 수단인 듯 보입니다. 그렇지 않으면 조선은 러시아의 강제합병을 피할 수 없을 것입니다.

앞에서 말씀드린 소식들을 신뢰할 수 있다고 가정한다면, 조선과의 협상을 지원하기 위해 따로 병력은 필요하지 않을 것입니다. 유럽 정부들이 합심해서 일본 주재 유럽 대표들에게 동일한 지시를 내린다면, 동아시아 주둔지에 있는 여러 열강의 선박들을 10척에서 12척 정도 모아 함대를 구성하기는 어렵지 않을 것입니다. 그 정도면 조선 정부가 결정을 내리도록 도의적인 압박을 가하기에 충분하고도 남을 것입니다.

본인은 조선에서 새로운 소식이 도착하는 즉시 각하께 알려드릴 것입니다.

브란트

11

원문 p.408

[조선의 독립국 여부 확인 요청]

발신(생산)일	1874. 6. 10	수신(접수)일	1874. 6. 11
발신(생산)자	슐렌부르크	수신(접수)자	뷜로
발신지 정보	바르친	수신지 정보	베를린 외무부
	No. 7		A. 2209

A. 2209 1874년 6월 11일 수신

바르친, 1874년 6월 10일

No. 7

베를린, 뷜로 외무장관 각하 귀하

독일제국 재상 각하께서는 에도에서 3월 30일에 보낸 보고서 Nr. 73(A. 2151)을 보길 원하십니다. 또한 조선 정부의 입장에 대해 청국과 일본에서 예전에 보고한 내용에 대해서도 알려주길 바라십니다. 특히 조선 정부가 합법적으로 독립 국가인지 아니면 다만 현실적으로 독립국가일 뿐이지, 또는 조선과 관계를 맺는 경우에 청국과 일본의 정부를 자극하게 될 것인지 알고자 하십니다.

슐렌부르크

[첨부문서]의 내용(원문)은 독일어본 409~414쪽에 수록.

12

원문 p.415

[일본과 러시아의 사할린과 조선 문제 연계설 제기]

발신(생산)일	1874. 4. 11	수신(접수)일	1874. 6. 14
발신(생산)자	브란트	수신(접수)자	비스마르크
발신지 정보	에도 주재 독일 공사관	수신지 정보	베를린 정부
	No. 87		A. 2262

발췌문

A. 2262 1874년 6월 14일 수신

에도, 1874년 4월 11일

No. 87

베를린, 비스마르크 각하 귀하

본인이 들은 바에 의하면, 지난해 사할린에 대한 협상에서 일본 외무경[1]은 러시아 정부가 만일 조선에 대한 일본의 요구를 지지할 용의가 있는 경우에는 사할린과 관련해 매우 쉽게 합의에 이를 수 있음을 암시했습니다. 그러나 본인의 과거 동료, 즉 현재 베이징 주재 러시아 공사 뷔초프[2] 측은 당시 그 제안을 거절했습니다. 청국이 러시아의 이익에 매우 중요한 탓에 일본을 위해 그것을 포기할 수 없기 때문이라는 것이었습니다. 그러나 일본 정부는 사할린 문제에서 완강한 태도를 고수함으로써 러시아의 생각을 돌릴 수 있기를 바랄 가능성이 없지 않습니다.

브란트

1 [감교 주석] 데라지마 무네노리(寺島宗則)

2 [감교 주석] 뷔초프(Buetzow)

13

원문 p.416

[조선의 문호개방 관련 주변국 동향에 관한 건]

발신(생산)일	1874. 6. 15	수신(접수)일	1874. 6. 16
발신(생산)자	베를린	수신(접수)자	비스마르크
발신지 정보	벨로	수신지 정보	베를린 정부
메모	첨부문서 A. 2151		

6월 16일 수신

베를린, 1874년 6월 15일

비스마르크 각하 귀하

(도쿄 주재; 감교자) 변리공사 브란트가 금년 3월 30일의 보고서에서 언급한 조선 관련 소식들은 이미 얼마 전 뉴좡[1](청국) 주재 독일 영사 및 베이징 주재 공사관을 통해 외무성에 전달되었습니다. 모든 소식들은 동일한 출처, 즉 프랑스 주교 리델 신부에게서 유래합니다. 리델 신부는 조선 국경 근처에 거처하고 있습니다. 그 소식들은 다른 경로를 통해서는 아직까지 확인되지 않고 있습니다. 뉴좡 주재 독일 제국 영사(영국인 나이트[2])는 조선에서 이른바 격변이 일어났다고 보고했습니다. 또한 그 보고서에서 나이트는 프리드리히 카를 왕자 전하께서 동아시아를 방문하는 동시에 독일 함대가 청국 해역에 나타날 것이라는 기사가 신문에 보도되었다고 언급했습니다. 그 소식을 접한 청국의 외국 무역업계가 기뻐하고 있다는 것이었습니다. 예전에 미국이 일본에서 기선을 잡았듯이, 국제무역을 위한 조선의 문호개방을 유도하는 것도 이 원정의 목적에 포함되어 있기를 바란다고 합니다. 그 밖에 뉴좡 주재 독일 영사는 러시아가 조선 북쪽에서의 막강한 위세를 이용해 일방적으로 조선을 압박한다고 지적했습니다.

당시 본인은 독일이 원정을 계획하고 있다는 그런 종류의 모든 헛소문에 단호하게 대처할 것을 나이트 영사뿐만 아니라 베이징 주재 공사관에도 요구했습니다.

1 [감교 주석] 뉴좡(牛莊)

2 [감교 주석] 나이트(F. P. Knight)

한편으로는 조선과 일본의 관계, 다른 한편으로는 청국과 일본의 관계가 지난해 일본 공사관 측에 의해 베이징에서 여러 차례 논의되었습니다. 여러 해 전부터 일본에서는 이른바 민족주의적인 정당이 조선인들의 반복되는 일본 영토 침범을 이유로 내세우며 조선과의 전쟁을 촉구하고 있습니다.

베이징에 파견된 사절단은 청국이 조선 침략에 민감하게 반응할 것인지 알아내는 임무를 띠고 있습니다. 베이징에서는 조선에 관련된 모든 답변을 거절했지만, 조선 왕이 청국 황제에게 왕위를 수여받았음은 인정했습니다. 그러나 청국과 조선은 매우 긴장된 관계에 있다고 표현했습니다. 그와 동시에 조선 사절단이 베이징에 왔고 그 관계가 다시 조금 호전되었다고 합니다. 최근 일본 남부에서의 반란을 기회로 일본의 조선 침략 가능성이 다시 화제에 올랐습니다. 일본 정부가 조선 원정을 결행하려고 하지 않는 것에 대한 불만이 반란의 일부 원인이라고 합니다. 지금 일본이 계획하는 대만 원정은 그 호전적인 욕구를 달래기 위한 방편이라는 것입니다. 또 다른 소식들은 아마 대만가 아니라 조선이 그 원정의 목표일 것이라고 말합니다.

외국 열강들이 조선과 직접 관계를 맺을 경우와 관련해, 3월 30일의 보고서에서 브란트[3]는 그런 관계들이 상업적인 이점을 제공하지 않을 것이라고 말합니다. 브란트는 그런 관계들에 대한 동기를 정치적인 고려에서 찾습니다. 무엇보다도 오로지 그런 방식에 의해서만 러시아의 강제합병으로부터 조선을 보호할 수 있다는 것입니다. 러시아는 어쨌든 조선을 목표로 삼는 모든 기획에서 일차적으로 국경 관계에 관심이 있습니다. 러시아 측 북쪽 국경에 요새와 검문소 설치가 이를 증명합니다. 러시아인들은 청국이나 일본이 조선과 빚는 마찰에 개의하지 않을 것입니다. 그러나 나머지 외국 열강들과 미국이 이런 상황에 개입하는 것을 러시아인들이 바라는지는 별개의 문제입니다.

뷜로

3 [감교 주석] 브란트(M. Brandt)

원문 p.418

14
[일본의 조선 침략설 제기]

발신(생산)일	1874. 5. 8	수신(접수)일	1874. 6. 23
발신(생산)자	카르데스	수신(접수)자	비스마르크
발신지 정보	홍콩 주재 독일 영사관	수신지 정보	베를린 정부
			A. 2442

발췌문

A. 2442 1874년 6월 23일 수신

홍콩, 1874년 5월 8일

베를린, 외무부 귀중

이곳의 일간신문들은 일본이 비싼 군비를 다른 방식으로 동원해 조선 원정을 실행에 옮길 것이라고 매우 단호하게 추측합니다. 그것은 최근 조선에서 일본인 난파 선원 여러 명이 처형된 부당행위에 보복하기 위한 것이라고 합니다.

카르데스

영사

베를린, 1874년 6월 27일 A. 2151

1)
변리공사
브란트에게 발송
에도 No. 3

금년 3월 30일의 보고서 Nr. 73과 관련해, 본인은 조선과 조약관계를 맺는 것이 독일을 위해 전혀 이득이 없음을 알립니다. 그런데 귀하께서는 러시아에 의한 조선 합병을 피할 수 없다고 말씀하십니다. 적어도 우리가 러시아의 합병으로부터 조선을 "보호할" 사명이 있는지에 대한 고려가 여기에서 결정적일 것입니다.

리델[1] 주교를 통해 유포된 조선 관련 소식들을 지금까지 다른 경로를 통해서는 확인하지 못했습니다.

2)
독일제국 재상실

외무부는 조선 소식과 관련해 에도 주재 변리공사의 3월 30일 자 보고서 사본을 기밀사항으로 참조하시도록 삼가 귀하께 전달합니다.

아울러 이 보고서를 독일제국 재상 각하께 전했음을 알립니다. 또한 독일은 조선과 조약관계를 맺을 동기가 없다는 답신을 이미 변리공사 브란트[2]에게 보냈습니다. 그러나 적어도 러시아의 강제합병으로부터 조선을 보호할 것인지에 대한 고려가 이 방향에서 우리에게 결정적일 것입니다.

외무부 F.

1 [감교 주석] 리델(F. C. Ridel)
2 [감교 주석] 브란트(M. Brandt)

15

원문 p.420

사가[1] 반역자들의 유죄판결에 관하여

발신(생산)일	1874. 5. 2	수신(접수)일	1874. 6. 11
발신(생산)자	브란트	수신(접수)자	비스마르크
발신지 정보	에도 주재 독일 공사관	수신지 정보	베를린 정부
	No. 111		A. 2713
메모	No. 252 잘츠부르크 1874년 7월 14일 수신. 첨부문서 1부 제출 7월 12일 독일제국 재상실 전달		

A. 2713 1874년 6월 11일 수신, 첨부문서 1부

에도, 1874년 5월 2일

No. 111

베를린, 비스마르크 각하 귀하

금년 4월 24일 자 본인의 보고서 No. 106과 관련해, 본인은 전직 태정관[2] 관리[3] 에토[4]와 다른 반란 주동자들에게 내린 판결의 번역문을 삼가 각하께 전하게 되어 영광입니다. 그 소요의 우두머리들에 대한 조처를 제외하면, 일본 정부는 나머지 가담자들에게는 매우 관대한 처분을 내렸습니다. 약 7,500명의 사무라이 중에서 6명에게는 10년, 9명에게는 7년, 15명에게는 5년, 56명에게는 3년, 10명에게는 2년의 노역형을 내렸습니다. 그리고 83명은 파면되었고 1명은 100일, 1명은 70일의 징역형에 처해졌습니다. 그러므로 전체적으로 181명만이 유죄판결을 받았습니다.

그런데도 불구하고, 아니면 아마 일본 남부 지방에서는 정부의 관대함을 나약함으로, 엄격함을 개인적인 복수 행위로 여기는 탓에, 특히 규슈의 분위기는 여전히 매우 불만스럽습니다. 에도의 정부 수뇌부는 오로지 상황이 유리하게 펼쳐진 덕분에 천황의 군대가 신속하게 성공을 거둘 수 있었다는 사실을 의심치 않습니다. 만일 조금만 더 지체했더라

1 [감교 주석] 사가(佐賀)
2 [감교 주석] 태정관(太政官)
3 [감교 주석] 사법경(司法卿)
4 [감교 주석] 에토 신페이(江藤新平)

면, 이삼일 내로 규슈 전체가 화염에 휩싸였을 것이 분명합니다. 그러나 정부에 대한 불만은 여전히 남아 있습니다. 아마 앞으로도 계기만 있으면 더 위험한 반란이 새로이 일어날 것입니다. 그러면 정부는 결코 상황을 통제하지 못하고 속수무책으로 끌려갈 것입니다.

브란트

내용: 사가반역자들의 유죄판결에 관하여

No. 111의 첨부문서
번역문

닛신신지시[5]
1874년 4월 29일

당시 우리는 에토 신페이[6]를 비롯해 사가[7] 모반의 주모자들이 처형되었다는 전보를 보도했다. 그에 이어 다음과 같이 공고문[8]의 내용을 전한다.

에토 신페이[9]

시마 요시타케[10]

이 두 사람은 조선과의 전쟁[11]을 원하고 조국을 사랑한다는 구실하에, 천황의 법령을 어기고 사람들을 규합하고 무기를 구입하고 천황의 군대에 저항하고 사악한 계획을 관철시키려 했다. 이에 이들의 사무라이 신분을 박탈하고 교수형에 처해 그 머리를 효수하라는 판결이 내렸다.

---

5 [감교 주석] 닛신신지시(日新眞事誌)

6 [감교 주석] 에토 신페이(江藤新平)

7 [감교 주석] 사가(佐賀)

8 [번역 주석] 공고문의 원어명은 'Stefuda'이다. 'Stefuda'는 죄인의 범행을 알리고 죄인을 처형한 후 처형 장소에 내거는 공고문을 일컫는다.

9 [감교 주석] 에토 신페이(江藤新平)

10 [감교 주석] 시마 요시타케(島義勇)

11 [감교 주석] 정한론(征韓論)

아사쿠라 나오타케[12], 가쓰키 게이고로[13], 야마나카 이치로[14], 니시 요시모토[15], 나카지마 데이조.[16]

위의 사람들은 조선과의 전쟁[17]을 선동했다.

소에지마 요시타카[18], 시게마쓰 모토키치[19], 무라야마 나가시게[20], 후쿠치 쓰네아키[21], 나카가와 요시즈미[22]

위의 사람들은 조국에 대한 사랑을 주창했다. (이들은 조국에 대한 사랑 때문에 현 정부에 반항할 수밖에 없다고 주장했다.)

위에 거명된 자들은 조선과의 전쟁을 원하고 조국을 사랑한다는 구실하에 천황의 법령을 어기고 에토 신페이와 시마 요시타케의 사악한 계획을 지지하고 천황의 군대에 저항했기에 사무라이 신분을 박탈하고 교수형에 처하라는 판결을 받았다.

번역
켐퍼만

12 [감교 주석] 아사쿠라 나오타케(朝倉尙武)
13 [감교 주석] 가쓰키 게이고로(香月經五郎)
14 [감교 주석] 야마나카 이치로(山中一郎)
15 [감교 주석] 니시 요시모토(西義質)
16 [감교 주석] 나카지마 데이조(中島鼎藏)
17 [감교 주석] 정한론(征韓論)
18 [감교 주석] 소에지마 요시타카(副島義高)
19 [감교 주석] 시게마쓰 모토키치(重松基吉)
20 [감교 주석] 무라야마 나가시게(村山長榮)
21 [감교 주석] 후쿠치 쓰네아키(福地常彰)
22 [감교 주석] 나카가와 요시즈미(中川義純)

16

원문 p.422

일본과 조선의 관계에 관하여

발신(생산)일	1874. 5. 6	수신(접수)일	1874. 6. 11
발신(생산)자	브란트	수신(접수)자	비스마르크
발신지 정보	에도 주재 독일 공사관	수신지 정보	베를린 정부
	No. 114		A. 2714
메모	No. 253. 잘츠부르크 1874년 7월 14일 수신 7월 12일 독일제국 재상실 제출		

A. 2714 1874년 6월 11일 수신

에도, 1874년 5월 6일

No. 114

베를린, 비스마르크 각하 귀하

이곳에서 발행되는 외국과 일본의 신문들은 일본의 난파 선원들이 조선 해안에서 처형당했으며 조선인들이 일본 영토를 습격한다는 소식을 얼마 전부터 자주 보도하고 있습니다. 본인이 오늘 일본 외무성에 알아본 바에 따르면, 이런 소식들은 전혀 근거가 없다고 합니다. 본인은 이런 사실을 삼가 각하께 알리게 되어 영광입니다.

조선과 일본의 무역관계는 부산에서 변함없이 지속되고 있습니다. 부산 근처의 도시 동래에서 지금까지 외국무역을 감독하는 임무를 맡았던 조선 관리들이 소환되었습니다.[1] 부산에 주재하는 일본 관리들은 이런 사실로 미루어 좀 더 진보적인 의미에서 개혁이 이루어지지 않을까 추측하고 있습니다.

지난번 보고서에서 본인은 외국인들과 기독교인들에게 우호적인 방향으로 조선 정부의 변화가 있을 것이라는 소문에 대해 삼가 말씀드렸습니다. 이곳 일본의 외무성은 그에 대해 전혀 아는 바가 없다고 주장합니다. 그런데 조선을 관할하는 리델[2] 신부가 베이징에

1 [감교 주석] 고종은 친정 직후 전국에 암행어사를 파견함. 경상도를 맡은 박정양은 경상도 관찰사 김세호(金世鎬), 전 동래 부사 정현덕(鄭顯德), 부산 전 훈도(訓導) 안동준(安東晙) 등의 죄상을 담은 서계를 제출함. 이에 대일 교섭을 담당하였던 위 관리들이 처벌을 받음. 이 보고서는 조선 정부의 대일교섭 담당자 처벌 건을 서술한 것으로 보임.

2 [감교 주석] 리델(F. C. Ridel)

도착했습니다. 리델 신부는 지금까지 조선에서의 이른바 변혁에 대한 소식을 최초로 그리고 유일하게 알려준 사람입니다. 이 소식을 근거로 리델 신부는 로즈 제독의 원정[3] 실패 후 프랑스 정부 측에서 내린 금지령을 철회해줄 것을 베이징 주재 프랑스 외교사절들에게 요구했습니다. 당시 프랑스 정부는 조선을 가톨릭 선교 활동의 범위에 포함시키지 말라는 금지령을 내렸습니다. -

브란트

내용: 일본과 조선의 관계에 관하여

3 [감교 주석] 병인양요(1866)

17

원문 p.423

[조청 국경무역 재개에 관한 건]

발신(생산)일	1874. 5. 30	수신(접수)일	1874. 6. 11
발신(생산)자	나이트	수신(접수)자	
발신지 정보	뉴좡 주재 독일 영사관	수신지 정보	베를린 외무부
			A. 3147

A. 3147 1874년 8월 3일 수신

뉴좡, 1874년 5월 30일

베를린, 외무부 귀중

When in Shanghai on the 19th of March last, I had the honor to communicate to the Foreign Office, some information I had received with reference to certain important changes reported to have taken place in the Government of the Corea. Since then H.I.M's Government has doubtless received dispatches on the subject, from the Legation at Peking.

I would add however that, the information I then transmitted is now currently believed by all classes in this province: and that the native merchants of this district entertain strong hopes that the frontier traffic formerly carried on between the two countries, - but closely restricted after the visit of the French - at the fair-town of Fêng-hwang-chêng situated about 150 miles coastward from this port, will again be permitted by the new King, at the one next occurring of the four annual periods when a fair is held, in September next.

If the Coreans when reopening the trade at Fêng-hwang-chêng will also remove their restrictions at the same time against the import of western manufactures into their country, the commerce of this place will be largely benefitted.

Should the Government desire any special geographical or other information of this district which adjoins the Corea, it has the very best source at hand in the presence of Herrn Baron von Richthofen than whom, none can furnish facts more reliable.

Francis P. Knight

A. 3142

청국 뉴좡 주재 독일제국 부영사의 보고서 발췌문
금년 5월 30일

"예전에 이곳과 조선 사이에서 이루어진 국경무역이 프랑스인들의 방문 이후 매우 제한되었습니다. 이곳 지방의 상인들은 조선의 새 국왕이 국경무역을 다시 허가해주기를 단호하게 바라고 있습니다. 이 무역의 중심은 펑황청[1], 이곳 항구로부터 동쪽으로 150 영국 마일 떨어져 있는 도시의 중심가라고 합니다. — 조선인들이 다시 펑황청 광장을 여는 동시에 유럽산 수공업품의 수입 제한을 철폐하게 된다면, 뉴좡 항구의 상업은 큰 이득을 얻게 될 것입니다."

---

1 [감교 주석] 펑황청(鳳凰城)

베를린, 1874년 8월 6일 A. 3147

로젠베르크 귀하
함부르크 No. 195

본인은 청국 뉴좡 주재 독일제국 부영사의 금년 3월 30일 자 보고서 발췌문을 귀하께 전달하게 되어 영광입니다. 보고서는 조선과의 무역에 관한 것이니, 그곳의 여러 분야에서 적절히 활용하시기 바랍니다.

[번역문]
독일제국 재상을 대리하여

18

원문 p.426

이와쿠라 도모미 암살 기도 처벌 건

발신(생산)일	1874. 7. 14	수신(접수)일	1874. 9. 28
발신(생산)자	브란트	수신(접수)자	비스마르크
발신지 정보	에도 주재 독일 공사관	수신지 정보	베를린 정부
	No. 174		A. 4064

A. 4064 1874년 9월 28일 수신, 첨부문서 1부

에도, 1874년 7월 14일

No. 174

베를린, 뷜로 외무장관 각하 귀하

본인은 예전에 이와쿠라[1] 우대신의 암살 기도에 대해 보고드린 바 있습니다. 그와 관련해 이제 암살범들에게 내린 판결의 번역문을 삼가 각하께 전달하게 되어 영광입니다. 그 판결은 며칠 전 집행되었습니다. 일본 정부는 죄인들의 체포와 재판 과정을 극비에 부쳤습니다. 판결 내용에 의하면, 범죄의 동기는 일본 정부에게 대만 와의 전쟁을 촉구하기 위한 것이었다고 합니다.

브란트

내용: 이와쿠라 도모미 암살 기도 처벌 건

No. 174의 첨부문서

첨부문서의 내용(원문)은 독일어본 426~427쪽에 수록.

1 [감교 주석] 이와쿠라 도모미(岩倉具視)

19

원문 p.428

[조선 정부의 대외정책 전환 가능성 없음]

발신(생산)일	1874. 7. 24	수신(접수)일	1874. 9. 28
발신(생산)자	브란트	수신(접수)자	비스마르크
발신지 정보	에도 주재 독일 공사관	수신지 정보	베를린 정부
	No. 188		A. 4071
메모	뉴좡 주재 독일 영사 이미 보고함		

A. 4071 1874년 9월 28일 수신, 첨부문서 1부

에도, 1874년 7월 24일

No. 188

베를린, 뷜로 외무장관 각하 귀하

금년 3월 30일의 보고서 No. 73에서 본인은 조선에서 진보적인 방향의 변혁이 일어났다고 삼가 각하께 말씀드린 바 있습니다. 그와 관련해 상하이에서 발행되는 노스 차이나 헤럴드[1]의 단신 기사 사본을 삼가 각하께 전달하게 되어 영광입니다. 그 기사에 의하면, 지금까지 중단되었던 조선과 청국 사이의 무역관계가 그 진보적인 변혁으로 인해 (국경에서) 재개되었습니다. 유감스럽게도 조선에 대한 이번 보고서나 지난번 보고서에 대해 더 이상 상세하게 덧붙일 내용이 없습니다. 일본과 조선의 관계가 완전히 단절되지는 않았을지라도, 어떤 식으로든 가깝게 교류할 단계는 아니기 때문입니다.

브란트

No. 188의 첨부문서

첨부문서의 내용(원문)은 독일어본 428~429쪽에 수록.

1 [감교 주석] 노스 차이나 헤럴드(North China Herald)

20

원문 p.430

[일본 내 정한론에 관한 건]

발신(생산)일	1874. 8. 1	수신(접수)일	1874. 9. 28
발신(생산)자	브란트	수신(접수)자	비스마르크
발신지 정보	에도 주재 독일 공사관	수신지 정보	베를린 정부
	No. 189		A. 4072

발췌문

A. 4072 1874년 9월 28일 수신

에도, 1874년 8월 1일

No. 189

베를린, 비스마르크 각하 귀하

그러나 일본 정부가 설사 대만 문제에서 벗어나는 데 성공한다 할지라도, 귀족당[1]의 의견은 그야말로 두 배 더 강력하게 조선과의 전쟁[2]을 일본 정부에게 요구할 것입니다. 그리고 일본 정부는 대만의 경우처럼 조선에서도 청국 정부와 맞닥뜨릴 것입니다. 대만 원정과 더불어 아시아 내부 갈등의 시대가 시작되었다고 말할 수 있을 것입니다. 그리고 당분간은 그 끝을 예견할 수 없습니다.

브란트

1 [감교 주석] 브란트가 '귀족'의 대상(인물, 정치세력)을 구체적으로 지칭하지 않음. 이에 본 자료집에는 'Adelspartei'을 직역한 '귀족당'으로 표기하되, '귀족당'이 당대 일본의 특정 정치세력을 지칭하는 고유명사가 아님을 밝혀두는 바임.

2 [감교 주석] 정한론(征韓論)

발췌문

A. 4222에 첨부

베이징, 1874년 8월 2일

독일제국 대리공사, 홀레벤 귀하

5월에 제1 비서 야나기와라[3]가 일본 정부의 특별[*sic.*][4] 전권대사로서 통역관을 대동하고 총리아문(외무부)에 나타나 직접 우리에게 세 가지 질문을 던졌습니다.

1) pp.

2) 조선이 모든 정부 업무와 행정 업무에서 자주적인가?

3) pp.

저희는 그들과 담화를 나누며, 우리에게 이런 질문을 하는 이유와 저의를 설명해줄 것을 요청했습니다. 그러자 야나기와라는 통역관의 입을 빌려 답변했습니다.

조선과 관련해 일본은 청국의 우호적인 중재를 희망하고 있습니다.

궁친왕[5]

---

3 [감교 주석] 야나기와라 사키미쓰(柳原前光)로 추정.

4 [번역 주석] "Sezial"로 기록되어 있으나 "특별한 Spezial"이라고 추정됨.

5 [감교 주석] 궁친왕(恭親王)

11월 7일

다음의 외교관에게 전달

1. 런던 No.
2. 파리 No.
3. 상트페테르부르크 No.
4. 빈 No.
5. 로마 No.
6. 콘스탄티노플 No.
7. 부쿠레슈티 No.
8. 베른 No.
9. 브뤼셀 No.
10. 헤이그 No.
11. 코펜하겐 No.
12. 스톡홀름 No.
13. 마드리드 No.
14. 리스본 No.
15. 워싱턴 No.
16. 뮌헨 No.
17. 슈투트가르트 No.
18. 카를스루에 No.
19. 다름슈타트 No.
20. 드레스덴 No.
21. 함부르크 No.
22. 올덴부르크 No.
23. 바이마르 No.
24. 바세비츠 No.

21

원문 p.433

조선과의 관계에 대하여

발신(생산)일	1874. 9. 30	수신(접수)일	1874. 12. 21
발신(생산)자	브란트	수신(접수)자	비스마르크
발신지 정보	에도 주재 독일 공사관	수신지 정보	베를린 정부
	No. 260		A. 5367
메모	1월 7일 함부르크 발송		

A. 5367 1874년 12월 21일 수신

에도, 1874년 9월 30일

No. 260

베를린, 비스마르크 각하 귀하

본인은 조선의 상황과 관련한 금년 6월 27일 자 (암호화된) 훈령 No. 3을 수령했음을 삼가 각하께 보고드리게 되어 영광입니다. 그리고 훈령에서 제시하는 관점을 명령으로 받아들일 것을 숨기지 않겠습니다. 그러나 본인은 감히 다음과 같은 사실을 삼가 각하께 상기시켜 드리고 싶습니다. 금년 3월 30일의 보고서 No. 73에서 본인은 특정 상황에서는 조선에 대한 조약 열강들의 집단행동이 바람직하면서도 불가피해 보이는 이유에 대해 말씀드렸습니다. 그 이유는 조선과 그 이웃국가들 사이의 관계에 있지 않습니다. 그보다는 조선의 고립이 일본과 청국에서 외국에 적대적인 파벌들에게 힘을 실어준다는 사실에 있습니다. 조선이 고립되지 않는다면, 그들은 결코 그런 힘을 확보하지 못할 것입니다. 또한 이런 상태가 지속되는 경우에는 이 두 국가와 조약 열강들 사이의 관계를 위협할 것입니다.

리델[1] 주교에 의해 처음 유포된 조선의 정권교체[2] 소식들에 대해 말씀드리자면, 그것들은 사실에 기인하고 있는 듯 보입니다. [본인이 일본 외무경[3]에게 들은 바에 따르면, 그것들은 적어도 의심의 여지가 없는 듯합니다. 일본 외무경은 조선으로부터 그에 대한

---

1 [감교 주석] 리델(F. C. Ridel)

2 [감교 주석] 1873년 대원군의 퇴진과 고종의 친정

3 [감교 주석] 데라지마 무네노리(寺島宗則)

보고를 받았습니다. 조선의 전 섭정[4]은 실각했으며, 이미 왕위 계승자로 내정되어 있던 그의 아들이 대비[5]의 섭정하에 왕으로서 조선 정부를 이끌고 있습니다.[6]

새 조선 정부가 외국에 대해 우호적이라는 말도 최소한 어느 정도까지는 사실인 것 같습니다.] 본인은 이와 관련해 일본 신문 기사의 번역문을 삼가 동봉하는 바입니다. 이 기사는 개인적으로 과도하게 찬양하는 면이 없지 않습니다. 하지만 그 점을 제외하면, 조선 당국 측에서 일종의 화해 시도를 한 듯 보입니다. 일본 외무경은 이 기사의 내용이 대체로 사실임을 본인에게 확인해 주었습니다.

브란트

조선과의 관계에 대하여

No. 260의 첨부문서
번역문

1874년 9월 28일의 닛신신지시[7] 기사
조선 소식

우리 황국은 나날이 부강해졌으며 대만 섬과 전쟁을 치렀다. 그에 이어 우리 황국이 조선과도 전쟁을 벌일 것을 지금 조선이 두려워한다는 소식이 도착했다. 조선은 지금까지 무역을 이끈 훈도와 통역관 안동준[8]이 조선의 이익을 위태롭게 한 것을 후회하고 있다. 그래서 이들 관리들의 관직을 박탈하고 그들을 구금했으며, 이제 두 번째로 이웃국가와 우호관계를 맺고 싶어 한다는 것이다.

정확한 내용은 다음과 같다.

금년 6월 외무성의 6등급 관리 모리야마 시게루[9]가 조선으로 떠났다. 다행이도 모리

---

4 [감교 주석] 홍선대원군(興宣大院君)
5 [감교 주석] 신정왕후(神貞王后) 조 씨, 대왕대비 조 씨(조 대비)
6 [감교 주석] 고종 친정 이전에 이미 대왕대비 조 씨의 섭정이 끝남. 고종은 이미 성년이 지났기 때문에 섭정을 할 필요가 없었음. 즉 보고서의 내용은 조선에 대한 잘못된 정보에 기인함.
7 [감교 주석] 닛신신지시(日新眞事誌)
8 [감교 주석] 왜학훈도 안동준(安東晙)

야마는 조선에서 국가의 안녕에 대한 의견이 매우 분분하던 시기에 도착했다. 모리야마는 대만 원정이 승리로 끝난 후 재앙의 파고가 곧 조선으로 몰려오지 않을까 조선인들이 걱정하는 것을(다시 말해, 말 그대로 조선이 일본의 막강한 위세를 느낀다는 것을) 알아챘다.

그(모리야마)는 이 좋은 기회를 이용해, 여러 문제에 대해 논평하고 정의와 불의, 옳고 그름에 대해 조목조목 논의하고 황국 군대의 막강한 명성을 조선인들에게 설득시켰다. 이제 조선인들은 오랫동안의 고집스런 꿈에서 깨어나 진실을 향해 다시 마음을 열기 시작했다. 1868년부터 우리 일본을 적대적인 눈으로 보고 양국의 감정을 완고하게 만들고 특히 가장 적대적인 태도를 보인 고약한 관리들 중에서, 동래부사[10]는 한직으로 좌천되었고 훈도는 구금되었으며 통역관 안동준은 돌감옥에 수감되었다.[11] 모든 가담자들은 체포되고 가산은 몰수되었다. 그리고 훈도와 안동준은 범죄행위가 워낙 지대한 까닭에 우리 일본을 위해 속죄하도록 참수해서 그 머리를 효수하기에 이르렀다. 이제 조선 민족은 기쁨에 들떠 눈을 떴으며 성대한 기쁨의 향연을 벌일 것이다.

그 후로 조선인들은 모리야마에게 특별히 친절을 베풀고 후회와 순종의 표현을 내보이며 이웃국가와의 우의를 새로이 다지길 열렬히 바라고 있다.

아, 모리야마가 그런 공적을 통해 양국의 우의를 새롭게 다지고 우리 일본의 명성을 우주 드높이 세계만방에 떨치게 했다는 것은 그야말로 찬란한 소식이 아니겠는가? 그는 양국의 병사 수백만 명을 오욕으로 끌어들이지도 않았으며, 단 한 명의 병사도 희생하지 않고 단 한 방의 총성도 울리지 않게 했다.

나는 내 귀로 들은 이 기쁘기 한량없는 소식을 글로 써서 모든 이들과 함께 내 기쁨을 나누려 했다.

번역
켐퍼만

9 [감교 주석] 모리야마 시게루(森山茂)

10 [감교 주석] 정현덕(鄭顯德)

11 [감교 주석] 독일외교관이 왜학훈도로서 역관의 업무를 수행한 안동준을 '훈도'와 '통역관'으로 별도로 인식하고 해석한 것으로 보임.

22

원문 p.436

[일본 사가의 난과 정한론의 연관성]

발신(생산)일	1874. 11. 15	수신(접수)일	1875. 1. 8
발신(생산)자	브란트	수신(접수)자	비스마르크
발신지 정보	에도 주재 독일 공사관	수신지 정보	베를린 정부
	No. 279		A. 125

발췌문

A. 125 1875년 1월 8일 수신

에도, 1874년 11월 15일

No. 279

베를린, 비스마르크 각하 귀하

대체로 이곳에서는 일본 정부가 남부 지방의 심각한 폭동[1]과 조선 원정[2] 사이에서 조만간 결정을 내릴 것이라고 보고 있습니다. 그리고 후자를 선택할 가능성이 더 많다고 예측하고 있습니다. 본인은 이런 견해에 동조하지 않을 수 없습니다.

브란트

1 [감교 주석] 사가(佐賀)의 난

2 [감교 주석] 정한론(征韓論)

1월 15일

다음 외교관들에게 전달

1. 런던 No.
2. 파리 No.
3. 상트페테르부르크 No.
4. 빈 No.
5. 로마 No.
6. 콘스탄티노플 No.
7. 부쿠레슈티 No.
8. 베른 No.
9. 브뤼셀 No.
10. 헤이그 No.
11. 코펜하겐 No.
12. 스톡홀름 No.
13. 마드리드 No.
14. 리스본 No.
15. 워싱턴 No.
16. 뮌헨 No.
17. 슈투트가르트 No.
18. 카를스루에 No.
19. 다름슈타트 No.
20. 드레스덴 No.
21. 함부르크 No.
22. 올덴부르크 No.
23. 바이마르 No.
24. 바세비츠 No.

23

원문 p.438

〈상트페테르부르크 저널〉 기사에 실린 조선의 상황

발신(생산)일	1875. 1. 5	수신(접수)일	1875. 1. 9
발신(생산)자	알펜스레벤	수신(접수)자	비스마르크
발신지 정보	상트페테르부르크 주재 독일 대사관	수신지 정보	베를린 정부
			A. 152

A. 152 1875년 1월 9일 수신, 첨부문서 1부

상트페테르부르크, 1875년 1월 5일

베를린, 비스마르크 각하 귀하

본인은 1875년 1월 3일과 1874년 12월 22일 자 상트페테르부르크 저널[1]의 기사를 삼가 각하께 전하게 되어 영광입니다. 이 기사는 현재의 한반도 상황에 대해 논하고 있습니다. 그리고 1874년 11월 6일과 10월 25일 요코하마발 통신을 인용함으로써 관심을 끌고 있습니다. 상트페테르부르크 저널에 보도되는 동아시아 상황 관련 대부분의 소식들처럼, 이 통신 역시 이곳 외무성의 동아시아국에서 공적인 보고를 토대로 작성한 것입니다.

이 기사는 먼저 조선의 과거와 최근의 변혁[2]들을 짧게 돌아보는 것으로 시작됩니다. 이 기사 내용에 의하면, 지금의 청국과 일본에 대한 조선인들의 반감은 주로 옛 전통에 대한 집착에서 기인한다는 것입니다. 그 전통에 따르면, 조선인들은 청국의 만주 왕조를 왕위 찬탈자[3]로, 일본의 최근 발전[4]을 위험한 개혁으로 봅니다. 과거 청국과 일본이 그랬듯이 조선에서는 지금도 모든 낯선 것을 엄격하게 배척하고 있습니다.

알펜스레벤

내용: 〈상트페테르부르크 저널〉 기사에 실린 조선의 상황

A. 152의 첨부문서, 첨부문서의 내용(원문)은 독일어본 439~441쪽에 수록.

1 [감교 주석] 상트페테르부르크 저널(Journal de St. Petersburg)
2 [감교 주석] 흥선대원군의 퇴진과 고종의 친정
3 [감교 주석] 청나라가 명나라를 멸망시킨 행위
4 [감교 주석] 메이지유신

1월 18일

다음 외교관들에게 전달

1. 런던 No.
2. 파리 No.
3. 상트페테르부르크 No.
4. 빈 No.
5. 로마 No.
6. 콘스탄티노플 No.
7. 부쿠레슈티 No.
8. 베른 No.
9. 브뤼셀 No.
10. 헤이그 No.
11. 코펜하겐 No.
12. 스톡홀름 No.
13. 마드리드 No.
14. 리스본 No.
15. 워싱턴 No.
16. 뮌헨 No.
17. 슈투트가르트 No.
18. 카를스루에 No.
19. 다름슈타트 No.
20. 드레스덴 No.
21. 함부르크 No.
22. 올덴부르크 No.
23. 바이마르 No.
24. 바세비츠 No.

원문 p.443

24
일본과 조선의 관계에 대하여

발신(생산)일	1874. 11. 29	수신(접수)일	1875. 1. 14
발신(생산)자	브란트	수신(접수)자	비스마르크
발신지 정보	에도 주재 독일 공사관	수신지 정보	베를린 정부
	No. 286		A. 263

A. 263 1875년 1월 14일 수신

에도, 1874년 11월 29일

No. 286

베를린, 비스마르크 각하 귀하

본인은 9월 30일의 No. 260 보고서에서 일본과 조선의 관계에 대해 삼가 보고드린 바 있습니다. 그에 이어, [본인이 일본 외무성으로부터 입수한 정보에 따르면 그와 관련된 갈등이 머지않아 해결될 가능성이 높다는 소식을] 오늘 삼가 각하께 알려 드리게 되어 영광입니다.

본인의 지난번 보고들을 통해 각하께서도 아시는 바와 같이, 원래 그 분쟁은 조선 당국이 오로지 쓰시마[1] 번주하고만 교류하는 것이 관례라는 구실을 들어 천황의 서한을 거절한 것에서 시작되었습니다.[2] 이 서한 및 그 후의 서한들에서 일본 정부는 일본의 각기 현들에게 소식을 보낼 것을, 다시 말해 동아시아식 사고방식에 따르면 일본의 주권을 인정할 것을 요구했습니다. 그러나 이 요구는 전혀 논의되지 않았고 당연히 분쟁의 발생에 상당 부분 일조했습니다.

현재 본인이 들은 바와 같이, 조선 정부는 직접 천황 정부와 교류하겠다고 이미 선언했습니다. 그에 대해 천황 정부 측에서는 그 밖의 모든 요구와 주장을 포기하고 있습니다. 그러므로 중심인물로서 쓰시마 번주의 역할이 중단되고 부산 부두의 영업소에 주재하는 일본 관리들이 앞으로는 쓰시마 번주가 아니라 일본 정부에 소속된다는 점에서만

1 [감교 주석] 쓰시마(對馬島)

2 [감교 주석] 조선 정부의 일본 서계 접수 거절

일본과 조선의 관계에 변화가 있을 것입니다.[3]

조선 정부의 양보, 일본과의 무역을 위한 여러 항구의 개항 등등에 대해 현재 떠도는 온갖 소문들은 바로 여기에서 기인할 것입니다.

브란트

내용: 일본과 조선의 관계에 대하여

3 [감교 주석] 메이지유신 이후 일본 정부는 쓰시마 번주가 행사하였던 대조선 외교 교섭을 외무성으로 귀속시켰음. 위 문서는 그 내용을 담고 있음.

문서 I. A. A. a. 35.

3월 31일 다음 외교관들에게 전달

1. 런던
2. 파리
3. 상트페테르부르크
4. 빈
5. 로마
6. 콘스탄티노플
7. 부쿠레슈티
8. 베른
9. 브뤼셀
10. 헤이그
11. 코펜하겐
12. 스톡홀름
13. 마드리드
14. 리스본
15. 워싱턴
16. 뮌헨
17. 슈투트가르트
18. 카를스루에
19. 다름슈타트
20. 드레스덴
21. 함부르크
22. 올덴부르크
23. 바이마르

그리고 바세비츠

25

원문 p.445

일본 무사의 분위기와 조선 원정에 관하여

발신(생산)일	1875. 1. 31	수신(접수)일	1875. 3. 22
발신(생산)자	브란트	수신(접수)자	비스마르크
발신지 정보	에도 주재 독일 공사관	수신지 정보	베를린 정부
	No. 23		A. 1534

A. 1534 1875년 3월 22일 수신

에도, 1875년 1월 31일

No. 23

베를린, 비스마르크 각하 귀하

본인은 대만 원정과 여기에서 비롯된 청국과의 갈등에 대해 이미 여러 차례 각하께 보고드리는 영광을 누렸습니다. 그리고 모든 보고서에서 사무라이, 즉 남부 지방의 분위기[1]가 일본 정부로 하여금 대만 원정을 감행하게 만든 주요 이유 중의 하나였다고 말씀드렸습니다. 또한 그곳 주민들 중에서 현재 가장 결정적인 영향력을 행사하는 일파들이 청국과의 합의를 어떻게 받아들일지 두고 봐야 할 것이라고도 말씀드렸습니다.

현재까지 남쪽에서 들려온 약간의 소식으로 미루어 보아, — 겨울은 일본에서 정치적 소요에 적당한 시기가 아닙니다 — 그곳에서는 일본 정부의 정책에 별로 만족하지 않고 조선 원정을 촉구하고 있는 것 같습니다. 저명한 정부 요인 두 명, 베이징에서 조약 체결의 협상을 주도한 내무경 오쿠보[2]와 공부경[3] 이토[4]가 남쪽 사무라이의 대변인들과 협의하기 위해 현재 오사카에 머물고 있습니다. 본인이 판단하기에 일본 정부가, 적어도 다수의 일본 각료들이 새로운 원정을 기피하는 것에는 의심의 여지가 없습니다. 이러한 추측은 대만 원정에 단호하게 반대한 탓에 관직에서 물러난 전직 문무경[5] 기도 다카요시[6]에

1 [감교 주석] 사가(佐賀)의 난
2 [감교 주석] 오쿠보 도시미치(大久保利通)
3 [감교 주석] 공부경(工部卿)
4 [감교 주석] 이토 히로부미(伊藤博文)
5 [감교 주석] 문무경(文部卿)

게 다시 오사카에 갈 것을 요구한 사실을 통해서도 입증됩니다. 현재 기도는 니카타[7]현에 머물고 있습니다.

지금으로서는 어떤 논의 결과가 나올지 예상하기 어렵습니다. 그러나 사무라이들은 조선 원정을 강력히 요구하고 있는 듯 보입니다. 일본 정부가 대체로 조선과 대화를 나눌 용의가 있는데도, 몇몇 정부 요인들은 남쪽 사무라이들의 결연한 요구사항을 단호하게 물리치지 않는 편이 적절하다고 여기는 것 같습니다. 대장경[8] 오쿠마[9]의 명백한 영향력은 남쪽 불만세력의 온건파와 교분을 맺고 있는 것에 상당 부분 근거하고 있습니다. 오쿠마가 정부 요원들 가운데 맨 먼저 앞장서서 조선 원정[10]의 옹호자로 나설 것이라고 예측됩니다. 그리고 거의 오쿠마 혼자서 대만 원정을 실행에 옮겼기 때문에 조선 계획으로도 비슷한 성공을 거두지 않을 이유가 없습니다.

브란트

내용: 일본 무사의 분위기와 조선 원정에 관하여

---

6 [감교 주석] 기도 다카요시(木戸孝允)

7 [감교 주석] 니가타(新潟)

8 [감교 주석] 대장경(大藏卿)

9 [감교 주석] 오쿠마 시게노부(大隈重信)

10 [감교 주석] 정한론(征韓論)

26

원문 p.447

조선의 상황

발신(생산)일	1875. 7. 2	수신(접수)일	1875. 8. 26
발신(생산)자	브란트	수신(접수)자	뷜로
발신지 정보	베이징 주재 독일 공사관	수신지 정보	베를린 외무부
			A. 3978

A. 3978 1875년 8월 26일 수신, 첨부문서 1부

베이징, 1875년 7월 2일

베를린, 뷜로 외무장관 각하 귀하

선황제[1]의 서거와 현 황제[2]의 즉위 사실을 통지할 목적으로 조선에 파견된 외교사절 밍안[3]이 무사히 임무를 완수했습니다. 본인은 이에 대한 보고서의 번역문을 삼가 각하께 동봉하게 되어 영광입니다. 해당 외교사절이 여행에 대해 기술한 원고를 인쇄해서 발표하는 것이 이곳의 관례입니다. 본인은 이 원고가 적어도 지리적으로 흥미로운 내용을 상세히 담고 있기 때문에 그것을 입수하고자 합니다.

이곳 가톨릭 주교의 호의 덕분에 본인은 현재 조선 국경 근처에 머물고 있는 리델[4] 주교의 서신을 볼 수 있었습니다. 본인은 리델 주교가 금년 2월 말에 보낸 그 서신을 통해 그 밖의 조선 상황에 대해 알게 되었습니다. 리델 주교는 섭정[5]이 권력을 상실하고 젊은 왕[6]이 통치하게 된 조선의 변혁이 외국인들과 기독교인들에게 우호적인 추세라고 여전히 믿고 있습니다. 젊은 왕이 앞으로는 자신의 명시적인 허가 없이는 종교 때문에 기독교인들의 사형을 집행하는 일이 있어서는 안 된다는 명령을 내렸다고 합니다. 그러나 리델 주교는 젊은 왕의 이런 명령 말고는 조선의 변혁이 외국인들과 기독교인들에게

1 [감교 주석] 동치제(同治帝)
2 [감교 주석] 광서제(光緖帝)
3 [감교 주석] 밍안(銘安)
4 [감교 주석] 리델(F. C. Ridel)
5 [감교 주석] 흥선대원군(興宣大院君)
6 [감교 주석] 고종(高宗)

우호적이라는 다른 증거를 제시하지 못하고 있습니다.

그 밖에 리델 주교의 말에 의하면, 조선 정부는 외국 열강과 조약을 맺는 문제에 대해 청국 정부에 문의했다고 합니다. 그리고 청국 정부는 이렇게 조언했다는 것입니다. "외국 열강들과 일단 가까이 관계를 맺어 보면, 그들이 언뜻 보이는 만큼 나쁘지 않다." 리델 주교는 이런 진술에 대한 근거를 제시하지 못했으며, 본인도 그와 관련해 이곳에서 아무것도 알아낼 수 없었습니다. 그러나 외국 열강과 조약을 맺는 것에 대해 청국 측에서 조선 정부에 조언했을 가능성이 없는 것은 아닙니다. 만일 일본이 조선을 합병하려는 야욕[7]을 드러내는 경우 그것이 조선을 위한 가장 확실한 방패막이라고 보기 때문입니다. 베이징에서는 일본인들의 조선 침략이나 정복보다는 조약에 따른 외국인들과의 제한된 교류를 무조건 선호할 것입니다.

또한 이와 비슷한 내용의 진술들이 영국계 중국 신문들에서 대부분 Philocoreanus라고 서명된 기사를 통해 여러 차례 유포되었습니다. 이런 기사들의 표현은 리델 주교가 이곳 주교에게 보낸 소식들의 표현과 눈에 띄게 일치합니다. 따라서 본인은 이 둘이 동일한 출처, 즉 가톨릭 선교단에서 유래한다고 추정하고 싶습니다. 그러므로 유럽의 신문들이 만일 그에 대해 보도한다면 신중을 기해야 할 것입니다.

본인의 소견에 의하면. 조선에서 외국인들에게 우호적인 경향은 최소한 당분간은 외부로부터의 강제적인 동기 없이 외국인들에게 문호를 개방할 만큼 강력하지는 않을 것입니다.

브란트

내용: 조선의 상황

---

7 [감교 주석] 정한론(征韓論)

1875년 7월 2일의 보고서 I. Ⅲ의 첨부문서
번역문

베이징 관보의 육필 기사
1875년 6월 27일
(광서 1년 5월 24일)

폐하의 종복 밍안이 다음과 같이 아뢰니다.

소신은 서거하신 선황제[8]의 마지막 교지와 폐하의 즉위[9] 칙령을 알리기 위해 폐하의 특사로서 부관 리루이[10]를 데리고 조선으로 떠나는 존귀한 임무를 부여받았습니다. 소신은 그 임무를 부여받은 후, 길 떠나는 날에 대해 이미 삼가 폐하께 보고드렸습니다. 그리고 4월 12일(1875년 5월 16일)에 리루이와 함께 조선 궁궐에 도착했음을 이제 보고드리려 합니다. 그리고 소신은 부여받은 존귀한 임무를 좇아 조선 왕과 조선 조정에 선황제의 마지막 교지와 폐하의 즉위 칙령을 알렸습니다. 조선 왕과 조선 조정은 이 통지를 공손하게 받아들였습니다. 그와 동시에 전통적인 의식이 모든 점에서 합당하게 이루어지는 것을 지켜볼 수 있었습니다.

이튿날 소신들은 곧 귀로에 올랐습니다. 폐하의 종복들은 5월 5일(1875년 6월 8일) 다시 목단[11]에 도착했습니다. 5월 6일(6월 9일)에 소신은 그곳에서 새로이 부여받은 관직을 넘겨받았습니다. 소신의 부관 리루이는 직접 폐하께 보고드리기 위해 베이징으로 돌아갔습니다.

원문에 의거해 정확하게 번역했습니다.
아렌트

8 [감교 주석] 동치제(同治帝)
9 [감교 주석] 광서제(光緒帝)
10 [감교 주석] 리루이(立瑞)
11 [감교 주석] 목단(牧丹)

27
원문 p.450

사쓰마 반란 및 조선과의 갈등에 대한 소문

발신(생산)일	1875. 8. 10	수신(접수)일	1875. 10. 8
발신(생산)자	홀레벤	수신(접수)자	비스마르크
발신지 정보	에도 주재 독일 공사관	수신지 정보	베를린 정부
	No. 187		A. 4724
메모	10월 24일 상트페테르부르크 전달		

A. 4724 1875년 10월 8일 수신, 첨부문서 1부

에도, 1875년 8월 10일

No. 187

베를린, 비스마르크 각하 귀하

사쓰마[1]에서 반란이 임박했다는 소문이 이곳에 심심찮게 나돌고 있습니다. 최근의 우편물과 함께 이곳에 도착한 유럽 신문들로 미루어, 그런 소문들이 유럽 언론에까지 이른 듯 보입니다. 특히 예전에 사쓰마 영주였던 시마즈 사부로[2]가 현 일본 정부에게 적대적인 입장을 취했다는 이야기가 돌고 있습니다. 그런 식의 완전히 대담한 소문들이 몇 주일의 규칙적인 간격을 두고 이곳에서 반복되고 있습니다. 본인은 지금까지 그에 대해 보고할 필요성을 느끼지 못했습니다. 이곳에 살고 있는 외국인 측에서 통찰하는 한 일반적으로 상황의 변화가 없었기 때문입니다. 한편으로는 언제든지 반란을 가능하게 할 만큼 많은 불만의 씨앗이 사쓰마에 쌓여 있다는 것에는 의심의 여지가 없습니다. 또한 다른 한편으로는 혁명이 일어나는 경우에 이곳 정부의 위상이 극도로 위험해 질 수 있는 것도 사실입니다. 그러나 이런 일들은 전혀 새로운 사실이 아닙니다. 본인이 이미 말씀드린 바와 같이, 이러한 상태는 이따금 다소간 근거 있는 소문들을 야기합니다. 이곳의 언론이 먼저 그런 소문들을 다루고, 그러면 그 소문들은 과장되고 확대되어 유럽 언론으로 넘어갑니다.

---

1 [감교 주석] 사쓰마(薩摩)

2 [감교 주석] 시마즈 사부로(島津三郎), 본명은 시마즈 히사미쓰(島津久光)

특히 시마즈 사부로의 지위에 대해 말하면, 각하께서 당시의 변리공사 브란트[3]의 작년 5월 5일 자 보고서 No. 113을 통해 아시게 된 것처럼,] 그는 현 정부에 의해 태정관[4]의 일원으로 위촉되었습니다. 그 이래로 시마즈 사부로는 모든 공적인 일에서 물러났으며, 다만 최근에 몇 번 태정관 회의의 모임에 참석했을 뿐입니다. 또한 얼마 전에는 여러 차례 천황의 영접을 받았습니다. 이것으로 보아 어쨌든 현 정부에 대한 시마즈의 태도는 적대적이기보다는 좀 더 유화적이라고 추측할 수 있습니다. 이제 시마즈의 천황 알현은 그가 새로운 군사작전, 정확히 말하면 이번에는 조선에 대한 군사작전과 관련해 정부와 논의 중이라는 뜻으로 이곳에서 다시 해석되었습니다.

이곳에서 항상 전쟁에 대한 소문은 반란이 임박했다는 소문과 병행하고 있습니다. 그리고 이것은 매우 당연합니다. 현 정부가 계획하거나 수행한 모든 군사작전은 동요하는 무사계급에 일거리를 제공하려는 단 한 가지 목적밖에는 없기 때문입니다. 그래서 지금도 조선과의 전쟁 계획이 반복해서 화제에 오르고 있습니다. 그러나 결정적인 부서에서 그 프로젝트를 진지하게 다룬 징후는 현재까지 보이지 않습니다. 지난달 이곳의 일본 신문을 통해 명백히 의도적으로 보도된 편지 한 통이 조선과의 전쟁 소문에 대한 최초의 동기를 제공했습니다. 그 편지는 조선에서 나가사키로 돌아온 일본인의 편지였는데, 그는 조선과의 전쟁을 피할 수 없는 것으로 간주했습니다. —

본인은 그 글의 독일어 번역문을 삼가 첨부문서로 동봉합니다. — 그 글에 이어 수많은 신문 기사들이 쏟아져 나왔습니다. 그러나 현재로서는 그 모든 것에 현실적인 근거가 없는 듯 보입니다. 본인은 일본 정부 측에서 만일의 경우를 대비해 원정 계획[5]에 관심을 기울일 가능성이 매우 다분하다고 여깁니다. 그러나 조선 해안의 상태를 좀 더 상세히 알기 위해서 작은 군함 몇 척을 조선 해역에 보내는 것 말고는 다른 진척이 없다고 믿습니다. 대장경[6] 오쿠마[7]는 예전에 대만 원정을 위해 많은 노력을 기울였습니다. 그는 두 번째로 그런 일을 감행하고는 싶지만 적어도 현재로서는 그럴 자금이 없다고 본인에게 솔직히 털어놓았습니다. 그런데도 일본 정부는 위급한 경우에 조선 원정을 과감하게 실행에 옮길 것입니다. 그런데 이 위급한 경우가 과연 발생할 것인지, 또 언제 발생할 것인지에 대해서는 현재로서는 판단할 수 없습니다. 사할린과 쿠릴열도에 대한 러시아와의

3 [감교 주석] 브란트(M. Brandt)
4 [감교 주석] 태정관(太政官)
5 [감교 주석] 정한론(征韓論)
6 [감교 주석] 대장경(大藏卿)
7 [감교 주석] 오쿠마 시게노부(大隈重信)

협상 대부분이 본인은 오늘 날짜의 보고서에서 – No. 186 – 이것에 대해서도 마찬가지로 보고했습니다. 조선과의 전쟁 계획에 대한 소문을 새롭게 조장하고 새로운 방향을 제시하는 것은 자명합니다. 그러나 러시아와의 협정이 이곳 일본 정부가 조선과의 관계를 결정하는 데 어떤 식으로든 영향을 미치기에 적합하다는 근거는 전혀 없습니다.

홀레벤

내용: 사쓰마 반란 및 조선과의 갈등에 대한 소문, 첨부문서 1부

No. 187의 첨부문서

번역문

사본

도쿄니치니치신문[8]

1875년 7월 14일

우리는 일본 왕국 전체의 안전이나 위험에 매우 중요한 듯 보이는 소식을 다음과 같이 보도한다.

"………… 5월 25일 우리는 부산(항)에 도착했습니다. 여러분들이 예전부터 알고 있는 바와 같이, 양측 관계에 대한 협상을 종결해야 하는 시점이 임박해 있었습니다. 그러므로 우리는 잠시 더 그곳에 머물라는 요청을 받았습니다. 그래서 우리가 그곳 항구에 정박해 있는 동안, 6월 12일에 다른 선박 Tebōkan이 도착했습니다.

우리 배가 북쪽을 향해 그곳을 출항해서 Keisho가[9], Uruzan가, Keijits 지방, Sekko, Gekko, Kankio-가, 조선의 북서쪽 해안의 Rasarets항을 지나 Kokurio Amur강 인근까지 두루 항해하는 동안, Tebōkan호는 수심을 측정하기 위해 부산항에 머물렀습니다. 나중에 우리는 Keikido[조선의 수도로 이어지는 길]로 가기 위해 부산항으로 돌아갔습니다.

---

8 [감교 주석] 도쿄니치니치신문(東京日日新聞)

9 [감교 주석] 도로를 의미함.

…… 29일에 모리야마[10] 소승[11]와 7등급 관리 히로쓰[12]를 비롯한 모든 사람들이 일본 관청을 떠났습니다. 그리고 히로쓰는 빠른 시일 내에 도쿄로 돌아가기 위해 혼자 급히 서둘러 Hiakujiu maru호로 갔습니다.

우리 배는 임시로 나가사키에 입항했으며 정부로부터 전신으로 다른 명령을 받았습니다. 이제 본인은 조속한 시일 내로 전쟁이 결의될 것이 확실하다고 믿습니다.

그 밖에도 본인은 조선의 상황에 대해 더 상세한 내용을 알릴 계획이었습니다. 그러나 지금 급히 서둘러야 하는 탓에 그럴 시간이 없습니다."

원문에 의거 정확히 번역함.

크리엔

---

10 [감교 주석] 모리야마 시게루(森山茂)

11 [감교 주석] 외무소승(外務少丞)

12 [감교 주석] 히로쓰 히로노부(廣津弘信)

베를린, 1875년 10월 24일

A. 4724

주재 외교관 귀중
1. 상트페테르부르크 No. 792
2. 베이징 No. 17

본인은 일본의 조선 원정에 대한 소문들과 관련해 에도 주재 독일제국 대리공사의 금년 8월 10일 자 보고서 사본을 참조하시도록 기밀문서로 삼가 귀하께 전달합니다.

I. A.

28

원문 p.454

[운요호 사건에 관한 건]

발신(생산)일	1875. 10. 2	수신(접수)일	1875. 11. 21
발신(생산)자	홀레벤	수신(접수)자	비스마르크
발신지 정보	에도 주재 독일 공사관	수신지 정보	베를린 정부
	No. 228		A. 5534

A. 5534 1875년 11월 21일 수신, 첨부문서 1부

에도, 1875년 10월 2일

No. 228

베를린, 비스마르크 각하 귀하

지난달 29일 일본 신문들은 얼마 전 일본인들과 조선인들 사이에서 충돌[1]이 일어났다고 보도했습니다. 이곳 일본 정부는 이 소식을 지난달 28일 나가사키로부터 전신으로 받았다고 합니다. 본인은 이 기사의 독일어 번역문을 삼가 동봉하는 바입니다.

29일에 이미 본인은 이 소식이 사실에 기인하는지 알아보기 위해 통역관 크리엔[2]을 일본 외무성에 보냈습니다. 외무성의 담당 관리는 실제로 그런 내용의 급보가 도착했다고 크리엔에게 설명했습니다. 아직까지 더 이상의 소식은 없지만, 그 갈등에 연루된 포함의 선장이 수일 내로 이곳에 도착하리라고 예상되고 있습니다. 일본 정부는 그들의 행동에 대해 아직 결정을 내리지 않았습니다. 그러나 이 예상치 못한 돌발사건으로 인해, 사무라이들이 오래전부터 바란 조선 원정이 촉구될 가능성이 충분히 있습니다. 이 사건에 대해서는 차후 다시 보고드리겠습니다.

홀레벤

1 [감교 주석] 운요호(雲揚號) 사건

2 [감교 주석] 크리엔(F. Krien)

No. 228의 첨부문서

사본

번역문

도쿄니치니치신문[3]

1875년 9월 30일

어제부터 다음과 같은 소문이 도쿄 시내에 나돌고 있다.

조선 항구에 정박해 있던 일본 군함 운요호가 이번 달 21일 수심을 측정하기 위해 보트를 바다에 띄웠다. 이 보트들이 측량에 열중해 있는 동안, 갑자기 조선의 성루에서 총알이 날아왔다. 그래서 운요호에서도 총격에 응수하고 병사들을 상륙시켰다. 병사들은 성루에 올라가 성루를 점령하고 조선인들의 막사와 진영을 불태웠다. 곧이어 이 사태는 모리야마[4](조선 주재 일본 이사관)에게 보고되었고, 일본 군함은 즉시 나가사키를 향해 출발했다. 그리고 나가사키에서 28일 저녁 7시 그 돌발사건에 대해 전신으로 정부에 보고했다.

번역

크리엔

3 [감교 주석] 도쿄니치니치신문(東京日日新聞)

4 [감교 주석] 모리야마 시게루(森山茂)

문서 I. A. A. a. 35.

12월 9일
다음의 외교관들에게 전달.

1. 런던
2. 파리
3. 상트페테르부르크
4. 빈
5. 로마
6. 콘스탄티노플
7. 부쿠레슈티
8. 베른
9. 브뤼셀
10. 헤이그
11. 코펜하겐
12. 스톡홀름
13. 마드리드
14. 리스본
15. 워싱턴
16. 뮌헨
17. 슈투트가르트
18. 카를스루에
19. 다름슈타트
20. 드레스덴
21. 함부르크
22. 올덴부르크
23. 바이마르
그리고 바세비츠

29

원문 p.457

조선과의 분규

발신(생산)일	1875. 10. 16	수신(접수)일	1875. 12. 6
발신(생산)자	홀레벤	수신(접수)자	비스마르크
발신지 정보	에도 주재 독일 공사관	수신지 정보	베를린 정부
	No. 241		A. 5790

A. 5790 1875년 12월 6일 수신, 첨부문서 2부

에도, 1875년 10월 16일

No. 241

베를린, 비스마르크 각하 귀하

이번 달 2일, 본인은 일본 포함과 조선 성채 사이의 전투 소식[1]에 대해 – No. 228 – 삼가 간단히 보고드렸습니다. 그 소식은 완전히 사실로 입증되었습니다.

포함의 선장[2]이 직접 태정관에 보고한 데 이어, 일본 정부 측에서 공식적으로 그 사건에 대해 발표했습니다. 그리고 그 사건 전체를 일본인들의 뜻깊은 무훈으로 규정지었습니다. 또한 최초의 소식과는 다르게, 일본인들은 결코 조선 성루 가까이에서 수심을 측정한 적이 없다고 주장하고 있습니다. 따라서 분규의 동기를 제공하지 않았다는 것입니다. 다만 그들은 아무런 악의 없이 물을 긷고 식료품을 마련하기 위해 상륙하려 했을 뿐이라고 합니다. 이 모든 말이 어느 정도까지 사실에 기인하고 있는지 본인으로서는 판단하기 어렵습니다. 일본 군대로서는 즉각 방어할 권리가 있었다는 견해가 일반적으로 호응을 받게 되면서, 이 사건으로 인해 어쨌든 일본 정부의 입지는 매우 탄탄해졌습니다.

지금 말씀드리는 사건에 대한 공식적인 해명을 프랑스어로 옮긴 번역문이 있습니다. 본인은 이 프랑스어 번역문을 신문기사와 함께 삼가 각하께 동봉하게 되어 영광입니다.

이 분규가 어떤 결과를 낳을지 아직은 규정할 수 없습니다. 일본 정부는 분명히 전쟁을 피하기 위해 해야 할 일을 할 것입니다. 그러나 다른 한편으로는 전쟁에 대한 생각을

1 [감교 주석] 운요호(雲揚號) 사건

2 [감교 주석] 이노우에 요시카(井上良馨)

결코 겁내는 것도 아닙니다. 우선 일본 정부는 조선 관청에 해명을 요청하기 위해, 일본인 거류지가 있는 조선의 부산항으로 특별전권대사를 파견했습니다. 그러는 동안 겨울이 다가올 것이고, 일본 정부는 앞으로의 조처에 대해 충분히 심사숙고할 시간을 갖게 될 것입니다.

가령 청국과 영국 사이에서 갈등이 이는 경우에, 이는 일본 정부의 결정에 영향이 없지 않을 것입니다. 그 사이에서 일본 정부는 지금 벌써 전쟁 가능성에 대비해 분주히 군비를 갖추고 있습니다. 상당히 많은 중화기와 군수물자가 남부 지방의 항구로 수송되고, 고급 장교들이 지방을 돌아보며 병력을 점검하고 있습니다. 물론 남부 지방에서는 사무라이들의 불만스런 분위기가 갈수록 확산되고 있습니다. 이런 분위기도 마찬가지로 군비 확장에 동기를 부여했을 수 있습니다. 일본 정부는 남부지방에서 영향을 미치는 모든 요인들을 고려해야 할 것입니다. 그리고 우선은 아주 침착하게 모든 요인들을 고려하고 있는 듯 보입니다. 일본 정부는 작년 청국과의 분규를 계기로 많은 수송선을 구입하고 무기와 탄약을 비축했습니다. 본인은 일본 정부가 예전보다 빠르게 — 물론 여전히 한계가 있기는 하지만 — 군사작전을 수행할 수 있을 것이라고 언급하지 않을 수 없습니다.

일본 정부는 새로운 언론출판법을 통해 일간신문들을 통제할 수 있게 되었습니다. 이러한 상황은 앞으로 일본 정부가 결정을 내리는 데 큰 도움이 될 것입니다. 이곳 일간신문들은 조선과의 돌발사건이 어떤 가능한 결과 내지는 바람직한 결과를 낳을지 제각기 판단하고 있습니다. 본인은 그런 판단의 몇 가지 사례를 삼가 첨부문서로 동봉하는 바입니다. 이 사례들은 예전에 일본 언론에서 흔히 볼 수 있었던 격분의 흔적 없이 찬반에 대해 숙고하고 있다는 점에서 높이 살만 합니다.

홀레벤

내용: 조선과의 분규, 첨부문서 2부

No. 241의 첨부문서 1

첨부문서의 내용(원문)은 독일어본 458~460쪽에 수록.

No. 241의 첨부문서 2

첨부문서의 내용(원문)은 독일어본 460~470쪽에 수록.

30

원문 p.471

[운요호 사건에 관한 건]

발신(생산)일	1875. 10. 16	수신(접수)일	1875. 12. 9
발신(생산)자	브란트	수신(접수)자	비스마르크
발신지 정보	베이징 주재 독일 공사관	수신지 정보	베를린 정부
			A. 5832

A. 5832 1875년 12월 9일 수신

베이징, 1875년 10월 16일

베를린, 비스마르크 각하 귀하

이곳 일본 공사관에 도착한 일본 정부의 급보에 의하면, 9월 21일 서울 강[1] 어구에서 일본 포함과 조선 성채 사이에서 충돌[2]이 있었다고 합니다. 본인은 이 소식을 삼가 각하께 알리게 되어 영광입니다. 일본 포함이 맡은 임무를 수행하고 있는데, 조선 성루에서 포함에 총격을 가했습니다. 일본 포함의 병사들은 육지에 상륙해 조선의 성루를 점령하려 했습니다. 그들은 처음에는 실패했지만 곧이어 하나 이상의 성채를 점령했습니다. 조선 측에서는 13명이 사망하고 20명이 사로잡혔습니다. 일본 측에서는 1명이 사망하고 1명이 부상당했습니다. 조선 성채루서 36개의 총포가 발견되었고, 일본인들은 그중의 한 개를 전리품으로 가져갔다고 합니다.

이곳의 일본 대리공사[3]는 이 돌발사건을 청국 정부에 알리라는 지시를 받았습니다. 청국 정부는 이와 유사한 사건들의 과거 정책을 좇아 이번에도 조선 정부에 대한 통치권과 영향력 행사를 거절할 것이라고 예상됩니다. 그러나 이 사건과 그 가능한 결과, 즉 일본의 조선 원정은 일본과 청국, 양국의 관계를 개선하는 데 거의 기여하지 않을 것입니다.

독일제국 해군본부는 독일제국 군함 "Ariadne"에게 필요한 경우 조선 해안의 수심을 측량하라는 지시를 내린 바 있습니다. 본인은 이런 상황에서 그 지시의 실행을 잠시 보류하는 편이 낫지 않을지 삼가 각하의 고매하신 판단에 맡기는 바입니다.

브란트

1 [감교 주석] 한강

2 [감교 주석] 운요호(雲揚號) 사건

3 [감교 주석] 모리 아리노리(森有禮)

31

원문 p.472

[총리아문에서 운요호 사건 접수]

발신(생산)일	1875. 10. 29	수신(접수)일	1875. 12. 25
발신(생산)자	브란트	수신(접수)자	비스마르크
발신지 정보	베이징 주재 독일 공사관	수신지 정보	베를린 정부
			A. 6110

A. 6110 1875년 12월 25일 수신

베이징, 1875년 10월 29일

베를린, 뷜로 외무장관 각하 귀하

일본 대리공사는 일본 정부로부터 조선에서 일어난 일본인들과 조선인들의 충돌에 대해 총리아문의 대신들에게 알리라는 임무를 부여받았습니다. 금년 10월 16일의 보고서 No. 97과 관련해서, 본인은 총리아문의 대신들이 이 소식을 받았음을 삼가 각하께 알리게 되어 영광입니다. 그러나 대신들은 그 문제에 대해 상세히 논하지는 않았습니다.

브란트

32

원문 p.473

[운요호 사건에 대한 일본 내 반응]

발신(생산)일	1875. 11. 27	수신(접수)일	1876. 1. 16
발신(생산)자	홀레벤	수신(접수)자	뷜로
발신지 정보	에도 주재 독일 공사관	수신지 정보	베를린 외무부
	No. 273		A. 304
메모	1월 17일 상트페테르부르크 31, 런던 38, 워싱턴 11, 베이징 1 전달		

A. 304 1876년 1월 16일 수신, 첨부문서 1부

에도, 1875년 11월 27일

No. 273

베를린, 뷜로 외무장관 각하 귀하

이번 달 14일 자 일본 신문 닛신신지시[1]에 일본과 조선의 관계에 대한 기사가 실렸습니다. 본인은 그 기사의 번역문을 삼가 동봉하는 바입니다. 그 글의 작성자는 이와쿠라[2] 정부의 전직 관료였던 태정관의 기도[3]라고 합니다.

홀레벤은 금년 10월 2일과 16일의 보고서 No. 228과 241에서 조선인들의 일본 군함 운요호 공격에 대해 보고드렸습니다. 그 충돌은 일본인들 측에 영예롭게 끝났습니다. 이와 관련해, 본인은 그런데도 이곳 일본에서 조선과의 전쟁[4]을 촉구하는 더 많은 목소리들이 드높아지고 있다고 삼가 각하께 알리게 되어 영광입니다.

현 일본 정부는 지금으로서는 그 전쟁이 불평분자들을 진정시키고 그들과 화해하고 특히 사무라이들의 관심을 돌리는 유일한 방책이라고 보고 있습니다. 그러므로 현재 상황으로 보아서 본인은 조선 원정이 결정된 것은 아니지만 내년 봄에는 진지하게 고려될 것이라고 믿습니다. 군사 장비와 해운 장비들이 조용히 증강되고 있으며, 일본 정부는 가능한 한 다른 분야에서 절약하려 하고 있습니다.

---

1 [감교 주석] 닛신신지시(日新眞事誌)

2 [감교 주석] 이와쿠라 도모미(岩倉具視)

3 [감교 주석] 기도 다카요시(木戸孝允)

4 [감교 주석] 정한론(征韓論)

전직 워싱턴 주재 대표였으며 지금까지 외무성 대보였던 모리[5]가 얼마 전 베이징 주재 특별공사 겸 전권대신으로 임명되었습니다. 본인은 그 조처가 조선 사건과 직접적인 연관이 있다고 생각합니다. 며칠 전 모리는 공사관 서기관을 대동하고 임지로 출발했습니다. 모리가 우선 조선인들이 일본 국기에 가한 모욕 및 일본인들의 조선 원정에 대해 청국 정부와 협상하는 임무를 띠고 있는 것에는 의심의 여지가 없습니다.

이곳 신문 니치니치신문[6]은 조선과의 분규를 계기로 다음과 같이 말합니다.

"일본이 예상대로 조선에 승리를 거둔다 할지라도 러시아와의 난관에 봉착할 것이다." 그러므로 만일 일본인들은 자신들이 승리자로서 한반도의 일부를 점유할 생각을 한다면, 가령 러시아가 조선과 일본에 어떤 입장을 취할 것인지 분명히 의식하고 있습니다.

본인은 봄이 오기 전에는 결코 싸움이 벌어지지 않을 것이라고 감히 각하께 한 번 더 말씀드리고 싶습니다. 또한 이곳 일본 정부의 예상되는 조처는 일차적으로 모리가 맡은 임무의 결과와 더불어 운남 사건의 다소간 만족스러운 해결에 달려 있을 것입니다. 그리고 이차적으로는 아마 상트페테르부르크로부터의 소식에 달려 있을 것입니다.

아이젠데헤르

No. 273의 첨부문서

사본

번역문

닛신신지시[7] 신문

1875년 11월 14일

지난달 4일 태정관의 한 위원[8]이 산조[9] 태정대신에게 보냈다고 하는 의견서의 주요 내용을 다음과 같이 보도한다.

---

5 [감교 주석] 모리 아리노리(森有禮)

6 [감교 주석] 도쿄니치니치신문(東京日日新聞)

7 [감교 주석] 닛신신지시(日新眞事誌)

8 [감교 주석] 기도 다카요시(木戶孝允)로 추정됨.

9 [감교 주석] 산조 사네토미(三條實美)

“9월 20일 우리의 군함 운요호[10]는 강화도에서 조선인들의 총격을 받았습니다. 우리 병사들은 즉각 반격에 나섰습니다. 그들은 적들의 무기를 탈취하고 적들의 집에 불을 질렀으며 우리 일본의 명예를 실추시키는 일 없이 퇴각했습니다.

몇 년 전부터 우리 정부는 조선과 평화롭고 우의적인 관계하에 살려고 모든 노력을 경주했습니다. 그러나 지금까지 이런 모든 노력들은 만족스러운 결실을 맺지 못했습니다. 그래서 조선과의 관계에 대해 수없이 많은 논의가 이루어졌습니다. 이런 논의들은 일본 왕국에 많은 변화를 일으켰고 심지어는 사가에서 폭동[11]을 야기하기까지 했습니다. 그리고 국론은 여전히 분열되어 있습니다. 그러므로 이번 사건에 대해 아침 일찍부터 저녁 늦게까지 철저하게 심사숙고해서 현명한 조처를 취해야 합니다.

작년의 대만 사건[12]은 우리 일본 국민과 류큐[13]현 사람들에 대한 배신행위에 지나지 않았습니다. 악행이 확인된 후 우리 정부는 좌시하지 않고 끝까지 의무를 다했습니다. 그러나 이번 일은 하찮은 야만인 종족을 상대해야 했던 그때와는 완전히 다릅니다. 우리 일본 국기가 모욕당했고 우리 군함이 공격당했으며 우리 동포들은 여전히 부산(조선의 일본인 거류지)에 있습니다. 그러므로 이 일을 경솔하게 다루어서는 안 될 것입니다. 이것은 배우지 못한 사람들에게도 명확한 사실입니다. 우리 일본의 명예가 손상되지 않고 우리 국민들의 행복이 침해받지 않도록 조처를 취할 때에만 이 문제의 만족스러운 해결이 가능할 것입니다.”

나아가 최종 결정을 내리기 전에 조선인들의 상황과 의도에 대해 정확히 알아야 합니다. 또한 급한 일을 더디게 하거나 급하지 않은 일을 서둘러 하는 일이 없도록 모든 행동을 적절한 순서에 따라 취해야 할 것입니다. 일본 국민들은 대체로 충분히 심사숙고하지 않고 이 사건에 대해 토론하고 있습니다. 그러나 이것은 철두철미한 숙고를 요하는 사건입니다. 정부가 그런 이야기들을 믿고 이 일을 경솔하게 처리하려 든다면, 그 결과가 어떻게 되겠습니까?

그러므로 본인은 우리 정부가 조선의 전반적인 상황과 조선인들의 성향을 정확히 탐문할 것을 요청하는 바입니다. 그런 다음 어떤 조처를 취할 것인지 충분히 검토하고,

10 [감교 주석] 운요호(雲揚號)

11 [감교 주석] 사가(佐賀)의 난

12 [감교 주석] 일본의 대만 침공(1874)

13 [감교 주석] 류큐(琉球)

또 적절한 방책이 결정되면 부디 본인에게 알려주시길 부탁드립니다. 그러면 본인은 모든 힘을 다해 이 사건에 헌신할 것입니다.

서방 국가들이 아주 멀리 떨어져 있는데도, 우리는 그들과 활발히 교류하고 있습니다. 그러므로 이웃국가인 조선이나 청국과도 교류해서는 안 될 이유가 없습니다. 이미 몇 년 전에 본인은 이러한 견해를 표명했습니다. 당시 일본제국 정부는 청국이나 조선과의 우호관계를 모색할 것을 결정했습니다. 그리고 본인은 결국 1871년 12월 이 두 나라에 특별위원을 파견하는 데 기여했습니다.[14] 그러나 청국과는 만족스러운 조약을 체결[15]한 반면, 조선에서의 난관은 극복할 수 없었습니다. 심지어 이제는 전 세계가 조선과의 전쟁 말고는 다른 방법이 없다고 생각하기에 이르렀습니다. 당시 본인은 그 생각에 동의하지 않는다고 선언했습니다. 첫째는 우리 일본의 국내 상황이 충분히 정돈되지 않았기 때문이었습니다. 그러므로 대외전쟁은 마치 누군가가 "이전"이나 "이후"를 혼동하는 것과 같았을 것입니다. — 둘째는 조선의 악행에 대해 충분히 알려지지 않았기 때문입니다. 그러나 조선인들의 최근 행위는 비열한 배신으로 간주해야 마땅할 것입니다. 이제는 본인도 우리 일본의 국내 사정에 구애받지 않고 행동해야 한다고 생각합니다.

그런데 우리는 부산의 일본인 거류지가 파괴되었거나 또는 우리 동포들이 배로 도피하려 한다는 소식은 지금까지 듣지 못했습니다. 그러므로 지금 모든 관계가 이미 단절되었다고 가정할 수는 없습니다.

본인의 판단으로는, 이 사건을 청국 정부에 낱낱이 소상하게 알리는 편이 가장 옳을 것 같습니다. 그리고 청국의 조공국이 부당한 태도를 취한 것에 대해 질책하고, 청국으로 하여금 필요한 조치를 취하도록 자극을 주는 것입니다. 그런 다음 조선이 이 돌발사건에 대해 유감을 표명하고 관례적인 보상을 한다면, 우리 일본의 명예는 결코 손상되지 않은 것입니다. 그리고 우리는 이 일을 해결된 것으로 간주할 수 있습니다. 그런데 만일 청국이 이 일을 거절하고 필요한 조치를 우리에게 맡기면, 그때 비로소 우리는 조선인들에게 문의할 수 있을 것입니다. 그러나 우리는 우호적인 관계를 유지하도록 최선을 다해야 합니다. 그런데도 조선인들이 우리의 항의를 무시하고 보상할 것을 거절한다면, 우리로서는 물론 무력을 동원하는 수밖에 다른 도리가 없습니다. 그러나 이런 경우에는 백퍼센트 승리를 확신하기 위해 전쟁의 필요성을 충분히 숙고하고 올바른 시점을 선택해

---

14 [원문 주석] 청일수호조규 1871년 9월 13일 체결되었음.

15 [감교 주석] 청일수호조규(清日修好條規)

야 할 것입니다. 게다가 본인이 앞서 언급한 바와 같이, 조선의 전반적인 상황과 계획에 대해 정확히 알아봐야 할 뿐만 아니라 매사에 적절한 시기를 강구해야 합니다. 본인은 이 일을 아주 간단하게 여기는 사람이 아니기 때문입니다.

이 일을 본인에게 맡긴다 하더라도, 주요 사항은 정부의 결정에 의해 확정되어야 할 것입니다. 그러면 본인은 나머지를 떠맡아 우리 일본의 명예를 손상시키지 않도록 모든 힘을 다할 것입니다.

번역

크리엔

베를린, 1876년 1월 17일

A. 304

다음 주재 외교관들에게 전달

1. 상트페테르부르크 No. 31
2. 런던 No. 38
3. 워싱턴 No. 11
4. 베이징 No. 1

귀하에게 일본과 조선에 관한 금년 11월 27일자 에도 주재 독일제국 변리공사의 보고서 사본을 기밀정보로 전달하게 되어 영광입니다.

독일제국 재상을 대리하여

33

원문 p.478

[조일 갈등과 예상되는 청국의 움직임]

발신(생산)일	1875. 11. 25	수신(접수)일	1876. 1. 22
발신(생산)자	브란트	수신(접수)자	뷜로
발신지 정보	베이징 주재 독일 공사관	수신지 정보	베를린 외무부
			A. 402

A. 402 1876년 1월 22일 수신

베이징, 1875년 11월 25일

베를린, 뷜로 외무장관 각하 귀하

이달 21일 베이징신문에 조선의 세자책봉을 승인한다는 황제의 뜻을 전달하기 위한 사절로 2명의 고위관리가 특명전권대신과 특명전권부대사로 임명되었다는 황제의 칙령이 발표되었습니다.

일본과 조선의 분규가 갈수록 심각해지는 상황에서 이러한 조처가 청의 태도에 어떤 영향을 미칠지 전혀 알 수 없습니다. 청은 현재 자신들의 결정에 대해 완벽하게 침묵을 유지하고 있습니다. 본인의 짐작으로는, 설사 일본과 조선 간에 전쟁이 발발하더라도 청국 정부는 당분간 조선을 돈이나 무기 등으로 은밀히 지원하는 것에 그칠 것입니다. 그러나 시간이 오래 지체되면 결국 과거부터 이어져 내려온 정책에 따라 군사력을 동원하여 이웃나라 조선을 돕지 않을 수 없을 것입니다.

얼마 전 모리[1](전직 워싱턴 주재 대리공사이자 에도의 부외무경이었습니다)를 베이징에 특사로 파견한 것은 일본 정부 역시 조선과의 갈등이 청과의 대결로 비화될 가능성을 우려하고 있는 것으로 해석할 수 있습니다.

또한 아주 기묘한 일화 하나를 덧붙여 보고드립니다. 다름이 아니오라 베이징 주재 조선 공관원[2] 하나가 지난 며칠 동안 일본 정부의 의도와 계획에 대해 자세히 알아보기 위해 우리한테 접근했다는 사실입니다.

브란트

---

1 [감교 주석] 모리 아리노리(森有禮)

2 [감교 주석] 당시는 조선에서 베이징에 관리를 상주시키지 않았음. 연행사절단의 일행이 접근한 것으로 추측할 수 있음.

사본

베를린, 1876년 1월 27일 A. 402

다음 주재 외교관들에게 전달

1. 런던 No. 60
2. 파리 No. 48
3. 상트페테르부르크 No. 55
16. 워싱턴 No. 16
24. 뮌헨 No. 14
25. 슈투트가르트 No. 14
26. 카를스루에 No. 17
27. 다름슈타트 No. 9
28. 드레스덴 No. 13
32. 바세비츠

에도 No. 1

'1. (생략)'과 '3. 청국과 조선'에 관한 작년 11월 25일 자 베이징 주재 독일제국 공사의 보고서 사본을

No. ......에게는 개인적인 정보로,
No. ......에게는 1874년 3월 7일 자 포고령에 준해 활용할 수 있도록,
No. 32에게는 1870년 1월 20일 자 서한과 관련해

삼가 전달합니다.

34

원문 p.480

일본의 조선 사절단

발신(생산)일	1875. 12. 10	수신(접수)일	1876. 1. 30
발신(생산)자	아이젠데헤르	수신(접수)자	뷜로
발신지 정보	에도 주재 독일 공사관	수신지 정보	베를린 외무부
	No. 278		A. 543
메모	1월 31일, 상트페테르부르크 61, 파리 55, 빈 56, 런던 67, 워싱턴 18 전달		

A. 543 1876년 1월 30일 수신

에도, 1875년 12월 10일

No. 278

베를린, 뷜로 외무장관 각하 귀하

오늘 일본 외무대보[1] 사메시마[2]가 본인을 방문해 3척의 전함을 대동해 조선으로 사절단을 파견하는 일본 정부의 의도를 설명해 주었습니다. 특히 그는 사절단의 평화적인 목적을 강조하였습니다. 즉 사절단은 무역, 조선 해역에서의 안전항해, 100여 명에 달하는 부산항 일본인 거류지 보호, 조선의 문호 개방, 향후 일본 선박에 대한 공격 금지 등의 약속을 받아내기 위해 파견하는 것이라고 했습니다.

지금까지는 특별한 사안이 발생할 경우 주로 하급관리들을 사절로 파견했던 데 비해 이번에 처음으로 추밀원의원 겸 개척사[3] 장관인 고위관리 구로다[4]를 특명전권대신으로 임명하였습니다.

군대는 사절단을 수행하지 않았습니다.

그래서 일단 정말로 조선과 평화적인 방식의 화해를 시도하려는 것처럼 보입니다. 그러나 평화적인 합의에 이르지 못할 경우 일본은 분명 전쟁도 불사할 것입니다. 본인이 슬쩍 러시아를 거론하자 사메시마는 일본이 러시아의 양해를 얻어냈음을 암시하였습니

1 [감교 주석] 외무대보(外務大輔)

2 [감교 주석] 사메시마 나오노부(鮫島尙信)

3 [감교 주석] 홋카이도 개척사(開拓使)

4 [감교 주석] 구로다 기요타카(黑田清隆)

다. 그는 또한 청과도 별다른 마찰이 없을 것이라고 덧붙였습니다. 다양한 사례를 검토해 볼 때 지금까지 청은 조선인의 외국인 권리침해에 대해 책임을 지겠다고 나선 적이 없었기 때문입니다.

대신은 마지막에, 단지 조약 체결과 조선 개방이라는 평화적 목적을 위해 파견된 사절단을 독일 정부가 인정해주기 바란다는 희망을 피력하였습니다.

그에 대해 본인은, 무력을 동원한 조처가 아니고 관련 국가들의 동의가 확실하다면 독일 정부는 일단 모든 정황을 고려해볼 때 가장 가까운 이웃나라와 우호관계를 맺고자 하는 일본의 시도에 동의할 수 있을 것 같다고 답변하였습니다.

아이젠데헤르

내용: 일본의 조선 사절단

베를린, 1876년 1월 31일

A. 543

다음 주재 외교관들에게 전달

1. 상트페테르부르크 No. 61
2. 파리 No. 55
3. 빈 No. 58
4. 런던 No. 67
5. 워싱턴 No. 18

조선과 일본에 관한 이달 10일 자 에도 주재 독일제국 변리공사의 보고서 사본을 기밀정보로 제공하게 되어 영광입니다.

독일제국 재상을 대리하여

35

원문 p.483

구로다의 조선사절단

발신(생산)일	1876. 1. 18	수신(접수)일	1876. 3. 12
발신(생산)자	아이젠데헤르	수신(접수)자	뷜로
발신지 정보	에도 주재 독일 공사관	수신지 정보	베를린 외무부
	No. 10		A. 1320
메모	3월 14일, 런던 173, 파리 147, 상트페테르부르크 150, 빈 147, 로마 131, 워싱턴 37, 함부르크 10으로 발송		

A. 1320 1876년 3월 12일 수신

에도, 1876년 1월 18일

No. 10

베를린, 뷜로 외무장관 각하 귀하

조선 파견 특명전권대신으로 임명된 구로다[1] 추밀원의원이 이달 6일 전함 3척과 기선 3척을 이끌고 에도항을 출발해 고베와 시모노세키를 거쳐 일단 조선 남부해안에 자리하고 있는 일본인 거류지, 부산부두로 향했습니다.

사절단을 수행한 전함은 화포가 7개 장착된 콜베트함 Nishinkan과 각기 5개의 화포가 장착된 포함 Moshinkan과 Hashokan입니다. 수송선인 기선 Tacaomaru에는 해군병사 2개 중대가 승선하였습니다. 구로다 대사 본인은 예전에 그가 개척부를 이끌 때 관할하던 기선 Gembumaru에 승선하였습니다. 그 외에 또 다른 기선 Hakodate Maru가 동행했습니다.

사절단이 부산에 무사히 도착했다는 소식과 동시에, 어제 시모노세키에서 전보가 한 통 도착했습니다. 에도에서는 조선인들이 부산의 일본인거류지를 공격했다는 두 번째 급전이 도착했다는 소문이 퍼져나갔습니다. 본인은 일단 믿지 않고 있습니다만, 만약 소문이 사실로 드러나면 지금까지 강조된 구로다 사절단의 평화적인 성격은 사라질 것입니다. 그럴 경우 즉시 군사적인 대응이 있을 것으로 예상됩니다. – 앞에서 언급된

1 [감교 주석] 구로다 기요타카(黑田淸隆)

소문과 관련해 일본 언론에서는 조선에 대해 군사작전을 실시할 경우를 대비해 시모노세키를 기지로 활용해 그곳에 수비대와 진지, 전쟁기지가 설치된다는 내용의 비망록이 돌고 있습니다.

현재로서는 확산되고 있는 소문의 진위를 확인하는 것이 불가능합니다. 아직까지 일본 정부가 공식적으로 소문들을 부인하고 있는 것으로 보아 본인은 조심스레 소문이 사실무근일 것으로 추정하고 있습니다.

Peijo가 결빙된 상태라 즈푸에서 베이징까지 육로를 이용해야 하는 모리[2]로부터는 아직까지 아무런 소식도 들어오지 않은 게 확실합니다. 조선 파견 사절단과 관련해 청국 정부와 그 어떤 합의에도 이르지 못하였습니다.

최근 청국 신문들은 조선인들이 얼마 전 베이징에 도착한 사절을 통해 미성년자 왕을 승인해 달라는 요청을 했다고 주장하고 있습니다. 조선인들이 베이징에서 그들의 진심과 입장에 대한 청국 정부의 의구심을 어떻게 해소시킬지 앞으로 드러나게 될 것입니다. 또한 일본과 분쟁이 벌어질 경우 그들이 청국으로부터 어떤 지원을 기대하고 있는지도 드러날 것입니다.

외국 언론이 상당히 날카롭게 비판하는 것처럼, 이곳에서 조선 문제는 청의 국내 문제에 속합니다. 물론 이곳에서는 일본이 이렇게 늦가을에 조선에 사절단을 파견하고 베이징에 특사를 보낸 것에 대해 비판적입니다. 일본이 이런 시도를 하게 된 직접적인 계기는 일본 전함 운요호에 대한 조선인들의 공격이었습니다. 그런데 그것은 일본 함장이 조선 연해를 측량함으로써 조선인들을 도발한 데 대한 반응이었다는 점에서 아무런 이유 없이 벌어진 사건은 아니었습니다. 게다가 각하께서도 이미 알고 계신 바와 같이 이미 작년 9월에 발생한 사건이었습니다. 따라서 그 사건에 대해 따지는 것이 목적이었다면 지금보다 훨씬 전에 논의를 시작했어야 합니다. 물론 조선의 비참한 재정상황을 고려하면 그 역시 권장할 만한 일은 아닙니다. 우연히 접한 소식에 따르면 처음에는 전함도 수병도 없었습니다. 그런데 선박에 무기를 장착하고 승무원들이 승선을 완료하기까지 석 달이 걸렸습니다.

설사 실제로 적대적인 행위들이 벌어진다 해도 일단 일본에 있는 외국인들은 아무런 피해도 입지 않을 것으로 보입니다. 피해는커녕 오히려 유럽 상인들은 일본 정부와 꽤 큰 규모의 사업을 벌일 수도 있을 것으로 예상됩니다.

그 문제로 인해 실제로 일본과 청국 사이에 갈등이 발생한다 하여도 그것이 더 큰

---

2 [감교 주석] 모리 아리노리(森有禮)

차원의 싸움으로 확대되지 않는 한 이곳에 있는 외국인들의 이익이 침해당할 위험은 없을 것이라는 것이 본인의 생각입니다. 또 설령 그렇게 된다 해도 조약을 맺은 서구열강 대표들이 적절한 시점에 중재에 나설 수 있을 것입니다. 게다가 본인이 알기로[3] 일본의 해군전투력은 청의 전투력과 마찬가지로 아직까지 미미한 수준이기 때문에 지금 당장 큰 규모의 전쟁을 치르거나 해상을 봉쇄할 수 있는 수준이 아닙니다. 동절기라는 계절적 요인 역시 경우에 따라 몇 달 동안 그들의 행동을 상당히 제약할 것이 확실합니다.

마지막으로 베이징 주재 독일제국 공사[4]에게도 본보고의 일반적인 내용을 전달하였음을 알려드립니다.

그리고 작년 11월 18일 자 보고에서 말씀드린 바와 같이, Hertha호는 현재 Mariannen (프랑스공화국의 멸칭-번역자)과 Carolinen까지 시험운항 중이라 본인은 당분간 Hertha 호를 이곳으로 소환할 일이 없습니다.

아이젠데헤르

내용: 구로다의 조선사절단

---

3 [원문 주석] 필자는 여기서 "게다가"라는 단어와 "본인이 알기로"를 함께 사용했다. 그러나 그런 다음 "본인이 알기로"에 줄을 그어 삭제했다.

4 [감교 주석] 브란트(M. Brandt)

36

원문 p.486

일본원정대의 조선으로 출발

발신(생산)일	1876. 1. 24	수신(접수)일	1876. 3. 12
발신(생산)자	아이젠데헤르	수신(접수)자	뷜로
발신지 정보	에도 주재 독일 공사관	수신지 정보	베를린 외무부
	No. 20		A. 1321

A. 1321 1876년 3월 12일 수신, 첨부문서 1부

에도, 1876년 1월 24일

No. 20

베를린, 뷜로 외무장관 각하 귀하

일본의 조선사절단[1]에 관한 이달 18일 자 본인의 보고서 No. 10과 관련해 다음과 같이 보고드리게 되어 영광입니다. 믿을 만한 최근 소식에 의하면 구로다[2]는 선박들을 이끌고 조선의 수도 서울로 떠났습니다. 현재까지도 공식적으로 그의 조선 파견이 평화적인 목적을 수행하기 위해서라고 알려져 있는 것을 볼 때 부산에서 조선인들이 일본인을 공격했다는 이야기는 헛소문일 가능성이 높습니다.

본인은 사절단 전함의 무장 상황에 대해 몇 가지 메모를 덧붙이고자 하옵니다.

아이젠데헤르

내용: 일본원정대의 조선으로 출발

1 [감교 주석] 전권사절단

2 [감교 주석] 구로다 기요타카(黑田清隆)

No. 20의 첨부문서

Nishinkan

장교	13명
하사관	33명
수병	79명
해병	20명
	총 145명

화포: 16 Inch 휘트워스 전장포
315 cm 크룹 전장포
115 cm 크룹 조종간 시스템
117 cm 크룹 조종간 시스템
36 Inch 암스트롱 조종간 시스템
상부갑판 주축 화포 전장포 2개

총기: 스미스 웨스턴(Smith Weston) 시스템 40 연발권총 91정

Moshinkan

장교	8명
하사관	12명
수병	37명
해병	8명
	총 65명

화포: 암스트롱 화포 1 - 포탄 무게 40

암스트롱 화포 1 - 포탄 무게 70

암스트롱 화포 2 - 포탄 무게 20

총기: 38정

리볼버: 5정

Hoshokan

장교	8명
하사관	13명
수병	36명
해병	8명
	총 65명

화포: 암스트롱 화포 1 - 포탄 무게 100

암스트롱 화포 1 - 포탄 무게 ? 40

암스트롱 화포 2 - 포탄 무게 ? 20

총기: 47정

리볼버: 6정

37

원문 p.489

[아무르 지역 조선인 이주민 동향에 관한 건]

발신(생산)일	1876. 1. 4	수신(접수)일	1876. 3. 13
발신(생산)자	브란트	수신(접수)자	뷜로
발신지 정보	베이징 주재 독일 공사관	수신지 정보	베를린 외무부
			A. 1331

A. 1331 1876년 3월 13일 수신, 첨부문서 1부

베이징, 1876년 1월 4일

베를린, 뷜로 외무장관 각하 귀하

각하께 현재의 정세하에서 상당히 흥미로운 비망록 하나를 첨부문서로 보내게 되어 영광입니다. 조선인들의 러시아 아무르 지방 이주에 관한 내용입니다. 본문서는 러시아어와 조선어로 된 자료를 수합해 편집한 것으로 통역관 묄렌도르프[1]가 번역하였습니다.

브란트

1876년 1월 4일 자 보고의 첨부문서

A. 1331

조선인의

아무르 지방 이주에 관하여

우수리강이 관통해 흐르기 때문에 남우수리로 불리는 아무르 지방 남동쪽은 러시아에 합병된 이후로 러시아 이주민들에게 거의 외면당한 지역이었습니다. 그 결과 토지가 상당히 비옥함에도 불구하고 주민이 거의 없는 지역으로 남아 있었습니다. 그런데 약

1 [감교 주석] 묄렌도르프(P. G. Möllendorff)

10여 년 전부터 조선 국경지역에서 이주해 온 조선인들이 정착하기 시작했으며, 현재 주민수가 적지 않은 규모에 이르렀습니다.

조선인 이주민들은 한편으로는 그들이 러시아 정부에 안겨주는 이익 때문에, 다른 한편으로는 러시아의 대조선정책 및 향후 발생할지 모를 조선의 개방에 대해 미칠 그들의 영향력 때문에 중요한 의미를 지닙니다. 따라서 그들의 이주과정을 추적해 보는 것은 꽤나 흥미로운 작업입니다. 그들에 관한 몇 가지 정보는 1874년 상트페테르부르크에서 발간된 푸칠로[2] 판 러시아어-조선어 사전 서문과 피안코프[3] 신부의 논문(Iswjästiya der Kais. Russ. Geogr. Ges. in Sib. 1874, H. X S. 86~97)[4]에 들어 있던 내용입니다. 거기서 부분적으로 다음 내용을 발췌했습니다.[5]

조선 북쪽의 두 지방[6]은 원래 가난한 지역인데다가 토양이 척박해 60년대 초부터 수차에 걸쳐 흉년에 시달렸습니다. 그로 인해 주민들이 거의 아사지경에 이르렀음에도 불구하고 조선 정부의 관리, 즉 법에 정해진 조세나 곡물에 부과하는 새로운 명목의 세금 징수 등은 철저하게 집행되었습니다. 1863년 상황이 최악에 이르렀을 때 일단 12가구가 러시아 영토로 이주하기로 결정하였습니다. 그곳에서 그들은 사람들의 환영 속에 온갖 격려와 지원을 받으면서 정착촌을 형성했습니다. 곧 그들의 형편이 좋아졌다는 소문이 퍼져나갔고, 소문에 힘입은 많은 조선인들이 그들의 뒤를 따르기로 결심하였습니다. 조선인들의 이주는 이제 중요한 단계로 발전하였고, 1865년에는 급기야 이주민 숫자가 200명을 넘어서게 됩니다. 처음에 조용히 사태를 관망하던 조선 정부는 1870년 이미 몇몇 가구 차원이 아니라 씨족 전체가 이주하는 국면에 접어들자 안 그래도 인구가 부족한 지역에서의 이주를 금지하였습니다. 그래도 아무 소용이 없자 조선 정부는 이주의 흐름을 바꿔보고자 이주자들의 재산을 몰수하고 남아 있는 친척들을 가혹하게 압박하는 방식의 보복조처를 단행하였습니다. 그럼에도 불구하고 이주는 계속되었고, 러시아 국경에 나타나 살 곳을 요청하는 조선인들이 날이 갈수록 늘어났습니다. 대부분 남루한 옷차림에 거의 아사 직전의 상태로 나타난 조선인들한테는 생필품의 즉각적인 지원이 필요했습니다. 그러나 유럽에서 수입한 군인용 식량 정도만 비축하고 있던 국경검문소로서는

---

2 [감교 주석] 푸칠로(Puzillo)

3 [감교 주석] 피안코프(Piankoff)

4 [감교 주석] 'Iswjästiya der Kais. Russ. Geogr. Ges. in Sib.'에서 Iswjästiya는 잡지 제목으로 시베리아에 있는 러시아제국 지리학회에서 펴내는 잡지명임. 괄호 안의 내용은 Iswjästiya의 1874년 제10권, 86~97쪽에 수록되었다는 뜻임.

5 [감교 주석] 원문에는 '조선인 이주민들은 ~ 발췌했습니다.'에 취소선이 표기됨.

6 [감교 주석] 함경도와 평안도

감당할 수 없는 상황이었습니다. 그런데도 이런 상황에 굴하지 않은 조선인들의 도도한 이주의 물결은 계속되었고, 이미 정착해 있던 조선인들은 점차 내륙 안쪽으로 밀고 들어갔습니다, 이제 거의 모든 지역에 조선인들이 정착하였습니다. 1874년 러시아에 이주한 조선인 숫자는 거의 4,000명에 이르렀으며, 그들은 13개의 정착촌을 형성하였습니다.

그리고 고국인 조선보다 나은 러시아 문화의 장점들이 조선인 정착민들에게 적지 않은 영향을 미쳤습니다. 러시아의 풍습과 관례들이 조선인들 사이에 퍼져나간 것입니다. 그들은 러시아식 가옥을 지었고, 복식도 러시아 스타일을 따랐습니다. 그중에서도 특히 러시아 농사방식을 받아들였으며 기독교 역시 빠르게 전파되었습니다. 앞에서 말한 4,000여 명의 이주민 가운데 약 절반가량이 그리스정교회의 세례를 받았습니다.

일반적으로 조선인들은 조용하고 평화로운 심성에 복종적인 농경민족의 특성을 갖고 있습니다. 인종학적으로는 청인보다는 일본인에 더 가깝습니다. 또한 오만한 청인보다 더 상냥하고 더 친절하며 더 겸손합니다. 그러면서도 청인들의 냉철함과 절제의 미덕도 갖추고 있습니다. 덕분에 아시아인들이 이곳에서 그들의 반짝이는 재능을 펼치도록 허락한 러시아 정부는 비용도 거의 들이지 않고 근면하면서도 그들에게 별다른 부담을 주지 않는 민족의 도움으로[7] 과거 전혀 경작하지 않았던 국토의 일부를 개간하게 되었습니다.

베이징 주재 조선 공사관 직원들이 알려준 바에 의하면, 조선 정부는 이 상황을 몹시 못마땅해 하며 주시하고 있습니다. 공사관원들과 나눈 대화를 통해 우리는 그것이 러시아에 대한 공포와 결합된 증오임을 분명히 알아차릴 수 있었습니다. 그럼에도 불구하고 조선 정부는 과거 자국 국민이었던 사람들의 운명을 관심 있게 추적하고 있습니다. 일단은 그들을 통해서 지금까지 질투가 날 만큼 은밀히 지켜온 조선의 관습, 산업, 언어 등이 외국인들에게 어느 정도까지 알려지는지를 관찰하는 것입니다. 그를 통해 이 이주가 조선의 정치적인 역학관계에 어느 정도 영향을 미치게 될 것입니다. 이주민의 증가가 러시아의 합병에 대한 공포를 증가시킬 가능성이 하나이고 혹은 조선 정부가 외국인에 대한 그들의 고집스러운 쇄국정책이 잘못되었다는 것을 통찰할 가능성이 하나입니다. 조선의 대외무역 개방은 자산이 별로 없는 이 나라의 남쪽과 동쪽 지역에서 유럽의 수입품목들에게 적지 않은 판로를 제공할 것입니다. 반면 품목이 별로 많지 않은 조선의 생산품들 가운데 건축용 목재는 비록 생산량이 크게 풍족하지는 않지만 장차 동아시아에서 커다란 역할을 하게 될 것입니다.[8]

묄렌도르프

7 [감교 주석] 원문에는 '아시아인들이 ~ 도움으로'에 취소선이 표기됨.

8 [감교 주석] 원문에는 '베이징 주재 ~ 될 것입니다.'에 취소선이 표기됨.

38
원문 p.492

[일본의 전권대신 조선 파견에 관한 건]

발신(생산)일	1876. 1. 14	수신(접수)일	1876. 3. 13
발신(생산)자	브란트	수신(접수)자	뷜로
발신지 정보	베이징 주재 독일 공사관	수신지 정보	베를린 외무부
			A. 1332

A. 1332 1876년 3월 13일

베이징, 1876년 1월 14일

베를린, 뷜로 외무장관 각하 귀하

청국에 새 일본 공사가 파견된다는, 작년 11월 25일 자 본인의 보고 Nr. CXXII와 관련하여 모리가 즈푸[1]에서 톈진까지 육로를 거쳐서 이달 4일 드디어 이곳에 도착하였다는 소식을 각하께 전하게 되어 영광입니다.[2] 모리[3]는 10일 자로 통리아문에 외교문서를 전달하였습니다. 내용은 기본적으로 (도쿄 주재 독일 공사; 감교자) 아이젠데허[4]가 에도에서 이미 각하에게 보고한 것과 동일합니다. 즉 일본은 조선연해에서의 외국 선박의 운항안전, 조선의 대외무역 개방, 일본인에 대한 공격 금지, 부산항 내 일본인거류지의 안전보장 등을 확약 받기 위해 조선으로 사절단을 파견한다는 내용입니다. 또한 모리는 청의 대신들에게 조선 정부가 일본에 우호적인 태도를 보이도록 청국 정부가 영향력을 행사해 달라고 요청하였습니다. 아문의 대신들은 현재 자리를 비운 궁친왕[5]의 지시를 받아야 한다면서 일단 이 요청에 대해서 확실한 답변을 하지 않았습니다. 모리는 대화의 전체적인 흐름에 별로 만족하지 못했다고 말했습니다. 일본 정부와 언론은 청국 정부가 조선과의 관계에서 그들의 지위를 보다 확실하게 천명해 줄 것을 기대하고 있는 듯합니다. 일본 정부가 조약을 맺은 서구열강들에게 보인 모든 행동에서 알 수 있듯이, 이것은 대만 문제에서 얻은 경험의 소산임을 부인할 수 없습니다.

브란트

1 [감교 주석] 즈푸(芝罘)
2 [감교 주석] 원문에는 '청국에 ~ 영광입니다.'에 취소선이 표기됨.
3 [감교 주석] 모리 아리노리(森有禮)
4 [감교 주석] 아이젠데허르(K. Eisendecher)
5 [감교 주석] 궁친왕(恭親王)

베를린, 1876년 3월 14일 A. 1320

다음 주재 외교관들에게 전달.

1. 런던 No. 173
2. 파리 No. 147
3. 상트페테르부르크 No. 150
4. 빈 No. 147
5. 로마 No. 131
15. 워싱턴 No. 37
21. 함부르크 No. 10

조선사절단에 관한 금년 1월 18일 자 일본 주재 독일제국 변리공사의 보고서 사본을,

No. 1, 2, 3, 4, 5, 15, 21에게는 개인적인 정보로, No. (.....)에게는 1876년 3월 7일 자 포고령에 준해 활용할 수 있도록

전달합니다.

독일제국 관보(Reichs-Anzeiger) 용 A. 1331

외무장관 각하 귀하 비공식 자료

쉽게 기사로 싣기 위한 용도 아무르 지방의 조선인 정착촌

상기 제목이 들어 있는 옆쪽 메모의 사본을 [직인이 찍히지 않은 종이에 서류번호 없이] 봉투에 담아 독일제국 관보 편집실로 보낼 것.

베를린, 1876년 3월 15일

초고

A. 1321

동봉한, 일본의 조선사절단에 관한 금년 1월 24일 자 에도 주재 독일제국 변리공사의 보고서는 정보 제공 차원에서 독일제국 해군제독 겸 외무장관 슈토시 각하께도 삼가 전달되었음을 보고드립니다.

베를린, 1876년 3월 17일

외무부

베를린, 1876년 3월 17일

A. 1334

주재 외교관 귀중.

1. 워싱턴 No. 39

대리인:

반드시 전달할 것!

귀하에게 베이징 주재 미국-러시아 대표에 관한 1월 16일 자 베이징 주재 독일제국 공사의 보고서 사본을 기밀자료로 제공하게 되어 영광입니다.

독일제국 재상을 대리하여

베를린, 1876년 3월 20일

A. 1332

다음 주재 외교관들에게 전달

1. 런던 No. 138
2. 파리 No. 154
3. 상트페테르부르크 No. 161
4. 빈 No. 158
5. 로마 No. 138
15. 워싱턴 No. 40
21. 함부르크 No. 13

일본, 청국, 조선의 관계에 관한 금년 1월 14일 자 베이징 주재 독일제국 공사의 보고서 사본을,

No. 1, 2, 3, 4, 5, 15에게는 개인적인 참조용으로,
No. 21에게는 1876년 3월 7일 자 포고령에 준해 활용할 수 있도록,
No. 24에게는 1870년 1월 20일 자 서한에 대한 답신으로

전달합니다.

39
원문 p.498

조선 문제에 대한 청국 정부의 설명

발신(생산)일	1876. 1. 18	수신(접수)일	1876. 3. 23
발신(생산)자	브란트	수신(접수)자	뷜로
발신지 정보	베이징 주재 독일 공사관	수신지 정보	베를린 외무부
			A. 1521

A. 1521 1876년 3월 23일 수신

베이징, 1876년 1월 18일

베를린, 뷜로 외무장관 각하 귀하

오늘 일본 특사 모리[1]가 본인에게 금년 1월 14일 자 본인의 보고 No. III에 언급한 바 있는, 청국 정부에 제출한 외교문서에 대한 서면 답변을 받았다고 말했습니다. 조선 정부가 청에 조공을 바치고 청의 달력을 수령하는 것은 사실이지만 조선은 내치는 물론이고 외교적인 사안에 관해서도 철저하게 자주적인 정부이므로 청국 정부는 조선의 결정에 대해 아무런 영향력도 갖고 있지 않다는 내용이라고 합니다. 이것은 통리아문이 1867년 (베이징 주재; 감교자) 프랑스 대리공사 벨로네[2]에게 했던 답변과 완벽하게 일치합니다. 본인은 또한 모리와의 대화에서 만약 현재 조선에 파견한 사절단이 소기의 목적을 거두지 못할 경우 일본 정부는 보다 강력한 상륙부대를 서울로 파견하기로 결정하였다는 사실을 알아냈습니다. 해안에서 약 40마일 거리에 있는 수도 서울을 점령함으로써 조선 정부로 하여금 그들의 요구조건을 수용하도록 압박하려는 의도입니다. 일본 측이 내거는 중요한 요구조건에는 외국과의 교역을 위해 어느 항구를[3] 개방할 것, 일본 정부와 조선 정부가 공식적으로 친선관계를 맺을 것, 측량 작업을 수행할 수 있도록 일본 전함의 조선 수역 입항을 허가할 것 등이 포함되어 있습니다.

베이징과 에도에서 들어온 리델[4] 주교의 보고서에서 실각했다고 했던 그 군주[5]가 다

---

1 [감교 주석] 모리 아리노리(森有禮)

2 [감교 주석] 벨로네(H. Bellonet)

3 [원문 주석] 서울에서 흘러나오는 강어귀에 있는 강화도를 고려하고 있는 듯합니다.

4 [감교 주석] 리델(F. C. Ridel)

시 통치권을 잡게 된 것 역시 최근 외국에 대해 특히 적대적이고 공격적인 조선 정부의 태도에서 기인했다는 것이 모리의 견해입니다. 그의 견해는 많은 사례들을 통해 사실로 입증되고 있습니다.

본인은 에도 주재 독일제국 변리공사에게 직접 이 사안을 둘러싼 상황을 전달해 주었습니다. 앞으로도 본인은 변리공사가 관심을 가질 만한 사건들에 대해 정보를 제공할 예정입니다.

브란트

내용: 조선 문제. 청국 정부의 설명

5 [감교 주석] 흥선대원군(興宣大院君)

베를린, 1876년 3월 24일

A. 1521

다음 주재 외교관들에게 전달.

1. 런던 No. 197
2. 파리 No. 162
3. 상트페테르부르크 No. 176
4. 빈 No. 166
5. 로마 No. 146
15. 워싱턴 No. 43

이달 20일 자 포고령에 이어 청국, 일본, 조선의 관계에 대한 금년 1월 18일 자 베이징 주재 독일제국 공사의 보고서 사본을,

No. 1~5, 15에게는 개인적인 정보로,
No. 21에게는 1874년 3월 7일 자 포고령에 준해 활용할 수 있도록,

삼가 전달합니다.

40

원문 p.501

조선사절단

발신(생산)일	1876. 2. 7	수신(접수)일	1876. 3. 25
발신(생산)자	아이젠데헤르	수신(접수)자	뷜로
발신지 정보	에도 주재 독일 공사관	수신지 정보	베를린 외무부
	No. 34		A. 1583

A. 1583 1876년 3월 25일 수신

에도, 1876년 2월 7일

No. 34

베를린, 뷜로 외무장관 각하 귀하

구로다[1] 사절단과 관련해 아직까지 조선으로부터는 아무런 소식도 들어오지 않았음을 각하께 삼가 보고드리게 되어 영광입니다. 이곳에서는 무소식을 희소식으로 해석하여 평화적인 타결 가능성을 높게 보려는 경향이 있습니다.

그동안 일본 정부는 과거에 그랬듯이 육상과 해상 양쪽으로 전쟁준비를 진행해 왔습니다. 따라서 유사시 병력과 함선을 추가로 파견해 최단 시일 내에 조선 해역에서의 전투력을 강화시킬 것으로 보입니다.

일단 부산항에서 조선인과 일본인 사이에 적대적 충돌이 있었다는 소문은 더 이상 확산되지 않고 있습니다.

아이젠데헤르

내용: 조선사절단

1 [감교 주석] 구로다 기요타카(黑田淸隆)

독일제국 관보용 A. 1583

비공식 자료

정계 소식들

외무장관 각하 귀하

쉽게 기사로 싣기 위한 용도.

상기 제목이 들어 있는 옆쪽 메모의 사본을 직인이 찍히지 않은 종이에 서류번호 없이 봉투에 담아 독일제국 관보 편집실로 보낼 것.

베를린, 1876년 3월 27일

일본

금년 1월 일본 정부는 수척의 전함이 인도하는 사절단을 조선에 파견하였습니다. 사절단의 임무는 조선 정부로부터 조선 해역에서의 외국 선박의 안전항해 보장, 외국과의 교역을 위한 육로 개방, 일본인에 대한 공격 방지 약속 등을 받아내는 것입니다.

임무의 성공여부에 대해서는 아직까지 아무런 소식도 들어오지 않았습니다. 그러나 일본 정부는 해상과 육상 양쪽으로 전투준비를 하고 있으며, 필요한 경우 전투력을 증강시키기 위해 최단 시일 내에 병력과 함대를 조선해역으로 파견할 예정입니다.

41

원문 p.503

조선사절단

발신(생산)일	1876. 2. 21	수신(접수)일	1876. 4. 8
발신(생산)자	아이젠데헤르	수신(접수)자	뷜로
발신지 정보	에도 주재 독일 공사관	수신지 정보	베를린 외무부
	No. 47		A. 1842
메모	4월 11일, 상트페테르부르크 런던 전달		

A. 1842 1876년 4월 8일 수신

에도, 1876년 2월 21일

No. 47

베를린, 뷜로 외무장관 각하 귀하

오늘은 조선에 파견된 일본사절단과 관련해 새로운 소식이 없음을 보고드립니다. 외무성에서 본인에게 확인해준 바에 의하면, 구로다[1]한테서 아무런 소식도 들어오지 않았다고 합니다. 이곳에서는 협상이 시작되어 현재 우호적으로 진행되고 있을 거라고 추정하고 있습니다. 구로다 특사에게 만약 조선인들이 적대적으로 나올 경우 즉시 수행했던 선박 한 척을 시모노세키로 귀환시키라는 지시를 내렸는데, 아직까지 그런 일이 발생하지 않았기 때문입니다. 또한 추가로 파견할 선박과 보다 큰 규모의 상륙부대 구성도 잠정적으로 중단되었습니다. 그런 것들로 미루어 일본 사절단이 평화적인 방법으로 몇 개 항구의 개방, 연해에서의 측량 허용, 조선과의 선린관계 개시 등 그들의 원래 목적을 거두는 데 성공한 것 같습니다.

조선 문제에 대한 청국 정부의 입장에 관해서는 베이징에서 각하께 직접 보고가 올라갔을 것으로 사료됩니다. 본인이 이곳에서 알아낸 바에 의하면, 일본 특사 모리[2]는 베이징에서 약 열흘간 체류하는 동안 청국이 조선 문제에 개입할 의사가 없다는 인상을 받았다고 합니다. 베이징의 최근 소식은 1월 중순쯤 이곳에 도착할 것 같습니다.

아이젠데헤르

내용: 조선사절단

1 [감교 주석] 구로다 기요타카(黑田清隆)

2 [감교 주석] 모리 아리노리(森有禮)

베를린, 1876년 4월 11일

A. 1842

다음 주재 외교관들에게 전달.
1. 상트페테르부르크 No. 216
4. 런던 No. 243

귀하에게 조선사절단에 관한 2월 21일 자 에도 주재 독일제국 공사의 보고서 사본을 기밀정보로 제공하게 되어 영광입니다.

독일제국 재상을 대리하여

42

원문 p.505

일본과 조선의 조약 체결

발신(생산)일	1876. 3. 5	수신(접수)일	1876. 4. 24
발신(생산)자	아이젠데헤르	수신(접수)자	빌로
발신지 정보	에도 주재 독일 공사관	수신지 정보	베를린 외무부
	No. 51		A. 2134
메모	4월 3일, 런던, 페레트부르크, 워싱턴, 함부르크 전달		

A. 2134 1876년 4월 24일 수신

에도, 1876년 3월 5일

No. 51

베를린, 빌로 외무장관 각하 귀하

조선에 파견된 일본 특사 구로다[1]가 지난달 27일 조선 수도 서울에서 조선 정부와 조약을 체결[2]한 뒤 오늘 다시 이곳으로 귀환하였습니다.

조약의 구체적인 내용은 아직 전해지지 않았습니다. 본인이 외무경[3]에게 구두로 문의하자, 그는 단지 항구 세 곳의 문호를 개방하기로 약속하였으며, 무역 및 선박운항과 관련된 일반적인 협정이 이루어졌다고만 답변하였습니다. 조선의 어느 항구를 개방할 것인지에 대해서는 부산을 제외하고는 일단 확정을 미루었습니다. 다만 항구가 포함된 일반적인 위치만 암시되었습니다. 항구 선정은 특히 조선 연해에서 일본인들이 행할 측량 업무의 개시에 달려 있습니다.

조선연해에서 선박이 난파된 경우의 구난 조처에 대해서는 합의한 것으로 보입니다.

더 나아가 조약에서 일본과 조선은 상대국 수도에 외교대표를 파견할 권한을 갖기로 합의하였습니다.

본인이 평화유지에 중요한 의미를 갖는 이 기쁜 조약 체결 소식을 먼저 전신으로 보고하지 않은 이유는 시모노세키에서 이곳으로 처음 그 소식이 들어온 이달 2일, 일본

1 [감교 주석] 구로다 기요타카(黑田淸隆)
2 [감교 주석] 조일수호조규(朝日修好條規)
3 [감교 주석] 데라지마 무네노리(寺島宗則)

정부가 베를린 주재 일본 대표에게 전신으로 그 소식을 전했기 때문입니다.

본인은 조약의 내용을 최대한 빨리 보고할 수 있도록 노력하겠습니다.

아이젠데헤르

내용: 일본과 조선의 조약 체결

베를린, 1876년 4월 30일

A. 2134

다음 주재 외교관들에게 전달.

1. 런던 No. 286
3. 상트페테르부르크 No. 261
15. 워싱턴 No. 60
21. 함부르크 No. 40

일본과 조선의 조약 체결에 대한 금년 3월 3일 자 일본 주재 독일제국 변리공사의 보고서 사본을,

No. 1, 3, 15에게는 개인적인 정보로,
No. 21에게는 1874년 3월 7일 자 포고령에 준해 활용할 수 있도록

삼가 전달합니다.

43
원문 p.508

일본과 조선이 체결한 조약

발신(생산)일	1876. 3. 25	수신(접수)일	1876. 5. 12
발신(생산)자	아이젠데헤르	수신(접수)자	뷜로
발신지 정보	에도 주재 독일 공사관	수신지 정보	베를린 외무부
	No. 60		A. 2464

A. 2464 1876년 5월 12일 수신, 첨부문서 2부

에도, 1876년 3월 25일

No. 60

베를린, 뷜로 외무장관 각하 귀하

어제 공식적으로 본인에게 도착한 일본과 조선 간에 체결된 조약의 일본어 원문을 각하께 삼가 전달하게 되어 영광입니다. 일본 외무성에서 작성한 약간 비격식체로 옮긴 영어번역문을 첨부하였습니다.

전체적으로 조약안의 내용들은 애매한 성격을 갖고 있습니다. 또한 항구의 개항이나 공사관 설치기한 등이 아주 길게 잡혀 있기 때문에 조약의 실제 가치와 실행 여부에 대해서는 당분간 언급할 내용이 없습니다.

조약 제10조에서 일본인들은 말 그대로 일본이 외국과 맺은 조약에서 일본 체류 외국인들에게 인정해준 것과 똑같은 치외법권 규정을 적용하고 있습니다. 그 조항으로 미루어 볼 때 일본인은 발전 단계와 문화 수준이 다른 국가들 간에도 치외법권 원칙이 적용되어야 할 필요성과 그것의 유용성을 인정하고 있다고 볼 수 있습니다.

일본의 외국 언론과 국내 언론에서는 이제 막 공식적으로 공표된 조약안에 대해 대체적으로 긍정적인 평가를 내리고 있습니다. 그러나 조약으로 인해 이루어질 통상과 교류의 실제적인 효용성은 일단 상대적으로 차이가 있을 거라는 점을 지적하고 있습니다. 확실히 조선은 생산품이 부족하고 산업도 그다지 발전하지 못했습니다. 따라서 당장은 조선 연해의 측정, 그로 인한 선박의 안전운항, 선박 좌초 시의 구난활동 등에 대한 합의가 실제로 가장 중요한 의미가 있다고 하겠습니다.

경우에 따라 영국과 프랑스 역시 일본을 선례 삼아 조선과 관계를 맺으려 시도할

가능성이 아주 없지는 않습니다. 과거 조선 연해를 측량하려다가 조선인들의 제지를 받은 바 있는 영국 측량선 "Sylvia"호가 현재 이미 시작한 작업을 계속하기 위해 다시 조선을 향해 출발하였습니다.

아이젠데헤르

내용: 일본과 조선이 체결한 조약, 첨부문서 2부

No. 61의 첨부문서

첨부문서의 내용(원문)은 독일어본 509~512쪽에 수록.

N. 61의 첨부문서

사본

포고령 No. 34

조선과 아래에 첨부한 내용의 조약을 체결하였음을 고시하는 바이다.

1876년 3월 22일

태정대신[1]

산조 사네토미[2]

수호조약

일본국과 조선국은 과거 오랫동안 우호적으로 교류해 왔으나 현재 양국 관계가 완전히 만족스럽지는 못해 다시 예전의 우호관계를 회복하고 친목을 도모하고자 한다. 이에

1 [번역 주석] 태정대신(太政大臣)의 독일어 번역은 다음과 같음. Präsident des Staatsraths

2 [감교 주석] 산조 사네토미(三條實美)

일본 정부는 육군중장 겸 추밀원의원 겸 개척부대신 구로다 기요타카[3]를 특명전권대신로, 의관 이노우에 가오루[4]를 특명부전권대사로 임명하여 조선에 파견하였다.

조선 정부는 판중추부사 신헌[5]과 부관도총부 부총관 윤자승[6]을 특명전권대신으로 임명하였다.

양국 전권대사들은 각자에게 내려진 유지(諭旨)에 따라 다음과 같은 조항들에 합의하였다.

제1조 조선은 자주 국가이며 일본과 동등한 권리를 보유한다. 이후 양국이 화친의 실제를 보여주고자 한다면 서로 동등한 예의를 갖추어야 할 것이며 교류에 있어 조금이라도 상대방을 경멸하거나 의심하여서는 안 된다. 우선 종전에 우호적인 교류를 방해했던 제반 규정들을 없앰으로써 양국 사이에 평화와 안녕이 지속되도록 노력한다.

제2조 일본 정부는 조약이 체결된 날로부터 15개월 후 사신을 조선 수도에 파견하여 예조판서를 직접 접견하여 상호교류 업무를 상의한다. 그 사신은 조선에 체류할 수도 있고 (그의 임무가 종료된) 즉시 일본으로 귀환할 수도 있다.

조선국 정부 또한 수시로 사신을 도쿄에 파견하여 외무경을 직접 접견하여 교류 업무를 상의한다. 그 사신은 일본에 체류할 수도 있고 즉시 조선으로 귀환할 수도 있다.

제3조 조선에 보내는 일본 정부의 모든 공문은 일본어로 작성하되 지금부터 10년 동안은 한문 번역을 첨부한다. 조선 정부는 한문을 사용한다.

제4조 조선국 부산 초량에는 일본 공관이 있어 오래전부터 양국 국민의 통상 장소였다. 지금부터는 세견선(歲遣船)을 비롯한 종전의 관례를 혁파하고 새로 체결한 조약에 의거해 무역 업무를 처리한다. 또한 조선 정부는 제5조에서 지정한 2개 항구를 개항하여 일본 국민의 왕래와 무역을 허락한다. 또한 일본 국민이 해당 장소에서 임차한 토지에 가옥을 짓거나 임대료를 내고 조선인 소유의 가옥을 임차할 수 있다.

---

3 [감교 주석] 구로다 기요타카(黑田淸隆)

4 [감교 주석] 이노우에 가오루(井上馨)

5 [감교 주석] 신헌(申櫶)

6 [감교 주석] 윤자승(尹滋承)

제5조 조선 정부는 경기, 충청, 전라, 경상, 함경 5도의 연해 가운데 통상에 편리한 항구 두 곳을 골라 지정할 수 있다. 개항 시기는 일본력으로 메이지 9년 2월, 조선력으로 병자년 1월을 기점으로 계산하여 20개월 이후로 한다.

제6조 일보 선박이 조선 연해에서 혹시 태풍을 만나거나 연료와 식량이 떨어져 지정된 항구에 도달할 수 없을 때는 어떤 항만을 막론하고 선박을 잠시 정박시켜 악천후를 피하고, 필요한 물품을 보충하고, 고장 난 곳을 수리하며, 식량을 구입할 수 있다. 거기에 소요되는 비용은 당연히 선주가 배상해야 한다. 하지만 그 모든 일을 처리함에 있어 지방관 및 주민들은 곤경에 처한 사람들에게 가능한 모든 도움을 베풀어야 하며 그들의 불행을 경감시키고 비참한 상황에서 벗어날 수 있도록 조처해야 한다. 만일 양국 선박이 대양에서 완전히 난파당해 선원들이 어느 지방에 표착했을 경우 해당 지방의 주민은 즉시 조난자들의 생명을 구조하고 그 사실을 지방관에게 보고한다. 해당 관리는 이들을 따뜻하게 인계하여 본국으로 호송하거나 근방에 체류하는 본국 관원에게 인도한다.

제7조 조선국 연해의 도서와 암초, 절벽 등은 예전부터 자세한 측량이 이루어지지 않아 선박 운항에 지극히 위험하다. 따라서 일본 항해자가 자유롭게 해안을 측량하여 섬과 절벽의 위치 및 수심 등을 확정하고 그 자료로 도면을 제작해 양국 항해자들이 위험을 피하고 안전하게 선박을 운항할 수 있도록 한다.

제8조 이후 일본 정부는 조선이 지정한 각 항구에 수시로 일본 상인을 관리하는 관청을 설치한다. 만약 양국 간 무역에서 문제가 발생하면 그곳 관리가 해당 지방관과 만나서 상의하여 처리한다.

제9조 양국이 이미 친선을 맺었으니 양국 국민은 각자의 판단에 따라 무역할 수 있다. 양국 관리는 절대 교역에 개입하여서는 안 되며, 무역을 제한하거나 금지할 수 없다. 만약 어떤 상인이 물건을 팔 때 다른 나라의 국민을 속여 이익을 취하거나 임차료를 지불하지 않는 경우 상인이 속한 나라의 관청은 해당 상인을 법정에 세워 빚을 갚도록 한다. 그러나 양국 정부가 그것을 대신 보상하지는 않는다.

제10조 만약 일본 국민이 조선의 지정 항구에서 체류 중 조선인을 상대로 범죄를 저질렀을 경우, 일본 관원의 심판을 받아야 한다. 그 역도 마찬가지이다. 조선 국민이

일본 국민을 상대로 범죄를 저질렀을 경우에도 똑같이 조선 관원의 심판을 받아야 한다. 이때 당연히 그들 나라의 법률에 의거해 재판을 받되, 추호도 편파적이지 않고 공정하게 처리되어야 한다.

제11조 양국이 이미 친선을 맺었으니 특히 별도의 무역규정을 제정하여 양국 상인의 편의를 도모해야 한다. 또한 현재 확정된 조항들 가운데 추가 설명이 필요할 경우 내용을 완벽하게 이해시키기 위해 세칙이 추가되어야 한다. 이 두 가지 목적을 충족시키기 위해 지금부터 6개월 이내 양국에서 별도로 특명전권대신을 임명해 조선의 수도나 강화에서 만나 상의하여 결정한다.

제12조 양국은 조약에서 규정한 위의 11개 조항을 오늘부터 성실히 준수하며, 양국 사이에 영원한 평화와 화친이 지속될 수 있도록 어느 한쪽도 이를 번복할 수 없다. ─ 이를 위해 조약서 2부를 작성하여 양국에서 위임한 전권대신들이 각자 조인하고 교환함으로써 증거 자료로 삼는다.

메이지 9년 혹은 일본력 2536년 2월 26일
일본국 특명전권대신, 육군중장 겸 추밀원의원 겸 개척부대신
(서명) 구로다 기요타카 (C. S.)

일본제국 특명부전권대사, 의관
(서명) 이노우에 가오루(C. S.)

병자년 혹은 조선건국 485년 2월 초.
조선국 판중추부사
(서명) 신헌 (C. S.)

조선국 부관도총부 부총관
(서명) 윤자승 (C. S.)

번역
크리엔

베를린, 1876년 5월 15일

A. 2464

다음 주재 외교관들에게 전달.

1. 런던 No. 320
2. 파리 No. 282
3. 상트페테르부르크 No. 296
15. 워싱턴 No. 66
21. 함부르크 No. 58

일본과 조선이 맺은 수호조약에 관한 금년 3월 25일 자 에도 주재 독일제국 변리공사의 보고서 사본을,

No. 1, 2, 3, 15에게는 개인적인 정보로, No. 21에게는 1876년 3월 7일 자 포고령에 준해 활용할 수 있도록

삼가 전달합니다.

(서명 없음)

정보제공 차원에서 독일제국 재상실에 본 보고서 사본을 전달하였습니다.

베를린, 1876년 5월 15일
외무부

독일제국 관보용 A. 2464
비공식 자료
정계 소식들
국가, 지역, 날짜 일본, 에도, 3월 25일

상기 제목이 들어 있는 옆쪽 메모의 사본을 직인이 찍히지 않은 종이에 서류번호 없이 봉투에 담아 독일제국 관보 편집실로 보낼 것.

베를린, 1876년 5월 15일

오늘 일본 관보에 최근 일본과 조선이 체결한 수호조약안이 발표되었습니다. 조약문의 독일어 번역본은 다음과 같습니다.:

[.......의 첨부문서에 포함된 광고]

44

원문 p.519

[조일수호조규 체결에 대한 청국 반응]

발신(생산)일	1876. 3. 16	수신(접수)일	1876. 6. 3
발신(생산)자	브란트	수신(접수)자	뷜로
발신지 정보	베이징 주재 독일 공사관	수신지 정보	베를린 외무부
			A. 2979

XXI. A. 2979 1976년 6월 3일 수신

베이징, 1876년 3월 16일

베를린, 뷜로 외무장관 각하 귀하

베이징 주재 일본 공사관에 접수된 전신 보고에 의하면 일본과 조선 간 분쟁이 조약 체결[1]로 일단 종결되었습니다. 조약에 따르면 무역을 위해 부산을 포함한 항구 3곳이 개방되며, 일본 사절단의 서울 체류가 허용됩니다.

조약 체결에 앞서 양측 병력의 충돌 여부 등 세부적인 내용에 대한 정보는 없습니다. 사태가 이런 식으로 종결된 것에 대한 이곳 정치권의 반응은 대체로 긍정적입니다. 청 궁친왕과 총리아문 대신들은 외국의 모든 개방 시도에 대한 조선의 성공적 방어라는 척화파의 주장을 무너뜨리고, 그 덕분에 그들의 입지가 강화된 것에 기뻐하고 있습니다. 그러나 일단 불편한 질문에서 벗어나게 됐다는 만족감을 완벽하게 즐기지 못하게 만드는 한 가지 사실은 조선의 개방이 베이징에서 결코 환영받지 못하는 일본인에 의해 이루어졌다는 점입니다.

브란트

1 [감교 주석] 조일수호조규(朝日修好條規)

45

원문 p.520

조일수호조규 보고 관련 재상실의 후속조치

발신(생산)일	1876. 7. 4	수신(접수)일	1876. 7. 12
발신(생산)자		수신(접수)자	
발신지 정보	독일제국 재상실	수신지 정보	베를린 외무부
			A. 3755

A. 3755 1876년 7월 12일 수신

베를린, 1876년 7월 4일

외무부 귀중

독일제국 재상은 에도 주재 독일제국 변리공사[1]가 첨부문서를 동봉하여 3월 25일 보고하고 5월 15일 본인에게 전달한 일본과 조선이 체결한 수호조약과 관련된 보고서에 대해 치하하는 바이다. 또한 프로이센 국왕께서 그 보고와 관련해 무역부 장관에게 하명하신 내용을 참고용 주석으로 달아 전달하는 바이다.

독일제국 재상실

1 [감교 주석] 아이젠데헤르(K. Eisendecher)

46

원문 p.521

일본 정부의 정책 및 태도

발신(생산)일	1876. 5. 17	수신(접수)일	1876. 7. 16
발신(생산)자	아이젠데헤르	수신(접수)자	뷜로
발신지 정보	에도 주재 독일 공사관	수신지 정보	베를린 외무부
	No. 87		A. 3859
메모	7월 19일, 런던 503, 파리 445, 상트페테르부르크 477, 로마 406, 워싱턴 79 전달		

A. 3859 1876년 7월 16일 수신

에도, 1876년 5월 17일

No. 87

기밀

베를린, 뷜로 외무장관 각하 귀하

작년 말부터 현재까지 일본 대외정책에서 유일한 미해결 현안은 바로 조선 문제였습니다.

이것은 기원을 거슬러 올라가면 일본의 전통 및 역사와 밀접한 연관이 있는 문제로, 일단 조약 체결로 인해 만족스러운 방식으로 해결되었습니다. 또한 전쟁 발발의 위험도 일단은 사라졌습니다.

만약 이웃나라 조선과 원만한 합의에 이르지 못할 경우 일본 정부는 러시아와 청국 정부가 단호하게 반대에 나서지 않는 한 선박운항의 안전과 관련해 조선으로부터 확실한 보장을 받아내기 위한 압박에 돌입할 결심을 했던 것이 확실합니다. 심지어 본인은 일본이 조선에 관한 계획을 실행에 옮기지 못한 유일한 이유는 청의 적대적 태도 하나뿐이었다고 추정합니다.

포모사[1] 문제나 최근의 조선 문제에서 보여준 일본의 박력 있는 행보는 천황 정부가 대외정책에서 거둔 첫 번째 정치적 성공입니다. 약간 과장되기는 했지만 목적에 부합된 두 번의 시도에서 거둔 성과는 확실히 현재의 일본 정치지도자들에 대한 국민들의 지지

1 [감교 주석] 대만

와 함께 정부의 입지를 공고하게 해주었습니다. 더불어 국민들 사이에 잠재해 있던 수많은 불만의 목소리 역시 어느 정도 가라앉았습니다.

조선과의 조약에서 양국의 자주성과 독립성을 분명하게 인정한 점[2]과 조선인에게 조공을 강요했던 과거 일본의 요구를 포기한 점은 못 본 척 그냥 넘어가는 듯합니다.

일본 정부가 그들의 계획을 강력하게 밀고 나가 소기의 성과들을 거두는 데 가장 주효했던 조건은 특히 육군과 해군의 전투력 향상이었다고 말할 수 있습니다. 규모가 작은 일본 육군과 해군은 외국인 교관들 덕분에 전투력이 이웃나라가 외경심을 느낄 정도의 수준에 이르렀습니다. 훌륭한 군사력을 가진 청국이 병력을 분산시킬 수밖에 없는 여러 가지 사안들로 인해 현재 몹시 힘든 상황인데다가 해군 역시 그다지 일사불란한 조직이 아니기 때문에 섬나라 일본이 군사력에서 대국 청을 능가한 것이 확실합니다.

사람들은 한편으로는 일본인들이 이끌어낸 현재의 이런 상황을 축하해주고 있지만 다른 한편으로는 일본인들이 터무니없는 허영심 때문에 자신들의 성과를 너무 과대평가하고 있는 점은 유감으로 생각하고 있습니다.

오만과 자만은 일본인의 민족적 성향에 속합니다. 포모사와 조선에서 거둔 성공과 빠르게 성장한 국방력을 믿고 유감스럽게도 일본인이 오늘날 외국인에 대해서도 점차 그런 성향을 노골적으로 드러내고 있습니다. 이탈리아 공사를 제외한 본인의 모든 동료들은 일본 외무경[3]의 태도에 대해 불평을 털어놓았습니다. 그는 모든 공적인 만남에서 거의 무례하다 싶을 정도로 거만한 태도를 보였습니다. 치외법권을 비롯해 외국인의 권익과 관련된 모든 문제에 관한 협상에서 일본 측은 의구심과 분노를 드러내고 있으며, 그로 인해 의소소통이 매우 힘들어지고 있습니다. 상황이 이런데도 조약체결 국가의 대표들은 여러 사안에서 정당한 요구를 관철시킬 수 있고, 자만과 오만에 사로잡힌 일본인에게 효과적으로 맞서기 위해 꼭 필요한 의견일치를 보지 못하는 것은 유감이 아닐 수 없습니다. 현재 일본인들은 외교대표들의 의견이 사분오열되어 있다는 사실을 알고 있으며, 그들의 불완전한 협력관계를 계속해서 방해하려 애쓰고 있습니다. 본인의 소견으로는 보다 견고한 협력 정치가 이익을 가져올 경우 약간의 희생은 감수할 필요가 있습니다. 따라서 현재 해결되지 않은 현안들, 예를 들어 수렵법, 여객 규정, 외국인거주지의 토지세 문제, 공사관원의 납세의무 등에 대해서는 대표들이 합의안을 도출해 내는 것이 바람직합니다. 그러나 외교사절단 내에서 변화의 바람이 일지 않는 한 현재로서는 그럴

2 [감교 주석] 조일수호조규(朝日修好條規) 1조

3 [감교 주석] 데라지마 무네노리(寺島宗則)

가망이 전혀 없습니다.

본인이 받은 개인적인 인상에 따르면, 대부분의 외국 세력에 대한 일본 정부의 약간 비우호적인 태도는 고임금을 주고 고용한 몇몇 미국 고문들의 조언 때문인 듯합니다.

아이젠데헤르

내용: 일본 정부의 정책 및 태도

47

원문 p.524

조선 사절단[1]

발신(생산)일	1876. 5. 30	수신(접수)일	1876. 8. 1
발신(생산)자	아이젠데헤르	수신(접수)자	뷜로
발신지 정보	에도 주재 독일 공사관	수신지 정보	베를린 외무부
	No. 95		A. 4144
메모	8월 2일, 상트페테르부르크, 런던, 워싱턴에 발송		

A. 4144 1876년 8월 1일 수신, 첨부문서 1부

에도, 1876년 5월 30일

No. 95

베를린, 독일제국 외무장관 뷜로 각하 귀하

각하께 약 80명의 인원으로 구성된 조선 사절단이 어제 일본 기선 Korio Maru를 타고 요코하마에 도착한 뒤 즉시 도쿄로 떠났다는 보고를 드리게 되어 영광입니다.

일본 정부는 조선인들의 요청에 따라 앞에서 언급한 기선을 사절단 및 그 수행원 운송을 위해 제공하였습니다. 일본 외무경[2]이 전해준 바에 의하면 사절단은 단지 일본의 조선 방문에 대한 답방일 뿐, 조약과 관련된 후속 협상의 임무와는 관련이 없다고 합니다.

그와 관련된 신문기사 몇 편을 동봉하여 보냅니다. 또한 공사가 오늘 외무성을 방문하며, 6월 1일 천황을 특별 알현하기로 약속하였습니다.

본인을 비롯한 이곳 외교관들은 조선인을 만날 수 있는 기회를 전혀 얻지 못하였습니다. 조선 사절단의 도착 소식은 외국 대표들에게 통지되지 않았습니다.

본인은 전체적으로 조선인들이 이곳에 체류 중인 외국인들과 어떤 관계를 맺을 의향이 없는 듯한 인상을 받았습니다. 심지어 조선 사절단의 요청으로 그들을 수송한 기선 고려마루의 영국인 선장이 일본인 선장으로 교체되었다는 이야기까지 돌고 있습니다.

---

1 [감교 주석] 제1차 수신사(修信使) 김기수(金綺秀) 일행

2 [감교 주석] 데라지마 무네노리(寺島宗則)

사절단의 체류 기간은 아직까지 정확히 알려지지 않았습니다.

아이젠데헤르

내용: 조선 사절단, 첨부문서 1부

No. 95의 첨부문서

첨부문서의 내용(원문)은 독일어본 525~528쪽에 수록.

48

원문 p.529

일본과 조선이 체결한 평화수호조약과 관련 서신

발신(생산)일	1876. 8. 1	수신(접수)일	1876. 8. 4
발신(생산)자	뮌스터	수신(접수)자	
발신지 정보	런던 주재 독일 대사	수신지 정보	베를린 외무부
			A. 4209
메모	에도 No. 3, 7, 8을 상트페테르부르크 No. 545로 전달		

A. 4209 1876년 8월 4일 수신

런던, 1876년 8월 1일

베를린, 독일제국 외무부 귀중

일본과 조선이 체결한 평화수호조약[1]과 관련해 영국의회에 제출된 서신 3통을 동봉하여 전달하게 되어 영광입니다.

뮌스터

내용: 일본과 조선이 체결한 평화수호조약과 관련된 편지

[첨부문서]의 내용(원문)은 독일어본 530~559쪽에 수록.

---

1 [감교 주석] 조일수호조규(朝日修好條規)

베를린, 1876년 8월 7일

A. 3209

1. 상트페테르부르크 N. 545
   슈바이니츠 귀하

2. 에도 N. 3
   아이젠데헤르 귀하

귀하에게 최근의 일본과 조선 간 조약협상(Japan No. 1 1876)과 관련해 영국의회 문서보관소에 제출된 청서[2] 1부를 동봉하여 전달하게 되어 영광입니다.

I. V. d. R. K

2 [감교 주석] 청서(bluebook): 영국 외교문서의 별칭

49

원문 p.561

일본-조선 조약의 부록과 무역규정들 및 첨부문서들

발신(생산)일	1876. 10. 19	수신(접수)일	1876. 12. 10
발신(생산)자	아이젠데헤르	수신(접수)자	뷜로
발신지 정보	에도 주재 독일 공사관	수신지 정보	베를린 외무부
	No. 164		A. 6957

A. 6957 1876년 12월 10일 수신, 첨부문서 3부

에도, 1876년 10월 19일

No. 164

베를린, 왕실국무위원 겸 외무장관 뷜로 각하 귀하

각하께 금년 3월 25일에 보고한 바 있는 - No. 60 - 일본과 조선의 수호통상조약[1]의 독일어번역본과 영어번역본을 함께 전달하게 되어 영광입니다.[2]

무역에 관한 세부항목을 규정할 목적으로 양국 정부의 대표들이 조약 체결 후 6개월 이내에 조선 수도에서 회동해야 한다는 내용의 상기조약 제11조를 실행에 옮기기 위해 일본 외무성 고위관리 미야모토[3]가 금년 7월 조선 정부와 협상하기 위해서 조선으로 떠났었습니다.

그리고 이달 14일 포고령을 통해 양국 전권대사가 합의한 규정[4]들이 고시되었습니다. 동시에 외국 대표들에게도 일본어 원문과 영어번역본이 전달되었습니다.

조약의 영어번역본과 함께 독일어 번역본을 첨부해 전달하면서 본인은 그 내용과 관련해 이전에 밝혔던 견해를 다시 한번 밝히는 바입니다. 즉 이번 조약은 일단 선박운항의 안전과 관련된 부분에서만 실제적인 의미와 중요성을 가지고 있다는 사실입니다.

부속조약의 앞쪽 9개 조항은 조선에 체류하는 일본 관원과 일본 국민이 일반적으로

1 [감교 주석] 조일수호조규(朝日修好條規)

2 [감교 주석] 조일무역규칙(朝日貿易規則), 이날 조일 양국의 무관세를 규정한 조인희·미야모토 의정서(趙寅熙·宮本小一議定書)가 교환되었음.

3 [감교 주석] 미야모토 고이치(宮本小一)

4 [감교 주석] 조일수호조규(朝日修好條規) 부록, 조일무역규칙(朝日貿易規則)

갖게 되는 권리의 세부적인 규정들을 담고 있습니다. (생략) 10조에는 조선 정부가 그들의 연해에서 좌초된 외국선박의 조난자들을, 물론 조선과 아무런 연관도 없는 자들입니다, 구조하고 지원해야 할 의무가 규정되어 있습니다. 만약 조난자들이 고향으로 돌아가기를 원하면 그들의 환송을 위해 조선의 개항장 가운데 한 곳에 있는 일본 관원에게 그들을 넘겨줘야 할 의무가 있습니다.[5]

이곳의 외국 언론은 목적에 부합하는 이 유익한 합의를 전반적으로 높게 평가하고 있습니다. 그러나 그 조항에 다른 나라로부터 조선과 직접 교섭할 수 있는 중요한 기회를 빼앗고자 하는 일본 측 의도가 숨어 있다는 목소리들도 나오고 있습니다.

무역규정 자체는 전체적으로 일본이 다른 열강들과 맺은 조약의 무역 관련 조항들의 축소판이라고 할 수 있습니다. 그중에서 제6조는 특히 조선으로부터 쌀과 곡물을 자유롭게 반출하는 것을 고무하고 있습니다.

조선에서 물품을 수입하거나 조선으로 물품을 수출할 때 부가되는 관세 및 규정을 어겼을 경우 받게 되는 처벌에 대한 조항은 전혀 포함되지 않은 것으로 보아 조약 양 당사국이 조선의 빈약한 생산력 때문에 일단은 조약에서 기대할 수 있는 통상과 교류의 실제적인 효용성은 그다지 높게 치지 않은 것으로 보입니다.

아이젠데헤르

내용: 일본-조선 조약의 부록과 무역규정들 및 첨부문서들

No. 164의 첨부문서

첨부문서의 내용(원문)은 독일어본 562~565쪽에 수록.

No. 164의 첨부문서

첨부문서의 내용(원문)은 독일어본 565~568쪽에 수록.

---

5 [감교 주석] 원문에는 '부속조약의 ~ 있습니다.'에 취소선이 표기됨.

No. 164의 첨부문서
사본
번역

포고령 No. 127

별지와 같이 조선과 체결한 평화수호조약의 부록 및 무역규정[6]에 합의하였음을 고지하는 바이다.

1876년 10월 14일
태정대신
산조 사네토미[7]

평화수호조약 부록[8]

육군중장 겸 추밀원의원 겸 개척사[9] 장관인 일본 정부의 특명전권대신 구로다 기요타카[10]와 의관 특명전권부대신 이노우에 가오루[11]가 강화에 도착해 조선 정부의 특명전권대신 판중추부사 신헌[12]과 부관도총부 부총관 윤자승[13]과 일본력 메이지 9년 2월, 혹은 조선력 병자년 2월 2일 합의하고 날인한 평화수호조약 제11조의 규정에 따라서,

일본 정부에서 조선 수도에 특사로 파견한 외무성 국장 미야모토 고이치[14]와
조선 정부에서 특사로 파견한 강수관[15] 조인희[16]가
각자에게 내려진 유지에 따라 다음과 같은 조항들을 약정하고 날인하였다.

---

6 [감교 주석] 조일수호조규(朝日修好條規) 부록, 조일무역규칙
7 [감교 주석] 산조 사네토미(三條實美)
8 [감교 주석] 조일무역규칙(朝日貿易規則)
9 [감교 주석] 홋카이도 개척사(開拓使)
10 [감교 주석] 구로다 기요타카(黑田淸隆)
11 [감교 주석] 이노우에 가오루(井上馨)
12 [감교 주석] 신헌(申櫶)
13 [감교 주석] 윤자승(尹滋承)
14 [감교 주석] 미야모토 고이치(宮本小一)
15 [감교 주석] 강수관(講修官)
16 [감교 주석] 조인희(趙寅熙)

제1조: 조선 개항장에서 일본 국민을 관리하는 일본 관원은 조선연해에서 일본 선박이 조난을 당해 위험한 상황이라는 사실을 접하는 즉시 해당 지방관에게 신고한 뒤 곧장 사고현장으로 출동하여야 한다.

제2조: 이후 공사를 비롯한 일본의 외교관 및 관원들은 자유롭게 다양한 곳으로 공문과 서신을 발송할 권리가 있다. 이때 자비로 우편으로 발송하거나 조선인을 전령으로 고용할 수 있다.

제3조: 약조한 조선의 각 통상 항구에서 일본 국민은 주거를 정하여 가옥을 세울 수 있다. 이때 거주자는 지주와 상의하여 그 금액을 정해야 한다. 조선 정부 소유의 토지일 경우 조선 국민이 지불하는 것과 동일한 조세를 납부한다. 부산 초량항의 일본인거주지에 있는, 예전에 조선 정부가 설치했던 수문과 울타리는 철폐하고, 정해진 경계선을 따라 상징물을 설치한다. 이후에 다른 두 항구에도 동일한 규정이 적용된다.

제4조: 부산 거주 일본 국민은 부두에서 10리 이내에서는 어느 방향으로나 자유롭게 왕래할 수 있다. 동래는 이 경계선 너머에 있지만 일본 국민은 그곳을 방문할 수 있다. 이 경계선 내에서 일본 국민은 마음대로 행보할 수 있으며 조선의 생산품과 일본의 생산품을 매매할 수 있다.

제5조: 조선의 각 조약항구에서 일본 국민은 조선 국민을 고용할 수 있다. 또한 조선 국민은 정부의 허가를 받아 일본에 갈 수 있다.

제6조: 조선의 조약항구에서 일본 국민이 사망한 경우 적합한 땅을 찾아 매장할 수 있다. 다른 두 조약항구의 경우 거주지가 부산의 매장장소에서 얼마나 떨어져 있는지에 따라서 장지가 정해진다.

제7조: 일본 국민은 조선의 물건을 구매할 때 일본 화폐를 사용할 수 있다. 또한 조선 국민은 그 교환한 일본 화폐로 일본산 물품을 구매할 수 있다.
일본 국민은 조선 동전을 사용하고 국외로 가져갈 수 있다. 다른 나라의 화폐를 위조하는 자는 자국의 법령에 따라서 처벌받는다.

제8조: 조선 국민은 구매하거나 선물 받은 일본의 물품을 마음대로 사용할 수 있다.

제9조: 평화수호조약 제7조의 규정에 의거해 일본 측량선이 보트를 이용해 조선연해에서 수심을 측량하다가 폭풍우나 썰물로 인해 본선으로 돌아갈 수 없을 경우 승

무원은 해당 지역 지방관의 도움을 받아 근처 인가에서 숙박할 수 있다. 또한 그들이 필요로 하는 물품은 관청에서 공급해주어야 하며, 물품 비용은 추후에 배상한다.

제10조: 조선은 지금까지 다른 나라와 교류하지 않았지만 일본은 오래전부터 다른 나라들과 선린관계를 맺고 있다. 그 점을 고려하여 이후 여러 나라 선박이 풍랑에 좌초되어 조선연해로 표류해 왔을 경우 조선 국민은 그들에게 친절하게 은혜를 베풀어야 한다. 표류된 자가 고국 송환을 원할 경우 조선 정부는 개항항구에 머무는 일본 관원에게 넘겨야 한다. 요청을 받은 일본 관원은 그 요청에 응해야 한다.

제11조: 상기한 10개의 조항 및 무역규정은 수호조약과 동일한 효력을 가지며, 양국 정부는 이를 성실하게 지켜야 한다. 그러나 부록 조항 중에 양국 국민의 교류와 무역과정에서 수정이 필요하다고 인정될 경우 양국 정부는 이를 요구할 수 있다. 수정 제안은 결정되기 2년 전에 고지하여야 한다.

메이지 9년 혹은 일본력 제 2536년 8월 24일,
조선국 건국 485년, 병자년 7월 6일

(L.S.) 미야모토 고이치[17]
외무성 이사관[18]

(L.S.) 조인희[19]
강수관

---

17 [감교 주석] 미야모토 고이치(宮本小一)

18 [감교 주석] 이사관(理事官)

19 [감교 주석] 조인희(趙寅熙)

〈조선 개항장에서의 일본 무역에 관한 규정〉[20]

제1규칙: 일본 상선(일본의 전함 및 우편물 소송에만 사용되는 선박은 제외)이 조선에서 허가한 항구에 들어갈 때 선주 혹은 선장은 일본국민 관리관이 발급한 입항증을 도착 3일 이내에 조선국 관청에 제출하여야 한다. 입항증은 상인이 항구에 체류하는 동안, 동 선박이 현재 항해무역에 적용되는 일본의 규정에 따라서 모든 선박서류, 감정평가서 등을 제출한 일본 선박이라는 사실을 입증하는 증서이다. 그런 다음 선장은 선박명, 출발항구, 화물 무게, 선장의 이름, 승무원 수, 승객명단 등을 서면으로 작성한 뒤, 모든 진술이 사실에 입각해 있다는 서명을 한 뒤 그 서류를 제출함으로써 통관절차를 밟는다.

동시에 선장은 운송화물의 내용, 기호, 번호(만약 번호가 있다면), 화주 등이 포함된 선화목록을 제출해야 한다.

선화목록과 기타 구비서류는 일본어로 작성되며 한자어 번역본을 첨부하지 않는다.

제2규칙: 일본 상선이 싣고 온 화물을 하선하고자 할 때는 선주 혹은 화주(貨主)가 화물 이름, 상륙지, 원가, 무게, 개수를 기록한 신고서를 조선 관청에 제출한다. 관청은 신고서를 접수하는 즉시 화물의 하선허가증을 교부한다.

제3규칙: 선주 혹은 화주는 하선허가를 받고 나서 화물을 하선한다. 이때 조선 관원은 화물을 검사할 권리가 있다. 그러나 검사 시 화물을 훼손하여서는 안 된다.

제4규칙: 모든 수출화물 역시 배에 싣기 전에 배의 이름, 화물 이름, 개수가 적힌 신고서를 조선 관청에 제출해야 한다. 관청은 신고서를 접수한 뒤 속히 수출을 허가해야 한다. 화주는 허가서를 받은 다음 화물을 선적할 수 있다. 그러나 조선 관리가 화물을 검사하고자 하면 화주는 이를 거절할 수 없다.

제5규칙: 출항을 원하는 일본 상선은 출항 전일 정오 이전에 조선 관청에 통지해야 한다. 통보를 받은 조선 관청은 이전에 받아두었던 서류를 돌려주고 수출통관허가증을 발급한다. 일본우편선은 이 규정을 따르지 않아도 되지만 반드시 관청에 출항을 신고하여야 한다.

제6규칙: 이후 쌀과 잡곡을 조선 항구에서 수출하는 것이 허용된다.

---

20 [감교 주석] 조일무역규칙

제7규칙: 항해무역 선박의 항만이용료:

닻이 여러 개인 범선과 기선......... 5엔(Yen)

닻이 한 개인 500근 이상의 범선.......... 2엔

닻이 한 개인 500근 미만의 범선..........1½엔

선박에 부속된 작은 선박은 항만이용료 무료

일본 정부 소유의 선박들에는 일체의 항만이용료 면제

제8규칙: 조선 정부 혹은 조선 국민은 지정 무역항 이외의 항구로 화물을 운송할 때 일본 상선을 고용할 수 있다. 그러나 만약 고용주가 조선 국민이라면 (일본) 조선 정부가 발급한 허가증에 적힌 규정을 따라야 한다.

제9규칙: 일본 선박이 무역을 허용하지 않은 항구에서 물품을 밀수입한 것을 조선의 지방관이 발각하였을 경우 가장 가까운 곳에 있는 조약항구의 일본 관리관에게 인도하여야 한다. 그 관리관은 선적된 화물 일체를 몰수하여 조선 관청에 넘겨야 한다.

제10규칙: 아편 판매는 엄격하게 금지한다.

제11규칙: 현재 두 나라가 정한 규칙은 오늘부터 효력이 발생한다. 그러나 시행과정에서 필요하다고 인정될 경우 양국 정부가 임명한 위원들에 의해 수정될 수 있다.

양국의 특명전권대신이 조인을 통해 본 규정을 증명한다.

일본력 2536년 혹은 메이지 9년 8월 24일:

혹은 조선왕국 개국 485년 7월 6일.

(L.S.) 미야모토 고이치

(L.S.) 조인희

포고령 No. 128

조선과의 무역이 지금까지는 일본 쓰시마 주민들에 국한되었으나 이제부터는 부산에 가기를 원하는 모든 일본 국민은 조선과 체결한 평화수호조약과 관련해 금년 3월 발표된 포고령 No. 34 및 부속조약과 무역규정들과 관련된 포고령 No. 127에 의거해 허가받는다. 그러나 출항 전 해당 관청 내지는 부속관청에서 해외여행 증명서와 필요한 선박서류

를 발급받아야 한다. 최대한 빨리 부산에 가고자 하는 자는 개인적으로 현재 거주 중인 지역 관청에 서면신청서를 제출하면 허가서를 받을 수 있다.

상기 내용을 포고령으로 고지하는 바이다.

다른 항구들도 차후 개방되는 대로 같은 내용이 공포될 것이다.

1876년 10월 14일

태정대신

(서명) 산조 사네토미

포고령 No. 129

이후 조선의 수출입 물품은 일본 국내에서 판매되는 물품과 똑같은 방식으로 처리한다. – 조선으로 물품을 수출하고자 하는 자는 개항장 해관 혹은 수입통관을 맡고 있는 관청에 해당 송장을 제출하여 확인받아야 한다. 송장은 조선의 해당 조약항구에 상주하고 있는 일본 관리원에게 제출해야 하며, 그 관리원은 물품이 조선에 반입되었다는 사실을 확인해야 한다. 일본으로 귀환한 상선은 원래의 출발항에 송장을 다시 제출해야 한다.

조선에서 물품을 수입하고자 하는 자는 해당 일본 관리원으로부터 증명서를 발급받아야 한다. 수입품을 일본에 반입하고자 할 때는 확인받은 송장을 해당 해관 혹은 수출통관을 맡고 있는 관청에 제출해야 한다. 그런 다음 비로소 물품을 하선할 수 있다.

상기 내용을 포고령으로 고지하는 바이다.

1876년 10월 14일

태정대신

(서명) 산조 사네토미

번역

크리엔

베를린, 1876년 12월 23일 A. 6957

다음 주재 외교관들에게 전달.

1. 런던 No. 919
2. 파리 No. 827
3. 상트페테르부르크 No. 932
15. 워싱턴 No. 107
21. 함부르크 No. 155

일본과 조선의 무역규정에 관한 금년 10월 19일 자 에도 주재 독일제국 변리공사의 보고서 사본을

No. 1, 2, 3, 15에게는 개인적인 정보로,
No. 21에게는 1876년 3월 7일 자 포고령에 준해 활용할 수 있도록

삼가 전달합니다.

[서명 없음]

정보제공 차원에서 독일제국 재상실에 본 내용을 전달하였습니다.

베를린 외무부

1876년 12월 23일

독일제국 관보용 A. 6957
비공식 자료
정계 소식들
국가, 지역, 날짜 일본, 에도, 1876년 10월 19일

상기 제목이 들어 있는 옆쪽 메모의 사본을 [직인이 찍히지 않은 종이에 서류번호 없이] 봉투에 담아 독일제국 관보 편집실로 보낼 것.

1876년 12월 24일, 베를린

몇 달 전 일본과 조선이 체결한 수호조약의 후속 협상에서 (금년 5월 20일 자 독일제국 포고령 No. 119에 실린 조약 내용 참조) 양국 정부는 최근 부속조약과 세부규정에 합의하였습니다. 일본 정부는 그 내용을 세 개의 포고령으로 관보에 고시하였습니다. 포고령의 독일어번역본은 다음과 같습니다:

50

원문 p.578

하나부사의 조선 파견

발신(생산)일	1877. 10. 15	수신(접수)일	1877. 12
발신(생산)자	아이젠데헤르	수신(접수)자	뷜로
발신지 정보	도쿄 주재 독일 공사관	수신지 정보	베를린 외무부
	No. 141		A. 7301
메모	12월 15일 독일제국 관보로 발송		

A. 7301 1877년 12월 수신

도쿄, 1877년 10월 15일

No. 141 A. 48

베를린, 독일제국 왕실국무위원 겸 외무장관 뷜로 각하 귀하

일본 외무성 고위관리[1]인 조선 파견 사절단 부단장[2] 하나부사[3]가 조선 정부와의 조약에서 약조[4]했던 항구 두 곳의 개항 문제를 협상하기 위해 얼마 전 부산으로 출장을 떠났습니다.

그런데 하나부사를 태우고 부산에 도착한 기선에서 콜레라가 발병해 육지와의 모든 접촉이 금지되는 바람에 전권대사는 즉시 배를 타고 일본으로 귀환하였습니다. 그는 일단 환자들을 하선시킨 뒤 사정이 허락하면 다른 선박을 이용해 부산으로 돌아갈 예정입니다.

현재 하나부사는 계속 나가사키에 체류 중입니다.

사절단이 다급하게 귀환하자 이곳에서는 조선인들이 부산 거주 일본인들에게 폭력을 행사했다는 소문이 퍼졌습니다. 일본 언론에서는 심지어 하나부사가 육지에 상륙하려다가 무력으로 저지당했다는 기사가 실렸습니다.

그러나 그사이에 정부가 이 소문을 공식적으로 부인하였습니다.

---

1 [감교 주석] 외무대승(外務大丞)

2 [감교 주석] 변리공사

3 [감교 주석] 하나부사 요시모토(花房義質)

4 [감교 주석] 조일수호조규 제 4, 5관

새로 개방될 항구의 이름과 위치에 관해서는 아직까지 알려진 것이 전혀 없습니다. 최대한 빨리 그 정보를 보고드릴 수 있도록 노력하겠습니다.

아이젠데헤르

내용: 하나부사의 조선 파견

독일제국 관보용 A. 7301
비공식 자료
정계 소식들
국가, 지역, 날짜 일본, 에도, 1877년 10월 15일

상기 제목이 들어 있는 옆쪽 메모의 사본을 직인이 찍히지 않은 종이에 서류번호 없이 봉투에 담아 독일제국 관보 편집실로 보낼 것.

베를린, 1877년 10월 15일

일본 외무성의 하나부사[5]가 조선 정부와의 조약에서 약조했던 항구 두 곳의 개항 문제를 협상하기 위해 얼마 전 부산으로 출장을 떠났습니다.

그런데 하나부사를 태우고 부산에 도착한 기선에서 콜레라가 발병해 육지와의 모든 접촉이 금지되는 바람에 전권대사는 즉시 배를 타고 나가사키로 귀환하였습니다. 현재 그는 계속 나가사키에 체류 중입니다.

사절단이 다급하게 귀환하자 이곳에서는 조선인들이 부산 거주 일본인들에게 폭력을 행사했다는 소문이 퍼졌습니다. 일본 언론에서는 심지어 하나부사가 육지에 상륙하려다가 무력으로 저지당했다는 기사가 실렸습니다.

그러나 그사이에 정부가 이 소문을 공식적으로 부인하였습니다.

5 [감교 주석] 하나부사 요시모토(花房義質)

51

원문 p.580

일본과 조선의 교류

발신(생산)일	1878. 2. 9	수신(접수)일	1878. 3. 20
발신(생산)자	아이젠데헤르	수신(접수)자	뷜로
발신지 정보	도쿄 주재 독일 공사관	수신지 정보	베를린 외무부
	No. 17		A. 1878

A. 1878 1878년 3월 20일 수신

도쿄, 1878년 2월 9일

No. 17 A. 7

베를린, 독일제국 왕실국무위원 겸 외무장관 뷜로 각하 귀하

작년 10월 15일 자 본인의 보고 No. 141에서 전달한 바 있는, 하나부사[1]를 단장으로 한 조선 파견 사절단이 귀환하였습니다. 귀환한 하나부사의 발언에 의하면 기대했던 성과를 거두지 못한 것으로 보입니다.

일본과의 무역을 위해 항구 두 곳을 추가로 개방하는 문제는 거론되는 지역의 조건이 만족스럽지 못한데다가 측량이 충분히 이루어지지 않아 결정을 당분간 미루기로 하였습니다. 본인은 조약 체결 이후 부산 지역의 무역이 어느 정도로 활성화되고 있는지 통계자료를 모아보려 했으나 실패하였습니다. 외무성에 그 자료가 있고, 자료제공을 허락한다고까지 했으나 아직 본인에게 전달되지 않았습니다. 언론에서도 그런 자료가 발표된 적은 없습니다.

일본 국내 언론에 따르면, 조약 체결 이후 일본 상인 약간 명이 부산으로 건너갔으며, 무역이 조금 더 중요해진 것은 사실이나 아직까지는 아주 미미한 수준이라고 합니다. 따라서 조약은 상업적 의미보다는 순전히 정치적인 사안으로 간주되고 있습니다.

일본 정부가 경찰관 몇 명을 파견하는 계기가 된, 부산 거주 일본인과 조선인 간의 사소한 충돌 몇 건을 제외하면 그곳에서 심각한 사건은 발생하지 않았습니다. 특히 예전

1 [감교 주석] 하나부사 요시모토(*花房義質*)

에 언급한 바 있는, 하나부사의 일을 힘들게 만들었던 조선인의 폭력성향에 관한 이야기는 헛소문이라는 것이 확인되었습니다.

아이젠데헤르

내용: 일본과 조선의 교류

52

원문 p.581

[상트페테르부르크 조약 체결과 일본의 대러 인식]

발신(생산)일	1878. 2. 6	수신(접수)일	1878. 3. 28
발신(생산)자	아이젠데헤르	수신(접수)자	비스마르크
발신지 정보	도쿄 주재 독일 공사관	수신지 정보	베를린 정부
	No. 9		A. 2059

발췌문

A. 2059 1878년 3월 28일 수신

도쿄, 1878년 2월 6일

No. 9

베를린, 비스마르크 각하 귀하

사할린 문제가 해결[1]된 이후 일본 사람들은 러시아를 힘 있는 위험한 이웃일 뿐만 아니라 영국의 적이자 청국과 조선에 맞서는 데 유용한 동맹국, 목적과 관심사가 현재로서는 일본과 충돌하지 않는 동맹국으로 간주하고 있습니다.

일본과 조선의 조약은 외견상 상업적인 의미는 그리 크지 않은 것으로 보입니다. 정치적인 측면에서도 조선 거주 일본인들에게 치외법권이 적용된다는 측면에서만 실질적인 의미가 있습니다.

아이젠데헤르

1 [감교 주석] 상트페테르부르크 조약(1875)

A. 4104(1878년 7월 10일 수신)에서 발췌

발췌문

출처: 1875년 10월 9일 미국 육군대장 르젠드르[2]가
일본 대장경[3] 오쿠마[4]에게 보낸 메모

(생략) 조선에 관해 말씀 드리자면, 조선을 일본에 합병할 수 없다면 근대적인 정치제도와 목적에 맞는 방어용무기를 도입하는 방법으로 이 나라를 외국의 간섭들로부터 지켜야 합니다. 그렇게 변화시킬 때에만 조선이 일본에 대해 아무런 반대를 하지 않을 것입니다. 더불어 다른 나라의 개입 혹은 더 나쁜 상황이라 할 수 있는 다른 나라와의 합병의 기회도 줄어들 것입니다. 조선은 일본에게 일종의 울타리가 되어야 합니다. 일본 정부가 평화를 유지하는 쪽으로 정책을 수립하는 경우, 혹은 양국 관계로 인해 조선을 실제로 정복하는 것이 불가능할 경우, 일본 정부는 실제로 정복에 나서지 않더라도 외교적인 수완이나 현재 갖고 있는 힘을 이용해 조선을 그들의 도덕적인 영향력 밑으로 끌어들일 수 있기 때문에 두 나라의 운명은 분리될 수 없습니다. 일본과의 관계가 이러하기 때문에 현 상황에서 조선은 실제로 일본에 속하는 것 말고는 안전을 보장받을 수 없습니다. 어쨌든 일본에 속할 때에만 현재와 같은 조선의 약한 국력과 폐쇄성에서 기인한, 다른 나라들의 영향력이나 합병의 위험에서 벗어날 수 있습니다. 본인은 귀국 정부가 본인의 이러한 견해에 특별한 의미를 부여하지 않을 것을 잘 알고 있습니다. 그러나 본인은 신중하게 본인의 견해를 평가해 주시기를 요청 드립니다. 지금이 조선에 완전히 집중해야 할 적기입니다. 1년이 지나면 이미 때가 늦어버릴 것입니다.

본인은 정부가 이런 견해에 일단 특별한 의미를 두지 않을 것이라는 것을 잘 알고 있습니다. 그러나 본인은 이러한 견해를 평가하기 위한 신중한 숙고가 이루어져야 한다고 확신합니다. 지금이 그 대상에 완전히 주목해야 할 적절한 순간입니다. 1년이 지나면 이미 때가 늦을 것입니다. 왜냐하면 독일이 소위 포모사[5] 철수와 관련된 협상에 성공하지 못하거나 유럽에 평화가 유지되는 경우 조선으로 눈길을 돌릴 가능성이 있기 때문입니다. 조선과의 합병을 20, 30년 뒤로 미루는 것은 결코 유익하지 않습니다. 그때가 되면

2 [감교 주석] 르젠드르(C. W. Legendre)
3 [감교 주석] 대장경(大藏卿)
4 [감교 주석] 오쿠마 시게노부(大隈重信)
5 [감교 주석] 대만

일본은 게을렀던 자신에 대해 씁쓸한 후회에 사로잡힐 것이 확실합니다. (생략)

오쿠마 시게노부에게 삼가 본인의 메모를 전달합니다.

도쿄, 1875년 10월 9일

르젠드르

외무부
A편

외무부 정치 문서고
조선 관계 문서

---

1. b. 22에 이어짐

1879년 1월부터
1882년 6월까지

01
원문 p.585

일본의 대 조선관계

발신(생산)일	1878. 11. 24	수신(접수)일	1879. 1. 11
발신(생산)자	구트슈미트	수신(접수)자	뷜로
발신지 정보	도쿄 주재 독일 공사관	수신지 정보	베를린 독일 외무부
	No. 150		A. 160

A. 160 1879년 1월 11일 수신

도쿄, 1878년 11월 24일

No. 150

A. 67

베를린, 독일제국 외무장관 뷜로 각하 귀하

일본의 대 조선관계는 결코 그다지 우호적이지 않았는데 최근 들어 더욱 악화되었습니다. 조선 정부의 근래 태도는 이곳 일본 정부와 자칫 분규에 이를 가능성이 없지 않습니다.

각하께서는 변리공사의 보고서, 금년 2월 2일의 No. 17 보고서를 이미 받으신 바 있습니다. 그 보고서에서 변리공사는 조선에 파견되었던 하나부사[1]의 귀국과 양국의 교역관계 개선 구축을 위한 그의 노력이 성과 없었음에 대해 보고했습니다.

이달 20일 하나부사는 새로이 특명을 부여받아 외무성 관리 2명을 대동하고 장갑함 "Hiye"호[2]로 부산을 향해 출발했습니다.

하나부사가 파견된 특별한 동기와 목적에 관해 본인은 이곳 외무성에서 다음과 같은 정보를 입수했습니다.

조선 정부는 관세율 조항이 포함되지 않은 조일수호조규의 정신[3]에 입각해서 본래

1 [감교 주석] 하나부사 요시모토(花房義質)

2 [감교 주석] 히에이(比叡)호

3 [감교 주석] 조일수호조규에는 조선의 수출입 품목에 대한 관세규정이 명문화되어 있지 않았음. 이에 조선과 일본은 1876년 7월 25일에 '조일무역규칙(朝日貿易規則)'을 체결하면서, 체결 담당자인 조인희와 미야모토 고이치(宮本小一)는 조선의 수출입 품목에 대한 무관세를 약정(조인희·미야모토 의정서 : 趙寅熙·宮本小一議定書)하였음. 그 결과 조선은 관세자주권을 상실하게 되었음. 본문에서 '정신'은 조일수호조규와 그

수출입 관세를 징수하지 않았다고 합니다. 이곳 일본의 상인들이 개인적으로 조선에서 입수한 소식에 의하면, — 일본 관리는 아직까지 그런 내용을 보고받지 못했다고 합니다 — 지금 돌연히 조선 정부가 일본 거류지에서 반출되거나 반입되는 모든 상품에 높은 관세를 부과하기 시작했다고 합니다.[4] 그런 연유로 그렇지 않아도 미미한 거래가 완전히 위축되고 상인들은 점포를 폐쇄했다는 것입니다.

외무성은 이런 조치가 직접 조선 조정에서 내려진 것인지 아니면 혹시 이런 식으로 부를 축적하려고 한 탐욕스런 관리들에게서 비롯된 것인지 확실히 파악하지 못했다고 합니다.

조선의 국내정세는 전반적으로 불안하다고 전해집니다. 작년의 기근으로 인해 특히 약탈행위가 전국적으로 증가하여 인명과 재산의 안전이 보장될 수 없을 정도라고 합니다. 하나부사는 현 상황을 점검하고 무엇보다도 최근의 관세규정을 철회시키는 임무를 수행해야 한다고 합니다. 그 밖에 그는 비상시의 예비 병력을 시찰하고 강압적인 조치는 당분간 유보할 것이라고 전해집니다.

장갑함의 출동이 소기의 성과를 달성하고 조선의 권력자들로 하여금 사태를 통찰하게 할 수 있기를 기대한다는 것입니다.

외무성에 대한 소식은 이상입니다.

본인이 다른 경로로 들은 바에 의하면, 이쪽 일본에서 이의를 제기한 조선인들의 조처는 25%의 수출입 관세 징수, 모든 수출입되는 상품들이 계류되는 부산 소재 일본 영업소에 이르는 거리에 8개의 세관 설치, 그래서 결국 일본 시세의 절반 값에 팔리는 미곡 수출 금지로 이루어져 있습니다.

조선과의 통상은 전체적으로 매우 근소합니다. 본인이 사적으로 보고받은 바에 따르면, 영국산과 일본산 면직물(이른바 옥양목[5] 및 광목[6])의 수입과 우피, 우골, 해초의 수출에 국한되어 있습니다.

조선과의 통상이 장차 어떤 식으로든 번창할 가능성이 있는지는 의심스럽습니다. 조선인들이 구리 화폐 이외의 다른 주화를 소지하고 있지 않아서 조선과의 통상은 순수한 물물교환이기 때문입니다.[7]

부속 규칙 및 약정서의 내용을 의미함.

4 [감교 주석] 두모진 수세사건

5 [감교 주석] 가네킨(カナキン)

6 [감교 주석] 바탕이 두꺼운 무명(天竺木綿)

7 [감교 주석] 해당 문장을 의역하면 다음과 같음. "다른 주화를 소지하고 있지 않기 때문에, 조선과의 통상은 전적으로 물물교환으로 이루어집니다."

조선 정부가 이쪽 일본의 요구에 선뜻 응할 것인지도 물론 확실하지 않습니다. 조선 정부가 무력으로는 저항할 수 없을 것입니다. 그러나 외국과의 모든 교역에 대한 조선 국내의 반감과 완강함은 충분히 알려져 있습니다. 게다가 현재 일본에게 호의적이지 않은 베이징 조정에 대한 조선 정부의 관계도 고려해야 합니다. 하나부사의 파견 성과에 대한 이곳 일본 내각의 낙관적인 기대는 지난날의 경험에 비춰 보아 근거 없는 것으로 보입니다.

또한 조선의 조처를 조약 위반으로 보기도 어렵습니다. 당시 일본이 관세율 문제를 협상 범위에 포함시키는 것을 의도적으로 회피하였기 때문입니다.[8]

아시아 국가들 사이에서 체결되는 조약에서는 먼저 분쟁을 야기하고 그에 이은 협상과 결과적으로 조약체결의 동기를 제공하는 문제의 핵심이 일반적으로 다루어지지 않습니다.'[9] 이 점은 동아시아 외교에서 눈에 띄는 특징입니다.

그런 연유로 예전에 대만 문제에서 실제로는 류큐[10]제도에 대한 통치권이 문제되었지만, 당시 청국과 체결한 조약[11]에서 이 점은 미해결로 남았습니다.

다른 한편으로는 조선의 전권사절단[12]이 조선으로 하여금 대일 무역을 위한 문호를 개방하게 했을 것입니다. 조약이 체결되고 개항이 확정되었지만, 협상의 핵심을 이루어야 마땅했을 관세문제는 언급되지 않았습니다.

조일수호조규는 일본과 서구 열강 사이의 조약에서 일본이 서구 열강의 국민들에게 승인한 것과 유사한 방식 및 범위에서 일본인들에게 치외법권을 인정합니다. 조일수호조규가 공포되고 얼마 지나지 않아, 일본 정부는 서구 열강 국민들의 치외법권 유지에 강력하게 항의하는 내용의 유명한 회람 훈령을 외국 대표들에게 발송했습니다. 그리고 이 훈령에서 자신들을 위한 완전한 관세자주권을 요구했습니다. 그런데 지금 일본 정부

---

8 [감교 주석] 일본 산조 사네토미(三條實美)가 미야모토에게 내린 훈령에 따르면, 조선 정부가 관세 징수를 주장할 경우, 수출입 품목에 대한 세율을 종가(從價) 5分으로 정하며 이에 대한 조항을 무역규칙에 포함시키도록 하였음. 그러나 수출입 관세 규정을 조항으로 삽입하는 안은 조선 측이 요구할 경우에만 이루어지는 것이었으며, 실제 일본 정부는 애초부터 무관세를 관철시키고자 하였음.

9 [감교 주석] 동아시아 국가들 사이에 체결한 조약 내 본문에는 조약 체결의 원인이 되었던 분규 및 갈등을 조정한 내용들이 명문화되지 않는다는 점을 설명하고 있음.

10 [감교 주석] 류큐(琉球)왕국, 현 오키나와

11 [감교 주석] 1871년 7월에 청국과 일본이 체결한 청일수호조규(淸日修好條規)를 의미. 청일수호조규 제1조에서는 '양국에 속한 방토(邦土)도 서로 예로써 대하고 상호 간에 침략하지 않는다'라는 구절이 있는데, 청국은 '방(邦)'을 속방을 포함하는 개념이라고 주장한 반면에, 일본은 조선을 비롯한 청국의 속방이 이에 포함되지 않는다고 주장하였음.

12 [감교 주석] 본문에서는 '조선의 전권사절단'이라고 간략하게 적혀 있어서 자칫 조선에서 파견한 전권사절단으로 이해하기 쉬우나, 실제 맥락상 내용은 '조선으로 파견 간 일본 관리들'임.

가 일본의 통상을 침해한다며 조선인들에게 완전한 관세자주권을 인정하려 하지 않는 것은 의아한 일입니다. 조약 수정을 위한 협상[13]이 임박한 가운데, 일본 정부 스스로 만든 선례가 자신들에게는 아마 달갑지 않겠지만 바로 그런 연유에서 상당히 중요한 논거가 될 것입니다.

하나부사의 조선 파견 성과 및 필요한 경우에는 일본 정부의 차후 계획들에 대해서도 각하께 삼가 보고드리겠습니다.

구트슈미트

내용: 일본의 대 조선관계

13 [감교 주석] 당시 일본 정부가 서구 열강을 상대로 불평등조약의 개정을 위한 협상을 추진하고 있는 상황을 의미함.

02

원문 p.588

일본과 조선

발신(생산)일	1878. 12. 21	수신(접수)일	1879. 2. 8
발신(생산)자	구트슈미트	수신(접수)자	뷜로
발신지 정보	도쿄 주재 독일 공사관	수신지 정보	베를린 독일 외무부
	No. 162		A. 681

A. 681 1879년 2월 8일 수신, 첨부문서 2부

도쿄, 1878년 12월 21일

No. 162

A. 73

베를린, 독일제국 외무장관 뷜로 각하 귀하

일본의 대 조선 관계에 대한 금년 11월 24일 자 No. 150 보고에 이어, 하나부사가 지난달 29일 장갑함 "Hiye"호[1]를 타고 부산에 도착했다는 소식을 각하께 삼가 전하게 되어 영광입니다.

하나부사 공사는 군함을 떠나지 않았으며, 그 사이 1급에서 3급으로 진급한 부산 주재 일본 관리를 조선의 수도에 파견해 관세 문제에 대한 협의를 개시하도록 조치했습니다.

이제부터 시작된 협상의 결과에 대해서는 부산 주재 일본 관리관 야마노시로[2]가 부산에 돌아온 후에야 비로소 자세히 알게 될 것입니다. 야마노시로는 이달 말에 돌아올 거라고 예상됩니다.

하나부사가 필요한 경우 무력을 행사하는 임무를 부여받았다는 소문이 그 사이 널리 퍼졌습니다. 이 목적을 위해 효고[3]에서 장갑함 "Fuku"호가 다른 전함 여러 척과 함께 일본 해군성의 차후 명령을 기다리고 있다는 것입니다.

1 [감교 주석] 히에이(比叡)호

2 [감교 주석] 야마노시로 유초(山之城祐長); 혹은 야마노조 스케나가(山之城祐長)로 읽히기도 함. 독일외교문서 본문에 'Yamanoshiro'로 기술되어 있기에, 본문에서는 야마노시로로 표기하기로 함.

3 [감교 주석] 효고(兵庫)

조선인들은 분쟁을 각오하고 있는 듯 보입니다. "Hiye"호가 도착하기 전, 조선인들이 대포와 소총을 구입하러 여러 차례 거류지에 나타났기 때문입니다. 그러나 그들은 극히 소량의 대포와 소총만을 입수할 수 있었습니다.

조선과의 전쟁이 정략적으로 무의미한데도, 전쟁을 주창하는 세력자들이 이곳의 군사 분야에 있는 것 같습니다. 일반적으로 도리오[4] 장군과 오야마[5] 장군이 조선 원정의 선동자로서 거론되고 있습니다. 그러나 본인은 이와쿠라[6]와 오쿠마[7] 같은 신중한 정치가들이 그런 모험적인 정치에 동의할 것이라고는 믿지 않습니다. 그것은 아시아 대륙에서의 전쟁을 지시하는 것이나 다름없습니다. 그러므로 본인은 극단적인 경우 함대 시위 정도에서 끝을 맺을 것이라고 믿습니다.

각하께서 조선 정부와 일본 정부 사이에서 벌어진 의견 대립의 발단을 명백히 이해하실 수 있도록, 일본 외무성의 발의로 지난달 28일 자 "니치니치신문"[8]에 실린 기사와 이번 달 7일 자 "Japan Weekly mail"에 게재된 사설을 번역해서 삼가 동봉하게 되어 영광입니다. "니치니치신문"의 기사는 예전에 이곳 신문들에서 보도된 부산발 통신을 정정하기 위한 것입니다. 그 통신에 의하면, 조선인들 측에서 관세장벽을 설치하자 일본인들이 이 관세장벽을 의도적으로 공격했다고 합니다. "Japan Weekly Mail"의 사설도 이 동일한 사건을 다루고 있습니다.

이 사설에서는 영국 공사관의 일급 통역관 사토우[9]의 여행이 먼저 언급됩니다. 지난달 초순 사토우는 주일 영국공사 파크스[10]의 명령을 받아 군함 "Egeria"를 타고 부산으로 출발했습니다. 여행의 목적은 지난여름 조선 해안에서 난파한 영국 선박 "Barbara Taylor"호[11]의 선원들에게 많은 도움을 베푼 조선 관청에게 영국 정부의 감사를 전달하는 것이었습니다.

사토우는 자신의 임무에 대해 본인에게 구두로 자세히 들려주었으며, 조선에 체류하는 동안 조선 관청들과 다방면으로 접촉했습니다. 그는 조선인들이 외국인들에게 적대적이라는 이야기를 예전에 많이 들었는데, 막상 조선인들에게서 매우 호의적이고 우호

---

4 [감교 주석] 도리오 고야타(鳥尾小彌太)로 추정됨.

5 [감교 주석] 오야마 이와오(大山巖)로 추정됨.

6 [감교 주석] 이와쿠라 도모미(岩倉具視)

7 [감교 주석] 오쿠마 시게노부(大隈重信)

8 [감교 주석] 도쿄니치니치신문(東京日日新聞)

9 [감교 주석] 사토우(E. M. Satow)

10 [감교 주석] 파크스(H. S. Parkes)

11 [감교 주석] 1878년 9월에 바바라 테일러호가 제주도 앞바다에서 난파한 사건을 일컬음.

적인 태도를 접하고 무척 놀랐습니다. 사토우는 조선의 주민들뿐만 아니라 관리들도 극구 칭송하고 있습니다. 그는 일본인들이 아시아 이웃 국가들과의 관계에서 대체로 거만하게 허세를 부리는데, 이런 태도가 현재 조선과 일본 양국 사이에 존재하는 대립의 주요 원인이라고 말합니다. "Japan Weekly mail"의 사설은 이와 관련해 몇 가지 적절한 표현을 담고 있습니다.

끝으로 본인이 최근에 데라지마[12]에게서 들은 소식을 삼가 보고드리겠습니다. 데라지마의 말에 따르면, 지금까지 발표되지 않은 추가조항이 조일무역규칙 체결 당시 조일무역규칙에 첨부되었다고 합니다.[13] 그 추가조항[14]에서 조선인들은 국내 관세장벽을 설치하지 않겠다고 명시적으로 확약했다는 것입니다. 따라서 조선이 관세 문제에서 보이는 태도는 조일무역규칙에 정면으로 위배된다고 합니다.

구트슈미트

내용: 일본과 조선, 첨부문서 2부

No. 162의 첨부문서 1
번역문

1878년 11월 27일 "도쿄니치니치신문"[15] 기사

최근 부산에서 발생한 돌발사건과 관련해 부산 주재원이 일본 본사에 다음과 같은 글을 보내왔다:

9월 26일 조선 정부는 전혀 뜻밖에도 수출입 관세를 부과할 것을 지시했습니다.[16]

---

12 [감교 주석] 데라지마 무네노리(寺島宗則). 당시 일본 외무경이었음.

13 [감교 주석] 조일수호조규에는 조선의 수출입 품목에 대한 관세규정이 명문화되어 있지 않았음. 이에 조선과 일본은 1876년 7월 25일에 '조일무역규칙(朝日貿易規則)'을 체결하면서, 체결 담당자인 조인희와 미야모토 고이치(宮本小一)는 조선의 수출입 품목에 대한 무관세를 약정(조인희·미야모토의정서 : 趙寅熙·宮本小一議定書)하였음. 그 결과 조선은 관세자주권을 상실하게 되었음.

14 [감교 주석] 조인희·미야모토의정서(趙寅熙·宮本小一議定書)

15 [감교 주석] 도쿄니치니치신문(東京日日新聞)

그런 관세는 종전에 결코 부과된 적이 없었습니다. 그 결과 조선 상인들은 상거래를 중지했고, 그 후로 아무도 부산(우리 거류지)에 나타나지 않았습니다. 거류지로 가는 길들이 관세장벽에 의해 차단되었기 때문입니다. 이런 식으로 여러 날이 지난 후, 우리 무역대표부[17]의 관리관들(야마노시로와 나카노[18])이 10월 6일 동래부에 찾아갔습니다. 그들은 최근의 조치가 상거래의 중단을 야기했으며 조일수호조규의 정신에도 위배된다고 조선 관청에게 설명했습니다. 그러나 조선인들은 이런 설명에 전혀 귀 기울이지 않았으며, 조선 정부가 조선 백성들에게 관세를 부과한다면 그것은 일본인들과는 아무 상관없는 일이라고 주장했습니다. 그래서 우리 관리관들은 뜻을 이루지 못하고 귀로에 오를 수밖에 없었습니다. 10월 10일 그들은 상인 집회를 소집했고, 자신들의 노력이 전혀 성과를 거두지 못했다고 상인들에게 알렸습니다. 그러자 상인들은 조약 제 4항에[19] 의거해 자신들에게 부여된 권리를 사용할 것을 결의했습니다. 그 조항에 의하면 일본 상인들은 조약의 범위 안에서 행상을 할 자유가 있었습니다. 그뿐만 아니라 그들은 그 조치가 불공정하고 조약에 위배된다는 점을 조선 상인들에게 주지시키고 이 조치가 곧 철회될 것임을 확약하는 내용의 조선어 벽보를 길모퉁이에 붙일 자유도 있었습니다. 그 회의에 참석했던 상인 15명과 각 상회의 직원 한 명이 각종 상품을 담은 작은 보따리를 들고 이튿날 아침 일찍 부산과 인근의 역관 관청을 향해 출발했습니다. 그곳에서 그들은 조선 상인들이 관세 탓에 더 이상 일본인 거류지에 올 수 없기 때문에 이제 자신들이 조약 제 4항에 의거해 부산과 동래부에 물건을 팔러 갈 것이라고 조선 관리들에게 설명했습니다. 조선 관리들은 즉석에서 확답을 할 수 없었기 때문에 일본인들에게 거류지로 돌아갈

---

16 [감교 주석] 두모진에 세관을 설치하고 수출입 품목에 대한 세금을 부과한 일을 의미함.

17 [감교 주석] 정확한 명칭은 부산 관리관청(管理官廳)임. 일본은 1876년 조일수호조규 체결 직후, 부산을 개항장으로 결정하였으나, 1880년 부산에 영사관을 설치하기 전까지 관리관청을 두고, 관리관을 부산에 파견하였음. 이에 도쿄니치니치신문을 번역한 독일외교관 켐퍼만의 경우 관리관청을 무역대표부로 해석한 것으로 파악됨.

18 [감교 주석] 나카노 고타로(中野許多郎)

19 [감교 주석] 여기서 지칭하는 4관은 두 가지로 추정해 볼 수 있음. 먼저 조일수호조규 제4관이 이에 해당함. "조선국 부산 초량항은 일본 공관이 세워져 오랫동안 이미 양국 인민이 통상하는 구역이 되었다. 지금 마땅히 종전의 관례 및 세견선 등의 일을 없애고 새로 세운 조관에 의거해 무역 사무를 처리한다. 또 조선국 정부는 모름지기 별도로 제5관에서 기재한 2곳의 항구를 개방해 일본국 인민이 왕래하면서 통상하게 하며, 해당 지역에 나아가 땅을 빌리거나 집을 짓고 혹은 사람들이 있는 집에 임시로 살고자 한다면 각각 그 편의를 따라 들어주도록 한다." 다른 하나는 조일수호조규부록 제4관임. "이후 부산항에서 일본국 인민이 통행할 수 있는 도로의 거리는 부두로부터 기산하여 동서남북 각 직경 10리(조선 거리)로 해 정하며, 동래부 가운데 한 곳에 이르러서는 특별히 왕래할 수 있다. 이 거리 내에서 일본국 인민은 뜻에 따라 통행하면서 토산물 및 일본국 물산을 매매할 수 있다." 두 조약의 4관은 모두 부산에서 일본 상인의 통상 자유를 규정하고 있기에, 특정 조약을 지칭할 수가 없음.

것을 요청했습니다. 그러면 자신들이 동래부에 가서 동래부사에게 사정을 보고하겠다는 것이었습니다. 그러나 우리 일본 상인들은 그곳을 떠나기를 거부했습니다. 그들은 관청 근처에 머무르며 확답을 기다리기로 결정했습니다. 그러나 날이 어두워졌을 때, 관청의 역관이 나타나 일본 상인들에게 돌아갈 것을 재차 요구했습니다. 그렇듯 빨리 결정이 날 사항이 아님으로 그곳에서 기다리지 말라는 것이었습니다. 그러자 일본 상인들은 그런 식으로 목적을 달성할 수 있으리라는 모든 희망을 잃었습니다. 그들은 이튿날 이른 아침 동래부에 가서 그곳 관리들에게 조속한 확답을 촉구하기로 결정했습니다. 그래서 일본 상인들은 조선 관청 근처에서 꼬박 밤을 새웠습니다. 그런데 거류지에서는 모든 주재원들이 다음 날 아침 동래부로 와야 한다는 소식이 한밤중에 집집마다 전해졌습니다. 그래서 실제로 그런 사태가 벌어졌습니다. 거류지에서 온 사람들과 관청에서 밤을 지새운 사람들이 합류해서 이백 명이 넘는 인원이 동래부 관리들 앞에 나타났습니다.

그곳에서도 일본인들은 전날의 설명에 대한 확답을 받지 못했습니다. 조선 관리들은 수도에서 확답을 받아올 때까지 30일의 기한을 달라고 요구했습니다. 그러나 이미 체결된 계약에 따라 공급되는 상품들에는 관세를 부과하지 않기로 서로 합의했습니다. 그런데 이 협상이 진행되는 동안, 성문 앞에서 일본인들과 조선인들 사이에서 사소한 일 때문에 싸움이 벌어졌습니다. 벽돌이 날아다녔고, 우리 일본 편에서 네 사람이 상처를 입었습니다. 그러자 우리 일본인들이 단도와 단창, 몽둥이를 소지하고 있었기 때문에 다시 조선인 몇 명에게 부상을 입혔습니다. 하지만 조선인들이 어느 정도 부상을 입었는지는 상세히 알려지지 않았습니다. 그러나 이 소동은 곧 다시 잠잠해졌고, 오후 4시 30분에 우리 측 사람들은 동래부를 떠나 귀로에 올랐습니다. 그런데 그들은 이 돌발사건에 대해 관리관에게 보고하기 위해 말을 타고 온 주재원 두 명을 그 전에 미리 거류지로 보내졌습니다. 4시경에 그 주재원들은 거류지에 도착했습니다. 관리관은 그들의 보고를 듣고 비상종을 울렸습니다. 그는 거류지에 남아 있는 모든 사람들을 집합시키고 장총과 창을 준비시켰습니다. 그러나 관리관 자신은 관리관청의 관리들을 데리고 동래부를 향해 출발했습니다. 거류지에 남아 있는 사람들은 몹시 흥분했습니다. 그러나 관리관이 역관 관청에 이르렀을 때, 전령이 와서 돌발사건이 평화적으로 해결되었다는 소식을 전했습니다. 그래서 관리관은 다시 발길을 돌렸습니다. 동래에 갔던 사람들도 모두 저녁 8시에 다시 거류지에 도착했습니다. 우리 일본인들 몇몇이 입은 부상은 매우 경미했습니다. 그리고 지금 거류지는 다시 완전히 평온을 되찾았습니다.

동래부는 성으로 에워싸인 작은 도시입니다. 부산에서 서쪽으로 반시간 거리 떨어져 있으며, 부산이 속해 있는 지방의 중심지입니다. 약 50호로 이루어진 일본인 거류지는 부산에서 5분 거리에 위치해 있고 바다에 바로 인접해 있습니다. 거류지의 육지 쪽은 높은 벽으로 에워싸여 있습니다. 부산과 거류지 사이의 넓은 지역에 아래에서 다시 언급되는 역관 관청이 위치합니다. 역관들은 일본어에 능숙하며 일본 관리관과 동래부사의 교섭을 중개하고 있습니다. 부산 자체는 초라한 마을이지만 항구는 상당히 양호합니다.

번역
켐퍼만

No. 162의 첨부문서 2
1878년 12월 8일 "Japan Weekly Mail"의 번역문

조선인과 일본인

사토우[20]의 짧은 조선 체류[21]가 부산의 일본 상인들과 조선 관청 사이에서 벌어진 최근의 분규와 모종의 관련이 있다고 추정된다. 이런 추정은 우리 측에서 보면 그릇된 것으로 여겨진다.

"Egeria"호는 일본의 하나부사 공사가 도착하기 전 이미 부산을 떠났다. 그러므로 지금 일본 공사는 자신의 요구를 관철시키는 데 영국 군함의 도의적인 도움을 기대할 수 없다. 만일 영국 군함이 항구에 정박해 있다면, 그는 도의적 도움을 받았을 것이다.

관세 문제에서 일본과 조선 사이의 의견대립에 대해 사토우는 전혀 아는 바가 없다.

그는 부산에 머무는 동안, 앞에서 언급한 소요에 대해 아무런 소식도 듣지 못했다. 그가 부산에서 맡은 임무는 오로지 조선 관청들이 "Barbara Taylor"호의 선원들에게 베푼 뜻밖의 많은 호의와 도움에 대해 사의를 표하는 데 있었다.

그 배가 난파했을 때 조선 관청들이 보여준 태도는 몇 년 전의 유사한 사건들에서 목격된 태도와는 현저하게 달랐을 뿐만 아니라 최고로 문명화된 국가에게도 명예로운

---

20 [감교 주석] 사토우(E. M. Satow)

21 [감교 주석] 1878년 9월에 조선 정부는 제주도 앞바다에서 난파한 "Barbara Taylor"호의 선원들을 일본으로 돌려보냈음. 이에 사토우는 조선 정부에 사의를 표시하고 조약 체결을 위한 협상을 개시하기 위해서 1878년 11월에 부산에 도착함.

인도적 정신과 고결함의 보기 드문 선례를 제공했다.

조선 관청들은 선원들에게 두 달 이상 숙박과 식사를 제공했다. 그리고 상황이 허락하는 한 최대한 성심껏 안전하게 배의 화물을 육지로 운반했다가 다시 "Hakon Adelsten"호에 옮겨 실었다. 조선 관청들은 난파한 배의 대리인과 선장 측에서 제시한 모든 보상을 사절했다. 심지어는 이 작업에 동원된 노동자들의 임금을 지불하겠다는 제안조차 사절했다.

사토우와 접촉한 조선 관리들은 최대의 친절과 정중함을 보여주었지만 그 이상의 모든 밀접한 교섭은 회피했다.

조선 관리들이 난파한 선원들을 인간적으로, 그야말로 고결하게 대하려 하는 것으로 보아 그들의 정책을 변경한 것은 확실하다. 그런데도 그들이 대외적으로 쇄국정책을 가능한 한 유지하길 바라는 것도 마찬가지로 명백하다.

조선 관리들이 일본인들을 되도록 멀리하려고 하는 것은 분명하다.

우리는 당시 조선 내부적으로 체제 갈등이 있다고 들었다. 그리고 일본은 웨이드[22] 측에 의해 유리하게 조정된 대만 문제 덕분에 영향력을 획득했다. 조선인들이 국내 체제 갈등[23]과 일본의 영향력 때문에 일본과의 무역조약에 동의했을 가능성이 많다. 그러나 조선인들은 그 조약의 규정들을 실행할 어떤 용의도 보이지 않고 있으며, 또 외국과의 통상에서 획득할 수 있는 이득에도 전혀 관심이 없는 듯 보인다.

현재까지 일본인들은 전혀 얻은 바가 없다. 부산에서 일본인들의 통상은 말 그대로 개선된 토대 위에 있다. 그러나 우리가 보는 바와 같이, 조선인들은 꼼짝 못하게 하는 적대적인 세율로 통상을 억압하려는 듯 보인다. …… 이것은 일본 정치가들의 특정 계파가 확고하고 호의적인 동료들의 충고를 따르지 않고 자유자재로 행동하는 경우에 외국과의 통상을 억누르는 것과 마찬가지다.

부산에서의 일본 무역은 공식적으로 규정되어 있으며 예전처럼 일종의 묵인된 밀수 거래가 아니다. 그러나 이것은 그들이 얻은 전부이기도 하다. 무역 자체는 번창하지 않고 있다. 조약에 따르면[24] 이미 지난해 10월 개항되어야 했을 새로운 두 항구에 관해서는

22 [감교 주석] 주청 영국공사 웨이드(T. F. Wade)

23 [감교 주석] Japan Weekly Mail에서는 조선의 국내 문제를 구체적으로 지칭하고 있지 않지만, 대원군의 하야와 고종의 친정으로 이어지는 일련의 정치적 변동, 이에 따른 대원군 세력과 민씨 척족 간의 갈등을 의미하는 것으로 볼 수 있음.

24 [감교 주석] 조일수호조규 제5관에서 규정된 내용을 의미함. "제5관 경기, 충청, 전라, 경상, 함경 5도 가운데 연해에서 통상이 편리한 항구 두 곳을 선택하여 지명을 지정한다. 항구를 여는 기한은 일본력(日本曆) 메이지[明治] 9년 2월, 조선력(朝鮮曆) 병자년(丙子年) 2월부터 기산하여 모두 20개월로 한다."

전혀 합의된 바가 없다.

우리가 몇 개월 전 번역한 일본 정부의 포고문을 우리 독자들은 아마 기억할 것이다. 그 포고문은 악천후로 인해 일본에 표류하는 조선인들에 대한 해안 주민들의 태도를 규정한다. 당시 우리가 보기에 그 규정들은 너무 엄격했다. …… 그것은 불행을 당한 자들이 자신들의 생필품과 선박 수리 비용을 충분히 지불한다는 것에 주로 초점이 맞추어져 있었다. 그리고 그중 한 조항은 파손 선박을 수리할 가치가 있는지에 대한 결정권을 일본 관리들에게 부여한다. …… 이것은 쉽게 남용될 수 있는 권한이다.

일본 해안에서 조난당한 불행한 조선인들이 이 엄격한 규제를 받게 되어 조선의 관리들이 "바바라 테일러"호에게 베푼 것과는 정반대의 취급을 받게 된다면, 그들이 고향에 돌아가 이 사건에 대해 동족들에게 퍼트리는 소식은 결코 양국 교역을 촉진하는 데 기여하지 않을 것이다.

그 포고문 및 일본 신문들이 보도한 것과 같은 부산 주재 일본 상인들의 행동은 필요한 경우 일본 민족의 자만과 탐욕, 횡포에 대한 또 하나의 증거를 제공한다.

일본인들은 세관원들을 내쫓음으로써 조선의 관세 징수에 저항한다. 그리고 이튿날 동래부 부사를 습격하고 동래부 부사를 보호하려고 모여든 사람들 중 삼십 여 명을 살해하는 불법 행위를 결의한다. 그런 다음 그들은 "배상"을 요구하기 위해 장갑함에 탄 공사를 파견한다.

일본인들은 "퀠파트"[25]의 조선인들이 난파한 선원들을 대한 태도를 본받아야 할 것이다. 그리고 부산에서 보여준 것보다는 더 법을 존중하는 모습을 보여줘야 할 것이다. 그러면 조선과의 통상을 확대할 수 있을 뿐만 아니라 일본인들이 자신들의 "자주권"과 "동등한 권리"를 인정하라고 서구열강에게 제기하는 요구도 더 많은 성과를 거두게 될 것이다.

그러면서 일본인들 스스로는 이곳 일본에서 과도한 관세율을 책정함으로써 외국과의 무역을 파괴하려 하고 있다.[26] 그리고 일본인들은 외국인들이 아직 유아기에 머물러 있는 모호하고 혼란스러운 자신들의 법을 따르려 하지 않는다고 공공연히 불평을 늘어놓는다.

---

25 [감교 주석] 퀠파트(Quelpart). 오늘날 제주도.

26 [감교 주석] 일본 정부가 추진한 조약개정 시도를 의미함. 당시 일본은 수입관세율 5%를 불평등한 내용으로 규정하고 세율을 상향조정하고자 함.

03

원문 p.595

조선 군주의 서거에 관하여

발신(생산)일	1879. 1. 7	수신(접수)일	1879. 2. 23
발신(생산)자	루에더	수신(접수)자	
발신지 정보	상해 주재 독일 영사관	수신지 정보	베를린 독일 외무부
	No. 1		A. 968

A. 968 1879년 2월 23일 수신

상해, 1879년 1월 7일

No. 1

베를린, 외무부 귀중

조선의 젊은 군주가 서거했다는 소식[1]을 삼가 외무부에 전하게 되어 영광입니다. 본인은 이 소식을 뉴좡[2]으로부터 개인적으로 입수했습니다. 가톨릭 전교회[3]에서는 서거한 왕의 모친[4] 영향 아래에 섭정이 들어설 가능성이 있다고 보고 있습니다. 그 모친은 기독교[5]와 외국인을 배척하지 않는다고 전해집니다.

루에더

상해, 1879년 1월 7일 No. 1

조선 군주의 서거에 관하여

1 [감교 주석] 철종 비인 철인왕후 김 씨의 사망 소식이 잘못 전해짐.

2 [감교 주석] 뉴좡(牛莊)

3 [감교 주석] 본 문서에서는 구체적인 소속을 밝히고 있지 않으나, 조선 선교를 담당하였던 파리외방전교회로 추정됨.

4 [감교 주석] 본 문서에서 지칭하는 모친은 고종이 즉위 당시 양자로 입적된 익종의 비인 신정왕후 조 씨(조대비)로 보임. 고종의 생모는 여흥부대부인 민 씨임.

5 [감교 주석] 개신교와 천주교를 통칭함.

베를린, 1879년 2월 26일 A. 968

노르트도이췌
알게마이네 차이퉁
발송용

조선의 젊은 군주가 서거했다는 소식을 알리는 우편물이 최근 동아시아에서 이곳에 도착했습니다. 중국 북부의 가톨릭 전교회에서는 서거한 왕의 모친 영향 아래 있는 섭정이 들어설 가능성이 있다고 보고 있습니다. 그 모친은 기독교와 외국인을 배척하지 않는다고 전해집니다.

04

원문 p.597

일본과 조선; 의견대립의 조정

발신(생산)일	1879. 1. 16	수신(접수)일	1879. 3. 8
발신(생산)자	구트슈미트	수신(접수)자	뷜로
발신지 정보	도쿄 주재 독일 공사관	수신지 정보	베를린 독일 외무부
	No. 12		A. 1223
메모	3월 25일 독일제국 관보 전달		

A. 1223 1879년 3월 8일 수신

도쿄, 1879년 1월 16일

No. 12

A. 5

베를린, 독일 제국 외무장관 뷜로 각하 귀하

하나부사[1]가 소기의 성과를 거두고 이번 달 10일 다시 이곳 일본으로 돌아왔습니다. 본인은 일본과 조선의 의견대립에 대한 작년 11월 24일과 12월 21일의 보고 No. 150 및 No. 162에 이어 이 소식을 삼가 각하께 보고하게 되어 영광입니다.

하나부사 공사는 관리관 야마노시로[2]를 조선의 수도에 파견했습니다. 야마노시로는 장갑함의 지원을 받으며 조선 정부와 상당히 오랜 협상을 벌인 끝에 응분의 관세 규정[3]을 조건 없이 철회시키는 데 성공했습니다. 그 과정에서 하나부사는 외교활동을 할 필요도 없었고 그곳의 관청들과 공식적으로 접촉하지도 않았습니다.

들리는 소문에 의하면, 이미 작년 10월에 조선 정부는 일본과의 분쟁 가능성을 예측했다고 합니다. 그래서 만일 이런 사태가 벌어지는 경우 베이징 조정의 후원을 기대할 수 있는지 베이징에 문의했다는 것입니다. 조선 정부는 청국이 현재 자국의 사건들로 인해 매우 분망한 탓에 조선 정부를 지원할 수 없을 것이라는 답변을 총리아문으로부터

1 [감교 주석] 하나부사 요시모토(花房義質)

2 [감교 주석] 야마노시로 유쵸(山之城祐長); 혹은 야마노조 스케나가(山之城祐長)로 읽히기도 함. 독일외교문서 본문에 'Yamanoshiro'로 기술되어 있기에, 본문에서는 야마노시로로 표기하기로 함.

3 [감교 주석] 두모진 수세를 의미함.

받았다고 전해집니다. 총리아문은 극단적인 경우 조선이 일본의 요구를 들어주어야 한다고 말했다는 것입니다. 이런 연유로 인해 이번 사건이 의외로 신속하게 해결되었다고 볼 수 있습니다.

하나부사가 부산에 도착했을 때는, 조선 정부가 이미 총리아문의 답변을 받은 뒤였습니다.

하나부사 공사는 장갑함 "Hiye"호를 타고 나가사키에 귀환했습니다. "Hiye"호는 오늘 다시 조선으로 출발했으며, 부산의 일본인 거류지를 보호하기 위해 당분간 그곳에 머무를 예정입니다.

구트슈미트

내용: 일본과 조선; 의견대립의 조정

베를린, 1879년 3월 25일 A. 681, 1223

독일제국 관보용

비공식

정계소식

우측 글의 사본을 (직인이 찍히지 않은 용지에 번호와 서명 없이) 위와 같은 제목으로 봉투에 담아 독일제국 관보 편집국으로 발송한다.

도쿄, 1879년 1월 16일

몇 개월 전 이곳에서는 일본 정부가 이웃나라 조선에 선전포고를 할 계획이라는 소식이 유포되었습니다. 이 소문은 일본 외무성이 조선 정부가 일본 상인들에게 불법적인 조처[4]를 취했다고 비난하는 글을 도쿄에서 발행되는 일본 신문에 발표한 후 신빙성을 얻었습니다. 그 직후 하나부사라는 이름의 일본 고위관리가 장갑함 "Hiye"호를 타고 조선으로 떠났다는 소문이 돌았습니다. 그러나 하나부사는 1월 10일에 벌써 일본으로 돌아왔습니다. 그리고 일본과 조선 사이의 모든 의견대립이 다행히도 평화롭게 해결되었다는 사실이 확인되었습니다. 일본 관리들은 일본 정부의 불만에 처음 원인을 제공한 관세 규정을 조건 없이 철회시키는 데 성공했습니다. 들리는 소문에 의하면, 이미 작년 10월에 조선 정부는 일본과의 분쟁 가능성을 예측했다고 합니다. 그래서 만일 이런 사태가 벌어지는 경우 베이징 조정의 후원을 기대할 수 있는지 베이징에 문의했다는 것입니다. 조선 정부는 청국이 현재 자국의 사건들로 인해 매우 분망한 탓에 조선 정부를 지원할 수 없을 것이라는 답변을 총리아문으로부터 받았다고 전해집니다.

총리아문은 극단적인 경우 조선이 일본의 요구를 들어주어야 한다고 말했다는 것입니다. 이런 연유로 인해 이번 사건이 의외로 신속하게 해결되었다고 볼 수 있습니다. 하나부사 공사는 장갑함 "Hiye"호를 타고 나가사키에 귀환했습니다. "Hiye"호는 오늘 다시 조선으로 출발했으며, 부산의 일본인 거류지를 보호하기 위해 당분간 그곳에 머무를 예정입니다.

---

4 [감교 주석] 조선의 두모진 수세를 의미함.

05

원문 p.600

조선 군주 서거설의 진위 의심

발신(생산)일	1879. 2. 7	수신(접수)일	1879. 5. 22
발신(생산)자	루에더	수신(접수)자	뷜로
발신지 정보	상해 주재 독일 영사관	수신지 정보	베를린 독일 외무부
	No. 20		A. 1513

A. 1513 1879년 5월 22일 수신

상해, 1879년 2월 7일

No. 20

베를린, 외무부 귀중

이곳 신문 North China Daily News의 이번 달 7일 자 뉴좡[1]발 기사에 의하면, 조선에서 "젊은" 군주가 서거했는지 혹은 "늙은" 군주가 서거[2]했는지 확실치 않아 보입니다. 본인은 지난달 7일의 No. 1의 보고와 관련해 이 소식을 외무부에 삼가 보고드리게 되어 영광입니다.

루에더

1 [감교 주석] 뉴좡(牛莊)

2 [감교 주석] 철종 비인 철인왕후 김 씨의 사망 소식이 잘못 전해짐.

06

원문 p.601

조선 왕의 서거[1]에 관하여

발신(생산)일	1879. 4. 9	수신(접수)일	1879. 5. 24
발신(생산)자	루에더	수신(접수)자	뷜로
발신지 정보	상해 주재 독일 영사관	수신지 정보	베를린 독일 외무부
	No. 39		A. 2885

A. 2885 1879년 5월 24일 수신

상해, 1879년 4월 9일

No. 39

베를린, 외무부 귀중

이곳에 도착한 조선인들과 이번 달 2일 자 뉴좡[2]발 기사들이 이구동성으로 확인하는 바와 같이, 조선의 군주가 아니라 조선 선왕[3]의 미망인[4]이 서거했습니다. 본인은 금년 1월 7일과 2월 7일의 No. 1 및 No. 20 보고와 관련해, 이 소식을 외무부에 삼가 보고드리게 되어 영광입니다. 이 서거에 정치적 의미를 부여해서는 안 될 것입니다.

루에더

상해, 1879년 2월 7일 No. 20

내용: 조선 왕의 서거[5]에 관하여

1 [감교 주석] 철종 비인 철인왕후 김 씨의 사망이 잘못 전해짐.

2 [감교 주석] 뉴좡(牛莊)

3 [감교 주석] 철종(哲宗)

4 [감교 주석] 철종 비인 철인왕후 김 씨

5 [감교 주석] 철종 비인 철인왕후 김 씨의 사망이 잘못 전해짐.

베를린, 1879년 5월 28일 A. 2885

독일제국 관보용

비공식
정계 소식
국가, 장소, 일시

우측 글의 사본을 (직인이 찍히지 않은 용지에 번호와 서명 없이) 위와 같은 제목으로 봉투에 담아 독일제국 관보 편집국으로 발송한다.

상해, 1879년 4월 9일

조선의 왕이 서거했다고 이곳에서 얼마 전 알려 드린 바 있습니다. 조선에서 직접 들은 소식을 통해, 현재 통치하는 왕이 아니라 선왕의 모친[6]이 서거했다고 그 서거설을 정정합니다. 이 서거에 정치적 의미는 부여되지 않습니다.

6 [감교 주석] 철종 비인 철인왕후 김 씨

07

원문 p.603

조선과 퀠파트[1]

발신(생산)일	1879. 12. 30	수신(접수)일	1880. 2. 19
발신(생산)자	아이젠데헤르	수신(접수)자	비스마르크 수상
발신지 정보	도쿄 주재 독일 공사관	수신지 정보	베를린 정부
	No. 156		A. 940

A. 940　1880년 2월 19일 수신

도쿄, 1879년 12월 30일

No. 156

A. 66

기밀

베를린, 독일제국 수상 비스마르크 각하 귀하

본인은 조선과 관련해 러시아와 일본 사이에 아주 결정적인 협약이 체결된 것을 상당히 확실한 소식통을 통해 비밀리에 알게 되었습니다. 본인이 입수한 정보가 사실이라면, 약 일 년 육 개월 전 위의 두 국가는 조선에서 서로 상대방의 이해관계를 방해하지 않을 것을 확약하는 내용의 비밀협정을 체결했습니다.

당시 본인의 영국인 동료(주일영국공사; 번역자)였던 파크스[2]에게 한 일본인 관리가 응분의 대가를 받고 이 비밀 협약의 존재를 누설했습니다. 파크스는 동래부 관아에 전신[3]으로 의사를 타진한 결과, 최대 1,000파운드를 지불하는 조건으로 그 협정의 사본을 구하는 권한을 동래부 관아로부터 부여받았다고 합니다.

본인의 믿을만한 정보원에게 들은 바와 같이, 파크스는 실제로 5,000달러에 사본을 입수했습니다.

조일수호조규에 대한 협상이 진행되던 당시 파크스가 조선으로 영국 원정대를 파견

---

1 [감교 주석] 퀠파트(Quelpart). 오늘날 제주도.

2 [감교 주석] 파크스(H. S. Parkes)

3 [감교 주석] 당시는 동래부와 일본 사이에 전신이 연결되어 있지 않음. 보고자의 잘못된 정보 수집으로 보임.

할 것을 런던에서 강력하게 주창했다고 본인이 예전에 삼가 보고드렸습니다.[4] 최근 본인은 그 영국 동료가 조일수호조규에 의거해 조선의 영토라고 여겨지는 퀠파트를 점령할 것을 영국 정부에 제안했다는 소식을 들었습니다. 그 때문에 이미 그 섬에 상당수의 군함이 집결했었다고 합니다.

본인 추측으로는 일본인들이 그 계획을 아주 모르지는 않았던 것 같습니다. 현재 일본인들은 직접 자신들이 퀠파트를 점령할 것을 진지하게 고려하고 있다고 합니다.

산이 많고 경작지가 잘 조성되고 인구가 조밀한 이 섬은 조선과 일본, 청국 사이의 중앙에 위치한 탓에 전략상으로 중요합니다. 그런데도 양호한 항구는 없다고 전해집니다.

(전술한 내용에 대해 각하께서 이미 알고 계실 가능성이 많은데도, 본인은 직접 각하께 보고드리고 싶었습니다.)

파크스가 비밀리에 많은 관심을 가지고 특히 동아시아에서 러시아의 세력 확장을 견제하는 계획들을 실행하려 노력하고 있다는 말을 삼가 덧붙입니다. 파크스는 1877년 사쓰마 반란[5] 당시 러시아의 가능한 행동을 사전에 방지하기 위해 하코다테 점령을 기획했다고 합니다.

아이젠데헤르

내용: 조선, 퀠파트

---

4 [감교 주석] 1875년 7월, 일본이 러시아와 조선 침략에 대한 비밀 합의를 했다는 소문을 입수한 파크스는 런던 외무부에 러시아의 조선 남하를 막기 위한 방안으로 거문도 점령을 건의하였음. 독일 공사의 영국 원정대 파견은 위의 내용을 지칭함.

5 [감교 주석] 사이고 다카모리가 일으킨 세이난 전쟁(西南戰爭)을 의미함.

베를린, 1870년 2월 20일

A. 940

주재 사절단[6] 귀중
1. 페테르부르크. No. 90
기밀
보안!

조선과 관련한 러시아와 일본의 비밀협정 및 이 문제에 대한 영국 정부의 태도에 대해 비밀리에 알려드리고자 도쿄 주재 독일제국 변리공사의 12월 30일 자 보고서 사본을 삼가 동봉합니다.

6 [감교 주석] 외국 주재 외교관

08

원문 p.606

미국의 조선 사절단

발신(생산)일	1880. 5. 12	수신(접수)일	1880. 6. 24
발신(생산)자	아이젠데헤르	수신(접수)자	
발신지 정보	도쿄 주재 독일 공사관	수신지 정보	베를린 외무부
	No. 68		A. 3776

A. 3776 1880년 6월 24일 수신

도쿄, 1880년 5월 12일

No. 68

A. 26

베를린, 독일제국 외무부 귀중

본인이 No. 57 및 No. 59 보고를 통해 삼가 전해 드린 바 있는 미국의 조선 파견단[1]은 일단 실패한 것으로 보입니다.

슈펠트[2] 제독은 실제로 부산을 잠시 방문한 후 어제 군함을 타고 요코하마에 도착했습니다. 그로 미루어 보아 슈펠트 제독이 아직은 때가 아니라는 판단을 했다고 추측됩니다. 가까운 시일 내로 슈펠트 제독의 임무에 대해 더 상세히 보고드리겠습니다.

아이젠데헤르

내용: 미국의 조선 사절단

---

1 [감교 주석] 독일외교문서에는 부산에 방문한 슈펠트 일행을 두고 'Expedition'과 'Mission'을 병기해서 사용하고 있음. 이에 번역본에서는 문서의 본래 의미를 살리기 위해서 Expedition을 파견단으로, Mission을 사절단으로 병기해서 번역 및 기술하였음을 밝혀둠.

2 [감교 주석] 슈펠트(R. W. Shufeldt)

베를린, 1880년 6월 25일

A. 3776

주재 외교관 귀중
1. 페테르부르크 No. 403
5. 런던 No. 354
기밀
보안!

미국의 조선 사절단[3]에 대해 비밀리에 알려드리고자 도쿄 주재 독일제국 변리공사의 5월 12일 자 보고서 사본을 삼가 동봉합니다.

독일제국 수상을 대리하여

3 [감교 주석] 독일외교문서에는 부산에 방문한 슈펠트 일행을 두고 'Expedition'과 'Mission'을 병기해서 사용하고 있음. 이에 번역본에서는 문서의 본래 의미를 살리기 위해서 Expedition을 파견단으로, Mission을 사절단으로 병기해서 번역 및 기술하였음을 밝혀둠.

09

원문 p.608

조선·미국 사절단

발신(생산)일	1880. 4. 30	수신(접수)일	1880. 6. 25
발신(생산)자	아이젠데헤르	수신(접수)자	
발신지 정보	도쿄 주재 독일 공사관	수신지 정보	베를린 외무부
	No. 59		A. 3808

A. 3808 1880년 6월 25일 수신

도쿄, 1880년 4월 30일

No. 59

A. 21

베를린, 독일제국 외무부 귀중

본인은 미국의 조선 사절단[1]과 관련해 이번 달 27일 No. 57 보고를 올린 뒤를 그에 대해 비밀리에 계속 탐문했습니다. 그 탐문 결과를 토대로, 당시 일본 정부 측에서 먼저 미국 파견단을 파견하도록 자극했음을 삼가 보고드립니다.[2]

약 1년 6개월 전 영국 통역관 사토우[3]가 조선으로 떠나고 영국 정부는 퀠파트[4]에 주목하게 되었습니다. (1878년 12월 21일의 No. 162 및 1879년 12월 30일의 No. 156 보고). 당시 일본 정치가들은 영국의 우려되는 조처에 대항해 필요한 경우 자신들과 공동전선을 펼 수 있는 동맹국을 조선에서 확보하는 것이 바람직하다고 여겼습니다. 그래서 미국의 의사를 타진했으며, 일본은 조선에서 미국 사절을 지지할 용의가 있음을 워싱턴에 암시했습니다. 그 암시에 이어 슈펠트[5] 제독은 조선과의 조약 체결에 관한 전권을

1 [감교 주석] 슈펠트(R. W. Shufeldt) 제독이 조선과 미국의 조약체결을 목적으로 부산에서 교섭을 시도한 사건을 의미함.

2 [감교 주석] 독일외교문서에는 부산에 방문한 슈펠트 일행을 두고 'Expedition'과 'Mission'을 병기해서 사용하고 있다. 이에 번역본에서는 문서의 본래 의미를 살리기 위해서 Expedition을 파견단으로, Mission을 사절단으로 병기해서 번역 및 기술하였음을 밝혀두는 바임.

3 [감교 주석] 사토우(E. M. Satow)

4 [감교 주석] 퀠파트(Quelpart). 오늘날 제주도.

5 [감교 주석] 슈펠트(R. W. Shufeldt)

위임받았습니다.

그러나 그 사이 일본 국내의 정세가 근본적으로 변화했습니다. 슈펠트 제독이 동아시아 해역에 이르러 일본 정부에게 약속된 지원을 요청했을 때, 본인이 이미 보고드린 바와 같이 데라지마[6]의 후계자[7]들은 그에게 거절하는 답변을 보냈습니다.

결국 이노우에[8]는 미국의 전권사절에게 부산 주재 일본 관리관청 앞으로 소개장을 써줄 용의가 있음을 밝혔습니다. 그러나 본인의 미국 동료가 강력하게 불만을 표출했음에도 이노우에는 개의치 않고 조선 정부에 대한 모든 영향력 행사를 단호히 거절했습니다.

본인이 들은 바에 따르면, 이런 거절에도 불구하고 슈펠트 제독은 현재 그의 군함이 정박해 있는 나가사키를 곧 떠나서 조선으로 출발할 것이라고 합니다. 더 이상의 미국 군함들은 대동하지 않을 것이라고 합니다.

일본 측은 긴장했으며 적잖이 우려하는 시선으로 이 파견단의 결과를 기다리고 있습니다.

이노우에는 조선인들이 미국과 관계를 맺을 의향이 거의 없다고 말합니다. 1871년 미국 함대의 적대적인 행동[9]이 아직도 조선인들의 기억에 생생하게 남아 있다는 것입니다. 그러므로 사절단이 성과를 거둘 가능성은 희박합니다. 그 반대로 오히려 재차 충돌하는 일이 벌어지지 않을까 우려됩니다.

본인은 슈펠트와 개인적으로 아는 사이이고 또 그를 뛰어난 장교로 높이 평가합니다. 이런 상황에서 슈펠트가 더 유리한 기회를 기다리거나 또는 적어도 필요한 경우 단호한 조치를 취할 수 있도록 더 많은 군함들을 동원하지 않는다는 것이 놀라울 뿐입니다.

현재 일본의 대 조선 관계와 관련해서는, 최근 일본 경찰의 부산과 원산 파견을 계기로 사소한 의견대립이 발생했습니다. 그 밖에는 우호적인 관계에 변함이 없는 듯 보입니다.

하나부사[10]가 조선 주재 변리공사로 임명되었습니다. 그는 이곳 일본에서 기다리고 있는 조선 사절이 도착하면 곧 조선의 수도 서울로 출발해 그곳에 상주할 것입니다.

아이젠데헤르

내용: 조선·미국 사절단

---

6 [감교 주석] 데라지마 무네노리(寺島宗則)

7 [감교 주석] 데라지마 전 외무경의 후임인 이노우에 가오루(井上馨)를 의미함.

8 [감교 주석] 이노우에 가오루(井上馨)

9 [감교 주석] 신미양요

10 [감교 주석] 하나부사 요시모토(花房義質)

베를린, 1880년 1월 29일　　A. 3808

주재 외교관 귀중
1. 런던 No. 369
16. 워싱턴. No. A. 19
보안!

미국의 조선 파견단과 관련해 도쿄 주재 독일제국 변리공사의 4월 30일 자 보고서 사본을 직접 보시도록 No. 1 16에 덧붙여 전달합니다.

10
조선

원문 p.611

발신(생산)일	1880. 6. 23	수신(접수)일	1880. 8. 11
발신(생산)자	아이젠데헤르	수신(접수)자	
발신지 정보	도쿄 주재 독일 공사관	수신지 정보	베를린 외무부
	No. 90		A. 4931

A. 4931 1880년 8월 11일 수신, 첨부문서 1부

도쿄, 1880년 6월 23일

N. 90

A. 36

베를린, 독일제국 외무부 귀중

이곳 일본에서는 현재 조선이 거의 쿨자[1] 문제 훨씬 이상으로 모두의 주목을 끌고 있습니다. 이처럼 갑자기 조선에 관심을 표명하게 된 직접적인 동기는 슈펠트 제독의 사절단입니다. 미국 군함 Ticonderoga의 부산 방문을 계기로 영국인들뿐만 아니라 프랑스인들도 미국의 외교적 조처의 결과를 지켜보고 그 밖의 상황에 대한 정보를 수집하기 위해 조선에 군함을 파견했습니다.

슈펠트는 그동안 나가사키에 머물고 있습니다. 그는 일본인들이 중재한 자신의 제안에 대한 조선 정부의 회신을 기다리고 있습니다.

이탈리아와 프랑스의 대표들은 조속한 문호 개방을 위해 외국 열강들이 모두 조선을 압박하기를 바라는 듯 보입니다. 본인의 영국 동료와 영국 제독은 러시아가 동아시아에 집결시키고 있는 엄청난 해군력이 청국보다는 조선에 투입될 것이라고 추측하고 있습니다. 영국인들은 예로부터 다른 강국의 해군력 신장을 적잖은 불안과 불신의 눈길로 지켜보았습니다. 현재 이곳에서도 영국 함대와 영국 장교들 사이에는 이른바 러시아의 계획

---

1 [감교 주석] 청국과 러시아의 분쟁은 쿨자(固勒札; Kulja, 오늘날 중국 신강지역의 이리(伊犁; Ili) 지역에 해당)에서 발생한 청국과 러시아의 국경분쟁을 의미함. 1879년 청국과 러시아 사이에 리바디아 조약을 체결하지만, 청국이 이 조약의 비준을 거부함으로써 러청 사이의 갈등이 고조됨. 위 문서는 리바디아 조약 비준 거부로 러시아와 청국의 갈등이 고조된 상황을 언급하고 있음.

들과 관련해 상당한 흥분이 감돌고 있습니다. Foote 제독은 러시아인들이 시베리아 국경 너머 조선의 우수한 항구인 라자레프[2]항을 만일의 경우 무력으로 점령할 의도인지 알아내려 하고 있습니다.

본인은 이러한 소문들을 완전히 부인할 수는 없습니다. 그런데도 본인의 러시아 동료에게서 들은 말로 미루어 보건대, 러시아 함대의 증강은 오로지 청국과의 시급한 분쟁에 그 원인이 있으며 현재 조선을 상대로 모종의 일을 기획하려는 의도는 없다고 추측됩니다. 러시아 함대는 지금 기다리고 있는 선박들이 도착하게 되면 두 척의 대형 장갑함과 약 여섯 척의 쾌속 코르벳함으로 이루어질 것입니다. 그렇게 되면 이곳에서는 다른 모든 열강들의 함대를 능가합니다. Boutaroff라는 유능하고 검증된 지휘관이 제독 겸 고급부관으로서 러시아 함대를 이끌고 있습니다.

본인은 독일제국 군함을 원산이나 부산으로 파견하는 것은 당분간 바람직하지 않다고 여깁니다. 그 반대로 우리 측에서는 사태를 완전히 신중하게 관망할 것을 권장합니다. 정치적 상황이 변한다면, 필요한 경우 본인이 선박의 파견을 전보로 삼가 제의하겠습니다. 만일 미국인들이 무력을 행사하지 않고서 목적을 달성하게 된다면, 본인의 소견으로는 독일 측에서도 조치를 취해야 할 것입니다. 그러나 조선인들이 어떤 한 외국 열강과 적대적 충돌을 빚게 된다면, 본인은 훗날의 독일-조선 관계를 위해 일절 관여하지 않고 보다 유리한 시점을 기다리는 것이 독일제국의 이익에 부합된다고 믿습니다.

조선에 관한 신문 스크랩 몇 개를 삼가 동봉합니다.

아이젠데헤르

내용: 조선, 첨부문서 1부

No. 90의 첨부문서

첨부문서의 내용(원문)은 독일어본 612~616쪽에 수록.

2 [감교 주석] 라자레프(Lazareff), 함경남도의 영흥만을 지칭.

11

원문 p.617

하인리히 폰 프로이센 왕자 전하의 조선 방문 계획에 관한 오보

발신(생산)일	1880. 7. 23	수신(접수)일	1880. 9. 8
발신(생산)자	포케	수신(접수)자	
발신지 정보	상해 주재 독일 영사관	수신지 정보	베를린 외무부
	No. 107		A. 5553

A. 5553 1880년 9월 8일 수신, 첨부문서 1부

상해, 1880년 7월 23일

No. 107

베를린, 외무부 귀중

이곳에서 발행되는 중국 신문 신보[1]는 도대[2]의 기관지로 간주됩니다. Shanghai Courier의 단신에 의하면, 신보의 최근호는 하인리히 폰 프로이센 왕자 전하께서 조선과의 통상 우호 조약을 체결하고자 조선으로 떠나실 계획이라고 보도했습니다.

본인은 더 이상의 오해를 피하기 위해 해당 편집국 책임자들에게 그 기사를 정정할 것을 요청했습니다. 원래의 기사를 포함한 정정기사의 중국어 원문 및 번역문을 삼가 여기에 동봉합니다. 또한 본인은 제노바 왕자께서 이탈리아 프리깃함 "Vettor Pisani"에 탑승하셔서 현재 일본에 체류 중이시라는 말을 언급하려 했습니다. 들리는 말에 의하면, 제노바 왕자께서는 일본 북부지방의 다른 여러 항구 이외에 조선도 방문하실 생각이시라고 합니다. 그래서 이 목적을 위해 이곳 영국 영사관에서 통역관[3]을 잠시 차용하셨습니다. ---- 위의 신문 기사는 바로 여기에 그 원인이 있었던 것 같습니다.

포케

하인리히 폰 프로이센 왕자 전하의 조선 방문 계획에 관한 오보

1 [감교 주석] 신보(申報)

2 [감교 주석] 상하이 도대(道臺)

3 [감교 주석] 스펜스(W. D. Spence)를 지칭함. 스펜스는 제노바 왕자와 함께 조선을 방문하였으며, 그 방문기를 보고서로 제출하였음. 그 보고서는 영국외교문서 FO 881/4595의 No. 38에 게재되어 있음.

No. 107의 첨부문서
번역문

1880년 7월 23일 자 신보[4]

동쪽 바다에 멀리 떨어져 있는 조선은 청국에 예속된 지역으로 간주된다. 그런데도 조선은 지금까지 쇄국정책, 특히 외국과의 통상을 거부하는 정책을 완강히 고집했다. 조선이 일본과는 조약을 체결했다.[5] 양국 사이의 이미 활발한 무역은 나날이 중요해지고 있으며, 조선이 서서히 일본과의 무역에만 만족할 수 없을 것이라는 결론이 멀지 않은 듯 보인다. 그래서 최근 러시아 황제도 개항을 요청하는 서한을 (조선 왕에게) 전달했다. 프랑스와 미국도 마찬가지로 통상관계를 개척하기 위해 누차 조선에 군함을 파견했다. 소문에 의하면, 그 뒤를 이어 독일제국 황제의 손자인 하인리히 폰 프로이센 왕자 전하도 조약 체결을 목적으로 조선을 방문할 것이라는 소식이 이곳에 도착했다고 한다. 동쪽 바다에 위치한 이 작은 나라는 그 자체로 보아서는 상업상의 의미가 미미하다. 그런데도 러시아, 미국, 프랑스, 독일이 이미 통상을 시작한 일본인들과 차례로 합류하게 된다면, 조선은 외국들에게 항구를 개방한 즉시 무리 지어 몰려오는 유럽 상인들로 넘쳐나고 외국 상품들로 범람할 것이다.

어제 우리는 독일제국 총영사 측으로부터 다음과 같은 서한을 받았다.

"어제 날짜 Shanghai Courier의 기사에서 본인은 신보의 최근호에 따르면 하인리히 폰 프로이센 왕자 전하께서 우호관계를 맺기 위해 조선으로 가셨다는 내용을 접하고 놀랐습니다. 왕자 전하께서는 상하이의 보도가 있기 오래전 이미 유럽을 향해 귀로에 오르셨습니다. 그러니 전하께서 조약 체결을 위해 조선으로 가셨다는 것은 사실이 아닙니다. 그러므로 본인은 경애하는 편집국이 왕자 전하와 다른 사람(제노바 공작)을 혼동했다고 추론하지 않을 수 없습니다. 청국 인사들의 오해를 피하기 위해 본인은 존경하는 편집국이 문제되는 사실을 내일 자 신문에서 정정해 줄 것을 요청합니다." 우리에게 도착한 서한의 내용은 이상과 같다.

우리는 위의 요청을 받아들인다. 그리고 정확한 번역을 위해 이전에 보도한 우리의 기사를 여기에 재차 옮겨 적는다.

Ch. (카인델 서명)

---

4 [감교 주석] 신보(申報)

5 [감교 주석] 조일수호조규

23. July 1880

傳聞更正 ○昨接大德國領事署來函云啓者玆閱晋源報內載 貴館於本日報內列有本國海哪哩親王曾與高麗國立有條約之事不ㅁ駭異查海哪哩親王前由ㅁ啟行逕回本國並無與高麗立約之擧 貴館不知何所見而云然或係別國之事由於傳聞之誤耶務望 貴館卽於明日報內更正免致以諸傳訛爲盼求函如此定係傳聞之誤合亟更正以釋衆惑

24. July 1880

高麗近事 ○高麗僻處東海雖稱藩於中國然實閉關自守商道不通自與日本立約通商商情殊旺計日加增而欲與高麗通商者又不止日本爲然查得俄廷有國書至高商令開埠通商法美兩國又先後發戰船赴高商與開埠通商今又有德王孫遄赴高麗商訂通商之說高麗雖東海小國商務不大乃日本通之於前俄欲通之於繼法美德又通之於後使盡如諸國所謂均開口岸則高麗一隅不且千商雨集萬貨雲屯哉錄之以諗來者

중앙 부서 앞

A. 5553이 다음과 같은 부수적인 조치를 통해 이쪽에서 처리되었음을 삼가 알립니다.

"부록을 포함한 A. 5553의 복사본과 II 부서에서 그와 관련해 처리한 서류의 복사본을 참조한다.

그런 다음 A. 5553을 이 글의 사본 및 II 27594와 29908의 사본과 함께 Abteilung A로 보낸다."

티만

1880. 11. 17

A. 5553

조선에 관한 1차 보고에 대해 외교사절에게 회신할 때 그 내용의 참고여부를 결정하도록 Abthg. Ⅱ에 보낸다.

H. 13. 9

12

원문 p.622

[스페인의 조선 개항에 대한 관심 표명]

발신(생산)일	1880. 9. 9	수신(접수)일	1880. 9. 13
발신(생산)자	졸름스	수신(접수)자	
발신지 정보	마드리드 주재 독일 공사관	수신지 정보	베를린 외무부
	No. 148		A. 5656
메모	11월 15일 통지문을 마드리드로 발송		

A. 5656 1880년 9월 13일 수신

마드리드, 1880년 9월 9일

No. 148

베를린, 외무부 귀중

어제 대신을 접견하는 자리에서 대신께서는 우리 독일이 조선과 체결하려고 하는 통상조약에 대해 아는 바가 있느냐고 본인에게 물으셨습니다. 우리 독일이 이 목적을 위해 군함과 사절을 조선에 파견했다는 보고를 받으셨다는 것이었습니다. 또한 대신께서는 스페인이 조선 해역에서 일어나는 모든 것에 많은 관심이 있다고 말씀하셨습니다. 그래서 영국과 프랑스가 이 일을 순전히 독일의 관심사로 파악하고 있다는 걸 알아냈으며, 스페인 정부도 영국과 프랑스의 견해에 동조한다는 것이었습니다.

본인은 이 일에 대해 전혀 아는 바가 없다고 대신께 답변했습니다. 그리고 본인이 청국과 일본의 협상과 관련해서 유럽 열강과 미국이 이 나라들에 대항해 확고하게 단결할 필요성이 있음을 기회 있을 때마다 단호히 강조하라는 임무를 부여받았기 때문에, 우리 독일도 조선에서 다른 국가들의 이익을 침해할 소지가 있는 어떤 것도 기획하지 않을 거라는 확신을 대신에게 표명할 수 있다고 말씀드렸습니다. 그와 반대로 본인은 어쨌든 정보가 중요하다면 우리 독일이 조선에서 얻을지 모를 만일의 혜택과 이윤이 다른 국가들에게도 이익이 될 것이라고 믿었습니다.

졸름스

13

원문 p.623

조선

발신(생산)일	1880. 7. 22	수신(접수)일	1880. 9. 16
발신(생산)자	아이젠데헤르	수신(접수)자	
발신지 정보	도쿄 주재 독일 공사관	수신지 정보	베를린 외무부
	No. 96		A. 5710
메모	10월 28일 도쿄 A3 발송 9월 24일 페테르부르크 724 전달 10월 27일 통지문을 이곳[1] 오스트리아 대리공사에게 발송		

A. 5710 1880년 9월 16일 수신, 첨부문서 1부

도쿄, 1880년 7월 22일

No. 96

A. 40

기밀

베를린, 독일제국 외무부 귀중

러시아가 막강한 함대를 보유하고 있는 기회를 이용해 조선의 항구를 거의 무력으로 인수할 가능성에 대해 이곳 일본 사람들은 여전히 고심하고 있습니다. 본인은 러시아 측에 확고한 계획이 있다고는 우선은 믿지 않습니다. 그러나 그러한 조치를 촉구하는 사건들이 언제든지 발생할 수 있습니다. 그리고 청국과의 우호관계가 유지되는 경우, 러시아는 조선 방면으로 함대를 투입하려는 생각을 쉽게 할 수 있습니다. 현재 나가사키는 러시아 함선들의 집결지입니다. 장갑프리깃함 두 척과 코르벳함 네 척이 이미 나가사키에 정박해 있습니다. 앞으로 6주일 이내에 장갑함 두 척과 코르벳함이나 순양함 여섯 척이 더 도착하리라고 예상됩니다. 총 20여 척의 함선으로 이루어진 러시아의 동아시아 해군력을 이끄는 총사령관으로서 처음에 결정되었던 것처럼 Bultakow 제독이 아니라 지금까지 해군대신이었던 Lessowski 제독이 임명되었습니다. 따라서 Lessowski, Stackelberg 남작, Aslambekof, 모두 세 명의 제독이 동아시아 함대에 근무하게 될 것입니다.

---

1 [감교 주석] 도쿄

베이징발 최근 뉴스, 그리고 숭후[2]의 사면 및 러시아의 강력한 무장과 관련한 화해적인 훈령으로 보아 청국 정부가 결국 양보할 가능성이 점점 더 확실해 보입니다. 본인의 이곳 러시아 동료도 본인과 같은 견해입니다. 만에 하나 미국인들이나 다른 강대국이 조선에 입성하려는 뜻을 이룰 수 있습니다. 그렇게 되면 페테르부르크에서 청국과 합의가 이루어지는 경우, 곧바로 본인의 러시아 동료가 조선과 관계를 맺을 것을 권유하리라고 추측할 만한 이유가 충분합니다. 그러나 미국인들이나 다른 강대국이 조선에 입성하려는 뜻을 이룰 가망성은 지금까지 별로 없습니다. 슈펠트[3] 제독은 그 사이 청국 정부로부터도 조선인들에게 보내는 소개장을 받았습니다. 그런데도 본인이 입수한 모든 정보에 의하면 슈펠트 제독은 성공하기 어려울 것입니다. 최근 부산을 방문한 영국 군함과 프랑스 군함(Lynx호와 Pegasus호) 함장들의 보고 역시 마찬가지로 그다지 탐탁지 않은 내용을 담고 있습니다. 제노바 공작이 머잖아 부산과 원산에 기항할 예정인데 그 역시 같은 인상을 받을 것이라고 예상됩니다. 조선에서 외국인들에 대한 혐오감은 현재까지도 매우 커서 오직 무력으로만 뜻을 관철할 수 있을 것입니다. 이따금 이곳 일본에 머무르는 매우 지성적인 조선인[4]이 있는데, 그가 그런 사실을 본인에게 확인해주었습니다. 그 조선인은 일본말도 능숙하며 서울의 정부와 연락을 취하고 있는 듯 보입니다. 그는 특히 미국인들과 프랑스인들이 조선에서 미움 받고 있다고 말했습니다. (예전에 그들이 조선을 무력으로 도발[5]한 적이 있기 때문입니다.) 그리고 조선인들은 영국인들도 좋아하지 않고 러시아인들은 매우 두려워한다고 합니다. 그 조선인은 독일이 조선에서 비교적 덜 알려져 있지만 어쨌든 다른 국가들보다는 많은 호의를 기대할 수 있을 것이라고 말했습니다. 프랑스와의 전쟁 결과[6]가 그 조선인의 동포들에게서 열렬한 기쁨을 불러 일으켰다는 것입니다.

본인이 조선인에게 이런 말들을 들은 뒤를 이어, 일본 정부는 만일 독일이 조선에 진출하는 경우 특히 강력하게 지지할 용의가 있음을 내비쳤습니다. 이런 상황에 직면해, 본인이 독일제국 정부의 위임을 받아 독일과 조선의 관계 수립에 대해 이곳 일본에서 먼저 극히 은밀하게 조선의 의사를 타진해볼 시기가 아닐까 고려해 보았습니다. 일본인들은 이런 조치를 매우 환영할 것입니다. 그들은 부산 소재 일본 관리관청이나 조선에

2 [감교 주석] 숭후(崇厚). 1879년 리바디아 조약 체결 당시 청국 전권대신.

3 [감교 주석] 슈펠트(R. W. Shufeldt)

4 [감교 주석] 위 문서에서는 조선인의 이름을 비롯한 구체적인 인적사항을 확인하기 어려움. 다만 시기적으로나 독일외교문서에 적혀 있는 그의 발언에 비추어 볼 때, 개화승으로 알려진 이동인으로 추정됨.

5 [감교 주석] 병인양요(1866)와 신미양요(1871)

6 [감교 주석] 프로이센-프랑스 전쟁(1870~1871)으로 보임.

곧 돌아갈 예정인 외교사절을 통해 그 문의 서한을 조선에 전달해 주고 첨서를 써줄 것입니다. 만일 거절의 답신이 오거나 혹은 아예 답신이 없다 하더라도, 본인의 짧은 소견으로는 잃을 것이 별로 없다고 생각됩니다. 적어도 시도는 해봐야 하지 않을까 싶습니다. 본인은 서신 전달을 목적으로 독일제국 군함을 조선에 파견하는 것은 바람직하지 않다고 여깁니다. 또한 서신은 기꺼이 조약관계를 수립하고자 하는 독일 정부의 의사만을 표현해야 하며, 이와 관련된 희망사항은 가급적 자제해야 한다고 생각합니다. 본인은 독일제국이 조선에서 이러한 조처를 취하는 경우에 대해 오스트리아-헝가리 제국의 대표와 은밀히 의논할 기회를 가진 바 있습니다. 빈에서 조선과의 수교를 중요하게 여기는 한, 폰 호퍼도 이와 유사한 방식을 오스트리아-헝가리 제국 정부에 권장할 의향인 듯 보였습니다. 조선과의 통상이 이루어진다 해도 독일이나 오스트리아-헝가리 제국에 당분간은 특별한 물질적 이익이 발생하지 않을 것을 숨기지 않겠습니다. 조선이라는 나라가 빈한한 탓에 독일 상인들이 초창기에 중요한 거래를 하기는 어려울 것입니다. 일본과의 경험에 비춰 봐도 그렇습니다. 그러나 어떤 식으로든 통상 관계가 발전할 것입니다. 본인이 예전에 이미 외무부에 삼가 보고했듯이, 일본 정부로 하여금 정치적으로 직접 이해관계 없는 몇몇 열강들과 조선의 수교를 허용하도록 만든 계기는 특히 정치적인 고려, 러시아의 조선 강점에 대한 우려였습니다. 예를 들어 독일이 조선과 조약관계를 수립하는 즉시 러시아의 계획에 대한 신뢰도는 떨어지고, 일본 조약[7]이 페테르부르크 내각을 제어하지 못할 것을 두려워하게 됩니다.

본인이 들은 바에 따르면, 현재 러시아와 조선 사이에는 어떤 협정도 존재하지 않으며 국경 교역조차 규제되지 않고 있습니다. 그리고 조선에 도착한 러시아 외교관에 대한 소문도 확인되지 않고 있습니다.

이곳 일본에 거주하는 조선인[8]에 대해 앞에서 말씀 드린 바 있습니다. 그 조선인은 고국의 많은 지역을 여행 다닌 불교 승려인데, 조선과 러시아의 국경 교역이 아주 미미하다고 말합니다. 하천과 울창한 삼림, 산악지대, 사람이 거의 살지 않는 100마일 이상의 (조선 측) 땅이 그 지역의 통행을 어렵게 만든다고 합니다. 드문드문 흩어져 사는 조선 주민들은 대부분 호랑이와 곰 사냥을 생업으로 궁핍한 생활을 연명하고 있습니다. 이미 알려진 바와 같이, 그들 중 많은 이들이 러시아로 이주하고 있습니다. 그들은 반 굶주리고 헐벗은 채로 러시아에 도착합니다. 그리고 식량과 의류를 대가로 받는 반가운 노동자

7 [감교 주석] 조일수호조규

8 [감교 주석] 이동인(李東仁)

로서 환영받고 있습니다. 그 가운데 10,000여 명의 사람들이 조선에 존속하는 이주금지령 탓에 최근 수년 동안 러시아 지역을 다시 떠나지 못하고 그대로 정착했다고 합니다. 그들은 겸허하고 순종적이고 까다롭지 않으며, 러시아 정착민들과 아주 잘 융합해 살고 있다고 전해집니다.

조선 측에서 넓은 중간지대에 설치한 군사 국경초소는 이주를 막을 수 없었습니다.

강이 얼어붙는 겨울이면 조선-만주 국경지역에서는 상당히 활발한 교역이 이루어진다고 합니다. 해마다 서울의 정부는 교역을 감시하기 위한 감독관을 이 지방에 파견합니다. 조선의 주요 수출품은 소이고, 특히 말이 수입되고 있습니다.

현재 조선의 대 청국 관계는 류큐가 공식적으로 일본에 합병되기 이전의 관계와 같습니다. 일 년에 두 번, 정월과 팔월에 사신이 육로로 서울에서 베이징을 향해 출발합니다. 첫 번째는 조공을 바치기 위한 것이고, 두 번째는 중국 책력을 가져오기 위한 것입니다. 그 밖에는 서울 정부가 완전히 독립을 유지한다고 볼 수 있습니다. 본인의 조선인 정보제공자의 말을 믿을 수 있다면, 조선은 약 36,000~40,000명의 정규군을 보유하고 있습니다. 그들은 대부분 구식 소총으로 무장한 병사들입니다. 보다 강력한 몇몇 수비대를 제외하면, 360개의 행정구역(또는 현)에 각기 100명 단위의 부대가 배속되어 있습니다. 이들 각각의 무리들을 하나의 일정한 지점에 집결시키기는 매우 어려운 듯 보입니다. 본인의 정보제공자의 주장에 의하면, 일본과의 조약[9]이 성사될 수 있었던 것은 오로지 서울과 부산 주변에 충분한 병력을 집결시킬 수 있는 시간적 여유가 없었기 때문이라고 합니다. 처음에 조선 정부는 그 무엇에도 응하지 않기로 단호하게 결정했다고 합니다. (일본신문 "오사카신보"[10]에서 발췌한 조선 관련 기사를 삼가 동봉합니다.)

영국 대리공사의 말에 의하면, 러시아가 조선에서 행동을 취할 기색을 보이지 않는 한 영국은 당분간 사태를 관망할 것이라는 말을 끝으로 덧붙입니다.

아이젠데헤르

내용: 조선, 첨부문서 1부

No. 96의 첨부문서

첨부문서의 내용(원문)은 독일어본 626~635쪽에 수록.

---

9 [감교 주석] 조일수호조규

10 [감교 주석] 오사카신보(大阪新報)

베를린, 1880년 9월 24일

A. 5760

주재 외교관 귀중

1. 페테르부르크 No. 729

일본 주재 독일제국 공사의 7월 22일 자 조선에 대한 보고서 사본을 비밀리에 참조하시도록 삼가 동봉합니다.

14
원문 p.637

조선

발신(생산)일	1880. 8. 19	수신(접수)일	1880. 9. 27
발신(생산)자	아이젠데헤르	수신(접수)자	
발신지 정보	도쿄 주재 독일 공사관	수신지 정보	베를린 외무부
	No. 104		A. 5970
메모	바덴바덴 1880년 9월 30일 No. 22 수신 10월 28일 훈령을 도쿄 A3 발송 10월 27일 이곳[1] 오스트리아 대리공사에게 발송		

A. 5970 1880년 9월 27일 수신

도쿄, 1880년 8월 19일

No. 104

A. 42

베를린, 독일제국 외무부 귀중

본인이 최근 조선에 대해 삼가 올린 보고와 관련해, 슈펠트 제독[2]이 그 후 조선 정부의 회신을 기다렸으나 아무런 성과를 거두지 못했음을 알려 드립니다. 슈펠트 제독은 머지않아 일본 해역을 떠나게 될 가능성이 많습니다. 조선인들의 무조건 거부적인 태도와 무력행사를 허용하지 않는 듯한 워싱턴으로부터의 훈령에 직면해, 슈펠트 제독으로서는 목적을 이루지 못한 채 귀국하는 수밖에 다른 도리가 없습니다.

제노바 공작의 조선 방문과 관련해서는 이곳에서 아직까지 알려진 바가 없습니다. 제노바 공작이 탄 배가 조만간 요코하마에 도착하리라고 예상됩니다. 본인의 짧은 소견으로는 공작 전하께서도 슈펠트 제독 이상의 성과를 거두기는 어려울 것 같습니다. Barbolani 백작의 말에 따르면, 공작 전하께서 조선과 외교관계를 맺으려 시도했다고 추정할 수 있습니다. Barbolani 백작은 이탈리아가 조선과의 조약관계 수립에 특별한 관심이 있다고 말합니다. 조선의 누에가 제공하는 우수한 실이 일본의 누에보다 이탈리

1 [감교 주석] 도쿄

2 [감교 주석] 슈펠트(R. W. Shufeldt)

아에 더 적합하기 때문이라는 것입니다.

이곳 일본에서 오랫동안 기다린 조선 사신이 많은 수행원을 대동하고 최근 도쿄에 도착했습니다.[3] 조선 사신이 이곳에 온 주요 목적은 조약에 따라 일본인들에게 승인했지만 조선으로서는 달갑지 않은 제 3항구의 개항인 듯 보입니다. 그 밖에 관세율에 대한 의견 차이, 일본 대표의 서울 상주, 조선의 미곡 수출 문제가 사신에 의해 이곳에서 조정될 것이라고 합니다.

어제 이노우에[4]가 본인에게 말한 바와 같이, 조선 사신은 이곳의 외국 동료들을 만나 보려는 의사를 전혀 보이지 않고 있습니다. 그런데도 이노우에 대신은 만남을 주선하려고 할 것입니다. 대신은 다른 열강들과의 교역의 정치적 유용성에 대해 그 조선인을 설득하려고 그동안 노력했습니다.

아이젠데헤르

내용: 조선

---

3 [감교 주석] 제2차 수신사 김홍집의 일본행을 의미함.

4 [감교 주석] 이노우에 가오루(井上馨)

15

원문 p.639

[아이젠데헤르의 대조선 수교 계획에 관한 건]

발신(생산)일	1880. 9. 30	수신(접수)일	1880. 10. 1
발신(생산)자		수신(접수)자	비스마르크
발신지 정보	빈 주재 독일 대사관	수신지 정보	베를린 정부
			A. 6070
메모	10월 27일 통지문 빈 840으로 발송		

A. 6070 1880년 10월 1일 수신

빈, 1880년 9월 30일

베를린, 독일제국 수상 비스마르크 각하 귀하

하이메를레 남작이 일본 왕성[1] 주재 오스트리아-헝가리제국 공사의 보고를 본인에게 읽어주었습니다. 그 보고에 의하면, 아이젠데헤르[2]는 지금까지 유럽에 대해 쇄국정책을 고수하는 조선 정부로 하여금 문호를 개방하게 하려는 계획을 세우고 있습니다. 그리고 오스트리아-헝가리 제국 공사에게도 그 조치에 동참할 것을 요청했습니다. 하이메를레 남작은 독일 정부와 힘을 모아 기꺼이 이 조치에 임할 용의가 있다고 본인에게 말했습니다. 그러나 남작은 지금까지 조선에 나타난 유럽 군함들은 대부분 매우 비우호적인 취급을 받았다고 덧붙였습니다.

본인은 이 문제와 관련해 외무부로부터 아직 어떤 기별이나 훈령을 받지 못했습니다. 그런 까닭에 그곳 오스트리아-헝가리제국 대리공사에게 이에 대해 상세히 알아보라는 지시를 내릴 것을 하이메를레 대신께 부탁드렸습니다.

1 [감교 주석] 도쿄

2 [감교 주석] 도쿄 주재 독일공사

16

원문 p.640

[조선의 대서구 문호개방을 권유한 리홍장의 서한에 관한 건]

발신(생산)일	1880. 8. 14	수신(접수)일	1880. 10. 6
발신(생산)자	브란트	수신(접수)자	
발신지 정보	베이징 주재 독일 공사관	수신지 정보	베를린 외무부
	No. 109		A. 6181
메모	11월 15일 통지문 마드리드로 발송		

No. 109

A. 6181 1880년 10월 6일 수신

베이징, 1880년 8월 14일

베를린, 외무부 귀중

조선과 수교를 맺으려는 미국 정부의 시도 및 최근 영국과 프랑스 군함들의 잦은 부산항 방문, 또한 강력한 러시아 함대의 동아시아 해역 집결이 아마 조선에 대한 모종의 조치와 관계있을지 모른다는 막연한 예감이 청국의 정치가들에게 영향을 준 듯 보입니다. 최소한 총독 리홍장[1]이 외국 무역의 문호를 개방하라고 요구하는 내용의 서한을 얼마 전 조선 왕에게 보냈습니다. 1879년 5월에 보낸 이와 유사한 내용의 서한은 성과를 거두지 못했습니다.[2] 본인은 이 두 번째 시도의 결과에 대해 아직까지 전혀 들은 바가 없습니다.

브란트

1 [감교 주석] 리홍장(李鴻章)

2 [감교 주석] 브란트가 지칭하고 있는 서한은 리홍장이 조선의 이유원에게 보낸 것으로 보임. 그 서한에서 리홍장은 조선 정부에 서구 열강과 조약 체결을 권유하고 있음. 그 서한은 『고종실록』 고종 16년(1879) 7월 9일 자 기사에 수록되어 있음.

17

원문 p.641

조선과 유럽 열강의 관계

<table>
<tr><td>발신(생산)일</td><td>1880. 10. 16</td><td>수신(접수)일</td><td>1880. 10. 16</td></tr>
<tr><td>발신(생산)자</td><td>파제티</td><td>수신(접수)자</td><td>림부르크 슈티룸</td></tr>
<tr><td rowspan="2">발신지 정보</td><td>베를린 주재 오스트리아-헝가리제국 대사관</td><td rowspan="2">수신지 정보</td><td>베를린 주재 프로이센 왕국 공사관</td></tr>
<tr><td></td><td>A. 6461</td></tr>
<tr><td>메모</td><td colspan="3">10월 27일 통지문 빈 840 발송
10월 27일 통지문 이곳 오스트리아-헝가리제국 대사관 발송
10월 28일 통지문 도쿄 A. 3 발송</td></tr>
</table>

A. 6461 1880년 10월 16일 수신

베를린, 1880년 10월 16일

베를린, 프로이센 왕국 공사 림부르크 슈티룸 각하 귀하

백작 각하!

(일본 주재 오스트리아-헝가리 제국 변리공사 호퍼의 동봉된 보고서 사본에서 미루어 짐작하시겠지만)

독일제국 공사 아이젠데헤르가 일본 주재 오스트리아-헝가리 제국 변리공사에게 유럽에 문호를 개방하도록 조선 정부에 대해 공동 조처를 취할 것을 제안했습니다. 오스트리아-헝가리 제국 변리공사는 이에 대해 어떤 태도를 취할 것인지 훈령을 주길 요망하고 있습니다.

이런 연유로, 호퍼가 오스트리아-헝가리 제국 정부에게 독일 대표의 제안에 응할 것을 권유하게 된 제반 사항과 여기에서 문제되는 실제 상황을 각하께서 부디 살펴주시기 바랍니다.

우리 정부는 이 제안을 긍정적으로 검토하기 전에, 독일제국 정부가 조선 정부에 대한 이런 조처를 어떻게 생각하는지, 이 조처를 실행할 의지가 어느 정도나 단호한지, 그리고 오스트리아-헝가리 제국의 협력을 실제로 중요하게 여기는지 알기를 희망하고 있습니다.

이러한 이유에서 본인은 맡은 바 임무를 수행하고자 극히 비밀리에 극히 정중하게

이 사안에 대해 감히 각하께 말씀드리는 바입니다. 동봉된 사본을 살펴보시고 이 현안에 대해 부디 본인에게 기별을 주시길 간청 드립니다.

아울러 이 기회를 빌려 각하께 다시금 최대의 경의를 표하는 바입니다.

파세티

내용: 조선과 유럽 열강의 관계

A. 6461의 첨부문서

호퍼의 기밀보고

사본

작성일: 도쿄, 1880년 7월 5일

조선 정부는 현재까지 유럽과의 교역을 위한 문호를 굳게 닫고 있습니다. 일본 왕성[1] 주재 독일제국 공사 아이젠데헤르는 조선이 문호를 개방하도록 하기 위한 조치를 모색하는 중입니다. 그는 극비리에 본인에게 그 조치에 동참할 것을 요청했습니다.

아이젠데헤르는 문호개방을 위한 협상을 개시할 용의가 조선 정부에게 있는지 이번 달 이곳에 도착할 예정인 조선 사절[2]에게 먼저 확인해보는 방식을 제안했습니다.

이 예비회담이 좋은 결실을 맺는 경우, 우리가 조선 정부에 공동 각서 형식으로 정식 신청서를 제출하자는 것입니다. 그리고 그 결의를 촉진시키기 위해 일본 외무대신[3]에게 각서를 위탁하자고 합니다.

그 후의 조처는 조선 정부의 회신에 좌우될 것입니다. 조선 정부로부터 우리의 제안에 동의하는 회신을 받는 경우를 예상할 수 있습니다. 그렇게 되면 아이젠데헤르는 그의 휘하에 있는 동아시아 주둔 독일 군함을 타고 함께 조선으로 갈 것을 본인에게 제안했습니다. 그곳에서 우리가 공동으로 조선 정부와 협상을 시작하자는 것입니다. 협상의 목적

1 [감교 주석] 도쿄
2 [감교 주석] 제2차 수신사 김홍집(金弘集)
3 [감교 주석] 이노우에 가오루(井上馨)

은 조선이 독일과 오스트리아-헝가리 제국에게 통상의 문호를 개방하는 데 있을 것입니다. 아이젠데헤르는 설령 조선 정부가 협상에 응하길 거부하더라도 군사 행동은 단호히 배제된다고 말합니다.

이 요청에 대해 본인은 우리 두 나라 정부의 긴밀한 관계를 고려해 국가조약의 범위를 벗어나지 않는 모든 문제에서 주저 없이 공동 조치에 합류할 것이라고 독일 공사에게 대답했습니다. 또한 아이젠데헤르도 익히 알고 있는 바와 같이, 본인도 오스트리아-헝가리 제국 정부 측으로부터 그와 힘을 합해 조약을 체결하는 사명을 부여받았다고 덧붙였습니다.

그러나 당면한 사안은 국가조약의 범위를 벗어난다고 본인은 말했습니다. 따라서 이 문제에 있어서는 먼저 우리 정부의 훈령을 요청해야 할 것이라고 설명했습니다.

아이젠데헤르는 본인의 이러한 고려를 전적으로 존중한다고 언명했습니다.

그는 조선 사절에게서 조선 정부의 의향에 대한 설명을 듣는 즉시 자신도 독일 정부에 전신으로 보고할 것이라고 말했습니다. 그리고 차후 조치를 취하거나 만일의 돌발사태가 발생하는 경우에는 반드시 본인에게도 알려주겠다고 합니다.

조선 사절단의 도착이 앞으로 상당 기간 더 지연될 수도 있습니다. 또한 독일 공사와 조선 외교관 사이의 예비 협상도 신속하게 진전되지 않으리라고 예상됩니다. 그러므로 베를린의 독일제국 내각이 이 문제에 대해 고위당국자에게 문의하기 전에, 본 보고가 먼저 각하의 수중에 들어갈 수도 있을 것입니다.

이로써 본인은 전신으로 명령을 내려주시길 각하께 청원 드리며, 다음과 같이 삼가 설명하는 글을 덧붙입니다.

과거에 일본은 조선에 대해 자주권을 행사했습니다. 그리고 현재 일본에게는 조약에 의해 조선의 몇 곳이 개방되어 있습니다. 일본은 조선과 정규 무역관계를 유지하는 유일한 외국입니다.

일본이 현명하게 이 관계를 장려함으로써 조선에서의 정치적 영향력을 부단히 증대시킨 것은 부정할 수 없는 사실입니다. 조선은 동아시아의 이 섬나라를 청국에 맞서서 조선의 영토 불가침권을 지켜줄 후원자로 여기고 있습니다. 조선은 청국에 대한 종속관계에서 벗어나려고 노력하고 있습니다. 일본이 이런 모든 노력을 지원하는 것은 조선에서 얻을 일본의 이익에 부합합니다. 일본이 판단하기에, 조선에서 강제합병 정책을 추진하지 않을 열강들이 있습니다. 일본이 이런 열강들의 노력에 우선권을 부여하는 것은 당연합니다. 현재 일본은 자국의 이익을 위해 조선에 대한 일본의 영향력을 이용하고자 하는 여러 열강의 많은 간청을 받고 있습니다. 미국, 프랑스, 영국, 독일, 심지어는 이탈리아까지 일본에게 간청하고 있습니다.

일본의 정치가들은 이런 모든 열강들 중에서 독일의 노력에 가장 많은 호의를 보이고 있습니다. 독일 정부가 조선 및 동아시아 전역에서 우선은 오직 통상만을 목적으로 한다고 믿기 때문입니다. 그러므로 몇 주 전 일본이 미국 공사의 요청에 못 이겨 미국의 슈펠트 제독[4]에게 허용한 정도는 최소한 독일을 위해서도 해줄 것이 분명합니다. 일본 외무성은 슈펠트 제독을 위해 조선 관청에게 보내는 추천장을 써주었습니다.

일본 주재 독일 공사 측에서는 독일과 긴밀한 우호관계에 있는 열강과 공동으로 일차 조치를 취하는 데 역점을 두고 있는 것 같습니다. 그 일차 조치는 평화적인 의도와 성실한 신념을 바탕으로 하며, 동아시아에서 정복 정책을 펼치려는 모든 생각을 배제합니다.

게다가 지금 상황이 여러모로 유리합니다. 청국도 러시아와의 위협적인 분쟁[5]에 직면한 탓에, 조선이 다른 열강과 조약관계의 문호를 열게 되면 반갑게 맞이할 것입니다. 조선이 외국들과 새로운 관계를 맺게 되면, 동쪽 국경을 위협하는 러시아에 대해 제방 역할을 할 것이라고 간주하기 때문입니다. 더욱이 이미 일본과 조선 사이에 체결된 조약[6]의 선례가 있습니다.

비아시아권 열강이 이 방향으로 기획한 과거의 시도들은 모두 성과를 거두지 못했습니다(최근 미국과 프랑스의 직접적인 시도[7]들이 그런 사례입니다). 지금 조선으로 하여금 서양문화와 무역을 위한 문호를 개방하게 하는 것은 당연히 근사한 목표일 것입니다. 그리고 독일은 이 목표를 이루기 위한 우리의 적절한 동맹국일 것입니다.

4 [감교 주석] 슈펠트(R. W. Shufeldt)

5 [감교 주석] 청국과 러시아의 분쟁은 쿨자(固勒札; Kulja, 오늘날 중국 신강지역의 이리(伊犁; Ili) 지역에 해당)에서 발생한 청국과 러시아의 국경분쟁을 의미함. 1879년 청국과 러시아 사이에 리바디아 조약을 체결하지만, 청국이 이 조약의 비준을 거부함으로써 러청 사이의 갈등이 고조됨.

6 [감교 주석] 조일수호조규

7 [감교 주석] 병인양요(1866)와 신미양요(1871)를 의미함.

베를린, 1880년 10월 27일

A. 6070/6461

로이스 왕자 전하 귀전

빈 No. 840

A. 6461의 첨부문서 없이 우리 측 서한을 첨부해서 남작에게 전달.

조선과 유럽 열강 사이의 관계에 대해 지난달 30일 올린 No. 460 보고와 관련해, 이번 달 16일자 오스트리아-헝가리 제국 대리공사의 서한 사본 및 이에 대한 우리 측의 답신 사본을 비밀리에 참조하도록 삼가 동봉하는 바입니다.

베를린, 1880년 10월 27일 A. 6461/5710/5970

베를린
파제티
귀하

일본 주재 오스트리아-헝가리 제국 변리공사의 동봉된 보고서를 보내주셔서 삼가 남작님께 감사드립니다. 그 보고서는 도쿄 주재 독일제국 공사 아이젠데헤르가 우리 측에 보고한 내용과 실제로 합치합니다. 아이젠데헤르는 조선 정부로 하여금 유럽 무역의 문호를 개방하도록 하려는 공동 조치에 대해 보고했습니다.

그 후로 아이젠데헤르는 그의 노력이나 독일과 오스트리아의 공동노력이 자칫 오해를 살 수 있으니 신중하게 자제하라는 지시를 받았습니다. 또한 독일 군함의 파견도 바람직하지 않다고 판단됩니다. 그에 비해 우리는 조선과 무역관계를 맺는 것과 관련해 아이젠데헤르가 조선 정부에 문의하는 것은 무방하다고 간주합니다. 다만 비밀리에 문의가 이루어져야 할 것입니다. 그리고 지금까지 서울에서 다른 열강의 유사한 조치들이 받은 것보다 더 우호적인 응답을 받을 것이라고 어느 정도 확실하게 전제할 수 있어야 할 것입니다. 만일 그렇게 전제할만한 계기가 없다면, 우리는 우리보다 조선의 문호개방에 더 많은 관심을 가진 다른 나라들에게 유럽 교역을 위한 조선의 문호 개방을 추진하는 주도권을 넘겨줄 것입니다.

본인은 도쿄 주재 독일제국 공사에게 하달된 훈령이 오스트리아-헝가리 제국 정부의 우려를 자아내지 않기를 기대합니다. 그래서 본 사안과 관련해 앞으로도 호퍼와 함께 공동으로 대처하라고 아이젠데헤르에게 당부했습니다.

이 기회를 이용해 남작님께 다시금 경의를 표하는 바입니다.

R. d. H. G. z. L. St.

베를린, 1880년 10월 28일 A. 5970/5710/6461

도쿄
아이젠데헤르 공사
귀하
No. 3

본인은 7월 22일과 8월 19일의 No. 96 및 No. 104 보고를 참조해 다음과 같이 삼가 공사께 알립니다. 오스트리아-헝가리 제국 정부는 조선의 문호개방과 관련해 자국의 도쿄 주재 대표와 공사님과의 협의 내용에 대해 보고받았습니다. 그리고 이 사안에 있어 우리와 힘을 합해 조치를 취할 의향이 있음을 암시했습니다. 그러나 이와 동시에 빈의 내각은 조선과 무역 관계를 맺으려는 외국 열강의 거듭된 시도들이 번번이 강력한 저항에 부딪쳤음을 상기시켰습니다. 또한 독일과 오스트리아의 공동 노력이 다른 열강이 거둔 이상의 좋은 성과를 거두리라고 확실하게 추정할만한 징후가 아직까지 보이지 않는다고 지적했습니다. 공사의 보고는 이러한 사실을 입증합니다. 그러므로 본인은 자칫 오해를 살 수 있는 조치는 신중하게 자제하는 편이 상책이라고 여깁니다. 따라서 본인은 독일 군함의 조선 파견이 적절하지 않다는 공사의 의견에 동의하는 바입니다. 그에 비해-이곳에서 제반 상황을 관망해 보면-조선과 무역관계를 맺는 것과 관련해 조선 정부에게 문의하는 것은 무방하다고 생각합니다. 다만 그 문의는 극비에 이루어져야 할 것입니다. 현재 문제되는 대상은 우리에게 그다지 가치 있는 것이 아닙니다. 공사의 보고로 미루어 보아, 조선과의 무역에서 독일이나 오스트리아에 특별한 이익이 발생하지 않을 것이 명백하기 때문입니다. 이러한 상황에서는 공사가 그런 외교적 조처를 서울에서 호의적으로 받아들일 의향이 있다고 확신하는 경우에만 조선 정부에 대한 서한 발송을 권장할 수 있을 것입니다. 만일 그렇지 않다면 우리는 우리보다 조선의 문호개방에 더 많은 관심을 가진 다른 나라들이 유럽과의 교류 및 무역을 위해 조선 정부의 문호 개방을 유도할 때까지 기다리는 편을 택할 것입니다.

본인은 오스트리아-헝가리 제국 정부가 이 점에서 우리와 견해를 같이 한다고 추정합니다. 그러므로 이 문제와 관련해 앞으로도 오스트리아-헝가리 제국의 대표와 힘을 합해 조치를 취할 것을 공사에게 삼가 간곡히 당부하는 바입니다.

독일제국 수상을 대리하여

18

원문 p.648

조선

발신(생산)일	1880. 9. 5	수신(접수)일	1880. 10. 29
발신(생산)자	아이젠데헤르	수신(접수)자	
발신지 정보	도쿄 주재 독일 공사관	수신지 정보	베를린 외무부
	No. 113		A. 6748

A. 6748 1880년 10월 29일 수신, 첨부문서 1부

도쿄, 1880년 9월 5일

No. 113

A. 45

베를린, 독일제국 외무부 귀중

최근에 조선 사절[1]은 많은 수행원들을 데리고 다시 일본을 떠났습니다. 이곳 일본에서 그는 낯선 이들과의 접촉을 소심하게 일체 피했습니다.

일본 외무대신[2]이 전하는 바에 따르면, 조선 사절은 조선이 서양의 민족들과 무역관계를 맺어야 할 필요성이 있음을 개인적으로 외무대신에게 충분히 인정했다고 합니다. 그러나 그 밖에는 조선 정부도 조선 국민도 그런 견해에 동조하는 것 같지 않습니다.

조선 사신은 외국인들과 접촉을 피하라는 상관의 엄명을 성실하게 이행했습니다. 그는 이곳의 일본외무성을 방문하는 경우에 외국 직원과 마주치게 되면 두 손으로 눈을 가렸습니다.

이곳에서 조선 사신과 중요한 협상은 전혀 이루어지지 않았다고 합니다. 조선 사신은 천황의 영접을 받았으며 관병식에 참석했습니다. 그리고 몇몇 정부 시설들을 면밀히 살펴보고 외국 제도에 대한 정보를 최대한 많이 수집했습니다.

본인은 7월 22일 자 No. 96 보고에서 이따금 이곳에 머무는 조선인 아사노[3]에 대해

1 [감교 주석] 제2차 수신사 김홍집(金弘集)

2 [감교 주석] 이노우에 가오루(井上馨)

3 [감교 주석] 이동인을 지칭함. 이동인은 일본에서 본인을 아사노 도진(淺野東仁·朝野東仁)으로 명명하였음. 이동인은 외국인들에게 조선이 문명화가 되지 않았다면서, 본인을 조선의 야만인이라는 의미에서 아사노(朝

언급한 바 있습니다. 그 조선인의 소개로 본인은 조선 사절단 중 두 사람을 만나 보았습니다. 그중 한 사람은 인상이 매우 좋았습니다. 그들은 나이가 지긋했는데, 조용히 사려 깊게 질문하고 질문에 답변했습니다.[4] 그들은 특히 군사적인 일에 많은 관심을 보였습니다. 그 기회를 이용해 본인은 그들에게 독일에 대해 많은 것들을 알려주었습니다. 또한 본인이 알고 있는 한 독일제국은 조선과 기꺼이 무역관계를 맺고 싶어 한다고 설명했습니다. 그뿐만 아니라 독일은 외국에 영토를 소유하고 있지 않으며 또 소유하려고도 하지 않는다고 말했습니다. 동아시아에서 독일의 관심은 오로지 다른 국가들과의 평화적인 무역과 통상에 있다고 강조했습니다. 두 사람은 조선 사절 및 고국의 동족들에게 독일과의 무역협정의 이점에 대해 설명하겠다고 본인에게 약속했습니다. 조선 사절과 함께 잠시 도쿄를 떠나는 아사노도 같은 약속을 했습니다. 그는 독일과의 관계를 매우 열정적으로 옹호했습니다.

본인은 기회 있을 때마다 조선 관계에 대해 이노우에[5]와 논의했습니다. 이노우에는 조선에 대한 러시아의 조처가 무역과 통상에만 국한되지 않을 경우에 대한 많은 우려를 본인에게 표했습니다. 그는 러시아의 조선 강점이 일본에게 끊임없는 위협을 의미할 것이라고 말했습니다. 그러나 만일 러시아가 그런 의도를 품고 있다고 해도 일본 측에서는 저지할 수 없다는 것이었습니다. 그렇기 때문에 조선에서 정치적인 목적을 좇지 않고 과거에 조선과 갈등을 빚은 적도 없는 다른 국가들이 조선과 견고한 관계를 맺는다면 조선과 일본의 이익을 위해 매우 바람직하게 여긴다고 이노우에는 말했습니다. 그러면 러시아가 아마 더 신중하게 행동하지 않겠느냐는 것이었습니다. 이노우에 대신은 이 점을 조선 대표[6]에게 상기시켰습니다. 그리고 조선 대표와 조선 정부에게 독일과의 조약체결을 극구 권장했습니다. 또한 이노우에 대신은 아사노가 이곳을 떠나기 전에 그를 불러 그에게도 비슷하게 상황을 설명했습니다.

아사노는 두 달 내로 다시 이곳에 돌아올 생각입니다. 그러면 본인에게 조선 국내의 분위기를 알려주고 어쩌면 독일에 대한 문호 개방의 소식을 가져올지도 모릅니다.

제노바 공작은 조선에, 정확히 말하면 부산에 불과 일주일 머물렀습니다. 본인은 그에 대한 짧은 신문기사를 삼가 동봉하는 바입니다. 그리고 그 신문기사에서 언급되는 영국 영사는 상해 주재 영국영사관의 통역관[7]이라는 말을 덧붙입니다. 영국 통역관은

野)로 스스로 부르기도 하였음.

4 [감교 주석] 제2차 수신사 김홍집을 수행한 강위(姜瑋)로 추정됨.

5 [감교 주석] 이노우에 가오루(井上馨)

6 [감교 주석] 김홍집(金弘集)

제노바 공작의 요청에 따라 공작을 위한 임무를 수행했습니다.

본인의 러시아 동료는 러시아 정부가 조선과 관련해 어떤 계획들을 세우고 있는지 전혀 아는 바가 없다고 단언합니다. 러시아 동료는 수일 내로 Lessowsky 제독을 만나러 군함을 타고 나가사키로 떠날 예정입니다. 러시아 함대의 본대에 블라디보스토크로 이동하라는 명령이 내렸습니다. 베이징발 최근 소식들이 평화로운 내용이기 때문이라고 합니다.

아이젠데헤르

내용: 조선, 첨부문서 1부

No. 113의 첨부문서

첨부문서의 내용(원문)은 독일어본 650쪽에 수록.

---

7 [감교 주석] 스펜스(W. D. Spence)를 지칭함. 스펜스는 제노바 왕자와 함께 조선을 방문하였으며, 그 방문기를 보고서로 제출하였음. 그 보고서는 영국외교문서 FO 881/4595의 No. 38에 게재되어 있음.

베를린, 1880년 10월 31일 A. 6748

베를린
파제티
귀하

10월 31일
빈 848로 전달

우리 측에서 10월 27일 보낸 서한과 관련해 본인은 다음과 같이 남작님께 알려 드리게 되어 삼가 영광입니다. 도쿄 주재 독일제국 공사의 9월 5일 자 보고에 의하면, 조선 사절단 단장은 일본에 체류하는 동안 외국인들과의 접촉을 최대한 일체 피했다고 합니다. 그리고 조선 사절단 단장은 수일 내로 많은 수행원들을 데리고 귀국할 예정이라고 합니다. 그러나 아이젠데헤르는 조선 사절단원 두 명을 만나볼 기회를 가졌습니다. 아이젠데헤르는 그 두 조선인이 독일과 오스트리아-헝가리 제국처럼 동아시아 국가들과의 관계에서 오로지 통상 이익만을 추구하는 서구 열강과 교역을 하게 되면 조선에 이익이 될 것임을 조선 사절과 조선 동족들에게 설명할 용의가 있다고 판단합니다.

일본 정부는 러시아가 조선에서 어떤 조처를 취할지 우려하는 듯 보입니다. 러시아가 이웃나라 조선을 강점하게 되면 일본에게도 위협이 될 것이기 때문입니다. 그런 연유로 일본 정부는 독일과 오스트리아-헝가리 제국이 조선과 견고한 관계를 맺기를 희망하고 있습니다. 그렇게 되면 러시아는 아마 조선에 대해 더 신중한 태도를 취하게 될 것입니다. 일본인들은 조선 사절에게 이러한 상황을 상기시켰습니다. 아이젠데헤르는 — 9월 초순부터 계산해서 — 약 2개월 후 조선 국내의 분위기에 대한 보고를 받게 되길 기대하고 있습니다. 또한 조선이 독일이나 또는 독일-오스트리아에게 혹시 문호를 개방하는 조치를 취하지 않을까 바라고 있습니다.

본인은 전술한 내용을 삼가 오스트리아-헝가리 제국 정부에게 알리는 동시에, 이 기회를 빌려 남작님께 다시금 최대의 경의를 표하는 바입니다.

R. d. H. G. z. L. St.

베를린, 1880년 10월 31일 A. 6748

로이스
귀하

우리 측에서는 조선과 유럽 열강 사이의 관계에 대해 10월 27일 훈령 No. 840을 내린 바 있습니다. 이와 관련해 이번 달 31일 오스트리아-헝가리 제국 대리공사에게 보낸 서한의 사본을 비밀리에 참고하도록 삼가 로이스 전하께 동봉합니다.

독일제국 수상을 대리하여

사본 A. 5553

베를린, 1880년 11월 15일 Ⅱ 27594, 29908

마드리드,
각하 귀하

A.에서
공동 서명

A. 5553의 사본 및 그와 관련해 Ⅱ 부서에서 처리한 문서의 사본

본인은 금년 9월 9일 자 조선에 대한 보고 No. 148과 관련해 다음과 같이 알려 드립니다. 이곳에서는 독일제국과 조선의 조약체결을 위한 협상 문제가 아직까지 협상을 고려하는 일차 단계를 넘어서지 못하고 있습니다.

이 방면에서 다른 유럽 국가들이 기획한 모든 시도들은 지금까지 조선 정부와 조선 국민들의 완강한 저항에 부딪쳐 실패했습니다. 오직 일본만이 1876년 2월 조약[8]을 체결함으로써 조선과의 관계를 정상화하는 데 성공했습니다. 그 조약에 힘입어 미국 정부는 얼마 전 슈펠트 제독[9]에게 조선과의 조약 협상을 개시하라는 임무를 맡겼습니다. 처음에 슈펠트 제독은 직접 조선에 접근하려고 시도했습니다. 이 최초의 시도들이 실패로 돌아간 후, 미국 정부는 일본의 중재를 요청했습니다. 일본의 중재가 목적을 달성할지는 아직 확실하지 않습니다. 그러나 목적을 달성할 가능성은 희박해 보입니다. 우리가 다른 열강의 선례를 좇아 조만간 조선과 조약관계를 맺으려 한다면, 우리 측에서는 청국이나 일본과의 관계에서처럼 조선과의 관계에서도 외국들과 단결함으로써 최대한 모두의 이익을 균등하게 유지할 수 있다고 봅니다. 그러므로 이와 관련해 각하께서 스페인 왕국의 대신에게 하신 말씀은 우리의 견해와 완전히 부합합니다. 독일 군함이 조선에 파견되었다고 하는 소문에 대해 말씀드리자면, 그것은 착오에서 비롯되었습니다. 아마 "Shanghai Presse"의 잘못된 기사에 그 원인이 있을 것입니다. 그 기사에 따르면, 하인리히 폰 프로이센 왕자 전하께서 전술한 종류의 사명을 띠고 조선으로 가셨다는 것입니다. 그러나 그 무렵 독일제국 군함 프린츠 아달베르트(Prinz Adalbert)호는 하인리히 왕자 전하를 모시고 이미 유럽을

8 [감교 주석] 조일수호조규

9 [감교 주석] 슈펠트(R. W. Shufeldt)

향해 귀로에 올랐습니다. 우리의 정보에 의하면, 그 당시 제노바 공작 전하께서 실제로 이탈리아 왕국 군함을 타고 동아시아 북부의 여러 항구뿐만 아니라 조선도 방문할 계획이셨습니다. 그리고 이 목적을 위해 제노바 공작 전하께서는 상하이 주재 영국 영사관에서 통역관을 확보하셨습니다.

본인은 적절한 기회에 이런 내용들을 대화에 활용하기를 각하께 당부하는 바입니다. 이와 같은 목적을 위해 베이징 주재 독일제국 공사의 금년 8월 14일 자 보고서 사본을 동봉합니다. 이 보고서에 의하면 최근 영국과 프랑스의 군함들이 여러 차례 부산항을 방문했다고 합니다.

독일제국 수상을 대리하여

림부르크 슈티룸

Ⅱ. 29,908의 사본, 27594 A. 5553　　　　베를린, 1880년 11월 15일

A. 6181, A. 5656

마드리드, 독일제국 공사 쉔크 추 슈바인스베르크 귀하

본인은 독일제국 공사의 금년 9월 9일 자 조선에 대한 No. 148 보고와 관련해 각하께 다음과 같이 알려 드립니다. 이곳에서는 독일제국과 조선의 조약체결을 위한 협상 문제가 아직까지 협상을 고려하는 일차 단계를 넘어서지 못하고 있습니다.

이 방면에서 다른 유럽 국가들이 기획한 모든 시도들은 지금까지 조선 정부와 조선 국민들의 완강한 저항에 부딪쳐 실패했습니다. 오직 일본만이 1876년 2월 조약[10]을 체결함으로써 조선과의 관계를 정상화하는 데 성공했습니다. 그 조약에 힘입어 미국 정부는 얼마 전 슈펠트 제독[11]에게 조선과의 조약 협상을 개시하라는 임무를 맡겼습니다. 처음에 슈펠트 제독은 직접 조선에 접근하려고 시도했습니다. 이 최초의 시도들이 실패로 돌아간 후, 미국 정부는 일본의 중재를 요청했습니다. 일본의 중재가 목적을 달성할지는 아직 확실하지 않습니다. 그러나 목적을 달성할 가능성은 희박해 보입니다.

우리가 다른 열강의 선례를 좇아 조만간 조선과 조약관계를 맺으려 한다면, 우리 측에서는 청국이나 일본과의 관계에서처럼 조선과의 관계에서도 외국들과 단결함으로써 최대한 모두의 이익을 균등하게 유지할 수 있다고 봅니다. 그러므로 이와 관련해 졸름스 백작께서 스페인 왕국의 대신에게 하신 말씀은 우리의 견해와 완전히 부합합니다. 독일 군함이 조선에 파견되었다고 하는 소문에 대해 말씀드리자면, 그것은 착오에서 비롯되었습니다. 아마 "Shanghai Presse"의 잘못된 기사에 그 원인이 있을 것입니다. 그 기사에 따르면 하인리히 폰 프로이센 왕자 전하께서는 전술한 종류의 사명을 띠고 조선으로 가셨다는 것입니다. 그러나 그 무렵 독일제국 군함 프린츠 아달베르트[12]호는 하인리히 왕자 전하를 모시고 이미 유럽을 향해 귀로에 올랐습니다. 우리의 정보에 의하면, 그 당시 제노바 공작 전하께서 실제로 이탈리아 왕국 군함을 타고 동아시아 북부의 여러 항구뿐만 아니라 조선도 방문할 계획이셨습니다. 그리고 이 목적을 위해 제노바 공작 전하께서는 상하이 주재 영국 영사관에서 통역관을 확보하셨습니다.

본인은 적절한 기회에 이런 내용들을 대화에 활용하기를 각하께 당부하는 바입니다.

---

10 [감교 주석] 조일수호조규

11 [감교 주석] 슈펠트(R. W. Shufeldt)

12 [감교 주석] 프린츠 아달베르트(Prinz Adalbert)

이와 같은 목적을 위해 베이징 주재 독일제국 공사의 금년 8월 14일 자 보고서 사본을 동봉합니다. 이 보고서에 의하면 최근 영국과 프랑스의 군함들이 여러 차례 부산항을 방문했다고 합니다.

독일제국 수상을 대리하여

림부르크 슈티룸

19

원문 p.657

조선의 문호 개방을 위한 최근의 시도들 : Vettor Pisani호의 조선 방문과 러시아의 대 조선 관계

발신(생산)일	1880. 9. 28	수신(접수)일	1880. 11. 15
발신(생산)자	브란트	수신(접수)자	
발신지 정보	베이징 주재 독일 공사관	수신지 정보	베를린 외무부
	No. 120		A. 7146

A. 7146 1880년 11월 15일 수신, 첨부문서 3부

베이징, 1880년 9월 28일

No. 120

기밀

베를린, 외무부 귀중

본인이 예전에 이미 외무부에 삼가 보고한 바와 같이, 미국의 프리깃함 Ticonderoga호와 프랑스의 포함 Lynx호의 경우처럼 조선 관청과 접촉하려는 헛된 시도들이 최근 여러 방면에서 있었습니다. 프랑스 포함의 시도는 이곳 베이징 주재 프랑스 공사의 권유에 따른 것이었습니다.

얼마 전에는 이탈리아의 제노바 공작 전하께서 코르벳함 Vettor Pisani호를 이용해 이러한 시도에 합세하셨습니다. --- 이 시도는 일본 주재 이탈리아 공사 바르볼라니 백작의 제안에 의한 것이었습니다. 이탈리아 정부는 전신으로 이 제안을 승인했습니다. 이탈리아인들은 2년 전 이탈리아 선박 Bianca Pertica호가 퀠파트[1]에 좌초한 일을 구실로 내세웠습니다. 당시 Santaro라는 이름의 선원이 구조되어 퀠파트 주민들의 친절한 대접을 받았습니다. Vettor Pisani호의 함장은 이탈리아 정부를 대신해서 이에 대한 감사의 표시를 하라는 임무를 부여받았습니다.

상하이 주재 영국 영사관 소속 통역관 스펜스가 이 원정대에 동행했습니다. 다음의 상세한 내용은 통역관 스펜스가 영국 공사관에 올린 보고서를 토대로 합니다.[2] 본인의

1 [감교 주석] 퀠파트(Quelpart). 오늘날 제주도.

이탈리아 동료 De Luca가 친절하게도 그 보고서에 대해 본인에게 알려주었습니다.

"Vettor Pisani"호는 7월 28일 시모노세키를 출항해 29일 아침 부산만(동래부)에 닻을 내렸습니다. "Vettor Pisani"호가 일본 영사의 중재로 조선 관청과 관계를 맺으려는 시도는 모든 앞선 시도들과 마찬가지로 실패했습니다. 조선인들이 제노바 공작의 부관이자 프리깃함의 선장인 칸디아니[3] 백작이 이런 경로로 전달한 서한의 수신을 거절했기 때문입니다. 협상은 전체적으로 칸디아니 백작의 이름으로 칸디아니 백작에 의해여 진행되었습니다. 그뿐만 아니라 조선인들은 이탈리아 함선을 시찰하라는 초대도 거절했습니다.

일본 관리관들이 표면상으로는 친절한 척하지만 사실은 조선 관청들의 거부적인 태도를 부추기는 것이 아니냐는 의심이 이미 다른 방면에서 누차 제기되었습니다. 이런 의심이 이번 기회에 새롭게 입증되었습니다. 일본 영사는 조선의 부사와 이 일에 대해 서신을 주고받는다고 주장했으며, 조선의 부사가 동래부에 머물고 있다고 말했습니다. 그래서 이 일의 해결이 지연되고 있다는 것이었습니다. 그런데 협상이 진행되는 동안 조선 부사는 일본인 거류지에서 일본 영사의 집에 있었던 것으로 밝혀졌습니다.

8월 6일 Vettor Pisani호는 다시 출항하여 8월 8일 영흥만[4] 북단에 도착했습니다.

그곳에서 Vettor Pisani호는 현지 관청들과 접촉해 관청들에 서한을 전달하려고 여러 번 헛되이 시도했습니다. 그러다 8월 14일 영흥 부사가 배를 방문했습니다. 더 정확히 말하면, 외국의 배를 육안으로 직접 보고 상부에 보고하기 위한 것이었습니다.

그들은 상당히 오래 대화를 나누었습니다. 만일 러시아가 조선을 강점하려는 야욕을 드러내는 경우에 이탈리아와의 조약 체결이 조선을 보호하게 될 것이라는 논점이 대화의 핵심이었습니다. 칸디아니 백작은 감사의 말과 자신의 제안을 담은 서한을 조선인들에게 건네주려고 애썼지만 뜻을 이루지 못했습니다. 결국 영흥 부사는 서한을 사본을 받을 용의가 있다고 선언했습니다. 칸디아니 백작은 그 기회를 이용해, 부사의 관리들이 서한을 베껴 쓰는 수고를 덜어준다는 구실하에 봉인을 제거하고 원문 서한을 부사의 손에 슬쩍 쥐어 주었습니다. 그렇다고 해도 조선인들이 외국 서한의 수령을 단호하게 거부했다는 사실은 전혀 변함이 없을 것입니다.

본인은 칸디아니 백작의 서한 및 대화 내용을 기록한 글을 발췌해서 부록으로 삼가

---

2 [감교 주석] 스펜스는 제노바 왕자와 함께 조선을 방문하였으며, 그 방문기를 보고서로 제출하였음. 그 보고서는 영국외교문서 FO 881/4595의 No. 38에 게재되어 있음.

3 [감교 주석] 칸디아니(Candiani)

4 [감교 주석] 영흥만(Port Lazareff)

외무부에 전달하는 바입니다. 부디 그 내용을 엄중하게 극비로 다루어주시길 간청 드립니다.

칸디아니 백작의 서한에는 자신이 조선 정부의 답신을 들으러 두 달 후 돌아올 것이라는 내용이 담겨 있습니다. 본인이 이 말과 관련해 알아낸 바에 따르면, 현재 도쿄에 체류 중인 조선 사절[5]이 조선 정부에게 조약협상을 개시할 용의가 있음을 그곳 이탈리아 공사관에 암시하는 경우에 대비하는 의도가 깔려 있습니다.

8월 15일 이탈리아 코르벳함은 그때까지의 정박지점에서 불과 12해리 떨어진 원산항으로 이동했습니다. 원산항은 같은 영흥만에 위치해 있으며, 일본과의 무역을 위해 개항되어 있습니다. 8월 19일 이탈리아 코르벳함은 그곳에서 일본으로 돌아갔으며, 8월 22일 일본 쓰루가[6] 만에 도착했습니다.

스펜스의 보고에는 조선의 상업 현황에 대한 논평 및 일본인들이 조선인들을 다루는 방식에 대한 몇 가지 논평이 포함되어 있습니다. 본인은 이 논평들을 삼가 상세히 덧붙이는 바입니다. 일본인들이 조선인들을 다루는 방식은 일본 정부 측에서 조약 수정의 기회에 제기했던 요구와 독특하게 배리됩니다.

이른바 러시아의 조선 협상과 관련해서 본인은 우수리 지역의 러시아 국경 수비대장과 국경지대의 조선 주민 내지는 조선 관청 사이의 관계가 얼마 전 우호적으로 발전했었음을 알아낼 수 있었습니다. 또한 일종의 상거래, 특히 블라디보스토크를 위한 도축용 가축 거래가 형성되었었다고 합니다. 그러나 최근의 소식에 의하면, 이른바 조선의 수도에서 하달된 명령에 의해 이 상거래가 다시 중단되었습니다.

대체로 조선과 관계를 맺으려는 최근의 다양한 시도들과 관련해, 본인은 그런 시도들이 성과를 거두지 못한 것을 애석하게 여깁니다. 그런 헛된 조치들이 당연히 조선 정부의 망상을 조장하고 앞으로도 계속 문호 개방에 저항할 수 있을 것이라는 믿음을 강화시키기 때문입니다.

그런데도 청국 정부의 전술한 통지에 의거해 두세 척의 함선으로 원정대를 파견하면, 무력을 행사하지 않고도 조선과의 협상을 개시하고 조약을 체결하기에 충분하리하고 예상됩니다. 아마 무력을 행사하겠다고 위협은 할 수 있을 것입니다. 이 소국은 지금까지 문호를 개방시키려는 모든 시도들에 성공적으로 저항했습니다. 그리고 이 성공적인 저항은 청국과 일본에게 조선이 외국에 배타적이라는 논거를 제공했습니다. 본인의 소견

5 [감교 주석] 제2차 수신사 김홍집(金弘集)

6 [감교 주석] 쓰루가(敦賀)

으로는, 조선과의 조약 체결이 성사되면 그 주요 의미는 이런 논거를 제거하는 데 있을 것입니다.

본인은 이 보고의 일부를 발췌하여 일본 주재 독일제국 공사관에 직접 전달했습니다.

브란트

내용: 조선의 문호 개방을 위한 최근의 시도들; Vettor Pisani호의 조선 방문과 러시아의 대 조선 관계, 첨부문서 3부

No. 120. 1880년 9월 28일 첨부문서 1
첨부문서의 내용(원문)은 독일어본 660쪽에 수록.

No. 120. 1880년 9월 28일 첨부문서 2
첨부문서의 내용(원문)은 독일어본 661~662쪽에 수록.

No. 120. 1880년 9월 28일 첨부문서 3
첨부문서의 내용(원문)은 독일어본 662~664쪽에 수록.

20

원문 p.665

오스트리아-헝가리 제국과 대조선 문호개방 공동 보조에 관한 건

발신(생산)일	1880. 11. 26	수신(접수)일	1880. 11. 27
발신(생산)자	파제티	수신(접수)자	림부르크 슈티룸
발신지 정보	베를린 주재 오스트리아-헝가리 제국 대사관	수신지 정보	베를린 주재 프로이센 공사관
			A. 7403

A. 7403 1880년 11월 27일 수신

베를린, 1880년 11월 26일

베를린, 프로이센 왕국 공사 림부르크 슈티룸 각하 귀하

본 서한에 서명한 오스트리아-헝가리제국 대리공사는 지난달 27일 림부르크 슈티룸 각하께서 유럽 무역을 위한 조선의 문호 개방과 관련해 보내신 답신 Z. 6461을 오스트리아-헝가리제국 정부에 전달했습니다.

오스트리아-헝가리제국 정부는 독일제국 정부의 통지에 정중히 감사를 표하는 바입니다. 그리고 독일제국 정부의 요청에 부응해, 일본 주재 오스트리아-헝가리제국 대표에게 아이젠데헤르와 계속 공동 조치를 취하라는 지시를 내릴 용의가 있음을 밝혔습니다. ----

위에서 동의한 취지를 좇아 본 서한의 서명인은 독일 공사에게 전달한 것과 동일한 내용의 훈령을 이미 도쿄의 호퍼에게 발송했음을 덧붙입니다. 아울러 이 기회를 빌려 각하께 최대의 경의를 표하는 바입니다.

파제티

21

원문 p.666

조선

발신(생산)일	1880. 12. 4	수신(접수)일	1881. 1. 25
발신(생산)자	아이젠데헤르	수신(접수)자	
발신지 정보	도쿄 주재 독일 공사관	수신지 정보	베를린 외무부
	No. 138		A. 433
메모	2월 4일 통지문 도쿄 발송		

A. 433 1881년 1월 25일 수신

도쿄, 1880년 12월 4일

No. 138

A. 55

베를린, 독일제국 외무부 귀중

본인은 금년 9월 5일 삼가 올린 No. 113 보고에서 이곳에 거주하는 조선인 아사노[1]가 조선으로 출발한다고 언급한 바 있습니다. 이제 그 조선인이 조선 정부의 대외 임무를 수행하는 관리가 되어 다시 도쿄에 도착했습니다. 그는 조선 정부가 특히 독일이나 영국 같은 몇몇 유럽 열강과 관계를 맺는 것을 기피하지 않는 듯한 인상을 받았다고 비밀리에 본인에게 알려주었습니다. 그러나 물론 외국에게 적대적인 파벌이 여전히 상당한 영향력을 행사한다고 부연했습니다. 그러니 아마 초반의 어려움을 각오해야 할 것이라고 합니다. 다만 러시아의 강제합병 계획에 대한 우려가 조선 정치가들의 견해에 모종의 변화를 불러 일으켰다고 합니다.[2] 현재 아사노는 사태를 예전과는 달리 보고 있습니다. 그는 외국 사절이 직접 군함 몇 척을 거느리고 조선으로, 수도에 가장 인접한 항구로 가는 동시에 다른 군함이 부산과 원산에 번갈아 나타난다면 성공에 이를 가능성이 많다고

---

1 [감교 주석] 이동인을 지칭함. 이동인은 일본에서 본인을 아사노 도진(淺野東仁·朝野東仁)으로 명명하였음. 이동인은 외국인들에게 조선이 문명화가 되지 않았다면서, 본인을 조선의 야만인이라는 의미에서 아사노(朝野)로 스스로 부르기도 하였음.

2 [감교 주석] 수신사 김홍집이 가져온 『조선책략(朝鮮策略)』의 러시아 방어(防俄)와 관련해서 조선 정부는 러시아 함대의 동향을 우려하였음. 그와 관련해서는 『고종실록』 고종 17년(1880) 9월 8일 자 기사를 참조.

판단합니다. 해군력을 최대한 과시해서 아사노 동족들의 감탄을 자아내는 것이 결정적으로 중요합니다.

이 말에 이어 아사노는 자신이 조선 정부로부터 러시아의 혹시 모를 계획과 정치적 동향, 총과 대포의 구입 가능성에 대한 정보를 도쿄에서 수집하는 임무를 부여받았다고 덧붙였습니다. 그러나 그는 수일 내로 다시 부산을 향해 출발해야 한다는 것이었습니다. 임박한 귀국을 앞두고 아사노는 어떻게든 가능하다면 독일 총을 한 자루 구해줄 것을 본인에게 간곡히 부탁했습니다. 그러면 서울의 관청들에서 그 총을 보여주고 조선 군대를 위해 구입할 것을 권유하려 한다는 것이었습니다.

본인이 맡은 책무의 관점에서 판단하면, 이 부탁을 들어주는 것이 훗날 조선과의 가능한 관계를 고려해 정치적으로 바람직하다고 생각되었습니다. 따라서 본인은 독일제국 군함 비네타[3]호의 함장과 접촉했습니다. 함장과의 극비 회동에서 이유를 설명하고, 본인의 책임하에 정치적 목적을 위해서 소총 한 세트와 탄환 백 발을 조달하게 했습니다. 그리고 조선 정부에 전달하도록 조선인 아사노에게 넘겨주었습니다.

본인은 본인의 이러한 조치를 추인하여 주시기를 삼가 외무부에 요청 드립니다. 더불어 소총의 수령인이 일본의 이노우에[4] 외무대신 및 조선 주재 하나부사[5] 공사와 깊이 신뢰하는 사이임을 알려 드립니다. 수령인은 조선 관리로서의 임명장을 본인에게 제시했습니다. 그는 외국 사정에 어느 정도 정통하고 일본어를 구사하는 유일한 조선인입니다. 만일 독일이 조선과 조약을 체결하는 경우에는 틀림없이 중재자 겸 통역관으로 활약할 것입니다. 귀 외무성이 독일의 이익을 위해서 조약 체결을 목적으로 하는 조선 원정단 파견을 합당하게 여기신다면, 본인은 최대한 서두를 것을 권장합니다.

청국이 선박 두 척을 내어줄 수 있다면, 청국 선박들이 쓰시마에서 독일제국 군함 비네타호와 함대를 이루어 조선으로 가는 것이 최선일 것입니다.

조약 자체와 관련해서는, 조선인들이 일본과 맺은 협정들이 선례와 근거로 활용될 수 있을 것입니다. 조선인들이 이미 그 협정들에 친숙해 있으며 그 협정들의 신빙성이 입증된 듯 보입니다.

독일제국 정부의 과거 정책들에 부응하여 본인은 조선과 관련해 영국과의 사전 합의를 삼가 옹호하는 바입니다. 그러나 양국이 공동으로 동시에 원정단을 파견하게 되면 틀림없이 러시아의 불신을 일깨울 것이기 때문에 그것은 바람직하지 않다고 여깁니다.

---

3 [감교 주석] 비네타(Vineta)

4 [감교 주석] 이노우에 가오루(井上馨)

5 [감교 주석] 하나부사 요시모토(花房義質)

끝으로, 현재 나가사키에서 대퇴부골절로 병석에 누워 계시는 Lessowsky 제독이 조선 해안의 측량작업에 착수하라는 명령을 받았음을 삼가 보고드립니다. 그리고 조선 주재 일본 공사 하나부사는 최근 또다시 이곳에서 부산과 서울을 향해 출발했습니다.

아이젠데헤르

내용: 조선

베를린, 1881년 2월 4일 A. 433

도쿄
아이젠데헤르
공사 귀하

도쿄, A. 1.

조선과의 관계 수립에 대한 12월 4일 자 No. 138 보고와 관련해, 본인은 우리 측의 견해에 의하면 이 사안에서 직접적인 조치를 취할 동기가 현재로서는 아직 불충분해 보인다고 공사께 삼가 알립니다. 예전에 공사께서 올린 보고들로 미루어 보아, 조선인들이 유럽 열강의 모든 접근 시도들에 대해 거부적인 태도를 보이리라는 것에는 거의 의심의 여지가 없었습니다. 조선의 개화파가 조선 국내의 세도가들을 움직여 외국에 대해 좀 더 우호적인 분위기를 조성할 만큼 충분한 세력을 획득했다는 확실한 징후가 아직까지 보이지 않습니다.

조선인 아사노는 러시아의 강점 계획에 대한 조선 정부의 우려가 조선 정치가들의 견해에 모종의 변화를 불러일으켰다고 추정하는 듯 보입니다. 그러나 그와 동시에 가령 독일 원정단을 파견하는 경우에 파견단이 서울의 정부와 교섭을 개시할 수 있기까지는 많은 어려움을 극복해야 할 것이라는 점도 인정하고 있습니다. 또한 공사께서도 조선과의 무역관계 수립이 즉각 독일을 위해 실질적인 이익이 발생하리라고는 별로 기대하고 있지 않습니다. 이런 상황과 조선 국내 정세를 감안하면, 우리는 조선인에 대해 당분간은 작년 10월 28일의 우리 측 지침을 따르는 편이 온당할 것입니다. — 끝으로 조선인 아사노에게 소총과 탄환 100발을 제공하는 건은 원하는 대로 승인되었음을 말씀드립니다.

22

원문 p.669

이탈리아 코르벳함 "Vettor Pisani"호의 조선 방문[1]

발신(생산)일	1881. 1. 10	수신(접수)일	1881. 2. 22
발신(생산)자	포케	수신(접수)자	
발신지 정보	상해 주재 독일 영사관	수신지 정보	베를린 독일 외무부
	No. 8		A. 957

A. 957 1881년 2월 22일 수신

상하이, 1881년 1월 10일

No. 8

베를린, 외무부 귀중

본인은 작년 6월 8일의 No. 89 보고에서 같은 해 5월 슈펠트 제독[2]의 실패한 조선 원정에 대해 삼가 보고드린 바 있습니다. 슈펠트 제독의 뒤를 이어 몇 개월 후, 제노바 공작이신 토마스[3] 왕자 전하 휘하의 이탈리아 코르벳함 "Vettor Pisani"호도 조선에 파견되었습니다. 작년 7월 23일 No. 107 보고를 올리는 기회에 "Vettor Pisani"호의 원정에 대해서도 이미 삼가 말씀드렸습니다. 이 원정의 결과에 대해서는 이곳에서 확실히 알려진 바가 전혀 없습니다. 그러나 조선 정부와 관계를 수립하려는 이탈리아의 시도 역시 성과를 거두지 못했을 것이라고 일반적으로 추정되었습니다. 그 때문에 이탈리아 정부가 조선과 우호 통상 조약을 성공리에 체결했다는 유럽의 신문 기사가 얼마 전 이곳에 도착했을 때 적지 않은 놀라움을 야기했습니다.

이탈리아 코르벳함이 조선을 방문했을 때 개최된 협상에 대해 기록한 중국어 문서가 있습니다. 본인은 이 문서의 사본을 독일어로 역번역한 번역문을 비밀리에 동봉합니다. 이곳 상하이 주재 오스트리아-헝가리제국 부영사 하스의 우정 어린 호의 덕분에 이 번역문을 입수하게 되었습니다. 이 글에 의거해 협상의 진행과정을 다음과 같이 간략하게

1 [감교 주석] 제노바의 조선행에 동행하였던 상해 주재 영국 영사 스펜스(W. D. Spence)가 작성한 방문기를 번역한 것으로 보임. 그 방문 보고서는 영국외교문서 FO 881/4595의 No. 38에 게재되어 있음.

2 [감교 주석] 슈펠트(R. W. Shufeldt)

3 [감교 주석] 토마스(Thomas)

추적해볼 수 있었습니다.

코르벳함이 국가조약에 의해 일본인들에게 개방된 조선 남단의 항구 부산에 도착한 후, 코르벳함의 함장 칸디아니 백작은 그 지역 관할 조선 부사에게 보내는 서한을 작성합니다. 그 서한에서 칸디아니 백작은 자신이 토마스 왕자 전하의 제1부관임을 명시합니다. 방문 목적은 2년 전 제주 인근에서 난파한 선원들을 인도적으로 대해준 일에 대해 이탈리아 정부의 사의를 전달하는 것이라고 알립니다. 그리고 이러한 뜻을 조선 정부에게 보고해줄 것을 요청합니다(No. 1). 칸디아니 백작은 이 급보를 조선 관청에 전해 달라며 부산 주재 일본 영사에게 보냅니다. 아울러 이탈리아 사절에게는 진술한 목적 이외의 다른 목적이 없다는 확언을 조선 부사에게 전해달라고 각별히 당부합니다. 그리고 토마스 왕자 전하께서는 일본 영사에게 부탁한 서한 전달을 당연히 승인하실 것이라고 덧붙입니다(No. 2). 급보는 발송됩니다. 그러나 조선 부사는 일본 영사에게 보낸 통지를 통해 급보의 수령도 개인적인 회담에의 초대도 정중히 거절합니다. 일본 영사는 이러한 소식을 칸디아니 백작에게 전달합니다(No. 3). 칸디아니 백작의 회신은 우선 조선 부사의 태도에 대한 놀라움과 불쾌함을 표명하고, 여기에서 심각한 분규가 발생할 수 있다고 위협합니다. 그리고 현재 청국과 러시아 사이의 갈등에 직면해 외국과의 교역관계가 조선에게 가져올 이익을 상기시킵니다. 일본 영사는 이러한 내용도 조선 부사에게 전해달라는 부탁을 받습니다(No. 6). 일본 영사가 이 부탁을 수락했는지의 여부는 문서에서 드러나지 않고 있습니다. 그러나 일본 정부가 저선과 다른 국가들의 관계를 달갑지 않은 시선으로 바라본다는 점에는 의심의 여지가 없습니다. (이탈리아 원정단에 통역관으로서 동행했던 영국 영사관 직원 스펜스[4]도 당시 이 점을 본인에게 인정했습니다.) 그러므로 조선 주재 일본 대표는 표면상으로는 조선과 다른 국가들의 관계 수립을 중재하는 척하지만 사실은 관계 수립을 가급적 저지하라는 훈령을 받을 것입니다. 칸디아니 백작이 이 점을 뒤늦게 제대로 깨달았으리라고 추측됩니다. 조선 관청과 직접 접촉하기는 외진 곳이 더 용이할 것이라는 전제하에, 이제 코르벳함이 영흥항으로 향하기 때문입니다. 칸디아니 백작은 그곳 부사에게 보낼 다른 서한을 작성합니다(No. 7). 이 서한도 난파한 선원들에 대한 이야기로 시작하지만, 원정단의 실제 목적을 오래 숨기지는 못합니다. "우리 정부는 귀하의 정부와 항구적인 우호관계를 맺을 것을 간절히 바라고 있습니다." — 백작은 이렇게 씁니다. 그리고 조약 체결의 논거를 보다 강력하게 강조하기 위해 이번에도 마찬가지로 청러 전쟁의 발발 위험에 대해 설명합니다. 이 급보를 발송하

---

4 [감교 주석] 스펜스(W. D. Spence)

기에 앞서 먼저 조선 부사가 코르벳함을 방문한 듯 보입니다. --- 선상에서의 회담에 대한 보고 내용(문서의 No. 8)에서 추론할 수 있는 바와 같이, 조선 부사는 상황을 알아보기 위해 자진해서 찾아온 것 같습니다. 대화 도중, 조선 부사는 "Vettor Pisani"호가 어느 항구에서 오는 길인지 묻습니다. 칸디아니 백작의 답변은 부산에서 조선 관청과 무역관계를 맺으려는 시도가 이미 실패한 일에 대해서는 침묵합니다. 그 대신 자신이 발송하려던 서한을 받아줄 것을 조선 관리에게 촉구합니다. 조선 관리는 극구 사양하다가 마침내 급보로서의 성격을 배제한 형식으로 (아마 봉인과 서명 없이) 서한을 받아듭니다. 그에 이어 칸디아니 백작은 이탈리아와 우호관계를 맺어야 하는 필요성을 주지시키기 위해 조선에 이웃한 두 나라의 분쟁을 다루는 구절을 조선 관리에게 구두로 특히 강조합니다. 그 전에 이미 백작은 조선 중앙정부의 회답을 받으러 2개월 이내에 다시 오겠다는 의사를 표명한 터였습니다. 조선 부사가 이탈리아 측에서 선물로 제공한 식품과 포도주를 한사코 거절하는 것으로서 작년 8월 14일에 열린 회담은 끝을 맺습니다. 그와 더불어 회담을 기록한 문서도 끝이 납니다.

알려진 바에 의하면, 다시 조선으로 돌아오겠다고 한 칸디아니 백작의 계획은 지금까지 실행되지 않았습니다. 이탈리아 코르벳함은 그동안 대부분 일본에 머물렀습니다. 그리고 일본에서 곧 유럽을 향해 귀로에 오를 것이라고 예상됩니다. 그러므로 그 협상은 조약 체결에 이르지 못했고 정치적으로 별다른 이익을 거두지 못했습니다. 현재 이탈리아가 외국에서 영향력을 증강시키고 어디서든 굳건한 기반을 다지기 위해 얼마나 노력하고 있는지 다른 대륙들에서도 목격되고 있습니다. 조선에서의 협상은 분명히 그런 노력에 대한 새로운 증거를 제공합니다. 그런데 이탈리아가 왜 하필이면 조선에 주목하게 되었는지 그 이유는 알 수 없습니다. 조선의 양잠산업만으로는 이탈리아가 조선과의 우호관계에 대해 갖는 관심을 충분한 설명할 수 없기 때문입니다. 그리고 칸디아니 백작은 이탈리아 선박이 조선 해안에서 난파할 가능성이 있다고 말하지만, 현재로서는 이탈리아와 조선 또는 이탈리아와 극동 지방 사이의 직접적인 무역관계와 선박왕래가 성사될 전망은 별로 없습니다.

포케

상하이, 1881년 1월 10일 No. 8
내용: 이탈리아 코르벳함 "Vettor Pisani"호의 조선 방문

A. 957 번역문 1 (급보)

이탈리아 왕국의 코르벳함 함장이자 토마시[5] 왕자 전하의 일등부관인 칸디아니 백작이 다음과 같이 알립니다.

2년 전 조선 해안 Tsi-Chon[6] 부근에서 "Bianca"[7]라는 이름의 이탈리아 상선이 난파했습니다. 산토리(San-to-ri)라는 이름의 선원만 빼고 배에 타고 있던 나머지 선원들 모두 익사했습니다. 산토리는 간신히 목숨을 건졌고, 그곳 주민들 덕분에 친절한 대접을 받았습니다. 그는 그 지방 관청에 묵으며 음식과 의복을 제공받았습니다. 그래서 나중에 무사히 다시 고향으로 돌아갈 수 있었습니다.

우리 정부는 조선 관청이 우리 선원에게 베풀어준 친절에 대한 통지를 받았습니다. 그래서 현재 일본 해역에 주둔하고 있는 군함 "Pisani"호를 타고 부산으로 가라는 지시를 본인에게 내렸습니다. 본인은 부산에서 조선 관청과 조선 국민들에게 우리 정부의 사의를 전하라는 임무를 부여받았습니다. 또한 당시 조선 관청과 조선 국민들이 구조된 선원을 위해 지출한 금액을 보상하라는 지시도 받았습니다. ----

이제 부산에 도착한 "Vettor Pisani"호가 조선에 대한 사의 표명이라는 사명을 수행할 수 없다면 참으로 애석한 상황일 것입니다. 또한 그로 인해 조선 정부와 이탈리아 정부 사이의 우호관계가 방해받게 될 것입니다.

본인은 이러한 상황을 감안하고 또 우리 정부로부터 부여받은 임무를 좇아 감히 이 글월을 부사님께 올립니다. 그러니 부사님께서 이 글을 열람하시고 부디 회답을 주시길 간청 드립니다. 아울러 본인의 이 급보 내용을 조선 정부의 상부관청에 전달해주실 것도 부탁드립니다.

이상입니다. 조선 왕국 동래 부사 귀하. 광서, 6년 6월 27일(1880년 8월 2일)

2.

조선 부산항 주재 일본 영사 Kin-teng[8]께 보내는 서한, 이로써 칸디아니는 다음과 같이 알립니다. 본인은 조선 동래 부사 심동신[9]에게 보내는 급보를 작성했습니다. 이

5 [감교 주석] 토마시(Tomasi). 앞의 문서에는 토마스(Thomas)로 표기되어 있음.

6 [감교 주석] 제주도 해안지역으로 추정됨.

7 [감교 주석] 선박의 정확한 명칭은 'Bianca Portica'

8 [감교 주석] 본문에는 'Kin-teng'으로 기재되어 있는데, 당시 부산주재 일본영사는 곤도 마스키(近藤眞鋤)였음.

9 [감교 주석] 심동신(沈東臣)

급보를 밀봉하지 않은 채 감히 영사님께 보내드립니다. 그러니 부디 영사님께서 이 급보를 보시고 영사님의 추선서한과 함께 전달해 주시길 부탁드립니다. 본인은 조선 관청들이 조선과 조약관계를 맺지 않은 열강과의 통상을 원하지 않는다는 것을 익히 알고 있습니다. 그러나 본인의 급보는 오직 감사의 말만을 담고 있으므로, 조선 부사께서 우리 정부의 선의를 오해하시지 않기를 바랄 뿐입니다. 이러한 이유에서 본인은 우리 정부의 선의를 조선 부사에게 대변할 추천서한을 써주시길 영사님께 간청 드립니다. 또한 우리 군함은 지난 번 이탈리아 선원의 생명을 구해준 일에 대해 국가적 사명을 띠고 조선에 왔으며 이 사명에는 다른 어떤 의도도 결부되어 있지 않음을 조선 부사에게 설영해주실 것도 간곡히 부탁드립니다.

이 사안과 관련해 영사님께서 취하시는 모든 조치는 토마시 왕자 전하, 그리고 귀하의 정부 및 우리 정부에게도 통지될 것입니다.

6년[10] 6월 27일(1880년 8월 2일)

3.
동래 부사가 부산 주재 일본 영사에게 보낸 회신

본인은 귀하의 서한을 받았으며 서한에 담긴 선의에 재삼재사 감사를 표하는 바입니다.

재난을 당한 사람이 있다면 재난에서 구해주는 것은 당연한 의무일 것입니다. -- 우리 모두는 하늘의 피조물이며, 하늘의 피조물로서 항상 서로 이 의무를 수행해야 합니다. 예전에 이탈리아 선박이 Tsi-Chon 부근에서 침몰했을 때 선원들 중에서 오직 한 사람만이 구조될 수 있었습니다. 그것은 천명이었고, 천명은 이 한 사람의 생명을 보호했습니다. 그러므로 지방 관아와 백성들이 그 인명을 구하는 데 힘을 보탰다 하더라도 그것은 전혀 특별한 일이 아니었습니다. 오로지 당연한 의무를 수행했을 뿐입니다. 그런데 이것을 계기로 이탈리아 정부는 특별히 서한과 함께 군함을 보내었습니다. 그리고 서한에서 조선에 오게 된 목적과 선의에 대해 설명하고 있습니다. 본인은 이 서한을 읽고 이에 대해 진심으로 감사드리는 바입니다.

그러나 우리나라에는 지금까지 낯선 민족들과 서신왕래를 하는 통례가 없습니다. 이것은 물론 본인이 이 서한을 보관해야 하는 문제에도 해당되며, 따라서 이 서한을 다시

---

10 [감교 주석] 광서 6년

돌려보내는 바입니다. 본인은 이러한 처사를 부끄럽게 여깁니다. 이 서한을 되돌려 보내는 행위는 서한 발송인의 진실로 훌륭한 의도를 퇴색시킬 것이기 때문입니다. 그러나 본인은 본인을 대신하여 이탈리아인들에게 사과의 말씀을 전해주실 것을 영사님께 부탁드립니다. 또한 — 그런데도 오랜 역사를 지닌 나라의 풍습을 훼손하지 말아달라고 이탈리아인들에게 말씀드려 주십시오. -- 이탈리아인들이 노하지 않도록 이런 뜻을 본인을 대신하여 전해주시기를 요망합니다.

본인의 요청은 이상과 같습니다. -- 특별 회신.

6년[11] 6월 28일(1880년 8월 3일)

동래부사 심동신이 일본 영사 Kin-teng Chen-tsu[12]에게 보내는 서한

4.

(동래부사가 필시 인쇄되거나 또는 삼인칭으로 쓰인 연회 초대에 대한 회답으로서 일본 영사에게 보내는 서한. 칸디아니 백작도 그 연회에 참석할 예정이었을 것이다.)

본인은 귀하의 서한에 담긴 많은 선의의 요청에 대해 이미 예전부터 잘 알고 있었습니다. 그러니 본인이 귀하의 호의적인 초대를 받아드릴 수 없다 할지라도 귀하께서 용서해주시리라 의심치 않습니다. 귀하의 초대는 오로지 최선의 의도만을 표현하고 있습니다. 그런데도 우리의 관례는 그 초대를 받아들이는 것을 허용하지 않습니다. 귀하께서도 이러한 사실을 잘 알고 계십니다. 그러므로 이러한 의미에서 본인을 위해 잘 설명해주시길 부탁드립니다. 이에 대해 본인은 미리 감사드리는 바입니다.

6월 28일(8월 3일)

심동신 서명

5.

(칸디아니 백작에게 보내는) 일본 영사의 회신

어제 본인은 백작님으로부터 조선 동래부사 심동신에게 보내는 급보를 받는 영광을 누렸습니다. 이 급보는 동래부사에게 전해달라는 부탁과 함께 밀봉되지 않은 채 본인에

11 [감교 주석] 광서 6년

12 [감교 주석] 본문에는 'Kin-teng Chen-tsu'으로 기재되어 있는데, 당시 부산주재 일본영사는 곤도 마스키(近藤眞鋤)였음. 이하 곤도 마스키로 기재함.

게 전달되었습니다. 또한 백작님께서는 지난해 이탈리아 선원의 목숨을 구해준 것에 대한 감사의 말만이 급보에 쓰여 있는 사실을 조선 관아에 설명해주길 본인에게 요청하십니다.

백작님의 요청을 좇아서, 본인은 백작님께서 요망하신 설명을 덧붙여 즉각 그 급보를 동래부사에게 발송했습니다. 게다가 본인은 동래부의 몇몇 관리에게 방문을 요청해 이 사안에 대해 소상히 해명했습니다.

본인은 지금 동래 부사의 회답을 받았습니다. 동래 부사는 이런 문서를 수령하는 것은 나라의 풍습에 어긋나는 일이며 따라서 급보를 반송한다고 말합니다. 이 사안에서 있어서 본인은 대변인으로서의 역할에 성심을 다하였습니다. 그런데도 본인의 조치가 아무런 성과도 맺지 못했음을 심히 유감스럽게 확인하지 않을 수 없습니다.

이로써 본인은 동래 부사에게 받은 회서의 사본을 감히 백작님께 보내드리는 바입니다. 아울러 백작님께서 동래 부사를 관대히 용서하시고 부디 노하시지 말기를 간청 드립니다. 명치 13년 8월 3일 (1880년 8월 3일). 부산 주재 일본제국 영사 곤도 마스키가 이탈리아 왕국 코르벳함 함장이자 토마시 왕자 전하의 일등부관인 칸디아니 백작께 드리는 서한

6. (서한)

부산 주재 일본 영사 곤도 귀하. 이로써 칸디아니는 다음과 같이 알립니다. 본인은 동래부사에게 보낸 급보와 관련해 어제 귀하의 귀중한 서신을 받았습니다. 그리고 당연히 그 내용을 숙지했습니다.

동래부사가 현재 논의되는 급보의 수령을 거부했다는 사실에 본인은 적잖이 놀랐습니다. 본인은 급보의 수령이 거부되리라고 상상하지 못했기 때문입니다. 그러나 이 사안과 관련해 영사님께서 취하신 조치와 수고에 대해 정중히 감사드리는 바입니다. 문명화된 정부들 및 상호 우호관계에 있는 정부들은 인명구조와 관계된 일에서 서로 서신을 통해 사의를 표하는 관습이 있습니다. 본인이 동래 부사에게 보낸 급보는 이러한 관습에 합치되는 것이며 또 이러한 관습에 따라 발송된 것입니다. 이 급보에서 표명한 생각을 접했다면 동래부사는 기뻐하지 않을 수 없을 것입니다. 그러나 동래 부사가 영사님께 보낸 회신으로 미루어, 본인은 이탈리아와 조선 사이에 아직까지 전혀 교류가 없었다고 추론합니다. 이런 경우에 동래 부사는 외국 열강과의 서신왕래를 일체 금지하는 조선 법률을 준수해야 할 것입니다. 이러한 연유에서 동래부사는 본인의 급보를 수령해서는

안 되었으며, 또 이 사실을 상부관청에 보고했습니다.

본인은 이러한 설명을 매우 별나다고 생각합니다. 외국과의 관계에 대한 특별한 국법이나 규정이 있기 때문에 외국과 전혀 교류하지 않는 것은 적절하지 않습니다. 그래서 본인은 그와 관련되는 법률조항을 발췌해서 보내주실 것을 정중히 요청하는 바입니다. 본 사안은 난파한 이탈리아 상선과 관계된 것입니다. 난파 당시 인도적인 원칙에 따라 전력을 다해 인명이 구조되었습니다. 이에 대해 우리 이탈리아 정부는 매우 기뻐했습니다. — 그러나 앞으로도 똑같은 조치가 취해지리라는 보장이 어디 있겠습니까. 과거에도 외국 선박들이 조선 해안에서 난파한 사례들이 여러 차례 있었던 만큼 이러한 우려는 당연하다 하겠습니다. 그 때도 선박들이 난파해서 선원들이 목숨을 잃었는데도, 조선 관청과 주민들이 이번 경우처럼 훌륭하게 처신하지 않았습니다. 장차 이탈리아 선박이 조선 해안에서 난파하는 경우, 이탈리아 정부는 조선의 지방 관청과 주민이 이번처럼 또다시 인도주의 원칙에 입각해 행동할 것이라고 믿을 수 없습니다. 만일 조선 관청과 주민이 예전처럼 조난자들을 대한다면, 우리 이탈리아 정부는 틀림없이 이번과 같은 방식으로 대응하지 않을 것입니다. 선의에서 모든 예를 갖추어 급보를 보내지 않을 것입니다. 아닙니다, 우리 이탈리아 정부는 조선에게 교류를 강요하기 위한 방법을 강구할 것입니다.

그런데 조선은 우리 이탈리아와 우호관계를 맺기를 바라지 않습니다. 이로써 조선은 막중한 책임을 떠맡는 동시에 스스로 불이익을 입게 될 것입니다. 만일 이탈리아 선원들이 조선에서 소동을 부린다면, 이탈리아 정부는 그들을 통제할 수 없습니다. 우리 왕국의 수백 년에 걸친 역사는 이탈리아가 탐욕스런 정치를 하지 않는다는 사실을 입증합니다. 이탈리아의 국력과 번영은 결코 다른 나라들의 약점과 빈곤에서 취하는 이익에 토대를 두지 않습니다. 게다가 우리의 무역량은 많지 않습니다.

이러한 이유에서 조선도 우리와 교역하는 것을 조금도 두려워할 필요가 없습니다. 더욱이 조선은 강대한 국가들과 이웃하고 있으며, 이 강대국들은 지금 이 순간에 서로 우호적인 사이가 아닙니다. 여기에서 발생할지 모를 만일의 난관을 조선은 피할 수 없을 것입니다. 그러므로 위에서 거론한 모든 이유들을 고려한다면, 다른 외국들과 관계를 수립하는 것이 조선에게 이롭습니다. 조선의 두 이웃국가들이 지금까지도 합의에 이르지 못한 만큼 더욱 더 그렇습니다. 이웃국가들의 이런 관계는 평화를 위해 참으로 유감스러운 일입니다.

본인은 본인과 영사님 사이에서, 그리고 영사님과 동래 부사 사이에서 교환된 서한들을 자세히 점검하고 결정을 내리도록 우리 이탈리아 정부에 제출할 것입니다. 동래 부사 측에서 본인의 급보 수령을 거부한 사태에 대해서도 마찬가지로 베이징과 도쿄 주재 우리 파견 공사에게 보고할 것입니다. 만일 여기에서 분규가 발생한다면, 이에 대한 책임은 결코 본인이 아니라 전적으로 동래 부사에게 있습니다. 그러나 본인은 본인의 급보를 한성에 보내도록 노력할 것입니다.

영사님께서 동래부사와 서한을 주고받으시기 때문에, 본인은 오늘의 이 서한 사본을 동래 부사에게 전달해주시기를 부탁드립니다. 아울러 이에 대해 미리 심심한 감사를 표하는 바입니다.

6년[13] 7월 1일(1880년 8월 6일)

7. (급보)

이탈리아 왕국의 코르벳함 함장이자 토마시 왕자 전하의 일등부관인 칸디아니 백작이 다음과 같이 알립니다.

2년 전 우리 이탈리아 상선들 중 “Bianca”라는 이름의 선박이 조선 해안 Tsi-Chon 부근에서 난파했습니다. 산토리라는 이름의 선원 한 명만 빼고 나머지 선원들은 모두 익사했습니다. 산토리는 간신히 목숨을 건졌습니다. 산토리는 그곳 주민들의 보살핌과 돌봄 덕분에 구조될 수 있었습니다. 게다가 그는 그곳 지방관청들 덕분에 관청에 수용되어 음식과 의복을 지원 받고 결국 무사히 고향으로 돌아왔습니다. 본인의 이탈리아 정부는 조선의 지방관청들이 우리 선원에게 어떻게 친절과 자선을 베풀었는지 알게 되었을 때, 이에 대해 무척 감사했습니다. 그러다 마침 우리 이탈리아 군함 “Vettor Pisani”호가 이 해역을 항해 중인 기회를 이용해 이곳으로 갈 것을 명령했습니다.

이제 본인은 이 조선 항구에 도착해서 조선 정부와 조선 민족에 대한 감사의 서한을 부사님께 전달하게 되어 영광입니다. --- 이로써 본인은 맡은 바 의무를 충실하게 수행하고 있으며, 또 이러한 의무를 수행하게 되어 더없이 기쁩니다.

당시 조선의 관계 당국과 국민들은 선원의 생명을 구하는 과정에서 비용을 부담했습니다. 본인은 이 비용을 완전히 보상할 용의가 있습니다. 우리 배가 직접 Tsi-Chon으로 가 그곳에서 사의를 표하는 사명을 완수한다면, 아마 그것이 가장 빠른 길일 것입니다. 그러나 그곳 해안은 노출되어 있어서 우리 배가 정박하기에 매우 불리합니다. 그래서 우리 배는 이곳에 도착했습니다. 이것이 바로 본인이 부사님께 급보를 전달하게 된 이유

13 [감교 주석] 광서 6년

입니다. 그러니 이 감사의 서한을 부디 수도의 중앙 정부에게 전달해주실 것을 간청드립니다.

본인은 귀하의 정부가 외국과의 교역을 원하지 않는다는 사실을 잘 알고 있습니다. 본인에게는 직접 귀국의 높은 대신들에게 우리 정부의 사의를 표명할 기회가 없습니다. 그래서 부득이하게 부사님께 이 서신을 전달해 주시기를 간곡히 부탁드리게 된 것입니다. 본인은 이미 며칠 전에 이곳에 도착했습니다. 그동안 우리 배는 식량이 떨어졌습니다. 그런데도 육지로부터 식량을 구입할 수 없었습니다. 귀국의 나랏법이 외국과의 모든 교역을 금지하기 때문입니다.

전 세계에서, 모든 나라에서, 들고나는 선박들에게 식수를 반입하고 고기를 잡는 것이 허용됩니다. 그러나 이곳 해안 주민들 말로는, 조선의 법은 물을 반입하거나 고기를 잡는 것을 금지한다고 합니다. 우리 배는 조선 정부에 사의를 표하러 왔으며 따라서 조선의 나랏법도 준수할 것입니다.

본인은 항해자들이 자신들 배의 안전을 결코 지속적으로 보장할 수 없다는 사실을 귀하에게 말씀드리고자 합니다. 험악한 날씨가 위협하면 배는 악천후를 피해 안전한 항구에 기항하려고 합니다. -- 때로는 수리를 하거나 식량을 구입하고자 항구에 입항하기도 합니다. 이러한 경우들을 대처하는 데 있어 모든 나라에서 같은 법이 통용됩니다. 침몰한 배의 선원들은 참으로 불운합니다. 해당 지방의 관청들 측에서 그들에게 온갖 가능한 도움을 베푸는 것은 당연한 일입니다.

따라서 이탈리아 선박이 악천후를 피하기 위해서든 또는 식량을 구입하거나 배를 수리하기 위해서든 조선의 항구에 입항한다면, 반드시 이에 대해 필요한 해명이 있을 것입니다. 그러나 우리로서는 그런 선박의 선원들이 그 기회에 조선의 현행 법률을 무조건 준수하리라고 보증하기는 불가능할 것입니다. 그들이 자신들의 요구를 폭력적으로 강요하는 경우가 쉽게 일어날 수 있습니다. 현재 이탈리아는 조선과 아무런 교류가 없습니다. 그러므로 조선의 법을 위반하는 이탈리아 선원들에 대해 조선의 지방 관청들은 조치를 취할 수 없을 것입니다. 이탈리아 선원들은 통제받지 않고 자신들의 배로 돌아가 그 길로 도주할 것입니다. 그러면 그들을 처벌하기가 불가능할 것입니다. -- 이것은 참으로 개선되어야 할 상황입니다.

그러므로 조선과 이탈리아 정부가 이 모든 것에 대해 논의하고 결정을 내릴 고위 정치가들을 임명하는 것이 최선의 방책일 것입니다. 이 고위 정치가들은 양국의 이익을 위해 유용할 것입니다. 본인의 민족은 귀하의 민족과 영원한 우호동맹을 맺고자 하는 열렬한 소망에 고무되어 있습니다. 그런데 귀하의 민족은 지금까지 다른 민족들과 외교관계를 맺지 않았기 때문에 나약하고 미약합니다. 그러므로 귀하의 민족이 이탈리아와 조약을 체결한다면, 그 조약은 조선을 위해 커다란 이익일 것입니다. 또한 조선이 현재 상호 적대관계에 있는 두 개의 대국에 인접해 있다는 사실도 언급해야 합니다. 머지않아 귀하의 나라도 이 분규에 휘말려들지 않을까 우려됩니다. 그러니 조선이 유럽 열강과 우호관계를 수립한다면, 이로써 유럽 열강의 보호를 누리게 될 것입니다. 조선은 주권국가입니다. 그러므로 주권국가로서 다른 민족들에 의한 부당함과 모욕을 견뎌야 할 것을 두려워할 필요가 없습니다.

이런 모든 이유에서 본인은 위에서 상술한 상황들을 귀하의 정부에 보고하여 주시기를 감히 부사님께 요청 드립니다. 본인은 2개월 후 다시 돌아올 것입니다. 그리고 이에 대해 귀하의 중앙정부에서 내린 회신을 아마 부산에서 받아보게 될 것입니다. 그러면 본인은 즉각 그 회신을 본인의 정부에 전달할 수 있습니다.

이상입니다.

조선 영흥 부사 이[14] 귀하

광서 6년 7월 8일(1880년 8월 13일)

8.

영흥 부사가 방문했을 때 선상(Vettor Pisani호)에서 이루어진 대화 기록.

설명 — 배에서 대포 세 발이 발사될 것입니다. 이것은 지체 높은 손님에게 표하는 우리나라의 관례적인 예절입니다. -- 그러니 부디 놀라지 마십시오.

답변 — 과분합니다. 그런 수고를 하실 필요 없습니다.

설명. 그것은 배의 관습입니다.

답변. 본인은 그런 관습에 대해 지금까지 모르고 있었습니다.

질문. 귀하의 성함은 어떻게 되십니까? 정부 관직은 무엇입니까?

답변. 본인의 성은 이이고 이름은 기정이라고 합니다. 본인의 관직은 Expedits-Commissär(5급)이고, 영흥 부사입니다.

설명. 우리 배는 유럽에서 왔으며 이탈리아 국적입니다. 2년 전 우리나라 상선 한 척이 조선의 Tsi-chon 부근 해안에서 풍랑으로 난파한 일이 있었습니다. 그때 선원 전원이 — 한 사람만 제외하고 — 익사했습니다. 그 선원은 오로지 그 지방 관청과 주민들

---

14 [감교 주석] 이기정(李基正)

덕분에 목숨을 건졌습니다. 관청과 주민들은 그에게 음식과 의복을 주었으며, 그는 무사히 고향 이탈리아로 돌아갔습니다. 본인의 정부는 이에 대해 많은 신세를 졌음을 통감했습니다. 그래서 본인에게 조선으로 가서 그곳 지방 당국과 주민들에게 사의를 표하라는 명령을 내렸습니다.

답변. 어떤 국가의 국민이든지 간에 — 헤엄을 쳐서든 또는 시신으로든 — 우리 해안에 표류되어 온다면, 우리는 언제든지 그를 받아주고 보호합니다. 이것은 우리나라의 관습이며, 이에 대해 알리는 글월은 차고 넘칩니다. 그런데 본인에게는 Tsichon에 대한 사법권이 없음을 상기시키고 싶습니다. 귀하는 무슨 연유로 이곳에 오셨습니까.

설명. 우리 배는 이미 Tsi-chon에 갔다 오는 길입니다. 하지만 그곳에는 닻을 내릴 장소가 마땅치 않아서 이곳으로 오게 되었습니다.

부사의 질문. 귀하의 배는 몇 년 몇 월에 이탈리아를 떠났습니까? 귀하의 배가 마지막으로 기항한 항구는 어느 항구였습니까?

답변. 우리는 지난해 5월(1879년 6월) 이탈리아를 떠나 일본으로 향했습니다. 우리 배는 일본에 주둔하라는 명령을 받았습니다. 그러다 최근에 우리는 이탈리아 정부로부터 조선에 가서 사의를 표하라는 임무를 부여받았습니다.

부사의 질문. 귀하의 존함은 어떻게 되십니까? 귀하는 귀하의 나라에서 어떤 직책에 있습니까?

답변. 본인의 이름은 칸디아니라고 합니다. 코르벳함의 함장이며 집안 대대로 백작 신분을 가지고 있습니다.

부사의 질문. 본인은 이곳에 있는 장교들의 이름과 그 계급도 알기를 희망합니다.

답변. 이곳에 있는 장교들은 모두 12명입니다. Millelire Spence, Bianca, Lamberti, Teng-i-en, 이들은 고급 장교들이고 나머지는 하급 장교들입니다.

설명. 본인은 본인의 정부로부터 부여받은 임무를 좇아 사의를 표하는 급보를 준비했습니다. 부디 이 급보를 받으시고 열람하신 후, 그 내용을 조선 수도의 고위 관청에 전달해 주시기를 부사님께 간청 드립니다.

답변. 우리 조선에서는 지방관청들이 — 지방관청이 어느 관위에 있든지 간에 — 사안을 직접 중앙정부에 전달하는 것은 관례가 아닙니다. 먼저 청원서 형식으로 사안을 조선 수도의 수문관에게 보고해야 합니다. 그러면 수문관들이 그 청원서를 어떻게 할 것인지 결정합니다.[15]

---

15 [감교 주석] 조선의 지방 관청에서는 외국인들과의 접촉 등의 내용을 상급기관인 관찰사를 통해서 서울로

설명. 이번 일에서 본인은 본인의 급보 내용을 수도의 관할 수문관들에게 보고하도록 부사님께 맡기겠습니다. 그러면 수문관들이 고위 당국에 보고할 것입니다.

답변. 본인은 모든 사건을 수도의 수문관들에게 보고해야 합니다. 본인에게는 직접 일을 처리할 수 있는 권한이 없기 때문입니다. — 외국 선박들이 이곳에 정박하는 경우, 본인은 외국 선박이 왜 이곳에 오게 되었는지 그 이유를 물어야 합니다. 그리고 그 문의 결과를 항상 수도의 수문관에게 보고해야 합니다. 이것은 본인의 의무입니다. — 본인은 지금 기록되는 대화를 본인의 보고서에도 수록해야 합니다.

설명. 그런 제도는 매우 훌륭하며 또한 본인의 계획을 실행 가능하게 해줍니다. 귀하가 본인이 준비한 급보를 수령하여 고위 당국에 보고할 것이기 때문입니다. 이 급보에는 우리가 이곳에 오게 된 이유가 설명되어 있습니다.

답변. 우리 조선의 국법에 의하면, 국왕의 특별한 재가 없이는 수도의 중앙관청이 감히 타국의 서한을 수령할 수 없게 되어 있습니다. 그러니 지방관청은 더더욱 말할 것도 없습니다.

설명. 우리 배는 본인의 정부에서 부여한 임무를 수행하기 위해 이곳에 왔습니다. 부사님께서 이 급보를 수령하시지 않는다면 본인은 맡은 바 임무를 수행할 수 없습니다. 더욱이 이 급보는 다른 사람 아닌 바로 부사님에게 보내는 것입니다.

질문. 왜 하필이면 이 급보를 본인에게 주려고 하십니까? 본인은 그 이유를 이해할 수 없습니다.

설명. 귀하께서는 우리 배에 제일 가까운 지방의 관리이시기 때문입니다. 또한 우리가 어떤 선의에서 이곳에 왔는지 귀하의 정부에게 알리는 것이 우리에게 결정적으로 중요하기 때문이기도 합니다.

답변. 우리는 더 이상 그에 대해 말을 나누고 싶지 않습니다. 본인이 귀하의 급보를 수령하려면 먼저 조선 정부의 명시적인 승인을 받아야 합니다. 본인이 귀하의 일을 고위 당국에 보고는 것은 우리나라의 관례입니다. 본인은 우선 일차로 수도 수문관의 훈령을 기다려야 하고, 그런 후에는 그 훈령에 따라 행동해야 합니다. 본인에게 그 밖의 다른 길은 없습니다.

설명. 급보의 수령 여부는 전적으로 귀하에게 달려 있습니다. 그러나 본인은 귀하께

보고하도록 되어 있음. 즉 관찰사가 해당 문건을 서울로 보낼 것인지의 여부를 판단해서 조정에 보고함. 본문에서 지칭하고 있는 서울의 '수문관'은 조선시대 외교사절단이 출입하였던 숭례문의 관리를 지칭하는 것으로 보임. 다만 숭례문의 관리가 서양인이 보낸 서신의 조정 접수 여부를 통제하였다는 점에 대해서는 확인이 요구되는 바임.

부디 급보를 열람해주시길 부탁드립니다. 그러면 귀하께서는 우리가 이곳에 오게 된 의도를 아시게 될 것입니다. 그런 다음 귀하께서 그에 대해 수도(?)의 수문관에게 보고한다면, 본인의 사명은 일차로 완수될 것입니다. 급보에는 매우 많은 것이 담겨 있습니다. 귀하께서 급보의 사본을 원하신다면, 본인이 사본을 제공할 수 있습니다. 어떻습니까?

부사의 반응. 어느 날에 이 배는 귀로에 오릅니까?

답변. 이 사안이 종결되는 즉시 본인은 배를 타고 이곳을 떠나게 될 것입니다.

설명. 여기 이 급보의 사본과 관련해 말씀드리면, 굳이 다시 사본을 만들 필요는 없습니다. --- 본인이 날인된 부분, 다시 말해 급보의 윗부분과 끝부분을 잘라내고 지금 이대로 급보를 귀하께 드리겠습니다. — 그리고 우리 배가 이곳에 오게 된 이유를 수도(?)의 수문관들에게 보고해주실 것을 부탁드립니다. 본인은 2개월 후 부사님의 보고에 대한 답신을 가지러 다시 오겠습니다.

부사의 질문. 이 배에는 몇 명의 장교와 사병이 타고 있습니까?

답변. 2백 명 이상의 사병이 타고 있습니다.

설명. 우리는 선의의 이유에서 이곳에 왔습니다. 지금 러시아와 청국이 긴장관계에 있습니다. 그러므로 머지않아 이 두 대국 사이에서 예상되는 전쟁이 발발하게 된다면 조선으로서는 많은 것들을 우려하지 않을 수 없습니다. 그런데 귀하의 나라가 그 어떤 외국 열강과도 외교관계를 맺으려 하지 않기 때문에 그만큼 더 심각한 분규에 휘말릴 수 있습니다.

답변. 우리가 도대체 무엇을 우려해야 한다는 말씀입니까?

설명. 러시아의 해안은 겨울에 얼어붙습니다. 그러니 러시아로서는 군대가 상륙해서 식량을 반입할 수 있는 조선의 항구를 하나 점유해야 합니다. 그런 후 그 조선의 항구에서 청국을 상대로 군사작전을 수행할 것입니다. — 이런 이유에서 조선에 위험이 다가오고 있습니다.

답변. 본인은 급보 및 지금 기록되는 대화에 대해 수도의 수문관들에게 보고할 것입니다.

설명. 매우 좋습니다. — 이탈리아는 모든 열강과 평화를 유지하길 희망합니다. 마찬가지로 조선과도 우호관계를 맺기를 희망하고 있습니다. 본인이 귀하에게 드리는 이 급보에서 가장 주목해야 할 점은 조선에 인접한 두 강대국 사이의 분규가 조만간 조선의 국경에서 발생할 수 있다는 것입니다. 본인은 귀하께서 조선 수도의 수문관들에게 보내는 보고에서 이러한 상황을 특히 강조하시기를 부탁드립니다. 또한 그렇기 때문에 귀국이 이탈리아와 조약협상을 요망하는 경우에는 귀국에게 이로울 것이라는 점도 수문관들에게 설명해주시기 당부 드립니다.

부사는 말한다. 물론 본인은 귀하께서 이곳에 오신 훌륭한 의도를 본인의 상관에게 반드시 보고할 것입니다. — 시간이 늦었습니다. 본인이 뭍으로 돌아가는 걸 부디 양해해 주십시오.

설명. 부사님은 직책이 높고 또 연세도 많으십니다. -- 귀하께서는 우리 배까지 먼 길을 오셨습니다. 본인은 그에 대해 귀하께 무한히 감사드립니다.

답변. 본인은 다만 정보를 수집하려고 왔을 뿐입니다. — 이것은 본인의 의무입니다. 귀하께서는 그에 대해 본인에게 감사할 필요가 없습니다.

답변. 본인은 귀하께 드리려고 우리나라의 포도주 몇 병과 여러 가지 음식을 준비했습니다. 부디 이것들을 받아주시기 바랍니다.

답변. 대단히 감사합니다. 그러나 본인은 그 어느 것도 받아서는 안 됩니다. 국법이 그것을 허용하지 않습니다. 죄송하지만 본인은 귀하의 선물을 사양합니다.

설명. 포도주와 음식은 그저 약소한 것입니다. 그것을 받았다고 해서 걱정하실 필요는 없습니다. 필요한 경우 귀하께서 그것을 다른 사람들에게 선사할 수도 있습니다.

부사는 말한다. 본인은 귀하의 배에서 본인에게 베풀어주신 환대에 대해 심심한 사의를 표합니다. -- 거듭 진심으로 감사드립니다. 더 머무르고 싶지만, 이제 본인은 그만 돌아가야겠습니다.

답변. 어서 보트에 오르십시오.

6년[16] 7월 9일(1880년 8월 14일)

번역 책임

하스

16 [감교 주석] 광서 6년

23

원문 p.683

[이동인과 대조선 수교 교섭에 관한 건]

발신(생산)일	1881. 2. 1	수신(접수)일	1881. 3. 21
발신(생산)자	아이젠데헤르	수신(접수)자	
발신지 정보	도쿄 주재 독일 공사관	수신지 정보	베를린 외무부
	No. 7		A. 1546

A. 1546 1881년 3월 21일 수신

도쿄, 1881년 2월 1일

No. 7

베를린, 독일제국 외무부 귀중

본인은 일본 신문 "오사카신보"[1]의 조선발 기사 영어 번역문을 삼가 외무부에 부록으로 제출하게 되어 영광입니다.

이 기사에서 언급되는 조선인 이동인은 아사노[2]라는 이름으로 상당히 오랜 기간 일본에 체류했던 바로 그 인물입니다. 본인도 이미 예전에, 특히 작년 12월 4일의 No. 138 보고에서 그에 대해 보고한 바 있습니다. 그 조선인이 이번 달 아니면 다음 달에 도쿄로 돌아올 것이라고 예상됩니다. 그러면 본인은 조선 정부가 혹시 독일과 수교를 맺을 의향이 있는지 그에게서 자세한 소식을 듣게 되길 기대하고 있습니다.

작년 10월 28일 자 발령 A. 3의 지시를 좇아, 본인은 우선 이곳 일본 주재 오스트리아-헝가리제국 동료와 함께 조선과의 조약관계 개척을 위한 우리 양측 정부의 만일의 조치에 대해 상세히 숙고해보았습니다. 그 과정에서 우리 두 사람은 조선 측의 호의적인 반응을 현재로서는 아직 확실히 기대할 수 없다는 확신에 이르렀습니다. 따라서 우리 두 사람은 아사노-이동인이 돌아올 때까지는 논의되는 조처를 추천할 수 없을 것입니다. 아사노-이동인의 의견이 서울 정부가 수교를 맺으려는 의향이 있음을 의심의 여지

1 [감교 주석] 오사카신보(大阪新報)

2 [감교 주석] 이동인은 일본에서 본인을 아사노 도진(淺野東仁·朝野東仁)으로 명명하였음. 이동인은 외국인들에게 조선이 문명화가 되지 않았다면서, 본인을 조선의 야만인이라는 의미에서 아사노(朝野)로 스스로 부르기도 하였음.

없이 입증한다면, 본인은 상황에 따라 전보나 또는 서한으로 삼가 외무부에 보고할 것입니다. 이런 경우에는 호퍼도 같은 의미에서 곧 빈에 보고할 것입니다.

최근 페테르부르크에서 일본 정부에 보낸 전보에 의하면, 러시아와 청국 사이의 평화가 유지될 것이 상당히 확실하게 예측됩니다.[3] 그 후로 이곳에서 러시아의 조선 합병 계획에 대한 우려가 다시 대두되고 있습니다. 그런 소문이 점점 더 널리 유포되고 그에 대한 믿음이 더욱 증가할수록, 조선인들은 그만큼 서둘러 몇몇 외국에 대한 문호 개방을 결정하게 될 것입니다.

이곳 일본 외무대신은 만일 독일이 조선에서 외교적인 조치를 취한다면 최선을 다해 지원할 것이라고 거듭 언명하고 있습니다. 본인은 일본 외무대신의 진정성을 의심하지 않습니다.

아이젠데헤르

No. 7의 첨부문서

첨부문서의 내용(원문)은 독일어본 684~686쪽에 수록.

3 [감교 주석] 청국과 러시아의 분쟁은 쿨자(固勒札; Kulja, 오늘날 중국 신강지역의 이리(伊犁; Ili) 지역에 해당)에서 발생한 청국과 러시아의 국경분쟁을 의미함. 1879년 청국과 러시아 사이에 리바디아 조약을 체결하지만, 청국이 이 조약의 비준을 거부함으로써 러청 사이의 갈등이 고조됨. 1881년 2월 24일 청국과 러시아는 이리조약(伊犁條約)을 체결함으로써, 국경 분쟁을 타결함. 이 문서가 작성될 1881년 2월 1일은 청국과 러시아가 쿨자 분쟁 관련 문제를 타결하기 위한 협상 기간이었음.

24

원문 p.687

[조선 문호개방 계획에 관한 리훙장의 발언]

발신(생산)일	1881. 1. 26	수신(접수)일	1881. 3. 21
발신(생산)자	브란트	수신(접수)자	
발신지 정보	베이징 주재 독일 공사관	수신지 정보	베를린 외무부
	No. 7		A. 1550

A. 1550 1881년 3월 21일 수신

베이징, 1881년 1월 26일

No. 7

기밀

베를린, 외무부 귀중

리훙장[1] 총독이 본인에게 비밀리에 알려준 정보에 의하면, 조선 정부는 머지않아 국제교류를 위해 몇몇 항구를 개항할 생각을 하고 있다고 합니다. 본인은 이 소식을 삼가 외무부에 보고하게 되어 영광입니다.

브란트

1 [감교 주석] 리훙장(李鴻章)

25

원문 p.688

조선 항구의 예상되는 개항에 관하여

발신(생산)일	1881. 2. 28	수신(접수)일	1881. 4. 25
발신(생산)자	브란트	수신(접수)자	
발신지 정보	베이징 주재 독일 공사관	수신지 정보	베를린 외무부
	No. 14		A. 2663

A. 2663 1881년 4월 25일 수신

베이징, 1881년 2월 28일

No. 14

베를린, 외무부 귀중

금년 1월 26일 자 본인의 보고 A. No. 7과 관련해, 본인은 조선 사절[1]이 톈진에 도착했음을 삼가 알리게 되어 영광입니다. 조선 사절의 방문 목적은 조선의 몇몇 항구를 외국인들에게 개항하는 최선의 방법을 리훙장 총독과 협의하기 위한 것입니다. 알려진 바에 의하면, 조선 정부는 먼저 자신들 스스로 조건을 제시하는 방식을 취할 것이라고 합니다. 이 조건하에서, 지금까지는 오로지 일본과의 통상을 위해서만 개방했던 항구들을 다른 국가들과의 교역을 위해서도 개방한다는 것입니다. 그리고 다른 국가들과의 정식 조약 체결은 훗날로 미룰 예정이라고 합니다.

아울러 국내 방위력 증강의 방면에서도 조선에서 모종의 활발한 움직임이 포착되고 있습니다. 청국 당국으로부터 전권을 위임받은 톈진 정부의 관리들이 크루프사의 소구경포 몇 대를 구입했습니다. 몇몇 조선 장교들이 톈진의 무기고에서 낯선 총포의 취급법과 사용법을 익히고 있습니다. 그런데 군사사절을 조선에 파견하겠다는 청국의 제의는 거부되었습니다. 또한 조선인들은 구입한 총포를 청국 측에서 조선 국경까지만 운반할 것을 고집했습니다. 국경에서부터는 조선 정부가 총포를 인계받아 운송하겠다는 것이었습니다.

본인은 조선과 교역관계를 맺으려는 여러 시도들이 지난 해 성과를 거두지 못했다고

---

1 [감교 주석] 이용숙(李容肅)

삼가 알렸습니다. 그와 관련해 프랑스 포함 Lynx호 사령관, 프리깃함 함장 Fournier도 예부에 보내는 Bource의 서한을 지참하고 부산항을 방문했음을 삼가 보고합니다. 그 서한에서 Bource는 프랑스 선교사 두 명을 관대히 대해주고 결국 석방해준 것에 대해 사의를 표명했습니다. 조선 관청은 이 서한의 수령도 거부했습니다. 그리고 본인의 프랑스 동료가 본인에게 비밀리에 알려준 바에 따르면, 그 기회에 Fournier는 일본 정부가 조선과 교역관계를 맺으려는 다른 열강의 노력을 지원하지 말라고 지시했다는 것을 부산 주재 일본 영사로부터 직접 들었다고 합니다. 그뿐만 아니라 일본 정부는 심지어 그런 노력을 극히 단호하게 저지하라는 명령을 내렸다는 것입니다.

브란트

내용: 조선 항구의 예상되는 개항에 관하여

베를린, 1881년 4월 29일

A. 2669

주재 외교관 귀중

1. 페테르부르크 No.
2. 빈 No. 174
3. 로마 No.
4. 파리 No.
5. 런던 No.
6. 콘스탄티노플 No.

기밀

조선의 문호개방과 관련해 베이징 주재 독일제국 공사의 이번 달 2월 28일 자 보고서 사본을 비밀리에 참조하도록 삼가 동봉하여 전달합니다.

독일제국 수상을 대리하여

N. d. G. Gf. L. K.

26

원문 p.691

조선 강제 합병에 대한 소문

발신(생산)일	1881. 4. 5	수신(접수)일	1881. 5. 15
발신(생산)자	포케	수신(접수)자	
발신지 정보	상해 주재 독일 영사관	수신지 정보	베를린 독일 외무부
	No. 46		A. 3129

A. 3129 1881년 5월 15일 수신

상하이, 1881년 4월 5일

No. 46

해군성의 5월 22일 자 통지문

작년 늦여름부터 일본에 집결한 러시아 함대가 계속 일본에 주둔하고 있습니다. 이러한 사실은 일본 신문과 영국계 청국 신문에 온갖 추측에 대한 새로운 소재를 끊임없이 제공하고 있습니다. 특히 신문들은 러시아가 조선이나 조선 라자레프[1] 항구를 강제합병하려는 의도가 분명하다고 단언합니다. 그 때문에 러시아 함대가 일본에 머문다는 것입니다.

러시아 순양함 "Asia"를 타고 홍콩과 싱가포르를 향해 순항 중인 해군소장 Aslanbegoff가 그제 이곳에 도착했습니다. 위의 신문기사들에 대해 언급하는 기회를 이용해, 본인은 해군소장 Aslanbegoff는 러시아 정부의 추측되는 계획들에 대해 전혀 알지 못하는 듯 보인다고 삼가 덧붙입니다. 오히려 해군소장 Aslanbegoff는 대화를 나누는 중, 새로운 청러조약[2]이 상호 비준되는 즉시 부제독 Lessovsky와 해군소장 Stackelberg 남작 휘하의 함대가 이삼 개월 안으로 러시아로 돌아갈 것이라고 언명했습니다. 오로지 해군소장 Aslanbegoff 자신만이 정치적 주둔지에 상시 배속되는 배들을 거느리고 이 해역에 잔류

1 [감교 주석] 라자레프(Lazareff), 함경남도의 영흥만을 지칭.

2 [감교 주석] 청국과 러시아의 분쟁은 쿨자(固勒札; Kulja, 오늘날 중국 신강지역의 이리(伊犁; Ili) 지역에 해당)에서 발생한 청국과 러시아의 국경분쟁을 의미함. 1879년 청국과 러시아 사이에 리바디아 조약을 체결하지만, 청국이 이 조약의 비준을 거부함으로써 러청 사이의 갈등이 고조됨. 1881년 2월 24일 청국과 러시아는 이리조약(伊犁條約)을 체결함으로써, 국경 분쟁을 타결함.

할 것이라고 말했습니다. Lessovsky 부제독은 지난 가을의 다리 골절로 인해 겨울 내내 나가사키에서 지냈습니다. 현재 골절 부위가 회복되고 있으며, 소환명령이 하달될 때까지는 완치될 것이라고 합니다.

포케

상하이, 1881년 4월 5일

No. 46 조선 강제 합병에 대한 소문

27

원문 p.692

[러시아 군함 동향 전달에 대한 사의]

발신(생산)일	1881. 5. 29	수신(접수)일	1881. 5. 30
발신(생산)자	하쉬	수신(접수)자	비스마르크
발신지 정보		수신지 정보	베를린 정부
	No. 46		A. 3487

A. 3487 1881년 5월 30일 수신

베를린, 1881년 5월 29일

A. 3018 Ⅲ

독일제국 수상 비스마르크 각하 귀하(외무부)

본인은 상하이 주재 총영사가 러시아 군함의 동아시아 주둔지 체류와 관련해 1881년 5월 22일 자 서한에 동봉한 보고 — A. 3129 I. N. 1591 — 내용을 숙지한 후 심심한 감사와 함께 삼가 각하께 반송합니다.

하쉬

28

원문 p.693

미국의 동아시아 정책

발신(생산)일	1881. 4. 26	수신(접수)일	1881. [*sic*.]. 24
발신(생산)자	브란트	수신(접수)자	비스마르크
발신지 정보	베이징 주재 독일 공사관	수신지 정보	베를린 정부
	No. 30		A. 3975

A. 3975 1881년 24일[1] 수신, 첨부문서 1부

베이징, 1881년 4월 26일

A. No. 30

베를린, 독일제국 수상 비스마르크 각하 귀하

본인은 1880년 12월 4일의 A. No. 136 및 금년 3월 23일의 A. No. 109 보고를 통해 청국에서의 미국 정책에 대해 삼가 보고드렸습니다. 그 보고와 관련해, 미국 신문에 발표된 슈펠트[2] 제독의 조선 파견에 대한 보고 일부를 발췌해 삼가 부록으로 동봉하게 되어 영광입니다. 앞선 보고들에서 본인은 미국의 동아시아 정책을 다른 조약 열강들에 대해 적대적인 방향으로 유도하는 경향이 미국의 여러 분야에서 갈수록 더 강력하게 대두하고 있다는 견해를 말씀드린 바 있습니다. 유감스럽게도 슈펠트 제독의 보고들은 본인의 그런 견해를 입증합니다.

브란트

내용: 미국의 동아시아 정책, 첨부문서 1부

1880년 4월 26일의 A. No. 30의 첨부문서

첨부문서의 내용(원문)은 독일어본 693~694쪽에 수록.

---

1 [감교 주석] 본문에 '월' 표기가 누락되어 있음. 서신의 전달 소요시간을 고려한다면 5월 혹은 6월호 추정됨.

2 [감교 주석] 슈펠트(R. W. Shufeldt)

29

원문 p.695

조선

발신(생산)일	1881. 5. 4	수신(접수)일	1881. 6. 24
발신(생산)자	아이젠데헤르	수신(접수)자	비스마르크
발신지 정보	도쿄 주재 독일 공사관	수신지 정보	베를린 정부
	No. 106		A. 3978

A. 3978 1881년 6월 24일 수신

도쿄, 1881년 5월 4일

A. 16

No. 106

독일제국 수상 비스마르크 각하 귀하

조선 주재 일본 공사[1]의 보고에 의하면, 조선에서는 국가의 문호개방 및 외국과의 통상을 옹호하는 이른바 개화파와 과거의 쇄국정책을 고수하고자 하는 수구파 사이에서 심각한 갈등이 발생했습니다. 조선 국왕이 직접 개화운동의 선두로 나선 듯 보입니다. 반면에 국왕의 숙부[2]는 배외파를 이끌고 있습니다.

하나부사가 상황을 제대로 판단했다면, 현재는 수구파의 세력이 더 막강합니다. 그들은 흰색의 독특한 의복을 입고 다닙니다. 그리고 자신들이 추구하는 이상을 위해 목숨을 바칠 각오가 되어 있다는 걸 알리기 위해 도포에 도끼 표지를 달고 있습니다.

조선 국왕은 자신의 견해를 강력히 주장했으며 반대파의 수장들을 단호하고 강경한 어조로 물리쳤다고 합니다.[3] 그런데도 국왕은 아직까지 근대적인 개혁의 적대자들을 회유하는 데 성공하지 못했습니다. 오히려 개혁의 적대자들은 권력과 세력을 획득했으며,

---

1 [감교 주석] 하나부사 요시모토(花房義質)

2 [감교 주석] 독일외교관들은 고종이 즉위 당시 익종(翼宗)의 양자로 들어간 사실을 고려해서 흥선대원군과 고종의 관계를 숙부로 표현하였음. 독일외무부에서 1882년 10월 25일에 수신한 A. 6536(2권에 수록)에서 흥선대원군을 고종의 숙부로 표현한 내용이 서술되어 있음.

3 [감교 주석] 김홍집이 『조선책략』을 조정에 보고한 이후, 조선 내부에서는 미국을 비롯한 서구 열강과의 조약 체결을 반대하는 여론이 대두되었음. 영남만인소는 대표적 사례임. 고종은 위정척사 세력의 개방 반대 상소에 대해서 강경하게 대응하였음.

영의정 아들의 급사[4]를 통해 개화파의 주요 거점을 빼앗았습니다. 그런데 영의정의 아들은 독살되었다는 소문이 돌고 있습니다.

아사노[5]라는 이름으로 일본에 오랫동안 거주한 조선인은 외국인들과 교류한 거의 유일한 조선인이었습니다. 그는 다른 국가들과의 통상관계 수립을 부단히 옹호했습니다. 그런데 그 조선인도 흔적 없이 사라졌습니다. 어떤 이들은 그가 살해되었다고 말하고, 또 어떤 이들은 그가 다만 피신했을 뿐이라고 믿습니다.

일본 정부는 오십여 명으로 구성된 새 조선사절단[6]이 수일 내로 이곳에 도착하리라고 예상하고 있습니다. 조선 국왕이 보수파의 반대를 무릅쓰고 일본에 파견한 사절단입니다. 사절단의 목적은 일본에서 다른 나라들과 다른 민족들에 대한 정보를 수집하는 것입니다. 사절단 중 11명이 조선 국왕의 친척들이라고 합니다.

일본 대표는 조선의 수도에서 밤낮으로 감시받고 있습니다. 외국인들이 일본에서 최초로 조약을 체결할 때와 흡사하게, 조선인들은 안전을 보장할 수 없다는 구실하에 하나부사를 서울에서 쫓아내려고 하는 듯 보입니다. 그러나 하나부사는 절대 자리를 고수하라는 명령을 받았습니다.

조선의 개화파와 수구파 사이에서 심각한 충돌이 벌어질 가능성이 없지 않습니다. 그럴 경우에 이곳 일본 정부는 공사를 보호하기 위해 조선의 수도에서 가까운 항구로 군함을 파견할 것입니다.

아이젠데헤르

내용: 조선

4 [감교 주석] 이최응의 아들인 이재긍(李載兢)을 지칭함.

5 [감교 주석] 이동인(李東仁)

6 [감교 주석] 조사시찰단

베를린, 1881년 6월 25일

A. 3975

주재 외교관 귀중

1. 페테르부르크 No. 263

5. 런던 No. 216

본인은 신문에 발표된 슈펠트 제독의 조선 파견에 대한 보고를 참조하시도록 삼가 동봉하여 전달함을 영광으로 여깁니다.

베를린, 1881년 6월 25일 A. 3978

주재 외교관 귀중
1. 페테르부르크 No. 262
2. 빈 No. 271
3. 로마 No. 172
4. 파리 No. 202
5. 런던 No. 215

본인은 지난달 4일 자 도쿄 주재 독일제국 공사의 조선에 관한 보고를 비밀리에 참조하시도록 삼가 동봉하여 전달함을 영광으로 여깁니다.

베를린, 1881년 6월 25일 A. 3978

함부르크
왕국 공사
벤첼 귀하
No. 5.

본인은 공사께서 1870년 1월 23일 자 본인의 발령(No. 3)을 수행하는 과정에서, 도쿄 주재 독일제국 공사의 조선에 관한 보고서 사본을 참조하시도록 삼가 동봉하여 전달함을 영광으로 여깁니다.

30
조선

원문 p.700

발신(생산)일	1881. 6. 24	수신(접수)일	1881. 8. 16
발신(생산)자	아이젠데헤르	수신(접수)자	비스마르크
발신지 정보	도쿄 주재 독일 공사관	수신지 정보	베를린 정부
	No. 20		A. 4937
메모	8월 17일 런던, 페테르부르크, 워싱턴 전달 (문서 일본 1의 초안)		

A. 4937 1881년 8월 16일 수신

도쿄, 1881년 6월 24일

No. 20

베를린, 독일제국 수상 비스마르크 각하 귀하

본인은 금년 2월 4일 자 조선과의 관계 수립에 관한 발령 A. 1을 받는 영광을 당시 누렸습니다.

슈펠트 제독[1]의 원정 실패가 미국 정부에게 조선과의 무역관계 개척을 위한 목표를 포기하도록 영향을 미친 것 같지는 같습니다. 오히려 슈펠트 제독은 그 암시된 목적을 달성하기 위해 최근 베이징으로 파견된 것이 분명합니다. 그는 형식상 해군 전문 외교관 자격으로 베이징 주재 미국 공사관에 배속되었습니다. 따라서 일본 정부의 지원이 효과 없는 것으로 입증된 후, 워싱턴의 내각이 이번에는 청국의 중재에 힘입어 목적을 달성하려는 시도를 할 것이라고 당연히 추정됩니다. 이러한 노력이 과연 예상되는 성과를 거둘지 본인은 현재로서는 감히 확실한 판단을 내리고 싶지 않습니다. 그러는 동안 조서 국내의 상황이 변했습니다. 본인이 지난달 4일 삼가 올린 보고에서 언급한 바 있는, 배외파와 그 반대자들 사이의 갈등이 수그러든 듯 보입니다.

본인은 위에서 언급한 지난달 4일 자 보고에서 조선사절단[2]의 일본 파견이 임박했다고 거론한 바 있습니다. 몇 주 전 그 사절단이 이곳 도쿄에 도착했습니다. 조선 사절단원

1 [감교 주석] 슈펠트(R. W. Shufeldt)

2 [감교 주석] 조사시찰단

들은 일본의 국가 조직과 발전을 상세히 연구하고 있습니다. 그들은 자신들이 눈으로 보는 것을 높이 평가하고 감탄을 숨기지 않는다고 합니다. 그들은 조선의 전통의상 차림으로 자유로이 시내를 돌아다닙니다. 때로는 일본인들과 동행하기도 하고 때로는 일본인들 없이 자신들끼리만 있을 때도 있습니다. 그러나 외국인들과의 접촉은 피하고 있습니다.

이곳 일본 언론들은 조선의 문호개방 문제에 많은 관심을 보이고 있으며, 대개 조선의 문호개방 시점이 그리 멀지 않다는 견해가 지배적입니다. 우에노를 비롯한 일본의 정치가들도 이와 비슷한 견해를 표명하고 있습니다. 그러나 본인은 만일 어떤 강대국이 서울에서 조선에 접근하려는 시도를 하는 경우 일본 정치가들과 일본 정부가 과연 진심으로 도와줄 의향이 있는지 차츰 의심이 들고 있습니다. 제노바 공작과 슈펠트의 경험은 오히려 그 반대를 입증하는 듯 보입니다.

본인은 금년 2월 1일 삼가 올린 보고 A. No. 7에서 조선인 아사노 혹은 이동인에 대해 언급한 바 있습니다. 예전에 떠돌던 소문과는 달리 그 조선인이 살해된 것은 아니라는 말을 끝으로 삼가 덧붙입니다. 그러나 그는 지금까지 이곳으로 다시 돌아오지도 않았습니다.

아이젠데헤르

내용: 조선

31

원문 p.702

조선의 문호개방

발신(생산)일	1882. 3. 9	수신(접수)일	1882. 4. 25
발신(생산)자	브란트	수신(접수)자	비스마르크
발신지 정보	베이징 주재 독일 공사관	수신지 정보	베를린 정부
	No. 14		A. 2313

A. 2313 1882년 4월 25일 수신

베이징, 1882년 3월 9일

No. 14

기밀

베를린, 독일제국 수상 비스마르크 각하 귀하

어제 통역관 아렌트가 총리아문의 대신들을 방문했습니다. 그 자리에서 대신들은 청국 정부가 조선을 움직여 외국과 관계를 수립하도록 영향력을 행사할 것이라고 아렌트에게 알렸습니다. 그런데 조선 정부도 그럴 의향이 있지만 그에 대한 강력한 반발이 조선 국민들 사이에 팽배해 있다는 것입니다.

최근 주로 리훙장이 주장하는 조선의 문호개방 정책에 대신들이 공개적으로 찬동한 것은 이번이 처음입니다. 그러므로 이 사실의 중요성을 부인해서는 안 될 것입니다.

본인은 청국 회사의 기선 한 척이 조만간 조선을 향해 떠날 것이라는 소식을 톈진으로부터 받았습니다. 그 기선이 어떤 목적으로 조선에 가는지는 알아낼 수 없었습니다. 그러나 아마 슈펠트 원정 계획을 위한 선발대로서의 역할을 부여받았을 수 있습니다.

톈진 자체에는 현재 약 백여 명의 조선인이 있습니다.[1] 그들은 청국 정부의 시설과 학교에서 교습을 받고 있습니다.

브란트

내용: 조선의 문호개방

---

1 [감교 주석] 영선사(領選使)

32

원문 p.703

[조미조약 체결을 위한 슈펠트의 조선 행]

발신(생산)일	1882. 4. 27	수신(접수)일	1882. 4. 27
발신(생산)자	브란트	수신(접수)자	
발신지 정보	베이징 주재 독일 공사관	수신지 정보	베를린 외무부
			A. 2348

A. 2348 1882년 4월 27일 수신

(베이징), 전보, 1882년 4월 27일 ------ 6시 30분

도착: 5. 30

베이징 주재 독일제국 공사

외무부 귀중

해독

미국 공사가 톈진에서 합의한 조약[1]에 서명하러 5월 초에 조선으로 감.

브란트

1 [감교 주석] 1882년 2월부터 4월까지 톈진에서 열린 회담에서 리훙장과 슈펠트는 조미수호통상조약 체결과 관련한 조약 초안에 합의하였음. 이 조약 초안은 속방조문이 삭제된 1조를 공란으로 비워둔 채 총 15개조로 구성되었음. 리훙장은 이 초안을 김윤식에게 통보하였음.

33
조선

원문 p.704

발신(생산)일	1882. 4. 27	수신(접수)일	1882. 6. 19
발신(생산)자	아이젠데헤르	수신(접수)자	비스마르크
발신지 정보	도쿄 주재 독일 공사관	수신지 정보	베를린 정부
	A. 27		A. 3560

A. 3560 1882년 6월 19일 수신, 첨부문서 1부

도쿄, 1882년 4월 27일

A. 27

비스마르크 각하 귀하

미국 정부는 새로이 조선에 접근을 시도하려는 계획을 세우고 있습니다. 이곳 청국 정계에서는 현재 고베에 체류 중인 미국 클리츠 사령관이 슈펠트 제독과 협력해 곧 이 계획을 실행에 옮길 것이 확실하다고 여기고 있습니다. 이러한 추측이 사실로 입증된다면, 미국이 두 번째로 실패의 위험을 무릅쓰기보다는 오히려 목적 달성을 상당히 확신하고 있다고 판단할 수 있을 것입니다.

본인이 이미 앞선 보고들에서 삼가 언급한 바와 같이, 청국 정부는 조선의 문호개방을 장려하는 듯 보입니다. 그래서 이를 위해 노력하는 슈펠트 제독을 지원했을 수 있습니다. 이에 관련해 각하께서 베이징으로부터 자세한 보고를 받으셨을 것이라고 추측됩니다. 러시아가 조선에게 취할지 모를 조처나 일본의 영향력 증대 가능성, 그리고 이런 두 경우에 베이징 정부에게 불리할 결과를 고려한다면 청국의 이러한 정책을 쉽게 이해할 수 있습니다.

조선 국내의 분위기와 관련해 이곳에서는 대체로 오로지 일본 통신에서 유래하는 신빙성 없는 소식들만 있을 뿐입니다. 그런데도 그런 소식들로 미루어 보아, 조선 국민 및 왕실과 정부에서 두 파가 서로 첨예하게 대립하고 있다는 것에는 의심의 여지가 없습니다. 한쪽은 조선의 문호개방을 지지하도록, 다른 한쪽은 반대하도록 국민들을 선동하고 있습니다. 일본인들은 어쨌든 그 어느 쪽에서도 호평받지 못하고 있습니다. 일본인들은 자신들보다 몸집과 체력이 우월한 조선인들과의 교역에서 냉혹하게 처신한다고 합니

다. 그리고 서구 열강이 일본에서 그랬던 것처럼, 자신들이 문화역사적인 사명을 수행하는 양 과시한다고 합니다. 이곳 일본 언론은 일본 상품에 부가되는 관세, 조약에 따라 개항된 항구를 벗어나는 여행과 거주 금지의 정도가 과하다고 종종 공공연히 비난하고 있습니다. 이런 것들이 일본인들의 특징을 단적으로 보여줍니다.

조선 주재 일본 변리공사 하나부사[1]는 지난겨울을 도쿄에서 보냈습니다. 그리고 최근 자신의 임지로 돌아갔습니다. 원래 하나부사는 이곳에 더 오래 머무를 예정이었었습니다. 그가 예정을 앞당겨 돌아가게 된 이유는 한편으로는 미국의 예상되는 조처와 관련 있을 것입니다. 다른 한편으로는 조선 내 일본인들의 생명을 위협하는 몇 차례 습격이 있었던 탓에 일본인 거주지의 안전 문제와도 연관 있을 것입니다. 본인이 하나부사와 은밀히 나눈 대화를 통해 추론해 보건대, 하나부사는 한반도 문호개방의 문제가 물꼬가 트였으며 이제 더 이상 그걸 막을 수 없다는 인식을 숨기지 않았습니다. 따라서 조만간 그 해결에 착수할 생각인 것 같았습니다.

영국 공사 파크스[2]가 이 문제에 상당히 깊게 골몰하는 것 같습니다. 본인에게는 파크스가 조선과의 무역관계 수립을 위한 조치를 고려할 것을 영국 정부에 건의했다고 추측할만한 이유가 있습니다.

1880년 10월 28일 자 발령 A. 3에 의거해 각하께서는 이 사안과 관련해 차후의 결정을 위한 조건을 제시하셨습니다. 즉, 다른 열강이 외국과의 통상을 위한 조선의 문호개방을 유도하는 기선을 잡아야 한다는 것이었습니다. 따라서 지금 그 조건이 조선의 문호개방이라는 목적 달성에 한 걸음 성큼 다가간 것 같습니다. 1881년 2월 4일 자 각하의 발령 A. 1에 의거하면, 과거의 상황에서는 독일이 이 사안에 직접 개입할만한 동기가 충분하지 않다고 생각되었습니다. 그런데 조선의 문호개방을 유도하려는 미국이나 다른 나라의 노력이 성공할 경우를 대비해, 독일제국 정부가 이 문제에 대해 확실한 태도를 취하는 것이 현 시점에서 바람직하지 않을까 삼가 말씀드립니다. 조선의 문호개방이 독일 무역에 가져올 실질적인 이익에 대한 본인의 견해는 앞선 보고들에서 본인이 삼가 각하께 말씀드린 견해와 대체로 일치합니다. 그러나 현재 문제되는 조약수정 협상이 예상대로 조선의 문호개방으로 이어진다면, 이 점 역시 다르게 보일 것입니다. 독일 해운이 일본과 조선의 중계무역에 상당한 규모로 참여할 수 있다고 판단되기 때문입니다. 그러나 지금 상황에서 본인은 이러한 논거에 큰 비중을 두고 싶지 않습니다. 그보다는 정치적

1 [감교 주석] 하나부사 요시모토(花房義質)
2 [감교 주석] 파크스(H. S. Parkes)

위신을 지키는 것이 더 중요하다고 생각합니다. 이러한 견지에서 본인은 독일도 조선 문제에서 확실한 역할을 담당하는 것이 우리 측의 이익에 부합한다고 여깁니다.

각하께서 이 사안에 대해 보다 긍정적으로 검토할 의향이 있으셔서 만일 조치를 취하시는 경우에는 베이징보다 이곳 도쿄가 더 낫다는 말을 삼가 덧붙입니다. 조선의 지리적 위치로 보아 이곳이 유리합니다. 우선 조선과 일본 사이에는 정기적으로 기선이 오가고 있습니다. 뿐만 아니라 영어를 능숙하게 구사하고 본인과 친밀한 우호관계를 맺고 있는 일본 변리공사 하나부사가 은밀하고 좀 더 사적인 예비협상에서 적절한 중재인 역할을 할 수 있을 것입니다. 일본은 다른 국가들과의 무역을 위한 조선의 문호개방에 지금까지 비호의적인 태도를 보였습니다. 그러나 본인은 일본이 이런 태도를 포기하고 어떤 방면으로든 진지한 외교적 조치를 취할 것이라고 믿어 의심치 않습니다.

본인은 미국이 계획하는 조처의 경과에 대해 앞으로 계속 각하께 보고드리겠다고 정중히 덧붙입니다. 그 조치가 최종적으로 성공하는 경우에는 전신으로 보고하겠습니다. 그리고 최근 수개월 동안 일본 신문들에서 수집한 단신 몇 편을 삼가 동봉하는 바입니다.

아이젠데헤르

내용: 조선, 첨부문서 1부

A. 27의 첨부문서

일본 신문들에서 발췌한 조선 관련 단신들

1. 경찰 조사에 의하면, 부산에 거주하는 일본인들의 수는 지난 2월 1,852명(남자 1,082명, 여자 770명)에 이르렀다. 부산에서 일본인들이 살고 있는 가옥 수는 418채에 달한다. 그 외에 빈집 95채가 있다.

부산에서 수출되는 쌀은 1880년 92,755섬에 이르렀다. 가격으로 치면 72,996엔이었다. 그런데 1881년에는 불과 380,040엔에 해당하는 44,895섬만이 수출되었다.

2. 원산에서 1881년 770,444엔 가치의 상품을 일본으로부터 수입했다. 그중 90%가 면제품이었다. 수출량은 728,438엔이었고, 그중 80%가 사금과 가죽제품, 20%가 인삼과

해조류 등등이었다. 일 년 동안 일본 상가를 찾아온 조선인은 23,681명이었다. 그곳의 기후는 건강에 좋지 못하고 습도가 높다. 일본인들 대다수가 말라리아에 시달린다. 거리는 매우 불결하다. 날씨가 좋을 때도 마찬가지다.

3. 서울 정부가 실시한 인구조사에 의하면 조선 전국의 인구는 1881년 16,227,885명에 이르렀다. 그들은 3,480,911채의 가옥에 살고 있다.

4. 조선 정부는 일본 대표에게 기병도로 건설을 위해 기병장교 한 명을 제공해줄 것을 요청했다. 그와 동시에 도쿄 무기고에 상당량의 소총 공급을 의뢰했다.

5. 일본 우편선 선장 Tsuruga Maru가 4월 20일 나가사키에 도착했다. 그는 원산 주재 상회 대표 Oboutchi가 원산 교외를 산책하는 도중 그 고장 조선인에게 피습되어 중상을 입었다고 도쿄 관리국에 전신으로 보고했다. 불교 승려 한 명은 피살되었고, Okuragumi 상회 대표는 중상을 입었다.

외무부
A편

외무부 정치 문서고
조선 관계 문서

아시아

1882년 7월부터
1882년 11월까지

조선 1
2권

01

원문 p.713

[임오군란 발발 및 일본공사관 피습에 관한 건]

발신(생산)일	1882. 7. 31	수신(접수)일	1882. 7. 31
발신(생산)자	아이젠데헤르	수신(접수)자	
발신지 정보	도쿄 주재 독일 공사관	수신지 정보	베를린 외무부
			A. 4796
메모	폐하를 위한 번역 사본. 조선 주재 일본 공사관이 피습당하였다. 공사와 그의 수행원들은 보트로 피신하였고, 영국 선박을 타고 일본으로 송환되었다.		

A. 4796 1882년 7월 31일 수신

사본

전보

도쿄, 1882년 7월 31일 오전 9시 15분

조선 특명전권공사

외무부 귀중

조선 주재 일본 공사관 피습, 공사와 공관원들은 보트로 피신 후 영국 측량선[1]을 타고 일본에 도착.

아이젠데허

1 [감교 주석] 영국 측량선 Flying Fish호

02

원문 p.714

[임오군란 발발 및 일본공사관 피습에 관한 건]

발신(생산)일	1882. 7. 31	수신(접수)일	1882. 7. 31
발신(생산)자	아이젠데헤르	수신(접수)자	
발신지 정보	도쿄 주재 독일 공사관	수신지 정보	베를린 외무부
			A. 4796

A. 4796 1882년 7월 31일 수신

전보

독일제국

베를린

Nr. 78/111

접수 7월 31일 오전 4시 48분

처리 7월 31일 오전 4시 55분

도쿄발 전보 Nr. 74

조선 주재 일본 공사관 피습, 공사와 공관원들은 보트로 피신 후 영국 측량선을 타고 일본에 도착

아이젠데허

03

원문 p.715

[임오군란 발발 및 일본공사관 피습에 관한 건]

발신(생산)일	1882. 7. 31	수신(접수)일	1882. 7. 31
발신(생산)자	아이젠데헤르	수신(접수)자	
발신지 정보	도쿄 주재 독일 공사관	수신지 정보	베를린 외무부
			A. 4796

사본

A. 4796 1882년 7월 31일 수신

전보

도쿄, 1882년 7월 31일 오전 9시 15분

조선 특명전권공사

번역

조선 주재 일본 공사관이 습격당하였다. 공사와 그의 수행원들은 보트를 타고 피신하였고, 해안에서 측량 중이던 영국 선박을 타고 일본으로 귀환하였다.

아이젠데허

베를린, 1882년 7월 31일

A. 4796

(1차 보고)

황제 폐하께

폐하, 아이젠데허가 이번 달 31일에 도쿄에서 보내온 전보의 사본을 동봉하여 전달해드립니다. 이 전보에서 보고된 조선인들과 일본인들 사이의 적대행위의 돌발 원인에 대해서는 현재 이곳(베를린; 번역자)에서 오직 추측만 하고 있을 뿐입니다.

폐하의 기억 속에 남아 있을 줄로 믿습니다만, 미국인들은 다년간 노력한 결과 지난달 6월에 조선과의 통상조약을 체결하는데 성공하였습니다.[1] 제국정부는 당시까지만 하더라도 조선에 접근하려 시도하지는 않았습니다. 왜냐하면 베이징과 도쿄에서 이곳으로 보내온 보고서에 따르면 조선과의 교역에서 독일이 특별히 이득을 취할 것이 없을 것이고, 따라서 그 문제(외국과의 통상조약을 통해 이득을 취하는 일; 번역자)에 대해 독일제국보다 더 큰 관심을 가진 나라들이 조선의 개발권을 맡도록 내버려두는 것이 바람직하게 보였기 때문입니다. 그렇지만 조선 정부가 미국과의 조약을 체결할 준비가 되어 있을 것이라는 소식이 들어온 후에 베이징 주재 제국공사는 독일과의 조약 체결에 대한 조선 정부의 의향을 조심스럽게 정탐해볼 것과 경우에 따라서는 그 목적으로 조선을 방문하라는 지시를 받았습니다.

그 후 곧 브란트[2]가 상하이에서 보내온 전보에 따르면, 그(브란트 공사; 번역자)는 6월 18일 슈토쉬[3]호와 볼프[4]호를 타고 즈푸에서 조선으로 출발하였다고 합니다. 그리고 마찬가지로 상하이에서 온 이번 달 12일 자의 두 번째 전보에 따르면 제국공사(브란트 공사; 번역자)는 이미 6월 30일에 표면상으로는 어렵지 않게 조선과의 조약 체결에 성공하였다고 합니다. 이 사실을 전하는 짧은

1 [감교 주석] 문서 원문에는 6월로 기술되어 있다. 이는 보고자의 오기로 보인다. 조미수호통상조약은 1882년 5월 22일(음력 4월 6일)에 체결되었음.

2 [감교 주석] 베이징 주재 독일제국 공사

3 [감교 주석] 슈토쉬(Stosch)

4 [감교 주석] 볼프(Wolf)

전보를 보충해줄 보고서는 아직 아시아로부터 오고 있는 중이고, 8월 말 전에는 이곳에 도착할 수 없습니다. 그렇지만 (조선 주재 일본 공사관 피습사건이 일어난 때는; 번역자) 조선 정부가 외국들과 우호적인 관계를 맺고자 하는 의향을 막 내비쳤던 직후이기에, 현재로서는 외국 사절의 목숨을 노리는 그러한 공격에 조선 정부가 아무런 관여도 하지 않았으리라 추측해볼 수 있습니다. 그보다는 오히려 일본이나 중국의 경우와 마찬가지로 완벽하게 격리된 상태를 나라의 무사안녕으로 보고 그렇게 해서(폭력을 사용해서; 번역자) 외래 침입자들을 나라에서 쫓아내버릴 수 있으리라고 희망한다면 내재해 있는 야만성에 의해 그 어떤 폭력행위도 마다하지 않을 이른바 '국수적'[5] 정파가 조선에도 존재할지도 모릅니다. 1859년 도쿄에서 일어난 영국 공사관 습격 사건은, 일본 정부가 스스로 나서서 그 범인을 추적하였던바, 이 사건은 이미 조선과 조약을 체결한 열강들에 대한 그 공격(조선 주재 일본 공사관 피습; 번역자)과 유사한 사건으로 여겨집니다. 본 돌발사건에서는 조선 정부가 그들(열강들; 번역자)에게 이제 막 승인해준 특권들을 취소하려는 그 어떤 동기도 찾을 수 없습니다.

5 [감교 주석] 위정척사

(2차 보고)

A. 4796

일본 공사관 피습에 관련하여 도쿄 주재 제국공사가 발송한
7월 31일 자 전보의 사본을 동봉하여
슈토쉬 제국 제독부 총장 국무대신께
전달해드립니다.
베를린, 1882년 7월 31일
독일제국 수상을 대리하여

첨부문서 1편

04

원문 p.719

[동아시아 함대 사령관 블랑크 제독에게 임오군란 발발 통보건]

발신(생산)일	1882. 8. 3	수신(접수)일	1882. 8. 5
발신(생산)자	기로님	수신(접수)자	하츠펠트-빌덴부르크
발신지 정보	제독부	수신지 정보	콘스탄티노플 주재 독일대사
			A. 4940

A. 4940 1882년 8월 5일 수신

베를린, 1882년 8월 3일

외무부에서 국무장관의 제반 업무를 수행할 임무를 맡은 제국대사 (콘스탄티노플 주재; 번역자) 하츠펠트-빌덴부르크 귀하

각하, 도쿄 주재 제국공사가 지난달 31일에 본인에게 발송한 전보를 검토하고 동아시아 함대 사령관 블랑크 제독에게 통지한 후에 정중한 감사와 더불어 재발송해 드립니다.

제독부 총장
대리
기로님

[첨부문서]의 내용(원문)은 독일어본 720~725쪽에 수록.

05

원문 p.726

[조선 정부의 요청에 의거해서 청국의 파병 결정]

발신(생산)일	1882. 8. 10	수신(접수)일	1882. 8. 10
발신(생산)자	브란트	수신(접수)자	
발신지 정보	베이징 주재 독일 공사관(톈진에서 발송)	수신지 정보	베를린 외무부
			A. 5065

A. 5065 1882년 8월 10일 수신

전보

톈진, 1882년 8월 10일 오후 1시 50분

도착: 5시 50분

조선 특명전권공사

해독

Nr. 4

청국 정부는 조선 정부의 희망에 따라 (조선 내의; 번역자) 반동파[1] 진압을 지원하기 위해 조선에 군함을 파견합니다.

브란트

1 [감교 주석] 임오군란 주도세력을 의미함.

베를린, 1882년 8월 13일 A. 5065

슈토쉬 각하

이번 달 10일 이곳에 도착한 톈진발 전신보고에 의하면, 조선 정부는 조선 내의 반동파를 진압하는 데 지원해줄 것을 베이징에 요청하였고, 그 결과 청국 전함이 그곳으로 (조선으로; 번역자) 파견되었습니다.

독일제국 수상 대리

06

원문 p.728

조선에서의 폭동

발신(생산)일	1882. 8. 7	수신(접수)일	1882. 9. 19
발신(생산)자	아이젠데헤르	수신(접수)자	비스마르크
발신지 정보	도쿄 주재 독일 공사관	수신지 정보	베를린 정부
	A. 51		A. 5902

A. 5902 1882년 9월 19일 수신, 첨부문서 2부

도쿄, 1882년 8월 7일

A. 51

비스마르크 각하 귀하

조선 주재 일본 공사관에 대한 습격[1]이 있었고 이로 인해 공사가 수행원들과 함께 조선을 떠날 수밖에 없었던 사건에 대해서 지난달 31일 자 전보를 통해 보고드린 바가 있습니다.

이곳(일본; 번역자)에서 최초 입수한 진상에 관한 확실한 진술은 하나부사(조선 주재 일본 공사; 번역자)[2]가 나가사키에 도착한 직후 이곳의(일본의; 번역자) 외무대신[3]에게 보낸 전보 안에 들어 있습니다. 이 전보의 사본을 각하께 전달해드립니다. 동시에 일본 정부가 외국 대표들에게 이 사건(임오군란 발발에 따른 조선 주재 일본 공사관 피습,; 번역자)에 대해 친히 통지했던 이번 달 2일 자 이노우에의 똑같은 반[4] 공식적 서한의 사본을 첨부합니다.

이 사건에 대한 소식이 이곳(일본; 번역자)에서 일대 소동을 불러일으킨 것은 이해할 만한 일입니다. 처음에는 이 습격이 조선에서 그다지 탐탁하게 여겨지지 않는다고 하는 일본인들을 상대로만 일어났던 것은 아닌지, 또는 일반적으로 외국인에게 적대적인 쇄국파의 광신적인 돌발행위였던 것은 아닌지 하는 의심이 있었습니다. 그러나 그 후에

1 [감교 주석] 임오군란

2 [감교 주석] 하나부사 요시모토(花房義質)

3 [감교 주석] 이노우에 가오루(井上馨)

4 [감교 주석] 반(半)

들어온 소식에 따르면 두 번째 가정이 맞는 것임에는 거의 의심할 여지가 없습니다. 이 소식에 따르면, 외국인에 적대적인 쇄국파의 수장이자 지금까지의 왕의 아버지(다른 해석에 따르면 숙부)인[5] 흥선대원군은 그 전에 왕비와 세자비를 독살한 바 있고, 이제 정권을 장악했다고 합니다. 대신들과 13인의 고관 중 외세 우호 정파의 지도자들(민태호와 민겸호)은 살해당하였다고 하는데, 이에 반해 왕은 무사하였습니다. 조선에 남아 있던 일본 장교 호리모토[6]와 3인도 마찬가지로 살해당하였습니다. 일본인에게 개항되어 있는 부산과 원산에서는 지금까지 평온이 유지되고 있습니다. 그러나 그 사이에 일본인 거주민들을 보호하기 위하여 군함 각 한 척씩 위에 언급한 장소로 파견되었습니다.

이 사건(조선 주재 일본 공사관 피습; 번역자)에 대한 일본 정부의 태도는 현재로서는 신중하고도 단호합니다. 이노우에의 서한에 언급되어 있는 바와 같이 (이번 달 1일 아침에) 약 650명을 태운 3척의 일본 군함이 조선으로 출동하였습니다. 이 군함들은 시모노세키에서 하나부사 공사와 그의 수행원들을 승선시킬 것입니다. 외무대신도 이번 달 2일에 우편선을 타고 시모노세키로 가서 조선에서 쫓겨 온 공사(하나부사 공사; 번역자)와 직접 만남을 가졌습니다. 휴가차 에조치[7]에 체류 중이던 오야마[8] 육군대신은 전화로 귀환 명령을 받고 벌써 이곳에 다시 돌아왔습니다. 장교들과 군 병력에 대한 휴가 허가는 중단되었고, 참모본부에서는 있을지도 모르는 전쟁 준비에 임하고 있는 모습이 완연합니다.

그럼에도 불구하고 본인은 현 정부가 무력 대응을 강경하게 주장하는 육해군의 부당한 압력에 굴복하지 않으리라는 확신을 가지고 있습니다. 이노우에 외무대신은 자신이 짊어지고 있는 책임을 충분히 인식하고 있고, 나라의 불안한 요소들을 자극하는 값비싼 전쟁 수행에 의해 빚어질 중대하고도 불리한 결과를 과소평가하지도 않으며, 특히 그렇잖아도 긴장되어 있는 청국과의 관계가 갑자기 악화됨으로써 일본이 감내해야만 할 정치적 손실도 가볍게 보고 있지 않습니다. 이 사안에 대하여 베이징 정부가 어떤 태도를 취할는지는 현재로서는 이곳에서 판단하기 어렵습니다. 소식통에 의하면 청국 전함 1척이 이미 조선으로 출동하였다고 합니다.

본인은 이노우에 외무대신에게 이 우려스러운 사건의 평화적 해결을 매우 바람직하

---

5 [감교 주석] 독일외교관들은 고종이 즉위 당시 익종(翼宗)의 양자로 들어간 사실을 고려해서 흥선대원군과 고종의 관계를 숙부로 표현하였음. 독일외무부에서 1882년 10월 25일에 수신한 A. 6536에서 흥선대원군을 고종의 숙부로 표현한 내용이 서술되어 있음.

6 [감교 주석] 호리모토 레이조(堀本禮造)

7 [감교 주석] 에조치(蝦夷地)

8 [감교 주석] 오야마 이와오(大山巖)

게 생각한다는 견해를 밝혔습니다. 그리고 이노우에 외무대신도 동일한 견해를 견지하고 있으리라 확고하게 상정하여도 좋다고 생각합니다. 그러므로 본인은 심각한 분규는 일어나지 않을 것이라는 희망을 품고 있습니다. 이러한 본인의 희망을 북돋아주는 것이 하나부사 공사가 최근에 보내온 전보에 담겨 있는 소식인데, 이 소식에 따르면 조선 정부는 부산 주재 일본 영사관에 이 사건에 대한 유감의 뜻을 표했다고 하고, 이에 더하여 (조선의; 번역자) 군대가 가담했던 반란으로 인해 조선 정부 스스로도 일본 공사관에 그 어떤 보호조치도 취하지 못하도록 저지당하였음을 덧붙였다고 합니다.

각하께서는 이미 베이징으로부터 보고받으셨을 것입니다만, 슈펠트[9] 제독에 의해 체결된 조미조약은 워싱턴에서 인준이 부결되었습니다.[10] 감히 한 말씀 덧붙입니다만, 아이츠 장군은 이 사안과 관련한 후속 행동의 합의를 위해 베이징 주재 미국 공사 러셀[11]과 연락을 취할 것과 동시에 군함 1척을 조선으로 파견할 것을 전보로 명받았습니다.

내용: 조선에서의 폭동, 첨부문서 2부

A. 51의 첨부문서 1

첨부문서의 내용(원문)은 독일어본 730쪽에 수록.

A. 51의 첨부문서 2

첨부문서의 내용(원문)은 독일어본 731~732쪽에 수록.

---

9 [감교 주석] 슈펠트(R. W. Shufeldt)

10 [감교 주석] 사실과 부합한 내용이 아님. 미국은 1883년 1월에 조선과 체결한 조약을 비준 완료하였음.

11 [감교 주석] 영(Russell Young)

A. 5902

조선에서의 폭동에 관하여 도쿄 주재 제국공사가 지난달 7일 작성한 아래의 보고서를 제국 제독부 총장 국무대신 슈토쉬 각하께 전달해드립니다.

베를린, 1882년 12월 21일
독일제국 수상을 대리하여

[첨부문서]의 내용(원문)은 독일어본 734쪽에 수록.

07

원문 p.735

조선의 폭동

발신(생산)일	1882. 8. 18	수신(접수)일	1882. 9. 29
발신(생산)자	체트비츠	수신(접수)자	비스마르크
발신지 정보	도쿄 주재 독일 공사관	수신지 정보	베를린 정부
	A. 55		A. 6058

A. 6058 1882년 9월 29일 수신, 첨부문서 2부

도쿄, 1882년 8월 18일

A. 55

비스마르크 각하 귀하

이번 달 7일 자로 공사(아이젠데허 일본 주재 제국공사; 번역자)가 작성한 보고서 A. 51의 대상이었던 조선에서의 폭동[1]에 대해서는 현재 대체적으로 일치하는 여러 개의 목격자 진술이 있습니다. 이 진술들 중에 하나부사[2] 변리공사의 수행원이었던 미즈노[3]라는 이름의 일본 육군대위의 진술이 단순하고 까다롭지 않은 어조로 보아 특히 신빙성이 있어 보입니다. 이에 본인은 영어로 번역된 이 보고서를 신문 스크랩 속에 첨부하여 각하께 보내드립니다.

얼마 안 되는 수의 공사관원이 근소한 피해만 입은 채 폭도들을 뚫고나오는 데 성공하였다는 사실은 하나부사 공사와 그의 수행원들의 신중함과 개인적 용기에 대한 명예로운 증거로 보아도 좋겠습니다만, 다른 한편으로 이러한 사실이 일본 공사관 자체를 겨냥한 이 폭동이 한정된 범위에서만 이루어졌다는 데 대한 증거라고 보아도 틀리지는 않을 것으로 생각됩니다. 왜냐하면 수적으로 보다 우세한 군중들의 습격에 대하여 27명의 일본인은 보다 우수한 무기를 갖추고 그 밖의 다른 면에서도 우월함에도 불구하고 분명 오랜 시간을 성공적으로 저항할 수는 없었을 것이기 때문입니다.

이 폭동의 본디의 원인 또한 결코 외국인 혐오가 아니었던 것 같습니다. 최근의 소식

1 [감교 주석] 임오군란

2 [감교 주석] 하나부사 요시모토(花房義質)

3 [감교 주석] 미즈노(水野)

에 의하면 이 폭동은 그보다도 오히려 (조선; 번역자) 정부가 오랫동안 군대의 급료를 지불하지 않아 군대의 불만이 폭발했던 것입니다.[4] 지속되는 가뭄과 높은 식료품 물가로 말미암아 고조된 불만을 현 왕의 아버지인 흥선대원군은 자신에게 유리하도록 정권 교체를 초래하기 위해 이용했습니다. 그 결과로 궁궐 안에서 일어난 일들의 경과에 대해서는 신문 스크랩 안에 부록 2로 첨부된 보고서가 외견상 사실에 충실한 정보를 상세하게 제공하고 있는바, 이 보고서는 외세 우호 정파[5]에 속하는 어느 조선인 Boku Gihei[6]가 쓴 것입니다.

하나부사 공사와 그의 수행원들을 나가사키로 데려다준 영국 군함 Flying Fish호는 그 사이에 다시 조선으로 돌아갔습니다. (Flying Fish호의; 번역자) 함장은 그곳(조선; 번역자)의 당국과 접촉하였는데, 그들(접촉한 관리들; 번역자)로부터 왕비[7]는 살해되었고 정권은 흥선대원군이 장악하였으며 서울에 잔류한 일본인들 중에 살아남은 사람은 한 사람도 없다는 소식을 확인받았습니다. 다른 한편으로 그(Flying Fish호의 함장; 번역자)는 질서가 부분적으로 회복되었고 대원군이 외국인에 대하여 우호적인 생각을 가지고 있다는 확언을 받았습니다.

대원군에 대해 보도한 신문에 따르면, 그(대원군; 번역자)는 당시에 미성년자였던 왕[8]이 즉위하였을 때(부터; 번역자) 19년[9] 동안 어린 왕을 대신해서 통치권을 맡았다고 합니다. 왕이 성년이 된 후에도 대원군은 통치의 주도권을 손에서 놓지 않았다고 하는데, 왕비 일가, 특히 이번 달 7일 자 공사의 보고에 언급된 바 있는 외세 우호 정파[10]의 지도자 민태호와 민겸호가 그(대원군; 번역자)에게 권력을 내려놓으라고 강요하였을 때에야 비로소 통치권을 내려놓았다고 합니다.[11] 왕비 일가에 대한 그(대원군; 번역자)의 증오는 이에(권력을 내려놓으라고 강요한 것; 번역자) 소급되고 따라서 그(대원군; 번역자)는 민태호와 민겸호(대원군 자신의 처남), 그리고 왕세자빈(민태호의 딸)을 살해하게 하였다고 합니다.

---

4 [감교 주석] 구식군대에 대한 급료 미지급과 신식군대인 별기군에 대한 차별대우를 의미함.

5 [감교 주석] 개화파

6 [감교 주석] 일본에 거주하는 신원미상의 개화파 계열의 조선인으로 추정됨.

7 [감교 주석] 명성황후(明成皇后)

8 [감교 주석] 고종(高宗)

9 [감교 주석] 원 문서에 19년으로 표기되어 있음. 대원군 집권기를 10년으로 본다면, 19년은 10년의 오기에 해당함.

10 [감교 주석] 개화파

11 [감교 주석] 1873년 대원군의 퇴진과 고종의 친정을 의미함. 실제 대원군이 물러나야 한다는 상소를 올린 이는 최익현이었음.

이곳(일본; 번역자)의 오야마[12] 육군경이 본인에게 통지한 바 있고 또 각하께서도 이미 베이징으로부터 연락을 받으셨을 것으로 예측됩니다만, 청국 정부는 이번 달 6일 또는 7일에 약 1000명이 승선한 군함 10척을 조선으로 파견하였던바, 이 군함들은 일본 군함들 및 하나부사 공사와 거의 동시에 그곳(조선; 번역자)에 도착하게 될 것입니다. 언급 드린 (오야마 육군경의; 번역자) 통지에 따르면 즈푸에서 추가적인 군대 집결이 있을 것입니다. 베이징 정부는 조선에 대한 종주권을 단호하게 주장하고 외부 개입의 배제하에 속국 내의 질서를 자력으로 회복시킬 권한을 요구하고 있습니다.

시오다[13] 외무소보[14]가 이노우에[15] 외무대신의 부재중에 본인에게 친히 전한 바에 따르면, 이곳(일본; 번역자)의 청국 공사가 이 취지의 구상서를 일본 정부에 제출하였다고 합니다. 그러는 동안 일본 정부는 오랫동안 공석으로 있던 베이징 주재 일본 공사직에 이전에 상트페테르부르크의 공사였던 에노모토[16] 장군을 임명하였는데, 이와 같은 조치는 일본 정부가 여전히 이 사안의 평화적 해결을 꾀하고자 노력하고 있음을 가리키는 징후로 간주할 수 있습니다. 전쟁이 날 것이라고 떠도는 풍문은 환 시세에 불리한 영향을 끼쳐, 조선에서의 폭동에 대한 첫 보도가 들어온 이래 156에서 174로 떨어졌습니다.

이노우에 외무대신은 오늘 시모노세키에서 다시 도쿄로 돌아왔습니다. 이노우에 외무대신은 중대한 새로운 소식을 가져오지는 않았습니다. 그(이노우에 외무대신; 번역자)가 참석한 목적은 오직 하나부사 공사에게 친히 교지를 주는 데 있었습니다.

조선에서 하나부사 공사의 영접에 대한 소식이 여기(일본; 번역자)에 들어오는 즉시 각하께 다른 식으로 보고를 올리겠습니다.

체트비츠

내용: 조선의 폭동, 첨부문서 2부

A. 55의 첨부문서 1, 2

첨부문서의 내용(원문)은 독일어본 737~744쪽에 수록.

---

12 [감교 주석] 오야마 이와오(大山巖)

13 [감교 주석] 시오다 사부로(鹽田三郎)

14 [감교 주석] 외무소보(外務小補)

15 [감교 주석] 이노우에 가오루(井上馨)

16 [감교 주석] 에노모토 다케아키(榎本武楊)

08

원문 p.745

조선에서의 폭동

발신(생산)일	1882. 8. 21	수신(접수)일	1881. 9. 29
발신(생산)자	체트비츠	수신(접수)자	비스마르크
발신지 정보	도쿄 주재 독일 공사관	수신지 정보	베를린 정부
	A. 57		A. 6059

A. 6059 1882년 9월 29일 수신

도쿄, 1882년 8월 21일

A. 57

비스마르크 각하 귀하

조선에서의 폭동[1]을 다룬 이번 달 18일 자 55번 보고서와 관련하여 각하께 다음과 같이 보고를 올립니다. 오늘 아침 이곳(일본; 번역자) 외무성에 도착한 시모노세키발 전보에 의하면 하나부사[2] 공사는 조선에 도착하였고, 이번 달 16일에 일본 무장 병력 300명의 호위하에 육로로 수도 서울로 갔다고 합니다. 동 전보에 따르면 조선의 해상에는 청국 군함 3척이 있을 뿐이고, 군대는 상륙시키지 않았다고 합니다. 청국 정부 측에서 그곳(조선; 번역자)으로 파견한 제독 계급의 특별위원[3]과 일본 공사는 상호 간 방문을 실시하였습니다. 수도에서 일본 공사는 현재의 통치자인 대원군으로부터 가장 정중한 방식으로 알현을 허락받았고, 그의 수행원들과 함께 성내에 위치한, 이 목적으로 특별히 마련한 새 건물에 투숙하게 되었습니다. 영접 시에 흥선대원군은 또다시 외세에 우호적인 성향을 표시하였다고 합니다.

이 일들이 일어난 것을 보면, 청국과 일본 사이의 갈등의 위험은 일단 제거된 것으로 보입니다. 외무대신[4]도 같은 견해를 가지고 있고 본인에게 자신의 견해를 전하면서, 일본

1 [감교 주석] 임오군란

2 [감교 주석] 하나부사 요시모토(花房義質)

3 [감교 주석] 당시 임오군란을 진압하기 위해서 3,000여 명의 군대를 이끌고 서울에 도착한 이는 광동수사제독 우창칭(吳長慶)이었음. 즉 본문의 특별위원은 우창칭으로 추정할 수 있음.

4 [감교 주석] 이노우에 가오루(井上馨)

정부는 더 이상의 난국을 피하기 위해 조선 정부에 대해 요구할 손해배상을 가능한 한 소액으로 제한할 것임을 덧붙였습니다.

체트비츠

내용: 조선에서의 폭동

베를린, 1882년 9월 30일 A. 6058, 6059

벤첼
독일제국 공사 귀하
함부르크

No. 27

1870년 1월 23일 자[5] 본인의 훈령(3번)에 따라, 첨부된 바와 같이 조선의 폭동에 관한 도쿄 주재 제국공사의 지난달 18일 또는 21일 자 보고서를 귀하께 전달해드립니다.

독일제국 수상을 대리하여

5 [감교 주석] 1870년 1월 23일 훈령은 독일의 재외공관 관련 규정 등을 의미하는 것으로 볼 수 있음.

09

원문 p.747

조선에서 폭발한 폭동에 관하여

발신(생산)일	1882. 8. 18	수신(접수)일	1882. 10. 2
발신(생산)자	포케	수신(접수)자	비스마르크
발신지 정보	상하이 주재 독일 영사관	수신지 정보	베를린 정부
	No. 92		A. 6113

A. 6113 1882년 10월 2일 수신

상하이, 1882년 8월 18일

No. 92

비스마르크 각하 귀하

지난달 23일 조선에서 일어난 소요사태[1]에 관한 신문 스크랩 몇 장을 동봉하여 각하께 전달해드립니다. 이 소요사태는 최근 조선이 외국 열강들과 체결한 조약을 계기로 외세를 달갑게 여기지 않는 정파[2]에 의해 선동되고 일본 공사관 습격을 시작으로 해서 전개된 것으로 보입니다. 일본과 청국이 공히 폭동이 일어나고 있는 나라(조선; 번역자)에 군함과 병력을 파견하였습니다. 미국의 코르벳선 한 척도 즈푸에서 그곳(조선; 번역자)을 향하여 이동했습니다. 톈진에서 온 서한에는 조선에 대한 러시아의 입장, 그리고 조선 또는 조선의 일부에 대해 러시아가 병합 의도를 가지고 있다고 잘못 알려져 있는 흔한 사례에 대해 주목할 만한 언급이 포함되어 있습니다. 그리고 본인의 단견입니다만, 이 언급은 정확한 것으로 사료됩니다.

포케

상해 1882년 8월 18일 No. 92
23일 전달. 조선에서 폭발한 폭동에 관하여

[첨부문서]의 내용(원문)은 독일어본 748~758쪽에 수록.

---

1 [감교 주석] 임오군란

2 [감교 주석] 흥선대원군을 중심으로 한 위정척사파.

10

원문 p.759

임오군란 관련 보고서 전달

발신(생산)일	1882. 9. 30	수신(접수)일	1882. 10. 2
발신(생산)자		수신(접수)자	하츠펠트-빌덴부르크
발신지 정보	제독부	수신지 정보	콘스탄티노플 주재 독일 대사
			A. 6119

A. 6119 1882년 10월 2일 수신, 첨부문서 1부

베를린, 1882년 9월 30일

외무부에서 외무부장관의 제반 업무를 수행할 임무를 맡은 (콘스탄티노플 주재; 번역자) 제국대사 하츠펠트-빌덴부르크 귀하

조선에서의 폭동[1]에 관하여 이번 달 9월 21일에 전달받은 도쿄 주재 제국공사의 첨부된 보고서를 검토한 후 정중한 감사와 함께 각하께 재발송해 드립니다.

제독부 총장

대리

[첨부문서]의 내용(원문)은 독일어본 760쪽에 수록.

1 [감교 주석] 임오군란

베를린, 1882년 10월 6일 A. 6113

벤첼 독일제국 공사 귀하
함부르크
No. 29

1870년 1월 23일 자 본인의 훈령(No. 3)[2]에 따라, 상하이 주재 제국공사의 조선 소요사태[3] 관련 10월 18일 자 보고서를 첨부하여 귀하께 전달해드립니다.

독일제국 수상을 대리하여

2 [감교 주석] 1870년 1월 23일 훈령은 독일의 재외공관 관련 규정 등을 의미하는 것으로 볼 수 있음.
3 [감교 주석] 임오군란

11

원문 p.762

조선에서의 폭동[1]

발신(생산)일	1882. 8. 31	수신(접수)일	1882. 10. 8
발신(생산)자	체트비츠	수신(접수)자	비스마르크
발신지 정보	도쿄 주재 독일 공사관	수신지 정보	베를린 정부 A. 6224
메모	10월 9일 런던, 워싱턴 발송 원본 10월 9일 함부르크 발송		

A. 6224 1882년 10월 8일 수신

도쿄, 1882년 8월 31일

A. 60

비스마르크 각하 귀하

이번 달 21일 자 본인의 보고서 A. 57의 내용인즉 서울로 돌아온 일본 변리공사[2]가 (조선 정부 측에서; 번역자) 일본에 제공해야 할 배상 때문에 조선 정부와 진행 중인 협상에 대해서는 지금까지 알려진 것이 별로 없습니다. (일본 측이; 번역자) 하나부사 공사에게 지시를 내려 제시하게 한 요구사항은 탐문한 바에 의하면 다음과 같습니다:

1. 일본 공사관 습격사건의 주모자에 대한 처벌
2. 이 사건에 대한 사과, 진상의 해명, 이와 더불어 금후 일어날지도 모르는 유사 사건을 미연에 방지하겠다는 약속
3. 국내에 있는 모든 반외세 벽보와 비석[3]의 철거
4. 사건[4]에 의해 일본 측에서 발생한 비용에 대한 보상

1 [감교 주석] 임오군란
2 [감교 주석] 하나부사 요시모토(花房義質)
3 [감교 주석] 척화비
4 [감교 주석] 임오군란

더욱이 하나부사 공사는 (조선의; 번역자) 수도와 가능하면 전보 연락이 될 수 있는 하나 또는 두 곳의 항구를 개방하고 무역 목적으로 이용할 수 있는 화폐 종류의 도입을 조선 정부에 권고하라는 지시를 받았다고 합니다. 단, 이 권고사항들의 이행을 고집하는 것은 아니라고 합니다.

일본 변리공사는 서울에 입성할 때 성명서를 발표하였는데, 여기(성명서; 번역자)에 실린 내용인즉, 그(일본 변리공사; 번역자)를 수행하는 군대는 오직 그와 그의 수행원의 보호를 위한 것이지 결코 적대행위를 시작하기 위한 것이 아니라는 것입니다. 따라서 일반 주민들은 두려워할 필요가 없고 평상시에 하던 바와 같이 일상의 활동에 전념해줄 것을 희망한다고 하였습니다.

베이징으로부터 명령받은 신속하고도 강력한 전투준비는 적어도 부분적으로는 이곳(일본; 번역자) 청국 대사의 보고에 의해 유발된 것으로 보이는데, 청국 대사는 일본 군대의 침입과 일본에 의한 조선 합병이 목전에 임박한 것으로 보고하였다고 합니다.

청국이 이 사건에 대하여 궁극적으로 어떤 입장을 취할지는 현재로서는 이곳(일본; 번역자)에서 판단하기 어렵습니다. 그렇지만 모든 징후는 전과 다름없이 평화적 해결을 가리키고 있습니다.

서울에서 진행 중인 협상의 결과에 대해 확실한 소식이 들어오는 대로 즉시 각하에게 보고 올리겠습니다.

체트비츠

내용: 조선에서의 폭동

베를린, 1882년 10월 9일 　　　　　　　　　　 No. 6224

(1차 보고)

주재 외교관 귀중

5. 런던 No. 481

7. 워싱턴 A. 14

조선의 군중봉기[5]에 관한 지난달 8월 31일 자 도쿄 주재 독일제국 대사의 보고서 사본을 첨부하여 각하에게 삼가 발송해드립니다.

독일제국 수상을 대리하여

5 [감교 주석] 임오군란

베를린, 1882년 10월 9일

A. 6224

(2차 보고)

벤첼 독일제국 공사 귀하

함부르크

1870년 1월 23일 자 본인의 훈령(3번)[6]에 따라, 첨부된 바와 같이 도쿄 주재 독일 대리대사의 조선 군중 봉기[7] 관련 10월 31일 자 보고서를 각하에게 전달해 드립니다.

독일제국 수상을 대리하여

6 [감교 주석] 1870년 1월 23일 훈령은 독일의 재외공관 관련 규정 등을 의미하는 것으로 볼 수 있음.

7 [감교 주석] 임오군란

12

원문 p.766

조선의 정세에 관하여 : 청국 정부의 간섭

발신(생산)일	1882. 8. 8	수신(접수)일	1882. 10. 11
발신(생산)자	브란트	수신(접수)자	비스마르크
발신지 정보	베이징 주재 독일 공사관(톈진에서 발송)	수신지 정보	베를린 정부
	No. 43		A. 6269

A. 6269 1882년 10월 11일 수신, 첨부문서 1부

베이징, 1882년 8월 8일

No. 43

비스마르크 각하 귀하

각하께서는 도쿄 주재 독일제국 공사의 보고를 통해 아마도 최근 조선에서 일어난 사건[1]에 대해 이미 통고 받으셨으리라 생각됩니다.

7월 23일 서울 주재 일본 공사관 건물이 폭도들에 의해 공격당하였습니다. 수 시간에 걸친 항전 끝에 공사관원들과 그들에게 합세한 일본 호위대 모두 합쳐 25명 내지 26명은 불타는 건물(공사관; 번역자)을 떠날 수밖에 없었고 강 쪽을 향하여 적진을 돌파하지 않을 수 없었습니다. 그러는 동안 호위병 2명이 전사하였고, 나머지 사람들은 보트를 취하여 그것을 타고 공해에 이르는 데 성공하였습니다. 이윽고 그들은 영국의 측량선 'Flying Fish'호에 수용되어 나가사키로 갈 수 있었습니다.

일본 정부의 의도는, 추가 조치를 취하기 전에 하나부사[2] 변리공사를 두 척의 군함 및 500명의 군인으로 이루어진 호위대와 함께 조선으로 돌려보내 집권세력[3]의 의도를 확인해 본다는 것입니다. 그 사이에 외무대신은 사건 현장에 좀 더 접근하기 위해 시모노세키로 떠날 것입니다.

일본과 청국의 보도에 의하면 같은 날 왕궁에 대한 습격이 일어났습니다. 따라서 의

1 [감교 주석] 임오군란

2 [감교 주석] 하나부사 요시모토(花房義質)

3 [감교 주석] 흥선대원군을 중심으로 한 위정척사 세력

심할 여지없는 사실은, 이 움직임이 외세에 적대적인 구 조선 정파[4]에 의해 일어난 것이고 다름 아니라 바로 좀 더 자유적인 정부 및 외국인을 대상으로 했다는 것입니다. 얼마 전에 외국과 맺은 조약[5]이 이 돌발사태를 유발한 외적 동기였을지도 모릅니다.

어제 총리아문이 번역문에 동봉된 서한을 통해 저에게 알려온바, 조선의 대신 김윤식(독일-조선 조약 체결에서 부 전권대표)[6]와 그의 동료들은 폭도들이 또다시 난동을 부리지 않을까 하는 우려에서 청국 정부에 연락을 취하여 육해군을 파견해 도와달라는 부탁을 했고, 총리아문은 황실에 보낸 한 보고서에서 이미 북부와 남부의 무역감독관들[7](다시 말해 직례 및 양광 총독[8]들)에게 원조 차원에서 조선으로 군함을 파견하라는 지시를 내려달라고 부탁을 올렸습니다.

정세 여하에 따라서는, 청국 정부가 지원을 제공하고 있는 것과 더불어 일본이 똑같은 의미에서 압력 행사를 그만두지 않을 이 상황에서, 만약 조선에서 일어나는 사건들이 매우 빨리, 그리고 매우 불리한 방식으로 전개되지 않을 경우에는 왕을 필두로 하는 자유 정파[9]가 이 움직임을 장악하고 이미 들어선 궤도에서 앞으로 나아가는 데 성공할지도 모릅니다.

브란트

내용: 조선의 정세에 관하여. 청국 정부의 간섭, 첨부문서 1부

---

4 [감교 주석] 위정척사 세력

5 [감교 주석] 조미수호통상조약, 제1차 조영수호통상조약, 제1차 조독수호통상조약; 1882년에 조선이 체결한 조영수호통상조약과 조독수호통상조약은 각각 영국과 독일의 비준 거부로 사실상 폐기되었으며, 이듬해인 1883년 11월에 다시 조약을 체결하였음. 1882년 조약과 1883년 조약을 구별하기 위해서 본 자료집에서는 1882년에 체결한 조약을 '제1차'로, 1883년에 체결한 조약을 '제2차'로 구별하여 표기하였음을 밝혀둠.

6 [감교 주석] 제1차 조독수호통상조약 체결 당시 전권부관은 김윤식이 아니라 김홍집이었음. 보고서의 내용은 오기로 보임.

7 [감교 주석] 북양대신(北洋大臣)과 남양대신(南洋大臣)

8 [감교 주석] 직례총독(直隸總督)과 양광총독(兩廣總督)

9 [감교 주석] 개화파

No. 43의 첨부문서

베이징, 1882년 8월 7일

(광쉬(光緖) 8년 6월 24일)

번역

브란트 귀하, 베이징(서한)

조선의 소요사태[10]에 관하여 반복해서 통보해주신 데 대해 귀하에게 다시 한번 감사를 드리며, 이번에는 저희 쪽에서 귀하에게 다음과 같이 알려드립니다. 저희 또한 일본 주재 공사 리수창[11]으로부터 내용이 비슷한 여러 통의 전보를 받았습니다. 이들 전보에 따르면, 같은 날 조선의 왕궁도 습격당하였습니다.

북부 항구의 무역감독관 대리 장쑤성[12]은 더욱이 서한을 통해 조선의 대신 김윤식[13]과 그의 동료들이 그(장쑤성; 번역자)에게 연락을 취하여, 폭도들이 분명 일본 공사의 추방으로 끝내지는 않을 것임을 언급하면서 청국의 육해군을 파견하여 그(김윤식)와 그의 동료들)을 도와달라고 부탁하였습니다.

우리의(청국의; 번역자) 총리아문은 현재 이미 황실에 올린 한 보고서에서 북부와 남부의 무역감독관들에게[14] 조선을 도와줄 군함을 파견하라는 지시를 내려달라는 부탁을 올렸습니다.

귀하가 저희에게 보여주신 관심에 대해 감사히 여기며 위의 내용을 삼가 알려드립니다.

저희들은 총리아문 대신들의 의중이 무엇인지 알아낼 것입니다.

올바른 번역임을 보증함.

아렌트

10 [감교 주석] 임오군란

11 [감교 주석] 리수창(黎庶昌)

12 [감교 주석] 장쑤성(張樹聲)

13 [감교 주석] 김윤식(金允植)

14 [감교 주석] 북양대신(北洋大臣)과 남양대신(南洋大臣), 즉 직례총독(直隸總督)과 양광총독(兩廣總督).

13

원문 p.769

조선에서 일어난 소요사태와 관련하여

발신(생산)일	1882. 8. 20	수신(접수)일	1882. 10. 11
발신(생산)자	포케	수신(접수)자	비스마르크
발신지 정보	상하이 주재 독일 영사관	수신지 정보	베를린 정부
	No. 96		A. 6272

A. 6272 1882년 10월 11일 수신

상하이, 1882년 8월 20일

비스마르크 각하 귀하

이번 달 18일 자로 올린 90번 보고서에 따라, 지난달 23일 조선에서 일어난 몇몇 또 다른 소요사태들[1]과 관련된 신문 스크랩(North China Daily News)을 동봉하여 각하에게 삼가 전달해드립니다.

포케

상하이, 1882년 8월 25일 No. 96
조선에서 일어난 소요사태와 관련하여

[첨부문서]의 내용(원문)은 독일어본 769~784쪽에 수록.

1 [감교 주석] 임오군란

14
원문 p.785

[임오군란 관련 보고서 발송 건]

발신(생산)일	1882. 10. 10	수신(접수)일	1882. 10. 11
발신(생산)자	벤첼	수신(접수)자	비스마르크
발신지 정보	함부르크	수신지 정보	베를린 정부
	No. 40		A. 6273

A. 6273 1882년 10월 11일 수신

함부르크, 1882년 10월 10일

No. 40

비스마르크 각하 귀하

각하께서 지난달 30일 자 훈령 27번과 함께 본인에게 발송해주신 올해 8월 18일 및 21일 자 도쿄 주재 독일제국 대리공사의 조선 군중봉기[1] 관련 보고서를 그에 맞게 긴밀히 사용한 후에 각하에게 환송해드립니다.

벤첼

1 [감교 주석] 임오군란

15

원문 p.786

[임오군란 관련 상해 주재 영사 보고서 발송 건]

발신(생산)일	1882. 10. 12	수신(접수)일	1882. 10. 13
발신(생산)자	벤첼	수신(접수)자	비스마르크
발신지 정보	함부르크	수신지 정보	베를린 정부
	No. 42		A. 6300

A. 6300 1882년 10월 13일 수신

함부르크, 1882년 10월 12일

No. 42

비스마르크 각하 귀하

각하께서 이번 달 6일 자 훈령 29번과 함께 본인에게 발송해주신 올해 8월 18일 자 상하이 독일제국 총영사의 조선 소요사태[1] 관련 보고서를 그것에 맞게 긴밀히 사용한 후에 각하에게 환송해드립니다.

벤첼

1 [감교 주석] 임오군란

베를린, 1882년 10월 15일

A. 6272

벤첼 독일제국 공사 귀하
함부르크
No. 32

1870년 1월 23일 자 본인의 훈령(3번)[2]에 따라 8월 25일 자 상하이 독일제국 총영사의 보고서를 동봉하여 각하에게 환송해드립니다.

2 [감교 주석] 1870년 1월 23일 훈령은 독일의 재외공관 관련 규정 등을 의미하는 것으로 볼 수 있음.

16

원문 p.788

조선의 국내정세에 관하여

발신(생산)일	1882. 8. 16	수신(접수)일	1882. 10. 15
발신(생산)자	브란트	수신(접수)자	비스마르크
발신지 정보	베이징 주재 독일 공사관	수신지 정보	베를린 정부
	A. 46		A. 6342
메모	10월 26일 함부르크 발송		

A. 6342 1882년 10월 15일 수신

베이징, 1882년 8월 16일

No. 46

비스마르크 각하 귀하

조선의 정세에 관하여 본인이 올해 8월 8일에 올린 바 있는 A. 43번 보고서에 이어서 각하에게 또다시 보고를 올리겠사온즉, 그 후에 이곳(베이징; 번역자)에 들어온 소식에 의하면 이전의 통치자인 흥선대원군(일본어로는 Tai in kun), 즉 대궁전의 왕자이며 왕의 양부이자[1] 반동파[2]의 지도자는 궁궐을 점령하고 왕을 생포하여 통치권을 접수하는데 성공하였습니다. 9살짜리 왕위 계승자의[3] 배우자인 왕비[4]와 자유 성향[5]의 대신 5명이 살해되었습니다.

이 소요사태[6]에서 조선에 봉직하고 있는[7] 일본인 7명이 목숨을 잃었습니다. 대원군이 동래 부사를 통해 부산의 일본 영사에게 보낸 전갈의 내용인즉, 최근 조선에서 일어난

1 [감교 주석] 독일외교관들은 고종이 즉위 당시 익종(翼宗)의 양자로 들어간 사실을 고려해서 흥선대원군과 고종의 관계를 숙부로 표현하였음. 독일외무부에서 1882년 10월 25일에 수신한 A. 6536에서 흥선대원군을 고종의 숙부로 표현한 내용이 서술되어 있음.

2 [감교 주석] 위정척사파

3 [감교 주석] 고종의 세자, 후에 순종(純宗)

4 [감교 주석] 문맥상 세자빈을 의미함. 하지만 '왕비'라는 단어를 염두에 둔다면, 임오군란 당시 사망한 것으로 알려진 명성황후를 지칭하는 것으로 볼 수 있음.

5 [감교 주석] 개화파로 볼 수 있으며, 그중에는 민씨 척족 세력도 포함되어 있음.

6 [감교 주석] 임오군란

7 [감교 주석] 별기군 훈련을 맡았던 일본 교관을 의미.

사건들은 그저 이 나라(조선; 번역자)의 내정과 관련 있을 뿐이고 병사들의 봉기로 인해 정부는 일본 공사를 도와줄 수 없었다는 것인데, 이 전갈의 내용으로 보건대 대원군은 일본인들과 평화적으로 교섭하려고 시도할 것인바, 아마도 그렇게 해서 청국에 대항할 수단을 얻고자 함이 아닐까 사료됩니다.

이곳, 즉 톈진과 즈푸에서는 매우 부지런히 무장 중입니다. 이번 달 10일에 청국 전권대사 마젠중[8]이 원정 전체에 대한 최고 지휘권을 갖는 딩루창[9] 제독과 함께 세 척의 군함을 이끌고 즈푸에서 인천으로 출발했습니다. 또 다른 일곱 척의 군함이 Jaku[10]에서 일부는 직접, 일부는 아서[11]항을 거쳐 그곳(조선; 번역자)으로 이동했다고 합니다.

상륙부대로서는 잠정적으로 우장칭[12] 장군 휘하의 여섯 대대(각 500명씩)가 지명되었는데, 이 부대들은 즈푸 근처의 텅저우에 주둔 중입니다. 중국상선회사의 배 네 척이 군 부대를 승선시키기 위해 어제와 그제 텅저우로 보내졌습니다.

우 장군이 이끄는 부대의 일부는 예전에 아직도 청국을 위해 일하고 있는 슈넬[13]이라는 이름의 프로이센 화약 전문가한테서 교육을 받은 적이 있습니다. 부대의 또 다른 일부를 프로이센의 모범에 따라 양성하면서 최근에는 슈넬이 키운 몇몇 청국 장교가 활동하고 있었습니다.

우 장군도, 팅 제독[14]도 유능한 지도자라고 합니다. 리훙장[15]은 짧은 시간 내에 톈진으로 다시 올 것으로 기대되고 있습니다. 그(리훙장; 번역자)가 실제로 그곳(톈진; 번역자)으로 다시 부임했는지 본인은 확인하지 못했습니다만, 그 소식의 정확성을 의심하지 않습니다.

브란트

내용: 조선의 국내정세에 관하여

8 [감교 주석] 마젠중(馬建忠)
9 [감교 주석] 딩루창(丁汝昌)
10 [감교 주석] 다구(大沽)의 오기로 보임.
11 [감교 주석] 뤼순(旅順) 항구
12 [감교 주석] 우창칭(吳長慶)
13 [감교 주석] 슈넬(Schnell)
14 [감교 주석] 딩루창(丁汝昌)
15 [감교 주석] 리훙장(李鴻章)

17

원문 p.790

최근 이곳(청국; 번역자)에서 취해진 군사적 조치에 관련하여

발신(생산)일	1882. 8. 15	수신(접수)일	1882. 10. 15
발신(생산)자	펠드람	수신(접수)자	비스마르크
발신지 정보	텐진 주재 독일 영사관	수신지 정보	베를린 정부
	No. 41		A. 6343
메모	10월 26일 함부르크 발송		

A. 6343 1882년 10월 15일 수신

텐진, 1882년 8월 15일

No. 41

비스마르크 각하 귀하

조선에서 군중봉기[1]가 일어나 일본 공사관이 서울에서 쫓겨난 일은 외견상으로는 청국 정부 측에서 일본 정부가 이 기회를 이용하여 조선에서 확고한 발판을 마련하고 싶어 한다는 걱정을 불러일으켰다는 점을 각하에게 보고드립니다.

청국 사람들은 이전에 대만에서 국제법적 문제들에 관해 오랫동안 서신교환에만 몰두해 있던 사이에 일본인들이 분쟁지역을 점령한 적이 있습니다. 청국 정부는 그때처럼 당하지 않기 위해 아주 신속하게 조선 내에서 대규모의 병력을 전개할 수 있도록 대단한 노력을 보이고 있습니다. 최근 여러 가지 특별한 임무를 부여받은 타오타이 마젠중[2]이 이번 달 8일경 즈푸에서 군함 단 세 척을 거느리고 조선으로 떠난 후, 본인이 듣기로는 일곱 척의 청국 포함이 그 뒤를 따라갔고, 두 척은 타누[3]에서 훨씬 더 많은 양의 탄약과 화약을 받았습니다.

그 밖에도 산동성 텅저우[4]에서 만주족 군기 부대 6개 대대가 특별히 대여한 상선을 타고 조선으로 가게 될 것입니다. 이 목적으로 이미 셋 내지 네 척의 중국상선회사[5] 배가

1 [감교 주석] 임오군란

2 [감교 주석] 마젠중(馬建忠)

3 [감교 주석] 다구(大沽)의 오기로 보임.

4 [감교 주석] 텅저우(滕州)

이동 중입니다. 대대들은 공식상으로는 인원이 500명입니다. 이 6개 대대에는 약 2년 전까지 전 프로이센 하사관한테서 훈련받았던 병사가 약 600명 있습니다. 이 부대들은 본인이 듣기로는 레밍턴 총으로 무장해 있습니다.

함대와 해병대에 대한 최고 지휘권은 팅 제독[6]이 맡고 있습니다. 팅 제독은 지난해 영국에서 건조된 두 척의 군함을 청국으로 들여왔고, 이 기회에 베를린과 브레도우를 방문하기도 했습니다. 육군은 군단 사령관 우창칭[7] 장군 지휘하에 있습니다. 여기에 주둔하고 있는 부대는 아마도 이곳의 군사 영역을 떠나기가 어려울 것입니다. 왜냐하면 어떻게든 수도에서 군대를 철퇴시킬 생각이 전혀 없어 보이기 때문입니다.

일본인들은 조선의 왕비와 세자비가 독살당하고 나서 대원군이 그곳의 정권을 인수한 후에는 질서가 완전히 회복되었다는 것을 유포시키려고 노력하고 있습니다. 그들(일본인들; 번역자)은 또한 현재의 군주가 외국인에게 우호적이라는 것을 넌지시 비추고 있고, 체결된 조약들도 신정부에 의해 승인되리라 희망하고 있는 것 같습니다. 일본인들은 청국의 간섭을 될 수 있는 대로 저지하기 위해 현 상황을 가능한 한 질서잡힌 상황으로 묘사하고 싶어 한다는 것을 쉬이 알 수 있습니다.

리훙장[8]은 또다시 베이징으로부터 자신의 상복 기간[9]을 줄이고 즉시 이곳으로 돌아오라는 대단히 급박한 명령을 받았다고 합니다. 그는 아마 현 상황에서도 이 명령을 더 이상 무시할 수는 없을 것입니다.

펠드람

내용: 최근 이곳(청국; 번역자)에서 취해진 군사적 조치에 관련하여

---

5 [감교 주석] 중국상선회사(China Merchants Steamship Co.)
6 [감교 주석] 딩루창(丁汝昌)
7 [감교 주석] 우창칭(吳長慶)
8 [감교 주석] 리훙장(李鴻章)
9 [감교 주석] 리훙장의 모친상

18

원문 p.792

조선으로 대포 파송

발신(생산)일	1882. 8. 16	수신(접수)일	1882. 10. 15
발신(생산)자	펠드람	수신(접수)자	비스마르크
발신지 정보	톈진 주재 독일 영사관	수신지 정보	베를린 정부
	No. 42		A. 6344
메모	10월 26일 함부르크 발송		

A. 6344 1882년 10월 15일 수신

톈진, 1882년 8월 16일

No. 42

비스마르크 각하 귀하

어제 날짜의 보고서 41번에 이어 최근 이곳에서 취해진 군사적 조치와 관련하여 보고드리온즉, 추가로 40문의 산악대포가 마찬가지로 조선으로 보내졌습니다.

이 대포들은 길이가 4~5미터에 달하는 청국산 철제 공장제품입니다. 이곳에 주둔하고 있는 부왕급의 포병대는 이 대포들에 대해 열 명의 대포 운전병을 배치하였습니다.

펠드람

내용: 조선으로 대포 파송

19

원문 p.793

리훙장의 톈진 복귀에 관하여

발신(생산)일	1882. 8. 20	수신(접수)일	1882. 10. 15
발신(생산)자	펠드람	수신(접수)자	비스마르크
발신지 정보	톈진 주재 독일 영사관	수신지 정보	베를린 정부
	No. 44		A. 6345
메모	10월 26일 함부르크 발송		

A. 6345 1882년 10월 15일 수신

톈진, 1882년 8월 20일

No. 44

비스마르크 각하 귀하

믿을만한 소식통에 의하면, 북부 항구들의 무역감독관이자[1] 전 장군, 이곳(톈진; 번역자)의 총독[2]인 리훙장이 올해 9월 12일에 시작하는 다음 음력달 초에 이곳으로 돌아온다고 합니다.

사망한 그의 모친에 대한 심심한 애도를 위해 규정되어 있는 100일간의 상복기간은 바로 조금 전에 끝났는데, 어쨌든 색다르게 보이는 것은 최근 조선에서 일어난 곤란한 문제[3]들로 인해 베이징 황실로부터 하달받은 급박한 명령에 대해 리훙장이 그다지 신속하게 응하고 있지 않다는 것입니다.

청국 정부가 병참기지로부터 훨씬 더 큰 규모의 부대를 성벽가로 초치하여 마찬가지로 조선으로 수송하려고 한다고 소문처럼 퍼지고 있습니다.

펠드람

내용: 리훙장의 톈진 복귀에 관하여

1 [감교 주석] 북양대신(北洋大臣).

2 [감교 주석] 직례총독(直隷總督).

3 [감교 주석] 임오군란

20

원문 p.794

청국 군대의 조선 상륙과 무장

발신(생산)일	1882. 8. 26	수신(접수)일	1882. 10. 15
발신(생산)자	펠드람	수신(접수)자	비스마르크
발신지 정보	톈진 주재 독일 영사관	수신지 정보	베를린 정부
	No. 46		A. 6346
메모	10월 26일 함부르크 발송		

A. 6346 1882년 10월 15일

톈진, 1882년 8월 26일

No. 46

비스마르크 각하 귀하

이어서 보고 올리온즉, 꽤 확실한 소식통에 의하면 청국 군대 중 첫 번째 파견부대는 특별한 어려움 없이 서울의 항구인 인천에 상륙하였다고 합니다.

그들(청국의 첫 번째 파견부대; 번역자)은 그곳(인천; 번역자)에서 약 2000명에 달하다고 하는 일본 군대를 보았는데, 이 부대는 지금까지의 조선 주재 일본 공사인 하나부사[1] 공사가 거느리고 있었다고 합니다.

청국 병사의 수는 처음에는 약 700명이었지만, 전에 언급해드렸듯이 추가 파병을 통해 곧 증강될 것입니다. 그들은 서울을 향해 전진하여 근방에 있는 참호에 도착하였습니다.

조선 사람들은 청국 사람들을 정말로 친절하게 맞이했습니다. 청국 사람들도 마찬가지로 일본 군대와 별다른 불화가 없었습니다.

청국 본토로부터 조선으로 더 큰 규모의 군대 파병이 계획되고 있다는 소문은 확실성이 있어 보입니다.

이곳(톈진; 번역자)에서 지속적으로 무기구입을 위탁받고 있는 군사대관 Lin Ging은 며칠 전에 크룹[2]의 대리로서 미국의 윈체스터[3]사에 재직 중인 슈미트[4]와 함께 상하이로

1 [감교 주석] 하나부사 요시모토(花房義質)

갔습니다. 아마도 그곳(상하이; 번역자)에 위탁 보관 중인 탄약과 더불어 윈체스터 소총 2만정의 도착에 대해 교섭하려는 것이 목적인 것 같습니다.

펠드람

내용: 청국 군대의 조선 상륙과 무장

2 [감교 주석] 크룹(Krupp)

3 [감교 주석] 윈체스터(Winchester)

4 [감교 주석] 슈미트(Schmidt)

21

원문 p.795

조선에서 일어난 소요사태에 관련하여

발신(생산)일	1882. 9. 1	수신(접수)일	1882. 10. 15
발신(생산)자	포케	수신(접수)자	비스마르크
발신지 정보	상하이 주재 독일 영사관	수신지 정보	베를린 정부
	No. 101		A. 6347
메모	10월 26일 함부르크 발송		

A. 6347 1882년 10월 15일 수신

상하이, 1882년 9월 1일

No. 101

비스마르크 각하 귀하

지난달 25일 본인이 올린 96번 보고서에 따라 올해 7월 23일 조선에서 일어난 소요사태[1]와 관련된 신문 스크랩(North China Daily News)을 검토용으로 전달해드립니다.

가족상[2]을 당하여 고향 안칭[3]에 휴가차 머물러 있던 리훙장은 소환되어 상하이에는 들르지도 않고 그저께 저녁에 우송에서 텐진행 배를 탔습니다. 대영제국 공사 토마스[4]는 유럽으로 귀환하던 중 마침 이곳(상하이; 번역자)에 머물고 있었는데, 그는 리훙장과 협의하기 위해 같은 날(그저께; 번역자) 밤에 같은 곳(텐진; 번역자)으로 떠났습니다.

포케

상하이, 1882년 9월 1일 No. 101
조선에서 일어난 소요사태에 관련하여

[첨부문서]의 내용(원문)은 독일어본 795~801쪽에 수록.

1 [감교 주석] 임오군란
2 [감교 주석] 모친상
3 [감교 주석] 안후이 성(安徽省)의 오기로 추정.
4 [감교 주석] 웨이드(T. F. Wade)

원문 p.802

22

[임오군란 관련 보고서 발송 건]

발신(생산)일	1882. 10. 18	수신(접수)일	1882. 10. 19
발신(생산)자	벤첼	수신(접수)자	비스마르크
발신지 정보	함부르크	수신지 정보	베를린 정부
	No. 45		A. 6428

A. 6428 1882년 10월 19일 수신

함부르크, 1882년 10월 18일

No. 45

비스마르크 각하 귀하

각하께서 이번 달 9일 자 훈령 30번과 함께 본인에게 발송해주신 올해 8월 31일 자 도쿄 주재 독일제국 공사의 조선 소요사태[1] 관련 보고서를 그것에 맞게 긴밀히 사용한 후에 각하에게 환송해드립니다.

벤첼

1 [감교 주석] 임오군란

23

원문 p.803

조선에서의 소요사태에 관련하여

발신(생산)일	1882. 9. 9	수신(접수)일	1882. 10. 25
발신(생산)자	포케	수신(접수)자	비스마르크
발신지 정보	상하이 주재 독일 영사관	수신지 정보	베를린 정부
	No. 104		A. 6535
메모	10월 26일 함부르크 발송		

A. 6535 1882년 10월 25일 수신

상하이, 1882년 9월 9일

No. 104

비스마르크 각하 귀하

이번 달 1일 자 본인의 101번 보고서에 따라, 조선 소요사태[1]와 관련된 몇몇 신문 스크랩(North China Daily News)을 검토용으로 동봉하여 전달해드립니다. 중요한 내용인즉, 청국 제독이 폐위된 조선 왕의 백부[2]이자 그곳(조선; 번역자)의 혁명파[3]의 우두머리인 흥선대원군을 간교한 방식[4]으로 붙잡아 베이징[5]으로 연행하였다는 것과 일본과 조선 사이의 분규가 만족스럽고 궁극적으로 해결되었다는 것입니다.[6] 이 사건에서 일본 정부가 보여준 자제심은 행동의 신속성, 강인함과 결부되어 일반적으로 인정받고 있습니다.

포케

1 [감교 주석] 임오군란

2 [감교 주석] 친부의 오기로 보이기도 하나, 독일외교관들은 고종이 즉위 당시 익종(翼宗)의 양자로 들어간 사실을 고려해서 흥선대원군과 고종의 관계를 백부 혹은 숙부로 표현하였음. 독일외무부에서 1882년 10월 25일에 수신한 A. 6536에서 흥선대원군을 고종의 숙부로 표현한 내용이 서술되어 있음.

3 [감교 주석] 임오군란 주도 세력을 위시한 위정척사파

4 [감교 주석] 첨부한 신문기사에 따르면 청군이 흥선대원군을 진영으로 초청하는 척하면서 그를 압송하였던 사례를 의미하는 것으로 보임.

5 [감교 주석] 대원군인 압송된 곳은 톈진(天津) 바오딩부(保定府)

6 [감교 주석] 첨부한 신문기사에 따르면, 조선과 일본의 제물포조약 체결을 의미하는 것으로 보임.

상하이, 1882년 9월 9일 No. 104
조선에서의 소요사태에 관련하여

[첨부문서]의 내용(원문)은 독일어본 804~810쪽에 수록.

24

원문 p.811

조선 통치자[1]의 톈진 도착

발신(생산)일	1882. 9. 3	수신(접수)일	1882. 10. 25
발신(생산)자	펠드람	수신(접수)자	비스마르크
발신지 정보	톈진 주재 독일 영사관	수신지 정보	베를린 정부
	No. 48		A. 6536
메모	10월 26일 함부르크 발송		

A. 6536 1882년 10월 25일 수신

톈진, 1882년 9월 3일

No. 48

비스마르크 각하 귀하

지난달 26일 자 96번 보고서에 이어 조선의 소요사태[2] 때문에 이곳(톈진; 번역자)에서 취해진 조치와 관련하여 보고드리온즉, 성명이 이하응이라 하는 조선의 통치자 흥선대원군이 어제 청국 포함 편으로 이곳에 도착하여, 당분간은 예전에 고든[3] 대령이, 바로 얼마 전까지는 프로이센 라인 지방 출신의 군사교관이 묵었던 사원에 숙박하게 되었습니다.

대원군은 조선의 현재 왕의 생부인데, 왕은 선왕의 미망인[4]한테 입양된 자입니다. 그리하여 그(조선의 현재 왕; 번역자)의 부친은 그곳(조선; 번역자)뿐만 아니라 중국의 일반적인 관습에 따라 그의 숙부로 불리게 되는 것입니다.

대원군이 올해 7월 23일의 폭동에서 했던 역할은 아직 완전히 밝혀지지 않은 것 같습니다.

한편으로는 그가 지금까지 사망한 선왕의 미망인이 장악하고 있던 권력을 획득하기 위해 자신이 스스로 폭동을 꾸몄다는 말이 돌고 있습니다. 그래서 그는 이 미망인과

1 [감교 주석] 흥선대원군(興宣大院君)

2 [감교 주석] 임오군란

3 [감교 주석] 고든(Gordon)

4 [감교 주석] 신정왕후(神貞王后) 조 씨, 대왕대비 조 씨

그녀의 충성스러운, 최근에 비로소 결혼한 세자의 배우자가 음독하도록 유도하였다는 것입니다. 또 다른 한편으로는 이 무장봉기가 오로지 군대의 급료가 오랫동안 밀려온 결과로 일어났다고 하고 대원군이 상술한 두 여자에게 독배를 건넨 것은 흥분한 군인들의 모욕으로부터 그들을 보호하기 위한 것이라는 말도 퍼지고 있습니다. 후자의 설명은 그 자체로서 그다지 개연성이 없으며, 무엇보다도 일본인들에게서 나온 것 같습니다. 일본인들은 청국이 일반적인 예측보다도 더 신속하게 조선에서의 군사적 위협을 암시한 것을 알게 되자마자 대원군을 그들의 편으로 끌어들이는 것을 이해하게 되었습니다.[5] 그들(일본인들; 번역자)은 그것과 관련하여 또한 대원군이 조선에서 평온과 질서를 완전히 회복하는 데 성공하였고 외세에 매우 우호적인 성향이라는 것도 이야기했습니다.

언급 드린 조선의 왕족이 이리로 오게 된 경위에 대해서는 다음과 같이 소문이 돌고 있습니다. 즉 조선 주재 청국 교섭 당사자인 마젠중[6]과 마찬가지로 조선에 체류 중인 딩[7] 제독, 그리고 우[8] 장군은 대원군이 그들을 잘 따르지 않고 동시에 일본에 우호적인 세력의 손에서 놀고 있는 것으로 보였습니다. 그래서 그들은 대원군을 잔치에 초대하였습니다. 그와 동시에 약 100명의 병사로 이루어진 그의 호위대도 자리를 같이한 청국 부대로부터 접대를 받았습니다. 잔치가 끝난 후 근처에 있는 청국의 포함을 시찰하자는 제안을 하였고, 그래서 대원군이 그 포함에 승선하자 그 배는 잽싸게 닻을 올리고 즈푸를 거쳐 이곳으로 오게 된 것입니다.

그와 동시에 조선에 상륙한 청국 부대는 서울 또는 적어도 보루 한 곳을 점령하였다고 보도되고 있습니다.

이곳(톈진; 번역자)에서 조선의 통치자[9]는 중압적일 정도까지는 아니더라도 어느 정도 감금 상태이긴 합니다. 그는 건강하고 기분도 좋습니다.

위에 언급 드린 사원이 이미 수 주일 전에 정부용으로 압류되었음을 볼 때, 이 계략은 이미 오래전부터 계획되었던 것으로 보입니다.

이곳의 총독 대리 장쑤성[10]은 반복해서 대원군에게 방문해달라고 요청했지만, 대원군은 컨디션이 안 좋음을 핑계로 대며 매번 사절하였습니다. 이러한 태도는, 조선의 통치자가 총독에 대해 첫 예방을 하지 않으려 함으로써 예의 문제에 그 이유가 있는 것처럼

5 [감교 주석] '끌어들이는 것이 좋겠다고 생각하였습니다'라는 의미를 내포하고 있음.

6 [감교 주석] 마젠중(馬建忠)

7 [감교 주석] 딩루창(丁汝昌)

8 [감교 주석] 우창칭(吳長慶)

9 [감교 주석] 흥선대원군(興宣大院君)

10 [감교 주석] 장쑤성(張樹聲)

보입니다. 이를 뒷받침하는 것이, 그(대원군; 번역자)가 어제 오후에 이곳(톈진; 번역자)의 세관장 및 시장을 접견했고 장시간에 걸쳐 그들과 협의를 나누었던 것입니다. 이 협의의 성과에 대해서 알려진 것은, 이곳에 주둔해 있는 3개 대대가 이번 달 5일에 이곳으로부터 Huang Tung Ling의 지휘하에 마찬가지로 조선으로 파견되리라는 것뿐입니다. 이 3개 대대 중 2개 대대는 프로이센식의 훈련규정에 따라 훈련받았고, 나머지 1개 대대는 일종의 예비대대인 것 같습니다. 3개 대대 모두 모제르 총으로 무장했습니다. 이 부대에는 또 청국 장교가 한 명 있는데, 약 4년간 슈판다[11]로 파견되어 교육을 받았고, 독일어를 꽤 잘합니다. 이름은 Tsa-Lim-Pian입니다. 수일 전에는 또 Nintschwang[12]에 주둔하고 있는 청국 부대의 최고사령관이 청국 포함을 타고 이곳(톈진; 번역자)에 도착하였습니다. 이는 아마도 필요한 경우에는 그곳(Nintschwang; 번역자) 권내의 청국 부대 역시 육로를 통해 조선으로 이동시키려는 의도일지도 모릅니다.

바로 얼마 전부터는 다구[13]로부터 조선으로 출발했던 이른바 abc 순서의 Armstrong 호 포함 세 척이 그곳(조선; 번역자)의 해안에서 침몰하였다고 하는 소문이 퍼졌습니다. 물론 이 사고가 아직 완전히 확인된 것은 아니지만, 그 원인으로는 그 지역에 대한 해양지도의 미비, 더욱이 바위가 많은 해저, 밀물과 썰물 때 빠르게 역류하는 조류, 심한 안개로 보고 있습니다.

서울 주재 일본 공사관 습격에 대한 배상으로서 일본인들이 조선에 대해 요구한 것은 다음과 같은 점들을 주안점으로 하고 있다고 합니다.

그들의 전쟁준비에 대한 손해 배상금의 지불. 500만 엔이라고 하는 매우 높은 액수라고 합니다.

폭동 때 희생된 자 또는 그 유가족에 대한 손해 배상의 지불. 도합 수십만 엔이라고 합니다.

호위대의 서울 상주에 대한 허가. 이는 아마도 그곳(조선; 번역자) 일본 공사관을 보호하기 위한 것에 불과할지도 모릅니다.

올해 5월에 슈테틴 부근 브레도우에 있는 불칸 주식회사에서 건조된 어뢰정 두 척이 낱낱의 부분들로 분해된 채 이곳에 도착하였습니다. 이 어뢰정들은 이제 조립되어 있지만 아직 테스트는 해보지 않았습니다. 그런데 이 어뢰정이 대단히 인기가 있어서 이곳의 군 사령부는 같은 종류의 어뢰정 네 척을 추가로 불칸사에 주문하였습니다.

---

11 [감교 주석] 슈판다(Spandau)

12 [감교 주석] 청국의 개항장인 잉커우(營口) 지역을 의미

13 [감교 주석] 다구(大沽)

총독 대리[14]는 조선 문제로 인해 즈푸와의 전신연결을 속히 마련하려고 했습니다. 그래서 그는 필요한 자재를 구하고 있는 중입니다. 본인이 이 문제에 대해 감히 한 말씀 올리고자 하는 것은, 이곳의 전신선용 철사와 절연체가 독일에서 도입해온 것이고 금후에도 그곳(독일; 번역자)에서 도입해오게 되리라는 것입니다.

펠드람

톈진, 1882년 9월 3일

내용: 조선 통치자의 톈진 도착

14 [감교 주석] 장쑤성(張樹聲)

25

원문 p.814

[임오군란 관련 상해 영사 보고서 발송]

발신(생산)일	1882. 10. 24	수신(접수)일	1882. 10. 25
발신(생산)자	벤첼	수신(접수)자	비스마르크
발신지 정보	함부르크	수신지 정보	베를린 정부
	No. 48		A. 6538

A. 6538 1882년 10월 25일 수신

함부르크, 1882년 10월 24일

No. 48

비스마르크 각하 귀하

각하께서 본인에게 이번 달 15일 자 훈령(32번)과 함께 발송해주신, 조선에서 일어난 소요사태 관련 상하이 주재 독일제국 영사의 올해 8월 25일 자 보고서를 적절히, 그리고 친밀히 이용한 후에 환송해드립니다.

벤첼

베를린, 1882년 10월 26일

A, 6342, 6343, 6344, 6345, 6346, 6347, 6535 그리고 6536

벤첼 독일제국 공사 귀하
함부르크
No. 34.

1870년 1월 23일 자 본인의 훈령(3번)에 따라 귀하에게 동봉 보고서들을 전달해드립니다.

26

원문 p.816

조선에서의 정치적 격동에 관하여

발신(생산)일	1882. 8. 29	수신(접수)일	1882. 10. 26
발신(생산)자	브란트	수신(접수)자	비스마르크
발신지 정보	베이징 주재 독일 공사관	수신지 정보	베를린 정부
	No. 47		A. 6556

A. 6556 1882년 10월 26일 수신, 첨부문서 2부

베이징, 1880년 8월 29일

A. No. 47

비스마르크 각하 귀하

조선에서 일어난 정치적 변혁[1]의 동기와 그 경과에 대해 일본 신문에 공개된 보도에 의거하여 작성한 최근 그곳(조선; 번역자)에서 일어난 사건들의 총괄본을 첨부하여 전달해드립니다.

조선에서 직접 들어오는 보도는 전혀 없습니다만, 북부에 위치한 개항 항구[2]에서 청국 당국에 의해 전개되고 있는 대규모 활동으로 보건대, 청국 정부는 무력간섭의 결정을 고수하고 있고 또한 영향력 있는 인사들은 그러한 기도의 어려움을 가벼이 여기지 않고 있습니다.

영국과 미국의 군함들은 정보 수집을 위하여 조선으로 파견되었습니다. 우리 측에서는 그러한 조치를 취할만한 동기가 없는 것 같다는 것을 제국 주둔지 사령부에 통고함으로써 본인은 각하의 의향에 부합하였다고 믿습니다.

이미 언급 드린 부산에서 일어난 사건들에 관한 보도[3]가 불러일으킨 인상에 대해 제국 사령부가 제국 주둔지 사령부에 보낸 보고서 S. M. KB. "Wolf"의 사본을 첨부하여

1 [감교 주석] 임오군란

2 [감교 주석] 인천

3 [감교 주석] 부산 주재 일본 영사 소에다 세쓰(副田節)가 임오군란의 여파가 부산에 이를 것을 염려한 나머지, '슈토쉬(Stosch)'호에 승선 중인 동아시아 함대 블랑크 제독에게 일본 군함이 도착하기 전까지 부산에 머물러 달라는 요청을 해온 사건을 의미함.

전달해드립니다.

브란트

내용: 조선에서의 정치적 격동에 관하여, 첨부문서 2부

1882년 8월 29일 자 No. 47의 첨부문서 1

조선에서 탈출해온 하나부사 일본 공사가 나가사키에서 6월 30일에 보낸 전보를 일본의 니치니치신문[4]이 공개한 바에 의하면, 서울에 있는 일본 공사관은 7월 23일 오후 5시 수백 명에 달하는 군중으로부터 돌, 화살, 소총사격 등의 공격을 받았고 공사관 건물은 화염에 휩싸였다. 조선 정부는 아무런 구조활동도 하지 않았다. 공사와 그의 수행원들은 군중 속을 돌파하여 왕궁으로 급히 달려갔으나 그곳(왕궁; 번역자)의 모든 문은 잠겨 있었다. 그래서 그들은 계속해서 도망쳐 인천에 이르렀고, 여기에서 한참 동안 고통스런 상태로부터 휴식을 취하였다. 그러는 사이에도 그들은 곧 조선 병사들한테서 공격을 받았다. 일본 호위대 중 두 명이 이때 살해되었고 어린이 세 명이 부상을 당했다. 그래서 도주는 계속되었다. Taibutsuho라는 곳에서 도주자들은 드디어 보트를 얻는 데 성공하여, 보트를 타고 해상으로 나아갔다. 26일에 그들은 Nango 부근에서 영국 포함[5] “Flying Fish”호에 의해 구출되었고, 나가사키로 운송되어 7월 30일에 그곳(나가사키; 번역자)에 도착하였다.

조선을 떠나기 전에 그들은 23일에 조선의 왕이 사는 궁궐과 대신 민태호(중국어 발음 Min Taiko)와 민겸호(중국어 발음 Min Kienkao)의 자택에 대해서도 공격이 있었음을 듣게 되었다.

다른 일본 신문(호치신문)[6]의 민영통신도 위의 서술과 대체로 일치한다. 다만 인천에서 살해당한 일본인의 수를 네 명이라 하였고, 폭도들은 8세의 세자를 생포하였으며 이에 왕은 사자를 통하여 일본 공사관에 원조를 요청하였지만 그러고 나서 바로 일본 공사관 자체가 피습당하여 관원들이 부득이 도망칠 수밖에 없었다고 보도하였다.

4 [감교 주석] 도쿄니치니치신문(東京日日新聞)

5 [감교 주석] 영국 해군 측량선

6 [감교 주석] 호치신문(報知新聞)

23일의 참사, 특히 궁중혁명에 관한 자세한 소식은 효고뉴스가 조선의 고관인 개화파 Boku Gihei[7]의 이야기에 근거하여 전하고 있다. Boku Gihei는 변장을 하고 서울에서 원산(중국어 발음 Yüanshan, 라자레프[8]항 부근)까지 도피하여 그곳에서 일본 군함을 타고 부산에 도착하였다. 그의 진술에 따르면, 왕궁에 주둔해 있던 5500명 규모의 조선 군대는 수개 월 동안 급료를 받지 못하였다. 체불에 대한 그들의 반복된 요구가 전혀 효과를 거두지 못하였기 때문에 그들은 지배욕이 많은 왕의 숙부[9](일본어로는 Dai in kun, 중국어로는 Tai Yüan-kün, 또는 Ta yin kün)에게 도움을 호소하였다. 외국인과의 모든 교역을 반대하고 불만에 가득 차 있던 반동파의 우두머리인 그에게 이 사건은 자신의 야심찬 계획들을 실천에 옮길 수 있는, 오랫동안 기다려 왔던 기회를 주었다.

그는 폭동을 일으키려는 생각을 갖고 있는 군인들에게 그들의 앞으로의 행동에 대해 지시를 내린 후, 사건의 핵심에 좀 더 가까이 다가가기 위해 7월 18일 저녁 직접 궁 안으로 들어가 급료 지불을 요구하는 군인들의 대변자로 행동하였고, 최근에 취해진 위험천만한 정책과 관련하여 왕과 왕비에게 항의하였다.

사전에 협의한 대로 23일에 폭동이 일어났다. 일본 공사관, 일본 장교 호리모토[10] 중위의 지휘하에 유럽의 표본에 따라 훈련받은 조선 군인들의 병사(兵舍), 그리고 위에 이미 언급한 개화파의 대신 민태호의 저택이 피습당하였다.

이 사건에 대한 소식이 궁에 전달되자 왕의 숙부인 대원군은 왕을 근위대 본부로 보냈는데, "왜냐하면 그곳이 좀 더 안전하기 때문"이었다. 그리고는 마치 왕비를 보호하려는 듯이 친히 왕비를 찾아갔다. 그런데 바로 그 후에 폭도들이 궁의 앞뜰에 침입해 들어와 고함을 지르면서 왕비를 불렀고, 그러자 대원군은 폭도들의 분노에 스스로를 내맡기기보다는 차라리 자결할 것을 왕비에게 권고하고 독성 음료가 들어 있는 잔을 건네주었다. 왕비는 그 독배의 절반을 마시고 나머지 절반은 갓 결혼한 세자비에게 주었다. 이 음료는 두 사람에게 즉시 치명적으로 작용하였다.

폭동은 다른 여러 공격대상에 대해서도 의기양양 계속되었다. 대신 민태호는 폭도들 손에 사망하였다. 추밀원 고문관인 그의 아들 민영익[11]이 그를 도우러 급히 달려갔으나

7 [감교 주석] 일본에 거주하는 신원미상의 개화파 계열의 조선인으로 추정됨.

8 [감교 주석] 영흥만(Port Lazareff)

9 [감교 주석] 독일외교관들은 고종이 즉위 당시 익종(翼宗)의 양자로 들어간 사실을 고려해서 흥선대원군과 고종의 관계를 숙부로 표현하였음. 독일외무부에서 1882년 10월 25일에 수신한 A. 6536에서 흥선대원군을 고종의 숙부로 표현한 내용이 서술되어 있음.

10 [감교 주석] 호리모토 레이조(堀本禮造)

11 [감교 주석] 민영익(閔泳翊)

사건 현장에 너무 늦게 도착하였다. 그리하여 그는 근위대 본부로 갔다. 그곳에서 그는 왕과 몇 명의 충신을 만났는데 그중의 한 사람이 통신원 Boku Gihei[12]였다. 이 일본의 소식통(후지신보; 번역자)에 의하면, 이때 왕은 민영익에게 일본에 가서 조언과 도움을 구하라고 요청하였다. 임석해 있던 사람 중 세 명, 즉 민영익 자신, Boku Gihei, 그리고 Rio Yei Choku라 불리기도 하고 Ko Yeikei라 불리기도 하는 제3자는 왕의 이 분부를 수행하겠다고 나섰다. 그들은 막노동꾼으로 변장하고 출발하여 야음을 타서 억수같이 퍼붓는 비를 무릅쓰면서 어떤 농장에 도착하였고, 그곳에서 Boku Gihei는 일본으로 가기로 하고 나머지 두 사람은 후속 사건들의 관찰자로서 조선에 남아 있기로 약속하였다. 이렇게 해서 Boku는 위에 설명한 바와 같이 원산으로 가서 그곳에서 부산으로 향하였다.

유럽식으로 훈련받은 부대의 병사에서도 조선의 병조판서 민겸호[13]와 일본 장교 호리모토의 지휘하에 공격당한 편이 용감하게 저항했음에도 불구하고 반란군이 주도권을 장악하였다. 거명된 두 사람은 전사하였다. 호리모토의 시체는 토막 내고 옷을 벗겨 쓰레기 더미 위로 던져졌다. 민겸호의 머리를 베어서 칼끝에 꽂아 그 상태로 궁궐로 운반되었다.

1882년 8월 18일 자 North China Daily News에서 발췌

하나부사[14]가 8월 5일 시모노세키에서 에도의 외무성에 보낸 전보에 의하면, 다쿠니기부(동래부) 부사는 대원군으로부터 이번 동란이 전적으로 국지적이었다는 것과 이번 사태에서 일본 공사관이 피습당한 것을 그가 매우 유감스럽게 생각한다는 것, 군인들의 반란으로 인해 일본 공사관에 대해 도움을 주는 것이 불가능해졌지만 (사과가 포함된 ?) 서한이 발송되리라는 것 등을 해명하라는 지시를 받았다.

'Rising Sun'의 보도에 의하면, 인천부근에서 'Flying Fish' 호에 승선한(8월 8일경) 한 조선 관리[15]가 이번 사건에 대한 우려를 표명했고, 동시에 곧 평온상태가 다시 회복될

---

12 [감교 주석] 일본에 거주하는 신원미상의 개화파 계열의 조선인으로 추정됨.

13 [감교 주석] 민겸호(閔謙鎬)

14 [감교 주석] 하나부사 요시모토(花房義質)

15 [감교 주석] 'Frying Fish'호에 탑승한 조선 관리에 대해서는 추가적인 조사가 요구됨. 현재 사료에서는 조선

것이며 조선은 최근에 떠맡은 국제적 의무사항을 이행할 준비가 되어 있다고 해명했다고 한다.

1882년 8월 29일 자 No. 47의 첨부문서 2

사령부 S. M. Knbt '볼프'[16]호
상하이, 1882년 8월 8일

사본

'슈토쉬'호에 승선 중인 동아시아 함대 블랑크 사령관 각하

본인은 8월 1일에 부산을 막 떠나려고 하였습니다만, 31일 이른 아침에 소에다[17] 일본 영사가 그의 통역관과 함께 매우 당황해하며 배에 올라와 본인에게 전달한 내용인즉, Ieteho(서울, Miako)에 있는 일본 공사관이 척외파의 습격을 받아 일본 공사 하나부사[18]는 할 수 없이 그의 수행원과 함께 인천(아마도 Iên-chuan, 로즈 아일랜드[19]인 듯)으로 도피하였고, 그곳에서 범선으로 달아나던 중 'Flying Fish'호를 만나 이 배를 타고 나가사키에 이르렀다는 것입니다. 그는 이 소식을 지난밤 언급된 군함을 통하여 그의 정부로부터 전달받았는데, 나가사키에는 현재 부산으로 파견될 수 있는 일본 군함이 한 척도 없지만 그러한 군함은 이미 전신에 의해 조정되어 있다는 것도 귀띔 받았다고 합니다.

일본 영사는 부산에서도 소요사태가 일어날지도 모르고 약 2000명 규모의 일본인 거주지는 있을지도 모르는 공격에 완전 무방비 상태로 희생되리라는 우려를 표명하면서, 만일의 경우 일본인의 보호를 위해 일본 군함이 도착할 때까지 부산에 머물러 있어 달라

관리에 대한 실체를 확인할 수 없음.

16 [감교 주석] 볼프(Wolf)

17 [감교 주석] 소에다 세쓰(副田節)

18 [감교 주석] 하나부사 요시모토(花房義質)

19 [감교 주석] 오늘날 월미도를 지칭

고 본인에게 간절히 요청하였습니다.

본인은 당분간 그러겠다고 즉시 수락했지만, 10일에는 상하이에 가 있어야 한다는 것도 알려주었고, 매우 위급한 비상사태가 일어난 경우 내지 일본인 거주지에 대한 공격이 이루어졌을 바로 그 시점에서 만약 일본 군함이 아직 도착하지 않았을 때는 그 이상도 머물러 있겠노라고 첨언하였습니다.

이때 본인은 일본 군함이 매우 빠른 시간 내에 도착하리라 추측했는데, 이미 2일 오후에 그 추측은 적중하였고, 그래서 본인은 일본 영사한테서 심심한 감사 표시를 받은 후, 3일 오전 중에는 안개가 짙었기 때문에 오후 12시 30분에 부산을 떠났습니다.

함장

슈트라우흐 서명

코르벳 선장

27

원문 p.821

조선의 내부상황과 관련하여

발신(생산)일	1882. 9. 3	수신(접수)일	1882. 10. 30
발신(생산)자	브란트	수신(접수)자	비스마르크
발신지 정보	베이징 주재 독일 공사관	수신지 정보	베를린 정부
	No. 48		A. 6622
메모	11월 1일 함부르크 발송		

A. 6622 1882년 10월 30일 수신, 첨부문서 2부

베이징, 1882년 9월 3일

No. 48

비스마르크 각하 귀하

최근 조선에서 이곳에 도착한 소식은 지난달 28일까지에 관한 것입니다. 이에 따르면 2600명에 달하는 청국 군대가 조선 정부의 동의하에 지난달 24일, 25일에 서울로 진주하였습니다. 공사의 호위대로 복무하는 1500명의 일본 군대는 시내로의 진입 허가를 받지 못했고, 그래서 시 바깥[1]에서 야영하였습니다. 반면에 하나부사[2] 자신은 시내에 본부를 마련하였습니다. 지난달 22일에 왕 및 대원군과 회동했던 자의 보고에 따르면 모든 것이 평온한 상태로 보였는데, 현지에 주재하고 있는 청국 관리와 지도자들도 같은 견해인 것 같습니다. 이곳 베이징에서는 사태를 그다지 낙관적으로 보지 않음이 확실합니다. 이는 리훙장이 경우에 따라서는 즉시 조선으로 파견될 수 있도록 전보로 소환되었음을 통해서도 드러납니다. 리훙장은 이번 달 2일에 상하이에서 톈진으로 출발하였습니다.

조선에서의 사태에 대해 판단을 내리는 일은 불가능합니다. 정보가 불완전한 만큼이나 모순적일 때가 흔하기 때문입니다. 그러나 어쨌든 걱정의 주된 이유는 청국과 일본이 서로 시기하면서 두 열강의 군대가 동시에 서울시 내외에 주둔하고 있다는 데 있습니다.

---

1 [감교 주석] 4대문 밖으로 보임.

2 [감교 주석] 하나부사 요시모토(花房義質)

우연한 충돌이라도 현 시점에서는 중대한 결과를 초래할 수도 있습니다.

청국 신문들은 상황에 관한 기사와 글을 많이 싣고 있습니다. 신보[3]에서 뽑은 두 편의 글, 특히 폭동 이전에 있었던 사건들과도 관련해서 조선의 내부실태에 대해 보도한 글과 폭동 후에 조선 정부가 일본 정부에 보낸 서한을 번역하여 첨부문서로 전달해드립니다.

브란트

내용: 조선의 내부상황과 관련하여, 첨부문서 2부

1882년 9월 3일 자 보고서 No. 48의 첨부문서 1

상하이에서 발행되는 청국 신문 신보는 1882년 8월 19일 자 발행호에서 조선의 혁명[4]에 대한 기사를 실었는데, 이 기사의 주요 내용은 다음과 같다:

조선에서 일어난 혼란스런 사태의 근원에 대해서는 서로 모순되는 수많은 소문이 퍼져 있다. 우리가 뒷조사한 바에 따르면, 사건의 장본인이 바로 조선 왕의 숙부[5]라는 데에는 의심의 여지가 없다. '왕의 숙부'인 이 사람이야말로 외국에 대한 완전한 폐쇄라고 하는 고대 중국의 원리를 신봉하는 반동파의 우두머리이다. 그리하여 일본과의 무역관계 개시만으로도 이미 그의 불만을 자극하였고, 그리하여 그의 파벌은 일본인에 대하여 끊임없는 음모를 획책하고 있었다. 그에 반해 개화파는 나라의 강화와 흥륭을 위하여 조정에서 오래된 통치원칙으로부터의 온건한 탈피와 외국 여러 나라와의 관계맺기를 지지했는데, 그 선두에는 대신 민(민태호인지 아니면 다른 보도에 따라 민겸호일 수도 있지만, 아마도 전자인 듯)[6]이 있었다.

왕 자신은 시대적 요구를 정확히 인식하여 개화파의 제안에 따랐고, 이에 영국 및

---

3 [감교 주석] 신보(申報)

4 [감교 주석] 임오군란

5 [감교 주석] 독일외교관들은 고종이 즉위 당시 익종(翼宗)의 양자로 들어간 사실을 고려해서 흥선대원군과 고종의 관계를 숙부로 표현하였음. 독일외무부에서 1882년 10월 25일에 수신한 A. 6536에서 흥선대원군을 고종의 숙부로 표현한 내용이 서술되어 있음.

6 [감교 주석] 본문에서 'Min-Tai-hao'는 민태호(閔台鎬), 'Min Tcien Kao'는 민겸호(閔謙鎬)를 지칭하는 것으로 보임.

미국과의 조약이 성사되었던 것이다.

이에 즈음하여 청국은 조선 정부에 끈끈한 원조를 해주었다. 그렇다고 해서 조선의 안녕 외에 그 어떤 다른 이해관계를 염두에 둔 것은 아니었다.

모든 외국은 조선 역사에서 이 새로운 시대를 환희와 갈채로 환영한다.

민 대신이 나라의 상업적 개방을 위한 최초의 예비적 조치를 취했을 때 반동파는 그에게 극렬히 반발하였다. 숫자상으로는 반동파가 우세했다 할지라도 조정에서 그 구성원들의 대표자는 매우 적었고 게다가 이 소수의 대표자들은 모조리 특별한 능력도 없는 노인들뿐이어서, 이들은 오직 예부터 내려온 존귀한 통치근간은 어떠한 일이 있을지라도 결코 변경해선 안 된다는 것 외에는 어떤 다른 말도 할 말이 없었다. 그러다 보니 왕은 이들을 그다지 명예롭게 대하지 않았고, 그 결과 이 파에 속하는 많은 관리들이 관직을 내놓았으며 참고 기다려야 하고 불평불만이 쌓일만한 자리를 취하게 되었다.

개화파는 비록 수적으로는 약했지만, 그 구성원들은 높은 관직을 여럿 차지했고 활동력 있는 젊은이들이었으며 왕한테서도 성망이 높았다.

이 두 파벌의 추종자들 간에는 알력과 폭행이 잦았고, 그러다 보니 왕실의 몇 안 되는 충성스런 가신들이 어느 정도만이라도 평화를 유지해나가는 일은 힘들 수밖에 없었다.

그러던 중, 같은 해에 어윤중[7]이 영국 및 미국과의 조약체결 건으로 예비 조치를 취하기 위해 톈진으로 파견되었을 때, 개화파 정부관료들은 기쁨을 감추지 못하였다. 반동파는 조롱과 표독스러운 비난으로 복수했고, 또 왕이 전적으로 개화파에 기울어진 것을 알게 되자 직접적인 반동적 음모를 더 이상 미루지 않았다. 전년도에 이재인[8]이라고 하는 자의 암살시도는 비록 실패하여 그 자는 사형을 당하였지만, 그 후 얼마 안 되어 홍재학[9]라고 하는 자가 비방문을 써서 정부에 반대하며 나섰는데, 이 자 역시 공개 처형을 당하였다. 조병천[10]과 강도원[11]의 테러가 그 뒤를 이었다. 이 역시 실패하였고, 그 주모자들은 체포되었다.

올해 네 번째 달(5월, 6월)에 통상조약이 성사되었을 때, 이 조약의 철회를 요구하는 수많은 청원서가 조정으로 쇄도하였다. 이 모든 청원서는 왕으로부터 거절의 회답을 받

7 [감교 주석] 어윤중(魚允中)
8 [감교 주석] 이재인(李裁仁)
9 [감교 주석] 홍재학(洪在鶴)
10 [감교 주석] 조병천(趙秉天)
11 [감교 주석] 강도원(江道源)

았다. 문학자 신분의 악관[12]이라는 사람의 청원서는 정부와 왕실 가문을 겨냥하여 각별히 격렬한 비방을 통해 두드러졌다. 그러나 그의 선조 중에는 공적이 있는 정치인들이 있었기 때문에 조정은 잘잘못을 따지지 않고 자비를 베풀어 살려주었다. 그런데 어느날 밤 갑자기 남산(남쪽 산)의 보루 부근에서 불이 붙는 것이 보였다. 그것은 반동파의 추종자들의 집회를 알리는 신호였다. 경무대원을 보내 그것이 무엇을 의미하는지 질문한즉, "우리는 조국을 위하여 우리의 동지들을 모읍니다"라고 대답하였다. 왕은 그들이 미쳤다고 선언하고 체포를 명하였다. 그들에 대해 사형선고가 내려졌다. 그러나 사형의 집행은 때마침 거행되는 종교 의식(기우제)을 고려하여 잠정적으로 연기되었다. 그들은 당분간 감옥에 갇혀 있게 되었다. 동지들은 각지를 돌아다니며 폭동을 선동하면서 왕의 숙부에게 호소하여 불타오르는 분노에 이르도록 그를 자극하였다. 바로 이때 때마침 급료 분배에서의 불공평으로 인해 생긴 군인들의 불만이 여기에 겹쳐졌고, 그제서야 '숙부'는 온 나라에 격문을 보내어, 뜻을 같이하는 모든 이들이 6월 8일(양력 7월 22일) 수도 근교의 어떤 산에 집결하여 싸움을 시작할 것을 촉구하였다.

조정에서는 이 진행과정을 모르고 있었던 것은 아니지만 그것에 대해 속수무책이었다. 폭도들이 일본인을 확실히 적으로 볼 개연성이 있었으므로 (조정은; 번역자) 일본 공사 하나부사[13]에게 경고하고 습격자들의 담대한 행동을 피하라고 촉구했다.

다음날(7월 23일) 폭동이 궁의 안팎에서 동시에 일어났다. 왕궁은 아무 저항도 없이 점령당하였고 일본 공사관도 공격당하였다. 반동파는 특히 그 어느 누구보다도 일본인들을 증오하였다. 왜냐하면 그들은 일본과의 조약 체결이 이후 다른 열강들과의 조약 체결의 시발점이라고 생각했기 때문이다. 자유파의 추종자들 중 절반 이상이 살해당하였다. 신보에 게재된 기사에는 11명의 대신이 살해당하였다고 실려 있는데, 그들 중에는 다음과 같은 사람들이 있다: Li tsau-ying, Kin fu-Yüan, Min Kien-hao, Min tai-hao, Yün-yu lieh.[14]

나머지는 알려져 있다.

올바른 번역에 대하여

아렌트

---

12 [감교 주석] 악관(樂寬)

13 [감교 주석] 신보(申報)

14 [감교 주석] 'Li tsau-ying'은 이최응(李最應), 'Kin fu-Yüan'은 김보현(金輔鉉), 'Min Kien-hao'는 민겸호(閔謙鎬)로 추정됨. 'Min tai-hao'는 민태호(閔台鎬)로 추정되나 그는 임오군란 당시 사망하지 않았음. 오보로 보임.

1882년 9월 3일 자 보고서 No. 48의 첨부문서 2

사본

번역

조선 정부가 일본 정부에 발송한 급보[15]
1882년 8월 21일 자 신보[16]에서 발췌

지난 300년 전 이래로 귀국과 본 소왕국은 평화와 화합 속에서 지내왔고, 6~7년 전에 이루어진 (조선의) 항구 개방과 통상협정을 통하여 그 이래로 상호 교류가 더욱 더 활발해졌습니다. 축하와 조의표명은 그런 기회가 있을 때마다 서로 교환되었고, 우리가 피차에 앞서 있었던 제반 기술에서 서로 망설임 없이 인색하지 않게 서로에게 전수해주었던 것입니다. 그리하여 평화와 훌륭한 화합은 실로 확실하다고 여겨질 수 있었습니다.

그러나 본 소국의 민중, 즉 군인 계층과 백성 계층은 아직도 구시대적 습관에 젖어 있습니다. 그들은 바깥세상을 본 일이 별로 없고, 그러므로 우리는 낯선 것에 접하면 고집을 부리기 쉽습니다. 따라서 귀국의 신민들이 이곳에 올 때마다 그들의 외관은 쉽사리 불신과 공포를 불러일으켰던 것입니다. 다른 한편으로 귀국의 신민들은 우리 백성들을 멸시하고 얕잡아보았던바, 이 모든 것은 귀국 정부가 이미 오래전부터 인지하고 있었을 것입니다.

이번 달 9일(7월 23일)에는 본국의 군인 및 민중 사이에서 뜻하지 않게 사소한 원인에서 촉발된 폭동[17]이 일어났습니다. 처음에는 천 명이 참가했는데, 거기에 만 명이 가담하였습니다. 그들은 개미처럼 모여들었고 벌처럼 들고일어났습니다. 그리하여 폭동은 더 이상 진압을 생각해볼 수 없을 정도로 순식간에 확대되었습니다. 가옥은 파괴되었고 사람들은 살해당하였습니다. 병사[18](우리 군대가 일본식으로 훈련받고 있었던)에 갑작스럽게 공격이 가해져 교관이 피습당하였습니다. 피습당한 사람들은 너무 약해 방어할 수 없었습니다. 그들 중 3명은 사망하였고, 그들의 시체는 길가에 버려져 있었습니다. 그 후 또 다른 4명이 부상을 당하였고, 청수관(이것은 맥락으로 보아 서울 주재 일본 공사관

15 [감교 주석] 1882년 8월 21일 자『申報』1면에 수록된「高麗致日本照會」를 번역한 것임.

16 [감교 주석] 신보(申報)

17 [감교 주석] 임오군란

18 [감교 주석] 별기군(別技軍)

건물에 다름 아닐 수 있습니다)은 불에 타고 있었습니다. 귀국의 국민들은 본국의 민중을 향해 대포를 발사하였고 군도로 우리 국민들을 베었습니다. 조선인 2~30명이 희생되었습니다. 그렇다고 해서 우리만이 피해를 입은 쪽이었다고 말하려는 것은 아닙니다. 의심할 바 없이 일본도 역시 피해를 입었습니다.

폭동을 일으킨 어리석은 무리는 다시 스스로 해산한다는 것은 생각지도 않았습니다. 10일(7월 24일)에 그들은 오히려 조선의 고위층 인사들을 습격하였고 궁궐을 점령하였습니다. 그들은 마치 멧돼지 떼처럼 괴성을 지르면서 이리저리 광분하여 돌아다녔습니다. 휴식 중이던 왕의 부친[19]을 놀라게 하였고, 왕비는 하늘나라로 가셨습니다. 두세 명의 왕실의 최고 고문은 붙잡혀 살해되었습니다. 그것은 수천 년 역사에서 유례가 없는 난폭한 혁명이었습니다.

귀국의 하나부사 공사는 사태가 어떻게 진행되어가는가를 알게 되자 도피를 생각하여 제물포(로즈 아일랜드[20]) 근처에서 회전 스크루로 작동되는 배를 타고 급히 그곳을 떠났습니다. 그 후 그가 귀국에 다시 도착하였는지 그렇지 않은지 우리는 알지 못합니다. 당시에 폭도들은 그를 부천까지 추격하였습니다. 도피 도중에 사망한 여섯 명의 시체는 수도에서 살해당한 사람들의 시체와 마찬가지로 땅바닥에서 한데 모아(말 그대로는: 반듯이 눕혀 놓음) 엄숙하게 매장하였습니다. 매장지에는 그때 설치된 말뚝으로 표시를 해놓아서, 만일 귀하께서 직접 이곳에 오신다면 결코 못보고 지나칠 리 없습니다.

그러한 공포의 시기에는 평온을 회복하는 것이 가장 중요한 일이었습니다. 우리 왕의 고귀하신 부친은 오래전부터 국민들이 외경과 신뢰로 우러러보고 있는 분이고 우두머리의 날카로운 칼 앞에 친히 저항을 감행함으로써 온화함과 엄격함을 바꿔가며 다스릴 줄 아시는 분이 온즉, 다행스럽게도 오도된 자들을 깨우치고 그들의 마음을 움직여 진정시키시는 데 성공하였으므로 우리나라의 학자, 관리, 국민 모두가 남녀노소 할 것 없이 공포에서 벗어나 다시 신뢰를 찾게 되었습니다. 이렇게 우리 역대 군주들의 선조들은 우리나라에 행복을 가져다주는 보호를 베풀어주심을 비상시에도 거절한 적이 없습니다.

장차 조약상의 관계를 다시 맺을 때 우리가 상호 배려 속에서 서로를 대하고 평화의 항구적 유지를 위하여 이미 이루어져 있는 협정을 충실히 수행한다면 우리는 불행으로부터 위대한 행복이 생겨났다고 말할 수 있을 것입니다. 존경하는 귀 정부 측에서 우리의 이 말에 대해 분명 아무런 비난도 없기를 희망합니다.

---

19 [감교 주석] 흥선대원군

20 [감교 주석] 오늘날 월미도

귀하에게 모든 일이 잘 이루어지기를 바랍니다.

(서명날인): 전 경성염사[21]

김보현.[22]

(서명날인): …(직함 불명)

민진호[23]

(서명날인): 전 참판

동창식[24]

신보 편집부의 주.

본 급보에서는 우리에게 도착한 원문 안에 이상한 구문과 별도로 사용된 부호가 많이 들어 있었다. 우리가 추측해서 확실하게 개선할 수 있었던 것은 이미 고쳐놓았다. 그럼에도 몇몇 대목은 아직 더 자세한 설명이 필요하기도 하다.

올바른 번역에 대하여

아렌트

---

21 [감교 주석] 전 경성염사(前京城鹽司)

22 [감교 주석] 김보현(金輔鉉)

23 [감교 주석] 민진호(閔陳鎬), 선혜장상(宣惠掌上)

24 [감교 주석] 동창식(同昌植)

28

원문 p.827

조선의 내부 정세 및 대원군의 감금 관련

발신(생산)일	1882. 9. 5	수신(접수)일	1882. 10. 30
발신(생산)자	브란트	수신(접수)자	비스마르크
발신지 정보	베이징 주재 독일 공사관	수신지 정보	베를린 정부
	No. 50		A. 6623
메모	11월 10일 함부르크 발송		

A. 6623 1882년 10월 30일 수신

베이징, 1882년 9월 5일

No. 50

비스마르크 각하 귀하

본인은 톈진 주재 독일제국 영사 펠드람으로부터 이번 달 3일 자 48번으로 이미 통고받은 바 있는 조선의 왕의 숙부(아버지) 대원군의 감금 및 톈진으로의 이송에 관해 오늘 총리아문의 대신들로부터 확인을 받았습니다.

대신들에 따르면, 대원군은 어떤 전갈을 접수하려고 청국군 진영에 초대받았는데, 그곳에서 그는 청국 황제의 명령에 의하여 톈진으로 이송되리라는 것을 통고받았다고 합니다. 대신들은 그가 일시적으로 톈진에 억류되어 있지만 조선으로의 귀환은 결코 허용되지 않으리라고 부언하였습니다.

대신들은 일반적으로 조선에서의 사태 정황에 대해 매우 만족스럽게 이야기하고 있고 왕, 그리고 그와 더불어 개화파에 의한 정부권력의 집행은 곧 더 이상 아무 방해도 받지 않을 것이라는 희망을 표현하였습니다. 외국과 체결한 조약의 이행도 아무런 어려움을 겪지 않으리라는 것입니다.

일본인의 태도에 대해서 대신들은, 그들이 지금까지는 매우 온건하고 평화적이라고 말하였습니다. 물론 일본 전권대사[1]이 대원군과 협상을 벌인 것은 우려스러운 과오를 범한 것으로, 왕과 협상을 재개하는 것이야말로 당연하고 예상컨대 만족할만한 성과를

1 [감교 주석] 하나부사 요시모토(花房義質)

낼 것이라고 합니다. 일본인의 요구에 대해서 대신들은 전보밖에 받은 것이 없고 그것도 매우 불완전한 정보였다고 주장했습니다. 배상 요구는 일본 측에서 제기하였지만 대신들이 보기에 그것은 그다지 중요한 것이 아니라고 합니다. 게다가 일본 변리공사 하나부사는 돈 없는 조선의 실정에 비추어 보면 배상액이 더 삭감될 수도 있으리라고 해명했다고 합니다.

조선에서 청나라 사람들과 일본인들 사이의 관계는 지금까지는 매우 만족스럽습니다. 청국 특별위원 마젠중[2]는, 지금까지 서울에 주둔하고 있는 4000명의 군대로도 치안을 유지하기에 충분하리라 희망하지만 그렇지 않을 경우에는 주저하지 않고 일본인들에게 지원을 요청하겠다고 하는 뜻을 일본인들에게 전달했다고 합니다.

외견상 평화적인 이러한 전망에도 불구하고 청국의 보강병력이 계속해서 조선으로 파견되고 있다면, 이러한 조치의 근저에는 아마도 현재 우두머리를 빼앗겨버린 흥선대원군파의 봉기에 대한 걱정만큼이나 일본인들과의 충돌에 대한 걱정이 있을지도 모릅니다.

브란트

내용: 조선의 내부 정세 및 대원군의 감금 관련

2 [감교 주석] 마젠중(馬建忠)

29

원문 p.829

리훙장의 톈진 귀환 건

발신(생산)일	1882. 9. 6	수신(접수)일	1882. 10. 30
발신(생산)자	브란트	수신(접수)자	비스마르크
발신지 정보	베이징 주재 독일 공사관	수신지 정보	베를린 정부
	No. 50		A. 6624
메모	11월 1일 함부르크 발송		

A. 6624 1882년 10월 30일 수신

베이징, 1882년 9월 6일

No. 50

비스마르크 각하 귀하

전 총독 리훙장이 상중휴가[1]에서 어제 톈진으로 귀환하였음을 전해드립니다.

본인이 총리아문으로부터 전달받은 바에 따르면, 리훙장은 잠정적으로 북부 제 항구의 무역감독관[2]으로서의 업무만을 맡지만, 그와 동시에 총독 대리[3]와 함께 조선과 관련된 사안들의 지휘자로 임명받을 것이라고 합니다.

1 [감교 주석] 모친상

2 [감교 주석] 북양대신(北洋大臣)

3 [감교 주석] 장쑤성(張樹聲)

30

원문 p.830

리훙장의 톈진으로의 귀환에 관하여

발신(생산)일	1882. 9. 7	수신(접수)일	1882. 10. 30
발신(생산)자	브란트	수신(접수)자	비스마르크
발신지 정보	베이징 주재 독일 공사관	수신지 정보	베를린 정부
	No. 52		A. 6625
메모	11월 1일 함부르크 발송		

A. 6625 1882년 10월 30일

베이징, 1882년 9월 7일

No. 52

비스마르크 각하 귀하

예전에 조선 내부의 정세와 관련하여 본인이 올린 바 있는 보고서에 이어서 신보[1]에서 발췌한 또 다른 두 편의 기사를 번역하여 첨부로 보내드립니다. 이 기사에는 몇몇 흥미로운 세부사항이 포함되어 있습니다.

이번 달 3일 자 공사관의 A. 48번 보고서에 부록 1로 첨부되어 있던 문서도 마찬가지로 신보에서 발췌한 것으로, 조선에서 일어난 사건들에 대해 진술한 것입니다. 이 문서는 총리아문의 대신들의 귀띔에 의하면 완전히 신뢰할만한 것으로 간주될 수 있다고 합니다.

브란트

내용: 리훙장의 톈진으로의 귀환에 관하여

1 [감교 주석] 신보(申報)

1882년 9월 7일 자 A.No. 52의 첨부문서 1

사본

번역

신보[2]에서 발췌

1. 1882년 8월 29일 자 발행호

우리는 조선의 평화유지를 위하여 청국 정부가 6000명을 그곳으로 파견하였다는 것을 이미 예전에 보도한 바 있다.

알려진 바와 같이 과거에는 조선으로 가는 수로가 엄격히 차단되었고 외국과의 통상관계는 이루어지지 않았다. 그런데 일본이 조선을 유도하여 관계[3]를 맺는 데 성공한 이래 국민의 견해에 어떤 변화가 일어났다.

우리는 조선에 반동파[4]와 개화파가 있는데, 이 중 반동파가 수적으로 우세하다는 것을 이미 이전에 말한 바 있다.

몇 년 전[5]에 조선의 학자이자 관리인 변원규[6]라고 하는 사람이, 조선은 한쪽으로는 강대한 러시아와, 다른 한쪽으로는 일본과 인접해 있어서 이로부터 국가에 여러 가지 위험한 일이 생긴다는 것을 숙고하여 베이징으로 와서 서한 한 통을 전달하였는데, 여기에는 이러한 사정을 충분히 헤아려주었으면 하는 바람이 표명되어 있었다.

직례총독[7]이자 북부 무역감독관[8] 리훙장[9]의 주도적 영향하에 다음과 같이 결정되었다:

1) 조선은 나라밖 모든 국가와의 통상에 문호를 개방할 것.

2) 김윤식[10]을 조선의 대사로서 2~30명의 혈기 왕성한 청년들과 함께 톈진으로 보낼 것.[11] 이 청년들은 그곳에서 기계제작술에 대한 수업을 받게 된다.

---

2 [감교 주석] 신보(申報)

3 [감교 주석] 조일수호조규(朝日修好條規) 체결을 의미함.

4 [감교 주석] 위정척사파

5 [감교 주석] 1880년 8월임.

6 [감교 주석] 변원규(卞元圭)

7 [감교 주석] 직례총독(直隸總督)

8 [감교 주석] 북양대신(北洋大臣)

9 [감교 주석] 리훙장(李鴻章)

10 [감교 주석] 김윤식(金允植)

11 [감교 주석] 영선사(領選使)

이제 이 청년들이 그곳에서 그야말로 만족스러운 발전을 이루고 있는 동안에 갑자기 반동파가 기도한 음모[12]가 일어났다.

외국과의 통상관계 체결 계획을 처음으로 세운 민겸호(일본어식 발음은 Bin)[13]는 살해되었다.

왕비는 이 정치인의 혈족이었다. 왕비도 살인자들의 손에 죽을 수밖에 없었던 이유는 여기에서 찾을 수 있다. 세자와 세자빈도 해를 입었던 이유도 마찬가지로 이들이 왕비의 영향하에 있다고 간주되었다는 데서 찾을 수 있다.

폭동의 주모자는 왕의 숙부[14]였다. 왕 자신도 굴욕을 면치 못했다는 것도 그렇게 설명할 수 있다.

변원규(위에 언급한 조선 관리)도 그것(굴욕; 번역자)으로부터 면하지 못했으리라는 것은 유감스럽게도 사실인 듯하다.[15]

톈진에서 공부하고 있는 청년들을 그곳으로 데리고 온 김윤식의 온 가족은 살해되었고, 청년들 가운데 명망 있는 관리의 가족에 속하는 사람들도 역시 같은 운명에 처해졌을 것이다. 김윤식은 죽도록 슬퍼하고 있다. 그는 (조선 풍습에 반하여) 머리털을 밀어버린 (말하자면 그렇게 해서 중국인으로 귀화한) 후에 조선으로 파견된 우리 군대를 동행하여 길 안내자 역할을 하였다.[16]

우리의 군대가 조선으로 가는 목적은 그곳에 평온을 회복시켜주기 위함이지 일본인들에게 일을 만들어주기 위함이 아니다. 그렇지만 조선은 청국의 속국이고, 따라서 우리는 그 어떤 외부자가 간섭하는 것을 허용하지 않을 것이다. 그럼에도 이에 대한 이해부족으로 양측 사이에서 혹시라도 폭력사태가 일어나게 될 경우, 조선에 주둔하는 우리 군대의 수는 최소한 약 3만 명으로 증강해야만 할 것이다. 가장 높은 자리에서 사태를 주도면밀하게 검토하고 있고 리훙장은 내각의 비밀훈령에 의해 즉시 그의 직책으로 귀환하라는 명령을 받았다는 소식이 들린다.

아렌트

---

12 [감교 주석] 임오군란

13 [감교 주석] 민겸호(閔謙鎬)

14 [감교 주석] 독일외교관들은 고종이 즉위 당시 익종(翼宗)의 양자로 들어간 사실을 고려해서 흥선대원군과 고종의 관계를 숙부로 표현하였음. 독일외무부에서 1882년 10월 25일에 수신한 A. 6536에서 흥선대원군을 고종의 숙부로 표현한 내용이 서술되어 있음.

15 [감교 주석] 『임오군란기』라는 소설에서는 변원규가 장호원으로 피난 간 명성황후의 생존 사실을 고종에게 전하고, 청국에 원군을 요청하는 봉서를 보낸 것으로 나와 있음. 이에 대해서는 역사적 고증이 필요한 바임.

16 [감교 주석] 김윤식은 임오군란이 발발하자 청군의 파병을 요청하였으며, 그 요청이 받아들여지자 청군과 함께 조선에 귀국하였음.

1882년 9월 7일 자 A.No. 52의 첨부문서 2
번역

신보[17]에서 발췌
2. 1882년 8월 30일의 발행호

방금 전에 우리는 어느 외국인 통신원으로부터 즈푸에서 다음과 같은 보고를 받았다:
이번 달 11일(중국식 날짜로는 8월 24일)에 중국상사 소속의 기선 "Huai yüen"호가 조선에서 즈푸로 돌아와 이야기하기를, 현재 이미 7천 명의 청국 군대가 조선에 있고 이들 모두는 한강변의 보루 근처에서 야영하고 있다. 그들은 중간 정도 높이의 산에 야영지를 펼쳤다. 그들은 마젠중(다른 이름으로는 Ma-kie-tschong)[18]의 지휘 아래 있다. 그런데 마는 책임의 중대성을 느껴 북양대신 리훙장에게 빨리 다른 관리와 교대시켜달라고 요청했다고 한다. "Huai yüen"호가 닻을 올렸을 때, 청국 군함 9척, 일본 군함 3척, 그리고 영국 군함, 미국 군함 및 프랑스 군함 각각 한 척이 한강 어귀 앞에 있었다. 청국 군대와 일본 군대는 서로 멀리 떨어져 있지 않았지만 그들 사이에서는 아무런 소통도 일어나지 않았고, 그에 반해 통상적인 경의표시는 서로 주고받았다. 12일(그러니까 8월 25일?)에는 기선 "Jin Sin"호가 즈푸에서 천막, 탄약 등을 싣고 조선으로 출항하였다. 이는 더 많은 청국 군대가 파병될 것이고 또 전 병력이 집결하자마자 조선 내부로의 진격이 개시되리라는 것을 의미한다. 우리의 통신원에 따르면, 지금까지 청국인과 일본인 사이에 분규는 일어나지 않았다고 하고, 일본 공사 Chia pen von yang[19](즉 에노모토)[20]가 조선 문제로 협의하기 위해 이미 베이징을 향해 떠났기 때문에 아마 이후에 당분간 평화가 깨질 전망은 없다고 한다. 그리고 또 조선에서의 소란 때문에 상[21]을 중단한 리훙장은 사건의 현장에 좀 더 가까이 있으려고 즈푸에 거처를 정할 것이라고 한다.

올바른 번역에 대하여
아렌트

---

17 [감교 주석] 신보(申報)
18 [감교 주석] 마젠중(馬建忠)
19 [감교 주석] 에노모토 다케아키의 한자식 표기를 중국어식으로 발음하였음.
20 [감교 주석] 에노모토 다케아키(榎本武揚)
21 [감교 주석] 모친상

31

원문 p.834

계류 중인 의견 차이를 조정하기 위한 조선과 일본 사이의 조약 체결에 관하여

발신(생산)일	1882. 9. 8	수신(접수)일	1882. 10. 30
발신(생산)자	브란트	수신(접수)자	비스마르크
발신지 정보	베이징 주재 독일 공사관	수신지 정보	베를린 정부
	No. 53		A. 6626
메모	11월 1일 함부르크 발송		

A. 6626 1882년 10월 30일 수신

베이징, 1882년 9월 8일

A. No. 53

비스마르크 각하 귀하

어제 이곳 일본 공사관에 도착한 도쿄발 전보에 의하면, 조선과 일본 사이의 의견 차이는 9월 30일 서울[1]에서 체결된 조약[2]을 통해 만족스럽게 해결되었다고 합니다.

이 소식은 오늘 아문[3]의 대신들을 통해 본인에게 확인되었습니다. 아문의 대신들은 체결된 조약에 대해 불만족스럽지는 않아 보입니다.

일곱 개의 조항을 포함하는 조약은 다음과 같이 규정하고 있습니다:

첫째, 조선은 살해당한 일본인의 유가족에 대한 배상으로서 금액 5만 달러[4]를 지불할 것.

둘째, 조선은 군비 및 기타의 지출에 대한 배상으로서 향후 5년 내에 금액 5만 달러[5]를 일본에 지불할 것.

셋째, 일본 공사의 신변보호를 위하여 1년간 서울에 호위병이 주둔하도록 허용할 것.

---

1 [감교 주석] 제물포조약 체결일은 8월 30일(음력 7월 17일)이며, 조약 체결 장소는 서울이 아니라 제물포(인천)였음. 이 보고서에 기재된 날짜와 장소는 오기로 보임.

2 [감교 주석] 제물포조약

3 [감교 주석] 총리아문(總理衙門)

4 [감교 주석] 5만 엔

5 [감교 주석] 실제 조약문에는 조선이 매년 10만 엔씩 5년 이내 지급할 것으로 되어 있음.

대신들의 주장에 따르면, 이 내용의 출처인 리훙장의 보고서에는 호위병의 수에 대해 아무런 언급도 없다고 합니다. 톈진에서 들어온 비공식 보도에서는 1천 명이라고 언급되어 있습니다.

넷째, 일본 공사와 일본 영사에게는 조선에서 자유롭게 여행하는 것이 허용될 것. 다른 일본인에게는 허용되지 않을 것.

이 조약의 마지막 세 조항에 대해 대신들은 중요하지 않은 것이라고 진술했는데, 이는 추가정보 제공을 확연히 싫어하는 그들의 태도로 보아 그다지 믿을만해 보이지는 않습니다.

대신들이 그 밖에 또 이야기해준 바에 따르면, 폭도들과 청국 군대 사이에 어떤 충돌이 일어났음에 틀림없습니다. 폭도들이 참호를 구축했던 두 개의 마을은 청국 군대에 의해 탈환되었고, 포로들 가운데 상당수가 처형되었으며 나머지 폭도들, 즉 군인들은 내륙으로 도망쳤습니다.

조선에 있는 청국 군대는 특별한 일이 없는 한 그곳에 머물러 있을 것입니다.

청국군 사령관 마젠중[6]는 며칠 안으로 톈진에 올 예정인데, 우리와의 조약에 서명한 바 있는 두 명의 조선 전권대신[7]이 그와 동행할 것입니다. 본인이 생각하기에 그 목적은 아마도 일본에 대한 배상금 지불 또는 청국과 조선 사이의 통상교역과 관련하여 청국 정부와 후속 합의를 도출하기 위해서일 것입니다.[8]

그곳에서 수신한 전보에 대해 본인에게 통지해준 일본 공사관 측에서는 조약의 세부 사항에 대해서는 아는 바가 없다고 주장하였습니다.

브란트

내용: 계류 중인 의견 차이를 조정하기 위한 조선과 일본 사이의 조약 체결에 관하여

6 [감교 주석] 마젠중(馬建忠)

7 [감교 주석] 조선과 독일은 1882년 6월 30일(음력 5월 15일)에 제1차 조독수호통상조약을 체결하였음. 체결 당시 조선 측 전권대신은 조영하(趙寧夏)였으며, 부대신은 김홍집(金弘集)이었음. 임오군란 직후 조영하와 김홍집은 각각 진주정사(陳奏正使)와 진주부사(陳奏副使)로 임명되어서 청국에 다녀옴.

8 [감교 주석] 실제 조영하는 청국에 건너가서 조청상민수륙무역장정(朝淸商民水陸貿易章程)을 체결하였음.

32

원문 p.836

일본과 조선 사이의 의견차이 조정에 관련하여

발신(생산)일	1882. 9. 11	수신(접수)일	1882. 10. 30
발신(생산)자	펠드람	수신(접수)자	비스마르크
발신지 정보	톈진 주재 독일 공사관	수신지 정보	베를린 정부
	No. 49		A. 6628
메모	11월 1일 함부르크 발송		

A. 6628 1882년 10월 30일 수신

톈진, 1882년 9월 11일

No. 49

비스마르크 각하 귀하

조선 건의 후속 경과에 관한 이번 달 3일 자 48번 보고서에 이어서, 리훙장이 이번 달 5일에 고향으로부터 이곳에 다시 도착하였고 일단 대리 식으로 북부 항구의 무역감독관[1] 직책을 다시 담당하게 되었음을 보고드립니다.

그 후 곧바로 이곳에서 근무하고 있는 중국인 통역관이 본인에게 전해준 바로는, 일본과 조선 사이의 의견 차이가 조정되었다고 합니다.[2]

리훙장이 본인에게 직접 확인해준 바로는 아래와 같은 조건들이라고 합니다.

1. 조선은 군비 목적으로 지출된 비용에 대한 배상으로서 향후 5년 이내에 일본에 은화 50만 엔을 지불할 것.[3]

2. 조선은 5만 엔의 배상금을 살해된 일본인의 유가족에게 지불할 것.

3. 일본 군대는 원산에 주둔할 것. 이 조항에 대한 자세한 조건들에 대해서는 엇갈리고 있습니다. 리훙장은 이에 대해 정확한 것은 알지 못한다고 해명했습니다. 한편으로는 약 600~1000명의 병사가 일본인 보호를 위해 우선 1년간 조선에 머무른다는 주장이 있고, 다른 한편으로는 군사적 책임 문제가 완전히 해결될 때까지 조선에 주둔한다는

1 [감교 주석] 북양대신(北洋大臣)

2 [감교 주석] 제물포조약

3 [감교 주석] 실제 조약문에는 조선이 매년 10만엔씩 5년 이내 지급할 것으로 되어 있음.

주장이 있습니다. 그 밖에 일본 외교관들은 조선 내에서 자유로이 어디든 여행해도 되고, 소규모 통상을 편리하게 하기 위해 일본 동전을 일본에서 수입해도 되는 것으로 협약이 이루어졌다고 합니다.[4]

리훙장의 설명에 따르면, 청국은 근본적으로 조선의 협약에 개입해서는 안 되지만, 질서 유지를 위해 약 3000명의 청국 군대가 서울에 주둔해 있을 것이라고 합니다. 대원군을 이곳으로 데려온 이유는 그가 조선 수구파의 추종자로서 언제나 난국을 유발했기 때문입니다. 주지하다시피 그는 미국과의 분쟁, 프랑스 선교사와 본국의 천주교인 학살에서도 중대한 역할을 한 바 있습니다.

대원군은 일단 이곳에서 좀 더 쉽게 억류되어 있을 것이고, 언젠가는 다시 조선으로 귀환할 전망이 거의 없다고 합니다. 외국 열강들과 체결한 조약[5]은 새로 조직된 조선 정부 측에서 전적으로 승인되었습니다.

불과 며칠 전에는 Tautai[6]로 임명된 마젠중[7]이 두 명의 조선인 사절 조영하, 김홍집과 함께 이곳에 도착하였습니다.

톈진, 1882년 9월 11일. 내용: 일본과 조선 간의 의견 불합치 조정에 관하여

리훙장은 이 조선인들이 이곳에 온 목적은 조선의 신정부[8]도 청국에 대한 그들의 조공 의무를 인정한다는 것을 보고하기 위함이라고 말했습니다.[9] 또한 협상은 오직 이곳에서만 진행될 것이고 사절들은 곧 마젠중과 함께 조선으로 귀환할 것이라고 합니다.

마젠중은 조선에서 그의 공적을 인정받아 승진했습니다.

펠드람

내용: 일본과 조선 사이의 의견차이 조정에 관련하여

---

4 [감교 주석] 제물포조약과 함께 체결된 조일수호조규 속약에 있는 내용임. 하지만 이 속약에는 일본 외교관 및 그의 수행원과 가족의 내지 통행을 허가(2조)하였지만, 통상을 위해서 일본 동전을 수입할 수 있다는 규정은 없었음. 참고로 1876년 조일수호조규 부록 7조에서 일본 화폐의 조선 유통을 허가한 바가 있음.

5 [감교 주석] 조미수호통상조약, 제1차 조영수호통상조약, 제1차 조독수호통상조약을 의미함. 참고로 1882년에 조선이 영국, 독일과 체결한 조약은 영국과 독일의 비준거부로 사실상 폐기되고, 이듬해인 1883년에 새로운 조약의 체결로 이어졌기에, 여기서는 1882년에 조선이 영국, 독일과 체결한 조약을 '제1차'로 명명하기로 함.

6 [감교 주석] 도대(道臺)

7 [감교 주석] 마젠중(馬建忠)

8 [감교 주석] '신정부'는 임오군란으로 정권을 장악했던 흥선대원군 정부의 몰락 이후 출범한 정부를 지칭함.

9 [감교 주석] 청국은 조청상민수륙무역장정을 통해서 조선이 청국의 속방이라는 점을 명문화하였음.

33
원문 p.838

조선

발신(생산)일	1882. 9. 9	수신(접수)일	1882. 10. 30
발신(생산)자	체트비츠	수신(접수)자	비스마르크
발신지 정보	도쿄 주재 독일 공사관	수신지 정보	베를린 정부
	A. 62.		A. 6631
메모	11월 1일 함부르크 발송		

A. 6631 1882년 10월 30일 수신

도쿄, 1882년 9월 9일

A. 62

비스마르크 각하 귀하

지난달 31일 자 A. 60번 보고서와 관련하여, 일본과 조선 사이의 갈등은 이제 평화적인 방법으로 해소되었음을 보고드립니다.[1]

위급을 전하는 소문의 유포, 임박한 전쟁위험에 따른 경기하락을 예측한 투기를 막기 위해 개인에게 보내는 암호화된 지방전보의 발송을 가끔씩 중지시켰던 이곳 정부는 그러한 금지조치를 해제하던 차에 조선과의 평화적인 조정이 이루어졌음을 외국 대표들에게 공식적으로 통보하였습니다.

일본 변리공사[2]는 지난달 20일에 왕[3]으로부터 축하알현을 허락받았고, 그 후 일반적으로 봉기파의 우두머리로 간주되는 흥선대원군을 방문하였습니다. 왕과 대원군은 공사에게 이번 사건에 대한 그들의 유감을 표현하였습니다. 왕은 청국의 영향력 행사를 통해 다시 복권된 것으로 보입니다. 대원군은 조선을 - 추측컨대 자발적 의지에 의해서가 아니라 - 떠났고 청국 군함을 타고 톈진으로 갔습니다. 청국 정부가 최근에 일어난 사건에 관련하여 그에게 책임을 물을 것이라 가정해볼 수 있습니다.

하나부사와 조선의 전권대신[4] 사이에서 이루어진 조약의 개별 조항들은 다음과 같습

1 [감교 주석] 제물포조약 체결을 의미함.

2 [감교 주석] 하나부사 요시모토(花房義質)

3 [감교 주석] 고종(高宗)

4 [감교 주석] 이유원(李裕元)

니다:

- 조선 당국은 향후 20일 이내에 폭도들을 체포하고 그 주모자들을 엄벌할 것. 조사는 일본 관리의 협조하에 이루어질 것.
- 조선 정부는 폭동에서 살해된 일본인의 가족들에게 5만 엔(달러)의 배상액을 지불할 것.
- 또한 조선 정부는 일본 정부가 일본 공사관의 피습과 그 결과 필요해진 조치로 말미암아 입은 손실 및 지출에 대한 배상으로서 50만 엔의 금액을 5년간 해마다 나누어서 지불할 것.[5]
- 공사관의 보호를 위하여 일본 군대가 수도에 상시 주둔할 것. 조선 정부는 이 병영을 위한 비용을 부담할 것. 일본 군대는 1년이 경과한 후에 일본 공사가 적절하다고 여기는 경우에는 철수할 것.
- 조선 정부는 이번 폭동에 의해 야기된 불행한 사태에 대해 사과를 표시하는 왕의 친필 서한을 지참한 특사를 도쿄에 파견할 것.
- 원산, 부산, 인천의 조약 상 통행 범위는 즉시 50리(= 약 12킬로미터) 확대하고, 지금으로부터 2년 후에는 추가로 100리 확대할 것.
- 늦어도 1년이 경과한 후에는 통상을 위하여 (인천만에 위치한) 양화진을 개항할 것.
- 조선 여권을 구비한 일본 공사관의 관리는 제한 없이 가족 동반으로 조선 내지를 여행할 수 있으며 조선 관헌의 특별보호를 받을 것.

협정서 자체는 현재 본인이 아직 가지고 있지 않으며, 위의 진술은 외무대신이 본인에게 보내준 하나부사의 전보에 기초한 것입니다. 따라서 사소하게 틀린 구절들이 없지는 않을 것입니다.

이곳의 지도층에서는 확정된 배상에 대해 만족하고 있음이 분명합니다. 만약 새로운 분규가 추가로 일어나지 않는다면, 이 건의 해결은 실제로 일본에 영예로운 것으로 보아도 좋을 것입니다.

이노우에[6]는 휴가를 떠나고, 베이징에 새로 임명된 에노모토[7] 공사는 이번 달 20일에 취임차 그곳으로 출발할 계획입니다. 하나부사는 이번 달 중으로 도쿄에 올 예정입니다.

체트비츠

내용: 조선

---

5 [감교 주석] 제물포조약 4관에는 "매년 10만 원씩 지불하여 5개년에 다 청산한다."라고 서술되어 있음.

6 [감교 주석] 이노우에 가오루(井上馨)

7 [감교 주석] 에노모토 다케아키(榎本武揚)

베를린, 1882년 11월 1일

A. 6622, 6624, 6625, 6626, 6628, 6631

벤첼 독일제국공사 귀하
함부르크

No. 37

1870년 1월 23일 자 본인의 훈령(3번)에 의하여, 조선의 정세와 관련된 베이징 주재 제국공사의 9월 3, 6, 7, 8일 자 보고서, 도쿄 주재 대리공사의 9월 9일 자 보고서, 텐진 주재 영사의 9월 11일 자 보고서를 첨부하여 전달해드립니다.

34
조선

원문 p.841

발신(생산)일	1882. 9. 25	수신(접수)일	1882. 11. 3
발신(생산)자	체트비츠	수신(접수)자	비스마르크
발신지 정보	도쿄 주재 독일 공사관	수신지 정보	베를린 정부
	A. 63		A. 6698
메모	11월 1일 함부르크 발송		

A. 6698 1882년 11월 3일 수신, 첨부문서 1부

도쿄, 1882년 9월 25일

A. 63

비스마르크 각하 귀하

조일 협정[1]의 이행을 위한 첫 조치에 대해서는 본인이 이번 달 9일 자로 보고(A. 62)를 올린 바 있습니다만, 이번 달 12일에 폭동의 주모자들 가운데 몇몇이 일본 관리들이 임석한 가운데 참수형에 처해졌고 몇몇 다른 이들은 유배형에 처해짐으로써 실행에 옮겨졌습니다.

이곳의 청국 공사 리수창[2]은 모든 합의 체결이 발표된 직후 이번 달 20일에 베이징으로 떠난 일본 공사 에노모토[3]를 축하하기 위해 공식 만찬을 베풀었는데, 이 만찬에는 다른 일본 고위관리들 외에 태정대신 산조[4], 우대신 이와쿠라[5], 외무대보[6], 그리고 모든 외국 대표가 초대받았습니다. 본인의 추측으로는, 리수창은 이 기회에' 본국 정부의 승인을 받아, 건배 인사를 통하여 일본과 청국 사이의 평화를 유지하는 데 성공했다는 데 대한 만족감을 표현하였고, 에노모토의 파견이 이 평화적 관계를 강화하고 공고히 하는 데 기여하리라는 희망을 표명하였습니다. 에노모토는 비슷한 뜻으로 답사를 하였습니다.

---

1 [감교 주석] 제물포조약
2 [감교 주석] 리수창(黎庶昌)
3 [감교 주석] 에노모토 다케아키(榎本武揚)
4 [감교 주석] 산조 사네토미(三條實美)
5 [감교 주석] 이와쿠라 도모미(岩倉具視)
6 [감교 주석] 요시다 기요나리(吉田清成)

조금 전에 이와쿠라가 본인에게 전달한 바로는, 그 사이에 포병대를 포함한 3천 명의 청국 군대가 서울로 진주하였습니다. 청국 정부는 찬탈자 대원군을 조선으로 돌려보낼 계획입니다. 이와쿠라가 본인에게 한 말에 따르면, 이는 이미 일어난 일이라고 합니다. 그 계기를 제공한 것은 자신의 부친을 위한 왕의 간청이었다고 합니다. 아버지가 자식에 대해 저지른 잘못에 대해서는 일반적으로 벌하지 않고 부모에 대한 외경을 자식의 첫 번째 의무로 규정하는 중국 윤리의 관점에서 보아 그러한 조치는 아마도 납득할만한 것으로 여겨질 것입니다. 신문들은 왕이 청국 정부에 보낸 관련 서한을 공개하고 있는데, 이곳에서는 이 서한을 왕이 쓴 진짜 서한으로 보고 있습니다. 이 독특한 글의 독일어 번역본을 첨부하여 제출합니다.

청국의 명백한 세력전개(힘의 과시)는 일본으로 하여금 앞으로도 계속해서 군사적 모험을 하지 못하도록 억제하기에 충분할지도 모릅니다. 그러한 군사적 모험이란 특히 일본의 재정 상황을 감안한다면 국가에 커다란 불행을 의미할 것이고 대외적 성공에 대한 아무런 확실한 전망도 갖지 못할 것입니다.

바로 얼마 전에 휴가를 떠난 외무대신[7]은 도쿄를 떠나기 전에 기회를 내어 본인에게 조선과 청국 사이의 국가법적 관계를 분명하게 해두는 것이 일본으로서는 절대적으로 필요하다는 점을 설명하였습니다. 이노우에는 이미 예전의 기회에서도 그랬던 것처럼 일본 정부가 조선을 완전히 독립적인 국가로 인식한다는 견해를 표명하였고 독일제국 정부가 이 문제에 대해 어떤 태도를 취하고 있는지에 대한 정보를 달라고 본인에게 요청하였습니다.

베이징 주재 독일제국 공사에 의해 이곳으로 전달된 조독조약은 조미조약과 마찬가지로 그 안에 조선과 청국 간의 예속관계에 대해서는 언급이 없고, 현재 비준도 하지 않았으며, 이 점에 대한 독일제국 정부의 견해가 어떤 것인지 본인은 알지 못하므로, 본인은 이노우에에게 독일제국 정부로서 그 문제에 관하여 지금 어떤 특정한 태도를 취해야 할 동기가 있는 것인지 본인에게는 의심스럽게 생각된다는 식의 회피성 답변을 주었습니다.

본인은 이노우에가 도쿄에 귀환한 후 이 문제로 다시 돌아가든가 또는 어쩌면 베를린에서 아오키[8]를 통해 이 문제를 제기할 것이라고 추측하고 있습니다.

제트비츠

7 [감교 주석] 이노우에 가오루(井上馨)

8 [감교 주석] 아오키 슈조(青木周藏)

내용: 조선, 첨부문서 1부

A. 63의 첨부문서

사본

번역

1882년 9월 22일 자 니치니치신문[9]에서 발췌

조선 왕은 서한을 통해 청국 정부에 대원군의 석방을 요청하였는데, 조영하와 김홍집의 두 사절에 의해 베이징으로 전달된 이 서한의 주요 내용은 다음과 같다:

6월 상순(조선의 시간 측정에 따라)[10] 군란[11]이 일어났습니다. 이 반란은 국내에서는 소요사태를, 외국과의 사이에서는 분규를 초래하였습니다. 이번 달 13일에는 우창칭[12] 장군, 딩루창[13] 제독, 그리고 감찰관 마젠중[14]이 대국(청국)의 파견사절로서 이곳에 도착하여 수도에 들어섰습니다. 그들은 본인의 부친인 대원군을 방문하였습니다. 대원군은 답례로 같은 날 그들의 숙소로 그들을 방문하였습니다. 날씨에 대한 담소가 끝나기가 무섭게 그 사절들은 병사들로 하여금 본인의 부친을 체포하게 하였습니다. 본인은 오랫동안 부친을 기다렸음에도 부친은 그날 저녁이 되어서도 돌아오지 않아 본인은 몹시 불안해졌습니다. 부친이 돌아오지 않은 이유를 본인은 대국의 사절들이 이곳에 내건 벽보를 통해 처음으로 알게 되었습니다. 벽보의 내용인즉, 본인의 부친은 진영에서 포로로 억류되었다는 것입니다. "소문에 의하면 대원군은 폭동의 주모자로 간주된다", "청국의 황제는 이를 듣자 격노하여 '대원군이 폭동에 가담하였다면 그는 이 폭동의 주범으로 보아야 한다'라고 말했다" 등의 구절들은 본인의 마음속에, 부친이 딩루창 제독에 의해 베이징으로 압송되어 그곳에서 심문을 받게 되리라는 확신을 불러일으켰습니다. 그럼에도 불구하고 본인은, 병사들이 부친을 엄격하게 감시했고 기선이 서둘러 떠났기 때문에

---

9 [감교 주석] 도쿄니치니치신문(東京日日新聞)

10 [감교 주석] 음력을 의미함.

11 [감교 주석] 임오군란

12 [감교 주석] 우창칭(吳長慶)

13 [감교 주석] 딩루창(丁汝昌)

14 [감교 주석] 마젠중(馬建忠)

부친과 작별조차 하지 못하였습니다. 배가 먼 바다를 향해 떠나가는 것을 보았을 때, 본인은 강제로 엄마한테서 떨어지게 된 어린아이와 같다는 생각이 들었습니다. 본인의 간절한 소망은 부친을 즉시 이곳으로 돌려보내주십사 하는 것입니다.

폭동을 일으킨 자들은 오로지 불만을 품은 군인들이었습니다. 본인은 왕으로서 정부의 고삐를 확실하게 쥐고 있지 못했기 때문에 책임은 본인에게 있습니다. 하늘의 빛은 오직 평온만을 동경하는 늙고 허약한 부친이 창검에 대한 두려움 없이 폭도들을 진정시켰고 폭동을 종식시켰다는 것을 증명해줄 수 있습니다. 그러므로 부친은 비난받아선 안 되고 그 공로에 대한 대가로 높이 찬양받으셔야 합니다. 그 대신에 부친은 지금 폭동의 주모자로 여겨지고 있는데, 이는 억울한 잘못된 책임전가입니다. 본인이 죄지은 사람들에 대한 처벌을 주저했던 것은 오로지 본인의 무기력 탓이었습니다.

부친은 폭동에 조금도 가담하지 않았습니다. 그럼에도 불구하고 76세의 부친은 지금 아무도 돌봐주는 사람 없이 온갖 고초를 겪고 있습니다. 부친이 굶주리거나 병이라도 들면 누가 돌봐주겠습니까? 부친이 우리에게 돌아오도록 간청드립니다. 그러면 아버지와 아들, 주인과 하인 할 것 없이 영원히 황제 폐하의 은총에 감사할 것입니다.

올바른 독일어 번역에 대하여

크리엔

베를린, 1882년 11월 5일 A. 6556

벤첼 독일제국공사 귀하
함부르크

No. 38

1870년 1월 23일 자 본인의 훈령(3번)[15]에 따라 조선에서의 정치적 격동[16]에 관한 베이징 주재 제국공사의 올해 8월 29일 자 보고서를 첨부하여 전달해드립니다.

15 [감교 주석] 1870년 1월 23일 훈령은 독일의 재외공관 관련 규정 등을 의미하는 것으로 볼 수 있음.
16 [감교 주석] 임오군란

베를린, 1882년 11월 10일

A. 6623, 6698

벤첼 독일제국공사 귀하

함부르크.

No. 38.

1870년 1월 23일 자 본인의 훈령(3번)[17]에 따라 조선의 정세에 관한 베이징 주재 제국공사의 9월 5일 자 보고서와 도쿄 주재 제국 대리공사의 9월 25일 자 보고서를 첨부하여 전달해드립니다.

17 [감교 주석] 1870년 1월 23일 훈령은 독일의 재외공관 관련 규정 등을 의미하는 것으로 볼 수 있음.

35
원문 p.847

조선 관련 정세 보고서 발송

발신(생산)일	1882. 11. 9	수신(접수)일	1882. 11. 10
발신(생산)자	벤첼	수신(접수)자	비스마르크
발신지 정보	함부르크	수신지 정보	베를린 정부
	No. 51		A. 6810

A. 6810 1882년 11월 10일 수신

함부르크, 1882년 11월 9일

No. 51

비스마르크 각하 귀하

각하께서 지난달 26일 자 훈령으로 본인에게 발송해주신, 조선 내부정세에 관한 상하이 주재 제국 총영사의 9월 1, 9일 자 보고서, 톈진 주재 영사의 8월 15, 16, 20, 26일 자 보고서, 베이징 주재 제국공사의 8월 16일 자 보고서를 적절하게 긴밀히 이용한 후 환송해드립니다.

벤첼

36

원문 p.848

조선 척외파의 건백서 번역에 관련하여

발신(생산)일	1882. 9. 12	수신(접수)일	1882. 11. 11
발신(생산)자	브란트	수신(접수)자	비스마르크
발신지 정보	베이징 주재 독일 공사관	수신지 정보	베를린 정부
	No. 55		A. 6829
메모	11월 14일 함부르크 발송		

A. 6829 1882년 11월 11일 수신, 첨부문서 1부

베이징, 1882년 9월 12일

No. 55

비스마르크 각하 귀하

조선의 혼란[1]과 관련된 글의 번역본을 첨부하여 각하께 전달해드립니다. 이 문서는 반동파[2]의 견해를 예리하게 표현한 것으로서, 그들이 진압당한 후에도 여전히 그들의 선언으로 간주될 수 있어서 어느 정도 흥미를 끌 수도 있습니다.

중국어 원문은 신보[3], 일본 신문들, 그리고 이곳 일본 공사관이 본인에게 보낸 통지문에서 발췌하였습니다. 그럼에도 불구하고 번역에 더러 결함이 있다면, 이는 들인 수고에도 불구하고 중국어 원문을 전부 그대로 재현한다는 것이 가능하지 않았던 탓입니다.

이 건백서[4]의 저자는 백낙관[5]으로, 일본어로는 하쿠라쿠칸이라고 하는데, 그는 정부에 의해 투옥되어 사형선고를 받았지만, 그의 선조들의 국가공로 덕으로 그 판결은 집행되지 않았습니다. 군란을 통해 그는 감옥에서 풀려나 대원군에 의해 치안판사[6]로 임명되

1 [감교 주석] 임오군란

2 [감교 주석] 위정척사파

3 [감교 주석] 신보(申報)

4 [감교 주석] 이 글은 『고종실록』 고종 19년(1882) 5월 4일 자 기사에 수록되어 있음. 『고종실록』에는 백낙관이 상소가 고종에게 올라가지 않자 남산에 올라서 봉화를 올리면서 억울함을 사정하였다고 해서 '원정(原情)'으로 기록되어 있음.

5 [감교 주석] 백낙관(白樂寬)

6 [감교 주석] 포도청의 종사관으로 추정됨. 하지만 실록 등에는 대원군이 그를 관직에 임명한 기록이 없음. 다만 백낙관은 임오군란 직전에 남산에 봉화를 올리고 척화 상소를 올린 죄목으로 의금부에 갇혀 있었음(『고

었습니다. 청국의 간섭에 의해 초래된 정세의 급변동하에서 그의 운명이 어떠했는가는 아직 알려져 있지 않습니다.

브란트

내용: 조선 척외파의 건백서 번역에 관련하여, 첨부문서 1부

1882년 9월 12일 자 No. 55의 첨부문서
사본
번역

건백서[7]

조선의 학자 백낙관[8]의 글로, 두 편의 상호 보완하는 원문을 번역하였다. 두 편의 원문 중 하나는 1882년 8월 28일 자 신보[9]에 실려 있다.

천지의 총괄자이시고 고덕자이시고 훌륭한 윤리도덕의 보물이시며 숭고한 주인이신 전하께

전하! 일개 학자에 불과한 소인 백낙관[10]이 황공한 마음으로 백번이고 바닥에 엎드려 감히 전하께 아래와 같은 상소를 올리고자 합니다만, 소인의 미천한 신분으로는 나라의 안녕을 위해 목숨을 바치고자 맨 앞에 나설 권리가 없다고 소인에게 우선 비난이 가해질지도 모릅니다. 그렇다면 소인을 기다리고 있을 단두용 도끼도 두려워하지 않고 소인이

종실록』 고종 19년(1882) 5월 4일(양력 6월 19일). 그러다가 임오군란을 일으킨 세력들이 '백충신(白忠臣)'으로 추앙하면서 의금부에서 데리고 나오기도 했으며(『고종실록』 고종 19년(1882) 6월 9일(양력 7월 23일), 결국 대원군은 다음날인 6월 10일에 그를 방면하기에 이르렀음(『고종실록』 고종 19년(1882) 6월 10일(양력 7월 24일). 임오군란이 진압된 이후 제주도로 유배 갔다가 이듬해인 1883년에 처형되었음. 1908년 1월에 순종은 그의 죄를 사면하고 작위와 시호를 회복시켜 주었음.

7 [감교 주석] 원정(原情)

8 [감교 주석] 백낙관이 그의 이름임. 8월 19일 자 신보에는 그의 별명인 Lo k'uan으로만 표기되어 있는데, 처음에는 본인에 의해 Yüeh-k'uan으로 잘못 전사(轉寫)된 바 있음.

9 [감교 주석] 신보(申報)

10 [감교 주석] 백낙관(白樂寬)

이렇게 담대한 언사로써 앞에 나서려고 하는 이유가 어디에 있겠습니까? 그 이유는 다름 아니라 소인이 호군[11] 백홍수[12]의 아들이기 때문입니다. 소인의 부친은 우리 역사에서 영광스럽고 행복한 시대에 경력을 시작하는 행운을 누렸습니다. 40년 넘게 부친은 왕실의 편에 서 있었습니다. 부친은 3대의 군주를 섬기면서 누누이 은덕을 입었고 따라서 부친은 군주들을 최대한으로 숭배하였습니다. 이 은덕에 대해 일만 분의 일만이라도 보답하는 것이야말로 소인의 부모님의 한결 같은 소원이었습니다. 그러나 10년 전에 부친이 풍병[13]으로 불구가 된 이래, 부친은 앉아 있으나 누워 있으나 타인의 도움이 필요합니다. 그리하여 이제 부친에게 남아 있는 것이라곤 왕실을 생각하며 허무한 눈물을 흘리는 일밖엔 없습니다. 소인은 일개 어리석은 촌뜨기에 불과할지라도 부친의 족적을 밟을 의무가 있다는 것 정도는 분명히 깨닫고 있습니다.

소인이 지금 분에 넘치는 불손한 시도로 죄를 짓고 있음은 맞습니다만, 옛 (중국의) 성현의 고서[14]에는, "누구든지 간에 모든 사람에게는 반역의 신하와 배은망덕한 아들에 대하여 처벌의 손을 들어 올릴 권리는 부여되어 있다"[15]라고 쓰여 있습니다.

그러나 전하! 현재 왕실의 고관대작들 가운데 반역의 신하와 배은망덕한 아들의 부류에 속하지 않는 이는 극소수에 불과합니다. 그들은 비록 공자, 맹자, 장자, 주희 같은 성현의 학설로 교육을 받았습니다만, 마음은 마테오 리치가 나라에 퍼뜨린 예수의 종교에 기울어 있습니다. 그들은 조국의 들판에서 자란 곡식을 먹고 살지만, 그들이 입고 다니는 옷은 일본인, 프랑스인, 미국인의 옷입니다. 그들은 곧게 뻗은 길을 떠나 굽고 좁은 길을 갑니다. 그들은 나라의 이익을 위해 직무를 다하는 대신, 외국의 침입자들에게 하인으로서 봉사하고 아름다운 우리나라가 야만인들의 손에서 농락당하기를 원합니다. 그들은 사익을 위해 공익을 손상시키고 전하의 총명함을 이 정도로까지 현혹시켰습니다.

그러므로 소인은 전하께 간청드립니다. 전하, 그들의 목을 저에게 주십시오! 소인이 그들의 목을 요구하는데도 그들이 그들의 목을 그대로 가지고 있다면, 소인 자신의 목이 떨어져야만 한다는 것을 소인은 잘 알고 있습니다. 하지만 소인 자신의 목을 잃을까 두려워하여 그들의 목을 향한 처벌의 손을 뻗치지 않아야 하겠습니까? 아닙니다. 소인은

11 [감교 주석] 호군(護軍). 조선시대 오위(五衛) 소속의 정4품 관직.

12 [감교 주석] 백홍수(白弘洙). 『승정원일기』(고종 18년 윤7월 23일 자 기사)에 따르면, 그는 고종 18년(1881)에 병조참판에 임명되었다고 나와 있지만, 아래 그의 건강 상태를 보노라면 임명만 되었던 것으로 보임.

13 [감교 주석] 풍병(風病), 독일외교관은 이를 뇌졸중으로 해석하였음.

14 [감교 주석] 논어(論語)를 의미함.

15 [감교 주석] 원문의 내용은 '난신적자는 누구나 주벌할 수 있다.[亂臣賊子 人人得而誅之]'이다. 독일외교관이 한문을 글자 그대로 독일어로 해석하는 과정에서 나온 문장으로 보임.

그 정도로 겁이 많지는 않습니다. 전하의 추국에서 목이 뒤바뀌는 일이 생기면, 그때 소인의 목은 그들의 목이나 매한가지이고, 그러면 소인은 죽음이 오는 것을 원합니다.

또한 소인이 살아 있기보다는 죽는 것이 세 가지 이유에서 훨씬 낫습니다. 아뢰온즉, 소인의 죽음이 없다면 소인의 부친의 올곧은 애국주의에 대한 증거가 결여될 것이고, 조정의 역적들에 대한 낯부끄러운 본보기가 결여될 것이며 하나부사의 흉악한 계획을 수포로 돌아가게 만들 가시가 결여될 것이기 때문입니다.

소인은 말씀을 시작하기 전에 죽음에 대한 모든 공포를 내려놓았기 때문에 소인은 거리낌 없이 말씀드리기를 희망하오며, 소인은 우리의 오늘날의 굴욕의 원천을 근본적으로 제시하고자 합니다. 오, 전하! 소인의 말씀이 소인과 같은 보잘것없는 인간의 입에서 나왔다는 이유로 멸시하지는 마시고, 심사숙고해주십시오.

일본인들은 임진년(서기 1592년에 해당) 우리나라에 대한 침입[16](히데요시[17]의 지휘하에)이 종국적으로 실패로 돌아간 것을 결코 잊을 수 없었습니다. 서서히 그들은 칼을 갈았고, 서서히 전쟁의 기술을 완성하였습니다. 그들의 무역선과 통상용 선박들은 온 바다를 찾아다녔고 모든 해양과 하천에서[18] 관계를 맺었으며 청국과 함께 못된 술책을 부리면서 오래전부터 우리에게 싸움을 걸 구실이 나타날 때까지 기다리고 있었습니다.

그럼에도 불구하고 어찌하여 그들은 지금까지 우리의 허점을 탐지하는 데 실패하였겠습니까?

그 이유는 우리나라가 지금까지 조국애라는 갑옷과 조상의 유산에 대한 경건함에 매료되어 있고 고결한 정신과 정의감이라는 견고한 성곽으로 보호받고 있기 때문입니다. 이러한 엄호물에 마주하여 책략과 폭력은 무력한 것입니다.

그런데 우리나라에 유포된 세칭 예언에 따르면, "조선은 추도와 가르침의 장소 때문에 망할 것이다"라고 합니다. 추도와 가르침의 장소는 기념할만한 정치인들의 사당과 모든 현자의 근본원리를 가르치는 서원입니다. 이 장소들은 숭고한 선조들에 의해 건립된바, 그들의 드높은 식견은 그렇게 함으로써 나라의 안녕을 확보하려 애썼던 것입니다. 이 장소들은 또한 국가공신들의 공적과 학자의 조용한 연구가 보상받았던 장소입니다.

전하! 전하께서 어린아이 시절, 선조들의 왕좌에 오르셨을 때 정부의 모든 사안의 결정은 한 사람의(또는 "몇몇 소수의") 강력한 권신한테서 나왔습니다. 그들은 실제로

---

16 [감교 주석] 임진왜란

17 [감교 주석] 도요토미 히데요시(豊臣秀吉)

18 [감교 주석] 독일외교관이 신보에 실린 한문본을 독일어로 번역하는 과정에서 생긴 오류로 보임. 실록에 실린 상소 원문에는 '諸洋', 즉 여러 서양 국가로 나와 있음.

무미건조한 풍설에 속아 넘어갔고, 우리의 사당과 향교는 모조리 파괴되었습니다.

(원문에는 네 가지 상이한 부류의 기관시설이 언급되어 있다. 그러나 개별 표현들의 정확한 의미는 밝혀낼 수 없다. 조선의 현 왕이 19년째 통치하고 있으므로, 원문에서 암시되어 있고 그 밖에는 알려져 있지 않은 이 사건은 대략 금세기 60년대 중반에 일어났음에 틀림없다.)

이것은 주나라의 몰락을 초래하였던 바로 그 뽕나무로 만든 화살통의 금지와도 같은 것이 아니겠습니까? 아니면 진나라 황제들 치하에서 어리석게도 만리장성을 쌓았는데 결국 야만족의 침입에 의해서가 아니라 그들 자신의 혈육에 의해 지배권을 상실했던 그런 경우와도 같은 것이 아니겠습니까?! (주 왕조(827~782)의 선황제[19] 치하에 당시 중국의 수도에는 수수께끼와도 같이 어떤 예언이 퍼졌는데, 그에 의하면 그 왕조는 야생 뽕나무로 만든 화살통과 화살 때문에 어떤 커다란 화를 당하게 되리라는 것이었다. 그래서 황제는 그러한 화살통과 화살의 제작, 판매를 전국적으로 금지하였는데, 그로부터 몇 년 지나지 않아, 즉 기원전 771년에 이 나라의 서북 국경지대에 살던 유목민들이 화살통과 화살로 무장하고 중국을 침공하여 국경에서 얼마 멀리 떨어져 있지 않은 수도를 점령하고 유황제[20]를 살해하였다. 이렇게 그 예언은 사람들이 예상했던 것과는 비록 다른 방식으로였다 할지라도 적중하였다. 이 타격으로부터 주 왕조는 결코 완전히 회복하지 못하였다. 내가 번역한 '포의 아름다운 소녀[21]'에 이 이야기가 자세히 적혀 있다. 건백서의 필자가 인용한 두 번째 예언은 진 왕조(247~210 통치)의 진시황과 관련된 것인데, 그는 호해[22]에 대한 예언으로 경고를 받았다. 그는 이것을 북부 야만인들(호[23])한테서 기인하는 위험에 관련시켜 이 야만족의 침입에 대비해서 유명한 만리장성을, 적어도 그 일부분을 쌓게 하였다. 그러나 실제로는 진시황의 무능한 아들이자 그의 후계자의 이름이 마찬가지로 호해였는데(209~207 통치), 그의 실정의 결과 206년에 이미 진 왕조의 몰락이 초래되었다)

매우 유사하게 우리의 시대에는 고관들, 그리고 게다가 왕가의 혈족들이 전하의 총명함을 암흑으로 흐려놓고 백성을 현혹하고 오도하여 곧 위에 언급 드린 존경과 교육의 장소에 의해 나라에 위험이 닥친다고 도처에서 떠들게 되었습니다……… (이해할 수

19 [감교 주석] 주나라 선왕
20 [감교 주석] 주나라 유왕
21 [감교 주석] 포사(褒姒)
22 [감교 주석] 진시황제의 18번째 아들로 알려진 호해(胡亥). 진시황제를 이어서 진나라의 이세황제로 즉위함.
23 [감교 주석] 호(胡)

없는 두 개의 문장은 생략함)[24] 그리하여 사랑할만한 가치가 있는 것에 대한 사랑은 흡사 쫓겨났고 존경할만한 가치가 있는 것에 대한 존경은 흡사 말살되었습니다.[25] 그리고 나서 이와 결부되어 새로운 친위대[26]가 설치되었고 때 이른 세자책봉이 이로 인해서 서둘러 제기되었습니다. 그리고 나서 병자년(조일조약이 체결된 서력 1876년)의 조약 체결이 이루어졌습니다. 조정의 관리들 가운데는 이 책동에 내포된 간계를 간파했던 이들이 없었던 것은 아니지만 어느 누구도 감히 말을 하지 못하였습니다. 이렇게 파멸은 진행되었던 것입니다. 만약 강력한 기초를 자체적으로 충분히 지니고 있는 우리나라[27]에서 왕위 계승자의 책봉 시 가장 존엄한 최고의 인물을 뽑는다는 데서 출발했었더라면 우리는 실로 하나부사[28]로부터 지지를 구할 필요도 없었을 테고 또 그러한 생각이 떠오르지도 않았을 것입니다. 하지만 우리는 그가 (과거의 조선 약탈원정 때문에) 우리가 같은 하늘 아래서는 살고 싶어 하지 않는 불구대천의 원수처럼 증오하는 어느 한 민족(일본)에 속한다는 것을 망각하였습니다. 하지만 우리는 지금 배부른 줄 모르는 그의 엄청난 식탐을 기름진 음식으로 채워주는 데 신경을 쓰고 있습니다. 즉 그는 요구하기만 하면 됩니다. 그러면 그에게 주어집니다. 그는 명령을 내리기만 하면 됩니다. 그러면 이루어집니다. 그러니까 우리의 유일한 걱정은 친절함이 너무 작아 혹시나 그의 비위를 거스르지나 않을까 하는 것입니다. 오, 전하! 그런 날이 오기를 하늘이 오래, 오래 동안 늦춰주기를 바라지만, 만약 전하께서 승하하신 후에 세자께서 전하 선조들의 숭고한 왕위에 등극하신다면, 그리고 그때 하나부사가 다음과 같이 말한다면 – 틀림없이 그는 그렇게 말할 것입니다 –: “봐라! 그가 왕위에 오른 것은 우리 일본인 덕분이다”: 그러면 우리는 어떻게 그의 입을 막으려고 합니까.

(여기에 암시되어 있는 사건들에 대한 자세한 지식이 부족한 관계로 위에 상술한 대목에 불분명한 점이 더러 있다 할지라도 분명한 것은 조선에 현재 세자에게 적대적인 당파가 존재함에 틀림없다는 것, 그리고 필자는 왕이 국민들의 마음과 소원해진 후로부터는 자신과 후계자의 왕위를 지키기 위해 새로운 친위대[29]를 일본인 교관한테서 훈련받

24 [감교 주석] 생략된 문장은 “여러 사람의 말은 쇠도 녹이고 오랫동안 헐뜯으면 뼈도 녹인다고 합니다”로 보임.

25 [감교 주석] 『고종실록』에는 ‘때문에 어버이를 친히 여기는 도리가 깨끗이 사라졌고 후한 풍속은 없어졌습니다.’과 같이 수록되어 있음.

26 [감교 주석] 무위영 수하에 친병(親兵)이 새로 설치된 것을 의미함.

27 [감교 주석] 『고종실록』에는 천승지국(千乘之國)으로 서술되어 있음.

28 [감교 주석] 하나부사 요시모토(花房義質)

29 [감교 주석] 별기군(別技軍)

도록 하는 수단을 취했다고 비난하고 있다는 것이다)

(중국의) 시경에는 다음과 같이 쓰여 있습니다: "군주의 통찰은 자신의 왕위의 튼튼한 버팀목이다." 왕가가 백성에게 아버지와 아들 사이의 관계, 형제와 형제 사이의 관계가 어떠해야 하는가에 대한 모범을 보여준다면, 본받으려는 태도가 곧 나타납니다. 하지만 그렇지 않은 경우에는 파멸이 곧 닥칩니다.

(여기에서는 왕이 개화파와 결탁함으로써 자신의 아버지, 즉 반동파 또는 보수파의 우두머리인 대원군을 향하여 대립각을 세운다는 것이 명백히 암시되어 있다.)

그런 이유에서 가장 먼저 최익현[30]은, 만약 (일본과) 어떤 조약을 체결하는 일이 환영받는다면 전하의 자주성은 끝나버릴 것이라고 노골적으로 말하였습니다. 그 후 마지막으로는(즉 8월 19일 자 신보에 발표된 혁명의 이전사에서 나타난 바와 같이 지난해, 즉 1881년에) 홍재학[31]이, 만약 예수의 책의 보급을 허용한다면 우리나라의 오랜 도덕률은 완전히 무너져버릴 것이라고 소리 높여 말했습니다. 그러나 그의 말은 전하의 마음에 들지 않았습니다, 전하! 그리하여 그는 처형당하였습니다. 오, 슬프도다, 참으로 슬프도다!

(어쩌면 복수로 번역할 수도 있다: '그들의 말은 전하의 마음에 들지 않았고 그들은 처형당하였습니다.' 이는 일어난 일들을 알지 못하면 결정할 수 없다.)

만약 선인과 애국자가 높은 관직으로 승진하면, 그것은 축복받은 정치의 상징입니다. 선인과 애국자가 실각한다면, 거기에서는 무정부 상태의 시초가 나타납니다... (불분명한 역사적 암시를 포함하는 문장은 생략함)

오, 가엾으신 전하! 어찌하여 애국자들을 처형하는 교수 집행인의 이름을 뒤집어쓰셔야 했습니까! 다음 세대들은 이를 비통해할 충분한 기회를 갖지 못할 것입니다.

소인은 그것에 대해 문의해보았고, 그것을 제대로 알게 되었습니다. 왜냐하면 수도에서는 남자들뿐만 아니라 심지어 부녀자들까지 그것을 이야기하고 있기 때문입니다. (지난해 모든 외래적인 것에 맞서는 건백서 때문에 처형된) 홍재학가 사형당하러 끌려가야 했을 때, 감옥 문은 형리의 열쇠로 열리지 않았고 그가 형장으로 타고 간 수레의 축이 세 번이나 부러졌습니다. 충성스럽고 애국자적인 그의 정신이 일월의 신성과 하늘의 전능을 감동시키지 않았다면 그러한 기적은 결코 일어나지 않았을 것입니다. 오, 운명이 수인차에 그와 함께 올라타고 죽음 속의 그의 운명을 그와 함께 나누고 그를 동행하면서

30 [감교 주석] 최익현(崔益鉉)

31 [감교 주석] 홍재학(洪在鶴)

하계의 산야에 들어서도록 허용해주었더라면! 소인은 5백년 된 우리 왕국(현재의 조선 왕조는 491년째 존속하고 있다)이 야만인들의 노획물이 되고 3천만에 달하는 우리 민족이 하찮은 견양(犬羊)의 입안에서 한입의 기름덩이가 되는 것을 결코 주시만 하고 있을 수 없습니다. (견양, 즉 개와 양은 야만인들이다. 전자는 일반적인 폄훼어라서 그렇고, 후자는 양고기가 중국 국경 근처에 사는 야만인들, 특히 몽고인들이 좋아하는 음식이기 때문에 그렇다. 오늘날까지도 몽고인들은 베이징 민중의 말로 Sao Ta tsze, 즉 "양고기 냄새 나는 타타르인들"로 불린다) 오 슬프도다, 천만번 슬프도다!

전하, 숙고하시옵소서! 전하가 다스리는 이 나라는 전하의 조상들의 유산으로 받으신 것입니다. 그러므로 오, 전하, 전하께서 개인적인 고려에서 왕 태조께서 창건하신 전하의 왕국을 거꾸로 세워놓으신다면, 그것이 위대한 왕위라는 유산이 전하에게 주어진 그 의미는 아니었음을 알아야 합니다.

오, 전하! 역사의 경고를 망각하셨습니까? 전하께서는 순종적이고 군주답지 못한 유약자로서 (불교의) 승려와 비구니들에게 궁성의 문을 열어주었던 Lichi(분명 이전의 조선 왕조의 마지막 왕)를 망각하셨습니까?(비교점: 기독교에 대한 현재의 관용) 그가 Shin Sn에게 왕위계승을 확실히 하려 했고 이를 통해 백성들에게 이루 말할 수 없는 불행을 가져다주었을 때, 우리의 위대한 왕 태조(현재 통치하는 왕조의 첫 왕)는 선(善)이라는 기치를 들어올렸고, 우리나라의 팔도가 그의 것이 되었습니다. 이렇게 그는 평화의 중재자, 우리의 법률의 창설자가 되었습니다. 그의 후손들은 모든 면에서 그를 본받으려고 애썼기 때문에 지금까지 왕좌에서 왕위를 유지하였습니다. 보시옵소서! 전하께서 짊어지고 있는 책임이 얼마나 큰지! 전하는 선조들의 왕국을 떠맡음으로써 짊어지게 된 무거운 과제와 백성이 전하께 거는 기대를 끊임없이 염두에 두면서 진지함과 근면함으로 전하의 직무를 다하여야만 합니다. 아침 일찍 일어나시고 늦게서야 잠자리를 찾으셔야 하고 한가롭게 헛된 쾌락을 추구해선 결코 안 됩니다. 그래야만 이 나라의 영광이 빛날 수 있습니다. 그러나 전하께서는 이 모든 것 가운데 아무것도 하지 않으시고, 오직 전하 자신의 안전만을 도모함으로써(또다시 왕의 새로운 친위대에 대한 암시) 선조들이 일구어놓은 것들을 쇠락하게 하시고, 백성의 피를 빨아내며 존경해야 할 것은 멸시하고 멸시해야 할 것은 존경하며, 전하의 백성의 격노를 무릅쓰고 외국의 강도떼를 나라로 불러들였습니다. 오, 불쌍하신 왕이시여!

외국의 야만인들은 도대체 전하와 무슨 관계가 있습니까? (중국의) 태고시대의 옛날 황제들은 그들(외국의 야만인; 번역자)을 위하여 근심했던 적이 과연 있었으며 그들(외국의 야만인; 번역자)을 사로잡을 수단을 구했던 적이 과연 있었습니까? 전하께서는 공자와 맹자 전부를 통하여 그들(외국의 야만인; 번역자)을 얻기 위해서 어떤 방식으로 애써야 하는가에 대하여 한마디 말이라도 발견하십니까? 오, 전하! 소인이 존경하는 전하의 빛나는 덕과 상관없이 만약 전하께서 수만의 외국과 우호관계를 맺기 위해 우리나라 백성과 소원해지신다면, 오늘날 이 시점에서 왕년의 사건들이 다시 반복해서 일어나 결국 전하를 둘러싼 안전조치들이 전하에게 소용없게 되어버릴지 소인은 두렵습니다. 소인이 감히 아뢰건대, 3년도 못 가 그런 일이 일어날 것입니다(반복된 역사적 암시들을 생략한 자유로운 의미 번역). 그렇기 때문에 허원식, 유원식, 홍시중, 황재현, 이만손, 김조영, 김석규, 한홍렬, 신섭, 김평묵[32] 그리고 여타의 사람들이 상소문을 통해 소인의 것과 같은 풍성한 자부심과 결사의 용기를 가지고 직언으로써 전하께 경고하였습니다. 태고의 성스러운 교리에 대한 외경으로 가득 차 있는 이들 모두의 가슴 속에는 이 나라의 안녕이 놓여 있습니다. 오 전하, 만약 전하께서 그들의 말에 귀를 기울이고 그들의 충언을 받아들이셨더라면 전하께서는 전하의 통치권을 더욱더 빛나게 하였을 것입니다. 그러나 이렇게도 많은 이들의 이구동성 충언을 전하께서는 조소하시고 멸시하셨을 뿐만 아니라 그들을 유배하고 추방하였습니다. 전하께서 사면을 선포하셨을 때, 이교도의 교리를 공격하고 조약체결을 비방하였다는 이유로 유죄판결을 받은 사람들은 사면에서 제외되었고, 그들이 옥좌에 가까이 돌아오지 못하도록 그들에게 종신징역이라는 판결을 내리셨습니다. 외국의 의복을 입고 낯선 천을 몸에 두르고 일본의 발명품에서 행복을 찾으려 하고 일본의 교리를 가르치려고 애썼던 자들, 그들만이 전하의 마음과 전하의 눈을 현혹시킬 수 있었습니다. 이렇게 우리는 우리의 모자와 우리의 구두를 근본적으로 바꾸었고, 야만인들의 제도를 채택하여 옛 성현들의 기본원리를 뛰어넘어 더 높은 효력을 갖도록 하였습니다. 그리고 하나부사, 그에게 우리는 명예와 총애의 표시를 산더미처럼 준 나머지 우리의 고관들은 그와 비교하여 결코 따라잡을 수가 없습니다.

오, 전하! 전하의 마음은 오직 앞을 향해서만 열려 있습니다. 전하의 마음은 고향을 외면한 채 외국으로 떠나갔습니다. 전하에게는 이단자들의 교의가 흉물이 아니고 옛 성현들의 가르침이 짜증나는 일입니다.

(중국의) 태고시대의 황제들 가운데 가장 이른 시기의 황제인 요와 순이 세상에 높은 왕도의 본보기를 보여주었을 때는 만백성이 그들을 향하여 몰려들었지만 걸왕과 주왕(하왕조와 상왕조의 악명 높은 황제들, 전자는 1818~1766, 후자는 1154~1122)이 폭군

32 [감교 주석] 허원식(許元栻) · 유원식(劉元植) · 홍시중(洪時中) · 황재현(黃載顯) · 이만손(李晩孫) · 김조영(金祖永) · 김석규(金碩奎) · 한홍렬(韓洪烈) · 신섭(申欆) · 김평묵(金平默)

적 전제정치의 본보기를 보여주었을 때는 그들의 추종자 집단은 와해되었습니다.

그런데 우리나라의 모든 학자가 하나부사[33]의 유능함을 찬양하는 데 열중하고 있다면, 그리고 모든 궁중고관이 앞다투어 정부가 다루는 안건들의 지휘를 하나부사에게 넘겨주려고 애를 쓴다면, 오, 전하! 그러면 전하의 일신상의 안전에도 좋지 못한 상태가 될 것입니다. 왜냐하면 곧바로 전하의 전후좌우로는 오직 하나부사의 앞잡이들만이 있게 될 것이기 때문입니다. 전하께서 그들을 전적으로 따르신다면 나라는 멸망할 것이며, 전하께서 그들한테서 떠나신다면 전하 자신의 생명이 위험에 처하게 될 것입니다. 전하께서는 실로 일본과의 조약 체결이 그런 무시무시한 결과를 초래하리라는 것은 통찰하지 못하였습니다. 이제야 전하께서는 이 조약체결이 전하에게 좋은 것은 그다지 가져다주지 않았음을 아실 것입니다. 물론 전하의 궁신들은 어쩌면 그들의 이익을 챙겼을 것입니다. (아래 일본인들의 매수에 대한 직접적인 비난 참조)

언젠가 Pien tsze fang이 그의 왕에게 다음과 같이 말하였습니다: "소인은 군주가 왕위와 나라를 잃어버렸을 때 어느 누군가 그에게 새로운 왕위와 새로운 나라를 선물로 주었다는 말을 들은 적이 없습니다." 오, 전하! 만일 전하께서 수많은 용감한 전사들을 평야에 배치할 수 있는 이 나라를 잃어버리시게 된다면 그 어느 누가 전하께 새로운 나라와 수많은 용감한 전사들을 선물로 주겠습니까? 이것으로부터 전하는 전하의 모든 궁신이 아마도 조약체결에 관여할 수 있었음을 눈치채실 것입니다(왜냐하면 그들은 잃어버릴 나라를 갖고 있지 않기 때문입니다). 오, 전하! 오직 전하께서만 이 조약체결에 관계하지 않으셨습니다.

체결된 조약의 옹호자들은 말하기를, "보아라, 외국의 무기가 얼마나 뛰어난지를, 외국의 배가 얼마나 빠른지를. 세계만방은 그들 앞에 굴복하고 있다. 약소국가인 우리가 어떻게 그들에게 대항할 수 있겠는가!" 오, 전하! 그들은 이러한 방식으로 전하에게 겁을 주고 있습니다. 그들은 외국의 강점만 보고 반면에 자기 나라의 강점은 보지 못하는 사람들입니다. 이것은 전쟁에서 범할 수 있는 최대의 과오입니다. 그것만으로도 이미 그들은 죽음을 벌었습니다.

그들이 또 잊어버린 것은, 외국은 바다에서 강할지 몰라도 우리는 산악지역의 육지에서 그만큼 더 강하다는 것입니다. 왜냐하면 우리는 강건하게 단련된 거친 산악민족이기 때문입니다. 이 물리적 강함에 더하여, 기자(箕子)(기원전 12세기에 조선국을 창건한 전설적인 인물로 중국 왕자 출신이다)는 가르침을 통하여 우리 문명의 기초를 고결한 마음

33 [감교 주석] 하나부사 요시모토(花房義質)

과 미풍양속에 두었습니다. 그렇기 때문에 우리 민족의 성격은 우수한 마음씨를 통해 오늘날까지 두각을 나타내고 있는 것입니다.

그러므로 이른 시대에 중국 수 왕조의 양제[34] 황제(605~616)와 당 왕조의 고종[35] 황제(650~683)는 오랜 투쟁 끝에야 겨우 조선을 굴복시킬 수 있었습니다. 마찬가지로 현재의 왕가 통치하에서 일본은 우리나라에서의 그 수많은 약탈행각에도 불구하고 그때마다 목적을 끝까지 달성하지 못한 채 다시 철수하여야만 하였습니다. 우리의 선조[36] 왕(아래에서 나타나는 바와 같이 기원후 1592년 전에 통치하였음에 틀림없다) 통치하에서 다시 한번 강도들이 우리 해안에 나타났을 때, 이이[37](내가 지금 가지고 있는 두 개의 텍스트 중 하나에서는 이렇게 부르고 있고, 이에 반해 또 다른 텍스트에서는 Li Tan[38]이라는 이름이 기록되어 있다)와 조헌[39]은 침입에 대해 가장 잘 방어할 뛰어난 작전계획을 가지고 나타났습니다. 그러나 조정에서는 이 좋은 충고들을 거부하였습니다. 그리하여 임진년(1592년)이 되었습니다. 이해에 히데요시(중국어 발음으로는: Ping Hsin-chi)는 바다를 덮은 백만 명을 거느리고 우리나라로 와 우리의 궁전들을 불태우고 우리의 묘지들을 모독하고 모욕하였습니다. 오, 슬프도다, 천만번 슬프도다! 이것을 생각할 때마다 입 안에서 말이 막힙니다. 그때 우리 왕은 조상의 도시를 떠나 서쪽 내륙으로 피난하였습니다…(이해할 수 없는 네 자는 삭제함) 그러나 마침내 명나라 황제의 군대에 의한 지원과 구호가 있었습니다. 그러나 이 지원과 구호에 의해서뿐만은 아닙니다. 왜냐하면 우리나라 내에서도 수많은 강력한 영웅들이 궐기하였고, 우리의 독립 회복에서 이들의 공적을 과소평가해서는 안 됩니다. 소인은 이들 중 가장 걸출한 사람들만을 열거하려 합니다. 즉 이항복[40], 이덕형[41], 이순신[42], 곽재우[43] 및 기타 다수 …… 심지어(이해할 수 없는 두 자 삭제) 월선[44](즉 '달의 요정', 말하자면 별명)은 멀리 떨어져 있는 어느 시골 출신의 악명 높은 여자인데, 이 여자는 조국애의 발동으로 궐기하였고 강도들의 목을 잘라 자랑

---

34 [감교 주석] 양제(煬帝)

35 [감교 주석] 고종(高宗)

36 [감교 주석] 선조(宣祖)

37 [감교 주석] 이이(李珥)

38 [감교 주석] 이이(李珥)를 오기하거나 잘못 발음한 것으로 추정.

39 [감교 주석] 조헌(趙憲)

40 [감교 주석] 이항복(李恒福)

41 [감교 주석] 이덕형(李德馨)

42 [감교 주석] 이순신(李舜臣)

43 [감교 주석] 곽재우(郭再祐)

44 [감교 주석] 월선(月仙)

할 수 있었습니다. 이 행동은 적을 겁먹게 하고 용기를 증발시켜버린 행동이었습니다. 그리고… (이해할 수 없는 두 자 삭제) 영규[45]는 산에서 내려온 불교 승려로, 칭찬할만한 열성으로 바다를 건너갔습니다. 함께 간 적은 수의 영웅들 각자는 수백 명의 적과 대결하였는데, 그는 이들과 함께 일본인의 나라에서 일본인들을 공격하였습니다. 그리하여 그는 일본인들에게 매년 300장의 우피 조공을 강요하였습니다. 이러한 방식으로 그는 그들 종족 전체[46]를 궤멸시킬 생각을 했던 것입니다. 그 후… (이해할 수 없는 말 여덟 자를 삭제) 그리고 나서 다시 Tenmiao[47](이것은 당시 조선 왕이 통치했던 연호의 모토임에 틀림없다. 다음과 같은 사건들이 기원후 1636년에 일어났다 … 아래 참조) 시대에 야만족들의 추장(Khan)(이것은 당시 만주족 추장 태종[48](1627~1643) 이외의 다른 사람이라고는 거의 생각할 수 없다. 조선인들은 실제로 명 황제의 충성스럽고 감사할 줄 아는 추종자들이었다. 그러나 그 시대 조선의 역사자료는 중국의 역사자료와 현저히 다른 것처럼 보인다)이 스스로를 황제로 칭하였을 때, 우리나라에서는 수많은 용감한 영웅들이 궐기하였습니다. 이를테면 김상용[49], 김상헌[50], 유계[51], 윤집[52], 그리고 기타 여러 사람들입니다. 이들은 정의로운 선을 통해 새로운 적에게 창피를 주고 능숙한 조치로써 그들을 우리나라에 가까이 오지 못하게 하는 방법을 알려주었습니다. 그러나 조정에서는 다시금 그들의 충고를 이용하지 않았습니다. 이리하여 야만족들은 맞서 저항하기 어려운 군대를 거느리고 갑자기 우리나라로 침범해 들어왔습니다. 그러니 가슴 속의 원한을 참고 고통을 억누르며 '성하의 맹서'(즉 수도가 항복했다)가 이루어졌던 것입니다. 오, 슬프도다, 천만번 슬프도다!

그러한 것을 제안하고 실행에 옮긴 자는 누구였습니까? 최명길[53]이었습니다.

당시 임경업[54]이라는 사람이 살고 있었습니다. 그는 당시의 인천 지사였습니다. 그는

---

45 [감교 주석] 영규(靈圭)

46 [원문 주석] "일본인들"이 아니라, 8월 22일 자 North China Daily News의 영어 번역에는 'Rinder'(소)라고 쓰여 있다. 그 후 같은 영어 번역에서는 300장의 'Rindshäute'(우피)가 300명(의 일본 노예)으로 대체되어 있다. 내가 삭제한 여덟 자 중의 다섯 자는 이 뜻을 담고 있을지도 모른다. 하지만 그래도 여전히 이해할 수 없는 말 석 자가 남아 있다.

47 [원문 주석] 인묘(仁廟, Jenmiao)의 오기로 추정

48 [원문 주석] 태종(太宗)

49 [원문 주석] 김상용(金尙容)

50 [원문 주석] 김상헌(金尙憲)

51 [원문 주석] 유계(兪棨)

52 [원문 주석] 윤집(尹集)

53 [원문 주석] 최명길(崔鳴吉)

54 [원문 주석] 임경업(林慶業)

수도를 구하러 왔지만 너무 늦었습니다. 그러나 수도로 이동하는 도중에 그는 야만족의 군대와 마주쳤습니다. 그는 야만족 군대를 공격하였습니다. 함성을 크게 지르며 그는 적진을 향하여 돌격하였습니다. 그의 부하들도 수많은 적군에 저항하였고, 야만족의 Khan은 대패를 당하였습니다. 그때 Khan은 그에게 항복증서를 보여주었고, 이에 임경업은 눈물을 흘리며 그의 군대를 철수시켰습니다.

이렇게 우리의 역사는 풍부한 재능을 가진 정치가, 능숙한 야전 사령관, 성실한 남자, 용감한 병사가 결여되었던 시대는 없었다는 것을 증명하고 있습니다. 하지만 이 세상의 강대한 나라들이 융성하는가 아니면 몰락하는가, 강력한가 아니면 병들어 있는가 하는 것은 통치자가 백성 가운데 최고의 인사들에게 그들에게 합당한 지위를 부여하고 그들의 충고에 따르는지, 그리고 얼마나 그러한지에 달려 있는 것이라 하겠습니다.

사람들이 말하는 것처럼 저 사람들(외국; 번역자)의 무기는 매우 우수하고 그들의 배는 매우 빠르다면, 우리는 그 무기와 배를 우리에게 도움이 되도록 이용할 수 있습니다. 그들이 그것(무기와 배; 번역자)을 갖고 있다고 해서 우리에게 해가 되는 것이 무엇입니까?(이 대목은 글 전체의 경향에도 맞지 않고, 또 특별히 여기 이 맥락에도 맞지 않는다. 추측컨대 텍스트는 훼손되어 있다)

그런데 하나부사는 이해력, 통찰력, 용기, 창의성 면에서 수 왕조의 양제 황제, 당 왕조의 태종 황제, 그리고 히데요시나 야만족의 칸에게 훨씬 뒤처집니다. 그리고 지금 입만 열면 평화와 조약만을 권고하고 있는 전하의 조정 고관들은 임진년(1592년)의 국가 공신들의 먼 자손들이고 병자년(1636년)에 있었던 평화와 조약에 대해서는 아무것도 알려고 하지 않는 사람들의 자손들입니다. 그러나 그들은 선조들의 영웅정신을 생각하지도 않습니다. 우리 선조들은 갑옷을 입은 중무장한 집단이었습니다. 선조들은 예리한 칼날에 맞서 가슴팍을 내밀었고 맨발을 찌르는 황야의 가시에도 개의치 않았습니다. 이 모든 것을 생각하지도 않은 채 오늘날의 우리 정치가들은 매수에 유혹당하고 가소로운 요설에 오도당하고 있는 것입니다. 그들의 잘못된 권고는 부자간을 이간시키고 나라를 혼란에 빠트렸습니다. 이 불행한 자들이여! 그들은 범죄자들이고, 전하에 대해서뿐만 아니라 그들 선조들에 대해서도, 그리고 선조들에 대해서 뿐만이 아니라 최명길에 대해서도 거스르고 있습니다.

왜냐하면 최명길은 병자년에 야만족 무리들이 침입해 들어왔을 때, 오직 그들의 당해낼 수 없는 압도적 우세를 인정했기에 눈물을 머금으며, 또 그가 그렇게 하면 온 세상 사람들의 저주를 한몸에 받게 된다는 것을 알고 있으면서도 '성하의 맹서'를 강제에 의해 체결했기 때문입니다. (이 대목은 사건(야만족의 침입; 번역자)이 일어난 연대가 1636년

임을 확실하게 해주고 있다. 왜냐하면 중국의 역사자료에는 최명길과 위에 언급된 임경업이 1642년에 친명반만파[55]로서 언급되어 있는데, 임진과 병자 같은 십이간지 연도 명칭은 오직 60년마다 한 번씩 돌아오는 연도명이라서 가장 가까이에 있는 병자년인 1576년과 1696년은 맞지 않고 따라서 1636년의 병자년밖에는 맞을 수 없다) Tsin Ming chi는 겸손하게 하늘의 결정에 굴복하였고(하늘은 명나라한테서 지배권을 빼앗아 만주 왕조에 넘겨주었습니다), 그렇게 해서 우리나라를 구했던 것입니다. 그때부터 오늘날까지 300년간의 우리나라의 존속은 그의 결정 덕분입니다. 그러나 당시에 그는 왕으로 하여금 의무를 잊어버리도록 오도하였고 즉형에 처해야 마땅한 배신자로 간주되었고, 또 그럴 수밖에 없었습니다. 이리하여 그의 이름 또한 실로 후세들에 대한 경고로서 우리의 역사서에 기록되어 있습니다. 소인 또한 서울을 방문했을 때 훌륭한 학자들과 정치가들이 여전히 격앙된 어조로 그의 이름을 언급하는 것을 들은 바 있습니다. 아직도 소인에게는 Gren-Hur에서의 격분의 말들이 울리고 있습니다. 오늘날의 궁신들은 우리나라의 과거에 대한 기억은 하나도 없는 것 같습니다…… (이해할 수 없는 아홉 자는 삭제함)

그리고 전 공사관 서기이자 현재는 금산(즉 샌프란시스코) 주재 일본 총영사인 황쭌센[56]이라는 자는 마찬가지로 하나부사의 추종자인데, 이 자는 매수를 당하여, 러시아의 간섭으로부터 우리 스스로를 보호하기 위해 우리는 일본과 우호관계를 맺어야 하고 미국과 관계를 맺어야 하며 청국과는 더 밀접한 관계를 맺어야 한다고 하는 견해를 우리나라에서 처음으로 개척한 자입니다.

그러나 일본은 수백 세대 이래로 우리나라의 불구대천의 원수였습니다. 일본과 우호관계를 맺는다는 것은 의미도 없고 이해도 안 갑니다. 미국은 사람 사는 세상의 맨 바깥쪽 끝에 멀리 떨어져 있습니다. 미국과 동맹을 맺는다는 것이 우리에게 도대체 무엇이란 말입니까? 청국은 이미 300년 전부터 우리의 종주국으로 인정했습니다. 청국과 이 이상 얼마나 더 밀접한 관계를 맺는단 말입니까? 러시아는 우리와 불화에 빠질 아무런 이유도 없습니다. 무엇 때문에 우리는 러시아로부터의 공격을 두려워해야 합니까?

그러므로 이 모든 이야기는 처음부터 소인에 대한 불신을 불러일으켰습니다. 그런데 이제 심지어는, 소인이 듣기에 우리의 사절 어윤중[57]이 지금까지처럼 해마다 바쳐야 하는 조공 대신에 5년에 한 번씩만 바치도록 해달라고 청국 정부에 건의하라는 임무를 받았다고 하는데, 소인은 묻습니다: 이것이 청국과 우리의 관계를 더 밀접히 하는 방식

55 [감교 주석] 친명반만파(親明反蠻派)

56 [감교 주석] 황쭌셴(黃遵憲)

57 [감교 주석] 어윤중(魚允中)

입니까? 만약 우리가 300년 전부터 청국을 우리의 주인으로 인정해 온 그런 형식에 갑자기 등을 돌린다면 청국은 그 분노를 우리로 하여금 느끼게 하지 않을 수 없게 되지 않겠습니까? 우리의 숙적은 우리에게 새로운 고통을 더해주려고만 애쓴다는 것은 명백하지 않습니까?

하나부사는 말하자면 이미 오래전부터 군 병력으로 우리나라를 침입할 계획을 품고 있었습니다. 하나부사가 두려워하는 것은 오직, 명나라 황제 시대와 마찬가지로 청국이 이번에도 또다시 우리를 원조하러 올 수 있을지 모른다는 것입니다. 그래서 그는 이러한 방식으로 우리와 청국 간에 불화를 일으키려는 것입니다. 만약 우리가 서로 싸워서 약해지면 그때 어부지리가 굴러 떨어지게 하려는 것입니다. (이는 아주 오래된 중국의 우화와 관계가 있다. 조개와 새가 서로 물고 놓지 않았다. 새는 부리로 조개의 살을 베어 조각내었다. 반면에 조개는 껍데기를 단단히 다물어서 새의 부리를 죄었다. 이들이 서로 물고 놓지 않는 사이에 둘 모두 어부의 포획물이 되었다)

따라서 우리가 하나부사의 계략에 넘어간다면 우리나라의 몰락은 확실하고, 그때는 모든 것이 끝나버립니다. 그러나 만약 우리가 언젠가는 멸망해야만 한다면 야만족들의 손에 갈기갈기 찢겨지기보다는 우리가 유산으로 받은 법과 제도를 위하여 용감히 싸우다가 죽는 편이 더 낫지 않겠습니까? 타인에 대해 경고하고자 소인이 전하의 궁신들 가운데 조약을 옹호하는 자들의 목을 요구하는 이유는, 오, 전하, 소인이 다음과 같은 것을 바라고 있기 때문입니다. 즉 대용단에 분기하여 주십시오. 지금까지 걸어오신 옳지 못한 길을 떠나주시고, 모든 소심한 걱정불안에서 벗어나주십시오. 순 황제(전설적인 중국 황제, 기원전 2256~2206)가 네 명의 범죄자를 처벌하자 나라가 조용해졌습니다. 성 황제(기원전 1115~1079)가 세 명의 (반역) '백부'를 처형하자 주 왕조에는 오랫동안의 찬란한 시대가 뒤따랐습니다. 제나라(오늘날의 산둥성에 있는 고대 후국)의 위 왕(378~333)이 탐욕스러운 아대부(Tsi의 행정구역)의 지사를 끓는 물에 넣어 죽이자 그의 시대의 모든 왕후들이 그를 보호군주로 삼고 그에게 충성을 다하였습니다. 전하의 궁정에서는 지금 이런 사람들, 즉 '4 적', '3 백부', '아대부의 지사'를 볼 수 있습니다. 그들은 전하의 조언자로서 전하의 측근에 서 있습니다. 이 비열한 자들을 근절하기만 한다면 왕가는 안전해질 것이며 백성의 마음을 얻을 수 있고 나라에서 적을 쫓아낼 수 있습니다. 만약 그렇게 못하신다면 강도들과 도적들은 손양[58]의 마구간을 습격하여 준마들을 자기들끼리 나누게 될 것입니다(Chin yang-kao와 그의 후손은 유명한 말 사육사들이었

58 [감교 주석] 손양(孫陽; 伯樂, 중국 춘추시대 중기의 말 감정가)으로 추정됨.

다. 그들의 마구간은 여기서 조선을 비유한 것이다). 전하의 새로운 친위대[59] 병사들은 무기를 전하를 향해 돌릴 것입니다. 전하 왕가의 다른 쪽 계보 출신의 왕위 후보자들은 전하의 권좌를 인정하지 않을 것입니다. 이것은 지금 사태가 진행되어가는 것을 보면 결코 멈추지 않을 것입니다. 사태가 필연적으로 이와 같이 벌어져가고 있다는 것을 잘 알고 있는 소인이 만약 침묵한다면 소인 스스로가 역신과 마찬가지로 간주되지 않겠습니까? 그러므로 소인은 피눈물을 흘리며, 소인의 심장이 소인에게 불어넣어준 그 단순한 마음 그대로 아무런 말도 고르지 않은 채 겁에 질려 부들부들 떨면서 이 건백서를 썼습니다.

전하의 충실한 신하 백낙관이 소인의 고귀한 왕이자 주인이신 전하의 치하 19년째 되는 해 임오년 4월(즉 1882년 5월 17일과 6월 15일 사이의 시기)에 올립니다.

올바른 번역에 대하여

아렌트

59 [감교 주석] 별기군

Auswärtiges Amt
Abth. A.

Politisches Archiv d. Auswärt. Amts

Acta

betreffend
die Verhältnisse Koreas.

Asien.
I. B. 22.

vom Januar 1874.
bis Dezember 1878.

Politisches Archiv des Auswärtiges Amt

R 18900

[ ]

PAAA_RZ201-018900_002			
Empfänger	Bismarck	Absender	Münster
A. 795 pr. 23. Februar 1874.		London, den 21. Februar 1874.	

Abschrift

A. 795 pr. 23. Februar 1874.

London, den 21. Februar 1874.

An des Fürsten von Bismarck Durchlaucht. Berlin.

pp.

Ein Telegramm aus Yedo v. 19. d. M. meldet, daß sehr ernstliche Verwicklungen in Japan bevorstehen. Der Minister Iwakura habe seine Entlassung eingereicht, sie sei aber nicht bewilligt; das Volk verlange Krieg mit Korea; dieser oder eine Revolution sei unvermeidlich.

pp.

(gez.) Münster

Original in actis IB 16.

[ ]

PAAA_RZ201-018900_003			
Empfänger	Bismarck	Absender	Münster
A. 856 pr. 26. Februar 1874.		London, den 24. Februar 1874.	

Abschrift

A. 856 pr. 26. Februar 1874.

London, den 24. Februar 1874.

An des Fürsten von Bismarck Durchlaucht. Berlin.

pp. Ich glaube Eurer Durchlaucht melden zu müssen, daß von den Engländern, welche Japan kennen, allgemein angenommen wird, dass Russische Intriguen sowohl in Bezug auf den Krieg mit Korea, als auch auf die damit im Zusammenhange stehende Revolution in Japan wesentlich mitgewirkt haben. Die Russen sollen sich auf einem Punkte in Korea festsetzen und den Besitz der ganzen Insel Sachalin nach und nach zu erlangen suchen.

pp.

(gez:) Münster

Original in actis IB 16.

[ ]

PAAA_RZ201-018900_004 f.			
Empfänger	Bismarck	Absender	Brandt
A. 917 pr. 1. Maerz 1874.		Yedo, den 4. Januar 1874. № 5.	
Memo	1. Ang v 6/3 an das R. K. A.		

A. 917 pr. 1. Maerz 1874.

Yedo, den 4. Januar 1874.

№ 5.

An des Fürsten von Bismarck Durchlaucht. Berlin.

Euerer Durchlaucht beehre ich mich ganz gehorsamst zu melden, daß der Kaiserlich Russische Vertreter, Herr von Bützow, Japan verlassen hat, um sich nach Peking, wohin er als Gesandter ernannt, zu begeben. - Herr von Bützow hatte seine Ernennung für China bereits im Sommer vorigen Jahres erhalten, war aber in Japan geblieben, um womöglich die sich auf die Abtretung Sachaliens, gegen welche Insel Rußland nicht abgeneigt schien, die in seinem Besitz befindlichen Kurilen an Japan zu zediren, bezüglichen Verhandlungen zu Ende zu führen. Bald nach der Uebernahme der Leitung der Regierung durch Herrn Iwakura eröffnete derselbe indessen Herrn von Bützow, daß die Kaiserliche Regierung beabsichtige, die Unterhandlungen in Petersburg direkt zu führen; der Grund für ein längeres Verweilen des Herrn von Bützow in Japan fiel daher fort. Welche Instructionen dem nach St. Petersburg abgegangenen Geschäftsträger, Hanabusa, ertheilt worden sind, ist mir nicht bekannt.

Brandt

Berlin, den 6. März 1874. A. 917 / 1. Angabe

An
die Missionen
in
1. Petersburg № 99.
2. London № 94.
Vertr.
Sicher!

Ew: pp beehre ich mich beifolgend zur gefälligen vertraulichen Kenntnisnahme Abschrift eines Berichtes des Kais. Minister-Residenten in Yeddo vom 4t Januar d. J. Verhandlungen über Sachalien betreffend ergebenst zu übersenden.

Der Reichskanzler.
In Vertretung:
[Unterschrift]

A. 917 / 2. Angabe

der Bericht des Kaiserlichen
Minister Resident in Yeddo vom 4. Januar d. J.

Verhandlungen in Betreff Sachalien's

anlagend wird
dem Reichskanzler-Amt zur geneigten Kenntnißnahme s. p. r.
ganz ergebenst übersandt.

Berlin den 6. Maerz 1874
Das Auswärtige Amt.

[Unterschrift]

[ ]

PAAA_RZ201-018900_008			
Empfänger	Auswärtiges Amt in Berlin	Absender	Das Reichskanzler-Amt
A. 1065 pr. 13. Maerz 1874.		Berlin, den 11. März 1874.	

A. 1065 pr. 13. Maerz 1874. 1 Beil.

Berlin, den 11. März 1874.

An das Auswärtige Amt.

Dem Auswärtigen Amt beehrt sich das Reichskanzler-Amt, den ihm unter dem 6. d. M. gefälligst mitgetheilten Bericht des Kaiserlichen Minister-Residenten in Yedo vom 4. Januar d. Jr. die Verhandlungen wegen der Insel Sachalien betreffend, nach genommener Kenntniß beifolgend mit dem verbindlichsten Danke ganz ergebenst zurückzusenden.

Das Reichskanzler-Amt
[Unterschrift]

Ausbruch eines Aufstandes im Süden

PAAA_RZ201-018900_009 ff.			
Empfänger	Bismarck	Absender	Brandt
A. 1487 p. 18. April 1874. Beil		Yedo den 18. Februar 1874.	
Memo	Mitgeth. 26/4 an das Reichsk. Amt		

A. 1481 p. 18. April 1874. Beil.

Yedo, den 18. Februar 1874.

№ 45

An des Fürsten von Bismarck Durchlaucht. Berlin.

Im Anschluß an meine früheren ganz gehorsamsten Berichte, die allgemeine politische Lage des Landes betreffend, beehre Euerer Durchlaucht ich mich nunmehr ganz gehorsamst zu melden, daß die von mir bereits wiederholt als namentlich im Süden bestehende Unzufriedenheit mit den an der Spitze der Regierung befindlichen Persönlichkeiten und der von denselben eingeschlagenen Politik zum offenen Aufstande geführt hat. Am 4ten d. M. haben sich die früheren Samurai des Hisen-Clans in der Hauptstadt der Provinz Hisen, Saga, versammelt und den Krieg gegen Corea verlangt. Die Nachricht von dieser Erhebung, die mit einer ähnlichen aus der Provinz Aki zusammenfiel, wo die früheren Samurai sich ebenfalls versammelt und Iwakura's Entlassung verlangt hatten, machten auf die Regierungskreise, besonders da auch beunruhigende Gerüchte aus Satzuma eintrafen, einen unverkennbaren Eindruck. Während mehrerer Tage liefen Gerüchte von der Entlassung Iwakura's, - daß derselbe seine Entlassung eingereicht, scheint unzweifelhaft, - und von dem beschlossenen Kriege gegen Korea, um, ja, der Minister der Auswärtigen Angelegenheiten, welcher mich am 12ten aufsuchte, erklärte mir, daß die Regierung sich zum Kriege mit Korea gezwungen sehe, da sie die Samurai's nicht verhindern könne, denselben auf eigene Hand zu unternehmen, und es für sie vortheilhafter sei, einen äußeren Krieg zu führen als innere Unruhen zu bekämpfen zu haben.

Diese nachgiebige Stimmung der Regierung scheint indessen bald, und wohl hauptsächlich auf Zureden der in Yedo zurückgebliebenen Satzuma-Leute einer energischeren Haltung gewichen zu sein. Zwischen den Hisen- und Satzuma Leuten, welche zwei Nachbar-Provinzen bewohnen, besteht nämlich seit uralten Zeiten ein Haß, den selbst ihr gemeinschaftliches Vorgehen in 1868 nicht hat verschwinden machen können. Die Regierung, die weder dem Hisen- Clan allein, und noch viel weniger den Hisen- und Satzuma-Leuten vereinigt, gewachsen gewesen sein würde, hofft nun, wie es scheint, die Satzuma-Leute gegen den Hisen-Clan verwenden zu können, und soll daher dem Führer der Partei, Shimadzu Saburo, welcher sich noch in Yedo befand, bedeutende Concessionen gemacht haben, um ihn zu bewegen, sein Ansehn bei seinen Landsleuten aufzubieten, um dieselben zum Kampfe gegen Hisen oder wenigstens zur Beobachtung der Neutralität zu bewegen. Shimadzu scheint diesen Auftrag übernommen zu haben; wenigstens hat er am 17ten d. M. Yokohama verlassen und sich nach Kagosima begeben; ob es ihm aber, der im Allgemeinen recht schlecht behandelt worden war, bis die Noth die Regierung zwang, sich ihm in die Arme zu werfen, mit seinen Versicherungen ernst gewesen und ob es ihm gelingen wird, seinen Clan, welcher sich in der letzten Zeit von ihm getrennt und sehr regierungsfeindlich gezeigt hatte, auf die Regierungsseite zurückzuführen, muß ich dahin gestellt sein lassen.

Was die von der Regierung gegen die Aufständischen ergriffenen Maßregeln anbetrifft, so sind der Staatsrat Okubo und einige Vize-Minister nach dem Süden geschickt worden, um die Leitung der Maßregeln in die Hand zu nehmen; einige Regierungsschiffe und ungefähr 1000 Mann Truppen sind ebenfalls nach der Insel Kiusiu geschickt worden und beabsichtigt die Regierung eine größere Anzahl Truppen nach dort zu entsenden. Sehr bedeutend wird die verfügbare Macht indessen nicht sein; die Regierung besitzt fünfzehn Europäisch ausgerüstete Regimenter à 500 Mann, von denen indessen ein Drittel, namentlich die Kiusiu Leute nicht zuverlässig sein dürften, während ein zweites Drittel zur Besatzung von Yedo und Osaka verwendet werden muß. Die Regierung würde also höchstens 3000 Mann zur Verfügung haben, während, nach mir aus guter Quelle zugegangenen Mittheilungen, die Hisen Leute 4000 Mann stark, mit Spencer Gewehren bewaffnet und mit Kanonen und Geld reichlich versehn sein sollen. Ihr Führer scheint einer der früheren Staatsräthe und Minister Eto zu sein, dem es gelungen ist, sich heimlich aus Yedo zu entfernen.

Bis jetzt sind die Aufständischen überall siegreich gewesen; sie haben am 15ten d. M. das Schloß von Saga, dessen Garnison durch ein halbes Regiment verstärkt worden war, angegriffen und gestürmt, wobei die Regierungstruppen bedeutende Verluste erlitten haben sollen. Ebenso soll eine andere Abtheilung Kaiserlicher Truppen fast ganz aufgerieben worden sein.

Ueber die Resultate, welche die Aufständischen erzielen können, läßt sich wenig voraussagen: schließen sich die Provinzen Tchikusen und Tchikugo, Aki und Tosa, was wahrscheinlich, und Satzuma, was möglich ist, dem Aufstande an, so werden die jetzt an der Spitze der Regierung befindlichen Personen bald abzutreten haben, bleiben die andern

Provinzen und namentlich Satzuma neutral oder nehmen sie die Seite der Regierung, so wird der Aufstand schnell unterdrückt, der endliche Zerfall der jetzt am Ruder befindlichen Coalition damit aber nur hinausgeschoben werden. Gegen den Mikado ist der Aufstand nicht gerichtet, ebenso wenig gegen die Fremden, obgleich bei derartigen Gelegenheiten der alte Ruf nach ihrer Vertreibung immer wieder laut wird.[1]

Zur leichteren Orientierung beehre ich mich in der Anlage eine Karte von Japan ganz gehorsamst beizufügen, auf welcher die einzelnen Provinzen verzeichnet sind.

Brandt

Den Ausbruch eines Aufstandes im Süden betreffend.

Anlage zu Bericht № 45

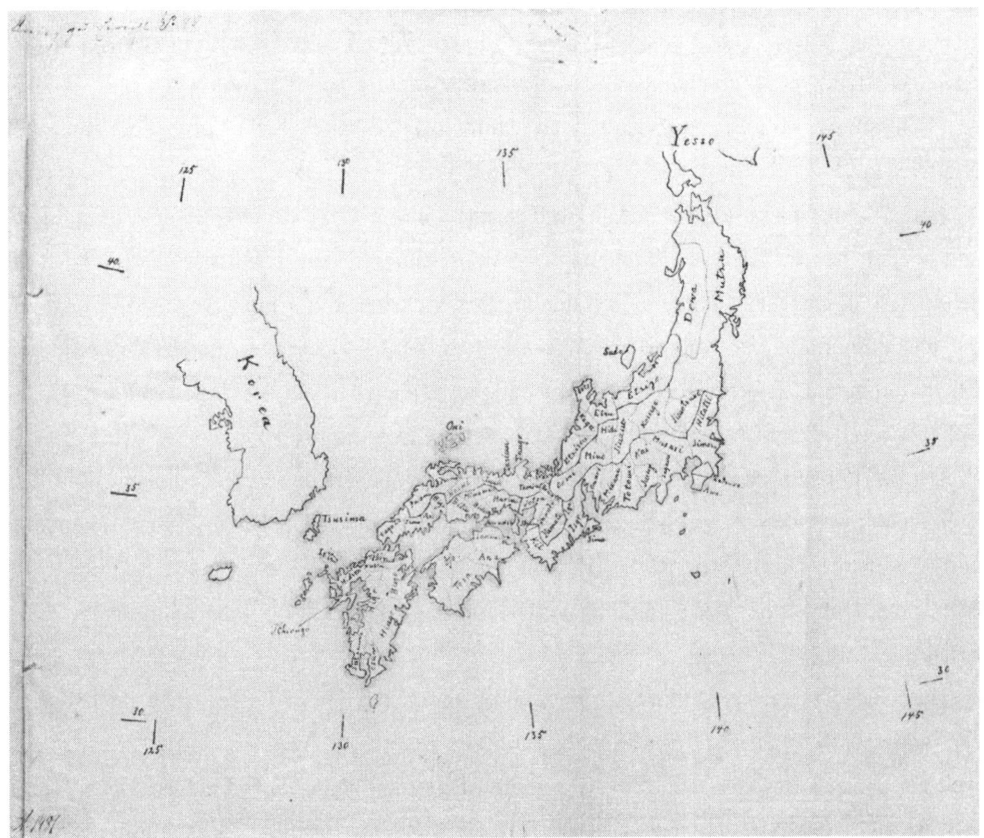

1 ["Gegen ··· wird.": Durchgestrichen von Dritten.]

Aufstand im Süden

PAAA_RZ201-018900_017 ff.			
Empfänger	Bismarck	Absender	Brandt
A. 1481 p: 18. April 1874		Yedo, den 22. Februar 1874.	
Memo	Mitgeth. 26/4 an d. Reichsk. Amt.		

A. 1482 p. 18. April 1874 1 Beil

Yedo, den 22. Februar 1874.

№ 50

An des Fürsten von Bismarck Durchlaucht zu Berlin

Im Anschluß an meine ganz gehorsamsten früheren Berichte über den Aufstand im Süden beehre Euerer Durchlaucht ich mich in der Anlage Uebersetzung einer am gestrigen Tage veröffentlichten Proclamation der Regierung an die Bevölkerung von Yedo so wie das Schreibens, welches der Kaiser an Shimadzu gerichtet hat, ganz gehorsamst zu überreichen.

Beide Schriftstücke dürften meine Auffassung von der Lage der Verhältnisse bestätigen, und macht namentlich die Proclamation der Regierung den Eindruck, als wenn sich dieselbe sehr unsicher fühlte; einige der in diesem Erlaß gemachten Angaben, wie z. B. die die Verhaftung der Angreifer Iwakura's betreffend, sind ungenau; von den letzteren ist, bis jetzt, nur einer verhaftet worden und hat derselbe trotz der angewendeten Tortur sich bis jetzt standhaft geweigert, irgend welche Geständnisse zu machen.

Den Zeitungen ist ein Verbot der Regierung zugegangenen, Nachrichten über die Ereignisse im Süden zu publizieren, und heute waren sämtliche Bahnhöfe zwischen hier und Yokohama zum ersten Mal stark mit Polizei besetzt. Wahrscheinlich hat einer der Führer der Opposition Yedo heimlich verlassen, doch habe ich bis jetzt nichts Näheres in Erfahrung bringen können.

Das Gerücht von der Einnahme Nagasaki's durch die Hisen-Leute erhält sich, die so eben eingetroffene Post hat indessen Nachrichten bis zum 17ten von dort gebracht, nach welchen Alles ruhig war, und die Regierungsbehörden dem Aufstande in Hisen keine größere Bedeutung beizulegen scheinen, jedoch würden von allen Seiten große Vorräte von Waffen und Munition zu steigenden Preisen aufgekauft.

Das letzte Telegramm aus Hiogo vom 20ten d. M. 9 Uhr Abends lautet, daß nach

Nachrichten von Shimonoseki die Aufständischen gegen Fukuoka, die Hauptstadt von Tohikusen, marschierten und Gefechte mit den Kaiserlichen Truppen stattfänden. Die Verbindung zwischen Shimonoseki und Nagasaki ist unterbrochen.

Brandt

Den Aufstand im Süden betreffend.

Anlage zu Bericht № 50.
Uebersetzung

Aus der Zeitung Nishinshindjishi
vom 20ten Februar 1874.

Schreiben des Daidjodaidjin Sandjo an den Gouverneur von Yedo, Okubo, welches sämmtlichen Staat-Distrikt-Vorstehern mitgetheilt worden ist.

Yedo, den 17ten Februar
des 7ten Jahres Meidji (1874).

An Okubo Izohio, Chidohi des Tokyofu.

In dem letzten Drittel des vorigen Monats haben sich im Ken Saga Shisokus zusammengerottet und Unruhen begonnen unter dem Vorgeben Korea müsse bekriegt werden, das Feudalsystem sei wiederherzustellen u.s.w. In Folge dieser Nachricht hat die Regierung beschlossen, diese Unruhen zu unterdrücken und hat dem zu Folge dem Minister des Innern Okubo den Befehl ertheilt, nach dem Westen abzureisen und ihm Beamte seines Ministeriums, so wie des Justizministeriums und einen Admiral mit Soldaten als Begleitung mitgegeben. Okubo ist bereits am 14ten abgereist, und ich erwarte, daß er in wenigen Tagen die Ruhe herstellen wird. Es läuft das Gerücht die Shisoku von Saga hätten die Parole „Krieg gegen Korea" „Herstellung des Feudalsystems" und dergleichen ausgegeben in der Absicht andere Kens in Gährung zu bringen und Gleichgesinnte mit sich zu vereinigen. In den benachbarten Kens jedoch hat sich im Allgemeinen Niemand gefunden, der sich ihnen angeschlossen hätte. Was speziell den Ken Kagoshima anbetrifft, so waren dort allerdings einige wenige Shisoku unzufrieden gewesen, der Rath beim Ministerium des Innern, Hayashi, berichtet jedoch, nachdem er sich den Zustand der Dinge mit eigenen Augen angesehen, daß seit der Rückkehr des General Saigo der Ken vollständig ruhig ist, und auch später noch sind Nachrichten eingetroffen, daß überall Ordnung herrscht. Was den Ken Kotchi (Tosa) anbetrifft, so war das Gerücht verbreitet, die dortigen Shisoku hätten sich erhoben und die Zustände seien unsicher; bei näherer Untersuchung hat sich jedoch herausgestellt, daß dieses Gerücht vieles Falsche enthält, und jetzt herrscht dort vollständige Ordnung.

Mehrere von denen, welche den Udaidjin Iwakura in der Nacht angefallen, sind in weniger als 10 Tagen ergriffen worden und werden jetzt nach und nach verhört und bestraft werden. Da aber wahrscheinlich unruhige Gesellen die Zeitumstände benutzen und böse Pläne anzetteln werden, so soll in sämmtlichen Staatbezirken der Ausfindung derselben die größte Aufmerksamkeit zugewendet werden.

Die Verwundung des Udaidjin war übrigens unbedeutend, und er war sofort wieder hergestellt und konnte nach wenigen Tagen bereits seinem Berufe wieder nachkommen.

Der Djunii Shimatz hat, nachdem er von den Unruhen in Kiushu gehört, von dem Wunsche durchdrungen, sie zu beschwichtigen, eine Eingabe an den Kaiser gemacht. Da sein Gesuch wirklich aus seiner Liebe für das Land hervorgegangen war, so hat der Kaiser freudig erstaunt, ihn nach Kagoshima geschickt, und vor einigen Tagen bereits ist er dahin abgereist. Dieses erwähne ich, weil es nicht gut ist, daß an eine Entfernung Befürchtungen geknüpft werden.

Die Residenz ist besonders ruhig, und nach der Verwundung des Udaidjin Iwakura haben sämmtliche Beamten sich mit gesteigertem Eifer ihren Amtspflichten zugewendet. Hauptsächlich aber ist auf die Sicherheits-Polizei Bedacht genommen worden. Die jetzt neu berufenen Sicherheitsbeamten treffen allmälig in der Hauptstadt ein, und wird daher die Sicherheitspolizei so ausreichend sein, daß kein Grund zur Unruhe vorhanden ist.

Das Augenmerk der Regierung ist von vorne herein darauf gerichtet, fest zu sein und nicht zu weichen, hauptsächlich aber wird sie, wie vorher schon bemerkt, darauf bedacht sein, die Ruhe herzustellen. Die Beamten der Territorial-Verwaltung(Verngaltung) sollen ebenfalls dessen eingedenk sein und ihren Amtspflichten mit Eifer obliegen.

Da es ferner nicht abgesehen werden kann, ob nicht auch in ihren Verwaltungsbezirken rechtlose Gesellen sich zusammenscharen, aufrührerische Reden halten und das Volk aufwiegeln, so soll, wenn dieses eintritt, kein höherer Beamter sich aus seinem Bezirke entfernen, da dies auf die Gesinnung des Volkes von Einfluß sein könnte; jeder soll seinen Amtspflichten streng nachkommen, auf die Aufrechterhaltung der Ruhe und Sicherheit sein Augenmerk richten und nach besten Kräften dahin wirken, daß das Volk keine verkehrten Bahnen betrete.

(gez) Sandjo Saneyoshi Daidjodaidjin

Kaiserliche Botschaft
an den Djunii Shimadz Hisamitz

Ihr, Hisamitz, habt in euerer Betrübniß über die Zustände des Westens zu verschiedenen Malen das Gesuch an Uns gerichtet euch zu gestatten, selbst zum Ken Kagoshima zu gehen und freudig erstaunt sind Wir über diese euere Treue.

In dieser Zeit, wo viele Dinge sich im Lande ereignen, solltet ihr euch eigentlich von Meiner Seite nicht trennen, aber da die Umstände es gebieterisch fordern, so begebet euch eiligst in den Ken und wirket nach besten Kräften.

Ich erwarte aber bald euere Rückkehr zur Residenz.

f. d. U.
(gez) P. Kempermann

[ ]

PAAA_RZ201-018900_025 ff.			
Empfänger	Auswartiges Amt in Berlin	Absender	Francis P. Knight
A. 1645 pr. 3. Mai 1874.		Shanghai 19th March 1874	
Memo	1. Ang v 10/5 nach Petersburg № 237, nach Newchwang, Peking № 4		

A. 1645 pr. 3. Mai 1874. 1 Anl.

Shanghai, 19th March 1874.

To the Foreign Office. Berlin

Advices from my Consulate at Newchwang of a somewhat important political character having reached me in advance of all others at this place, I have the honor to transmit to the Foreign Office the substance of my letter as follows: - It says:

"A revolution has recently taken place in Corea, dethronement of the usurper king and the placing of the rightful young king on the throne under the guardianship of his mother. These are not only well inclined to foreigners, but are said to be Christians; and promise a hopeful future for the country."

I believe the above information is reliable, and I shall be glad if this communication of it reaches the Foreign Office at a moment when it shall prove of interest.

I am told that the Government has the intention to dispatch at no distant date, a naval fleet to the China waters; and, noticing by the late newspapers that H.I.H. Prince Frederic Charles may visit the East, it has occurred to me that, in view of the recent hopeful changes which are reported to have taken place in Corea, the Government might well consider the expediency of having H. I. H., with a strong probability of meeting with a more friendly reception than, in 1872 was accorded to the Americans, visit that country.

The Government doubtless is well informed of all that has taken place in that direction, and is in possession of copies of the charts of the west coast, and the approaches to the capital of that country, which were made by the American officers under command of Rear Admiral Rodgers.

It is agreed that, had the American fleet but been companied of gunboats of light draught, and great steam power, Corea might not to-day be sealed to the outer world.

I have reason to believe that the presence of Russia on the North, and the open threats from Japan, have prompted the Coreans to think of adopting a changed policy: -

In view of which it might be most satisfactory to the German Navy, and to the Government if, among other ends accomplished by the China (Asiatic) Fleet, it should succeed in opening up Corea with her reputed Nine million of population to the commerce, and civilization of the world, as did the American Commodore Perry in Japan.

There are many who believe that the opening up of Corea, will prove the opening-key to progress in China; who know as well, that in such an event, the many interests concerned will not be speedily advanced if, either the Japanese make the primary move, or, when the way is free, the Corean court is largely influenced by the machinations of the Catholic Missions.

I have the honor to endorse some extracts from a local newspaper, which may not, at the time of their publication, have reached the Foreign Office.

Francis P. Knight -
H.I.M.'s Vice Consul.
Newchwang

Anlagen zu A. 1645.

North China Herald, Shanghai, March 1873

COREA.

The Corean Ambassy having, as usual, started for Peking, to present the King of Corea´s compliments and respects, as vassal, to the Emperor of China, at New-Year time, I have been so fortunate as to get particulars from a worthy Corean, in regard to his mysterious little country, and especially as to the deplorable end of Rev. Mr. Thomas in 1866. Doubtless some of your readers will be glad of such information, and I can only add that I have no reason for questioning its truth.

The Corean comes from the North of Corea, and does not seem to know exactly what takes place or happened in the South. When I asked him whether there were still any Japanese in Corea, he did not know, but had heard that they had all fled the country about three years ago, from fear of being put to death. This may be a confirmation of "Kakurin´s" letter which you published in your Journal in August or September 1872. The American expedition killed 500 natives, including two high military officers. In spite of this loss, when the Americans had left, the Regent and people rejoiced greatly, the common talk being that the Corea could not be beaten and that whoever might come would be prevented entering the kingdom, no friendship being desirable with the European World. In order to keep up such a feeling, the Regent has made a vow, as follows:

和主. 和則戰非犯侵人洋　　　孫子世萬我誡. 國賣

"Foreigners encroach on our territory. The only alternatives are war or peace. To resolve on peace is to betray our kingdom. A warning for us and our posterity forever."

And this engagement is placarded in large characters at all the 360 prefectures of the kingdom. During the last six years, many soldiers have been levied and exercised. Cannon have been cast, rifles manufactured and heaps of powder stored. The Regent ordered large quantities of iron; each district having to furnish 500 1bs. to the capital, for making cannon &c., cooking pots for the soldiers, &c. 5,000 soldiers are being exercised in the capital, and at least 100 in each district, besides which all the people are soldiers by right, except nobles and clever writers (B.A). Quantities of cash are amassed inside the Royal palace, these having been got together as expenses for the war, which was looked for, the year after the American expedition, it being fully expected the Americans would return, although the French never did. When I asked whether they had European arms in Corea, my informant replied "what is the use of them. We have the same guns as of old, and the numberless new ones are all made the same. Yet we have three enormous European cannons on the walls of my Province´s capital, which were brought from China on bullock carts."

Notwithstanding the famine of 1871, as this year 1872 was most abundant everywhere, and what cost them 4 *teaous* a bushel can now be bought for one teaou, the country is very peaceful.

You will observe that in speaking of the Government, I have alluded to a Regent instead of a King. This is because I ascertained from my Corean that, although there was a King in Corea, he did not govern. The actual King in Corea, born in 1855 or 1856, was the son of a nobleman, named Ly, (or Li). In 1864, the old King having died childless, the Queen adopted Ly´s son, who thus became heir to the Throne. The elevation of one, naturally affected the whole family. Ly accompanied his son to Court, and being a cunning, plotting and ambitious man, he succeeded in getting the power in his own hands, and putting aside the Queen (widow) who should have been sole ruler according to law. His position as King´s Father gave him no right, further than living in future at the country´s expense. All the old nobles, conservatives of ancient rites, and those who sided with the Queen, saw the change with grief, and looked upon the "Regent," as he called himself, in the light of an intruder, an usurper - but although they did not mind telling him so, he insisted on reigning anyhow. He crushed all who opposed him. It was his pleasure to rebuild the ancient palace, which was burnt and destroyed at the time of the Japanese invasion; so as to raise funds for the purpose, he levied taxes of all kinds, and those who resisted were either killed or stripped of their possessions. Once launched this way, there was no end to the Regent´s tyranny and cruelty, which weighed heavily on rich and poor, noble and plebeian, to such an extent that, when the French came into Corea in 1866, many people hoped they might succeed, so as to get rid of the common oppressor, for, as it was the Regent who ordered the execution of the French christians, it was thought, that if the French were victorious, they would not fail to kill him, or at any rate to exile him. The French, however, by their retreat, only further consolidated the power of the Regent, who reigned the more tyrannically, and under whose hand, everyone gave way. A short while before, the young King was married to a daughter of a citizen named Min-Lining. Amidst women, he did not dream of reigning, even if his father had allowed it; and matters continued this way till, even in 1870, at the period of the American expedition, although the Coreans had such reason to be dissatisfied with the Government, they did not avail themselves of the chance for a revolution, any more than in 1866, however much they wished something might happen against the Regent, who had just managed to offend the nobles. When the American vessels appeared in the river Kang-hoa, the native boats could not bring rice to the capital, and scarcity made people grumble. Thereupon the Regent made people carry the rice on their backs from the south to the capital; and even nobles were compelled, on pain of death, to become porters, for want of other means of transport. Such things were unheard of, and yet no one dared move, for fear of personal consequences. After the departure of the Americans, the Regent boasted having once more saved the country. And certainly, though he may have behaved badly towards the people, he has the glory of having successfully, if not valiantly, defended Corea from the Barbarian´s attacks. In fact, where formerly it would have even easy to overcome the Coreans, for the sake of delivering them from their oppressors, there appears to be now but one feeling common with them, "No Europeans at any price." That seems to be the result of expeditions undertaken against the Corea. Really there is great justice in the following words, written to me by a friend some time ago: - "If I were not an Englishman, I should like to be a Corean; to have routed France, and foiled America; and to be still seated, grinning at all the world."

So much for recent Corean politics. I find I must defer relating the particulars I have gathered about the *General Sherman*, till another letter.

PHILO-COREANUS.

Ⅱ

PARTICULARS ABOUT REV. MR. THOMAS.

These particulars have been received from a native of the Province where what he states occurred; and who lived with people by whom Mr. Thomas was seen, and who possibly assisted at his tragic end. As my informant was well acquainted with the whole story, it was not necessary to get at it piecemeal as I did the other news. I shall therefore report simply and purely what he told me, without any comment of my own.

"When it became known in China that the French priests were murdered in Corea, the Emperor of China hastened to advise our Government that the French were preparing themselves for the Corea, and that therefore we had better make arrangements to receive them in a suitable manner. Meanwhile, an European vessel, the "General Sherman," thinking it a favorable moment for doing business, arrived at the Island of *Tchoto*, and entering the river *Pieung-an*, anchored about three miles below the Town of same name, which is the Capital of my Province. The vessel, on arrival, fired some shots, it is not known why; but at any ate no one was killed or wounded, and it is thought the canon only contained powder. A large number of natives approached gradually, and at last went on board. They were much surprised to meet an European named Tchen-nan-honi, (Mr. Thomas´s Corean name) who spoke the Corean language very well, being familiar even with the polite phrases common amongst them. He said he was English, which led to the belief that all on board were the same. The Governor of the Province informed the Regent, who gave orders, about the 6th or 7th day following, to put all the strangers to death. The prefect of police, by order of the Governor, boarded the "General Sherman," and asked what she was, and her business there. I don´t know the answer given, but when he wanted to go he was detained on board, no doubt in order to prevent the Coreans firing upon the vessel, and setting fire to her. Meanwhile the river, in consequence of heavy rains, overflowed; and when the water went out somewhat, the European vessel grounded about 50 yards from the bed of the river, on the right side, there not being sufficient water to float her, the depth being only about the height of a man (about 4 feet). The mandarin then invited the Europeans on shore; and six men went in the small boat- they were armed with swords and small guns (pistols or revolvers.) They entered a sort of Bungalow, where the mandarin went to visit them. Viands, fruit and wine were offered; which were not at once accepted; but as the Coreans fancied that the fear of poison might gave something to do with the refusal, they themselves commenced to eat; so, to shew they were not suspicious, and from a feeling of politeness, the Europeans also ate and drank, talking the while with the mandarin and the people who had collected in large numbers to enjoy the sight. There were several thousands from the town and adjacent villages; but although they evinced great curiosity, there was not the slightest sign of ill-feeling or hostility. Suddenly, for no cause whatever, on a sign from the mandarin, his guards threw themselves upon the Europeans, and bound their hands behind their backs with cords and chains. Feeling indignant at such treatment, Mr. Thomas said "Why do you act thus?" The mandarin replied "It is our custom when we wish to be friends with anyone, to commence that way." Whilst they remained so garroted, the Governor ordered the ship to be burnt, and those still on board to be killed. A sampan was first sent alongside the ship, and the Prefect jumped into it; but his servant had not time to reach it, and fell in the water, where he was drowned although the depth was only four feet. All this so frightened the Prefect of Police that he was mad for some time; he is dead now. As soon as the Prefect reached the shore, they fired on the European vessel, and as they feared to approach her, some thirty native boats were loaded with dried branches of fir trees, and being set on fire were successively carried out by the tide; men hidden behind the boats, up to their necks in water, guided them as near the ship as possible, and then, diving under water, went ashore to get others. The people on board the ship were able to keep off some of the fire boats, by means of poles and boat hooks; but it was impossible to fight long against such odds, and the vessel having caught fire, she soon blew up with a great detonation. Immediately on the explosion of the vessel, the Governor ordered his guard and the people to rush upon the six men who were tied up; and thereupon they were killed in a horrible manner, with guns spears and stones. There is a small uninhabited Island, near this part of the river (viz., about three miles below the town of Pieung-an). An ordinary shallow grave was dug there, and all the bodies were flung in, the ground being thrown over them. It is said, in the country, that there were only ten men altogether. The following year, the water flowed over the Island, carried away the mound of earth, and all the bones disappeared. The ship´s anchor and chain are in the town of Pieung-an, as also three pieces of cannon which were saved - everything else was lost, even the packages of needles, which were rusted and stuck together.

"On account of these proceedings, the Governor was well rewarded, his employment was prolonged, and in the 7th month of 1872 he was sent to Peking as Ambassador representing Corea at the marriage of the Emperor. Whilst he was away, the Regent and the people were very anxious as to his safety; because, as he was the cruel executioner of Europeans, it was feared these would revenge themselves the massacre of their fellow countryman. I can give the name of this person when necessary. In 1859~60 – during the China war, he was in Peking as an Ambassador of the 3rd Class. His idea of the valour and the military strength of Europeans was very high, and he was so impressed with what he witnessed in Peking, that he dared not leave the town whilst the tragic scenes in regard to the "General Sherman" were taking place; his orders were all despatched from the Palace; and thus he earned the gratitude of his Government."

If the preceding details be true- and there is really no doubt about them in my own mind- what must we think of the answer sent by the Corean Government to Commander Febiger in 1868, and of the treatment the people of the "Chusan" received in 1870? Perhaps these latter owe their lives only to the fact of their presence on Corean soil being ignored by the Regent.

Yours truly,
PHILO-COREANUS.
Newchwang, 17th February, 1873.

Berlin, den 10. Mai 1874 A. 1645

An
den ew. Geschäftsträger
Mi. v. Alvensleben

Petersburg № 237

Ew. p. theile ich zu Ihrer gef. Kenntnisnahme den anliegenden Auszug aus einem Bericht des diesseitigen Vizekonsuls in Newchwang, F. Knight v. 19t März cr. die Verhältnisse in Corea betreffend, unter [*sic.*] mit, daß über die angebliche Revolution in Corea anderweitig hier noch nichts bekannt gewesen ist.

I. V. d. R. K.
[Unterschrift]

Berlin, den 10. Mai 1874 A. 1645

1)
An
den Ew. Vizekonsul
Herrn Francis P. Knight

Newchwang (China)

Ew. p. gef. Bericht vom 19t März d. J. ist hier richtig eingegangen. Die Nachrichten welche über die angebliche Entsendung einer deutschen Flotte in die Chinesischen Gewässer, sogar über eine Reise S. k. H. des Prinzen Friedrich Carl v. Preußen nach Ostasien zu Ihnen gedrungen sind, entbehren der Begründung. Es werden allerdings im Laufe dieses Jahres voraussichtlich eine oder zwei Corvetten der Kaiserl. Kriegsmarine in den japanischen und chinesischen Gewässern kreuzen und einige Häfen anlaufen. Von der Entsendung einer „deutschen Flotte“ ist jedoch keine Rede, ebensowenig wie von einer Reise des Prinzen Friedrich Carl.

Was ferner die Verhältnisse von Korea anbetrifft, so haben dieselben für die deutsche Regierung keineswegs das Interesse, welches Ew. p. voraussetzen und ich kann Ew. p. nur auf das Bestimmteste ersuchen, alle Gerüchte über angebliche deutsche Absichten in Bezug auf dieses Land als müßige Erfindungen zu bezeichnen.

I. V. d. R. K.

2)
An
den Ew. Geschäftsträger,
Mi. v. Holleben,

Peking № 4

Ew. p. übersende ich anliegend Abschrift eines Erlasses, welchen ich heute an den Vizekonsul Knight in Newchwang geschickt habe.

In einem Bericht desselben vom 19ten März cr. war die Mittheilung enthalten, daß in Korea eine Revolution ausgebrochen sei, durch die der bisherige regierende König entthront und ein fremdenfreundliches Regiment eingeführt wurde. Der p. Knight .... Erwartung, daß die angeblich hier beabsichtigte Entsendung einer deutschen Flotte in die ostasiatischen Gewässer, sowie die angebliche Reise des Prinzen Friedrich Carl v. Preußen, dazu führen möchten, eine

Expedition nach Corea einzuleiten um dieses Land für die europäischen Handels-Interessen zu eröffnen. Es schien mir angemessen, diesen Phantasien bei Zeiten zu wiedersprechen. Ew. p. wollen, wo sich dazu Veranlassung bieten sollte, die dortigen Consuln in gleichem Sinne mit Bescheid versehen.

I. V. d. R. K.
[Unterschrift]

[ ]

PAAA_RZ201-018900_036 ff.			
Empfänger	Auswärtiges Amt in Berlin	Absender	Johann Heinrich Focke
A. 1767 pr. 11. Mai 1874.		Hiogo-Osaka, den 8. März 1874.	

Auszug.

A. 1767 pr. 11. Mai 1874.

Hiogo-Osaka, den 8. März 1874.

№ 8.

An das Auswärtige Amt. Berlin.

Um die Mitte des Jahres 1872 gelangte der Wortlaut einer Depesche in die Oeffentlichkeit, welche um jene Zeit von Seiten der Koreaner an die japanische Regierung gerichtet worden sein sollte und welche eine Häufung der beleidigendsten Ausdrücke gegen die letztere enthielt. (cf. Bericht № 9 v. 1/8 1872.)

Da die Regierung ein hartnäckiges Stillschweigen behauptete, so blieb die öffentliche Meinung bezüglich der Aechtheit dieses Schriftstückes lange Zeit getheilt. Auch hörte man nichts von irgend welchen Schritten zur Herbeiführung einer Sühne der angeblich empfangenen Beleidigung, im Gegentheil sollte eine Japanischerseits später nach Korea gesandte Expedition, um die wenigen dort noch geduldeten japanischen Ansiedler abzuholen, die Versicherung der besten Absichten für das Fortbestehen eines friedlichen Verhältnisses zwischen den beiden Ländern zurückgebracht haben. Erst im October 1873 tauchte die Sache von Neuem auf. Der Minister der auswärtigen Angelegenheiten, Sojejuna, war nämlich im März deselben Jahres in einer diplomatischen Mission nach Peking gegangen - ausgesprochenermaßen, um die Bestrafung der Formosaner wegen an schiffbrüchigen Liukiuanern begangenen Gewaltthätigkeiten zu verlangen; - wie man sich schon damals erzählte, bildeten aber auch die Beziehungen Japans zu Korea einen Gegenstand der Verhandlungen. Wie dem auch sein möge, jedenfalls scheint die Frage, ob Krieg mit Korea oder nicht, seit der Rückkehr des Botschafters von seiner erfolgreichen Sendung im Ministerium ventiliert und die um die erwähnte Zeit erfolgte Uebergabe der auswärtigen Angelegenheiten an Terassima, und die Berufung Iwakura's zum Udaijin (3. Minister) durch ihre negative Entscheidung beeinflußt worden zu sein. Aber trotz dieses formellen Sieges der Friedenspolitik gährte im Volk der uralte, durch jene neue Beleidigung genährte Groll fort, und „Krieg mit Korea" wurde das Feldgeschrei, unter welchem sich die unzufriedenen Elemente sammelten. Der schließliche Ausbruch einer bewaffneten Empörung wird jedoch weniger auf dieses mehr ideale Moment als auf eine Veranlaßung materieller Natur zurückzuführen sein.

(:gez:) Focke

Regierungswechsel in Corea

PAAA_RZ201-018900_039 ff.			
Empfänger	Otto von Bismarck	Absender	Theodor von Holleben
A. 2064 pr. 2. Juni 1874.		Peking, den 11. April 1874.	

A. 2064 pr. 2. Juni 1874.

Peking, den 11. April 1874.

№ 27

An des Fürsten von Bismarck Durchlaucht. Berlin.

Der französische Lazaristen-Pater, Monseigneur Riedel, ist vor einigen Tagen aus Niuchuang hier eingetroffen, um den Französischen Gesandten die Nachricht von einem gewaltsamen Regierungswechsel in Corea zu überbringen. Danach soll der bisher dort herrschende Usurpator gestürzt worden sein, und der rechtmäßige junge König die Regierung übernommen haben. Die neue Regierung soll dem Christenthum und dem Verkehr mit den Fremden geneigt sein.

Monseigneur Riedel hat bis zur Vertreibung der Missionäre aus Corea in diesem Lande gelebt und die französische Mission daselbst geleitet, seitdem wohnt derselbe im Innern des Landes zwischen Niuchuang und der Coreanischen Grenze. Er steht in dem Ruf, einer der besten Kenner der Coreanischen Verhältnisse zu sein.

Gestützt auf Angaben, welche Bischof Riedel mir persönlich gemacht hat, sowie auf anderweitige von mir eingezogene Erkundigungen, habe ich die Ehre zum näheren Verständnis jener Vorgänge ganz gehorsamst Folgendes zu bemerken: Im Jahre 1864 starb der Herrscher von Corea, der letzte direkte Sproß der Li-Dynastie, welche über Corea seit dem Jahr 1393 geherrscht hatte. Seine überlebende Mutter adoptierte unter Zustimmung der Großwürdenträger des Landes und der Hof-Astrologen den damals etwa achtjährigen Sohn eines mit dem Königshause entfernt verwandten Coreanischen Nobile. Dieser Knabe galt seitdem als legitimer Herrscher, seine Adoptivmutter als Regentin. Der Vater des jungen Königs, welchem der Rang eines königlichen Prinzen beigelegt worden war, folgte seinem Sohn an den Hof, und wußte bald die Herrschaft thatsächlich an sich zu reißen. Derselbe wird als ehrgeizig, gewaltthätig und vor Allem als den Ausländern abgeneigt geschildert. Er führte die Regierung mit Härte und Energie: der Massacre und die Vertreibung der Missionäre gegen Ende der sechziger Jahre, sowie die Abweisung der

Amerikanischen Expedition im Jahre 1871, sind wesentlich sein Werk.

Vor einiger Zeit nun hat der junge König, gestützt auf mißvergnügte hohe Beamte, seinen Vater gewaltsam der Regentschaft entkleidet und selbst die Zügel der Regierung in die Hand genommen.」

Monseigneur Riedel hält nun die Retablierung der Missionäre in Corea für möglich und sucht den Französischen Gesandten für die Unterstützung dieses Unternehmens zu gewinnen. Ob die Annahme richtig ist, daß die neue Regierung geneigt sein werde, den Fremden auch sonstige Concessionen zu machen, läßt sich vorläufig natürlich nicht übersehen, dürfte aber bei dem starren Conservatismus der Coreaner zu bezweifeln sein.

In hiesigen diplomatischen Kreisen macht sich die Ansicht geltend, daß diese Ereignisse zur Beilegung der Japanisch-Coreanischen Differenzen beitragen dürften. Inzwischen wird die Entscheidung dieser Frage wohl eher von den in Japan herrschenden Zuständen, als von der Haltung der Coreanischen Regierung abhängen.

Holleben

Inhalt: Regierungswechsel in Corea betreffend.

[ ]

PAAA_RZ201-018900_043 ff.			
Empfänger	Otto von Bismarck	Absender	Max August Scipio von Brandt
A. 2151 pr. 8. Juni 1874		Yedo, den 30. März 1874	
Memo	1. Ang. v. 72/6 nach Yeddo № 3 und an d. Reichsk. Amt		

A. 2151 pr. 8. Juni 1874.

Yedo, den 30. März 1874.

№ 73

An des Fürsten von Bismarck Durchlaucht. Berlin.

Euere Durchlaucht beehre ich mich ganz gehorsamst zu melden, daß nach mir durch den Kaiserlichen Konsul in Shanghai mitgetheilten, aus Niuchang nach dort übermittelten und von dem Apostolischen Vikar für Korea Bischof Riedel, welcher seinen Wohnsitz an der Koreanischen Grenze hat, stammenden Nachrichten in Korea eine politische Umwälzung stattgefunden haben soll, durch welche der bis jetzt an der Spitze der Geschäfte stehende Onkel des minderjährigen Königs gestürzt und der achtzehn Jahre alte König unter der Regentschaft seiner Adoptiv-Mutter auf den Thron gesetzt worden sein soll. Die neue Regierung soll den Christen und Fremden freundlich gesinnt sein.

Meinen französischen und englischen Kollegen sind ähnliche Nachrichten zugegangen und besitzen dieselben auch in so fern eine innere Wahrscheinlichkeit, als der bisherige Regent als Usurpator und Repräsentant der Soldatenkaste allgemein verhaßt war und bereits verschiedene Verschwörungen gegen denselben stattgefunden hatten, bei denen die einheimischen Christen stets betheiligt gewesen waren.

Die Japanischen Behörden behaupten, keine Kenntniß von einer derartigen Veränderung der Lage zu haben, was auch sehr leicht möglich ist, da die Beziehung zwischen Japan und Korea fast gänzlich abgebrochen sind.

Große Erwartungen auf die angebliche fremden- und christenfreundliche Richtung der neuen Regierung zu gründen, dürfte nach meiner ganz gehorsamst unmaßgeblichen Ansicht irrthümlich sein, da die jahrhundertelange Abgeschlossenheit des Landes kaum durch die Initiative der eigenen Regierung überwunden werden dürfte; anders verhält es sich dagegen mit der Frage ob, falls die Nachrichten von der Umwälzung und der Bedeutung derselben sich bestätigen sollten, es nicht im Interesse der Europäischen Mächte liegen würde, zu versuchen ein Vertragsverhältniß mit Korea herzustellen.

Kommerzielle Vortheile dürften von einem solchen Schritte freilich nicht zu erwarten sein, wohl aber ein Aufhören des nachtheiligen Eindrucks, den das Fortbestehen der Abschließung Koreas gegen fremden Verkehr und Einflüsse auf die Nachbarländer China und Japan macht, eines Eindruckes der namentlich von denjenigen Parteien benutzt wird, welche zu einer abweisenden Politik den Fremden gegenüber drängen. Eine Oeffnung Koreas für den Verkehr mit den Fremden scheint ferner das einzige und sicherste Mittel zu sein, dies Reich von der sonst unvermeidlichen Absorption durch Rußland zu schützen.

Besondere Streitkräfte würden, die Zuverlässigkeit der vorstehenden Nachrichten angenommen, zur Unterstützung der Anknüpfungen von Unterhandlungen nicht nöthig sein; bei einer Uebereinstimmung der Europäischen Regierungen und ihren in Japan beglaubigten Vertretern ertheilten gleichlautenden Weisungen würde es leicht sein, aus den auf der ostasiatischen Station befindlichen Schiffen der verschiedenen Mächte ein Geschwader von 10 bis 12 Schiffen zu bilden, und ein solches dürfte mehr als hinreichend sein, um den allein anzurathenden moralischen Druck auf die Entschließungen der Koreanischen Regierung auszuüben.

Euerer Durchlaucht werde ich nicht unterlassen, über weitere aus Korea hierher gelangende Nachrichten ganz gehorsamst zu berichten.

Brandt

[ ]

PAAA_RZ201-018900_048			
Empfänger	Bernhard Ernst von Bülow	Absender	Schulenburg
A. 2209 pr. 11. Juni 1874.		Tarzin, den 10. Juni 1874.	

A. 2209 pr. 11. Juni 1874.

Warzin, den 10. Juni 1874.

№ 7

An den Staatssekretär des Auswärtigen Amtes Herrn von Bülow Excellenz Berlin

Der Fürstl. Reichs Kanzler wünscht Vorlegung des Berichts Nr. 73 vom 30. März aus Yedo (A. 2151), und eine Mittheilung darüber, was aus früheren Berichten aus China und Japan über die Stellung der Regierung zu Korea bekannt ist, namentlich ob die dortige Regierung rechtlich oder nur faktisch unabhängig ist, oder ob man die Chinesische und Japanische Regierung herausfordert, wenn man sich in Beziehungen zu Korea einläßt.

Schulenburg

THE LONDON AND CHINA TELEGRAPH.

LONDON: MONDAY, JUNE 15, 1874.

◆

KOREA REDIVIVUS.

THREE years have passed away since our columns were rife with stirring news from Korea, giving accounts of the American hostile expedition, intended to open up relations with the Government by force of arms, which ended in a *fiasco*. Since then the iron-bound coast of that peninsula in the Far East has scarcely been visited by foreign men-of-war, or merchant ships; and the interior of the mysterious country beyond has relapsed into its primitive exclusiveness. Hitherto nearly all the intelligence concerning its physical features, people, and Government have been communicated by foreigners, who have gleaned it from without; and the relations of the body politic with the outer world have been entirely of an external character. No news ever emanated from persons in authority regarding the political or social condition of the realm. By late advices from China we learn through our contemporary *The North China Herald*, that rumours have reached Shanghai of a "revolution" having broken out in Korea, among the ruling classes, for the purpose of deposing the despotic Regent KAKURIN, and placing the young King as *de facto* sovereign on the throne. As there is no corroboration of an actual outbreak by armed partisans, we shall wait for further news to credit the statement that a "revolution" had begun. Probably it may turn out that the youthful monarch, being nineteen years of age, has attained his majority to ascend the throne, and he has been advised to discard the ex-Regent from his Councils. This is the more likely, as the Queen Dowager, who has had the training of the young King, is friendly disposed to foreigners and native Christians, if she herself be not a convert; while the late Regent is bitterly opposed to both. If that be the case, then there is sure to be two factions intriguing for supremacy. This we shall soon know through Peking news, announcing the forthcoming installation of the King of Korea, on ascending the throne, by the Emperor of CHINA. In the meantime, viewing a probable change in the exclusive policy of the Government of Korea towards foreigners, the time is opportune to glace at the foreign attempts to open up the country.

Without referring to the intercourse of surveying ships and shipwrecked mariners with the inhabitants and local authorities, we shall confine our notes to the dates and circumstances of those events which have made Korea notorious as a sanguinary region to be explored by foreigners. The first to penetrate into the interior across the northern frontier by the so-called "Gate of Korea" were indefatigable French missionaries, engaged successfully in the "Propagation of the Faith" among the native heathens. The first mission was established at Séoul, the capital, by Bishop IMBERT, in 1837, where he was joined by two priests named MAUBAUT and CHASTAU. On the 21st September, 1839, these three ecclesiastics suffered martyrdom by decapitation in the public execution ground of the capital. In March 1844, Bishop FERREOL succeeded in restoring the mission at Séoul, and afterwards established four others at different stations throughout the country, which in time were placed under the charge of coadjutors, who came secretly to risk their lives in the holy work. For twenty-two years they zealously pursued their task, increasing to the number of twelve missionaries, who had baptized upwards of fifty thousand converts. Then arose in March, 1866, a dreadful persecution, by order of the Regent, when thousands of the converts were hunted, tortured, and executed, if they did not renounce the proscribed religion. Nine of the French missionaries were seized and killed in cold blood, while their mission establishment at the capital was burnt to the ground, and its valuable contents destroyed, including an elaborately complied Korean dictionary. Three missionaries managed to escape and reach China, where they reported the massacre to the French Minister at Peking, who instructed Admiral ROZE to proceed with a squadron and troops to demand reparation. In October he ascended the Salee River, leading to Séoul, where he encountered the Koreans in arms, had a desperate engagement with them at the fortified town of Kanghoa, which he sacked and demolished, and then left the country without obtaining any satisfactory reparation from the Korean authorities. In July of the same year, an American schooner named the *General Sherman* made a clandestine visit to Korea, having on board two Englishmen, one of whom was the Rev. Mr. THOMAS, whose interesting journal of a previous visit was published in our columns. The leader of the party, a Frenchman, came into collision with the authorities of a town they had reached up some river, when the exasperated inhabitants sent fire rafts down upon the ship, which ignited the hull, and the flames reaching the magazine, vessel, cargo, crew, and passengers were all blown up, and not one saved. This catastrophe brought the United States naval representatives forward to demand an explanation, as the vessel sailed under the American flag. In 1868 a United States frigate made its appearance at a town not far from the capital, where the principal functionary furnished the captain with a straightforward circumstantial statement, showing that the *General Sherman* was on a filibustering expedition.

This explanation seemed to satisfy the American Government, for nothing further was heard about it. At the same time these negotiations were going on in the month of May, an extraordinary expedition was fitted out at Shanghai, and embarked on board a German owned steamer, the party, besides the captain and crew, consisting of one German (leader), an American (cash provider), and a French priest, as principals, with one hundred and ten Chinese coolies, and twenty-one Manilamen as auxiliaries. They went into the interior of Korea at an obscure place, ostensibly to conclude a commercial treaty with the authorities, every man being armed with a musket, their real purpose being to rifle a tomb where the French priest avowed that he saw the late KING buried in a solid gold coffin. This they tried to get at, but did not succeed in the attempt, while their designs were frustrated by the appearance of Korean soldiery, with whom shots were exchanged, which killed and wounded a few. After this the buccaneers were glad to get away and return safely to Shanghai, where the American was tried by his Consul, and the German afterwards sentenced to imprisonment by the Supreme Court at Hamburg. Then came the last hostile expedition under Admiral RODGERS, of the United States Navy, who received his instructions from Washington to negotiate peaceably with the Koreans if he could. But it turned out that he could not; and he repeated the operations of the French at Kanghoa, which was restored, and defended by a stronger force, who, although they suffered severely, attacked the invaders with such slaughter that the Admiral was glad to retire from the contest and abandon the further prosecution of the expedition, which so far proved as great a failure as that of the French expedition. Thus it may be said that the Koreans have held their ground against all comers from without; it now remains to be seen if they can retain their exclusiveness much longer intact under dissensions from within.

Ship.	For
Remus	Yokohama ....
Do.	Hioge ....
Melbrek	Hong Kong ....
Gertrude	Colombo ....
Wylo	Shanghai ....
John Milton	Yokohama ......
Do.	Hiogo ....
The Sir Jamsetjee Family ...	Singapore ....
Sir Harry Parkes	Hong Kong ....
Falcon	Do. ....
Jessica	Japan ....
Country of Lancaster	Java. ....
Lucerne	Shanghai ....
Hope	Penang ....
Solent	Singapore ....
Cosmopolyta (addl.)	Ilo Ilo ....

From	Date Cleared.	Coals and Coke.	Bar, Bolt and Rod Iron.	Hoop, Sheet, and Plate Iron.	Pig Iron.	Yellow Metal and Cooper.	Lead.	Steel.	Shot.	Machinery.
		Tons.	Tns.	Tns.	Tns.	Tons.	Tns.	Tns.	Tns.	£
London	April 24	…	…	…	…	…	…	…	…	…
"	" 24	…	49	…	150	…	…	…	…	…
"	" 24	50	324	…	…	…	…	…	…	…
"	" 27	402	15	…	…	…	1	…	12	…
"	May 5	…	206	…	…	…	100	…	…	…
"	" 6	…	154	5	…	…	8	…	$\frac{1}{3}$	…
"	" 6	…	…	…	…	…	10	8	…	…
"	" 6	586	…	7	50	…	…	…	…	…
"	" 8	…	215	…	…	…	…	50	…	…
"	" 22	21	308	…	…	…	60	…	4	…
Liverpool	April 25	100	161	…	…	…	…	1	…	50
Glasgow	May 21	296	…	…	…	…	…	…	…	3870
London	" 28	144	410	50	…	…	…	…	…	…
"	" 28	295	50	…	…	…	…	…	…	…
"	June 2	464	134	18	…	…	50	…	…	…
"	April 16	203	…	4	…	…	1	…	…	6000

Hardware and Ironmongery.	Cottons, Plain.	Printed and Dyed.	Delaines and Mixed Fabrics.	Linens.	Woollens.	Flannel and Blanketing.	Thread, Twist and Yarn.	Electro and Plated Ware.	Beer in Bulk.	Beer in Glass.	Brandy.
£	Yards.	Yards.	£	£	£	£	lbs.	£	Bris	Bris	Gals.
190	...	...	...	...	...	...	40000	338	...	64	2
...	...	...	...	...	...	...	...	...	...	...	...
1748	527932	...	61	...	...	...	...	...	83	128	...
993	35100	65950	...	...	...	...	...	...	660	107	1310
1138	1551475	43632	...	...	1634	...	£54	...	...	122	168
284	153500	...	...	...	7437	...	...	...	...	88	350
25	...	...	...	...	2130	...	...	...	18	4	...
778	41340	...	...	...	...	226	1400	...	75	202	1000
2630	413550	£420	...	...	...	...	...	...	265	126	300
1787	...	...	...	...	158	...	2240	...	63	87	154
...	...	...	...	...	...	...	...	...	...	26	...
4064	47543	71616	...	179	...	...	58800	...	202	...	...
25	...	...	...	...	248	...	8792	...	82	13	146
...	...	...	...	...	...	...	...	...	...	94	1086
133	...	...	...	...	...	...	...	...	...	57	...
2948	£240	3600	...	...	...	...	5006	...	...	...	...

Rum.	Geneva.	British Spirits.	Red Wine.	White Wine.	Oils.	Paints and Varnish	Haberdashery, Hosiery and Millinery.	Canvas and Sail Cloth.	Rope, Cordage, and Twine.	Tar and Pitch.
Gals.	Gals.	Gals.	Gals.	Gals.	Gals.	£	£	£	£	Bris.
…	…	180	122	176	…	…	…	…	…	…
…	…	…	…	…	…	…	…	…	…	…
171	…	56	3510	120	1500 & £27	513	…	…	…	…
…	…	256	170	4780	2300	144	…	…	…	2 6drm. 110 rn.
…	…	…	…	671	…	…	…	190	…	…
…	250	1206	54	321	763	321	200	213	22	10
…	…	28	…	…	…	123	200	…	…	…
…	600	…	282	165	1390	356	…	…	…	200 & 100 rn.
…	…	10	230	100	3883	456	…	…	…	
…	440	67	…	200	35	247	…	…	…	40
…	…	…	…	…	…	…	…	…	…	…
…	…	…	266	52	£8	858	…	162	…	…
…	…	90	54	559	…	…	…	…	…	…
…	4400	…	…	506	1000	…	…	190	…	175 & 50 run,
…	…	…	…	160	…	…	…	…	…	200rm.
…	…	…	…	…	…	783	…	…	…	…

[ ]

PAAA_RZ201-018900_051f.			
Empfänger	Bismarck	Absender	Brandt
A. 2262 pr. 14. Juni 1874.		Yedo, den 11. April 1874.	

Auszug.

A. 2262 pr. 14. Juni 1874.

Yedo, den 11. April 1874.

№ 87

An des Fürsten von Bismarck Durchlaucht. Berlin.

Wie ich vernehme, hat bei den über die Insel Sachalin im vorigen Jahre gepflogenen Verhandlungen der Minister der auswärtigen Angelegenheiten die Andeutung fallen laßen, daß ein Arrangement in Betreff Sachalins sehr leicht sein würde, wenn die russische Regierung etwaige Ansprüche Japans auf Korea zu unterstützen bereit wäre. Dieses Anerbieten ist jedoch damals Seitens meines früheren Kollegen, des jetzigen Russischen Gesandten in Peking, Herrn Buetzow, mit dem Bemerken von der Hand gewiesen worden, daß Rußlands Interessen in China zu bedeutend seien, als daß man sie Japan zu Gefallen compromittiren könne; es ist aber nicht unmöglich, daß die Japanische Regierung hofft, durch eine energische Haltung in der Sachalin Frage Rußland zu einer Aenderung seiner Auffassung zu bringen.

(gez:) Brandt

Original in actic IB 16.

[ ]

PAAA_RZ201-018900_053 ff.			
Empfänger	Bismarck	Absender	B. Bülow
pr. 16. 6.		Berlin, den 15. Juni 1874	
Memo	Anlage A. 2151		

pr. 16. 6.

Berlin, den 15. Juni 1874.

Seiner Durchlaucht dem Herrn Reichskanzler Fürsten von Bismarck

Die im Berichte des Minister-Residenten von Brandt vom 30. März cr. erwähnten Nachrichten über Korea sind dem Auswärtigen Amte bereits vor einiger Zeit durch den deutschen Consul in Newchwang (China) sowie die Gesandtschaft in Peking zugegangen. Alle stammen aus derselben Quelle, nämlich von dem französischen Bischof und apostolischen Vikar Riedel, der seinen Wohnsitz an der Grenze des coreanischen Reiches hat. Anderweitige Bestätigung haben diese Mittheilungen noch nicht erhalten. Der Kaiserliche Consul in Newchwang (ein Engländer, F. Knight) erwähnte in seinem Berichte über den angeblichen Umschwung der Dinge in Korea auch, daß die fremde Handelswelt in China mit Freuden aus den Zeitungen vernommen habe, Seine Königliche Hoheit Prinz Friedrich Carl werde Ostasien besuchen und gleichzeitig ein deutsches Geschwader in den chinesischen Gewässern erscheinen: man hoffe, daß einer der Zwecke dieser Expedition sein solle, Korea für den Handelsverkehr zu eröffnen, wie einst Amerika die Initiative in Japan genommen. Er wieß dabei auf die einseitige Pression hin, welche Rußland durch seine mächtige Stellung im Norden von Korea auf dieses Land ausübe.

Ich habe damals sowohl den Consul Knight, als auch die Gesandtschaft in Peking aufgefordert, allen derartigen falschen Gerüchten über eine beabsichtigte deutsche Expedition entschieden entgegen zu treten.

Das Verhältniß zwischen Korea einerseits, sowie China und Japan andererseits ist im vorigen Jahre, aus Anlaß der japanischen Gesandtschaft nach Peking vielfach erörtert worden. In Japan drängt seit Jahren die sogenannte nationale Partei auf Krieg gegen Korea, wegen wiederholter Gebietsverletzungen, deren sich die Koreaner schuldig gemacht haben sollen.

Die nach Peking entsendete Mission sollte ermitteln, ob China einen Angriff auf Korea übel nehmen werde. Man lehnte in Peking alle Beantwortung in Bezug auf Korea ab, bestätigte allerdings, daß der König dieses Reichs seinen Titel vom Kaiser von China erhielte, bezeichnete aber die eigenen Beziehungen zu Korea als sehr gespannte. Gleichzeitig soll jedoch auch eine Gesandtschaft von Korea nach Peking gekommen sein und diese Beziehungen wieder etwas verbessert haben. Neuerdings kam die Eventualität eines japanischen Angriffes gegen Korea wieder zur Sprache bei den Aufständen in Süd-Japan, welche zum Theil dem Mißvergnügen darüber zugeschrieben wurden, daß die Regierung sich zu der koreanischen Expedition nicht entschließen wolle. Die jetzt beabsichtigte japanische Expedition gegen Formosa soll zur Beschwichtigung dieser kriegerischen Gelüste dienen; andere Nachrichten besagen, dieselbe werde sich vielleicht doch noch gegen Korea und nicht gegen Formosa richten.

Was die eventuelle Einleitung direkter Beziehungen zwischen den fremden Mächten und Korea anlangt, so sagt Herr von Brandt in dem Berichte vom 30. März, daß dieselben keine commerziellen Vortheile bieten würden, und sucht das Motiv zu denselben in politischen Erwägungen, u.a. auch darin, daß nur auf diese Weise Korea vor der Absorption durch Rußland bewahrt werden könne. Diese Macht ist jedenfalls bei allen Unternehmungen, die Korea zum Ziel haben, durch seine Grenzbeziehungen in erster Linie interessiert, wie die Anlegung fester Punkte und Observationsposten an der russischen Nordgrenze beweist. Chinesische oder japanische Reibungen mit Korea werden den Russen nicht störend sein, ob dieselben aber wünschen, daß die übrigen fremden Mächte und Amerika sich in diese Verhältnisse mischen, ist eine andere Frage.

B. Bülow

[ ]

PAAA_RZ201-018900_059			
Empfänger	Auswärtiges Amt in Berlin	Absender	Cardes
A. 2442 pr. 23. Juni 1874.		Hongkong, den 8. Mai 1874.	

Auszug.

A. 2442 pr. 23. Juni 1874.

Hongkong, den 8. Mai 1874.

An das Auswärtige Amt Berlin.

Die hiesige Tagespresse spricht die Vermuthung sehr entschieden aus, daß Japan die kostspielige Ausrüstung auf andere Weise zur Geltung bringen und die Expedition gegen Korea richten werde, um für die dort jüngst geschehene Unbill der Hinrichtung mehrerer japanischer Schiffbrüchiger Retribution zu üben.

(:gez:) Cardes

Konsul.

Original in actis: IB 16.

Berlin, den 27. Juni 1874 A. 2151

1) An d. K. Minister-Residenten Mi. v. Brandt Jeddo № 3 Bei Abth. II zur gef. Kenntnißnahme anzulegen	Unter Bezugnahme auf Ew. p. gef. Bericht Nr. 73 vom 30t März cr., bemerke ich, daß für Deutschland kein Interesse vorliegt, ein Vertragsverhältniß mit Korea herzustellen. Am wenigsten aber würde uns hierzu die Erwägung bestimmen, daß wir berufen sein sollten, Korea vor der von Ihnen als unvermeidlich bezeichneten Absorption durch Russland zu „schützen". Die Nachrichten aus Korea, welche durch den Bischof Riedel verbreitet wurden, haben bisher anderweitige Bestätigung noch nicht erhalten. N. S. E.
2) Reichskanzler-Amt	Dem p. beehrt sich das Ausw. Amt anliegend Abschrift eines Berichtes des K. Minister-Residenten in Jeddo vom 30t. März d. J., die Nachrichten aus Korea betreffend, zur gef. vertraulichen Kenntnisnahme gz. ergebenst mitzutheilen. Es wird dabei g. e. bemerkt, daß der Bericht S. Durchl. dem Herrn Reichkanzler vorgelegen hat und dem Minister-Residenten v. Brandt darauf geantwortet worden ist, Deutschland habe keine Veranlassung, ein Vertragsverhältniß mit Korea herzustellen; am wenigsten aber würde uns in dieser Richtung die Erwägung bestimmen können, daß [*sic.*] sein sollte, Korea vor einer Absorption durch Rußland zu schützen. F. ausw. Amt [Unterschrift]

Die Verurtheilung der Saga Insurgenten.

PAAA_RZ201-018900_062 f.			
Empfänger	Bismarck	Absender	Brandt
A. 2713 pr. 11. Juni 1874.		Yedo, den 2. Mai 1874	
Memo	№ 252 Salzburg pr. 14 Juli 1874 vorgetragen, 1 Anl. 1 Ang. v. 12/7 an das R. K. A.		

A. 2713 pr. 11. Juni 1874. 1 Anl.

Yedo, den 2. Mai 1874

№ 111.

An des Fürsten von Bismarck Durchlaucht. Berlin.

Euerer Durchlaucht habe ich die Ehre, im Anschluß an meinen ganz gehorsamsten Bericht № 106 vom 24ten April d. J. in der Anlage Uebersetzung des über den früheren Staatsrat Eto und die andern Führer des Aufstandes gefällten Urtheils zu überreichen. Mit Ausnahme der gegen die Häupter der Bewegung ergriffenen Maßregeln ist die Regierung gegen die bei denselben Betheiligten mit großer Schonung vorgegangen. Von c. 7500 Samurais sind 6 zu zehn 9 zu sieben 15 zu fünf 56 zu drei und 10 zu zwei Jahren Strafarbeit 83 zur Degradation 1 zu hundert und 1 zu siebzig Tagen Gefängniß im Ganzen also nur 181 Personen verurtheilt.

Trotzdem oder vielleicht gerade weil man im Süden die Milde der Regierung gegen die einen für Schwäche, die Strenge gegen die andern für einen Act persönlicher Rache hält, ist die Stimmung besonders auf der Insel Kiusiu noch eine sehr unzufriedene. Die Leiter der Regierung in Yedo sind sich nicht zweifelhaft darüber, daß nur einem Zusammentreffen günstiger Umstände der schnelle Erfolg der Kaiserlichen Waffen zu verdanken gewesen ist und daß, wären die Erfolge weniger schnell gewesen, in einigen Tagen ganz Kiusiu in Flammen gestanden haben würde. Das Gefühl dieser Unzufriedenheit mit der Regierung ist, aber dasselbe geblieben und es bedarf nur eines Anstoßes um einen neuern vielleicht gefährlicheren Aufstand hervorzubringen, dem die Regierung, weit entfernt die Verhältnisse zu beherrschen, rathlos entgegentreibt.

Brandt

Die Verurtheilung der Saga Insurgenten betreffend.

Anlage zu Bericht № 111.
Uebersetzung.

Aus dem Nishinshindjishi
vom 29ten April 1874.

Nachdem wir seiner Zeit ein Telegramm mitgetheilt hatten, daß der Anführer der Rebellen von Saga, Ezo Shimpei und andere hingerichtet worden seien, theilen wir jetzt nachstehend den Inhalt der Stefuda[2] mit.

Eto Shimpei.

Shima Yoshitake.

Diese beiden sind, weil sie die Kaiserlichen Gesetze mißachtet, unter dem Vorwande, daß sie den Krieg gegen Corea wollten und ihr Vaterland liebten, Genossen um sich geschaart, Kriegsgeräth angeschafft, dem Kaiserlichen Heere Widerstand entgegengesetzt und so ihre bösen Pläne durchzusetzen versucht haben, verurtheilt worden aus der Klasse der Samurai ausgestoßen und darauf enthauptet zu werden, worauf ihr Haupt öffentlich auszustellen.

Asakura Naotake, Kagetz Tsunegoro, Yamanaka Itehiro, Nishi Yoshitada, Nakadjema Teiso.

Die obigen für ihre Aufreizung zum Kriege gegen Korea.

Soyedjima Yoshitaka, Shigematz Motokiohi, Murayama Nodoka, Fukutchi Teunekage, Nakagawa Yoshidzumi

Die letzteren für ihre Liebe zum Vaterlande (soll heißen, weil sie vorgaben, ihre Liebe zum Vaterlande treibe sie gegen die bestehende Regierung sich aufzulehnen).

Die oben angeführten sind, weil sie die Kaiserlichen Gesetze mißachtet, unter dem Vorwande, daß sie den Krieg gegen Corea wollten und ihr Vaterland liebten, die bösen Pläne des Eto Shimpei und Shima Yoshitake unterstützt, und dem Kaiserlichen Heere Widerstand entgegengesetzt haben, verurtheilt worden, aus der Klasse der Samurai ausgestoßen und darauf enthauptet zu werden.

f. d. U.
(gez) P. Kempermann

---

2 Stefuda wird die Tafel genannt, auf welcher das Verbrechen des Deliquenten angegeben ist, und welche nach der Hinrichtung auf dem Hinrichtungsplatz aufgestellt wird.

Die Beziehungen Japans zu Korea

PAAA_RZ201-018900_068 f.			
Empfänger	Bismarck	Absender	Brandt
A. 2714 pr. 11. Juni 1874.		Yedo, den 6. Mai 1874.	
Memo	№ 253. Salzburg pr. 14. Juli 1874. vorgetragen 1. Ang. v. 12/7 an das R. A. K.		

A. 2714 pr. 11. Juni 1874.

Yedo, den 6. Mai 1874.

№ 114.

An des Fürsten von Bismarck Durchlaucht Berlin.

Die hier erscheinenden fremden und Japanischen Zeitungen enthalten seit einiger Zeit häufig Nachrichten von der Hinrichtung japanischer Schiffbrüchiger an der koreanischen Küste und Angriffen der Koreaner auf Japanisches Gebiet. Euerer Durchlaucht beehre ich mich ganz gehorsamst zu melden, daß nach den durch mich von dem Auswärtigen Amte am heutigen Tage eingezogenen Erkundigungen diese Nachrichten durchaus unbegründet sind.

Die Handelsbeziehungen zwischen Korea und Japan dauern nach wie vor in Fusang fort und glauben die dort stationierten Japanischen Beamten aus der Abberufung der bis jetzt in Toraukai, der nächsten bei Fusang gelegenen Stadt, mit der Ueberwachung des fremden Handels beauftragt gewesenen Koreanischen Beamten auf Reformen im liberaleren Sinne schließen zu dürfen.

Von den in einem meiner früheren ganz gehorsamsten Berichte erwähnten Gerüchten einer Veränderung der Regierung im Fremden- und Christen-freundlichen Sinne behauptet das Auswärtige Amt hier nichts zu wissen; dagegen ist der apostolische Vikar für Korea, Mgr. Riedel, von dem die ersten und bis jetzt einzigen Nachrichten über die angebliche Umwälzung in Korea herrühren, in Peking eingetroffen, um auf Grund dieser Nachrichten von dem dortigen Französischen Gesandten die Zurücknahme des nach der verunglückten Expedition des Admirals Rose seitens der Französischen Regierung erlassenen Verbots, Korea in den Kreis der katholischen Missionsbestrebungen zu ziehen, zu erlangen. -

Brandt

Die Beziehungen Japans zu Korea betreffend.

[ ]

PAAA_RZ201-018900_071 f.			
Empfänger	Auswärtiges Amt in Berlin	Absender	Francis P. Knight
A. 3147 pr. 3. August 1874.		Newchwang, 30. May 1874.	
Memo	1. Ang. v. 6/8 nach Hamburg 195		

A. 3147 pr. 3. August 1874

Newchwang, 30. May 1874.

The Foreign Office - Berlin

When in Shanghai on the 19th of March last, I had the honor to communicate to the Foreign Office, some information I had received with reference to certain important changes reported to have taken place in the Government of the Corea. Since then H.I.M's Government has doubtless received dispatches on the subject, from the Legation at Peking.

I would add however that, the information I then transmitted is now currently believed by all classes in this province: and that the native merchants of this district entertain strong hopes that the frontier traffic formerly carried on between the two countries, - but closely restricted after the visit of the French - at the fair-town of Fêng-hwang-chêng situated about 150 miles coastward from this port, will again be permitted by the new King, at the one next occurring of the four annual periods when a fair is held, in September next.

If the Coreans when reopening the trade at Fêng-hwang-chêng will also remove their restrictions at the same time against the import of western manufactures into their country, the commerce of this place will be largely benefitted.

Should the Government desire any special geographical or other information of this district which adjoins the Corea, it has the very best source at hand in the presence of Herrn Baron von Richthofen than whom, none can furnish facts more reliable.

Francis P. Knight

A. 3142

Auszug aus einem Berichte des Kaiserl. Vizeconsulats zu Newchwang in China vom 30ten Mai cr.

„Die Kaufleute des hiesigen Districts hoffen bestimmt, daß der Grenzhandel, der früher zwischen hier und Corea betrieben, seit dem Besuche der Franzosen aber sehr beschränkt wurde, durch den neuen König von Korea wieder gestattet werde. Dieser Handel habe seinen Mittelpunkt in der Mitte von Feng-Hwang-Cheng, einer 150 englische Meilen östlich von diesem Hafen gelegenen Stadt. — Wenn die Coreaner zugleich mit der Wiedererschließung des Platzes von Feng-Hwang-Cheng die Beschränkungen, die auf der Einfuhr von Europäischer Manufactur in ihr Land lasten, aufheben, so wird der Handel des Hafens von Newchwang davon großen Nutzen ziehen.“

Berlin, 6. August 1874 | A. 3147

An
den / tit / von Rosenberg
Hamburg № 195

Ew / tit / beehre ich mich nachstehend einen Auszug aus einem Bericht des k. Vizekonsulats zu New-chang in China vom 30ten Mai cr., den Handel mit Korea betreffend, zur geeigneten Verwerthung in dortigen Kreisen g. e. mitzutheilen.

Inserat. dur. dem wh. beigef. Übersetzung

I. V. d. R. K.
[Unterschrift]

Angriff auf den Staatsrath Iwakura, Hinrichtung der Schuldigen

PAAA_RZ201-018900_076			
Empfänger	von Bülow	Absender	Brandt
A. 4064 pr. 28. Septbr. 1874.		Yedo, den 14. Juli 1874.	

A. 4064 pr. 28. Septbr. 1874. 1 Anl.

Yedo, den 14. Juli 1874.

№ 174.

An den Staatssecretair des Auswärtigen Amtes Herrn von Bülow Exellenz. Berlin.

Euerer Exellenz beehre ich mich im Anschluß an meine früheren ganz gehorsamsten Berichte in Betreff des Mordanfalls auf den Vize-Premier Minister Iwakura in der Anlage Uebersetzung des Urtheils zu überreichen, welches gegen die Angreifer gefällt und vor wenigen Tagen vollstreckt ist. Die Regierung hatte die Verhaftung der Schuldigen und die ganzen gerichtlichen Verhandlungen sehr geheim gehalten; nach dem Inhalt des Urtheils soll die Veranlassung zur That der Wunsch gewesen sein, die Regierung zum Kriege mit Formosa zu drängen.

Brandt

Angriff auf den Staatsrath Iwakura; Hinrichtung der Schuldigen.

Anlagen zu Bericht № 174.

Nishin Shinjishi, July 10th, 1874.

The ruffians, who attacked His Excellency Iwakura Udaijin, at Kuichigai in Yedo, on the evening of the 14th of January last, having been arrested and brought to trial, the following sentence was passed upon them yesterday. The undernamed of the Shizoku of the Kochi Ken: -

Takeichi Kumakichi
Yamazaki Noriwo
Shimomura Yoshiakira
Nakanishi Shinichi
Sawada Yetsuyata
Takeichi Kikuma
Shimazaki Nawakata
Iwata Machiko
Nakayama Yasumichi

You are sentenced to degradation from the rank of samurai, and thereafter to be beheaded for the crime of conspiring together in a band of nine persons and wounding Iwakura, Udaijin, at Kuichigai, on the night of the 14th of January last, in the hope that by his murder the counsels of the Government might be shaken in regard to the expedition against Corea the non-execution of which you were dissatisfied with.

[ ]

PAAA_RZ201-018900_081f.			
Empfänger	von Bülow	Absender	Brandt
A. 4071 pr. 28. Septbr. 1874.		Yedo, den 24. Juli 1874.	
Memo	Durch einen früheren Bericht des Consuls in Newchwang bekannt.		

A. 4071 pr. 28. Septbr. 1874. 1 Anl.

Yedo, den 24. Juli 1874.

№ 188.

An den Staatssecretair des Auswärtigen Amtes Herrn von Bülow Exzellenz Berlin.

Euerer Exzellenz beehre ich mich im Anschluß an meinen ganz gehorsamsten Bericht № 73 vom 30ten März d. J. in Betreff der in Korea im liberalen Sinne stattgefundenen Umwälzung in der Anlage Abschrift einer Notiz aus dem in Shanghai erscheinenden North China Herald ganz gehorsamst zu überreichen, nach welcher in folge dieser Umwälzung die bisher unterbrochenen Handelsbeziehungen (auf der Landgrenze) zwischen China und Korea wieder aufgenommen worden sind. Ich bin leider nicht im Stande, diesem oder meinem früheren ganz gehorsamsten Bericht über Korea irgend welche näheren Details hinzuzufügen, da die Beziehungen zwischen Japan und Korea, wenn auch nicht ganz abgebrochen, so doch nicht der Art sind, daß irgend ein vertraulicherer Verkehr zwischen den beiden Ländern stattfindet.

Brandt

Anlage zu Bericht № 188.

Aus dem North China Herald

Our correspondent, writing from Newchwang on the 30th June, says: - The Chinese are again permitted to trade with Corea under certain conditions; but the astute natives in Shanghai seem to have kept the secret long enough to enable them to denude the market of heavy grey shirting's; although a pretty good hint was given some time ago of what might be expected from the more liberal Government re-established since the downfall of the usurping Regent. —

[ ]

PAAA_RZ201-018900_084			
Empfänger	Bismarck	Absender	Brandt
A. 4072 pr. 28. September 1874.		Yedo, den 1. August 1874.	

Auszug.

A. 4072 pr. 28. September 1874.

Yedo, den 1. August 1874.

№ 189.

An des Fürsten von Bismarck Durchlaucht Berlin.

Aber selbst für den Fall, daß es der Japanischen Regierung gelingen sollte, sich aus der Formosa-Frage herauszuziehen, wird die Stimmung der Adelspartei sie gerade dann mit verdoppelter Macht zum Kriege mit Korea treiben, und sie wird dort eben so wie in Formosa der chinesischen Regierung begegnen. Mit der Expedition nach Formosa hat eine Zeit, wenn ich mich des Ausdrucks bedienen darf, interasiatischer Zerwürfnisse begonnen, deren Ende vor der Hand nicht abzusehen ist.

(gez:) Brandt

Orig. in actis I.B. 16.

Auszug.
ad A. 4222.

Peking, den 2. August 1874.

Sr. Excellenz dem K. Deutschen Geschäftsträger Th. von Holleben.

Im Laufe des 5. Monats (Mai) erschien der erste Secretär Yanagiwara in Begleitung eines Dolmetschers als Spezial-Bevollmächtigter der Japanischen Regierung im Tsungli Yamên (Auswärtigen Amte) und that persönlich drei Fragen an uns:

1) pp.

2) ob Korea in allen Regierungs- und Verwaltungs-Angelegenheiten selbständig sei?

3) pp.

Im Laufe der Unterredung baten wir um Aufklärung über den Grund und die Bedeutung dieser an uns gerichteten Fragen, worauf Herr Yanagiwara durch den Mund seines Dolmetschers erwiderte:

In Bezug auf die koreanische Angelegenheit hoffe Japan auf die freundliche Vermittlung China's.

Der Prinz Kung und die Minister der auswärtigen Angelegenheiten.

Orig. in actis I.B. 16.

Mitgetheilt am 7. 1.
an A. a. 35
die Missionen in

1. London №
2. Paris №
3. St. Petersburg №
4. Wien №
5. Rom №
6. Constantinopel №
7. Bukarest №
8. Bern №
9. Brüssel №
10. Haag №
11. Kopenhagen №
12. Stockholm №
13. Madrid №
14. Lissabon №
15. Washington №
16. München №
17. Stuttgart №
18. Carlsruhe №
19. Darmstadt №
20. Dresden №
21. Hamburg №
22. Oldenburg №
23. Weimar №
24. Gf. Bassewitz №

Das Verhältniß zu Korea.

PAAA_RZ201-018900_087ff.			
Empfänger	Bismarck	Absender	Brandt
A. 5367 pr. 21. Decbr. 1874.		Yedo, den 30. September 1874.	
Memo	1. Ang. v. 7. 1. nach Hamburg		

A. 5367 pr. 21. Decbr. 1874.

Yedo, den 30. September 1874.

№ 260.

An des Fürsten von Bismarck Durchlaucht. Berlin.

Euerer Durchlaucht beehre ich mich den Eingang des hohen Erlaßes № 3 (chiffrirt) vom 27ten Juni d. J., die Verhältnisse zu Korea betreffend, ganz gehorsamst zu melden, und werde ich nicht verhehlen, mir die in demselben aufgestellten Gesichtspunkte als Weisung dienen zu lassen. Euere Durchlaucht wollen mir indessen hochgeneigtest gestatten, Hochderen Aufmerksamkeit ganz gehorsamst darauf zu lenken, daß ich in meinem Bericht № 73 vom 30ten März d. J. als Grund, warum unter gewissen Verhältnissen eine gemeinsame Aktion der Vertragsmächte gegen Korea wünschenswerth und notwendig erscheinen dürfte, weniger das Verhältniß dieses Landes zu seinen Nachbarstaaten als die Thatsache aufgeführt habe, daß die Abschließung Korea's den fremdenfeindlichen Parteien in Japan und China eine Bedeutung verleiht, welche dieselben sonst nicht besitzen würden, und daß in der Fortdauer dieses Zustandes dieser eine Gefahr für die Beziehungen zwischen den Vertragsmächten und diesen Ländern zu erblicken sein dürfte.

Was die ursprünglich durch Bischof Riedel verbreiteten Nachrichten von einer Regierungsveränderung anbetrifft, so scheinen dieselben allerdings auf Thatsachen zu beruhen, wenigstens dürften es nach den mir von dem Japanischen Minister der Auswärtigen Angelegenheiten nach aus Korea eingegangenen Berichten gemachten Mittheilungen keinem Zweifel unterliegen, daß der frühere Regent von Korea gestürzt worden und sein Sohn, der stets designierter Thronfolger war, als König unter der Regentschaft der Königin Witwe an die Spitze der Regierung getreten ist.

Auch die fremdenfreundlichere Tendenz der neuen Regierung scheint sich, wenigstens bis zu einem gewissen Maße, zu bestätigen. Euerer Durchlaucht beehre ich mich mit Bezug darauf Uebersetzung eines Artikels aus einer Japanischen Zeitung ganz gehorsamst zu überreichen, nach welchem, abgesehen von dem, was der Artikel an übertriebenen persönlichen Lobeserhebungen enthalten mag, gewiße Annäherungs-Versuche Seitens der Koreanischen Behörden stattgefunden zu haben scheinen. Der Minister der Auswärtigen Angelegenheiten hat mir im Allgemeinen die in dem Artikel enthaltenen Angaben bestätigt.

Brandt

das Verhältniß zu Korea betreffend.

Anlage zu Bericht № 260.
Uebersetzung

Aus der Nishinshindjishi vom 28ten September 1874.
Nachrichten aus Corea.

Es ist uns die Nachricht zugegangen, daß Corea jetzt fürchtet, daß unser Kaiserland, welches an Reichthum und Macht zugenommen und die Insel Formosa bekriegt, in der Folge auch gegen Corea den Krieg eröffnen werde, daß man Reue darüber empfindet, daß der Kundo und der Dolmetscher Djakusaishu, welche bisheran die Geschäfte führten, das Interesse des Landes gefährdet haben, daß diese Beamten daher ihrer Aemter beraubt und in Haft gebracht worden sind, und daß man jetzt zum zweiten Male in nachbarlichen Freundschaftsverkehr treten möchte.

Das Genauere ist wie folgt:

Der Beamte 6ter Klasse vom Ministerium des Auswärtigen, Moriyama Schigendji, der im Monat Juli dieses Jahres nach Corea gekommen war, war glücklicher Weise zu einer Zeit angekommen, wo in Corea die Meinungen über das Landeswohl sehr durcheinander gingen und er errieth, daß man besorgt darüber sei, daß nach einem siegreichen Feldzuge in Formosa die Woge des Uebels alsbald nach dort herüberschlagen würde (wörtl. d. h. daß Korea die Macht des siegreichen Japans fühlen werde).

Er (Moriyama) benutzte diese gute Gelegenheit, um die verschiedensten Punkte zu besprechen, das Rechte und Unrechte, das Gerade und Krumme der Reihe nach zu erörtern und die Coreaner von dem großen Glanze der Kaiserlichen Macht zu überzeugen. Diese nun erwachten aus ihrem langjährigen eigensinnigen Traume und begannen, ihr Herz wieder der Wahrheit zuzuwenden. Von den schlechten Beamten, welche seit dem Jahre 1868 unser

Land mit Feindesaugen angesehen, die Gefühle beider Länder verstockt gemacht und überhaupt am meisten sich feindlich gezeigt hatten, wurde der Gouverneur von Toraifu degradirt und auf einen fernen Posten geschickt, der Kundo mit Arrest belegt, der Dolmetscher Djakusaishu in das Steingefängniß geworfen, alle Betheiligten gebunden, ihre Häuser und Besitzthümer eingezogen und so weit ist es gekommen, daß man den Kungo und den Saishu wegen der besonderen Größe ihres Verbrechens zur Sühne für unser Land enthaupten und ihre Köpfe ausstellen will. Nun hat das Volk die freudeerregten Augenlider geöffnet und große Freudenfeste werden gefeiert.

Seitdem begegnet man dem Moriyama mit besonderer Freundlichkeit und trägt ihm den Ausdruck der Reue und des Gehorsams entgegen und wünscht sehnlichst um Erneuerung der nachbarlichen Freundschaft.

Ach, ist das nicht in der That eine große schöne Nachricht, daß solchermaßen Moriyama durch sein Verdienst, ohne daß er die Millionen Seelen beider Länder in den Dreck gezogen, ohne daß er auch nur einen Soldaten geopfert oder nur eine Kugel abgeschossen, die Freundschaft beider Länder wieder hergestellt und den Glanz unseres Landes durch das Weltall nach allen Ländern hin hat leuchten gemacht?

Die allzufreudige Nachricht, die ich gehört, niederschreibend, wollte ich hierdurch meine Freude mit allen theilen.

f.d.U.

(gez) P. Kempermann

[ ]

PAAA_RZ201-018900_094			
Empfänger	Bismarck	Absender	Brandt
A. 125 pr. 8. Januar 1875.		Yedo, den 15. November 1874.	

Auszug.

A. 125 pr. 8. Januar 1875.

Yedo, den 15. November 1874.

№ 279.

An des Fürsten von Bismarck Durchlaucht Berlin.

Im Allgemeinen ist man hier der Ansicht, daß die Regierung sich binnen Kurzem zwischen ernsthafte Unruhen im Süden und eine Expedition gegen Korea gestellt sehen werde und daß sie voraussichtlich die letztere Eventualität vorziehen werde. Ich kann mich dieser Auffassung der Verhältnisse nur anschließen.

(gez:) Brandt

Orig. in actis I.B. 16.

Mitgetheilt am 15. 1.
an A. a. 35
die Missionen in

1. London №
2. Paris №
3. St. Petersburg №
4. Wien №
5. Rom №
6. Constantinopel №
7. Bukarest №
8. Bern №
9. Brüssel №
10. Haag №
11. Kopenhagen №
12. Stockholm №
13. Madrid №
14. Lissabon №
15. Washington №
16. München №
17. Stuttgart №
18. Carlsruhe №
19. Darmstadt №
20. Dresden №
21. Hamburg №
22. Oldenburg №
23. Weimar №
24. Gf. Bassewitz №

Die Lage in Korea. Artikel des Journal de St. Petersbourg

PAAA_RZ201-018900_096 f.			
Empfänger	Bismarck	Absender	Friedrich Johann von Alvensleben
A. 152 pr. 9. Januar 1875.		St. Petersburg, den. 5. Januar 1875.	

A. 152 pr. 9. Januar 1875. 1 Anl.

St. Petersburg, den. 5. Januar 1875.

Seiner Durchlaucht dem Kanzler des deutschen Reichs Fürsten von Bismarck Berlin.

Eurer Durchlaucht beehre ich mich anliegend einen Ausschnitt aus dem Journal de St. Petersburg vom 3. Jan. 1875 / 22. Dec. 1874 ganz gehorsamst zu überreichen, welcher die zeitige Lage der Dinge auf der Halbinsel Korea bespricht. Der Artikel gewinnt dadurch an Interesse, daß er einer Correspondenz aus Jokohama vom 6. Nov. / 25. Oct 1874 entnommen ist, welche, wie die meisten die Zustände in Ost-Asien betreffenden Mittheilungen dieser Zeitung, in der Asiatischen Abtheilung des hiesigen Ministeriums der Auswärtigen Angelegenheiten auf Grund amtlicher Berichte verfaßt wird.

Nach Inhalt des Artikels, welcher zunächst einen kurzen Rückblick auf die Vorgeschichte Koreas und die neusten Umwälzungen im Lande wirft, liegt der Abneigung der Koreaner gegen das jetzige China und Japan hauptsächlich ihre Anhänglichkeit an alte Traditionen zu Grunde, welche in der Mantschudynastie in China Usurpatoren und in den neusten Fortschritten Japans gefährliche Neuerungen erblickt. Die Abschließung gegen alles Fremde ist auch jetzt noch in Korea so streng wie früher in China und Japan.

Alvensleben

Inhalt: Die Lage in Korea. Artikel des Journal de St. Petersbourg.

[Anlage zu Bericht A. 152. Ausschnitt aus dem Journal de St. Petersburg vom 3. Jan. 1875 / 22. Dec. 1874]

Les rapports avec in Corée forment uns des principales préoccupations du gouvernement lu mikado. Malgré le soin extraordinaire avec lequel les Coréen se renferment chez eux et interceptent l'accès de leurs côtes à tons les étrangers sans distinction, il nous arrive de temps à autres d'apprendre ce qui se passe chez eux.

C'est ainsi que nous avons entendu parler aujourd'hui d'une petite évolution gouvernementale qui s'est produite récemment et qui peut-être amenèra un changement dans les rapports de ce pays avec ses voisins.

Le roi actuel de Corée est monté sur le trône en 1864, dans les circonstances suivantes.

Son prédécesseur, dernier représentant de la dynastie de Li, qui tenait les rênes du gouvernement depuis 1393, mourut sans enfants mâles, à l'âge de 33 ans, laissant le trône vacant et le pouvoir aux mains de sa mère, princesse de la famille *Kin* on *Chin*. La reine-mère convoqua les grands dignitaires et les consulta sur le choix d'un héritier. D'après leur conseil elle adopta, un rejeton éloigné de la ligne royale, dont le père et le grand-père étaient encore en vie, mais que les constellations, au dire, des astrologues officiels, désignaient de préférence à ceux-ci. Le père du jeune prince vivait dans l'obscurité et la pauvreté ; il était propriétaire d'un petit bien de peu d'importance. Lorsque son fils fut inopinément appelé au trône, il fut élevé à la dignité de régent et reçut le titre de prince. Son frère, oncle du jeune roi, fut également fait prince, mais ne prit aucune part aux affaires. Salon les uns, le roi avait à cette époque huit ans ; selon d'autres il en avait dix-sept.

Le régent ne tarda pas à déployer une grande énergie et, grâce à ses capacités gouvernementales, sut acquérir un pouvoir illimité. Il trouva un appui solide dans l'élément militaire, dont la prépondérance s'établit après la retraite des Français en 1866. Le régent exploita cette circonstance à son profit et, sous prétexte de dangers extérieurs menaçant le pays, raffermit plus en plus son autorité, an point qu'il put dédaigner le sourd mécontentement qui se manifestait contre lui dans les classes paisibles de la nation à cause de sa cruauté, de ses instincts rapaces et débauchés et des charges qu'il faisait peser sur le peuple pour l'organisation de défense du pays.

Deux mesures, surtout, ont contribué à lui aliéner la grande majorité de la nation. D'une part il a substitué à l'ancienne monnaie la menue monnaie de cuivre chinoise, à laquelle il a imposé un cours forcé ; de l'antre il a considérablement compromis les affaires de la classe commerçante en prohibant tout à fait la vente des marchandises de provenance européenne.

Le 22 décembre 1873 le jeune roi, soutenu apparemment par les ministres et puisant une assurance notable dans l'opinion publique de son pays, manda son père en sa présence et lui déclara que sa régence était terminée. En même temps, une proclamation annonça au peuple la résolution que le roi venait de prendre. Le manifeste royal fut accueilli avec une vive satisfaction.

Il y a lieu de croire qu'avec l'éloignement du régent le parti militaire perdra sa prépondérance et que la politique extérieure acquerra une direction plus pacifique. C'est probablement dans les rapports avec le Japon que se manifestera avant tout le changement espéré. Pour le moment le gouvernement du mikado est trop absorbé par la question de Formose par les complications qui s'en sont suivies avec la Chine, Lorsque cette affaire sera entièrement vidée, le Japon se tournera de rechef du côté de la Corée, pour régler les diverses affaires en suspens depuis un temps infini et que la politique du régent maintenait avec intention dans l'indécision (voir notre lettre du 15 (27) novembre 1872 (1).

Il nous revient également que les missionnaires catholiques qui s'étaient réfugiés en Chine, k la suite des persécutions dont beau- coup d'entre eux sont tombés victimes en Corée en 1865, n'attendent que le moment où les affaires intérieures de ce pays prendront une tournure un peu plus favorable que sous le régent, pour rentrer dans leur ancien rayon d'activité.

Nous consignons ici quelques détails curieux sur l'état intérieur de la Corée, puisés à la même source que les renseignements ci-dessus et complétant le peu que nous savons sur cet étrange pays, qui aura été le dernier des trois Etats de l'extrême Orient à se mettre en rapport avec le monde civilisé. Peut-être le moment n'est-il pas éloigné où les ports de la presqu'ile coréenne s'ouvriront à nos navires à l'instar de ceux de la Chine et du Japon.

En Corée les emplois paraissent être généralement héréditaires, et les principales dignités forment le monopole des représentants d'un petit nombre de familles. L'administration est organisée sur le modèle chinois. Tant que l'on sache, elle est divisée en six départements. L'envoyé coréen qui a visité dernièrement Pékin est président de l'an d'eux. Dans la capitale il y a une école d'interprètes pour l'étude du chinois, du japonais, du mantchou et du mongo. Bien que la littérature du pays soit en langue chinoise ou écrite en caractères chinois, on prétend que l'étude du chinois n'est point encouragée. Le coréen s'écrit an moyen d'un alphabet propre, mais cette écriture n'est point employée par les classes instruites.

On croit que l'admiration des Coréens pour l'ancienne Chine les indispose contre la dynastie mantchoue qui gouverne actuellement l'Empire du Milieu. Les Coréens reconnaissent l'empereur de Chine comme leur suzerain et paient régulièrement leur tribut; cependant ils n'oublient point que les Mantchous sont des étrangers et peut-être des novateurs.

Par la même raison les Japonais sont aujourd'hui plus impopulaires en Corée qu'autrefois. Les grandes réformes qu'ils out entreprises et la rapidité avec laquelle elles out été exécutées out blessé les Coréens, qui craignent maintenant une collision avec les Japonais plus qu'avec toute autre nation. Les classes inférieures ne font que très peu de distinction entre les étrangers. Un commerçant coréen, qu'un de nos Européens a eu l'occasion de faire causer, avait entendu parler des Russes comme d'un peuple commerçant, vivant à la frontière Nord, mais jamais il n'avait entendu parler des Français, ni des Américains. Le nom des Anglais lui était connu, mais il le prenait pour une dénomination générale de tous les étrangers et, par conséquent, c'est à eux qu'il imputait la visite de la flotte française en 1866 et celle des Américains en 1871.

D'autres sont mieux informés et savent suffisamment apprécier la puissance des nations dont les escadres out fait apparition près de leurs côtes pour désirer qu'à l'avenir rien ne vienne provoquer de nouvelles hostilités. On dit que le régent a hautement tiré gloire du départ des Américains; cependant quelques-uns des ministres coréens out parfaitement compris que les hostilités avaient suivi un cours parfaitement calculé; que les Américains auraient pu, s'ils l'avaient voulu, mettre en jeu des moyens d'agression bien plus considérables, et que les forces qu'ils avaient déployées, s'ils n'eussent point jugé à propos de les retirer, auraient pu infliger à la Corée un châtiment autrement grave qu'elles ns l'ont fait.

L'interdiction des rapports avec l'extérieur est tellement stricte, que les fonctionnaires qui se sont dernièrement rendus à Pekin n'ont même point osé en rapporter des livres relatifs aux affaires extérieures. Dans ces derniers temps le bruit a couru que l'ancienne monnaie allait être rétablie, mais l'on ne parle point du tout d'autoriser l'importation des marchandises étrangères.

Mitgetheilt am 18. 1.
an A. a 35
die Missionen in

1. London №
2. Paris №
3. St. Petersburg №
4. Wien №
5. Rom №
6. Constantinopel №
7. Bukarest №
8. Bern №
9. Brüssel №
10. Haag №
11. Kopenhagen №
12. Stockholm №
13. Madrid №
14. Lissabon №
15. Washington №
16. München №
17. Stuttgart №
18. Carlsruhe №
19. Darmstadt №
20. Dresden №
21. Hamburg №
22. Oldenburg №
23. Weimar №
24. Gf. Bassewitz №

Die Beziehungen zwischen Japan und Korea.

PAAA_RZ201-018900_101 ff.			
Empfänger	Bismarck	Absender	Brandt
A. 263 pr. 14. Januar 1875.		Yedo, den 29. November 1874.	

A. 263 pr. 14. Januar 1875.

Yedo, den 29. November 1874.

№ 286.

An des Fürsten von Bismarck Durchlaucht Berlin

Im Anschluß an meinen ganz gehorsamsten Bericht № 260 vom 30ten September, die Beziehungen zwischen Japan und Korea betreffend, beehre Euerer Durchlaucht ich mich heute ganz gehorsamst zu melden, daß nach mir von dem Japanischen Auswärtigen Amte zugegangenen vertraulichen Mittheilungen eine Ausgleichung der betreffenden Differenz in nächster Zeit zu erwarten steht.

Wie Euerer Durchlaucht aus meinen früheren ganz gehorsamsten Berichten bekannt ist, war der Streit dadurch entstanden, daß die Koreanischen Behörden von vorn herein ein Schreiben des Mikado's unter dem Vorwande zurückgewiesen hatten, daß sie nur mit dem Prinzen von Tsushima zu verkehren gewohnt seien; die in diesem wie in späteren Schreiben der Japanischen Regierung aufgestellte Forderung, die Nachrichten der einzelnen Provinzen einzusenden d. h. nach ostasiatischen Begriffen damit die Souverainität Japans anzuerkennen war gar nicht zur Diskussion gekommen, hatte aber natürlich nicht wenig zur Erbitterung des Streites beigetragen.

Wie ich jetzt vernehme hat die Koreanische Regierung sich bereit erklärt, in directe Verbindung mit der Regierung des Mikado's zu treten, welche dagegen ihrerseits alle sonstigen Ansprüche und Forderungen fallen läßt. Es wird daher nur in sofern eine Aenderung in den früheren Beziehungen eintreten, als der Prinz Tsushima als Mittelsperson wegfällt und die in der Factorei zu Fusankai stationierten Japanischen Beamten in Zukunft Beamte der Regierung statt des Prinzen sein werden.

Hierauf dürften für den Augenblick alle Gerüchte von Koncessionen der Koreanischen Regierung, Eröffnung von verschiedenen Häfen für den Japanischen Handel u.s.w. zurück zu führen sein.

Brandt

Die Beziehungen zwischen Japan und Korea betreffend.

in Actis I. A. A. a. 35.
Mitgetheilt am 31/3

an

die Missionen in

1. London
2. Paris
3. St. Petersburg
4. Wien
5. Rom
6. Constantinopel
7. Bukarest
8. Bern
9. Brüssel
10. Haag
11. Kopenhagen
12. Stockholm
13. Madrid
14. Lissabon
15. Washington
16. München
17. Stuttgart
18. Carlsruhe
19. Darmstadt
20. Dresden
21. Hamburg
22. Oldenburg
23. Weimar

und an Grf. Bassewitz.

Die Stimmung der Samurai's und die Expedition nach Corea.

PAAA_RZ201-018900_106 ff.			
Empfänger	Bismarck	Absender	Brandt
A. 1534 pr. 22. Maerz 1875.		Yedo, den 31. Januar 1875.	

A. 1534 pr. 22. Maerz 1875.

Yedo, den 31. Januar 1875.

№ 23.

An des Fürsten von Bismarck Durchlaucht Berlin.

Euerer Durchlaucht hatte ich in allen meinen sich auf die Expedition nach Formosa und den aus derselben mit China entstandenen Conflict beziehenden ganz gehorsamsten Berichten zu melden die Ehre gehabt, daß einer der Hauptgründe, welche die Japanische Regierung zu dem Unternehmen getrieben, die Stimmung der Samurai's, namentlich der südlichen Provinzen gewesen sei und daß abzuwarten sein würde, wie das mit China getroffene Uebereinkommen von diesem, dem für den Augenblick maßgebendsten Theile der Bevölkerung aufgefaßt werden werde.

Die wenigen bis jetzt aus dem Süden hierhergedrungenen Nachrichten, - der Winter ist für Japan nicht die Zeit politischer Unruhen, - scheinen darauf schließen zu lassen, daß man dort wenig zufrieden mit der Politik der Regierung sei und auf eine Expedition gegen Korea dränge. Zwei der hervorragendsten Mitglieder des Cabinets, der Minister des Innern Okubo, welcher in Peking die zu dem Abschluß der Convention führenden Verhandlungen geleitet hat, und der öffentlichen Bauten Ito, befinden sich augenblicklich in Osaka, um dort mit Vertrauensmännern der südlichen Samurai's zu berathen. Daß die Regierung, wenigstens in ihrer Mehrheit, einer neuen Expedition abhold ist, unterliegt für mich keinem Zweifel und wird auch dadurch bewiesen, daß sie den früheren Minister des Unterrichts Kido, der wegen seines entschiedenen Widerstandes gegen die Formosa-Expedition aus dem Cabinet getreten war, hat auffordern laßen, die Provinz Nagato, wohin er sich zurückgezogen, zu verlassen und sich nach Osaka zu begeben.

Welches das Resultat der Besprechungen sein wird, läßt sich kaum voraussehen, aber die Samurai's scheinen sehr zu einer Expedition gegen Korea zu drängen, und obgleich die Regierung in ihrer Gesammtheit gern bereit sein würde, sich mit den Koreanern zu verständigen, dürfte doch das ein oder das andere Mitglied der Regierung es für angemessen halten, einem entschieden ausgesprochenen Wunsche der südlichen Samurai's keinen zu entschloßenen Widerstand entgegen zu setzen. Der Finanzminister Okuma, dessen unleugbarer Einfluß sich zum großen Theil auf seine Verbindungen mit den gemäßigteren Elementen der südlichen Unzufriedenen stützt, dürfte voraussichtlich dasjenige Mitglied des Cabinets sein, welches sich am leichtesten zum Verfechter einer Expedition gegen Korea hergeben wird, und da er es fast allein gewesen ist, der das Unternehmen gegen Formosa ins Werk gesetzt hat, so liegt kein Grund vor, warum er nicht auch mit den Plänen gegen Korea einen ähnlichen Erfolg erzielen sollte.

Brandt

Die Stimmung der Samurai's und die Expedition nach Corea betreffend.

Die Verhältnisse in Korea.

PAAA_RZ201-018900_110 ff.			
Empfänger	von Bülow	Absender	Brandt
A. 3978 pr. 26. August 1875. 1 Anl.		Peking, den 2. Juli 1875.	

A. 3978 pr. 26. August 1875. 1 Anl.

Peking, den 2. Juli 1875.

An Seine Exzellenz den Staatssekretair des Auswärtigen Amtes Herrn von Bülow Berlin

Euerer Exzellenz beehre ich mich in der Anlage Übersetzung eines Berichts des nach Korea zum Zwecke der Notifikation des Ablebens des verstorbenen und der Thronbesteigung des gegenwärtigen Kaisers geschickten Gesandten Ming An über die Erfüllung seines Auftrages ganz gehorsamst zu überreichen. Gewöhnlich wird von den betreffenden Gesandten eine als Manuscript gedruckte Beschreibung ihrer Reise veröffentlicht; ich werde, da dieselbe zum mindesten interessante geographische Details enthalten dürften, versuchen, dieselbe zu beschaffen.

Über die sonstige Lage der Verhältnisse in Korea bin ich soweit unterrichtet, als dies durch ein mir durch die Liebenswürdigkeit des hiesigen katholischen Bischofs, Msgr. de la Place zugänglich gewordenes Schreiben des in der Nähe der koreanischen Grenze sich aufhaltenden Bischofs Ridel von Ende Februar dieses Jahres geschehen konnte. Bischof Ridel fährt fort, an die fremden- und christenfreundliche Tendenz der Umwälzung zu glauben, durch welche der Regent seiner Macht beraubt und der junge König zur Herrschaft gelangt ist; er bringt aber keine andern Beweise für seine Ansicht bei, als einen angeblichen Befehl des jungen Königs, nach welchem in Zukunft die Vollstreckung der Todesstrafe von Christen wegen ihrer Religion nicht ohne seine ausdrückliche Genehmigung erfolgen solle.

Der Bischof erzählt außerdem, daß die chinesische Regierung der koreanischen auf ihre Anfrage gerathen habe, in Vertragsverbindungen mit den fremden Mächten einzutreten, „da dieselben, wenn man einmal in nähere Beziehungen zu ihnen gekommen, nicht so schlimm seien als sie scheinen.“ Einen Anhalt für diese Angabe giebt weder Bischof Ridel, noch habe ich selbst hier etwas darauf bezügliches erfahren können; es ist indessen nicht unmöglich, daß chinesischer Seits zum Abschluß von Verträgen mit den fremden Mächten gerathen worden sein mag, da man darin vielleicht den sichersten Schutz für

Korea gegen etwaige japanische Annexionsgelüste sah und man in Peking unbedingt einen vertragsmäßig beschränkten Verkehr mit den Fremden der Bekriegung resp. Eroberung des Landes durch die Japaner vorziehen würde.

Ähnliche Angaben wie die vorstehenden haben auch vielfach in der anglo-chinesischen Presse, meistens in Artikeln mit der Unterschrift Philocoreanus, Verbreitung gefunden; dieselben stimmten auch im Wortlaute so auffallend mit den Mittheilungen des Bischofs Ridel an den Bischof de la Place überein, daß ich für beide dieselbe Quelle, das heißt die katholischen Missionare annehmen möchte; sie werden daher auch, wenn sie in europäische Zeitungen übergehn, nur mit Vorsicht zu benutzen sein.

Meiner ganz gehorsamsten Ansicht nach dürfte vor der Hand wenigstens die fremdenfreundliche Strömung in Korea nicht stark genug sein, um ohne eine zwingende Veranlassung von außen die Eröffnung des Landes für den fremden Verkehr herbeizuführen.

Brandt

Inhalt: Die Verhältnisse in Korea betreffend.

Anlage zum Bericht I. III. vom 2. Juli 1875.
Übersetzung.

Aus der handschriftlichen Pekinger Zeitung
vom 27. Juni 1875.
(Kuangsü 1. Jhr. 5. Mt. 24. Tg.)

Euerer Majestät Sklave, Ming An, berichtet wie folgt:

Nachdem ich den Allerhöchsten Auftrag erhalten hatte, mich als Kaiserlicher Spezial-Commissar, in Begleitung Li-jui's, als Beigeordneten, nach Korea zu begeben, um die Letzte Kundgebung des Hocherhabenenen Verstorbenen Kaisers und das Thronbesteigungs-Edikt Euerer Majestät daselbst zu verkünden, habe ich bereits früher über den Tag meines Aufbruchs Euerer Majestät allerunterthänigst Bericht erstattet. Ich habe nun weiter zu berichten, daß ich am 12ten Tage des 4ten Monats (16. Mai 1875) zusammen mit Li-Jui in der Königlichen Residenz des genannten Landes eintraf, und dem Könige und seinem Hofe, dem mir gewordenen Allerhöchsten Auftrage gemäß, die Letzte Kundgebung und das Thronbesteigungs-Edikt ehrerbietig verkündete. Diese Verkündung wurde von dem

König und seinem Hofe ehrfurchtsvoll entgegengenommen, und die hergebrachten Ceremonien dabei in jeder Hinsicht beobachtet, wie sich gehört.

Am folgenden Tage traten wir alsbald den Rückweg an, und am 5ten Tage des 5ten Monats (8ten Juni 1875) traf Euerer Majestät Sklave wieder in Mukden ein. Am 6ten Tage des 5ten Monats (9ten Juni) übernahm ich das mir daselbst neuerlich übertragene Amt, während mein Beigeordneter, Li-Jui, seine Rückreise nach Peking fortsetzte, um Euerer Majestät persönlich Bericht zu erstatten.

Für richtige Übersetzung.
(gez.) C. Arendt

Gerüchte über Unruhen in Satsuma und über Conflikte mit Corea.

PAAA_RZ201-018900_116 ff.			
Empfänger	Bismarck	Absender	Holleben
A. 4724 pr. 8. October 1875.		Yedo, den 10. August 1875.	
Memo	1. Ang v. 24/10 nach Petersburg 792, Peking 77		

A. 4724 pr. 8. October 1875. 1 Beil.

Yedo, den 10. August 1875.

№ 187.

An des Fürsten von Bismarck Durchlaucht Berlin.

Wie ich aus den mit der letzten Post hier eingetroffenen Europäischen Zeitungen ersehe, haben Gerüchte, welche hier zeitweise über bevorstehende Unruhen in Satsuma auftauchten, ihren Weg auch in die Europäische Presse gefunden. Insbesondere wird davon gesprochen, daß der frühere Daimio von Satsuma, Shimadzu Saburo, eine feindselige Haltung gegen die bestehende Regierung eingenommen habe. Ich habe es bis jetzt nicht für erforderlich gehalten, über derartige vollkommen wage Gerüchte, welche sich hier in regelmäßigen Zwischenräumen von einigen Wochen wiederholen, Bericht zu erstatten, da in der Situation selbst, soweit solche sich überhaupt seitens der hier lebenden Fremden überblicken läßt, eine Veränderung nicht eingetreten ist. Daß einerseits in der Provinz Satsuma Zündstoff genug aufgehäuft ist, um den Ausbruch von Unruhen jederzeit möglich erscheinen zu lassen und daß andererseits im Falle einer Revolution die Stellung der hiesigen Regierung eine äußerst bedenkliche werden könnte, steht außer Frage, ist aber nichts Neues. Dieser Zustand ruft dann, wie ich schon bemerkte, von Zeit zu Zeit mehr oder minder begründete Gerüchte hervor, die erst in der hiesigen Presse besprochen werden und dann vergrößert und übertrieben in die Europäische Presse übergehen.

Was speziell die Stellung Shimadzu Saburo's betrifft, so ist derselbe etwa vor einem Jahr, wie Euerer Durchlaucht aus dem Bericht des damaligen Minister Residenten Herrn von Brandt vom 5. Mai v. J. - № 113 - bekannt ist, von dem jetzigen Cabinet in den Staatsrath aufgenommen worden. Seitdem hat sich derselbe von allen öffentlichen Geschäften ferngehalten und nur in allerletzter Zeit hat er einige Male an den Sitzungen des Staatsraths Theil genommen, auch ist er kürzlich vom Tenno mehrmals empfangen worden. Dies würde jedenfalls eher auf eine verstärkte Annäherung Shimadzu's an die jetzige Regierung als auf eine feindselige Haltung seinerseits gegen dieselbe schließen lassen. Seine Audienzen beim Tenno sind nun hier wiederum dahin gedeutet worden, daß Shimadzu mit der Regierung wegen einer neuen kriegerischen Operation, und zwar diesmal gegen Corea, in Unterhandlung stehe.

Kriegsgerüchte gehen hier mit den Gerüchten über bevorstehende Unruhen stets Hand in Hand. Und es ist dies sehr natürlich, da ja alle kriegerischen Operationen, die von der jetzigen Regierung geplant, resp. zur Ausführung gebracht sind, den einzigen Zweck hatten, der unruhigen Kriegerkaste Beschäftigung zu gewähren. So ist auch jetzt wiederholt von einem kriegerischen Unternehmen gegen Corea die Rede gewesen, doch liegen zur Zeit noch keine Anzeichen vor, daß man an maßgebender Stelle einem solchen Projekt ernstlich näher getreten sei. Den ersten Anlaß zu diesen letzteren Gerüchten gab ein im vorigen Monat durch eine hiesige Japanische Zeitung augenscheinlich tendenziös veröffentlichter Brief eines aus Corea nach Nagasaki zurückgekehrten Japaners, welcher den Krieg mit Corea als unvermeidlich bezeichnete. -

In der Anlage habe ich die Ehre, dieses Schriftstück in deutscher Uebersetzung ganz gehorsamst beizufügen. - An dieses Schreiben schlossen sich dann zahllose Zeitungskorrespondenzen, doch scheint dies Alles zur Zeit ohne reelle Basis zu sein. Daß man in Regierungskreisen sich für alle Eventualitäten mit dem Gedanken einer Expedition beschäftigt, halte ich für sehr wahrscheinlich, aber weiter ist man, glaube ich, nicht gekommen, es sei denn, daß man einige kleine Kriegsschiffe in den Coreanischen Gewässern kreuzen läßt, um die Beschaffenheit der Küste etwas näher kennen zu lernen. Der Finanzminister Okuma, welcher einst viel für das Zustandekommen der Expedition nach Formosa gethan hat, sagte mir ziemlich unumwunden, daß für ein zweites derartiges Unternehmen wenn auch die Lust, so doch, für den Augenblick wenigstens, nicht das Geld vorhanden sei. Im Falle der Noth würde man zwar sich dennoch nicht scheuen, eine Expedition gegen Corea ins Werk zu setzen. Ob und wann aber dieser Fall der Noth eintreten wird, läßt sich zur Zeit nicht beurtheilen. Es versteht sich von selbst, daß die meisten Arrangements mit Rußland hinsichtlich Sachalien's und der Kurilen, worüber ich ebenfalls unter heutigem Datum - № 186 - berichtet habe, den Gerüchten von einem Unternehmen gegen Corea sowohl neue Nahrung als auch eine neue Richtung gegeben haben, doch fehlt jeder Anhaltspunkt dafür, daß die Abmachungen mit Rußland irgend wie geeignet wären, auf die das Verhältniß zu Corea betreffenden Entschließungen der hiesigen Regierung einzuwirken.

Holleben

Inhalt: Gerüchte über Unruhen in Satsuma und über Conflikte mit Corea. 1 Anlage.

Anlage zu Bericht № 187.
Uebersetzung
Abschrift

Aus der Zeitung Tokio nichi nichi shimbun
vom 14. Juli 1875.

Wir veröffentlichen im Nachstehenden eine Mittheilung, welche für die Sicherheit oder Gefahr des ganzen Japanischen Reiches von hervorragender Wichtigkeit zu sein scheint: „…………. Am 25. Mai liefen wir in den Hafen Fusan(kai) ein. Wie Ihnen von früher bekannt ist, war der Termin, bis zu welchem die Verhandlungen über die beiderseitigen Beziehungen zum Abschluß gelangen sollten, in der Nähe, und wir wurden daher ersucht, noch kurze Zeit zu verweilen. Während wir also im Hafen lagen, kam am 12. Juni das andere Schiff, Tebōkan, ein.

Dasselbe blieb dort, um Tiefmessungen vorzunehmen, während das unsere auslief und nordwärts nach der Keisho-Straße, der Uruzan-Straße, dem Distrikte Keijits, nach Sekko, Gekko und der Kankio-Straße, dem Hafen von Rasarets Nordwestküste von Korea und bis in die Nähe des Flusses Kokurio Amur umherfuhr. Später kehrten wir mit der Absicht, uns nach dem Keikido Straße, welche nach der Hauptstadt führt zu wenden, in den Hafen Fusan zurück. …. Am 29ten verließen Moriyama Shōdjō, der Beamte 7ter Klasse Hirots, sowie alle Andern das Japanische Amt und Hirots begab sich allein in großer Eile auf das Schiff Hiakujiu maru, um binnen Kurzem nach Tokio zurückzukehren.

Unser Schiff ist vorläufig in Nagasaki eingelaufen, und weitere Befehle sind auf telegraphischem Wege von der Regierung eingeholt worden. Ich glaube, daß nunmehr ohne Zweifel der Krieg schleunigst beschlossen werden wird.

Ich hatte außerdem die Absicht, Ihnen Genaueres über die Koreanischen Verhältnisse mitzutheilen, aber ich bin dazu nicht im Stande, weil ich in zu großer Eile bin.“

F. d. U.
gez. Krien

Berlin, den 24. October 1875

A. 4724

An
die Missionen
in

1. St. Petersburg № 792.
2. Peking № 17.

Ew. pp. beehre ich mich beifolgend zur gefälligen vertraulichen Kenntnißnahme Abschrift eines Berichts des K. Geschäftsträgers in Yedo vom 10. Aug. d. J. Gerüchte wegen einer Japanesischen Expedition gegen Corea betreffend ergebenst zu übersenden.

I. A.
[Unterschrift]

[ ]

PAAA_RZ201-018900_128 ff.			
Empfänger	Bismarck	Absender	Holleben
A. 5534 pr. 21 November 1875.		Yedo, den 2. Oktober 1875.	

A. 5534 pr. 21 November 1875. 1 Beil.

Yedo, den 2. Oktober 1875.

№ 228.

An des Fürsten von Bismarck Durchlaucht. Berlin.

Die Japanischen Zeitungen vom 29ten v. Mts. brachten die in deutscher Uebersetzung ganz gehorsamst angeschlossene Notiz, daß vor Kurzem zwischen Japanern und Koreanern ein Zusammenstoß stattgefunden habe und daß die hiesige Regierung hiervon unter dem 28ten v. Mts. von Nagasaki telegraphisch benachrichtigt worden sei.

Ich schickte noch am 29ten den Dolmetscher Krien auf das Auswärtige Amt und ließ mich erkundigen, ob diese Nachricht auf Wahrheit beruhe. Die betreffenden Beamten erklärten Herrn Krien, daß in der That eine Depesche jenes Inhalts eingegangen sei. Weitere Nachrichten liegen noch nicht vor, doch wird in einigen Tagen der Capitain des Kanonenboots, welches in jenen Conflikt verwickelt gewesen ist, hier erwartet. Beschlüsse über ihr Verhalten hat die Regierung noch nicht gefaßt, doch ist es wohl möglich, daß durch diesen unvorhergesehenen Zwischenfall zu dem von den Samurai's ohnehin längst gewünschten Unternehmen gegen Corea gedrängt wird. Weitere Berichterstattung über diesen Vorfall behalte ich mir ganz gehorsamst vor.

Holleben

Anlage zu Bericht № 228.
Abschrift.
Uebersetzung

Aus der Zeitung Tokio nichi nichi shimbun
vom 30. September 1875.

Seit gestern hat sich in der Stadt das folgende Gerücht verbreitet:

Das Japanische Kriegsschiff Unyōkan, welches in einem Hafen von Korea lag, setzte am 21. d. M. Boote aus, um Lothungen vorzunehmen. Während dieselben mit den Messungen beschäftigt waren, wurden sie plötzlich von den Koreanischen Festungswällen beschossen; die Schüsse wurden in Folge dessen vom Unyōkan erwidert und Soldaten ausgeschifft; diese erstiegen und nahmen die Wälle und steckten die Baracken und das Lager der Koreaner in Brand. Der Thatbestand wurde darauf Herrn Moriyama (dem Japanischen Gesandten in Korea) gemeldet und das Schiff segelte sofort nach Nagasaki. Von dort aus soll der Regierung am 28., Abends 7 Uhr, auf telegraphischem Wege der Vorfall angezeigt worden sein.

F. d. U.
(gez.) Krien

in Actis I. A. A. a. 35.
Mitgetheilt am 9/12
an
die Missionen in

1. London
2. Paris
3. St. Petersburg
4. Wien
5. Rom
6. Constantinopel
7. Bukarest
8. Bern
9. Brüssel
10. Haag
11. Kopenhagen
12. Stockholm
13. Madrid
14. Lissabon
15. Washington
16. München
17. Stuttgart
18. Carlsruhe
19. Darmstadt
20. Dresden
21. Hamburg
22. Oldenburg
23. Weimar

und an Grf. Bassewitz.

Conflikt mit Korea.

PAAA_RZ201-018900_136 ff.			
Empfänger	Bismarck	Absender	Holleben
A. 5790 pr. 6. Decemb. 1875.		Yedo, den 16. Oktober 1875.	

A. 5790 pr. 6. Decemb. 1875. 2 Anl.

Yedo, den 16. Oktober 1875.

№ 241.

An des Fürsten von Bismarck Durchlaucht Berlin.

Die Nachricht von einem Kampf zwischen einem Japanischen Kanonenboot und einem Koreanischen Fort, worüber ich unter dem 2. d. Mts. - № 228 - in der Kürze zu berichten die Ehre hatte, hat ihre volle Bestätigung gefunden.

Nachdem der Capitain des Kanonenboots dem Staatsrath persönlich Vortrag gehalten hat, ist seitens der Regierung eine offizielle Darstellung des Vorfalls veröffentlicht worden, in welcher das Ganze zu einer bedeutenden Waffenthat der Japaner gestempelt wird. Auch wird, den ersten Nachrichten entgegen, behauptet, die Japaner hätten in keiner Weise dadurch zu dem Conflikt Veranlassung gegeben, daß sie in der Nähe der Koreanischen Forts Peilungen vorgenommen, vielmehr sollen sie ganz harmlos an Land haben gehen wollen, um Wasser zu schöpfen und Lebensmittel zu beschaffen. In wieweit dies Alles im Einzelnen auf Wahrheit beruhen mag, muß ich dahin gestellt lassen, jedenfalls verbessert es die Position der Regierung ungemein, wenn die Anschauung allgemein zur Geltung kommt, daß die Japanischen Waffen sich sofort Recht verschafft haben.

Französische Uebersetzung der amtlichen Darstellung des in Rede stehenden Vorfalls habe Euerer Durchlaucht ich die Ehre auf dem beifolgenden Zeitungsausschnitt ganz gehorsamst zu überreichen.

Noch ist es unmöglich zu bestimmen, welche Folgen dieser Conflikt haben wird. Die Regierung wird augenscheinlich das ihrige thun, um den Krieg zu vermeiden, andererseits scheut sie aber auch vor dem Gedanken an einen solchen keineswegs zurück. Vorläufig ist ein Spezialbevollmächtigter nach Fusankai, der Japanischen Ansiedlung auf Korea, geschickt, um von den Koreanischen Behörden Erklärungen zu erbitten; darüber wird der Winter herankommen und der Regierung so Zeit gegeben werden, jede weitere Aktion reiflich zu überlegen.

Nicht ohne Einfluß dürfte auf ihre Entschließungen ein etwa zwischen China und England ausbrechender Conflikt sein. Inzwischen werden die Rüstungen für eine kriegerische Eventualität schon jetzt mit Eifer betrieben. Artillerie und Kriegsmaterial wird in verhältnismäßig großer Menge nach den südlichen Häfen dirigiert, höhere Offiziere bereisen die Provinzen, um die dortigen Streitkräfte zu inspizieren. Freilich können diese Rüstungen ebensogut durch die im Süden sich immer mehr bemerklich machende Mißstimmung der Samurai's motiviert sein. Die Regierung wird eben mit allen hier zusammenwirkenden Faktoren zu rechnen haben, und sie scheint dies vorläufig auch mit voller Ruhe zu thun. Ich darf dabei nicht unerwähnt lassen, daß die Regierung durch die gelegentlich des vorjährigen Conflikts mit China angekauften zahlreichen Transportschiffe, sowie durch die damals aufgehäuften Waffen- und Munitionsvorräthe zu einer schnellen kriegerischen Aktion - natürlich immer nur in sehr bestimmten Grenzen - jetzt befähigter ist als je früher.

Sehr zu Statten kommt der Regierung für ihre ferneren Entschließungen der Umstand, daß der Tagespresse durch die neue Preßgesetzgebung Zügel angelegt sind. In den Anlagen erlaube ich mir einige Proben der Urtheile beizufügen, die von den Tagesblättern über die möglichen resp. wünschenswerthen Folgen des Koreanischen Zwischenfalls abgegeben werden. Das Pro und Contra ist in denselben mit einem anerkennenswerthen früher in der Japanischen Presse durchaus ungebräuchlichen Mangel an Animosität erwogen.

Holleben

Inhalt: Conflikt mit Korea. 2 Anlagen.

Anlage 1 zu Bericht № 241.

Rapport sur l'attaque du navire de guerre OUNYOKAN.
(Extrait du Nitchi Nitchi Chimboun.)

Le navire de guerre *Ounyokan* revenu de Corée à Nagasaki au mois de Juillet dût repartir presqu'immédiatement pour Kobé.

C'est donc pendant son séjour à Kobé que le commandant Ino-ouyé reçut le 26 août l'ordre qui lui prescrivait de se rendre à Nutchan (Chine) en passant par Nagasaki.

Le 12 Septembre l'*Ounyokan* quittait ce dernier port pour accomplir sa mission.

Le 19 du même mois le commandant étant à hauteur de l'île Koka (Corée) et voulant renouveler sa provision de vivres frais, fut obligé de s'arrêter en vue de cette île à la distance de 3 *ris* environ pour envoyer à terre les chaloupes qui devaient ravitailler le navire.

Deux embarcations détachées du bord se dirigeaient donc à force de rames sur l'île Koka, lorsqu'arrivées entre le deuxième et le troisième forts qui défendent l'entrée de la petite baie, et après avoir dépassé le premier, plusieurs coups de canon furent tirés de la côte à tout hasard.

Nos marins répondirent à l'imprévue de cette attaque par des coups de fusil que la distance rendait nuls.

Cette réception inattendue obligea les deux embarcations à rebrousser chemin pour rendre compte de ce qui venait de se passer. C'est alors que la violence de feu dirigé se manifesta par une succession de coups tirés des deux forts en même temps.

Aucun coup n'a porté.

Le lendemain 20 Septembre, le commandant de l'*Ounyokan* dirigea sa Marche contre les forts, mais le peu de profondeur de la mer ne permettant pas d'approcher des Coréens à distance raisonnable, le feu ne pût être ouvert comme nous l'aurions désiré. Cependant nous pûmes distinguer que deux coups avaient porté à l'intérieur du premier fort.

L'éloignement ne nous permettant pas un engagement sérieux pour ce jour là, toute manœvre cessa avant le coucher du soleil.

Le navire n'ayant pas sa liberté d'action, en raison des ilots qui forment un groupe circonscrivant la baie, et à couse d'un courant très rapide formé par l'embouchure d'une grande rivière, recula à la distance de 2 *ris* dans la direction du Sud-Est, pour jeter l'ancre et y passer la nuit.

Le projet d'attaquer la forteresse même nommée *Sessodjo* fut arrêté pour le lendemain.

Le 21 Septembre, deux embarcations montées par 32 hommes, commandés par leurs officiers, reçurent l'ordre de se diriger sur la forteresse et d'en tenter l'assaut. Le débarquement réussit et les soldats coréens vétus de blanc, dirigèrent sur notre petite troupe un feu de mousqueterie et uns grêle de flèches.

Pendant cette tentative deux hommes sont tombés, l'un frappé par une balle et l'autre touché par une fléche.

Au bout de peu de temps les officiers gravissaient les murs en s'aidant mutuellement ou se faisant aider, et les franchissaient malgré la résistance de nos ennemis dont le nombre allait grossissant. La poterne qui regarde le continent fut forcée et nous marins entrèrent tous à la fois.

Un signal convenu fut alors hissé pour faire cesser le feu de l'*Ounyokan* qui nous avait prêté con aide pendant la durée de ce petit combat.

On mit le feu à toutes les constructions.

Surpris par la soudaineté de notre attaque et croyant avoir à faire à un ennemi plus nombreux sans doute, les soldats coréens prirent la fuite vers une chaussée qui relie la forteresse à la terre ferme ; mais quelques soldats d'infanterie de marine placés en sentinelles les reçurent à coups de fusils. La débandade vers la mer devint alors générale et les meilleurs nageurs ont probablement été seuls à conserver leur existence ; car la marée haute a dû tromper les espérances de la plus grande partie d'entre eux.

Nous estimons à 7 ou 8 le nombre de ceux qui ont pû se sauver.

Douze prisonniers furent faits dans cet endroit. Parmi eux, trois nous parurent être des capitaines, à cause des *saïhaïs* qu'ils portaient.

Il était environ onze heures du matin.

Voici le détail de nos prises.

36 canons, des arcs, flèches, fusils, tambours, trompettes et livres.

Les trophées et les prisonniers ont été transportés à bord, le drapeau de l'Empire hissé sur le fort et une garde laissée dans la forteresse pour le cas où un retour offensif aurait lieu.

Nous avons attendu tonte la journée du 22, mais aucune troupe coréenne ne se montrant, *l'Ounyokan* mit à la voile le 23 Septembre pour Nagasaki.

Anlage 2 zu Bericht № 241.

THE JAPAN WEEKLY MAIL. Oct. 9, 1875.

SPIRIT OF THE JAPANESE PRESS

COREA:

(Hochi Shimbun.)

We have always been opposed to an expedition against Corea, and just at the moment we were about to take up our pen to discuss this question we have learnt fresh reasons for this view. As we said in our article of yesterday, except those persons who have surprisingly little thought for the independence of the Empire of Japan, nobody can agitate for an expedition against Corea. With these views stored up in our heart, we have listened carefully to the arguments of those persons who maintain the advisability of such war, not for mere empty prestige, but on grounds of expediency, fearing that even if this war is not undertaken the independence of Japan will not be unaffected by the result. "The reason," they say "why we should not give our attention to a foreign war is the urgent need of good government at home. There are, however, some appearances as if the internal tranquility was about to be disturbed even if we do not undertake a foreign war. There is no guarantee that by means of a foreign expedition we may not be able to maintain things in such a condition that matters may gradually attain a settled peaceful condition. If we impartially consider the history of the agitation in favour of war with Corea, we shall find that it is now a long time since its first germs made their appearance in the minds of the people. Up to the year before last it had become popular both in the capital and in the country. In the capital some of the Government resigned office on this account. In the country it gave rise to the Saga trouble. The Imperial troops succeeded in suppressing this disturbance. The smouldering fire, however, broke forth again, and caused the Formosan Expedition. Since then the fire has never been completely extinguished, but has been growing gradually stronger by aggregation up to the present day. The Corean affair is therefore of deep concern for the affairs of all Japan, and the tranquility of the country hinges on the question of war or no war. If we go to war, what shall we do about the scantiness of our resources? If we do not go to war, will not our internal tranquility receive serious injury? If the Government has any plan for suppressing authoritatively the agitation in favour of a war with Corea, and maintaining order at home, we shall contain ourselves within the bounds of peaceable and honest policy, but if our not going to war should cause disorder at home, and there seemed a likelihood of great calamity befalling the nation, it may be impossible to avoid such an undertaking."

The writers who adopt this line of argument again go on to say: "Has the Japanese Government the power to guide the policy of the whole nation? In the Formosan affair, what was the idea of the Government? Did the army of the Japanese Empire obey the order of the Japanese Government? Certainly not. The troops for the protection of this country did not respect the commands of the Japanese Government, but sailed from Nagasaki of their own will. The influence of Okubo Naimukiô was insufficient to restrain them. Have we not the same Government now that we had then? Have we not the same army? Is there any guarantee that the present affair will not ultimately turn out like the former one? Our Government may have recourse to peaceful negotiations, but if they are unable to control the ardour of the army for war, in spite, alas! of the dislike for war of our Government and people, it is as plain as seeing one´s face in a glass that we shall be obliged to send out our troops. Even the behavior of the Unyôkan in surveying the island of Kôkwa and commencing hostilies was of course contrary to the ideas of the Government. It must be admitted that it was a wilful provocation to battle. In the very act which gave rise to this question we have the Unyôkan acting in opposition to the wishes of the Government and appearing to act independently. If under circumstances of this kind our Government are obliged to go to war, they will necessarily conduct the expedition under the directions of the army. Do they wish to do so, or do they wish in conducting the expedition to control the army. If the Government awaits events, it will be the guest; but if it takes the initiative, it is the master. Whether it is the guest or the master at present, it is impossible to tell, bur what we can foresee is that the time will come when this must be decided. But even supposing that the Government happily succeeded in restraining this movement, if the result were to aid the growth in Japan itself of the seeds of calamity, prevented the progress of the country and clogged our national vigour, the consequence being to disturb our internal tranquility, it must then be admitted that the independence of Japan would be affected. If our Government from noting the past, comparing the present and discerning the future, should become convinced that such a state of things is approaching, they should then, however painful the duty, take the initiative of the army and have recourse to a foreign expedition, in order to preserve order at home."

The writers will go on to say "We do not wish for an expedition on account of mere empty honour, nor for the sake of heightening our national prestige. It is because we wish for peace at home. If any course open to us leads only to war, we should like the Government to have the control of it, and that it should be conducted to our advantage. What does the public think of the present position of our Government? What do they consider is the reason for the formation of an army and navy? Certainly no good grounds can be discovered by an ordinary intelligence why war should be made. If any one considers the stat of our resources, the thought of going to war will be very far from his bosom. Bur if there are apart from the Government and people some persons who would do so, what shall we say then? The Government should take the initiative so as to keep the control in their own hands. It is far better to disperse beyond the seas the flame of discontent than to allow it to smoulder at home. Our opinion of the present state of affairs is that we must have recourse to the resolve to take an unavoidable step in advance. We love our country and we feel that matters have at length reached such a pitch that no other course is open. The reason why it seems to us preferable to have recourse to the expedient of going to war with Corea is that the present state of affairs in Japan will not allow us to insist on our views, that we are compelled to think that to decide on war, from a policy of expediency, will be the best in its future results. it is, however, painful to have to propose such a policy."

This writer will say further, "We maintain that on no grounds whatever should we make war on Corea, but when we examine the state of affairs round us on all sides, we find that it is impossible to adhere to the ordinary course. The reason is that our country is in an extraordinary condition. We have been led decidedly to cherish the hope of advantage from a war against Corea. We differ from the ordinary writers who maintain the advisability of a war with Corea. They look upon Japan as a great and splendid Empire the insult to whose flag it is their desire to see washed out by the heart's blood of the Coreans. A very empty honour! But we are unable to preserve the integrity of our country. It is absurd to talk of raising our national prestige. Our hopes go no further than by a painful expedient to avert internal troubles. If we have got superfluous vigour enough to heighten our national prestige, there are two courses open to us – to contain ourselves and improve our Government at home, or to take a step forward and undertake a foreign expedition. The advantages of each would be well weighed before proceeding to action. We are not sure that under present circumstances it is not the time for extinguishing fire by means of fire."

We have heard the above views expressed. They seem at first sight to have much force, but if we go a step further and consider the question more maturely, we cannot think that they are correct. Even granting that our Government were unable to control the army and were compelled to go to war, we newspapers, who have constituted ourselves the ears and eyes of the people, are bound to reflect faithfully their views. We have therefore incurred the ill name of coward for the sake of our country. Some may advise a Corean war as necessary under present circumstances, but we will not seek the path of high principle, but rather follow that of expediency, nor look for advantage on the field of certain death. Even should the Government be able to control the present agitation for war against Corea, we foresee similar internal troubles in future to those which are now dreaded on this account. We will not make ourselves responsible for the having recourse to such an expedient at present. We only wish to reflect the wishes of the people at this time in doing all we can to dissuade the Government from the expedition.

THE COREAN AFFAIR.

(*From the "Nichi Nichi Shimbun," October 4th, 1875.*)

Upon receiving the telegram of the Corean outrage, the Tôkiô newspapers have on the 2nd instant and since with one voice pronounced decidedly against war. We are of the same opinion as these discerning writers, and, believing that the just policy is a peaceful one, we seize the occasion boldly to continue the expression of our sincere views.

If we carefully consider the changes in public opinion, we shall find that even those writers who until three or four years ago most warmly advocated a war with Corea, have gradually learnt by the experience afforded by the Formosan expedition of last year what a serious business a foreign expedition is. We believe that taught by this speedy experience, their ideas have enlarged, and that they have learned a great lesson, so that those writers who still cherish such a hope, will hardly now-a-days stick to the same line of argument as formerly. We are therefore of opinion that we may look upon any hot advocacy of an expedition against Corea as having for the present disappeared from the field of public controversy.

This discussion appears, however, to have taken a step in advance, larger issues seem to have been raised, and two different views developed, one of these we shall call the Honour view,' the other the "Expediency view." The supporters of the "Honour argument" are of course opposed to anything which injures the national security; they have a high respect for international law, and would like to open proper negotiations with China, asking her whether Corea is a dependency of her´s or not. Then if the answer is that Corea is not a dependency of China, they would immediately lay the matter before the Corean Government, but if the answer is that Corea is dependent, they would demand satisfaction from the Chinese Government. If by such negotiations not only could no satisfaction be obtained, but our honour were to be more compromised than before, it would then become necessary to look to the ways and means and resolve on going to war.

The advocates of the "Expediency View,' on the other hand, wish by the expedient of a foreign expedition to avoid calamity at home. Following the example (though without confessing it) of Napoleon III, they wish to preserve the national tranquility. Their policy may be explained in this way. The expenses of the Formosan expedition last year were laid out in buying up the seeds of civil war at home. But there is still a remainder which has yet to be purchased. If the impending negotiations with Corea do not lead to a satisfactory result, then they would let loose savage violence and give vent to the contained indignation which is cherished here in Japan, under the pretence of wiping away an insult to the national flag.

We must declare distinctly that from neither of these two views can a satisfactory policy be deduced. Neither of them is calculated to maintain the peace and security of Japan. Even the "Honour View" is unsatisfactory; much more would it be futile to look forward to a hap-hazard success from the "Expediency Policy." Upon this question we have ascertained the opinions of the most enlightened men, and have traced upward to their origin the success of national peace and prosperity, and are more convinced than ever of the truth of our views. When we consider the state of Japan, whether tranquil or disturbed, and the broken condition of her finances, we think that by far the best policy for us is to set or minds at ease about Corean matters, to make no treaty, hold no intercourse, but to devote ourselves strenuously to the development of our internal administration and not to trouble ourselves about foreign matters. We shall put up with the anger of the Japanese Government and people, and bear our shame in the hope that this most excellent policy will be carried into effect. If, however, in the eyes of the nation, the urgent necessity for maintaining intact our national honour as an independent country, should bring upon us a time when the state of things would render this excellent policy impracticable, we ought to address the Chinese Government in a friendly way, persistently consider Corea as her dependency, and so obtain satisfaction through the intervention of China. If we should unfortunately not gain satisfaction in this way, the only resource would be to follow the usual course of international relations and ask the arbitration of some disinterested foreign power. This we would call the second-best plan, not to be adopted except in the improbable event of its becoming necessary to do so. We hope the Government and people will not have recourse to it at once. As to the resolution to fight, this we look upon as an entirely inadmissible policy whether on the grounds of national honour or expediency, and consider it our urgent duty along with our fellow editors to oppose it with all the might of our pens.

Even if the policy of our Government should not be able to stop at what we have described as the best plan, we believe they will certainly not proceed beyond the second, and that they should adopt the inadmissible third plan we think is out of the question. We have still, however, one subject of anxiety, and that is - Will the Government, if it adheres to a peace policy, be able by a resolute use of its authority to keep quiet the hot-headed *samurai* who want war with Corea? They are scattered over all Japan beginning with Satsua, Choshiu, Toz and Hizen. They are all able-bodied men burning with indignant feelings, partly proceeding from patriotism partly arising from their own sullen temper, and they will probably have power enough, though they may lose their heads in the effort, to disturb the Government. The Saga troubles of last year were an outbreak confined to a small part of the country, but was it not almost as hard to quiet the *samurai*, who riotously insisted on war, as it was to quell the Saga revolt? Remember the behavior of the Formosan troops when first despatched from Nagasaki. Did not the inability of the Government to control the war spirit which was rife among both naval and land forces, produce results which it is impossible to conceal? It may some day happen that in the course of negotiations with Corea or China a single piece of news may stir up excitement among the Naval and Land forces, a single message may move to resolutions the *samurai* of the whole island.

Under such circumstances will the Government be able to control the Army and Navy by saying to them "Troops ought to obey the directions of their Government and not to cause the Government to change its measures?" These forces have their admirals and generals through whom they may be controlled, but, in the case of the *samurai*, will the Government be able to keep them quiet by saying "The decision of war and of peace belongs to the Government. The *samurai* have nothing to do with it. For foreign wars we have the ordinary naval and land forces and are supplied with arms and munitions wherewith to attack our enemies, and defend ourselves. We do not require to call in the aid of the *samurai*, who had better avoid creating useless disturbance." If in such an emergency the slightest error is made, and the power of controlling the army and keeping order among the *samurai* is lost, it will be impossible to prevent the nation from falling under the rule of the soldiery or into the hands of the *samurai* class. Into what a foul mire would not such an event plunge our national tranquility? We do not know, nor if we did, would our feelings allow us to describe it.

Our excessive anxiety may perhaps have led us to say too much, but just at present it cannot be denied that there are hidden tendencies in this direction. We think that both these parties, whether they talk of Honour of Expediency should for a time moderate their views, and free their hearts, and should discuss what is to be done, remembering the state of things we have described, and that the first object of our thoughts should be to consider by what means quietly to maintain the tranquility of our country. In considering this, the importance of the Government preserving authority enough to control the army and to keep the samurai quiet should be understood, and a definite policy decisively resolved upon. If this is not done, the resolve and the execution will not agree, and we shall at last fall into the no-policy of war which we have condemned. We believe that this is not unavoidable, but that it can be helped. We shall be glad to hear what other writers have to say upon this question.

COREA.

(*From the "Hochi Shimbun" of October 5th, 1875.*)

Since we received some days ago a certain very grave and important piece of news, no matter to what subject we turn our thoughts, they always come back to it; no matte on what subject we begin to write, our arguments always end by referring to it. That we have hitherto devoted our attention so much to this one matter to the neglect of other important subjects, is not owing to any pleasure we have in doing so; it is because we are unable to remain silent upon a question, the solution of which is so urgent, and in which are involved the peace and security of the Japanese nation.

Public opinion condemns unanimously a war with Corea. The peace policy is called by the Public, the right and proper policy, whilst the opposite policy is described as a stupid idea void of plan or forethought. For is this general tendency of public opinion due to hastily formed conclusions. Since the experience of the expedition to Formosa, sensible and keen-sighted men have become aware how grave an undertaking such an expedition is. They have observed that the Government has turned its attention to the urgency of practicing economy and have noted good many actual cases of their retrenching useless expenditure. They have also been deafened of late by the noisy lamentation of writers who deplore the great amount of our foreign debt, the want of balance between our exports and imports, the drain of gold coin from the country, and the excessive quantity of paper money in circulation. From all this they draw the conclusion that the national exchequer is at a low ebb, and see the poverty of our resources. They agree with the greatest scholars that there is no instance of, nor any reasonable expectation of a victory being reported when a war has been undertaken with insufficient means. They have also seen that our internal tranquility is yet far from being fully secured, that everything is in an incipient stage, and that there are still many things which require to be settled. They have made up their minds not only that war is unnecessary, but that on principle, and in our actual condition, it is out of the question to go to war. How then is it possible for them not to admit that the peace policy is the right and proper one?

Again, if we turn our attention to the question of honor and disgrace, and examine whether it is great or small, light or heavy, we shall find that the insult put upon us by Corea is of the smallest and most insignificant character possible. Nothing else was to have been expected from these benighted and prejudiced Coreans, who have shown their ignorance of natural justice and of international obligations by their refusal to receive our envoy, and by their discourtesy in their communications with us. The inhabitants of a more bountiful region, endowed with more generous natures, need feel no shame whatever, or flame up indignantly for such a cause. Those persons who count such discourtesy an insult, and boil over with indignation at it, are themselves savages no better than its authors. We think therefore that the Corean rudeness affects our honour in but a small and trifling degree. We do not, however, maintain that it does not signify, no matter how much the Coreans insult us. It may be admitted that the honour of Japan cannot be injured by the behavior of an ignorant and barbarous nation, but at the same time their offences should not go unpunished. Nevertheless, when we remember that their rudeness leaves not the slightest stain upon our national honor, while it would of course be the duty of a prosperous and powerful country making rapid strides towards civilization, to chastise them, it does not follow that it is our urgent business to do so irrespective of our poverty and of the injury which may result to the national tranquility.

No matter what view we take or what object we aim at, it is plain as the difference between black and white, that the policy of a war with Corea is void either of plan or foresight, and that the peace-policy is the only just and proper one. The above arguments sufficiently establish this. What them do some persons mean by disturbing the people′s minds with the cry "War with Corea?" We believe that this outcry proceeds from an excessive indignation at the Corean insult, and from an ardent and single-hearted desire to wipe out the national disgrace. But, after all, that which they grieve over indignantly as an insult is really not worth being angry at; that which they are enraged at as a national disgrace is not worth while lamenting as such. We therefore believe that if these superfluously indignant gentlemen would repress for a little the fire which is blazing in their heads and bosoms, if they calmed their minds and reflected maturely on the state of affairs, they would themselves see reason to regret their impetuosity. Our reason for this belief is that their excitement is due to their patriotic and public-spirited feelings, and because their only want is that they are mistaken as to the means and ignorant of the considerations which must be taken into account. If they understood the reason of the question, and repented of their mistake, they would at once become sincere and patriotic men. The persons about whom we feel a difficulty are that needy and worthless class who have lost their former means of livelihood and have not been able to form themselves to the pursuits of civilized life, who, oppressed by poverty, and constantly dissatisfied with the present policy of our Government, are in hopes of seeing troubles arise. These are your well-known indolent knaves who are so easily converted into rebellious subjects. Their cray of "War with Corea" proceeds from selfish motives. They have no sympathy with their country′s misfortunes. There is no other way of dealing with them than to repress them by authority.

There is again another line of argument taken by some writers. They say that the sending an army against Corea is to gain renown for Japan abroad, and that even the enlightened countries of Europe and America extend their prestige by force of arms. There is some force in this. But is it not a very shallow notion of these writers to imagine that Japan will gain renown abroad from an expedition against Corea? They must have forgotten the difference between then and now. In former times when we had no foreign relations we were no doubt able to increase our prestige by chastising Corea, and sending a chill to the hearts (literally-the livers) of the Coreans, but now the enlightened countries of Europe and America will watch our proceedings. Even if we succeeded in frightening the Coreans, not only will they not feel impressed in the slightest, but will on the contrary cast great ridicule on our want of foresight and plan. If we insist on raising our prestige by arms, let us first of all chastise the encroachments of Russia. The truth, however, is that arms are not at present the way to heighten the prestige of Japan. The real mode is to be looked for in the state of our foreign relations. We are still unable to exercise our jurisdiction, the control of the taxes is in the hands of foreigners. On these accounts our Japanese brethren are exposed constantly to wrongs they ought not to be exposed to, foreigners escape punishment which they ought not to escape, Japanese suffer losses they ought not to suffer, and foreigners gain where they ought not to gain. We believe that the day which gives back to Japan her rights in these respects will raise one degree higher our national prestige.

WAR WITH COREA.

(*Akebono Shibun.*)

All the newspapers have been unanimous against a war with Corea. We do not say that war ought to be declared simply for the sake of holding a different view, but when principles are at stake, questions of profit and loss disappear. By a declaration of war we do not mean that our troops should immediately be sent to Corea and a reckless attack made upon her. First we should send an ambassador over and take steps to investigate the causes of the attack made upon us, and, according as this investigation compromises the Coreans or otherwise, we should take, or refrain from taking, further measures. If the attack on our gun-boat was not authorized by the Corean Government, then, of course, it should make an apology and punish the soldiers who were the instruments of the act. Then there would be no necessity for war, and the incident would even be of advantage to both nations. But as the Corean Government is a very obstinate one, we do not believe that it will act in this manner, so that our own Government ought to be prepared to declare war. How do those who oppose war think that the affair ought to be settled? When matters are in this state an envoy must be sent. But what if the Coreans insult him? Would it be well for us to haul down the Japanese flag which is hoisted at Fusan, and interdict all intercourse with Corea? If all should oppose war, there is nothing else left for us to do, and then could the world say with any truth the conduct of Japan was worthy of her?

Our army and navy are small, and the treasury is not full, and, besides this, there are many who are not loyal to the Government. But an independent country must, when forced to do so, protect its rights, and, if the worst came to the worst, be prepared even to fight such countries as England and France. Thus we cannot be silent about Corea. It is not now within the power of the Government to recall the minds of the people form the direction in which they are set. This is, war with Corea, and many are ready to go, even although they have not received orders from the Government. If the Government procrastinates the settlement of this affair, the voice of war will spread throughout the country, and the sounds of Japanese guns and the glitter of Japanese swords will be heard and seen in Corea, even without the sanction of the Government. We think therefore that although we may not immediately declare war, we ought to be prepared to make it. If the decision of the Government coincides with that of the people, an army of 100,000 men, armaments and provisions would be forthcoming in an instant - within a day. Although we are not at this moment in a state of preparation for war, we ought immediately to place ourselves in such a state; and thus, differing from other writers, we are for war.[3]

---

3 It does not appear to us that the majority on this question need greatly grieve that the writer of this article is not of their opinion. — Ep. J. W. M.

[ ]

PAAA_RZ201-018900_148 f.			
Empfänger	Bismarck	Absender	Brandt
A. 5832 pr. 9. December 1875.		Peking, den 16. October 1875	

A. 5832 pr. 9. December 1875.

Peking, den 16. October 1875

An des Fürsten von Bismarck Durchlaucht. Berlin.

Euerer Durchlaucht beehre ich mich ganz gehorsamst zu melden, daß nach einer an die hiesige Japanische Gesandtschaft gelangten Depesche ihrer Regierung am 21. September am Eingang des Seul Flusses ein Zusammenstoß zwischen einem Japanischen Canonenboot und den Coreanischen Forts stattgefunden hat. Das Canonenboot war mit Aufnahmen beschäftigt als die Forts auf dasselbe feuerten; nach einem zuerst mißlungenen Versuch hat die ausgeschiffte Mannschaft des Canonenboots eines oder mehrere der Forts genommen mit einem Verlust von 13 Todten und 20 Gefangenen für die Koreaner und 1 Todten und 1 Verwundeten für die Japaner. In den Coreanischen Befestigungen sollen 36 Geschütze vorgefunden worden sein, von denen die Japaner eines als Trophäe mitgenommen haben.

Der hiesige Japanische Geschäftsträger ist angewiesen worden, der Chinesischen Regierung Mittheilung von dem Vorfall zu machen; die letztere wird voraussichtlich ihrer früheren Politik in ähnlichen Fällen getreu, jede Oberhoheit und jeden Einfluß auf die Coreanische Regierung ableugnen; das Ereigniß und seine möglichen Folgen, d. h. eine japanische Expedition gegen Korea, dürften aber schwerlich dazu beitragen, die Beziehungen der beiden Länder, Japan und China zu einander zu verbessern.

Euerer Durchlaucht hohen Entscheidung darf ich wohl ganz gehorsamst anheimstellen zu bestimmen ob unter diesen Verhältnissen die Ausführung der Weisung der Kaiserlichen Admiralität an S. M. Schiff „Ariadne" eventuell an der Küste von Korea Lothungen vorzunehmen, nicht besser für einige Zeit ausgesetzt bliebe.

Brandt

[ ]

PAAA_RZ201-018900_150			
Empfänger	von Bülow	Absender	Brandt
A. 6110 pr. 25. Decbr 1875.		Peking, den 29. Oktober 1875.	

A. 6110 pr. 25. Decbr. 1875.

Peking, den 29. Oktober 1875

Seiner Exzellenz
dem Staatssekretair des Auswärtigen Amtes Herrn von Bülow, Berlin.

Euerer Ezcellenz beehre ich mich im Anschluß an meinen ganz gehorsamsten Bericht № XCVII vom 16ten Oktober c. zu melden, daß die Minister des Tsungli-Yamen die ihnen von dem Japanischen Geschäftsträger im Auftrage seiner Regierung gemachte Mittheilung von dem in Korea stattgefundenen Zusammenstoß zwischen Japanern und Koreanern entgegengenommen haben, ohne auf die Frage selbst näher einzugehen.

Brandt

[ ]

PAAA_RZ201-018900_151 ff.			
Empfänger	von Bülow	Absender	Karl von Eisendecher
A. 304 pr. 16. Januar 1876.		Yedo, den 27. November 1875.	
Memo	1. Ang. v. 17/1 nach Petersburg 31, London 38, Washington 11, Peking 1		

A. 304 pr. 16. Januar 1876. 1 Anl.

Yedo, den 27. November 1875.

№ 273.

An den Staatssekretair des Auswärtigen Amts Herrn von Bülow Excellenz, Berlin.

In der Japanischen Zeitung Nisshin shindjishi vom 14. d. M. wurde das hier in Uebersetzung angeschlossene Schreiben über die Beziehungen Japans zu Korea veröffentlicht. Als Verfasser desselben wird der Staatsrath Kido, früher Mitglied der Gesandtschaft des Herrn Iwakura, genannt.

Euerer Excellenz beehre ich mich unter Bezugnahme auf die Berichte des Herrn von Holleben vom 2. und 16. Oktober d. J. № 228 und 241, betreffend den Angriff der Koreaner auf das Japanische Kriegsschiff Unyokan, ganz gehorsamst zu melden, daß hier, trotz des für die Japaner ehrenvollen Ausganges jenes Zusammenstoßes, immer mehr Stimmen laut werden, welche zu einem Kriege gegen Korea drängen.

Da die jetzige Regierung in einem solchen Kriege z. Zt. fast das einzige Mittel sieht, die unzufriedenen Parteien zu beruhigen und zu versöhnen und namentlich die Samurai zu beschäftigen, so glaube ich, nach der gegenwärtigen Lage der Verhältnisse, daß eine Expedition gegen Korea zwar nicht beschlossen aber doch für das kommende Frühjahr in ernste Erwägung genommen ist. Die militairischen und maritimen Rüstungen werden in der Stille fortgesetzt und die Regierung sucht in anderen Ressorts so viel wie möglich zu sparen.

Im unmittelbaren Zusammenhange mit der Koreanischen Angelegenheit steht meines Erachtens die kürzlich erfolgte Ernennung des bisherigen Vice-Ministers der Auswärtigen Angelegenheiten und früheren Vertreters in Washington, Herrn Mori, zum Außerordentlichen Gesandten und Bevollmächtigten Minister in Peking. Herr Mori ist vor wenigen Tagen in Begleitung eines Legations-Secretairs auf seinen Posten abgegangen und ich zweifle nicht, daß er zunächst den Auftrag hat, mit der chinesischen Regierung über die der Japanischen Flagge von den Koreanern zugefügte Beleidigung, sowie über die ev. dortige Auffassung einer Expedition der Japaner gegen Korea zu verhandeln.

Die hiesige Zeitung Nichi nichi shimbun sagt anläßlich des Korea-Conflikts:

„Wenn Japan auch Korea, wie zu vermuthen steht, besiegte, so würde es mit Rußland in Schwierigkeiten verwickelt werden.“ Die Japaner sind sich also wohl bewußt, welche Stellung etwa Rußland Korea und Japan gegenüber einnehmen würde, falls sie, die Japaner, als Sieger an die Besitzergreifung eines Theiles der Halbinsel denken sollten.

Euerer Ezcellenz gestatte ich mir zu wiederholen, daß ich an den Ausbruch von Feindseligkeiten vor Eintritt des Frühling keinesfalls glaube; auch die dann zu erwartenden Schritte der hiesigen Regierung werden in erster Linie von den Resultaten der Mission des Herrn Mori, nebenbei von der mehr oder weniger befriedigenden Lösung der Yunnan Affaire und in zweiter Linie vielleicht auch von Nachrichten aus St. Petersburg abhängen.

Eisendecher

Anlage zu Bericht № 273.
Abschrift
Uebersetzung.

Aus der Zeitung Nisshin shinjishi
vom 14ten November 1875.

Im Nachstehenden geben wir den Hauptinhalt der Denkschrift, welche ein Mitglied des Staatsraths[4] am 4ten v. Mts. an Seine Excellenz Herrn Sandjo gerichtet haben soll.

> „Am 20ten September wurde unser Kriegsschiff Unyōkan in dem Hafen von Kōka von den Koreanern beschossen. Unsere Soldaten erwiderten das Feuer, erbeuteten die Geschütze, steckten die Wohnungen der Gegner in Brand und zogen sich, ohne daß die Ehre unseres Landes Schaden erlitten, zurück.
>
> Seit einigen Jahren nun hat sich unsere Regierung alle Mühe gegeben, um mit jenem Lande in Frieden und Freundschaft zu leben, aber bis jetzt haben alle diese Bemühungen einen befriedigenden Zustand nicht herbeigeführt. Wegen der Beziehungen mit Korea sind daher hunderte von Erörterungen entstanden, welche

4 Wahrscheinlich Kido Anmk. des Uebers.

mannigfache Veränderungen im Reiche und sogar den Aufstand in Saga veranlaßt haben. Und noch immer sind die Ansichten getheilt. Der jetzige Fall muß deshalb von Morgens früh bis Abends spät wohl und gründlich überlegt werden, damit ein weises Verfahren eingeschlagen werde.

Im vorigen Jahre wurde die Formosa Angelegenheit, welche weiter Nichts war, als eine Verrätherei gegen Leute unseres Landes und des Liukiu-Clans, nach Feststellung der Uebelthat nicht ruhen gelassen, vielmehr that unsere Regierung ihre Pflicht bis zum Aeußersten. Jetzt jedoch liegt die Sache ganz anders als damals, wo wir es mit unbedeutenden Barbarenstämmen zu thun hatten; denn die Flagge unseres Landes ist beleidigt, unser Kriegsschiff ist beschossen worden und unsere Landsleute befinden sich noch immer in Fusan (Japanische Niederlassung in Korea). Die Angelegenheit darf also nicht leichthin behandelt werden, das ist auch dem Ungebildetsten klar. Eine befriedigende Erledigung derselben ist vielmehr nur dann möglich, wenn solche Maßregeln getroffen werden, daß weder die Ehre unseres Landes Schaden nimmt noch der Wohlstand der Unterthanen darunter leidet."

Ferner muß man die Verhältnisse und die Absichten der Koreaner genau kennen, ehe etwas Endgültiges beschlossen werden darf. Auch müssen alle Handlungen in der richtigen Reihenfolge vor sich gehen, damit nicht Sachen, die Eile haben, langsam und solche, die keine Eile haben, übereilt ausgeführt werden. Die Angehörigen des Reiches diskutiren im Allgemeinen über diese Angelegenheit ohne genügend nachgedacht zu haben. Dieselbe bedarf jedoch einer gründlichen Ueberlegung, denn wenn die Regierung solchem Gerede vertrauend, die Sache leichtfertig beginnen wollte, was würde dann wohl das Ende derselben sein?

Ich bitte daher, daß die Regierung die allgemeine Lage Koreas und die Gesinnungen der Koreaner genau erkunde, die zu thuenden Schritte wohl erwägen, und die wenn die geeigneten Maßregeln beschlossen worden, mich gütigst darüber belehren wolle. Ich werde als dann mit allen meinen Kräften mich der Sache widmen.

Mit allen Westländern stehen wir, obwohl sie sehr weit entfernt liegen, in regem Verkehr, es ist daher kein Grund vorhanden, warum wir nicht auch mit unsern Nachbarländern Korea und China verkehren sollten. Diese Ansicht habe ich schon vor einigen Jahren ausgesprochen. Zu jener Zeit beschloß nun die Kaiserliche Regierung, mit China und Korea freundschaftliche Beziehungen anzubahnen, und auch ich habe dazu beigetragen, daß schließlich im December 1871 Kommissare nach beiden Ländern gesandt wurden. Aber während mit China ein befriedigender Vertrag abgeschlossen wurde, konnten die Schwierigkeiten in Korea nicht beseitigt werden, und es kam sogar so weit, daß alle Welt an nichts Anderes als an einen Krieg mit jenem Lande dachte. Ich erklärte mich damals nicht damit einverstanden, erstens weil unsere innern Verhältnisse nicht hinreichend geregelt waren und daher ein auswärtiger Krieg ebenso gewesen wäre als wenn Jemand „früher“ oder „später“ verwechselte, - und zweitens weil über die Frevelthat Koreas nicht genügendes Licht verbreitet war. Die neuliche That jener Leute muß jedoch für eine abscheuliche Verrätherei gehalten werden; auch ich bin jetzt der Ansicht, daß wir dabei ohne Rücksicht auf unsere innere Lage verfahren müssen.

Aber bis jetzt haben wir nicht gehört, daß die Niederlassung in Fusan zerstört worden wäre oder daß sich unsere Landsleute anschickten auf die Schiffe zu flüchten, es ist also nicht anzunehmen, daß heute bereits alle Beziehungen abgebrochen worden sind.

Nach meiner Ansicht ist es am richtigsten, den Fall in aller Ausführlichkeit der Chinesischen Regierung vorzutragen, ihr das ungebührliche Benehmen ihres Tributlandes vorzuhalten und sie zu veranlassen, daß sie die nothigen Maßregeln ergreife. Wenn dann Korea uns über den Vorfall sein Bedauern ausspricht und die übliche Genugthuung leistet, so hat die Ehre unseres Landes in keiner Weise Abbruch erlitten und wir können die Angelegenheit als erledigt betrachten. Wenn China jedoch die Sache ablehnt und uns anheimgiebt, selbst die erforderlichen Schritte zu thun, erst dann dürfen wir die Koreaner befragen, dabei müssen wir aber Alles thun, um die freundlichen Beziehungen zu erhalten. Sollten jene Leute trotzdem unsere Vorstellungen unbeachtet lassen und sich weigern Genüge zu leisten, dann allerdings werde uns nichts Anderes übrig bleiben, als zu den Waffen zu greifen. In diesem Falle müssen jedoch die Kriegs-Erfordernisse wohl bedacht und der richtige Zeitpunkt gewählt werden, damit der Erfolg vollständig sicher ist. Außerdem muss, wie ich schon vorher erwähnte, sowohl die allgemeinen Verhältnisse und die Pläne der Koreaner genau erforscht, als auch solche Maßregeln getroffen werden, daß Alles zu seiner Zeit geschieht. Denn ich gehöre nicht zu denen, welche die Sache für sehr einfach halten.

Selbst wenn mir die Angelegenheit übertragen würde, so müßten doch die Hauptpunkte durch Regierungsbeschluß festgesetzt werden, während ich den Rest übernehmen und dabei alle meine Kräfte anstrengen würde, um die Ehre unseres Landes unverletzt zu erhalten.

f. d. U.
(gez.) Krien

Berlin, den 17. Januar 1876

A. 304

An
die Missionen
Vertr: in

1. St. Petersburg № 31
2. London № 38
3. Washington № 11
4. Peking № 1

Ew. pp. beehre ich mich beifolgend zur gefälligen vertraulichen Kenntnißnahme Abschrift eines Berichts des K. Ministerresidenten in Yedo vom 27. Nov. d. J. Japan und Korea betreffend
ergebenst zu übersenden.

In Vertretung des Reichskanzlers
[Unterschrift]

[ ]

PAAA_RZ201-018900_164 ff.			
Empfänger	von Bülow	Absender	Brandt
A. 402 p. 22. Januar 1876.		Peking, den 25. November 1875.	

A. 402 p. 22. Januar 1876.

Peking, den 25. November 1875.

Seiner Excellenz
dem Staatssekretair des Auswärtigen Amtes Herrn von Bülow. Berlin.

Nach einem am 21ten d. M. in der Peking Zeitung veröffentlichten Kaiserlichen Dekret sind zwei höhere Beamte ernannt worden, um sich als erster resp. zweiter Gesandte nach Korea zu begeben und dem dortigen Kronprinzen (?) das Kaiserliche Bestätigungsdekret zu überbringen.

In wie weit dieser Schritt einen Einfluß auf die Stellung haben wird, welche China der immer ernstere Dimensionen annehmenden japanisch-koreanischen Verwicklung gegenüber einnehmen dürfte, läßt sich bei dem absoluten Schweigen, in welches die chinesische Regierung ihre Entschlüsse zu hüllen pflegt, nicht übersehen; voraussichtlich wird sich dieselbe für den Augenblick, selbst im Fall eines zwischen Japan und Korea ausbrechenden Krieges damit begnügen, die Koreaner heimlich mit Geld, Waffen u.s.w. zu unterstützen; auf die Dauer wird indessen sie schwerlich umhin können, an der alten traditionellen Politik festzuhalten und dem Nachbarstaate auch mit ihren Armeen zu Hülfe zu kommen.

Die kürzlich erfolgte Ernennung eines neuen japanischen Gesandten für Peking, Mr. Mori (früher Geschäftsträger in Washington, zuletzt Unterstaatssekretair im Auswärtigen Ministerium in Yedo) scheint darauf hinzudeuten, daß die japanische Regierung ebenfalls an die Möglichkeit glaubt, daß ein Konflikt mit Korea zu Auseinandersetzungen mit China führen könne.

Als ein Kuriosum beehre ich mich ganz gehorsamst hinzuzufügen, daß Mitglieder der hier anwesenden koreanischen Gesandtschaft in den letzten Tagen versucht haben, durch uns Näheres über die Absichten und Pläne der japanischen Regierung zu erfahren.

Brandt

Abschrift.

Berlin, den 27. Januar 1876.

A. 402.

An die Missionen in
1. London № 60
2. Paris № 48
3. St. Petersburg № 55
16. Washington № 16
24. München № 14
25. Stuttgart № 14
26. Carlsruhe № 17
27. Darmstadt № 9
28. Dresden № 13
32. Gf. Bassewitz
Yedo № 1

Abschrift eines Berichts des K. Gesandten in Peking vom 25ten Novbr. v. J.
1, pp
3, China u. Korea

betreffend, wird

ad № .... zur persönlichen Kenntnisnahme
ad № .... zur Verwerthung im Sinne des Erlasses vom 7. März 1874
ad № 32 im Verfolg des Schreibens vom 20. Januar 1870

mitgetheilt.
(: ohne Unterschrift:)

Original in actis: IB. 15.

Japanische Expedition nach Korea.

PAAA_RZ201-018900_167 ff.			
Empfänger	von Bülow	Absender	Eisendecher
A. 543 pr. 30. Januar 1876.		Yedo, den 10. Dezember 1875.	
Memo	1. Ang. v. 31. 1. nach Petersbg 61, Paris 55, Wien 56, London 67, Washington 18		

A. 543 pr. 30. Januar 1876.

Yedo, den 10. Dezember 1875.

№ 278.

An den Staatssekretair des Auswärtigen Amts, Herrn von Bülow, Excellenz. Berlin.

Euerer Excellenz habe ich die Ehre ganz gehorsamst zu melden, daß der Japanische Vice-Minister der Auswärtigen Angelegenheiten, Herr Sameshima, mir heute bei einem Besuch die Absicht der Regierung mittheilte, einen Gesandten mit 3 Kriegsschiffen nach Korea zu entsenden. Der Minister betonte dabei den durchaus friedlichen Charakter der Expedition, die lediglich den Zweck habe, Handel und Schifffahrt in den Koreanischen Gewässern zu sichern, sowie die aus c. 100 Ansiedlern bestehende Japanische Niederlassung in Fusan zu schützen, ev. eine Eröffnung des Landes zu vereinbaren und eine Wiederholung von Angriffen auf Japanische Schiffe für die Zukunft zu verhüten.

Als Gesandter ist jetzt zum ersten Male ein höherer Beamter Herr Kuroda, Mitglied des Staatsrathes und Kolonial-Minister, ausersehen, während bisher nur Beamte niederen Ranges in besonderen Angelegenheiten nach Korea geschickt worden sind.

Truppen werden die Expedition nicht begleiten.

Es hat hiernach den Anschein, als ob man vorläufig wirklich auf friedliche Weise versuchen wolle, sich mit Korea zu einigen; wahrscheinlich bleibt es aber, daß im Falle eine gütliche Vereinbarung nicht zu Stande kommt, die Japaner auch vor kriegerischen Maßnahmen nicht zurückschrecken würden. Als ich dem Herrn Sameshima eine Andeutung über Rußland machte, gab er zu verstehen, daß man sich des dortigen Einverständnisses vergewissert habe; er fügte hinzu, daß von China Schwierigkeiten nicht zu erwarten ständen, weil dort bereits in mehreren Fällen jede Verantwortung für Uebergriffe der Koreaner gegen Fremde abgelehnt worden sei. -

Schließlich sprach der Minister die Hoffnung aus, daß der nur zu friedlichen Zwecken ev. zum Abschluß eines Vertrages und zur Eröffnung Koreas projektirten Expedition die Billigung der deutschen Regierung nicht versagt werden möge.

Ich habe daraufhin dem Herrn Sameshima die vorläufige Ansicht ausgesprochen, daß meine hohe Regierung aller Wahrscheinlichkeit nach den Versuch Japans, mit seinem nächsten Nachbarlande in feste und geregelte Beziehungen zu treten, nur würde billigen können, insofern es sich dabei nicht um gewaltsame Maaßregeln handle und man sich des Einverständnisses der meistbetheiligten Regierungen versichert habe.

Eisendecher

Inhalt: Japanische Expedition nach Korea.

Berlin, den 31. Januar 1876

A. 543

An
die Missionen
in
1. St. Petersburg № 61
2. Paris № 55
3. Wien № 58
4. London № 67
5. Washington № 18

Ew. pp. beehre ich mich beifolgend zur gefälligen vertraulichen Kenntnißnahme Abschrift eines Berichts des K. Ministerresidenten in Yedo vom 10. d. Mts. Japan und Korea betreffend
ergebenst zu übersenden.

In Vertretung des Reichskanzlers
[Unterschrift]

№ 373
I. B. 15

Die Korea Mission des Herrn Kuroda.

PAAA_RZ201-018900_173 ff.			
Empfänger	von Bülow	Absender	Eisendecher
A. 1320 pr. 12. März 1876.		Yedo, den 18. Januar 1876.	
Memo	mitgetheilt am 14/3 nach London 173, Paris 147, Petersburg 150, Wien 147, Rom 131, Washington 37, Hamburg 10		

A. 1320 pr. 12. März 1876.

Yedo, den 18. Januar 1876.

№ 10.

An den Staatssekretair des Auswärtigen Amts, Herrn von Bülow, Ezcellenz. Berlin.

Der Außerordentliche Gesandte für Korea, Staatsrath Kuroda, hat am 6. d. Mts. mit 3 Kriegsschiffen und 3 Transport-Dampfern die Rhede von Yedo verlassen und sich über Kobe und Simonoseki zunächst nach der an der Südküste Koreas gelegenen Japanischen Niederlassung Fusan Kai begeben.

Die Kriegsschiffe der Expedition sind die Corvette NishinKan mit 7 und die Kanonenboote MoshinKan und HashoKan mit je 5 Geschützen. Der Transportdampfer Tacaomaru hat 2 Compagnien Seesoldaten an Bord. Der Gesandte selbst befindet sich auf dem zu seinem früheren Ressort, dem Kolonial-Departement, gehörigen Dampfer Gembumaru und ein weiterer Dampfer dieses Departements Hakodate Maru ist ebenfalls mitgegangen.

Zugleich mit der Nachricht über die glückliche Ankunft der Expedition in Fusan, die telegraphisch von Simonoseki hier gestern einging, hat sich in Yedo das Gerücht von einer zweiten Depesche betreffend einen angeblichen Angriff der Koreaner auf die Kolonie Fusan verbreitet. Sollte sich dieses Gerücht als wahr herausstellen, woran ich vorläufig nicht glaube, so würde damit wohl der bisher betonte friedliche Charakter der Mission Kuroda illusorisch werden und es dürften in diesem Falle sofort kriegerische Maßregeln in Aussicht stehen. - Im Zusammenhange mit dem erwähnten Gerücht findet sich eine Notiz in der Japanischen Presse, nach welcher in Simonoseki eine Garnison und ein Kriegs-Depot errichtet werden sollen, um bei ev. Operationen gegen Korea als Basis zu dienen.

Es ist mir im Augenblick nicht möglich, die Wahrheit oder Unwahrheit der kursirenden

Nachrichten zu konstatiren. Aus dem Umstande, daß man dieselben bis jetzt officiell in Abrede stellt, möchte ich deren Grundlosigkeit noch nicht unbedingt entnehmen. -

Unzweifelhaft scheint man hier von Herrn Mori, der des zugefrorenen Peijo halber über Land von Chefoo nach Peking reisen mußte, eine Meldung noch nicht erhalten zu haben; zu irgend welchem Einverständnisse mit der Chinesischen Regierung in Betreff der Korea-Expedition ist es bisher nicht gekommen.

Die neuesten Chinesischen Zeitungen behaupten, die Koreaner hätten durch eine besondere kürzlich in Peking eingetroffene Gesandtschaft dort die Anerkennung ihres unmündigen Königs nachgesucht; es würde aus einem solchen Schritte allerdings hervorgehen, wie die Koreaner in Peking über ihre Gesinnungen und ihre Stellung China gegenüber keinen Zweifel lassen wollen und wie sie im Falle von Differenzen mit Japan auf Chinesische Unterstützung rechnen.

Die Korea-Angelegenheit wird hier in der einheimischen, wie in der fremden Presse im Allgemeinen ziemlich scharf kritisirt. Mit Recht verurtheilt man die Entsendung der Schiffe nach Korea und des Gesandten für Peking in so später Jahreszeit. Die eigentliche und unmittelbare Veranlassung des Unternehmens, der Angriff auf das Japanische Kriegsschiff UnyoKan, der überdies von Seiten des Japanischen Kommandanten durch Lothen in der Nähe von Küstenbefestigungen, nicht ganz unprovocirt geschah, fand, wie Euerer Excellenz bekannt ist, bereits im September v. J. statt; wenn also überhaupt die Absicht vorlag darauf hin zu handeln, so hatte man Zeit genug früher anzufangen, jedenfalls war dazu bei der bedauerlichen finanziellen Lage der Regierung in keiner Weise zu rathen. Wie ich unter der Hand höre sind allerdings anfänglich weder Schiffe noch Mannschaften bereit gewesen und es hat drei Monate gedauert bis die Ersteren in Stand gesetzt, ausgerüstet und bemannt waren.

Der ev. Ausbruch wirklicher Feindseligkeiten würde zunächst für die Fremden hier kaum Nachtheile mit sich bringen, es ist im Gegentheil anzunehmen, daß die Europäischen Kaufleute mit der Regierung nicht unbedeutende Geschäfte machen würden.

Selbst wenn aus der Sache ein Japanisch-Chinesischer Conflikt wirklich entstehen sollte, würde ich vorläufig die hiesigen fremden Interessen dadurch nicht für gefährdet erachten, es sei denn daß der Kampf größere Dimensionen annahme, dann aber würden sich die Vertreter der Vertragsmächte immerhin rechtzeitig ins Mittel legen können. Die Seestreitkräfte der Japaner wie Chinesen sind überdies, wie ich glaube, bis jetzt zu unbedeutend, als daß sie einen solchen Krieg mit Hochdruck und in größerem Maßstabe führen, ev. eine Blockade aufrecht erhalten könnten; auch die vorgerückte Jahreszeit müßte ev. kriegerische Aktionen für die nächsten Monate erheblich beschränken.

Euerer Excellenz beehre ich mich schließlich ganz gehorsamst zu melden, daß ich dem

Kaiserlichen Gesandten in Peking von dem allgemeinen Inhalte vorstehenden Berichts Kenntnis gegeben habe.

Zu einem Versuch der Rückberufung Sr. M. Schiff Hertha, die, wie ich unter dem 18. November v. J. zu berichten die Ehre hatte, auf seiner Uebungsfahrt nach den Mariannen und Carolinen begriffen ist, sehe ich vorläufig keine Veranlassung.

Eisendecher

Inhalt: Die Korea Mission des Herrn Kuroda.

Japanische Erxpedition nach Korea

PAAA_RZ201-018900_181 f.			
Empfänger	von Bülow	Absender	Eisendecher
A. 1321 pr. 12. März 1876.		Yedo, den 24. Januar 1876.	

A. 1321 pr. 12. März 1876. 1 Anl.

Yedo, den 24. Januar 1876.

№ 20.

An den Staatssekretair des Auswärtigen Amts, Herrn von Bülow, Excellenz, Berlin.

Euerer Erxcellenz habe ich die Ehre zu meinem Berichte vom 18ten d. Mts. № 10, betreffend die Japanische Erxpedition nach Korea, ganz gehorsamst zu melden, daß nach den neusten, anscheinend zuverlässigen Berichten Herr Kuroda mit seinen Schiffen nach der Hauptstadt Koreas, Sëul oder Kjong aufgebrochen ist. Da auch jetzt noch offiziell versichert wird, daß seine Absichten lediglich friedlich seien, so verliert das Gerücht eines Koreanischen Angriffs auf Fusan an Wahrscheinlichkeit.

Ich gestatte mir einige Notizen über die Armirung der Kriegsschiffe der Expedition gehorsamst anzuschließen.

Eisendecher

Inhalt: Japanische Expedition nach Korea betreffend.

Anlage zu Bericht Nr. 20.

Nishinkan.

Offiziere	13 Mann
Unteroffiziere	33 〃
Matrosen	79 〃
Marinesoldaten	20 〃
	Total 145 Mann.

Geschütze: 1 6 Inch Whitworth Vorderlader
3 15cm Krupp 〃
1 15cm Krupp Steurs System
1 17cm Krupp 〃 〃
3 6 Inch Armstrong 〃 〃
2 Oberdeck Pivot Geschütze Vorderlader

Gewehre: 91 - Revolver Smith Weston System 40.

Moshinkan.

Offiziere	8 Mann
Unteroffiziere	12 〃
Matrosen	37 〃
Marinesoldaten	8 〃
	Total 65 Mann.

Geschütze 1 Armstrong - Gewicht des Geschosses 40
1 Armstrong 〃 〃 〃 70
2 Armstrong 〃 〃 〃 20

Gewehre 38.

Revolver 5.

Hoshokan.

Offiziere	8 Mann
Unterofffiziere	13 〃 〃
Matrosen	36 〃 〃
Marinesoldaten	8
	Total 65 Mann.

Geschütze	1 Armstrong –	Gewicht	des	Geschosses	?	100
	1 Armstrong	〃	〃	〃	?	40
	2 Armstrong	〃	〃	〃	?	20

Gewehre 47

Revolver 6.

[ ]

PAAA_RZ201-018900_186			
Empfänger	von Bülow	Absender	Brandt
A. 1331 pr. 13. Maerz 1876.		Peking, den 4. Januar 1876.	

A. 1331 pr. 13. Maerz 1876. 1 Anl.

Peking, den 4. Januar 1876.

Seiner Excellenz
dem Staatssekretair des Auswärtigen Amts, Herrn von Bülow. Berlin.

Euerer Excellenz beehre ich mich in der Anlage eine von dem Dolmetscher von Möllendorff II. nach Russischen und Koreanischen Quellen zusammengestellte Notiz über die Koreanische Einwanderung nach der Russischen Amur-Provinz, welche unter den gegenwärtigen Verhältnissen nicht ohne Interesse sein dürfte, ganz gehorsamst zu überreichen

Brandt

Anlage zum Bericht I. vom 4. Januar 1876.
A. 1331.

Ueber
die Koreanischen Ansiedlungen
im Amurland.

Der südöstliche Theil des Amurlands, vom Ussuri durchströmt und deshalb südussurisches Gebiet genannt, war seit der Annexion durch Rußland von den russischen Colonisten ziemlich unberücksichtigt geblieben und trotz seiner Fruchtbarkeit einer der schlechtest bevölkerten Theile der Provinz. Seit etwas über 10 Jahren hat sich nun eine koreanische Bevölkerung daselbst gebildet, die aus den angrenzenden Distrikten Koreas eingewandert ist, und nicht unbeträchtliche Dimensionen erreicht hat. Da dieselbe einerseits durch den Nutzen, den sie der russischen Regierung gewährt, andererseits durch den Einfluß, den sie auf die russische Politik Korea gegenüber und zugleich auf eine etwaige Eröffnung Koreas haben kann, wichtig ist, so dürfte es nicht uninteressant sein, die Entwicklung dieser Ansiedlung zu verfolgen. Einige Nachrichten über dieselbe finden sich in der Einleitung zu Puzillo's Versuch eines russisch-koreanischen Wörterbuchs St. Petersburg 1874, und in einem Aufsatze des Priesters Piankoff (Iswjästiya der Kais. Russ. Geogr. Ges. in Sib. 1874, H. X S. 86-97), aus denen die nachstehenden Bemerkungen theilweise geschöpft sind.[5]

Die beiden nördlichen Provinzen Koreas, an und für sich arm und unfruchtbar, erlitten anfangs der 60er Jahre mehrere aufeinanderfolgende Mißerndten. Trotz der dadurch hervorgebrachten Nothstände, die sich bis zu Hungersnoth steigerten, fuhr die koreanische Verwaltung fort, die Eintreibung der gesetzlichen Abgaben, sowie neuer Auflagen an Getreide mit eiserner Strenge zu handhaben. Im Jahre 1863 entschlossen sich, als die Lage unerträglich wurde, zunächst 12 Familien auf russisches Gebiet auszuwandern, wo sie freundlich aufgenommen und in jeder Weise aufgemuntert und unterstützt, eine blühende Ansiedlung gründeten. Die Nachricht von ihrer besseren Lage verbreitete sich bald und erregte in vielen ihrer Landsleute den Entschluß ihnen nachzufolgen. So nahm die Emigration allmählich bedeutendere Dimensionen an. 1865 zählte man bereits über 200 Koreanische Colonisten. Die Koreanische Regierung hatte anfangs ruhig zugesehen, doch als 1870 schon nicht mehr einzelne Familien, sondern ganze Clans auswanderten, suchte sie dieser massenhaften Entvölkerung jenes ohnehin dünn bevölkerten Striches durch Verbote und, als diese erfolglos blieben, durch Repressalien zu steuern; das Vermögen der Auswanderer wurde confiscirt und die zurückbleibenden Verwandten derselben auf das Härteste bedrückt. Nichtsdestoweniger nahm die Auswanderung ihren Fortgang; immer neue Ansiedler erschienen an der russischen Grenze und erbaten Wohnplätze. Meist zerlumpt und halb verhungert bedurften sie sofortiger Unterstützung namentlich an Lebensmitteln, die von den Grenzbehörden nicht immer gewährt werden konnte, da die Kornvorräthe, welche aus Europa zur See für das Heer eingeführt wurden nur beschränkt waren. Doch schreckte die Auswanderer dies nicht ab und von dem immer wachsenden Strome wurden die bereits ansässigen Koreaner weiter in das Land hineingedrägt und so fast das ganze Gebiet bevölkert. 1874 bildeten die Koreaner 13 Niederlassungen mit fast 4000 Einwohnern.

Die Vorzüge der russischen Cultur vor ihrer heimischen blieben nicht ohne Einfluß auf die Colonisten und bald verschafften sich russische Sitten und Gebräuche unter ihnen

5 ["Da dieselbe … sind.": Durchgestrichen von Dritten.]

Eingang. Sie bauten ihre Häuser nach russischer Weise, nahmen russische Kleidung an, und folgten namentlich auch den Regeln der russischen Landwirtschaft. Auch das Christenthum fand rasche Verbreitung unter ihnen, gegen die Hälfte der erwähnten 4000 sind griechisch getauft.

Im Allgemeinen ist der Charakter dieser Bevölkerung der eines ruhigen, friedlichen und unterwürfigen Ackerbauvolkes. Der Koreaner steht ethnographisch dem Japaner näher, als dem Chinesen; er ist liebenswürdiger, freundlicher, bescheidener, als der hochmüthige Chinese, während er die Nüchternheit und Genügsamkeit des letzteren theilt. So hat die russische Regierung, da ihr Talent asiatische Völker zu realisieren auch hier glänzend bewährt, mit geringen Kosten eine fleißige, ihr nicht zur Last fallende Bevölkerung[6] und die Urbarmachung eines Theiles ihres Reiches, der vordem fast gänzlich unbebaut war, erlangt.

Die koreanische Regierung blickt, wie uns Mitglieder der koreanischen Gesandtschaft in Peking mittheilten, mit großer Unzufriedenheit auf die Entwicklung, wie denn überhaupt ein nicht zu verkennender, mit Furcht verbundenem Haß gegen Rußland in unseren Unterhaltungen mit jenen Beamten zu Tage trat. Dennoch verfolgt sie mit Interesse das Schicksal ihrer früheren Unterthanen, wenn auch zunächst hauptsächlich um zu beobachten, in wie weit durch dieselben die bisher eifersüchtig geheim gehaltenen koreanischen Gebräuche, Industrie, Sprache u.s.w. den Fremden bekannt werden. Indessen dürfte diese Auswanderung nicht ohne Einfluß auf die politischen Beziehungen Koreas bleiben, sei es daß die Zunahme derselben die Furcht vor Rußlands Annexionsgelüsten erhöht, sei es daß die koreanische Regierung das Fehlerhafte der hartnäckigen Verschließung ihres Landes gegen Fremde einsieht. Eine Eröffnung Koreas aber für den fremden Handel würde europäischen Stapelartikeln in dem nicht unbemittelten Land, namentlich seinen südlichen und östlichen Provinzen, ein nicht zu unterschätzendes Absatzgebiet verschaffen, während unter der allerdings nicht großen Zahl koreanischer Produkte Bauholz, an dem das Land noch reich ist, eine große Rolle in Ostasien spielen würde.[7]

P. G. von Möllendorff

6 ["da … Bevölkerung": Durchgestrichen von Dritten.]

7 ["Die koreanische … würde.": Durchgestrichen von Dritten.]

[ ]

PAAA_RZ201-018900_191 ff.			
Empfänger	von Bülow	Absender	Brandt
A. 1332 pr. 13. Maerz 1876.		Peking, den 14. Januar 1876.	

III. A. 1332 pr. 13. Maerz 1876.

Peking, den 14. Januar 1876.

Seiner Excellenz
dem Staatssecretair des Auswärtigen Amtes, Herrn von Bülow. Berlin.

Im Anschluß an meinen ganz gehorsamsten Bericht Nr. CXXII vom 25. November v. J. in welchem ich der Ernennung des neuen japanischen Gesandten für China Erwähnung gethan hatte, beehre Euere Excellenz ich mich nunmehr ebenmäßig zu melden, daß Herr Mori am 4. d. Mts. hier eingetroffen ist, nachdem er die Reise von Tschifu bis Tientsin über Land hat zurücklegen müßen.[8] Herr Mori hat am 10.h. dem Tsungli Yamĕn ein Memorandum übergeben, welches im Wesentlichen die Punkte enthalten dürfte, über welche Herr von Eisendecher Euerer Excellenz schon aus Yedo berichtet hat; d.h. die Absendung einer japanischen Gesandtschaft nach Korea um die Sicherheit der fremden Schifffahrt an den Küsten Koreas, die Eröffnung des Landes für den fremden Handel und Garantien gegen Angriffe auf Japaner resp. für die Sicherheit der Japanischen Niederlassung bei Fusankai zu fordern. Er hat zugleich die Minister ersucht dem Einfluß der Chinesischen Regierung bei der Koreanischen geltend zu machen um eine entgegenkommendere Haltung der letzteren Japan gegenüber herbeizuführen; die Minister des Yamĕn haben hierauf eine bestimmte Antwort nicht ertheilt, da sie erst die Weisungen des nicht anwesenden Prinzen Kung einholen mußten; Herr Mori sprach sich indessen wenig befriedigt über den ganzen Verlauf der Unterhaltung aus. Die Japanische Regierung wie auch die eingeborene Presse scheinen großen Werth darauf zu legen, eine bindende Erklärung der chinesischen Regierung über ihre Stellung zu Korea zu erhalten, und lassen sich hierin, wie in dem ganzen Vorgehen der japanischen Regierung den Vertrags-Mächten gegenüber die Einflüsse der in der Formosa-Frage gemachten Erfahrungen nicht verkennen.

Brandt

8 ["Im … m廻ten.": Durchgestrichen von Dritten.]

Berlin, den 14. Maerz 1876 A. 1320

An die Missionen in

London № 173
Paris № 147
St. Petersburg № 150
Wien № 147
Rom. № 131
15. Washington № 37
21. Hamburg № 10

Abschrift eines Berichts des K. Ministerresidenten in Japan vom 18ten Januar d. J. die Expedition gegen Korea betreffend, wird

ad № 1, 2, 3, 4, 5, 15, 21 zur persönlichen Kenntnißnahme
ad № {…} zur Verwerthung im Sinne des Erlasses vom 7. März 1876

mitgetheilt.
[Unterschrift]

Für den Reichs-Anzeiger
Nichtamtlich

A. 1331

Seiner Excellenz
dem Herrn Staatssekretair
zur geneigten Vollziehung:

Die koreanischen
Ansiedlungen im Amurland
[*sic.*]

Abschrift nebenstehender Notiz mit obiger Ueberschrift ist auf ungestempeltem Papier und ohne Nummer unter Couvert an die Redaktion des Reichsanzeigers zu senden.

Berlin, den 15ten Maerz 1876
[Unterschrift]

Concept.

A. 1321

Beifolgender Bericht des Kaiserlichen Ministerresidenten in Yedo vom 24ten Januar d. J. die Japanische Expedition nach Korea

betreffend,

wird dem Chef der Kaiserlichen Admiralität, Herrn Staatsminister von Stosch, Excellenz, zur geneigten Kenntnißnahme s. p. r. ganz ergebenst übersandt.

Berlin, den 17. Maerz 1876
Das Auswärtige Amt.
[Unterschrift]

Berlin, den 17. Maerz 1876

A. 1334

An
die Missionen in
1. Washington № 39
Vertr:
Sicher!

Ew. pp. beehre ich mich beifolgend zur gefälligen vertraulichen Kenntnißnahme Abschrift eines Berichts des K. Gesandten in Peking vom 16ten Januar die Ameri.-Russische Vertretung in Peking betreffend ergebenst zu übersenden.

In Vertretung des Reichskanzlers

[Unterschrift]

Berlin, den 20. Maerz 1876

A. 1332

An die Missionen in

1. London № 183
2. Paris № 154
3. St. Petersburg № 161
4. Wien № 158
5. Rom. № 138
15. Washington № 40
21. Hamburg № 13

Abschrift eines Berichts des K. Gesandten in Peking vom 14ten Januar d. J. die Beziehungen zwischen Japan, China und Korea betreffend, wird

ad № 1, 2, 3, 4, 5, 15 zur persönlichen Kenntnißnahme

ad № 21 zur Verwerthung im Sinne des Erlasses vom 7. März 1874

ad. № 24 im Verfolg des Schreibens vom 20. Januar 1870

mitgetheilt.

[Unterschrift]

Coreanische Frage. Erklärung der Chinesischen Regierung.

PAAA_RZ201-018900_203 ff.			
Empfänger	von Bülow	Absender	Brandt
A. 1521 pr. 23. Maerz 1876.		Peking, den 18. Januar 1876.	

A. 1521 pr. 23. Maerz 1876.

Peking, den 18. Januar 1876.

Seiner Excellenz
dem Staatssekretär des Auswärtigen Amts, Herrn von Bülow. Berlin.

Der Japanische Gesandte, Herr Mori, hat mir heute mitgetheilt, daß er auf seine in meinem ganz gehorsamsten Berichte № III. vom 14ten Januar d. J. erwähnten der Chinesischen Regierung gemachten Eröffnungen die schriftliche Antwort erhalten habe, daß die Coreanische Regierung zwar gewisse Beziehungen zu der Chinesischen unterhalte, Tribut zahle, den Calender empfange u.s.w., daß Corea auf der anderen Seite aber sowohl was die innere Verwaltung als auch seine äußeren Beziehungen anbeträfe, durchaus unabhängig sei und der Chinesischen Regierung kein Einfluß auf seine Entscheidungen zustände. Diese Antwort stimmt vollständig mit derjenigen überein, welche das Tsungli-Yamĕn in 1867 dem französischen Geschäftsträger de Bellonet ertheilt hatte. Aus den Äußerungen Herrn Moris möchte ich ferner entnehmen, daß die Japanische Regierung entschlossen ist, falls die augenblicklich nach Corea abgesendete Mission ihren Zweck nicht erreichen sollte, den Versuch zu machen mit einem stärkeren Landungcorps auf Seoul zu marschieren, welches ca. 40 englische Meilen von der Küste entfernt liegen dürfte und durch die Eroberung der Hauptstadt die Coreanische Regierung zur Annahme ihrer Bedingungen zu zwingen, unter denen die Eröffnung eines Hafens für den fremden Verkehr, die Anknüpfung amtlicher Beziehungen zwischen der Regierung des Mikados und Corea, und die Erlaubnis für Japanische Kriegsschiffe in den Koreanischen Gewässern hydrographische Arbeiten vorzunehmen, die hauptsächlichsten sein dürften.

Herr Mori ist der Ansicht, und diese Auffassung wird durch manches bestätigt, daß die während der letzten Zeit besonders fremdenfeindliche und aggressive Haltung der Koreanischen Regierung dem Umstande zuzuschreiben sei, daß der Regent, dessen Sturz Euerer Excellenz seiner Zeit auf die Berichte des Bischofs Ridel hin von Peking wie von Yedo aus gemeldet worden war, wieder in den Besitz der Herrschaft gelangt sei.

Der Kaiserlichen Minister-Residentur in Yedo habe ich direkte Mittheilung über den Stand der Angelegenheit zugehn lassen und werde ich dieselbe auch in Zukunft von denjenigen Ereignissen in Kenntniß erhalten, welche für sie von Interesse sein dürften.

Brandt

Inhalt: Coreanische Frage. Erklärung der Chinesischen Regierung.

Berlin, den 24. Maerz 1876

A. 1521

An die Missionen in

1. London № 197
2. Paris № 162
3. St. Petersburg № 176
4. Wien № 166
5. Rom. № 146
15. Washington № 43
21. Hamburg № 16

Abschrift eines Berichts des K. Gesandten in Peking vom 18ten Januar d. J. die Beziehungen zwischen China, Japan und Korea betreffend, wird in Verfolg des Erlasses v. 20t d. M.

ad № 1 - 5, 15 zur persönlichen Kenntnißnahme

ad № 21 zur Verwerthung im Sinne des Erlasses vom 7. März 1874

mitgetheilt.

[Unterschrift]

Die Korea-Mission

PAAA_RZ201-018900_208 f.			
Empfänger	von Bülow	Absender	Eisendecher
A. 1583. p. 25. März 1876.		Yedo, den 7. Februar 1876.	

A. 1583. p. 25. März 1876.

Yedo, den 7. Februar 1876.

№ 34.

An den Staatssekretair des Auswärtigen Amts, Herrn von Bülow, Excellenz. Berlin.

Euerer Excellenz habe ich die Ehre ganz gehorsamst zu melden, daß bis heute Nachrichten aus Korea betreffend die Mission des Herrn Kuroda nicht eingegangen sind.

Man ist hier geneigt das Fehlen von Nachrichten günstig zu deuten und die Wahrscheinlichkeit einer friedlichen Verständigung daraus zu folgern.

Die Japanische Regierung rüstet inzwischen nach wie vor zu Wasser und zu Lande und würde nöthigen Falls in der Lage sein, die Streitkräfte in den Koreanischen Gewässern durch Nachsendung von Truppen und weiteren Schiffen in kürzester Zeit zu verstärken.

Die Gerüchte über bereits ausgebrochene Feindseligkeiten zwischen Koreanern und Japanern bei Fusankai bestätigen sich vorläufig nicht.

Eisendecher

Inhalt: Die Korea-Mission

Für den Reichs-Anzeiger
Nichtamtlich
Politische Nachrichten

A. 1583

Seiner Excellenz
dem Herrn Staatssekretair
zur geneigten Vollziehung:

Abschrift nebenstehender Notiz mit obiger Ueberschrift ist auf ungestempeltem Papier und ohne Nummer unter Couvert an die Redaktion des Reichsanzeigers zu senden.

Berlin, den 27ten Maerz 1876
[Unterschrift]

Japan

Die Japanische Regierung hat im Januar d. J. eine, von mehreren Kriegsschiffen geleitete, Gesandtschaft nach Korea abgesandt, welche beauftragt ist, von der dortigen Regierung Maaßregeln zum Schutze der fremden Schiffahrt an den Küsten von Korea, Eröffnung des Landes für den fremden Handel und Garantien gegen Angriffe auf Japaner zu verlangen.

Über den Erfolg dieser Mission verlautet bisher auch nichts. Doch rüstet die Japanische Regierung zu Wasser und zu Lande und würde nöthigenfalls in der Lage sein, die Streitkräfte in den Koreanischen Gewässern durch Nachsendung von Truppen und weiteren Schiffen in kürzester Zeit zu verstärken.

Die Korea-Expedition.

PAAA_RZ201-018900_214 ff.			
Empfänger	von Bülow	Absender	Eisendecher
A. 1842 p. 8. April 1876.		Yedo, den 21. Februar 1876.	
Memo	1. Ang. v. 11/4 nach Petersbg 216, London 243		

A. 1842 p. 8. April 1876.

Yedo, den 21. Februar 1876.

№ 47.

An den Staatssekretair des Auswärtigen Amtes, Herrn von Bülow, Excellenz. Berlin.

Euerer Excellenz kann ich auch heute über die Japanische Expedition nach Korea nichts Neues melden, es sind, wie mir auf dem Auswärtigen Amte versichert wird, keinerlei Nachrichten von Herrn Kuroda eingegangen, man nimmt indessen an, daß die Verhandlungen begonnen haben und einen günstigen Verlauf nehmen. Der Gesandte war angeblich instruirt im Falle feindseliger Kundgebungen der Koreaner, sofort eines seiner Schiffe nach Shimonseki zurückzusenden, das ist bisher nicht geschehen, auch ist die bereits angeordnete Fertigstellung weiterer Transportschiffe und die Formirung eines größeren Landungs-Corps vorläufig sistirt worden. Es hat somit vollständig den Anschein, als ob es den Japanern gelingen sollte auf friedlichem Wege ihre Zwecke in Korea, d.h. die Eröffnung einiger Häfen, die Erlaubniß zu hydrographischen Aufnahmen an der Küste, sowie überhaupt die Anbahnung freundschaftlicher und geregelter Beziehungen durchzusetzen.

Euere Excellenz werden über die Haltung der Chinesischen Regierung in der Korea-Frage aus Peking direkt informiert sein; soweit ich hier in Erfahrung bringen konnte, hat der Japanische Gesandte Herr Mori nach einem etwa zehntätigen Aufenthalte in Peking den Eindruck gewonnen, daß China eine Einmischung nicht beabsichtigt. Die letzten Nachrichten aus Peking reichen hier bis Mitte Januar.

Eisendecher

Inhalt: Die Korea-Expedition.

Berlin, den 11. April 1876

A. 1842

An
die Missionen in

1. St. Petersburg № 216
2. London № 243

Ew. pp. beehre ich mich beifolgend zur gefälligen vertraulichen Kenntnißnahme Abschrift eines Berichts des Kaiserl. Minister-Residenten in Yedo vom 21ten Februar die Korea-Expedition betreffend ergebenst zu übersenden.

In Vertretung des Reichskanzlers

[Unterschrift]

Abschluß eines Vertrages zwischen Japan und Korea.

PAAA_RZ201-018900_219 ff.			
Empfänger	von Bülow	Absender	Eisendecher
A. 2134 pr. 24. April 1876.		Yedo, den 5. März 1876.	
Memo	1. Ang v. 30. 4. nach London 296, Petersburg 261, Washington 60, Hamburg 740		

A. 2134 pr. 24. April 1876.

Yedo, den 5. März 1876.

№ 51.

An den Staatssecretair des Auswärtigen Amtes, Herrn von Bülow, Excellenz. Berlin.

Euerer Excellenz habe ich die Ehre ganz gehorsamst zu melden, daß der nach Korea geschickte Japanische Gesandte, Herr Kuroda, am 27. v. M. in der Hauptstadt Sëul mit der Koreanischen Regierung einen Vertrag abgeschlossen hat und heute wieder hierher zurückgekehrt ist.

Die Einzelheiten des Vertrages sind vorläufig nicht bekannt, der Minister der Auswärtigen Angelegenheiten theilte mir auf meine mündliche Anfrage nur mit, daß die Eröffnung von drei Häfen stipulirt sei und die Abmachungen im Allgemeinen auf Handel und Schiffahrt Bezug hätten. Die Bezeichnung der zu eröffnenden Koreanischen Häfen ist, mit Ausnahme von Fusan, welches genannt wird, noch vorbehalten, man hat angeblich nur die allgemeinen Grenzen angedeutet, innerhalb deren diese Häfen liegen sollen, und die Wahl der Letzteren besonders von den Seitens der Japaner an der Korea Küste vorzunehmenden hydrographischen Aufnahmen abhängig gemacht.

Auch über Strandungsfälle an den Küsten Koreas ist anscheinend eine Einigung erzielt worden.

Der Vertrag soll ferner den Japanern und Koreanern das Recht gewähren, in den beiderseitigen Hauptstädten diplomatische Vertreter zu ernennen.

Eine telegraphische Meldung der erfreulichen und zunächst für die Erhaltung des Friedens wichtigen Nachricht von dem Vertrags-Abschluß habe ich unterlassen, weil die Japanische Regierung am 2ten d. M., von welchem Tage die erste Anzeige darüber von Shimonoseki hierher gelangte, ihren Vertreter in Berlin durch den Telegraphen benachrichtigte.

Euerer Excellenz werde ich nicht verfehlen, den Wortlaut des Vertrages baldmöglichst ganz gehorsamst zu überreichen.

Eisendecher

Inhalt: Abschluß eines Vertrages zwischen Japan und Korea.

Berlin, den 30. April 1876

A. 2134

An die Missionen in

1. London № 286
3. St. Petersburg № 261
15. Washington № 60
21. Hamburg № 40

Abschrift eines Berichts des K. Ministerresidenten in Japan vom 3ten März d. J. den Abschluß eines Vertrages zwischen Japan und Korea betreffend, wird

ad № 1, 3, 15 zur persönlichen Kenntnißnahme
ad № 21 zur Verwerthung im Sinne des Erlasses vom 7. März 1874

mitgetheilt.

[Unterschrift]

Der Vertrag Japans mit Korea.

PAAA_RZ201-018900_225 ff.			
Empfänger	von Bülow	Absender	Eisendecher
A. 2464 pr. 12. Mai 1876.		Yedo, den 25. März 1876.	

A. 2464 pr. 12. Mai 1876. 2 Anl.

Yedo, den 25. März 1876.

№ 60.

An den Staatssekretair im Auswärtigen Amte, Herrn, Excellenz. Berlin.

Euerer Excellenz habe ich die Ehre in der Anlage deutsche Übersetzung des mir gestern amtlich zugegangenen Japanischen Textes des Vertrages zwischen Japan und Korea gehorsamst zu überreichen; eine auf dem hiesigen Auswärtigen Amte angefertigte etwas freiere Übersetzung in Englischer Sprache ist ebenmäßig angeschlossen.

Die vereinbarten Artikel tragen im Ganzen einen wenig bestimmten Charakter und die Termine für Eröffnung von Häfen, sowie für Etablierung von Gesandtschaften werden so weit hinausgeschoben, daß sich ein Schluß auf den wirklichen Werth und die praktische Ausführung des Vertrages vorläufig kaum sagen läßt.

In dem Artikel 10 bringen die Japaner fast wörtlich dieselben Bestimmungen in Anwendung, welche ihre Verträge mit anderen Staaten über die Exterritorialität der Fremden in Japan enthalten. Mehr oder minder bekunden sie also mit diesem Artikel die Anerkennung der Zweckmäßigkeit und Nothwendigkeit des exterritorialen Prinzips zwischen Nationen verschiedener Entwicklungs- und Civilisations-Grade.

In der hiesigen fremden und einheimischen Presse erfährt der soeben amtlich publicierte Wortlaut des Vertrages im Allgemeinen eine günstige Beurtheilung, man verhehlt sich indessen nicht, daß der daraus zu erwartende praktische Nutzen für Handel und Verkehr zunächst ein mehr relativer sein wird. Korea ist unzweifelhaft ein produktenarmes und auch in industrieller Beziehung wenig entwickeltes Land, vorläufig dürften daher die in Aussicht genommenen Vermessungen der Korea Küste, die daraus folgende bessere Sicherung der Schifffahrt und die Vereinbarung über Strandungsfälle den praktisch wichtigsten Theil des Vertrages bilden.

Es scheint nicht unwahrscheinlich, daß gelegentlich auch die Engländer und Franzosen dem Beispiele Japans folgen und versuchen werden, mit Korea in Beziehungen zu treten.

Das Britische Vermessungs-Fahrzeug „Sylvia", welches schon früher an der Küste Koreas mit hydrographischen Aufnahmen beschäftigt war und von den Koreanern darin gestört wurde, ist jetzt zur Fortsetzung der begonnenen Arbeiten wieder dorthin abgegangen.

Eisendecher

Inhalt: der Vertrag Japans mit Korea. 2 Anl.

Anlage zu Bericht № 61.
Abschrift
Translation

Treaty
of
Peace and Friendship.

The Government of Japan and Chôsen being desirous to resume the amicable relations that of yore existed between them, and to promote the friendly feelings of both nations to a still firmer basis, have, for this purpose, appointed their Plenipotentiaries, that is to say: - The Government of Japan, Kuroda Kiyotaka, High Commissioner Extraordinary to Chôsen, Lieutenant General, and Member of the Privy Council, Minister of the Colonization Department, and Inowuye Ka-o-ru, Associate High Commissioner Extraordinary to Chôsen, Member of the Genro-in; and the Government of Chôsen, Shinken Han-Choo-Soo-Fuji; and Injishō, To-so-Fu, Fuku-sō-Kwan who according to the powers received from their respective Governments have agreed upon and concluded the following Articles:

Art I. Chôsen being an independent state enjoys the name sovereign rights as does Japan. In order to prove the sincerity of the friendships existing between the two nations, their intercourse shall henceforward be carried on in terms of equality and courtesy, each avoiding the giving of offence by arrogance or manifestations of suspicion.

In the first instance all rules and precedents that are apt to obstruct friendly intercourse, shall be totally abrogated, and in their - stead, rules liberal and in general usage fit to secure a firm and perpetual peace, shall be established.

Art II. The Government of Japan at any time fifteen months from the date of the signature of this Treaty, shall have the right to send an Envoy to the capital of Chôsen, where he shall be admitted to confer with the Rei-sô-han-sho on matters of a diplomatic nature. He may either reside at the Capital or return to his country on the completion of his mission.

The Government of Chosen, in like manner, shall have the right to send an envoy to Tokio, Japan, where he shall be admitted to confer with the Minister for Foreign affairs on matter of a diplomatic nature. He may either reside at Tokio or return home on the completion of his mission.

Art III. All official communications addressed by the government of Japan to that of Chôsen, shall be written in the Japanese language, and for a period of ten years - from the present date they shall be accompanied by a Chinese Translation. The Government of Chôsen will use the Chinese language.

Art IV. Sorio in Fusan, Chôsen, where an official establishment of Japan is situated, is a place originally opened for commercial intercourse with Japan, and trade shall henceforward be carried on at that place in accordance with the provisions of their Treaty whereby are abolished all former usages, such as the practice of sainkensen (junks annually sent to Chôsen by the late prince of Tsusima) to exchange a certain quantity of articles between each other.

In addition to the above place, the government of Chôsen agrees to open two parts as mentioned in Art V. of their Treaty for commercial intercourse with Japanese subjects.

In the foregoing places Japanese subjects shall be free to lease land and to erect buildings thereon, and to rent buildings, the property of subjecs of Chôsen.

Art V. On the coast of five provinces, viz., Keikin, Chiusei, Zenra, Keisho, and Kankiô two ports suitable for commercial purposes, shall be selected, and the time for opening these two ports shall be in the twentieth month from the second month of the ninth year of Meiji, corresponding with the date of Chôsen the 1st moon of the year Heishi.

Art VI. Whenever Japanese vessels either by stress of weather or by want of food and provisions, cannot reach one on the other of the open-ports in Chôsen, they may enter any part or harbour either to take refuge therein, or to get supplies of wood, coal and other necessities, or to make repairs, the expenses incurred thereby are to be defrayed by the ship's master. In such events both the officers and the people of the locality shall display their sympathy by rendering full assistance, and their liberality in supplying the necessities required.

If any vessels of either country be at any time wrecked or stranded on the coasts of Japan or of Chôsen, the people of the vicinity shall immediately use every exertion to rescue her crew, and shall inform the local authorities of the disaster, who will either send the wrecked persons to their native country or hand them over to the officer of their country, residing at the nearest port.

Art. VII, The coasts of Chôsen having hitherto been left unsurveyed are very dangerous for vessels approaching them, and in order to prepare charts showing the positions of islands, rocks, and reefs as well as the depth of water, whereby all navigators may be enabled safely to pass between the two countries, any Japanese mariner may freely survey paid coasts.

Art VIII. There shall be appointed by the Government of Japan, an officer to reside at the ports in Chôsen for the protection of Japanese merchants resorting there, provided that such arrangement be deemed necessary

Should any question interesting both nations arise, the said officer shall confer with the local authorities of Chôsen and settle it.

Art IX. Friendly relations having been established between the two contracting parties, their respective subjects may freely carry on their business without any interference from the officers of either Government, and neither limitations nor prohibition shall be made on track.

In case any fraud be committed or payment of debt be refused by any merchant of either country the officers of either one or of the other Government shall do their utmost to bring the delinquent to justice and to enforce recovery of the debt.

Neither the Japanese nor the Chôsen Government shall be held responsible for the payment of such debt.

Art X. Should a Japanese subject residing at either of the open ports of Chôsen commit any offence against a subject of Chôsen, he shall be tried by the Japanese authorities.

Should a subject of Chôsen commit offense against a Japanese subject he shall be tried by the authorities of Chôsen.

The offenders shall be punished according to the laws of their respective countries. Justice shall be equitably and impartially administered on both sides.

Art XI. Friendly relations having been established between the two confronting parties, it is necessary to prescribe trade regulations for the benefit of the merchants of the respective countries.

Such trade regulations, together with detailed provisions, to be added to the articles of the present Treaty, to develop its meaning and facilitate its observance, shall be agreed upon, at the capital of Chôsen or at Kok'wa-Fu in the said country, within six months from the precent date, by special commissioners appointed by the two countries.

Art XII. The foregoing eleven articles are binding from the date of the signing thereof, and shall be observed by the two contracting parties, faithfully and invariably whereby perpetual friendship shall be secured to the two countries.

The present Treaty is executed in duplicate and copies will be exchanged between the two contracting parties.

The faith whereof we, the respective plenipotentiaries of Japan and Chôsen, have affixed our seals hereunto their twenty sixth day of second month of the ninth year of Meiji, and the two thousand and thirty sixth since the accession of Zimmu Tenno, and in the era of Chôsen the second day of the second moon of the year Hishi, and of the founding of Chôsen the four hundred and eighty fifth.

(L. S.) KURODA KUJOTAKA, High Commissioner Extraordinary to Chôsen, Lieutenant-General and Member of the Privy Council, Minister of the Colonization Department.

(L. S.) INOUYE KAORU, Associate High Commissioner Extraordinary to Chôsen, Member of the Genroin.

(L. S.) SHIN KEN, Dai-Kwan, Han-Choo-Soo-Fuji of Chôsen.

(L. S.) IN-JI-SHIO, Fuku,-Kwan, Tosofu, Fuku-Sokwan of Chôsen.

Anlage zum Bericht № 61.

Abschrift

Erlaß № 34.

Es wird hiermit bekannt gemacht, daß jetzt mit Korea der anliegende Vertrag abgeschlossen worden ist,

den 22. März 1876.

gez. Sandjo Sanetomi

Präsident des Staatsraths.

Freundschafts-Vertrag

Obwohl früher das Japanische und das Koreanische Reich Jahre lang in freundschaftlichem Verkehr standen, ist jetzt das Verhältnis der beiden Länder zu einander nicht vollständig befriedigend. Im Hinblicke darauf und von dem Wunsche geleitet, die ehemaligen freundschaftlichen Beziehungen wieder herzustellen und noch fester zu machen, hat die Japanische Regierung ernannt

zu ihrem Außerordentlichen Botschafter: den Generallieutenant, Staatsrath und Colonial-Minister, Kuroda Kiyotaka;

und zu ihrem Außerordentl. Vize-Botschafter: den Senator Inouye Kaoru, welche in der Koreanischen Stadt Koka eingetroffen sind.

Die Koreanische Regierung hat zu ihrem Bevollmächtigen ernannt

den Han chiu su fuji (Minister des königlichen Hauses?) Shinken;

und den Toso fu fuku sokan (Vize-Gouverneur?) Injisho. -

Die Bevollmächtigten der beiden Reiche sind den ihnen ertheilten hohen Weisungen gemäß über die folgenden Vertrags-Artikel übereingekommen.

Artikel 1.

Korea ist ein selbstständiger Staat und genießt als solcher dieselben Rechte wie Japan. In Zukunft sollen daher die beiden Reiche, welche mit einander in freundschaftliche Beziehungen zu treten wünschen, auf ganz demselben Fuße zu einander stehen und im gegenseitigen Verkehr durchaus nicht gering geschätzt oder verdächtigt werden.

Alle Bestimmungen, welche bisher dem freundschaftlichen Verkehr im Wege standen, sollen aufgehoben werden, damit zwischen den beiden Ländern Frieden und Wohlwollen für ewige Zeiten bestehe.

Artikel 2.

Die Japanische Regierung soll das Recht haben, nach Verlauf von 15 Monaten, vom heutigen Tage an gerechnet, nach Belieben einen Gesandten zu ernennen, welcher in der Hauptstadt von Korea persönlich mit dem Rei so hansho (Ceremonien-Meister?) verhandeln und über Angelegenheiten des gegenseiten Verkehrs berathen soll. Der Gesandte soll entweder in Korea residiren oder auch sofort (nach Beendigung seiner Obliegenheiten) nach Japan zurückkehren dürfen.

Die Koreanische Regierung soll das Recht haben, zu jeder beliebigen Zeit einen Vertreter zu entsenden, welcher in Tokio mit dem Minister der Auswärtigen Angelegenheiten persönlich verhandeln und über Angelegenheiten des gegenseitigen Verkehrs berathen soll. Demselben soll es frei stehen, entweder in Japan zu residiren oder sofort nach Korea zurückzukehren.

Artikel 3.

Alle amtlichen Mittheilungen der Japanischen Regierung an die Koreanische werden in Japanischer Sprache geschrieben und während zehn Jahren von dem jetzigen Zeitpunkte ab von einer Chinesischen Uebersetzung begleitet sein. Die Koreanische Regierung wird sich der Chinesischen Sprache bedienen.

Artikel 4.

Sorio in Fusan, wo die amtliche Japanische Niederlassung sich befindet, ist der Platz, wo seit Jahren die Unterthanen der beiden Länder mit einander Handel getrieben haben. In Zukunft sollen nun die alten Bestimmungen sowie das Saiken sen (jährliche Senden von Schiffen) abgeändert und der Handel in Gemäßheit der nunmehr festgesetzten Vertrags-Artikel getrieben werden. Außerdem wird die Koreanische Regierung, gemäß den Bestimmungen in Artikel 5. zwei Häfen eröffnen, in denen Japanische Unterthanen sich frei bewegen und Handel treiben, nach Belieben Grundstücke miethen und Häuser erbauen sowie Koreanischen Unterthanen gehörige Gebäude gegen Zins miethen dürfen.

Artikel 5.

In den fünf Bezirken Keiki, Chiusei, Senra, Keisho und Kankio wird die Koreanische Regierung an der Küste zwei für den Handel geeignete Häfen auserwählen und namentlich bezeichnen. Die Eröffnung dieser beiden Häfen soll innerhalb zwanzig Monaten nach dem zweiten Monate des 9ten Jahres Meidji der Japanischen Zeitrechnung oder dem ersten Monate des Jahres Heishi der Koreanischen Zeitrechnung stattfinden.

Artikel 6.

Japanische Schiffe, welche an der koreanischen Küste wegen Wind und Wetter oder aus Mangel an Provisionen irgend welcher Art die bezeichneten Häfen nicht erreichen können, dürfen in jeden beliebigen Hafen einlaufen, sei es um sich vor dem Unwetter zu flüchten oder um ihre Vorräthe zu erneuern oder um die Schäden auszubessern und dürfen Provisionen beliebiger Art einkaufen. Die Kosten derselben müssen natürlich von dem Schiff-Eigenthümer bestritten werden; jedoch sind in solchen Fällen die Orts-Beamten sowohl wie die Bewohner verpflichtet, den Nothleidenden alle mögliche Hülfe zu leisten und Maßregeln zu treffen, damit ihr Elend gelindert und sie aus ihrer traurigen Lage befreit werden. Wenn Schiffe der beiden Länder auf offener See Schiffbruch gelitten und die Mannschaft sich an irgend einen Theil des Landes flüchtet, so sollen die Ortsbewohner sofort die nöthigen Schritte thun, um sie zu retten und das Leben jedes Einzelnen zu erhalten, und alsdann den Ortsbehörden davon Anzeige machen. Diese wiederum sind verpflichtet, die Schiffbrüchigen freundlich aufzunehmen und sie entweder in ihr Vaterland zurückzusenden oder sie nach dem nächsten Orte, wo sich Beamte ihres Heimathlandes befinden, auszuliefern.

Artikel 7.

In Anbetracht dessen, daß die Küsten von Korea für die Schifffahrt höchst gefährlich sind, weil die Inseln, Felsen und Klippen derselben nicht ganz bestimmt sind, soll es Japanischen Seefahrern gestattet sein, beliebige Messungen zu veranstalten, die Lage der Inseln und Klippen, sowie die Tiefe des Meeres zu bestimmen und Karten von den gemachten Aufnahmen herauszugeben, damit die Seefahrer beider Länder gefährliche Stellen vermeiden und in Ruhe und Sicherheit ihre Schiffe lenken können.

Artikel 8.

In Zukunft werden von der Japanischen Regierung in die bezeichneten Häfen Koreas je nach den Zeitumständen Beamte eingesetzt werden, welche die Japanischen Kaufleute beaufsichtigen und beschützen werden. Wenn sich im Verkehr der beiden Nationen Schwierigkeiten ergeben, so werden diese Beamten mit den obersten Lokalbehörden darüber berathen um die Schwierigkeiten beizulegen.

Artikel 9.

Da die beiden Länder nunmehr mit einander in Verkehr getreten sind, so sollen die beiderseitigen Unterthanen ganz nach ihrem Gutdünken Handel treiben dürfen, ohne daß sich Beamte der beiden Staaten irgendwie hineinmischen oder dem Verkehr Grenzen setzen oder ihn hindern. Wenn ein Kaufmann des einen Landes einen Unterthanen des anderen Landes beim Verkaufe betrügerischer Weise übervortheilt oder seine Schulden nicht bezahlt, so sollen die Behörden seines Landes den Uebelthäter vor Gericht ziehen und zur Bezahlung der Schuld anhalten. Jedoch sollen die beiderseitigen Regierungen nicht dafür haftbar gemacht werden dürfen.

Artikel 10.

Japaner, welche in den bezeichneten Häfen Koreas Verbrechen gegen Koreaner verüben, sollen stets von den Japanischen Behörden abgeurtheilt werden. In gleicher Weise sollen Koreaner, die sich einer verbrecherischen Handlung gegen Japaner schuldig machen, von den koreanischen Behörden zur Verantwortung gezogen werden. Selbstverständlich werden beide Theile nach den Gesetzen ihres Landes gerichtet werden, die Urtheile sollen jedoch ohne Gunst und Parteilichkeit in gerechter Weise gefällt werden.

Artikel 11.

Da die beiden Länder nunmehr miteinander in Verkehr getreten sind, so sollen noch besonders Handelsbestimmungen festgesetzt werden, welche den Kaufleuten beider Länder nutzbringend sind. Außerdem sollen zu den gegenwärtig festgesetzten Artikeln noch etwa nöthige Erklärungen hinzugefügt werden, welche geeignet sind, das Verständnis derselben vollständig klar zu machen. Zu diesen beiden Zwecken werden nach Verlauf von sechs Monaten besondere Bevollmächtigte von den beiden Regierungen ernannt werden, welche entweder in der Hauptstadt von Korea oder in Koka mit einander berathen sollen.

Artikel 12.

Die vorstehenden 11 Artikel des gegenwärtigen Vertrages sind vom heutigen Tage ab für die beiden Staaten bindend und dürfen von keiner der beiden Regierungen abgeändert werden, damit zwischen den beiden Ländern ewiger Friede und Freundschaft gewahrt bleibe. - Deswegen ist der gegenwärtige Vertrag in zwei Exemplaren ausgefertigt, welche die Bevollmächtigten der beiden Parteien, nachdem sie zur Beglaubigung ihre Stempel aufgedrückt, mit einander ausgewechselt haben.

So geschehen den 26. des 2ten Monats des 9ten Jahres Meidji oder des 2536ten Jahres der Japanischen Zeitrechnung:

Der Außerordentliche Botschafter des Jap. Reiches, Generallieutenant, Staatsrath und Kolonial-Minister

gez. Kuroda Kiyotaka (C. S.)

Der Außerordentliche Vize Botschafter des Japan. Reiches, Mitglied des Senats,

gez. Inouye Kaoru (C. S.)

So geschehen im Anfange des 2ten Monats des Jahres Heishi, oder des 485ten Jahres seit der Gründung Koreas.

Der Dai kan han chiu su fudji des Korean. Reiches

gez. Shinken (C. S.)

Der Fuku kan toso fu fuku so Kan des Korean. Reiches

gez. Injisho (C. S.)

F. d. U.

gez. Krien

Berlin, den 15. Mai 1876

A. 2464

An die Missionen in

1. London № 320
2. Paris № 282
3. St. Petersburg № 296
15. Washington № 66
21. Hamburg № 58

Abschrift eines Berichts des K. Ministerresidenten in Yedo vom 25ten Maerz d. J. den Freundschaftsvertrag zwischen zwischen Japan und Korea betreffend, wird

ad № 1, 2, 3, 15 zur persönlichen Kenntnißnahme
ad № 21 zur Verwerthung im Sinne des Erlasses vom 7. März 1876
mitgetheilt.

(ohne Unterschrift)

dem Reichskanzler-Amte zu geneigter Kenntnißnahme s. p. r. ganz ergebenst übersandt.

Berlin, den 15ten Mai 1876.
Das Auswärtige Amt
[Unterschrift]

Für den Reichsanzeiger.
Nichtamtlich.
Politische Nachrichten
Land, Ort, Datum.

A. 2464

Japan, Yedo, 25. März

Abschrift nebenstehender Notiz mit obiger Ueberschrift ist auf ungestempeltem Papier und ohne Nummer und Unterschrift unter Couvert an die Redaktion des Reichsanzeigers zu senden.

Berlin, den 15ten Mai 1876

[Unterschrift]

Die hiesigen amtlichen Blätter publizierten heute den Wortlaut der neuerdings zwischen Japan und Korea abgeschlossenen Freundschaftsvertrages. Derselbe lautet in deutscher Übersetzung wie folgt:

Inserat. die aus der Anlage

des [*sic.*]

[ ]

PAAA_RZ201-018900_250 f.			
Empfänger	von Bülow	Absender	Brandt
A. 2979 p. 3. Juni 1876.		Peking, den 16. März 1876.	

XXI. A. 2979 p. 3. Juni 1876.

Peking, den 16. März 1876.

Seiner Excellenz
dem Staatssekretär des Auswärtigen Amts, Herrn von Bülow. Berlin.

Nach hier bei der Japanischen Gesandtschaft eingetroffenen telegraphischen Nachrichten hat der Japanisch-Coreanische Conflikt durch den Abschluß eines Vertrages, durch welchen die Eröffnung von drei Häfen für den Verkehr, darunter Fusan, und der Aufenthalt einer Japanischen Mission in Séul zugestanden werden, seinen vorläufigen Abschluß erreicht.

Nähere Details, namentlich auch darüber, ob dem Abschluß dieses Abkommens ein Zusammenstoß der beiderseitigen Streitkräfte vorangegangen, fehlen. Der Eindruck, welchen die Nachricht von diesem Ausgange hier in Regierungskreisen gemacht hat, dürfte im Allgemein als ein günstiger bezeichnet werden. Der Prinz und die Minister des Yamên freuen sich, daß der fremdenfeindlichen Partei eines ihrer Hauptargumente, der erfolgreiche Widerstand Coreas gegen alle fremden Eröffnungsversuche, genommen und ihre eigene Stellung dadurch gestärkt worden ist; daß die Eröffnung Coreas gerade durch die hier nichts weniger als beliebten Japaner hat herbeigeführt werden müssen, ist der Tropfen Wermuth, welcher das Gefühl der Befriedigung, von der unbequemen Frage wenigstens fürs erste befreit zu sein, nicht zu einem vollkommenen werden läßt.

Brandt

[   ]

PAAA_RZ201-018900_252			
Empfänger	Auswärtiges Amt in Berlin	Absender	Das Reichskanzler-Amt.
A. 3755 pr. 12. Juli 1876.		Berlin, den 4. Juli 1876.	

A. 3755 pr. 12. Juli 1876.

Berlin, den 4. Juli 1876.

An das Auswärtige Amt.

Dem Auswärtigen Amt beehrt sich das Reichskanzler-Amt den ihm unter dem 15. Mai cr. gefälligst mitgetheilten Bericht des Kaiserlichen Minister-Residenten in Yedo vom 25. März cr. nebst Anlagen, den Freundschaftsvertrag zwischen Japan und Korea betreffend, beifolgend mit dem verbindlichsten Danke und dem ganz ergebensten Bemerken zurückzusenden, daß derselbe auch vom Königlich Preußischen Herrn Minister für Handel pp. zur Kenntnisnahme vorgelegen hat.

Das Reichskanzler-Amt.
[Unterschrift]

Politik und Haltung der Japanischen Regierung.

PAAA_RZ201-018900_253 ff.			
Empfänger	von Bülow	Absender	Eisendecher
A. 3859 p. 16. Juli 1876.		Yedo, den 17. Mai 1876.	
Memo	Mitgeth. 19. 7. nach: London 503, Paris 445, Petersbg 477, Rom 407, Washington 79		

A. 3859 p. 16. Juli 1876.

Yedo, den 17. Mai 1876.

№ 87.
Vertraulich.

An den Staatssekretair des Auswärtigen Amtes, Herrn von Bülow, Excellenz. Berlin.

Während des letzten Theiles des vergangenen Jahres bis zur gegenwärtigen Zeit bildete die Koreanische Angelegenheit für Japan fast die einzige schwebende Frage von wesentlich politischer Tragweite nach Außen.

Diese Frage, die vermöge ihrer eigentlichen Ursachen mit den nationalen Traditionen der Japaner und der Geschichte des Landes im engsten Zusammenhange steht, ist vorläufig durch den Abschluß eines Vertrages in befriedigender Weise gelöst und damit die drohende Kriegsgefahr für's Erste beseitigt worden.

Es scheint nicht zweifelhaft, daß die Japanische Regierung, im Falle des Nichtzustandekommens der gewünschten Vereinbarungen mit dem Nachbarlande, fest entschlossen war, namentlich diejenigen Garantien, welche auf die Sicherheit der Schiffahrt Bezug hatten von den Koreanern zu erzwingen, solange nicht etwa Rußland und die Pekinger Regierung in sehr entschiedener Weise gegen das Unternehmen vorgegangen wären. Ich halte es sogar für wahrscheinlich, daß eine feindliche Haltung Chinas allein die Japaner noch nicht bestimmt haben würde ihre Pläne bezüglich Koreas aufzugeben.

Das energische Vorgehen Japans sowohl in der Formosa Angelegenheit, wie neuerdings in Korea und die in immerhin bemerkenswerthen Resultate beider Unternehmungen, welche als die ersten politischen Erfolge nach Außen Seitens der Regierung des Mikado in etwas übertriebener aber recht zweckmäßiger Weise ausgebeutet werden, haben ganz unzweifelhaft die gegenwärtigen Leiter der Japanischen Politik in den Augen der Bevölkerung gehoben, die Stellung der Regierung befestigt und die immer noch zahlreichen unzufriedenen Gemüther mehr oder minder beruhigt.

Den Umstand, daß in dem Korea Vertrage die Selbstständigkeit und Unabhängigkeit dieser Länder ausdrücklich anerkannt und damit die frühere Japanische Forderung einer Tributpflicht der Koreaner stillschweigend aufgegeben wird, scheint man zu übersehen.

Unter den Vorbedingungen, welche die hiesige Regierung ermöglicht haben ihre Pläne mit Nachdruck zu verfolgen und die erwähnten Resultate zu erzielen sind besonders die Fortschritte in der Leistungsfähigkeit von Armee und Flotte hervorzuheben. Dank den fremden Lehrmeistern befindet sich die kleine Japanische Armee sowohl, wie die Marine in einem Zustande, welcher geeignet ist den Nachbarländern einigen Respekt einzuflößen. Selbst China mit seinen außerordentlichen Hülfsquellen leidet in militairischer Beziehung an einer solchen Zersplitterung seiner Kräfte und besitzt auch für die Flotte eine so wenig einheitliche Organisation, daß das Inselreich dem großen Nachbarn darin ohne Zweifel den Rang abgelaufen hat.

Wenn man einerseits den Japanern zu diesem Stande der Dinge nur Glück wünschen kann, so ist auf der anderen Seite sehr zu bedauern, daß ihre Ungründlichkeit und Eitelkeit sie verleiten die erreichten Vortheile in jeder Richtung zu hoch anzuschlagen.

Überhebung und Selbstüberschätzung gehören zu den nationalen Eigenthümlichkeiten der Japaner, man muß es daher erklärlich finden, wenn diese Eigenschaften sich, Angesichts der Erfolge in Formosa und Korea und der verhältnißmäßig raschen und hochgemäßen Entwicklung der Wehrkraft der Länder, auch den Fremden gegenüber mehr und mehr geltend machen. Das ist heutzutage leider in solchem Maaße der Fall. Meine sämtlichen Kollegen, mit Ausnahme nur des Italienischen Gesandten, beklagen sich über die wenig freundliche, fast unhöfliche Haltung des Auswärtigen Ministers im amtlichen Verkehr. Die Verhandlungen über alle Fragen, welche die Exterritorialität berühren, oder sonst mit fremden Interessen im Zusammenhange stehen, bekunden Japanischerseits ein kontinuirliches Mißtrauen und eine Gereiztheit, welche jede Verständigung außerordentlich erschwert. Um so mehr ist es unter solchen Umständen zu bedauern, daß unter den Vertretern der Vertragsmächte in allgemeinen Fragen nicht diejenige Übereinstimmung herrscht, welche allein geeignet ist ein Durchsetzen gerechter Forderungen zu erleichtern und der selbstbewußten und anmaßenden Sprache der Japaner wirksam entgegenzutreten. Da die Letzteren augenscheinlich von den auseinandergehenden Ansichten im diplomatischen Corps unterrichtet und bestrebt zu sein scheinen die mangelhafte Eintracht noch weiter zu stören, so ist es meines Erachtens jetzt mehr wie je geboten im Interesse einer festen cooperativen Politik vorkommenden Falls einige Opfer zu bringen. Es wäre deßhalb sehr zu wünschen, daß man in den augenblicklich schwebenden Fragen, von denen ich namentlich die Jagd-Gesetze, die Passagier Verordnung, die Grundsteuer

Angelegenheit in den fremden Niederlassungen und die Zollpflicht der Konsuln hervorhebe endlich eine Einigung der Vertreter erzielte. Dazu ist indessen vorläufig keine Aussicht vorhanden, wenn nicht etwa Veränderungen im diplomatischen Corps eintreten sollten.

Nach meinen persönlichen Eindrücken bin ich geneigt anzunehmen, daß die wenig entgegenkommende Haltung der Japanischen Regierung zum großen Theile fremden Einflusse, insbesondere den hochbezahlten Ratschlägen einiger Amerikanischer Abenteuerer zuzuschreiben ist.

Eisendecher

Inhalt: Politik und Haltung der Japanischen Regierung.

Die Koreanische Gesandtschaft.

PAAA_RZ201-018900_263 ff.			
Empfänger	von Bülow	Absender	Eisendecher
A. 4144 p. 1. August 1876.		Yedo, den 30. Mai 1876.	
Memo	Mitgeth. 2. 8. nach Petersburg 524. London 542. Washington 89.		

A. 4144 p. 1. August 1876. 1 Beil.

Yedo, den 30. Mai 1876.

№ 95.

An den Staatssekretair des Auswärtigen Amts, Herrn von Bülow, Excellenz. Berlin.

Euerer Excellenz habe ich die Ehre ganz gehorsamst zu melden, daß eine Koreanische Gesandtschaft, bestehend aus nahezu 80 Personen, mit dem Japanischen Dampfer Korio Maru am gestrigen Tage in Yokohama eingetroffen und sofort nach Tokio weitergereist ist.

Die Japanische Regierung hatte auf Ansuchen der Koreaner den genannten Dampfer zur Ueberführung des Gesandten und seines Gefolges zur Verfügung gestellt.[9] Nach den mir vom hiesigen Minister der Auswärtigen Angelegenheiten gemachten Mittheilungen scheint die Gesandtschaft lediglich den Besuch der Japaner erwiedern zu sollen und keine Aufträge für etwaige den Vertrag betreffende Verhandlungen zu haben.

Ich gestatte mir einige Zeitungs-Artikel ehrerbietigst anzuschließen und bemerke ebenmäßig, daß der Gesandte heute auf dem Auswärtigen Amt seinen Besuch machen und am 1. Juni vom Tenno in besonderer Audienz empfangen werden wird.[10]

Meine Kollegen und ich haben zunächst keine Veranlassung gefunden von den Koreanern Notiz zu nehmen. Die Ankunft derselben ist den fremden Vertretern nicht mitgetheilt worden.

Im Ganzen macht es mir den Eindruck, als ob die Koreaner nicht geneigt seien mit den hiesigen Fremden in irgend welche Beziehungen zu treten. Es wird sogar behauptet, daß auf Wunsch derselben der englische Führer des Dampfers Korio Maru zur Ueberfahrt durch einen Japaner ersetzt worden sei.

---

9 ["Die … gestellt.": Durchgestrichen von Dritten.]

10 ["Ich … wird.": Durchgestrichen von Dritten.]

Ueber die Dauer des Aufenthalts der Gesandtschaft ist bisher nichts bekannt.[11]

Eisendecher

Inhalt: Die Koreanische Gesandtschaft. 1 Anlage.

Anlage zu Bericht № 95.
Aus dem „Japan Herald"

The Corean Embassy.

The M. B. M. S. S. Co.'s steamer *Korio Maru* arrived this morning in port from Kobe, and at 8 a.m. the Corean embassy and suite, 76 persons in all, landed at the English Hatoba, where a strong police force had collected. Preceded by their own band of music, the Coreans went to the town hall, whence they again started for the railway station at 9.45 in order to proceed by train to Tokio. The ambassador is a man of very considerable stature and bulk; he wore a pair of very large spectacles, and was dressed in a violet crape robe. When he emerged from the town hall and descended the steps, his followers, standing in the street, set up a shout, and the band played on flutes, drums, and tom-toms; the prevailing sound, however, was a most lugubrious one, - something like the sound from a fog horn, - and was emitted from some large wooden trumpets. The ambassador placed himself on a small seat covered with a tigerskin, and fixed on an open litter, which was lifted on the shoulders of eight men; aloft, above his head, was carried a large white sunshade. The litter was preceded by the band of music which played the whole way to the station; immediately before the litter walked two Corean girls, apparently about 13 to 15 years of age, in semi-Chinese costume, their hair in a long and thick plait hanging down their backs. After the ambassador's litter came four jinrikishas, each conveying a Corean, the rest of the suite made their way on foot. The men are tall and stoutly built, with rather a Malay cast of features. With the exception of the litter-carriers, who wore black felt hats, the rest wore small, black hats of horse hair adorned with peacock feathers; through the meshes of the hat the wearer's hair was visible collected in a knot on the top of the head. The dress of the common men is, of stout parti-coloured cotton,

---

11 ["Es wird ··· bekannt.": Durchgestrichen von Dritten.]

not over clean. The five men composing the embassy are of the following rank: -Shu-shio —shi-reso-sangi, Bakan-do-sha kajan-tai-fu, Fa hanji jan san-pan. Fuku-shiu, Bakan do-sha kangi tai-fu. During their passage in the steamer they most scrupulously abstained from partaking of anything of foreign origin not touching wine or spirits. They would not even examine the vessel when they heard that it was English built.

(From our special Correspondent.)

The Corean Embassy arrived in Tokio this morning by an ordinary train, at a quarter to twelve. Since eight o'clock a large body of police had been collected in the neighbourhood of Shinbasi, as it was not then known by what train the strangers were to arrive. Soon after eleven a cordon of police was formed all the way from the railway station to the castle gate called Sukiya Bashi, and their appearance was the signal for the assemblage of an eager crowd. The wide, open space in front of the station was densely packed, and inside the station was a mixed crowd of Japanese and foreigners, among whom were most of the Foreign Ministers. When the train arrived the embassy remained in their carriages till the ordinary passengers had passed out, occasioning to the spectators a momentary apprehension that they had had their trouble for nothing. At length the Coreans stepped out on the platform, and a very picturesque appearance they presented, looked at from a distance, reminding one of Italian brigands in a London theatre. The costume appears to consist of knicker-bockers with gaiters tight from the knee to the foot, and a robe of either cotton or silk fitting tight to the body with following tails. The most striking part of the dress was the hat, which is shaped something like a cardinal's. with a small crown, and large flat brim, but is made of a transparent black gauze but perfectly stiff; through the hats one could see that the hair is worn twisted up in a tail on the top of the head. The embassy came along the platform in state; first fourteen bandmen, then flag-bearers and spearmen, then two women, with their black hair loosely plaited into tails like those of Chinamen, then a big umbrella, and then the great man himself; he was assisted, that is literally supported, by two other richly dressed men, and followed by several others who were evidently men of consideration. The cortége was closed by nine bearers carrying a chair, which was very much like a temple, *kiyokuroku*, put on a large and fragile stand. The music was shrill, harsh, and discordant, at least to our ears, a friend with musical proclivities assured us that some of the sounds were sweeter than those of Japanese instruments; the men were tall and well set up, many of them old men, who wore a Tartar beard and moustache. They stepped firmly as they walked and seemed perfectly satisfied with themselves, and indifferent to the laughter which the Japanese indulged in. They were conducted to the waiting rooms in the railway station, and after a few minutes interval for rest they set out for the residence which has been prepared for them in Kanda Nishiki Cho in much the same order as they had marched up the platform. A detachment of the Imperial Mounted Body Guard headed the procession, and the Chief Ambassador, a tale stout handsome old man with huge spectacles rode in his open chair towering above the heads of the bearers. The superior members of his suite, several of whom had peacock's feathers in their hats followed him in jinrikishas, and the interpreters, of whom there were a crowd, had enough to do to start them according to their precedence. One nice looking young Corean was evidently much exercised in his mind at the misplaced zeal of his jinrikisha coolie, who would try and start before his turn; all however was finally happily arranged and the cortége wound its slow way, without mishap, to the residence set apart for the Embassy.

Aus der Zeitung „Hiago News".

The Corean Embassy arrived here on Friday morning the 26th in the steamer Koriu-maru (late *Columbine*) and after a stay of about twenty-four hours has left for Tokio. Sunrise yesterday was celebrated by the Coreans with a (presumably religious) ceremony and a performance by the band included in the suite. Soon after eight o'clock the party landed at the Western Customhouse landing and if the number of people who were in attendance be any guide to the interest taken in the visitors, we must conclude that they are well appreciated. The first boats which touched the beach brought some attendants and a sort of chair on which the chief Ambassador eventually was carried to the house where the party were lodged during their short stay. Soon afterwards a hideous squealing gave notice that the main party was approaching. The Ambassador, H. E. Kumkui-shiu came in the gig of the steamer, and when he landed, at once showed himself by his bearing to be thoroughly versed in the etiquette of a public ceremonial. When he was fairly seated, two of his suite (who, from their appearance, were taken by most of the foreigners present to be females, but, who proved eventually to be masters of the ceremonies) ranged the band in two lines which preceded the Ambassador in his short procession to the Boyekisha, which premises had been taken up for the resting place of the strangers. The first few moments after their arrival were, of course, taken up in compliments, but as soon as they were a trifle rested, the band was placed on the verandah and set to work at making the morning hideous, whilst the remainder of the party disposed of their time by refreshing themselves inside, and at intervals appearing on the verandah and making comments on the numbers of Japanese and foreigners who were congregated below them. When the Ambassador himself appeared, he was treated with marked courtesy by the suite and appeared much amused by some of the remarks of his interpreter who kept close to his side and to whom he addressed numerous questions. During the day the Ambassador and the principal members of the Embassy visited the Suwayama hotel, whence the best view of the two townships is obtainable. About 4.30 p.m. the whole party re-embarked and (as on landing,) the band played a most noisy and discordant accompaniment. The Ambassador is named KUMKUI-SHIU, with rank of *Shiushinso Neiso Tswanwi*; the Vice is named HENSEKU-UN, with rank of *Beruken Tagushayu Kazentaibu*; whilst the member of the Embassy who ranks third is called HENDHE-SHUN, and is a *Shagubansa Zentsambogu*. There are, (included in the suite besides the above,) 12 high officials, 51 of a lower class and 10 menials - making a total of 76 persons. His Excellency is a man of perhaps forty years of age and has as portly a bearing as any high official we have yet seen in the East. The pictures in the *Illustrated London News* of the various shows attendant on the Prince of Wales's visit to India give one some base on which to form an opinion as to the style of Asiatic nobility, and judged by such a standard H. E. KUMKUI-SHIU by no means loses in dignity of style. The clothes of the higher officials were, it must be allowed, well made and must have cost money, but the whole of the outfit of the suite could have been bought for fifty dollars, and the impression made on the minds of the foreign spectators was that Corea is decidedly a place where the "Eagle on a dollar will be so squeezed that it will have to howl for mercy." -

— *Idem*.

Correspondenz betreffend den Friedens-und Freundschafts-Vertrag zwischen Japan und Corea.

PAAA_RZ201-018900_269			
Empfänger	Auswartiges Amt in Berlin	Absender	Münster
A. 4209 p. 4. August 1876.		London, den 1. August 1876.	
Memo	nach Petersbg. № 545, Yedo № 3 von 7. 8.		

A. 4209 p. 4. August 1876.

London, den 1. August 1876.

An das Auswärtigen Amt des Deutschen Reichs. Berlin.

Dem Auswärtigen Amte beehre ich mich beifolgend die dem Parlamente vorgelegte Correspondenz, betreffend den Friedens- und Freundschafts-Vertrag zwischen Japan und Corea, in drei Exemplaren gehorsamst zu überreichen.

Münster

Inhalt: Correspondenz betreffend den Friedens- und Freundschafts-Vertrag zwischen Japan und Corea.

JAPAN. № 1 (1876)

CORRESPONDENCE

RESPECTING THE

TREATY

BETWEEN

JAPAN AND KOREA

Presented to both Houses of Parliament by Command of Her Majesty.

1876.

London:

PRINTED BY HARRISON AND SONS

LIST OF PAPERS

Correspondence respecting the Treaty between Japan and Corea.

№ 1.

Mr. Plunkett to the Earl of Derby. — (Received January 17, 1876*)*

(Extract.) *Yedo, December* 9, 1875

I HAVE the honour to inform your Lordship that, having received a private note from Mr. Terashima stating that he wished to see me about some current business, I called at the Foreign Department at 2 o'clock this afternoon, accompanied by Mr. McClatchie.

Instead of entering on the business he had mentioned in his note, his Excellency at once began the conversation by stating that he wished to speak to me on a subject which he had frequently discussed with Sir Harry Parkes.

I was doubtless aware of the peculiar relations which have existed for the last three hundred years between Japan and Corea, and he need not allude to the accusations made by the public papers against Her Majesty's Minister of having encouraged the warlike aspirations of Japan in that quarter. These accusations were totally false, and the Government had at once published a formal denial of the charge. He merely now alluded to them as a preface to what he was going to say.

The position of the Japanese Settlement at Sorio was becoming untenable, the Coreans would not act up to the Convention concluded with Mr. Moriyama, and finally, the attack on the Imperial gun-boat "Unyokan" had exhausted the patience of the Japanese Government and they felt the time was come when they must take steps to place their intercourse with Corea on a more satisfactory footing.

He, therefore, now wished to take the first opportunity of informing me, as Sir Harry Parkes was not within reach, that the Government had decided on sending a special High Commissioner to the capital of Corea, to propose the negotiation of a preliminary Treaty of Commerce and Navigation.

The person selected for this mission is Mr. Kuroda, one of the Cabinet Ministers and head of the Ministry of Colonization. He will set out in about ten days, and will be accompanied by several secretaries, and also by two or three men-of-war and a very small body of troops. This small force is in no way intended to act aggressively, but is only for his protection in case the Coreans should attack the Mission.

If the Corean Government receive Mr. Kuroda and accept his proposals, there need be no difficulty in the matter; but should he meet with a hostile reception, it will be his duty simply to return and await the further instructions which may be given to him.

No special military arrangements are being made in view of this Mission, and the Government hope it will be found unnecessary to have recourse to strong measures.

№ 2

Sir H. Parkes to the Earl of Derby. - (Received February 12, 1876.)

(Extract.) *Yedo, Decemeber* 31, 1875

MR. PLUNKETTS despatch of the 9th instant will have informed your Lordship of the determination taken by the Japanese Government to deal with the Corean question by dispatching to that country a High Commissioner and Special Envoy charged with the negotiation of a Treaty of Commerce, and supported by considerable naval and military force.

Since my return to Yedo on the 22nd instant I have endeavoured to learn why the Japanese Government adopted this step at the present time, and how far the execution of their plans had advanced.

The Foreign Minister stated to me on the 24th instant having once taken the determination to send a High Commissioner to Corea, the Government thought it desirable to carry it out promptly. Such a mission was judged necessary because events had shown how hopeless it was to attempt to treat with the local Corean officials at Fusankai, and the relations of Japan with Corea could no longer remain on their present unsatisfactory footing. In order to effect the necessary changes, certain essential conditions would be required at once, while others might be obtained gradually. Those which would at once be demanded from the Coreans were: -

Firstly, the opening of one or more Corean ports, to which the Japanese should be admitted to trade freely.

Secondly, proper provision for the treatment of shipwrecked Japanese, and for the relief of Japanese vessels requiring shelter from stress of weather.

Thirdly, a satisfactory explanation of the attack upon the "Unyokan," and an assurance that the Japanese flag should not again be exposed to similar outrage.

The Japanese Government had, at one time, supposed that the first and second conditions might have been obtained by means of the arrangement made by the Japanese Agent Moriyama with the local Corean officials last year. The Coreans then agreed to receive a letter from the Japanese Government, and to dispatch an Envoy in return to Yedo. But when Moriyama returned with the letter this year they refused to receive him. The trifling traffic now carried on by the Japanese at Sôriô could not be called trade. The

Japanese admitted to that settlement were supposed to belong to the Island of Tsushima only, and they could only buy and sell such commodities as the Corean officer in the settlement chose to permit.

Shipwrecked Japanese were not properly treated by the Coreans, nor were Corean cast-a-ways received from the Japanese in a becoming manner; and the firing on the "Unyokan" proved that Japanese vessels might be attacked if they approached the Corean shores. If the Corean Government refused to concede these three points when demanded by the High Commissioner, the refusal would be regarded as a rupture of relations. In that event, or if the High Commissioner were not received, or encountered insult or attack, he would then be compelled to adopt. But, considering the moderate nature of the Japanese demands, he (Terashima) did not see why negotiations should not be successful. Every allowance would be made for the prejudices of the Coreans, and only such an amount of intercourse, whether official or commercial would be asked for as the Coreans in their present condition could grant. The Japanese Government were quite willing to reserve for a later period the question of whether a resident Minister should be sent to Corea. The force sent with the High Commissioner was only intended for his protection.

In reply to my inquiry as to when Kuroda, the High Commissioner, would be despatched, Mr. Terashima stated that the precise time was uncertain. It had been suggested that the navigation of the river leading to the Corean capital might be impeded as this season by ice. That contingency had not been thought of when it was proposed that he should leave on the 25th instant.

In discussing the subject the same day with another Japanese Minister, he observed that the Corean would be fully informed of the approach of Kuroda, and of the objects of his mission. Mr. Hirotsu, the officer who had been sent to Sôriô to give them notice, had already arrived there. The announcement which he would make to the local Corean officials at Fusankai could be forwarded by them to the Government at the capital by the 25th instant. Mr. Kuroda would not arrive off the river leading to the capital before the 20th of January, and thus the Corean Government would receive nearly a month′s notice of his arrival. He would endeavor to obtain, by friendly negotiation, the right of trade, protection to navigation, and an explanation of the attack on the flag. The latter point would be easily adjusted if the two former were conceded, but, if they were refused, then Japan would be at liberty to treat the firing on the "Unyôkan" as a hostile act, and to exact signal reparation.

I afterwards saw the Prime Minister, who observed to me that the Government had resolved to close with the Corean question, because they thought that it could no longer be deferred. Some arrangement of the long-standing differences between the two countries had become necessary. This arrangement might be effected by peaceable means, but he was alive to the consideration that the Japanese overtures might be rejected by the Coreans; and, in that case, collision would prove unavoidable.

№ 3.

Sir H. Parkes to the Earl of Derby. – (Received February 21.)

(Extract.) *Yedo, January* 10, 1876.

IN continuation of my despatch of the 31st ultimo, I have now to add that the High Commissioner Kuroda left Yedo on his Corean Mission on the 6th instant. The squadron consisted of two vessels of war and three transports, and the military force embarked appears to have been limited to the three companies previously spoken of, or 750 men.

№ 4.

Sir H. Parkes to the Earl of Derby. – (Received March 15.)

(Extract.) *Yedo, January 29,* 1876.

IN continuation of my previous despatches on the subject of Mr. Kuroda's mission to the Corea, I have the honour to inform your Lordship that the expedition, which appears to have been now increased to seven ships, arrived at Fusankai on the 15th instant, and remained at anchor there for eight days. On the 23rd instant the expedition sailed for Kokwa, where it ought to have arrived on the 26th.

The object of its stay at Fusankai for so long a time was probably twofold; first, to prove to the Coreans that the expedition had actually started, and to give them time to appreciate its strength; and, secondly, to enable Mr. Kuroda to obtain information as to the probable intentions of the Corean Government.

Kokura is the most convenient centre for communicating, at the same time, with the large military stations of Hiroshima, Marugamé, and Kumamoto, and is, moreover, on the direct road from Yedo or Osaka to Corea. It has the best anchorage in the Shimonoseki Straits, and is distant only about 125 miles from Tusankai, and about 450 miles from Kokwa.

The Japanese Government expect to receive positive intelligence on this point about the commencement of next month. I think, however, it may not improbably turn out that the Coreans will hesitate to take any decided action at the outset, and that some days may be lost after the arrival of the expedition at Kokwa before Mr. Kuroda will know whether he is going to be received as a friend or as an enemy.

It is also not improbable that the very unusual severity of this winter may greatly retard the advance of the expedition, as well at sea as on land.

№ 5.

Sir H. Parkes to the Earl of Derby. – (Received March 25.)

My Lord, *Yedo, February* 7, 1876.

THE Vice Minister of State, Iwakura, informed me yesterday that the Government were without any news from the Corean expedition, and, therefore, hoped that it had not met with a hostile reception. He said that all the vessels composing the expedition rendezvoused at Port Horner, which, he said, is on an island about 120 miles from Kokwa, on the 23rd ultimo, and were expected to reach Kokwa by the 27th at latest. Had they been fired upon on their arrival there, news of such an event would by this time have reached Yedo.

His Excellency hoped therefore, that the Coreans were inclined to allow negotiations to be entered on. I mentioned in my despatch of the 29th ultimo that I thought the Coreans would hesitate to take any decided action at the outset, and that some days might elapse after the arrival of the expedition at Kokwa before Mr. Kuroda would know whether he was to be received as a friend or as an enemy.

The circumstance of the vessels arriving off Kokwa just at the period of the Korean new year, would not be favourable for the transaction of business, and it is possible that the delay, which I anticipated as probable, has in reality taken place.

His Excellency again emphatically assured me that the Japanese Government had no desire for war, which would only be resorted to if absolutely inevitable.

I have, &c.

(Signed) **HARRY S. PARKES.**

№ 6.

Mr. Plunkett to the Earl of Derby. – (Received April 8.)

(Extract.) *Yedo, February* 21, 1876.

WITH reference to Sir Harry Parkes´s despatch of the 7th instant, I am assured, both by the Minister for Foreign Affairs and by the Vice-Minister of State, that they had no intelligence of any description from Mr. Kuroda later than what he sent on his arrival at Port Horner on the 23rd ultimo.

Your Lordship will recollect that Port Horner is only 120 miles from Kokwa, and that Mr. Iwakura expected that the Japanese squadron would reach the latter place somewhere about the 27th ultimo. As Mr. Kuroda has some fast steamers with him, he could easily communicate with Shimonoseki, from which he is less than 500 miles distant, and where he would strike the telegraph wires to Yedo.

Therefore both the Government and the public here appear to consider this long silence to be a symptom that negotiations of some kind with the Coreans have been commenced.

№ 7.

Mr. Plunkett to the Earl of Derby. – (Received April 8.)

(Extract.) *Yedo, February* 21, 1876.

WITH reference to my preceding despatch I have the honour to inform your Lordship that I called upon Mr. Iwakura on the 19th instant, to communicate to him a portion of a telegram which I had received from Sir Thomas Wade.

I told his Excellency that I knew Her Majesty's Minister was in the habit of giving him any interesting news he might receive from Peking. I therefore had come to let him know that Sir Thomas Wade had telegraphed, on the 3rd instant, that the Tsung-li Yamên had informed him that China would not interfere in the Corean question; and, moreover, that he had heard from the Japanese Minister that Li Hung Chand had promised Mr. Mori to advise that the Yamên should recommend Corea to be reasonable.

Mr. Iwakura replied that the latest intelligence from Mr. Mori, which was about a fortnight older than Sir Thomas Wade's telegram, only stated that he hoped China would not interfere, but he had not then been able to obtain any positive assurance from the Yamên on the subject.

His Excellency said he was, therefore, much pleased to learn what Sir Thomas Wade had reported respecting the non-interference of China.

His Excellency said he trusted Mr. Kuroda's long silence was a sign that the Coreans had consented to negotiate, but he hoped every moment to hear something positive; and he promised, in return for the important news I had given him, to call on me as soon as he had anything to communicate from Mr. Kuroda.

№ 8.

Mr. Plunkett to the Earl of Derby. – *(Received* April 24.)

My Lord, *Yedo, February* 21, 1876.

ABOUT 9 o´clock on the afternoon of the 1st instant I received a private note from Mr. Iwakura, translation of which is herewith inclosed, informing me that negotiations with Corea were concluded, and that a Treaty had been signed on the 27th of February.

I have the honour to inclose copy of the reply I wrote unofficially to Mr. Iwakura on receipt of his Excellency's note, as well as of a private letter which I received next morning from the Vice-Minister for Foreign Affairs, and of the note which I sent to him in acknowledgment of his communication.

No particulars having yet been published, I called this afternoon on Mr. Terashima, and, after congratulating his Excellency on having so quickly obtained a pacific solution of the Corean question, I inquired whether he could tell me what were the conditions of the Treaty.

His Excellency replied that he could tell me nothing more than what I had heard from M. Sameshima.

Mr. Kuroda had merely telegraphed one single line from Shimonoseki, and was coming on directly to Yedo, where he ought to arrive on the 5th. After the Commissioner´s arrival only would the Cabinet itself know the conditions; but Mr. Terashima added laughingly, "when the news is good, one line is sufficient."

The substance of Mr. Kuroda´s telegram was published yesterday in the Proclamation, of which a translation is herewith inclosed.

Nothing whatever had been heard from Mr. Kuroda since the end of January, and nothing had transpired as to how he had been received on his arrival at Kôkwa. The intelligence, therefore, has taken everybody by surprise, and has been, as far as I can yet judge, received with pleasure by the public, both foreign and Japanese.

I have, &c.

(Signed) **F. R. PLUNKETT.**

Inclosure 1 in № 8.

Mr. Iwakura to Mr. Plunkett.

(Translation.) *Yedo, March* 1, 1876

ACCORDING to the promise which I made to you when you were so kind as to visit me and have friendly conversation a few days since, I beg to inform you that a telegram was received at 2 o'clock this afternoon from Kuroda, our High Commissioner Plenipotentiary, now residing at the Island of Kôkwa, in the country of Corea, to the effect that his negotiations with that country have been completed, and that the seals of both parties were attached to a Treaty on the 27th ultimo.

In haste,

(Signed) **IWAKURA TOMOMI.**

Inclosure 2 in № 8.

Mr. Plunkett to Mr. Iwakura.

Sir, *Yedo, March* 1, 1876

I BEG to thank your Excellency for your kind note of yesterday, and for having so promptly informed me of the happy conclusion of the negotiation with Corea. I hasten to offer you my best congratulation on an event which will mark an epoch in the history of this Empire.

I avail, &c.

(Signed) **F. R. PLUNKETT.**

Inclosure 3 in № 8.

Mr. Saméshima to Mr. Plunkett.

My dear Mr. Plunkett, *March* 2, 1876.

IT gives me much pleasure to inform you that Mr. Kuroda arrived yesterday at Shimonoséki, whence he has telegraphed the satisfactory news that he has concluded a Treaty with Corea. Knowing you are interested to hear about Corea, I take the earliest opportunity to inform you of the above facts.

Sincerely yours,

(Signed) **SAMESHIMA.**

Inclosure 4 in № 8.

Mr. Plunkett to Mr. Saméshima.

My dear Mr. Saméshima *Yedo, March* 2, 1876.

I HASTEN to thank you for the friendly note you sent me this morning, and beg at the same time to congratulate you on the excellent news you have received from Corea.

Believe me, c.

(Signed) **F. R. PLUNKETT.**

Inclosure 5 in № 8.

Notification № 25.

(Translation.)

To In, Shô, Si, Chô, Fu, and Ken.

IT is hereby notified that a telegram has been this day received, to the effect that our High Commissioner Plenipotentiary, Kuroda Kiyotaka, has concluded his negotiations with the Corean Government, and that a Treaty was exchanged with the said Government on the 27th ultimo.

(Signed) **SANJO SANEYOSHI**, Daijô-Daijin.

March 2, 1876

№ 9.

Mr. Plunkett to the Earl of Derby. – (Received April 24.)

My Lord, *Yedo, March* 6, 1876.

WITH reference to my despatch of the 3rd instant, in which I informed your Lordship that a telegram had been received from Shimonoseki, announcing the conclusion of a Treaty with Corea, but that the Japanese Government did not then know its provisions, I have now the honour to report that the High Commissioners arrived in Yedo on the morning of the 4th instant.

As they were not expected to reach this until yesterday, no preparations had been made to receive them, and they landed privately at Shinagawa.

Yesterday, however, Messrs. Kuroda and Inouye made their formal entrance into Yedo. They were received at the railway station by a guard of honour and by several Cabinet Ministers, troops were drawn up on the square outside, the town was all hung with flags, and they were escorted by cavalry to the Council of State, where they laid the Treaty officially at the feet of the Mikado.

I have not yet been able to see the Minister for Foreign Affairs, and the text of the Treaty has not yet been published, moreover, as to-day is a Japanese holiday, I cannot expect to learn any more particulars before the closing of to-night's English mail.

I am enabled, however, to inform your Lordship that Mr. Aston went, at my request, to the Foreign Department yesterday. He saw Mr. Ishibashi and asked him whether he would not tell him the substance of the Treaty, as I did not wish to trouble the Minister himself, when his time was probably so fully occupied. That gentleman having gone in to consult with Mr. Terashima, told Mr. Ashton that the principal provisions of the Treaty are: -

Permission for a Japanese Legation to reside in the Corean Capital.

Fusankai and two other ports to be opened to Japanese trade.

Japanese to survey the coasts and decide which two harbours they prefer.

Arrangements for proper treatment of any Japanese subjects who may be shipwrecked on the Corean coasts.

The regulations under which the trade will be carried on are reserved for future discussion.

The Treaty has already been ratified by the King of Corea.

Mr. Ishibashi did not inform Mr. Aston whether or not the Treaty contains any other stipulations, but I think it most probable that it does; and, as I am to see Mr. Terashima to-morrow, I will reserve any further remarks on this subject till the departure of the American mail at the end of this week.

The negotiations were carried on and the Treaty signed at Kôkwa (Kang-Hoa). Neither the Japanese Commissioners nor any of their suite went to the capital itself; but it would seem they could easily have done so if they had wished.

I have, &c.

(Signed) **F. R. PLUNKETT.**

№ 10.

Mr. Plunkett to the Earl of Derby. - *(Received April* 16.)

(Extract.) *Yedo, March* 9, 1876.

WITH reference to my despatch of the 6th instant, in which I reported all that I had so far been able to learn respecting the nature of the Treaty concluded by Messrs. Kuroda and Inouyé with Corea, I have the honour to inform your Lordship that I called on Mr. Terashima two days ago, in the hope of obtaining some further information as to its details.

His Excellency said he could not tell me much more than I appeared to know already, for he had not yet had time to examine the Treaty thoroughly himself. It had not yet been ratified by the Mikado, and various formalities had still to be gone through; so he considered it could not be published at soonest for some weeks yet. He assured me, however, that the only essential points as yet gained by the Japanese were the five which I reported to your Lordship in the despatch already alluded to, namely, Japanese Legation in Corean capital and a Corean Legation at Yedo.

Fusan and two other ports to be opened to Japanese trade.

Survey of Corean coasts by Japanese, to decide which ports are most suitable for trade.

Arrangements respecting shipwrecks.

Trade regulations to be discussed subsequently.

Mr. Terashima informed me that from the first appearance of the Japanese on the coast they were most amicably received by the Coreans.

The Corean Plenipotentiaries had at once agreed in principle to their proposals, and the only difficulties which Mr. Kuroda had had to contend with were on questions of form.

For instance, the principal delay in the conclusion of the negotiations had arisen from the Coreans refusing to insert the name of their King in the Treaty. It was, they said, impossible for them to write it. This difficulty, however, was overcome by the insertion of the word Japanese characters once at the commencement of the Treaty and afterwards the words "Corean Government" were employed whenever in the Treaty it was necessary to allude to the supreme authority of that country.

The Coreans objected to insert the word Emperor, no doubt because that would be assuming equality with China, or to use the word King, because that would be placing themselves in an inferior position to Japan. They, however, appear to have made no difficulty about giving the proper titles and honorifics to the Mikado of Japan.

In reply to my inquiry whether he believed that China had given advice to the Coreans in this matter, Mr. Terashima said that the Japanese Commissioners were inclined to believe that she had recommended the Coreans to receive the Ambassadors courteously, for it was known that a messenger had arrived in the Corean capital early in February from Peking.

I gathered from Mr. Terashima that, as the regulations under which trade is to be carried on are not yet settled, but are to be discussed by Plenipotentiaries who are to be sent for this purpose to Kôkwa, he presumed that the commerce with Fusan will for the present be carried on in the same manner as has hitherto been the case. When I pressed him as to how far Japanese subjects would be permitted to penetrate into the country, whether, for instance, they would go beyond the present boundary and enter the walled city of Fusan, he replied that all these matters still remained to be settled.

"Our Treaty," said Mr. Terashima, "is much like the first Treaty made with Japan by Commodore Perry at Shimoda. It is as yet only a rough instrument, and the details will all have to be settled when the Regulations for Trade come to be discussed."

Having heard privately, and having also seen in the newspapers, a report that by the Treaty one of the southern Corean Islands had been ceded to Japan, I thought it right to ask Mr. Terashima whether there was any truth in the rumour in question. His Excellency stated most emphatically that no cession whatever of territory had been made by Corea to Japan.

The Japanese Government will immediately send vessels to survey the Corean Coast with a view to selecting the two ports which it will suit them best to have opened.

The Japanese Legation in the Corean capital and the Corean Legation at Yedo will be established only fifteen months after the signature of the Treaty; but in the meanwhile, probably within a few months, special Plenipotentiaries will be sent to Kôkwa to frame the Trade Regulations.

I inquired of Mr. Terashima whether the Japanese Commissioners in their negotiations with the Coreans, had alluded to the opening of the country also to Europeans. I gathered from his reply that they had not given any advice on that point, and had confined themselves entirely to the attainment of their own objects.

Before leaving Kôkwa, Mr. Kuroda received from the Coreans a written communication expressing their regret for the attack made on the "Unyokan" last September.

The Japanese have been much impressed by the poverty and wretched appearance of all the Corean towns and villages which they visited.

№ 11.

Mr. Plunkett to the Earl of Derby. – (Received April 16.)

My Lord, *Yedo, March* 9, 1876

SINCE closing my despatch of this date, I have had a short conversation with Mr. Sameshima, the Vice-Minister for Foreign Affairs, and have learnt from him that in addition to what I have reported, there is also a provision in the Treaty insuring to the Japanese Government jurisdiction over their own subjects residing in the open ports of

Corea.

Mr. Sameshima said that the manner in which this is to be carried out has still to be settled; but the principle of extra-territoriality has been conceded to them by Corea.

He spoke at some length and with manifest satisfaction of the good effect the news of Mr. Kuroda's success had had in this country; and, as far as it is possible to judge public opinion from its expression in the native press, it appears to me his anticipations of increased strength to the present Government ought to be well founded.

With one exception all the native newspapers were at first opposed to the expedition. They are now unanimous in their admiration of Mr. Kuroda's diplomacy, and all congratulate the Government in having attained their object without exposing the country to the miseries of war.

I have, &c.

(Signed) **F. R. PLUNKETT.**

№ 12.

Sir H. Parkes to the Earl of Derby. - *(Received May* 4.)

My Lord, *Yedo, March* 20, 1876

AT an interview which I had with the Foreign Minister to-day his Excellency informed me that the Treaty concluded between Japan and Corea, which has not yet been published, will be communicated to the foreign Representatives on the 22nd instant.

His Excellency observed that in negotiating that Treaty the Japanese Commissioners had avoided all reference to the question of whether intercourse with other nations should be permitted by Corea, partly because they had heard that the Corean Government wished to stipulate that the Japanese should bring no foreigners to Corea, and they had found it necessary in their own interest to confine their demands to such as concerned Japan alone. They believed, however, that the probability of Corea having to admit other foreigners was foreseen by the Corean Government, as one of the Corean officers who took part in the negotiations, and who had been at Peking, was heard to observe on one occasion that Corea must expect that a Treaty with Japan would eventually lead to similar engagements being concluded with other nations.

I have, &c.

(Signed) **HARRY S. PARKES.**

№ *13*

Sir H. Parkes to the Earl of Derby. -(Received May 7.)

My Lord, *Yedo, March* 25, 1876

I HAVE the honour to report that the Japanese Government published yesterday the Treaty concluded with Corea, and that they have also communicated it to the foreign Representatives.

I now beg to forward a copy by the American mail, which leaves to-morrow; but I think it desirable, especially as the opportunity is not a fast one, to reserve the observations I have to offer your Lordship on this Treaty for the French mail, which closes on the 27th instant.

have, &c

(Signed) **HARRY S. PARKES**

Inclosure in № 13.

Treaty of Peace and Friendship between Japan and Korea.

(Translation.)

THE Governments of Japan and Chosen, being desirous to resume the amicable relations that of yore existed between them and to promote the friendly feelings of both nations to a still firmer basis, have for this purpose appointed their Plenipotentiaries, that is to say, the Government of Japan, Kuroda Kujotaka, High Commissioner Extraordinary to Chosen, Lieutenant-General and Member of the Privy Council, Minister of the Colonization Department, and Inouye Ka-o-ru, Associate High Commissioner Extraordinary to Chosen, Member of the Genro-in; and the Government of Chosen, Shinken Hano-choo-soo Fu Ji and Injisho, To-so-Fu, Fuku-so-Kwan: who, according to the powers received from their respective Governments, have agreed upon and concluded the following Articles:-

ARTICLE I.

Chosen, being an independent State, enjoys the same sovereign rights as does Japan.

In order to prove the sincerity of the friendship existing between the two nations, their intercourse shall henceforward be carried on in terms of equality and courtesy, each avoiding the giving of offense by arrogation or manifestations of suspicion.

In the first instance all rules and precedents that are apt to obstruct friendly intercourse, shall be totally abrogated, and in their stead rules liberal and in general usage fit to secure a firm and perpetual peace shall be established.

ARTICLE II.

The Government of Japan at any time fifteen months from the date of the signature of this Treaty, shall have the right to send an Envoy to the capital of Chosen, where he shall be admitted to confer with the Rei-so-han-sho, on matters of a diplomatic nature. He may either reside at the Capital or return to his country on the completion of his mission.

The Government of Chosen in like manner shall have the right to send an Envoy to Tokio, Japan. where he shall be admitted to confer with the Minister of Foreign Affairs on matters of a diplomatic nature. He may either reside at Tokio, or return home on the completion of his mission.

ARTICLE III.

All official communications addressed by the Government of Japan to that of Chosen shall be written in the Japanese language, and for a period of ten years from the present date they shall be accompanied by a Chinese translation. The Government of Chosen will use the Chinese language.

ARTICLE IV.

Sorio in Fusan, Chosen, where an official establishment of Japan is situated, is a place originally opened for commercial intercourse with Japan, and trade shall henceforward be carried on at that place in accordance with the provisions of this Treaty, whereby are abolished all former usages, such as the practice of saikensen (junks annually sent to Chosen by the late Prince of Tsusima to exchange a certain quantity of articles between each other).

In addition to the above place, the Government of Chosen agrees to open two ports, as mentioned in Article V of this Treaty, for commercial intercourse with Japanese subjects.

In the foregoing places Japanese subjects shall be free to lease land and to erect buildings thereon, and to rent buildings, the property of subjects of Chosen.

ARTICLE V.

On the coast of five provinces, viz., Keikin, Chiusei, Zenra, Keisho, and Kankio, two ports, suitable for commercial purposes, shall be selected, and the time for opening these two ports shall be in the twentieth month from the second month of the ninth year of Meiji, corresponding with the date of Chosen, the first moon of the year Heishi.

ARTICLE VI.

Whenever Japanese vessels, either by stress of weather or by want of fuel and provisions, cannot reach one or the other of the open ports in Chosen, they may enter any port or harbour either to take refuge therein, or to get supplies of wood, coal, and other necessities, or to make repairs; the expenses incurred thereby are to be defrayed by the ship's master. In such events both the officers and the people of the locality shall display their sympathy by rendering full assistance, and their liberality in supplying the necessities required.

If any vessel of either country be at any time wrecked or stranded on the coasts of Japan or of Chosen, the people of the vicinity shall immediately use every exertion to rescue her crew, and shall inform the local authorities of the disaster, who will either send the wrecked persons to their native country or hand them over to the officer of their country residing at the nearest port.

ARTICLE VII.

The coasts of Chosen having hitherto been left unsurveyed are very dangerous for vessels approaching them, and in order to prepare charts showing the positions of islands, rocks, and reefs, as well as the depth of the water, whereby all navigators may be enabled safely to pass between the two countries, any Japanese mariner may freely survey said coasts.

ARTICLE VIII.

There shall be appointed by the Government of Japan an officer to reside at the open ports in Chosen for the protection of Japanese merchants resorting there, providing that such arrangement be deemed necessary. Should any question interesting both nations arise the said officer shall confer with the local authorities of Chosen and settle it.

ARTICLE IX.

Friendly relations having been established between the two contracting parties, their respective subjects may freely carry on their business without any interference from the officers of either Government, and neither limitation nor prohibition shall be made on trade.

In case any fraud be committed or payment of debt be refused by any merchant of either country, the officers of either one or of the other Government shall do their utmost to bring the delinquent to justice, and to enforce recovery of the debt.

Neither the Japanese nor the Chosen Government shall be held responsible for the payment of such debt.

ARTICLE X.

Should a Japanese subject residing at either of the open ports of Chosen commit any offense against a subject of Chosen, he shall be tried by the Japanese authorities.

Should a subject of Chosen commit offence against a Japanese subject, he shall be tried by the authorities of Chosen.

The offenders shall be punished according to the laws of their respective countries.

Justice shall be equitably and impartially administered on both sides.

ARTICLE X1.

Friendly relations having been established between the two contracting parties it is necessary to prescribe trade regulations for the benefit of the merchants of the respective countries.

Such trade regulations, together with detailed provisions, to be added to the Articles of the present Treaty, to develop its meaning and facilitate its observance, shall be agreed upon at the Capital of Chosen or at the Kok'wa-fu, in the said country, within six months from the present date by Special Commissioners appointed by the two countries.

ARTICLE XII.

The foregoing eleven Articles are binding from the date of the signing hereof and shall be observed by the two Contracting Parties, faithfully and invariably, whereby perpetual friendships shall be secured to the two countries.

The present Treaty is executed in duplicate, and copies will be exchanged between the two Contracting Parties.

In faith whereof, we, the respective Plenipotentiaries of Japan and Chosen, have affixed our seals hereunto this twenty-sixth day of the second month of the ninth year of Meiji, and the two thousand five hundred and thirty-sixth since the accession of Zimmu Tenno, and in the era of Chosen, the second day of the second moon of the year Heishi, and of the founding of Chosen the four hundred and eighty-fifth.

(L. S.) KURODA KUJOTAKA, *High Commissioner Extraordinary to Chosen,*

Lieutenant-General and Member of the Privy Council, Minister of the Colonization Department.

(L. S.) INOUYE KAORU, *Associate High Commissioner Extraordinary to Chosen, Member of the Genroin.*

(L. S.) SHIN KEN, *Dai-Kwan, Han-Choo-Soo-Fuji of Chosen.*

(L. S.) IN-JI-SHIO, *Fuku,-Kwan, Tosofu, Fuku-Sokwan of Chosen.*

№ 14.

Sir H. Parkes to the Earl of Derby. — (Received May 11.)

(Extract.) *Yedo, March* 27, 1876.

WHEN the Japanese Government decided to send Kuroda's mission to Corea, they despatched an officer, Mr. Hirotsu, in advance to Fusan, in order to announce this intention to the Corean Government. The despatch which Mr. Hirotsu was instructed to deliver plainly told the Corean Government that the High Commissioner would proceed to the capital or its vicinity, and would demand satisfaction for the breach of the agreement concluded with Moriyama in 1874, and for the attack on the Japanese gun-boat. When the Mission reached Tsushima, Mr. Hirotsu reported that the despatch had been delivered at Fusan, but that the Corean local authorities earnestly deprecated the visit of the Mission to the capital. Mr. Kuroda, therefore, determined to proceed to Fusan, in order to make it plainly understood to the Corean authorities that he would carry out his instructions to the letter, and proceed with his ships to Kôk'wa.

When the ships assembled at the rendezvous off Isle Fournier, they were boarded by local officers, who offered presents, and said that the Government had instructed them to supply their wants. Nothing was accepted from them; and in order to afford time for the authorities at the capital to know of the arrival of the fleet, they were told that in four or five days the ships would move up to the nearest convenient anchorage to Kôk'wa, which proved to be Chôsan-to.

On arriving at Chôsan-to they were again visited by Corean officers, including several of the local authorities of Fusan, who were informed that the Japanese High Commissioners were willing to discuss the business of their mission with high functionaries of similar rank to themselves at Kôk'wa, but that unless they were immediately met there by such Commissioners on the part of the Corean Government, they would proceed on to the Capital.

Shortly afterwards they were informed that Corean Commissioners would be sent to

Kôk'wa.

The Japanese Commissioners landed and proceeded to Kôk'wa in considerable state, and on the 11th they had their first interview with the Corean Commissioners. They said they had been sent by their Government to learn, firstly, why the Coreans had broken the Agreement of 1874, which they had made with Mr. Moriyama; and, secondly, why they had fired in September last upon the Japanese gunboat "Unyôkan." The Corean Commissioners pleaded that the local officers of Fusan were to blame for the Agreement not having been carried out, as they had not reported what had occurred to the Government at the capital; and that the firing on the "Unyôkan" was a mistake, as the Coreans did not know that she was a Japanese Vessel.

The Japanese Commissioners observed that the two charges having thus been fully admitted, the question of reparation remained to be considered, and, breaking off the interview suddenly, they said they would inform the Corean Commissioners the next day of the satisfaction they had to demand.

At the interview next day, the two charges having thus been fully admitted, the question of reparation remained to be considered, and, breaking off the interview suddenly, they said they would inform the Corean Commissioners the next day of the satisfaction they had to demand.

At the interview next day, the Japanese Commissioners placed in their hands the draft of a Treaty which the latter said they would accept as satisfactory redress, provided it were at once agreed to. They were willing to allow the Corean Commissioners four or five days, but not more, to consider it.

The Corean Commissioners asked for ten days, as they had to submit the Japanese demands to the Government at the capital. The Japanese Commissioners replied that they would allow that time, provided that within the ten days the negotiations were completed, and the Treaty signed and exchanged.

The Corean Commissioners appeared to acquiesce, but on the ninth day they began to urge objections, and firstly on point of form. The draft Treaty gave the Mikado the title of "Kôtei" (Chinese, "Hwang-te," or Emperor), and the King of Corea, "ô" (Chinese, "Wang,"or King). This did not denote equality between the two nations, which was professed in the Ist Article of the Treaty. As the Coreans could not adopt the title of Kôtei, they wished the Agreement to run in the names of the respective Commissioners only. This could not be acceded to by the Japanese Commissioners, who, however, expressed themselves willing to use the names of the two nations - Dai Trippon and Dai Chôsen (Great Japan and Great Corea) - instead of the titles of the Sovereigns. The Corean Commissioners then began to raise other difficulties, which were met by the

Japanese Commissioners threatening to break off negotiations. On the tenth day (22nd February) they did return to their ships, saying that they would give the Corean Commissioners two or three days to consider whether they would sign the Treaty as it stood, with no other alteration than the one above-named, as they (the Japanese Commissioners) would agree to no further modifications. On the 25th the assent of the Coreans reached the Japanese Commissioners, who proceeded again to Kôk'wa on the 26th, signed the Treaty at 9 A.M. on the 27th, re-embarked the same day, and on the 28th the fleet weighed and left Corea.

It may not be out of place for me to inclose in this despatch a description of Corea, which has appeared in print, and which has been written by one of the leading Secretaries of Kuroda's Mission, as it furnishes some further information confirmatory of the above remarks respecting the capacity of Corea for trade, and the condition of the Corean people.

Inclosure in № 14

Spirit of the Japanese Press.

COREA : THE COUTNRY, MANNERS, AND CUSTOMS.

(*Hochi Shimbun.)*

HAVING heard that Mr. Miyamoto of the Guaimusho, had returned from Corea with the Envoys, we called upon him. As it is not within the sphere of his duty to give any information upon purely official matters, we did not seek for this. But the following observations made by him upon the state of the country and the habits and customs of the people, may prove interesting to our readers, and we therefore publish them.

Having only seen Fusan and the south-western coast for about 500 ri, and Kôk'wa and its neighbourhood, we cannot speak with accuracy regarding the whole country, but so far as we could see the soil is poor, wears a reddish-yellow appearance, is hard, and ill-suited for cultivation. About Fusan, Kôk'wa and the banks of the Kanko river, the ground is covered with hillocks, giving a picturesque appearance to the country from a distance. This impression, however, disappears on closer acquaintance. The soil is harsh and the vegetation sparse and stunted. We saw pine trees, but they are crooked and ugly, and not straight and graceful like those of our own country. This proves that the soil is poor, and lumber must be scarce and dear. At Kôk'wa we tried to get a cedar log of twenty feet in length, but without success. The principal building material is pine; neither cedar nor "hinoki" (*Retinispora obtuse*) are used.

It would appear that there is some law in Corea limiting the size of the houses of the common people, as they are all domiciled in dwellings about ten or twelve feet square, and little better than dog kennels. The walls consist of a mixture of stone and earth, and the roofs of rice-straw thatch. The plaster which we use in Japan is apparent unknown, and there is but a scanty display of wood. The floors are made like our furnaces, and of compact hardened earth. Oiled paper is placed over this, and on it people sit. Few of the houses have ceilings, which consist merely of oiled paper stretched from the uprights supporting the roof. The shops are entered through doors, on which are inscribed sayings of a graceful nature in the Chinese character. Under the floor, and extending throughout its whole length, is a horizontal passage, at one end of this a fire is lighted, the smoke going out at the other, thus the house is warmed. It is difficult to preserve an even temperature. If too much wood is used the heat soon becomes excessive, and *vice versa*, much the same, indeed, as with the use of our "kotatzu." This practice appears dangerous, for the soot hangs about the eaves and the exit of the smoke, and were the flames to catch the straw roof the houses would instantly be destroyed. The houses very much resemble the stoves used in Japan for roasting the sweet potato.

We saw no mats in the houses, and the people sit on the earthen floor, but not as we do, for they keep their legs out straight. In one of the Government offices we found a chair, much resembling those on which the priests sit. When entering a house people leave their shoes outside.

The quantity of fuel consumed in these fireplaces must be greater than that used in our own, but reeds and rushes are used for the purpose. We asked why the same materials were not employed for roofing purposes instead of rice straw, but were told that they might only be used for fuel. The neighbouring hills are covered with pines; there appear to be no old trees, the demand for fuel being such that they are not allowed to grow to maturity.

The Japanese office at Fusan has been in existence 150 years, and stands on 20,000 tsuboes of ground. It is situated on the side of a hill. One of the ancestors of Sô Tsushima-no Kami had cherry and pine trees planted there, but they have never thriven, though they lend some appearance of life to the reddish barren country round them. It is said that in Loochoo there are no shops where goods are exposed for sale, and the same custom seems to obtain in Corea.

Though Kôk'wa is a fine place, the houses are not built in rows, but scattered here and there, and are only six or seven feet in height. Dried fish and persimmons, tobacco and straw sandals are apparently the chief objects of trade. Chairs seemed to have been made for our special accommodation, but they were very rude, and painted with persimmon juice; skins of leopards were placed over them. All the Government offices have tiled roofs like our own, and being built of brick, are recognizable at a glance. They all have two gates, an outer and an inner, and in some respects resemble our temples. The tiles are of bad quality, and the woodwork shows no skill. The frames of the paper doors are so clumsy and heavy that but very little light is admitted into the rooms, before each of which a board hangs. These boards are not very finely finished, but the Chinese characters upon them are skilfully cut. In respect of conveniences all these offices are very deficient, and, for similar reasons, the public roads are filthy.

The widest roads are from fifteen to twenty feet in breadth, the narrower ones from eight to nine. There is no provision at their sides for carrying off the rain, and they are apparently never repaired or improved. The streets are dirty, but are decorated with monuments raised to departed local officials.

The city walls of the Kôk'wa "Fu" are about five miles in circumference, and run alongside of hills. They are only from two to three in height, partly constructed of mud and stone and partly of brick. There is a gate on each of the four sides. That which we first entered is called the Chinkai gate, the second the Kotoro gate, and these resemble the gates in Japan. They seem to have been carefully painted in days long past, but have fallen out of repair. The house within the walls are scattered irregularly, and not built in rows.

As regards clothing, both the upper and lower garments of the people are of white, and are undyed and unornamented in any way. Some of the officials wear silk, but of very coarse texture. When approaching the land, and at some distance, the Coreans present the pretty appearance of snow herons, but on closer inspection they resemble the lazy priests of our own temples, whose garments may once have been white, but are so no longer. Most of the higher officials dress in white silk, the lower grades wear garments of sky-blue colour, without sleeves. The long sleeve is the badge of higher rank, and is always worn while on duty. The skirts of dresses resemble those of our own priests, and are called "additional wings," – in some sense they may be said to resemble wings. The highest officials wear garments of shining silk of a light pink colour, and their head-dresses are similar to those usually seen in the portraits of Taiko Sama. On their feet they carry large heavy shoes, proving that our ceremonial costume came from China in the time of To. The head-dress is a large round hat, fastened by means of strings passing under the chin, and are said to be made of horsehair by the native women. Custom exacts that the hat be placed on the head when greeting a friend. The Coreans do not shave the head, but wear the hair long, and fasten it with pins into a bunch at the top of the head. These pins are made of silver or brass, and vary with the rank of the wearer. The children wear the hair braided or plaited like the Chinese, and we see that Tartar fashions are current in Corea. The women are said to be dressed something like Europeans, but as we did not see a single woman the whole time we were in Corea, it is impossible to speak positively. The dress of the men betrays less vanity than among ourselves.

(continued from March 18.)

The domestic animals are dogs, horned cattle, fowls, horses and pigs, and differ but slightly from those of Japan. The cattle and pigs are very fat and the hides of the former are among the exports of the country. The horses are about the size of our colts between one and two years old, or of the ass of China, and therefore only about one-third of the size of an Arab horse. We saw no kites or crows in Kôk'wa, but we saw birds of the size of pigeons of a dark blue colour with white breasts, sharp bills, and long tail feathers - possibly a kind of jay. They build in the willows near human dwellings, and were called by our people Corean crows. The number of sparrows appears less than in Japan. Wood is very scarce in all parts the country which we visited. We saw only pines; no cedar, oak, plum or cherry trees, excepting those in the compound of the Japanese Agency at Fusan. But the Coreans said that trees were to be found in other parts of the country. Orange trees seem very scarce in Corea, and their fruit is purchased from our people at Tsushima. Tea does not seem to grow in the country, nor do the Coreans appear to be acquainted with the taste of it. The chief drink is an infusion of dried ginseng or ginger and dried orange peel. When ginger cannot be obtained - it does not grow in Corea-honey is used instead. The tobacco which we saw exposed for sale was a very dark colour. Corea produces rice of much the same quality as that grown in Japan. The people are very proud of its excellence, and aver that it is eaten by the Emperor of China.

Goma (*sesamum orientalis*) of an excellent quality, grows in the country, and its oil is largely used in cooking, eight or nine out of every ten dishes being prepared with it. It is also used for lamp-fuel. No rape is grown. Cotton is probably to be found, but the parts of the country we saw are not suitable to the growth of the plant.

Corea probably possesses mines. The hills are bare of grass and trees, and the soil is very dry, so that it is thought there may be much mineral wealth. But the iron mines are the only ones worked; copper, gold and silver, if such metals exist, are yet untouched. It is possible that this has arisen from a foolish notion that their discovery would be prejudicial to the nation, and disturb the "feng shuey" – a superstition which prevails in

Corea. For this reason no gold coins or ornaments are to be seen; silver is used for hair-pins, but only in small quantities, and this comes from China. The copper and tin used in the country comes from Japan, and the former is to be found in the coins. The Coreans use copper for many purposes for which we employ earthenware or porcelain. The coins are of two sizes, and are called generically "Tohei Tsuho." One is larger than the other, but both pass as of the same value.

It is said that there are coal mines in the country, but strange to say, dear as fuel is, the Coreans do not seem to know the value of coal for this purpose.

There is little worthy of record here in respect of the Corea military forces, though I will say a few words about them. Some 1,500 or 1,600 men came down to Kôk'wa when we were there. They wore wooden hats and coats of a reddish colour with wide sleeves, and bore neither armour nor helmets. They were armed with match-locks of a small size like those used by our Japanese hunters, and with swords, the blades of which, in all probability, are imported from Japan. The number of banners is large in proportion to the number of men, and some had characters upon them, the top of the colour-poles being ornamented with pheasants' feathers. The men appeared to be of all ages; some were young but many were quite old. They appear better drilled than our troops were prior to the arrival of Commodore Perry, as at that time each Daimio had his men drilled as he chose, while the Coreans had one central Government and one army. Their dress seems well enough for fine weather, but bad for rain. It is said that they have only adopted the use of the sword recently in obedience to the command of the reigning Monarch.

The various forts are mounted with cannon. The guns round the city throw four and five pound shot. None of them were on carriages, but are merely placed on stones. They are fired with tow ropes, and a place is provided for the safety of the man who cats as gunner. The position of the guns was such as to lead us to infer that several men would be required to manage each one of them. The forts are usually on the sides of hills, and are loopholed for three or four guns.

In going up the Kôk'wa River to get into the Kanko River, we found the current very strong, running between steep banks, and very dangerous for small boats. In the Kanko River the current is not so rapid, and large blocks of ice floating down stream struck against us in a rather dangerous manner.

Buddhism prevails, but the priests do not appear to possess as much power as in Japan. It is said that there is a large Buddhist temple called Bongioji, at Torai, to the north of Fusan, but there are none at Kôk'wa. The priests dress in the same way as our own, and attend the death-beds of the people, but have nothing to do with their burial, as in Japan. The reason to be that the superstition of "feng shuey" prevails, and bodies are interred in the paddy fields, in gardens, woods, or on the hills, or wherever the inclination of the family may dictate, so that there are no regular burying-places. It is said that stone monuments are erected to men of distinction; but under ordinary circumstances a heap of earth is thrown up over the grave, and when this has disappeared by the operation of natural causes, which it does in thirty or forty years, the soil is again brought into cultivation.

It is said that when the French went to Corea they destroyed the city of Kôk'wa by fire, and took possession of some precious relics which had been buried with certain of the aneestors of the Corean kings. We went to the site of these tombs. They are two in number, are situated about half-way up a hill in a northerly direction from Kôk'wa, and are encircled with walls three feet high and from twenty to thirty feet in circumference. On the tombstone in inscribed "The tomb of Mansenden." They resemble the tombs of the "samurai" in Japan, and stand in the midst of waste land. The French would not have disturbed them unless they had known they were royal tombs. At the same time it is wholly improbable that they did know this, so that the story that they disturbed the graves and carried off the valuables contained in them was probably raised by some of the Coreans, who knew that their kings lay buried there, and when Kôk'wa was in confusion and pressed by the French, dug up and carried off the treasure, and afterwards imputed the outrage to the invaders.

The Coreans eat more meat and fat stuff than we do. The beef and pork are excellent. The oil of goma and garlic are greatly used in cooking, and are even mixed with rice. The Coreans seem to eat but little fish, as we saw no fishmongers' shops, and when we were entertained by the officials there was not a single dish of fish served. At Kôk'wa we occasionally saw in the shops a small quantity of fish looking like herrings, but this was all we met with. We could not discover whether fish is scarce on account of Kôk'wa being near the mouth of the muddy Yellow River, or whether the Coreans do not like it.

When the Treaty was signed we were entertained with a repast at which music was performed, and I will give a brief description of the dishes served. There was a sort of confectionery made of sugar, flour, and oil, cut into squares about 2 inches each way; a great heap of boiled eggs; a pudding of flour, "goma," and honey; dried persimmons; pine-seeds; honey-like (*sic*) food with roasted rice, painted red and white; macaroni soup with fowl; boiled legs of pork, and wine with everything. The wine usually drunk by the Coreans is a strong spirit, but on this occasion was of about the potency of Japanese "saké" of inferior quality. The dishes were of earthenware like the "Imari yaki" (a kind of porcelain) of Japan, or the "goshi" of China. The table used on the occasion was square, rudely made, and painted with persimmon juice. Oiled paper was used for a table-cloth, and the wine was served from copper vessels.

While we were at the hotel we were served with food on common Japanese trays. We presented our hosts with some dried venison, "saké" and oranges, at which they were much pleased, and said they would send them to the King.

We saw no wine-ships, "geishas" (singing girls), or the like. It is said that all natural sons become priests, and daughters prostitutes; but we could not discover whether this was actually the case. We saw some Japanese hair-oil which they said was used by the women. The custom of excluding women from the public gaze seems to exist in Corea as in China, and it is said that even among themselves visitors are not permitted to see the wife. Thus we can give no description of the Corean women. Men do not use oil for the hair, which they pin up themselves. We saw no public baths or hair-dressing shops, and we heard, that the Coreans do not bathe. In the warmer days of summer they go to the river or seashore to wash themselves; and in the hotel where we stayed there was not such a thing as a bath, so that we had to send to the ships for tubs in order to wash. This accounts for the filthy state in which the Coreans keep their persons, and for the dirty hue of their once white clothes.

№ 15.

Sir H. Parkes to the Earl of Derby. - (Received May 11.)

(Extract.) *Yedo, March* 27, 1876.

IN continuation of my despatch of the 25th instant, which was sent via America, and in which I forwarded without comment a copy of the Treaty recently concluded between Japan and Corea, as communicated to me by the Japanese Foreign Minister, I have now the honour to inclose a duplicate copy, and to offer the following observations.

Article I acknowledges the independence of Corea, and the equality of the two Contracting Powers. I learn that this Article, which was naturally acceptable to the Coreans, is also valued by the Japanese (by whom it was suggested) as denoting that Corea is independent of China.

Article II gives to each Power the right of establishing a Legation at the capital of the other, a right which it is believed the Coreans will not be eager to avail themselves of.

Articles IV and V open three ports to Japanese trade. One of these, namely Sorio or Fusan, where the Japanese have hitherto had their settlement, is to be opened at once, and the two other ports, which have yet to be chosen, in twenty months′ time. By this arrangement the Japanese are relieved of the highly vexatious and derogatory restrictions under which they have hitherto traded at Sorio.

Article VI opens all Corean ports to Japanese vessels in want of supplies or repairs, or needing shelter from stress of weather, and makes special provision for the careful and hospitable treatment of shipwrecked crews.

Article VII provides, in view of the highly dangerous character of the Corean coasts, that "any Japanese mariner" may take soundings and make charts and surveys of those coasts. This task, however, will naturally devolve upon the Japanese Government.

Article VIII gives Japan the right to appoint officers (or Consuls) to protect Japanese trade and interests at the open ports.

Article IX provides that trade shall be carried on between Japanese and Coreans without interference on the part of the officers of either Government, who are not to place any limitation or prohibition upon trade. The respective Governments are to do their best to enforce payment of debts, but are not to be held responsible for the recovery of them.

Article X is specially noteworthy as showing that the Japanese Government, who have lately complained of the extra-territorial clauses of the foreign Treaties with Japan, have been careful to stipulate for the right of jurisdiction over their own people in Corea. They have also imitated those Treaties in not making this right reciprocal, as the foreign Minister has explained to me that this Article does not give the Coreans jurisdiction over their people in Japan. It is, in short, almost a repetition of Articles IV and V of the British Treaty of 1858 with Japan.

Article XI stipulates that all rules necessary for the regulation of trade, and any other provisions that may be required either to explain the meaning of the present Treaty or to facilitate its observance shall be negotiated by special Commissioners appointed by both countries, who shall meet for this purpose within six months, either at the capital of Corea or at Kôk´wa.

Article XII provides for the Treaty coming into immediate operation.

The resemblance between this Treaty and the British Treaty of 1858 with Japan is remarkable. The omissions or differences are almost entirely confined to those Articles in the last-named Treaty which relate to the exchange of coin, Custom-house control, and similar subjects. It has been explained to me that the Japanese Commissioners omitted mention of these matters on finding that the Corean Commissioners were wholly uniformed about them, and unable to discuss them intelligently, and they therefore inserted instead the XIth Article, which secures the due consideration and the management of all such details within six months.

No allusion is made in the Treaty to any other nation.

JAPAN. № 1 (1876).

CORRESPONDENCE respecting the Treaty between Japan and Corea.

Presented to both House of Parliament
by Command of Her Majesty 1876

LONDON
PRINTED BY HARRISON AND SONS.

Berlin 7. August 1876

A. 3209

An

1. den / tit /
   v. Schweinitz,
   St. Petersburg, N. 545

2. den / tit /
   v. Eisendecher
   Yedo, N. 3

Ew. / tit / beehre ich mich beifügend ein Exemplar des Englischen Blaubuchs, betreffend die letzten Vertragsverhandlungen zwischen Japan und Korea (Japan № 1, 1876), für das dortige Archiv ergebenst zu übersenden.

I. V. d. R. K.
[Unterschrift]

Die Zusätze und Handelsbestimmungen zum Japanisch-Koreanischen Vertrage.

PAAA_RZ201-018900_292ff.			
Empfänger	von Bülow	Absender	Eisendecher
A. 6957 pr. 10 December 1876.		Yedo, den 19. October 1876.	

A. 6957 pr. 10 December 1876. 3 Beil.

Yedo, den 19. October 1876.

№ 164.

An den Königlichen Staatsminister und Staatssekretair des Auswärtigen Amts, Herrn von Bülow, Excellenz. Berlin.

Euerer Excellenz hatte ich die Ehre, mittelst gehorsamsten Berichts vom 25. März d. J. - № 60. - eine Deutsche und eine Englische Uebersetzung des zwischen Japan und Korea abgeschlossenen Freundschafts- und Handelsvertrages zu überreichen.

In Ausführung des Artikels XI des genannten Vertrages, welcher besagt, daß behufs Abfassung von Handels- und Detailbestimmungen Vertreter der beiden Regierungen innerhalb von 6 Monaten nach Abschluß desselben in der Hauptstadt von Chôsen zusammentreffen sollten, hatte sich ein höherer Beamter des Japanischen Auswärtigen Amts, Herr Miyamato, im Juli d. J. nach Korea begeben, um mit der dortigen Regierung entsprechende Vereinbarungen zu treffen.

Mittelst Bekanntmachung vom 14. d. Mts. sind die zwischen den Bevollmächtigten beider Staaten vereinbarten Bestimmungen veröffentlicht und gleichzeitig den fremden Vertretern im Japanischen Text, sowie in Englischer Uebersetzung übermittelt worden.

Indem Euerer Excellenz ich in der Anlage eine Deutsche, sowie die Englische Uebersetzung derselben abschriftlich ganz gehorsamst zu überreichen mich beehre, wiederhole ich hinsichtlich deren Inhalts meine bereits früher ausgesprochene Ansicht, daß zunächst wohl nur diejenigen Punkte eine allgemein praktische Bedeutung und Wichtigkeit haben, die sich auf die Sicherung der Schifffahrt beziehen.

Die ersten 9 Artikel der Vertragszusätze enthalten Detailbestimmungen über die den Japanischen officiellen Persönlichkeiten und Japanischen Unterthanen überhaupt bei ihrem Aufenthalt in Korea zustehenden Rechte p.p; in Artikel 10 verpflichtet sich die Koreanische Regierung, die an ihre Küsten verschlagenen Schiffbrüchigen fremder Nationen, mit welchen zwar Korea keine Beziehungen unterhält, zu welchen jedoch die Japanische

Regierung in freundschaftlichen Beziehungen steht, Schutz und Beistand angedeihen zu lassen und dieselben, falls sie in ihre Heimat zurückzukehren wünschen, einem der in den geöffneten Häfen Korea's befindlichen Japanischen Agenten behufs ihrer Heimsendung zu übergeben.[12]

Von Seiten der hiesigen fremden Presse erfährt diese nützliche und zweckmäßige Vereinbarung allseitige Anerkennung, es werden jedoch auch Stimmen laut, welche darin die Absicht Japans erkennen wollen, anderen Nationen den Hauptvorwand zur Anbahnung direkter Beziehungen mit Korea zu nehmen:

Die Handels-Regulative selbst geben im Ganzen die zwischen Japan und den Vertragsmächten in dieser Hinsicht getroffenen Uebereinkommen in abgekürzter Form wieder; Artikel 6 stipuliert noch besonders die freie Ausfuhr von Reis und Getreide aus Korea.

Aus dem Umstande schließlich, daß über etwaige zu erhebende Zölle, bei Ein- und Ausfuhr von Waaren in Korea, sowie über etwaige Strafen bei Uebertretung der Bestimmungen, in diesen Regulativen nichts enthalten ist, scheint hervorzugehen, daß auch die contrahirenden Regierungen, bei der geringen Produktions-Fähigkeit Korea's zunächst den vom Vertrage zu erwartenden praktischen Nutzen für Handel und Verkehr nicht hoch anschlagen.

Eisendecher

Inhalt. Die Zusätze und Handelsbestimmungen zum Japanisch-Koreanischen Vertrage & Anlagen.

Anlage zu Bericht № 164.

Abschrift

Regulations under which Japanese made
is to be conducted in Corea.

I.

Within three days after the arrival in a Corean port of a Japanese ship, (Japanese men of war, or ships exclusively used for the transportation of the Japanese mails excepted)

12 ["Die … übergeben.": Durchgestrichen von Dritten.]

to establish her nationality the owner or captain shall exhibit to the Corean authorities the receipt of the agent of the Japanese Government, showing that he has deposited, as required by the Japanese regulations now in existence, all the ships papers, the register, sea letter etc. in the hands of the said agent which documents shall remain in his custody during her stay in port; he shall then make an entry of his ship by giving a written paper, stating the name of the ship and the name of the port whence she comes, her capacity in Tons or in kokus, the name of her captain, the names of the passengers, if any, and the number of her crew, which paper shall be signed by the owner or captain; he shall at the same time deposit a written manifest of his cargo, setting forth the marks and numbers of the packages, if mentioned, and their contents, with the names of the person of persons to whom they are consigned, a list of the stores of the ship shall be added to the manifest.

The manifest and all other papers shall be written in Japanese language and shall not be accompanied by a Chinese translation.

Ⅱ.

The owner of consignee or any of any goods desiring to land them, shall make an entry of the same at the Corean Government office, setting forth the names of the goods, the quantity and number of packages thereof, and their original cost; an receipt of the entry, the Corean authorities shall immediately give a permit to land the goods.

Ⅲ.

The owner of consignee may land his goods after he has received the permit referred to in Regulation the Corean authorities may examine any or all of the packages, but such examination must be made carefully without any inquiry to the goods.

Ⅳ.

All goods intended for the export shall be entered at the Corean Government office before they are placed on ship board. The entry shall be in writing and shall state the name of the ship by which the goods are to be exported with the number of packages and description of their contents, as in an entry of import described in Regulation II. on receipt of the entry, the Corean authorities shall give a permit immediately but the owner shall not refuse, if required to have the goods examined by the Corean authorities.

Ⅴ.

Ships, wishing to clear, shall give notice to the Corean authorities before noon of the day previous to their intended departure, on receiving notice, the Corean authorities shall issue a clearance and at the same time shall return all the papers belonging to the ship deposited in their hands.

Ships carrying the Japanese mail may clear without of servation of this regulation, but shall give notice to the Corean authorities of her sailing.

Ⅵ.

Exportations of rice and other grain shall hereafter be allowed in any of the open ports of Corea.

Ⅶ.

The following tonnage duties shall be levied on Japanese ships.

For merchant sailing ship with more than one mast 5 yen

For merchant steamer 5 yen

For one masted merchant ship of more than 500 kokus capacity 2 yen

For ditto of less than 500 kokus capacity 1 1/2 yen

Boats attached to the vessel free from duty.

Ships belonging to the Japanese Government shall pay no tonnage duties.

Ⅷ.

Japanese merchant ships may be chartered by the Corean Government or by individuals for the transportation of goods to any of the non-open ports of Corea. When chartered by individuals, they shall only be employed under conditions specified in a permit to be given by the Corean Government for the purpose.

Ⅸ.

Japanese ships found to be engaged in smuggling or in attempting to smuggle goods into any non-open port of Corea, shall be seized by the Coran local authorities and delivered to the agent of the Japanese Government residing at the nearest port; such goods to be confiscated by him and to be handed over to the Corean authorities.

Ⅹ.

The sale of opium is strictly prohibited.

Ⅺ.

The above Regulations having been agreed upon by the two contracting Parties, shall come into effect from the present date and may be revised, ××× whenever it may be found necessary, by commissioners appointed by each country.

In witness whereof, the undersigned have hereunto set their hands and seals, this twenty fourth day of the eighth month of the ninth years of Meiji, and the two thousand five hundred and thirty sixth since the occasion of H. M. Zimmu Tenno, and of the Corean era, the sixth day of the seventh month of the year Heishi, and of the founding of Corea, the four hundred and eighty fifth.

(L. S.) Miyamoto Okadzu
Commissioner and Taijo of the Foreign Department
Chô Inki
(L. S.) Kôshookwan, Kishei fudôshô

Anlage zu Bericht № 164.
Abschrift
Translation

Appendix to the Treaty
of Amity and Friendship.

Whereas, on the twenty sixth day of the second month of the ninth year Meiji, corresponding with the Corean date of the second day of the second month of the year Heishi, a Treaty of Amity and Friendship was signed and concluded between Kuroda Kjotaka, High Commissioner, Extraordinary, Lieutenant General of H. Y. Js. Ms. Army member of the Privy Counsil and Minister of the Colonization Department, Inouye Kaoru, associate High Commissioner extraordinary and member of the Genroin, both of whom had be directed to proceed to the city of Kokwa in Corea by the Government of Japan; and Shinken, Daikwan, Hanchoosoofuji and Injishô, Fukukwan Tosofu-Fukusokwan, both of whom had been duty commissioned for that purpose by the Government of Corea:

Now therefore, in pursuance of article 11. of the above Treaty, Miamoto Okazu, commissioner despatched to the capital of Corea, Daijo of the Foreign Department, and duty empowered thereto by the Government of Japan, and Chô Inki, Roshknan, Kisheifudôshô duty empowered thereto by the Government of Corea, have negotiated and concluded the following articles:

Article I

Agents of the Japanese Government stationed at any of the open ports, shall hereafter, whenever a Japanese vessel has been stranded on the Corean coasts and has need of their presence at the spot, have the right to proceed there on their informing the local authorities of the facts.

Article II

Envoys or agents of the Japanese Government shall hereafter be at full liberty to despatch or other communications to any place or places in Corea, either by west at their own expense, or by hiring inhabitants of the locality, wherein they reside, as special couriers.

Article III

Japanese subjects may, at the ports of Corea open to them, leave land for the purpose of erecting residences thereon, the rent to be fixed by mutual agreement between the lessee and the owner.

Any land belonging to the Corean Government may be rented by a Japanese on his paying the same rent thereon as a Corean subject would pay to his Government.

It is agreed that the Shumon (water-gate) and the Shetsu-Mon (barrier) erected by the Corean Government near to the Rokn'an (Japanese official establishment) in Sorioko, Fusan, shall be entirely removed, that a new boundary line shall be established according to the limits herein after provided - In the other two open ports the same steps shall be taken.

Article IV

The limits within which Japanese subjects may travel from the port of Fusan, shall be complied within a radius of to 10 Ri, Corean measurement the landing place in that port beeing taken as a centre, Japanese subjects shall be free to go where they please within the above limits, and shall be therein at full liberty either to buy articles of local production or to sell articles of Japanese production. The town of Torai lies outside of the above limits, but Japanese shall have the same privilege as in those places within them.

Article V

Japanese subjects shall at each of the open ports of Corea, be at liberty to employ Corean subjects. Corean subjects on obtaining permission from their Government, may visit the Japanese Empire.

Article VI

In case of the death of any Japanese subject residing at the open ports of Corea, a suitable spot of ground shall be selected wherein to enter his remains.

As to the localities to be selected for cemeteries in the two open ports other than the ports of Fusan in determining them, regard shall be had as to the distance there is to the cemetery already established at Fusan.

Article VII

Japanese subjects shall be at liberty to traffic in any article owned by Corean subjects paying therefore in Japanese Coin. - Corean subjects, for purpose of trade, may freely circulate among themselves at the open ports of Corea, such Japanese Coin, as they may have possession of in business transactions. Japanese subjects shall be at liberty to use in trade or to carry away with them the copper coin of Corea.

In case any subject of either of the two countries counterfeit the coin of either of them, he shall be punished according to the laws of his own country

Article VIII

Corean Subjects shall have the full fruition of all and every article, which they have become possession of either purchase or gift from Japanese subjects.

Article IX

In case a boat despatched by a Japanese surveying vessel to take soundings along the Corean coasts, as provided for in Article 7, of the Treaty of Amity and Friendship, should be prevented from returning to the vessel, on account either of bad weather of the see-tide the headman of the locality shall accommodate the boat party in a suitable house in the neighborhood. Articles required by them for their comfort shall be furnished to them by the local authorities, and the outlay thus incurred shall afterward be refunded to the latter.

Article X

Although no relations as yet exist between Corea and foreign countries, yet Japan has for many years back, maintained friendly relations with them, it is therefore natural that in case a vessel of any of the countries, of which Japan thus cultivates the friendship, should be stranded by stress of weather or otherwise on the coasts of Corea, those on board shall be treated with kindness by Corean subjects. And should such persons ask to be sent back to their homes, they shall be delivered over by the Corean Government to an agent of the Japanese Government residing at one of the open ports of Corea, requesting him to send them back to their native countries, which request the agent shall never fail to comply with.

Article XI

The foregoing ten articles together with the regulations for trade announced hereto, shall be of equal effect with the Treaty of Amity and Friendship and therefore shall be faithfully observed by the Governments of the countries. Should it however be found, that any of the above articles actually causes embarrassment to the commercial intercourse of the two nations, and that it is necessary to modify them; then either Government, submitting its propositions to the other, shall negotiate the modification of such articles, or giving one years previous notice of their intention.

Signed and sealed this twenty fourth day of the eighth month of the ninth year Meiji, and the two thousand five hundred and thirty sixth the occasion of H. M. Zimmu Tenno; and of the Corean era, the sixth day of the seventh month of the year Hishi, and of the founding of Corea, the four hundred and eighty fifth.

(L. S.) Miyamoto Onayu
Commissioner and Daijio of the Foreign Department
Chô Inki
(L. S.) Kôshookwan, Kishei fudôshô

Anlage zu Bericht № 164.
Abschrift.
Uebersetzung

Erlaß № 127.

Es wird hiermit bekannt gemacht, daß nunmehr der Anlage gemäß Zusatz-Artikel zu dem Friedens- und Freundschafts-Vertrage mit Korea und Handels-Bestimmungen vereinbart worden sind.

Den 14. Oktober 1876

Der Präsident des Staatsraths

gez. Sandjo Sanetomi

Anlage

Zusatz-Artikel zu dem Friedens- und Freundschafts-Vertrage.

In Gemäßheit der Bestimmungen des §11 des Friedens- und Freundschafts-Vertrages, welchen der außerordentliche Botschafter der Japanischen Regierung, General-Lieutenant, Staatsrath und Chef des Kolonisations-Departments, Kuroda Kiyotaka, und der außerordentliche Vize-Botschafter, Senator Inouye Kaoru nach ihrer Ankunft in der Stadt Koka mit den Kommissaren der Koreanischen Regierung, Daikan hanchiu sufuji, Schinken, und Fukukan Tosufu fukusôkan, Injishi, am 26ten des 2ten Monats 9ten Jahres Meidji der Japanischen Zeitrechnung oder am 2ten des 2ten Monats Hinoye des Jahres der Ratte – der Koreanischen Zeitrechnung vereinbart und unterzeichnet haben,

ist von der Japanischen Regierung abgeordnet worden: der Kommissar und Sektionschef im Auswärtigen Amte, Miyamoto Okaizu, der sich nach der Hauptstadt von Korea begeben hat,

und von der Koreanischen Regierung der Koshiukan Giseifu dôjô, Choinki,

welche nach gehöriger Berathung die nachstehenden Artikel abgeschlossen und unterzeichnet haben.

Artikel 1. Sobald die Japanischen Beamten, welche den Japanischen Unterthanen in den Koreanischen Hafenplätzen vorstehen, erfahren, daß an der Koreanischen Küste Japanische Schiffe in Noth sind und Gefahr im Verzuge ist, soll es ihnen, nach einer Anzeige an die zuständigen Lokal-Beamten gestattet sein, sich auf dem direkten Wege nach dem Schauplatze hinzubegeben.

Artikel 2. In Zukunft sollen der Gesandte und die anderen Japanischen Agenten das Recht haben, (Brief)Sendungen an die verschiedenen Aemter nach Belieben und auf ihre eigenen Kosten entweder durch die Post zu befördern oder Koreanische Unterthanen als Boten zu miethen.

Artikel 3. In den vereinbarten Koreanischen Handels-Häfen sollen Japaner sich niederlassen und Häuser errichten dürfen, indem sie sich entweder mit dem Eigenthümer des Grundstücks über den zu zahlenden Preis ins Einvernehmen setzen oder, wenn das Grundstück der Koreanischen Regierung zugehört, dieselbe Grundrente zahlen, welche von Koreanischen Unterthanen an die Regierung entrichtet wird. In der Japanischen Niederlassung Sôriôko in Fusan sollen die Wachtthore und die Barrieren, welche früher von der Koreanischen Regierung errichtet worden sind, abgebrochen und gemäß den festgesetzten Grenzen Wahrzeichen aufgestellt werden. In den beiden anderen Hafenplätzen werden ähnliche Maßregeln getroffen werden.

Artikel 4. Japanische Unterthanen, welche in Fusan residiren, soll es gestattet sein, sich innerhalb 10 Koreanischer Ki, vom Landungsplatze aus gerechnet, in jeder Richtung frei zu bewegen. Die Stadt Torai liegt zwar außerhalb dieser Grenzen, der Besuch derselben ist jedoch Japanischen Unterthanen gestattet. Innerhalb dieser Grenzen sollen sie das Recht haben, sich nach Belieben zu bewegen und mit den dortigen sowie Japanischen Erzeugnissen Handel zu treiben.

Artikel 5. In den Koreanischen Vertragshäfen soll es Japanern gestattet sein, Koreaner in Dienst zu nehmen. Ebenso dürfen Koreanische Unterthanen mit Erlaubniß ihrer Regierung nach Japan reisen.

Artikel 6. Wenn in den Koreanischen Vertragshäfen ein Japaner stirbt, so soll zu seiner Beerdigung ein geeigneter Platz ausgesucht werden. Die Begräbnisplatze in den beiden anderen Vertragshäfen sollen bestimmt werden nach der größeren oder geringeren Entfernung des Begräbnisplatzes in Fusan von der Niederlassung.

Artikel 7. Japanische Unterthanen sollen das Recht haben, sich als Zahlungsmittel für Koreanische Produkte Japanischen Geldes zu bedienen. Koreaner dürfen in den Vertragshäfen auch untereinander behufs Ankaufs von Japanischen Gütern sich des Japanischen Geldes, welches sie in Handelsgeschäften erworben haben, bedienen.

Japanische Unterthanen sollen das Recht haben, die Koreanischen Kupfermünzen zu benutzen und auszuführen. Unterthanen der beiden Länder, welche die Münzen einer derselben nachmachen, sollen ihren respektiven Gesetzen gemäß bestraft werden.

Artikel 8. Koreaner sollen Japanische Waaren und Güter, welche sie angekauft oder geschenkt erhalten haben, nach Belieben benutzen dürfen.

Artikel 9. Wenn, den Bestimmungen des §7 des Friedens- und Freundschafts-Vertrages gemäß, Japanische Vermessungsschiffe Boote aussenden, um an den Küsten von Korea Lothungen vorzunehmen und letztere sei es durch Unwetter oder durch die Ebbe verhindert sind, zu ihrem Schiffe zurückzukehren, so sollen die Besatzungen von dem Vorsteher des betreffenden Ortes in nahe gelegenen Wohnungen untergebracht werden. Sachen, deren dieselben etwa benöthigt sein sollten, sollen ihnen von der Behörde geliefert und die Kosten dafür der letzteren später zurückerstattet werden.

Artikel 10. Obwohl Korea bis jetzt keinen Verkehr mit den überseeischen Ländern unterhält, steht doch Japan seit Jahren in freundschaftlichen Beziehungen zu denselben. In Anbetracht dessen ist es nicht mehr als billig, daß in Zukunft Schiffe dieser Länder, welche wegen Wind und Wellen Schiffbruch leiden und an die Koreanischen Küsten getrieben werden sollten, von Koreanischen Unterthanen freundlich aufgenommen werden. Wenn die Gescheiterten in ihr Vaterland zurückgeschickt zu werden wünschen, so sollen sie von der Koreanischen Regierung einem der Japanischen Agenten in den offenen Häfen übergeben werden mit dem Ersuchen, sie zu repatriiren, welchem Ersuchen der betreffende Beamte gehalten ist zu entsprechen.

Artikel 11. Die vorstehenden zehn Artikel, sowie die beigefügten Handels-Bestimmungen sollen dieselbe Kraft haben, wie der Friedens- und Freundschafts-Vertrag und von den Regierungen beider Länder gewissenhaft beobachtet worden. Sollten sich jedoch im Verkehr der beiderseitigen Unterthanen durch die Erfahrung Veränderungen als nothwendig herausstellen, so sollen die Regierungen der contrahirenden Länder ihre Anträge dazu machen dürfen. Solche Anträge müssen jedoch ein Jahr vorher angekündigt werden, bevor über sie beschlossen wird.

So geschehen am 24ten Tage des 8ten Monats des 9ten Jahres Meidji oder des 2536ten Jahres der Japanischen Zeitrechnung

oder am 6ten Tage des 7ten Monats Heishi des 485ten Jahres seit der Gründung des Koreanischen Reiches

(L.S.) Miyamoto Okadzu
Kommissar und Sektionschef im
Auswärtigen Amte

(L.S.) Chô Inki

Koshiu kan, Giseifu dôjô

Bestimmungen,
unter welchen der Handel Japans in den Koreanischen
Vertragshäfen betrieben werden soll.

Bestimmung 1. Innerhalb dreier Tage nach der Ankunft eines Japanischen Kauffahrtei-Schiffes (Japanische Kriegsschiffe und Schiffe, welche ausschließlich zum Transporte der Briefpost benutzt werden sind davon ausgenommen) in einen der koreanischen Vertragshäfen soll der Eigenthümer oder der Kapitain derselben den Koreanischen Behörden einen Empfangsschein der Japanischen Agenten vorzeigen, aus welchem hervor geht, daß er den Japanischen Bestimmungen, welche jetzt für Kauffahrer in Kraft bestehen, alle Schiffspapiere, Konnoissemente u.s.w. für die Dauer seines Aufenthalts in dem Hafen niedergelegt hat und dadurch das Schiff als ein Japanisches ausweisen. Alsdann soll er sein Schiff einklariren durch Uebergabe eines Schreibens, welches angiebt den Namen des Schiffes, seines Ausgangshafens, seines Gehalts in tons oder Koku, den Namen seines Kapitains, die Zahl der Schiffsmannschaft und die Namen der Schiffspassagiere, und von ihm als eine wahrhaften Angabe bescheinigt und unterzeichnet sein muß.

Zu gleicher Zeit soll er ein Verzeichniß seiner Schiffsvorräthe und seiner Ladung niederlegen, welches den Inhalt der Frachtstücke, ihre Zeichen und Nummern (wenn solche vorhanden) sowie deren Eigenthümer angiebt.

Dieses Manifest sowie alle anderen Papiere sollen in Japanischer Sprache geschrieben und von keiner Chinesischen Uebersetzung begleitet sein.

Bestimmung 2. Der Eigenthümer oder Konsignatair von Gütern, welcher sie zu landen wünscht, soll eine Deklaration bei der Koreanischen Behörde eingeben, enthaltend den Namen und die Bezeichnung der Ladung, den ursprünglichen Werth, das Gewicht und die Stückzahl der Güter. Nach Empfang der Deklaration soll die Koreanische Behörde sofort die Erlaubniß zum Landen der Güter ertheilen.

Bestimmung 3. Der Eigenthümer oder Konsignatair darf, sobald er diese Erlaubniß erhalten hat, seine Güter landen. Die Koreanischen Beamten haben das Recht, dieselben zu untersuchen, jedoch muß solche Untersuchung ohne Beschädigung der Waaren vor sich gehen.

Bestimmung 4. Alle zur Ausfuhr bestimmten Güter sollen ebenfalls, bevor sie an Bord gebracht werden, bei der koreanischen Behörde deklarirt werden. Diese Deklaration soll schriftlich sein und angeben den Namen des Schiffs, die Beschaffenheit und die Stückzahl der Güter. Nach Empfang derselben soll die Koreanische Behörde sofort die Erlaubniß zur Ausfuhr ertheilen. Der Eigenthümer der Güter darf sie alsdann verladen, darf jedoch, falls die Koreanischen Beamten eine Untersuchung derselben vorzunehmen wünschen, diese nicht zu verhindern suchen.

Bestimmung 5. Japanische Schiffe, welche auszuklariren wünschen, müssen vor Mittag des vorherigen Tages bei der Koreanischen Behörde Anzeige machen, darauf soll dieselbe die deponirt gewesenen Papiere zurückstellen und die Erlaubniß zum Ausklariren ertheilen. Schiffe, welche die Japanische Briefpost führen, dürfen diese Vorschrift nicht beobachten, müssen jedoch der Behörde von ihrem Abgange in jedem Falle Anzeige machen.

Bestimmung 6. In Zukunft ist es gestattet, Reis und anderes Getreide aus den Koreanischen Häfen auszuführen.

Bestimmung 7. Hafen-Gebühren für Kauffahrteischiffe:

Für Segelschiffe mit mehreren Masten sowie für Dampfer ……. 5 Yen

Für Segelschiffe mit einem Maste, welche über 500 Koku Gehalt haben ….. 2 „

Für Segelschiffe mit einem Maste, welche unter 500 Koku Gehalt haben ….. 1½ “

Boote, welche zu Schiffen gehören sind gebührenfrei.

Für Schiffe, welche der Japanischen Regierung gehören, dürfen keine Hafen-Gebühren entrichtet werden.

Bestimmung 8. Japanische Kauffahrteischiffe dürfen von der Koreanischen Regierung oder von Koreanischen Privatpersonen zum Transporte von Gütern in ungeöffnete Häfen gemiethet werden. In letzterem Falle unterliegen sie jedoch den Bestimmungen, welche die (Japanische) Koreanische Regierung in den betreffenden Erlaubnisscheinen vorgeschrieben.

Bestimmung 9. Japanische Schiffe, welche beim Einschmuggeln von Gütern in die ungeöffneten Häfen von den Lokal-Beamten betroffen werden, sollen dem Japanischen Agenten des nächstgelegenen Vertragshafens überliefert werden. Derselbe soll die Ladung confisciren und den Koreanischen Behörden übergeben.

Bestimmung 10. Der Verkauf von Opium ist streng verboten.

Bestimmung 11. Die gegenwärtig zwischen den beiden Staaten vereinbarten Bestimmungen treten von jetzt ab in Kraft, sie können jedoch abgeändert werden, wenn sich das durch die Erfahrung als nothwendig herausstellen sollte, durch Kommissare, welche von den beiderseitigen Regierungen zu ernennen sind.

Dessen zu Urkund haben die beiden Bevollmächtigten ihre Stempel beigedrückt.

So geschehen am 24ten Tage des 8ten Monats des 9ten Jahres Meiji oder des 2536ten Jahres der Japanischen Zeitrechnung;

oder am 6ten Tage des 7ten Monats Heishi des 485ten Jahres seit der Gründung des Koreanischen Reiches.

(L.S.) Miyamoto Okadzu
(L.S.) Chô Inki.

Erlaß № 128.

Während der Handel mit Korea bisher auf Japanische Bewohner der Insel Tsushima beschränkt war, wird nunmehr in Gemäßheit des Erlasses № 34 vom März d. J., betreffend den Friedens- und Freundschafts Vertrag mit Korea, und des nunmehr veröffentlichten Erlasses № 127, betreffend die Zusatz-Artikel zu dem Vertrage und die Handelsbestimmungen, allen Japanischen Unterthanen, welche sich nach dem Hafen von Fusan zu begeben wünschen, die Erlaubniß dazu ertheilt werden. Dieselben müssen jedoch, bevor sie abreisen, von ihrer zuständigen Behörde resp. Zweigbehörde Uebersee-Pässe und die erforderlichen Schiffspapiere erhalten haben. Personen, welche auf der Reise begriffen, schleunigst nach Fusan zu gehen wünschen, können persönlich bei der Behörde, in deren Bezirk sie sich gerade befinden um die Erlaubniß einkommen, indem sie ihre zuständige Behörde schriftlich angeben.

Dies wird hiermit bekannt gemacht.

Sobald später noch die anderen Häfen eröffnet sein werden, wird dies bekannt gemacht werden.

Den 14. Oktober 1876.
Der Präsident des Staatsraths.
gez. Sandjo Sanetomi.

Erlaß № 129.

In Zukunft findet die Güter-Ein-und Ausfuhr nach und von Korea in derselben Weise statt, wie der Vertrieb von Waaren in Japan. - Personen, welche Güter auszuführen wünschen, müssen die Faktur derselben von der Zollbehörde eines offenen Hafens oder auch von dem Ausklarirungs Amte gehörig beglaubigen lassen. Diese Faktur muß dem

Japanischen Agenten, welcher in dem betreffenden Vertragshafen von Korea residirt, vorgezeigt und von demselben bescheinigt werden, daß die Waaren in Korea eingeführt worden sind. Nachdem das Schiff nach Japan zurückgekehrt, muß diese Faktur an den ursprünglichen Ausgangshafen wieder eingereicht werden.

Personen, welche aus Korea Waaren einzuführen wünschen, müssen die Faktur von den betreffenden Japanischen Agenten bescheinigen lassen, und wenn sie die Waaren in Japan zu landen wünschen, diese beglaubigte Faktur der zuständigen Zollbehörde oder dem Ausklarirungs-Amte vorzeigen. Alsdann dürfen sie die Ladung vornehmen.

Dies wird hiermit bekannt gemacht.

Den 14. Oktober 1876.

Der Präsident des Staatsraths
gez. Sandjo Sanetomi.

F.d.U.
gez. Krien

Berlin, den 23. December 1876

A. 6957

An die Missionen in

London № 919
Paris № 827
St. Petersburg № 932
15. Washington № 107
21. Hamburg № 155

Abschrift eines Berichts des K. Ministerresidenten in Yedo vom 19ten October d. J. Zusatzbestimmungen zu dem Handelsvertrage zwischen Japan und Korea betreffend, wird

ad № 1, 2, 3, 15 zur persönlichen Kenntnißnahme
ad № 21 zur Verwerthung im Sinne des Erlasses vom 7. März 1876
mitgetheilt.

(ohne Unterschrift)

im Reichskanzler-Amte
zu geneigter Kenntnisnahme s. p. r.
ganz ergebenst übersandt.
Berlin, den 23ten December 1876.
Das Auswärtige Amt

N. S. E.
[Unterschrift]

Für den Reichsanzeiger. A. 6957

Nichtamtlich.

Politische Nachrichten

Land, Ort, Datum. Japan, Yedo, den 19. Octob. 1876

Abschrift nebenstehender Notiz mit obiger Ueberschrift ist auf ungestempeltem Papier und ohne Nummer und Unterschrift unter Couvert an die Redaktion des Reichsanzeigers zu senden.

Berlin, den 24ten December 1876

In Ergänzung des zwischen Japan und Korea vor einigen Monaten abgeschlossenen Freundschafts- und Handelsvertrages (vgl. den Text desselben in № 119 des Reichsanzeigers vom 20ten Mai d. J.) sind zwischen den Regierungen dieser beiden Länder neuerdings eine Reihe von Zusätzen und Ausführungsbestimmungen vereinbart worden, welche die Japanische Regierung in drei Erlassen zur öffentlichen Kenntniß gebracht hat. Diese Erlasse lauten in deutscher Übersetzung wie folgt: Inserat. Abschrift der Anlage des [*sic.*].

Reise des Herrn Hanabusa nach Korea

PAAA_RZ201-018900_330			
Empfänger	von Bülow	Absender	Eisendecher
A. 7301 pr. December 1877.		Tokio, den 15. Oktober 1877.	
Memo	1. Ang v 15. 12. an den Reichsanzeige		

A. 7301 pr. December 1877.

Tokio, den 15. Oktober 1877.

№ 141. A. 48.

An den Königlichen Staatsminister und Staatssekretair des Auswärtigen Amts, Herrn von Bülow, Excellenz. Berlin.

Herr Hanabusa, höherer Beamter des hiesigen Ministeriums der Auswärtigen Angelegenheiten und zweites Mitglied der s. Zt. nach Korea geschickten koreanischen Gesandtschaft, reiste vor Kurzem nach Fusan in Korea, um mit der dortigen Regierung über die im Japanisch-Koreanischen Vertrage vorgesehene Eröffnung zweier koreanischer Häfen zu unterhandeln.

In Folge Ausbrechens der Cholera an Bord des Dampfers, welcher mit Herrn Hanabusa bereits in Fusan angekommen war, wurde dort jede Kommunikation mit dem Lande vermieden und der Bevollmächtigte kehrte sofort mit dem Schiffe nach Nagasaki zurück, um vorläufig dort die Erkrankten an Land zu schaffen und eventuell auf einem anderen Fahrzeuge nach Fusan zurückzukehren.

Zur Zeit befindet sich Herr Hanabusa noch in Nagasaki.

Es hatte sich anläßlich der beschleunigten Rückkehr des Abgesandten hier das Gerücht von Gewalttätigkeiten der Koreaner gegen die Japanischen Ansiedler in Fusan verbreitet und die hiesigen Zeitungen brachten sogar die Nachricht, daß der Japanische Kommissar mit Gewalt am Landen verhindert worden sei.

Die Regierung hat dieses Gerücht inzwischen officiell dementirt.

Ueber die Namen und Lage der zu eröffnenden Häfen ist bisher nichts bekannt geworden; Euerer Excellenz werde ich nicht verfehlen, darüber s. Zt. ehrerbietigst weiter Bericht zu erstatten.

Eisendecher

Inhalt: Reise des Herrn Hanabusa nach Korea

Für den Reichsanzeiger.

Nichtamtlich.

Politische Nachrichten

Land, Ort, Datum.

A. 7301

Japan, Jeddo, d. 15. October 1877

Abschrift nebenstehender Notiz mit obiger Ueberschrift ist auf ungestempeltem Papier und ohne Nummer und Unterschrift unter Couvert an die Redaktion des Reichsanzeigers zu senden.

Berlin, den 15ten Oct. 1877

Herr Hanabusa, höherer Beamter des hiesigen Ministeriums der Auswärtigen Angelegenheiten, reiste vor Kurzem nach Fusan in Korea, um mit der dortigen Regierung über die im Japanisch-Koreanischen Vertrage vorgesehene Eröffnung zweier Koreanischer Häfen zu unterhandeln.

Als an Bord des Dampfers, mit welchem Herr Hanabusa bereits in Fusan angekommen war, die Cholera ausbrach, wurde dort jede Kommunikation mit dem Lande vermieden und der Bevollmächtigte kehrte sofort mit dem Schiffe nach Nagasaki zurück, wo er sich noch befindet.

Es hatte sich anläßlich der beschleunigten Rückkehr des Abgesandten hier das Gerücht von Gewaltthätigkeiten der Koreaner gegen die Japanischen Ansiedler in Fusan verbreitet und die hiesigen Zeitungen brachten sogar die Nachricht, daß der Japanische Kommissar mit Gewalt am Landen verhindert worden sei.

Die Regierung hat dieses Gerücht inzwischen officiell dementiert.

Verkehr Japans mit Korea.

PAAA_RZ201-018900_336 ff.			
Empfänger	von Bülow	Absender	Eisendecher
A. 1878 pr. 20. März 1878.		Tokio, den 9. Februar 1878.	

A. 1878 pr. 20. März 1878.

Tokio, den 9. Februar 1878.

№ 17. A. 7.

An den Königlichen Staatsminister und Staatssekretär des Auswärtigen Amts, Herrn von Bülow, Excellenz. Berlin.

Die Mission des Herrn Hanabusa nach Korea, über welche ich unter dem 15 Oktober v. J. - № 141 - zu berichten die Ehre hatte, scheint nach den Aeußerungen dieses nunmehr hierher zurückgekehrten Herren nicht die gewünschten Resultate ergeben zu haben.

Die Eröffnung zweier weiterer Häfen für den Japanischen Handel ist angeblich deshalb noch unterblieben, weil man, angesichts der mangelhaften und unzulänglichen hydrographischen Aufnahmen der etwa in Frage kommenden Punkte, eine bestimmte Wahl vorläufig nicht treffen wollte. Der Verkehr Japans mit Korea bleibt somit für's Erste auf Fusan beschränkt. Ich habe mich vergebens bemüht über den Handel in Fusan seit Abschluß des Vertrages einige zuverlässige statistische Daten zu sammeln; obgleich man auf dem Auswärtigen Amt behauptet solche Daten zu besitzen und mir eine Mittheiling darüber zusagte, sind doch bis heute derartige Notizen weder hier eingegangen noch irgendwo in der Presse veröffentlicht worden.

Nach den einheimischen Zeitungen siedelten zwar eine Anzahl Japanischer Kaufleute in Folge des Vertrages nach Fusan über, der Handel blieb indessen ein wenig bedeutender und ist heute noch so gering, daß der Vertrag immer mehr als ein rein politisches Unternehmen ohne commercielle Wichtigkeit zu betrachten ist.

Abgesehen von einzelnen kleinen Reibereien zwischen den Japanischen Ansiedlern und Eingeborenen in und bei Fusan, welche die hiesige Regierung veranlaßte eine Anzahl Polizisten hinzuschicken, sind Differenzen ernster Art dort nicht entstanden. Die früher erwähnten Gerüchte über Gewaltthätigkeiten der Koreaner, speziell die dem Herrn Hanabusa angeblich bereiteten Schwierigkeiten, erweisen sich als unbegründet.

Eisendecher

Inhalt: Verkehr Japans mit Korea.

[ ]

PAAA_RZ201-018900_341			
Empfänger	Bismarck	Absender	Eisendecher
A. 2059 pr. 28. März 1878.		Tokio, den 6. Februar 1878.	

Auszug.

A. 2059 pr. 28. März 1878.

Tokio, den 6. Februar 1878.

№ 9.

An den Fürsten von Bismarck. Berlin.

In Rußland erblickt man hier seit Erledigung der Sachalin-Frage nicht sowohl einen mächtigen gefährlichen Nachbarn, als einen Feind Englands und einen ev. gegen China oder Korea verwendbaren nützlichen Alliirten, dessen Ziele und Intereßen mit denen Japans vorläufig nicht kollidiren.

Das Vertrags-Verhältniß Japans zu Korea hat anscheinend eine sehr geringe commerzielle Bedeutung und wohl auch in politischer Beziehung nur insofern praktische Wichtigkeit, als die Japaner in Korea das Exterritorialitätsprinzip zur Anwendung brachten.

(:gez:) von Eisendecher

Original in actis: IB 16.

Auszug aus ad A. 4104. (pr. 10. Juli 1878)

Auszug
Aus dem Memoira des amerikanischen General Le Gendre an den japanischen Finanzminister Okuma vom 9. Oktober 1875.

pp. Was Korea betrifft, so sollte man dieses Land, wenn es von Japan nicht annektiert werden kann, durch die Einführung moderner politischer Organisation und zweckmäßiger Vertheidigungsmittel gegen fremde Uebergriffe zu schützen suchen. Während Korea in so veränderter Gestalt allein gegen Japan nichts unternehmen könnte, würden gleichzeitig die Chancen einer fremden Einmischung, oder was schlimmer wäre, einer Annexion geringer werden und das Land müßte eine Art von Barriere für Japan bilden. Die japanische Regierung kann auch ohne faktische Eroberung, wenn sie entschieden gegen einen solchen Schritt ist, oder die Verhältnisse denselben unthunlich erscheinen lassen, - leicht durch diplomatisches Geschick und mit der gegenwärtig ihr zu Gebote stehenden Macht, Korea so unter ihren moralischen Einfluß bringen, daß die Geschicke beider Länder unzertrennlich bleiben würden. Korea könnte unter solchen Verhältnissen für Japan allerdings nicht dieselbe Sicherheit gewähren, als wenn es wirklich zu Japan gehörte, immerhin würde aber dann die mit seiner gegenwärtigen Schwäche und Abgeschlossenheit verbundene Gefahr anderweitigen fremden Einflusses oder gar einer Annexion, aufhören. Ich glaube gern, daß die Regierung diesen Ansichten zunächst ein besonderes Gewicht nicht beilegen wird, bin aber überzeugt, daß eine eingehende Erwägung zur Anerkennung derselben führen muß. Jetzt ist der geeignete Moment dem Gegenstande volle Aufmerksamkeit zu schenken; in einem Jahre schon kann es zu spät sein, denn, falls Deutschland in seinen angeblichen Verhandlungen über die Abtretung Formosas nicht reüssiren und in Europa Friede bleiben sollte, so könnte es leicht sein Augenmerk auf Korea werfen. Sicherlich wird es in 20 oder 30 Jahren nicht mehr Zeit sein die Sache mit Vortheil zu erwägen, Japan mag alsdann guten Grund haben seine Nachlässigkeit bitter zu bereuen."

pp.

Seiner Excellenz dem Herrn Okuma Shigenobu mit meiner Note № 35 ehrfurchtsvoll überreicht.

Tokio, den 9. Oktober 1875. gez. Ch. W. Le Gendre.

Auswärtiges Amt
Abth. A.

Politisches Archiv d. Auswärt. Amts

Acta

betreffend
Korea

Fortsetzung v. l. B. 22 vom Januar 1879.
bis Juni 1882.

Vol: 1.
conf. Vol: 2.

Politisches Archiv des Auswärtiges Amt
R 18901

Korea 1.

Beziehung Japans zu Korea.

PAAA_RZ201-018901_002 ff.			
Empfänger	von Bülow	Absender	Gutschmid
A. 160 pr. 11. Januar 1879.		Tokio, den 24. November 1878.	

A. 160 pr. 11. Januar 1879.

Tokio, den 24. November 1878.

№ 150.

A. 67.

Inhalt: Beziehung Japans zu Korea.

An den Königlichen Staatsminister und Staatssekretär des Auswärtigen Amts
Herrn von Bülow, Excellenz, Berlin.

In letzter Zeit haben die Beziehungen Japans zu Korea, welche besonders freundschaftliche nie waren, eine Verschlimmerung erfahren, und es ist nicht unmöglich, daß das jüngste Vorgehen der koreanischen Regierung eventuell zu Verwickelungen mit dem hiesigen Kabinet führen könnte.

Euerer Excellenz liegt der Bericht des Herrn Minister-Residenten - № 17 vom 2. Februar d. J. vor, in welchem derselbe von der Rückkehr des Herrn Hanabusa von seiner koreanischen Mission und der Erfolglosigkeit seiner Bemühungen bessere Verkehrsbeziehungen zwischen beiden Ländern anzubahnen, Meldung machte.

Am 20. d. M. ist nun Herr Hanabusa in Begleitung zweier Beamter des Gai-mu-sho von Neuem in besonderer Mission an Bord des Panzerschiffes „Hiye Kan“ nach Fusan abgegangen.

Über den Zweck und die spezielle Veranlassung seiner Sendung wurde mir auf dem hiesigen Auswärtigen Amte folgende Auskunft zu Theil:

Ursprünglich habe die koreanische Regierung, dem Geist des Japanisch-Koreanischen Vertrages, dem ein Tarif nicht beigegeben sei, entsprechend, weder Ein- noch Ausfuhrzölle erhoben. Jetzt plötzlich habe dieselbe, wie aus Privatmittheilungen, welche hiesige Kaufleute von dort empfangen hätten, - der Japanische Agent daselbst habe noch nicht berichtet -, hervorgehe, angefangen alle Waren, welche die Japanische Niederlassung verließen oder derselben zugeführt würden, mit schweren Zöllen zu belegen, so daß der schon als sich geringe Handel gänzlich darniederliege und die Kaufleute ihre Magazine geschlossen hätten.

Das Auswärtige Amt sei nicht sicher, ob diese Maßregel von der Regierung selbst oder vielleicht nur von habsüchtigen Beamten, die sich auf solche Weise bereichern wollten, ausgehe.

Überhaupt seien die Zustände in Korea bedenklich. In Folge der vorjährigen Hungersnot habe namentlich das Räuberwesen im ganzen Inneren des Landes dermaßen überhandgenommen, daß jede Sicherheit für Personen und Eigentum aufgehört habe. Herr Hanabusa solle den Zustand der Dinge untersuchen und vor allem die Rücknahme der jüngsten Zollverodnungen erwirken, im Übrigen die äußerste Reserve beobachten und bis auf Weiteres nicht mit Gewaltmaßregeln drohen.

Die Gegenwart eines Panzerschiffes werde hoffentlich die erwünschte Wirkung haben und die dortigen Machthaber zur Raison bringen.

Soweit das Auswärtige Amt.

Von anderer Seite erfahre ich, daß die diesseits beanstandeten Maßnahmen der Koreaner in der Erhebung eines 25% tigen Zolles auf Exporte und Importe und in der Anlage von acht Zollhäusern auf den Straßen, die zur Japanischen Foktorei in Fusan führen, wo alle aus- und eingehenden Waren angehalten werden, endlich in dem Ausfuhrverbot von Reis, der dort um die Hälfte billiger als in Japan ist, bestehen.

Der Handel mit Korea ist überhaupt ein sehr unbedeutender und beschränkt sich nach mir gewordenen Privatmitteilungen eigentlich auf die Einfuhr Englischer und Japanischer (sog. Kanakin und Tendjikumomen) Baumwollegewebe und den Export von Ochsenhäuten, Knochen und Seealgen.

Daß derselbe irgend welchen Aufschwunges in der Zukunft fähig sei, muß schon um deßwillen bezweifelt werden, weil er reiner Tauschhandel ist, da die Koreaner außer Kupfer-cash keine Münzen besitzen.

Ob die dortige Regierung sich den diesseitigen Wünschen ohne Weiteres fügen wird, ist allerdings zweifelhaft; zwar kann sie bewaffneten Widerstand nicht leisten, ihre Hartnäckigkeit jedoch und ihr innerer Widerwille gegen jeden Verkehr mit dem Ausland, wozu noch ihre Beziehungen zum Hofe von Peking, welcher Japan gegenwärtig nicht günstig gesinnt ist, kommen, sind genügsam bekannt, um die optimistischen Erwartungen des hiesigen Kabinets über den Erfolg der Hanabusa'schen Mission als durch frühere Erfahrungen nicht gerechtfertigt erscheinen zu lassen.

Auch kann das Vorgehen Koreas kaum als vertragswidrig bezeichnet werden, da Japan es s. Zt. unterließ, die Tariffrage in den Kreis der Verhandlungen zu ziehen.

Es ist auffallend und zugleich kennzeichnend für ostasiatische Diplomatie, daß in den Verträgen, die asiatische Staaten miteinander abschließen, gerade der Kern der Frage, welcher erst zu Verwicklungen, dann zu Verhandlungen und schließlich zu einem Vertrage Anlaß gegeben hat, in letzterem in der Regel umgangen wird.

So handelte es sich s. Zt. in der Formosa-Affaire eigentlich um das Oberhoheitsrecht über den Liukiu Komplex, in dem damals mit China abgeschlossenen Vertrage wurde aber dieser Punkt offen gelassen.

Die Korea=Expedition andrerseits sollte jenes Land dem Japanischen Handel eröffnen; man schloß einen Vertrag, stipulierte Eröffnung von Häfen, die Zollfrage jedoch, welche ein Essentiale der Verhandlungen hätte bilden sollen, blieb unberührt.

Ein eigentümliches Zusammentreffen war es, daß nicht gar lange nach Bekanntwerden des Japanisch=Koreanischen Vertrages, welcher den Japanern die Exterritorialität in ähnlicher Weise und Ausdehnung Zuerkennt, wie sie in den Japanisch=Europäischen Verträgen für die Staatsangehörigen der Vertragsmächte ausbedungen wurde, die hiesige Regierung ihre bekannte Zirkular=Instruktion an die Vertreter im Auslande erließ, in welcher sie gegen die Beibehaltung dieses Privilegs lebhaft protestierte, und daß sie in demselben Dokument für sich die volle Zollautonomie beanspruchte, welche sie jetzt den Koreanern, als den Japanischen Handel Beeinträchtigende, nicht zugestehen will. B e i den bevorstehenden Vertrags=Revisions= Verhandlungen dürfte dieser von der hiesigen Regierung selbst geschaffene Präcedenzfall ein ihr vielleicht unliebsames, darum aber nicht wenig gewichtiges Argument bilden.

Euerer Excellenz werde ich nicht verfehlen über den Erfolg der Mission des Herrn Hanabusa, eventuell über die weiteren Pläne der hiesigen Regierung, s. Zt. ehrbietigsten Bericht zu erstatten.

Gutschmid

Japan und Korea.

PAAA_RZ201-018901_010 ff.			
Empfänger	von Bülow	Absender	Gutschmid
A. 681 p. 8. Februar 1879		Tokio, den 21. Dezember 1878.	

A. 681 p. 8. Februar 1879

Tokio, den 21. Dezember 1878.

№ 162.

A. 73.

An den Königlichen Staatsminister und Staatssekretär des Auswärtigen Amts Herrn von Bülow, Exellenz, Berlin.

Euerer Excellenz habe ich die Ehre im Verfolge meines Berichtes № 150 vom 24. November d. J., betreffend die Beziehungen Japans zu Korea, ganz gehorsamst zu melden, daß Herr Hansbusa am 29. v. M. an Bord des Panzer Schiffes „Hiye Kan" in Fusan eingetroffen ist.

Der Gesandte Verließ sein Kriegsschiff nicht, sondern entsandte den in Fusan stationierten Japanischen Agenten, der inzwischen vom 1. zum 3. Rang befördert worden war, nach der Hauptstadt, um dort über die Zollfrage Besprechungen zu eröffnen.

Über das Resultat der nunmehr eingeleiteten Verhandlungen wird erst nach der Rückkehr des Agenten Yamanoshiro nach Fusan, welcher man zu Ende des laufenden Monats entgegensieht,

Näheres bekannt werden.

Inzwischen verlautet, daß Herr Hanabusa Auftrag habe, eventuell mit Gewalt vorzugehen, und daß zu diesem Zwecke das Panzerschiff „Fuku Kan" mit mehreren anderen Kriegsfahrzeugen

in Hiogo weitere Befehle der hiesigen Admiralifät abwarte.

Die Koreaner scheinen auf einen Konflikt gefaßt gewesen zu sein, da sie vor Ankunft des Hiye Kan zu wiederholten Malen in der Niederlassung erschienen, um Kanonen und Gewehre zu kaufen, welche sie jedoch nur in sehr geringer Anzahl vorfanden.

Ein Krieg mit Korea, so zwecklos und unpolitisch er auch wäre, scheint in hiesigen militärischen Kreisen einflußreiche Anhänger zu haben, die Generale Toriwo und Oyama werden allgemein als Agitatoren für eine Expedition dorthin genannt: Ich bezweifle jedoch, daß besonnene Staatsmänner wie Iwakura und Okuma eine so abenteuerliche Politik, wie solche ein Krieg auf den asiatischen Kontinent indizieren müßte, je gutsheißen werden und glaube daher, daß man es äußersten Falles bei einer Flotten=Demonstration bewenden lassen dürfte.

Euerer Excellenz habe ich die Ehre zur Klarlegung der Vorgeschichte der zwischen beiden Regierungen schwebenden Differenzen in den Anlagen einen auf Veranlassung des hiesigen Auswärtigen Amts in der Zeitung „Nitshi Nitshi Shinbun" vom 28. v. M. erschienenen Artikel, welcher zur Richtigstellung einer in hiesigen Blättern früher veröffentlichten Korrespondenz aus Fusan, wonach die Japaner bei Gelegenheit der Errichtung von Zollbarrieren seitens der Koreaner dieselben mutwilliger Weise angegriffen hätten, dienen soll, sowie einen auf dieselbe Angelegenheit Bezug habenden in der „Japan Weekly Mail" vom 7. d. M. erschienenen Aufsatz, beide in Übersetzung ganz gehorsamst zu überreichen.

In dem letzterwähnten Artikel geschieht zunächst einer Reise des ersten Englischen Gesandtschafts=Dolmetschers, Herrn Satow, Erwähnung, welcher derselbe im Anfang des vorigen Monats im Auftrage des Englischen Gesandten Sir Herry Parkes an Bord des Kriegsschiffes „Egeria" nach Fusan unternahm, um den dortigen Behörden den Dank der britischen Regierung für die Hülfe und den Beistand zu übermitteln, welchen sie der Mannschaft der im vergangenen Sommer an der Koreanischen Küste gescheiterten Britischen Bark Barbara Taylor in ausgiebigster Weise hatten zu Teil werden lassen.

Herr Satow, welcher mir über seine Mission ausführliche mündliche Mitteilungen machte, und während seines dortigen Aufenthaltes mit den Koreanischen Behörden im mannigfaltigsten Verkehr gestanden hat, war erstaunt, nach allem was er früher über die feindselige Haltung der Koreaner den Fremden gegenüber gehört hatte, bei ihnen einem so markirten Wohlwollen und einer so freundlichen Haltung zu begegnen; er ist voll des Lobes für die Bevölkerung sowohl als das Beamtenthum nur meint, daß die Arroganz und die Prahlerei, welche die Japaner in ihrem Verkehr mit ihren asiatischen Nachbarn überhaupt kennzeichnen, und worüber der Mail Artikel einige treffende Auslassungen enthält, die Hauptursache der gegenwärtig zwischen beiden Ländern existierenden Differenzen seien.

Euerer Excellenz darf zum Schluß ich noch ehrerbietigst melden, daß Herr Terashima mir kürzlich mitteilte, das Verhalten Koreas in der Zollfrage sei insofern direkt vertragswidrig, als zur Zeit des Abschlußes des Handelsvertrages letzterem ein bisher nicht veröffentlichter Zusatzartikel beigefügt worden sei, in welchem die Koreaner sich ausdrücklich verpflichteten, inländische Zollbarrieren nicht zu errichten.

Gutschmid

Inhalt: Japan und Korea, 2 Anlagen.

Anlage 1. zu Bericht № 162.
Übersetzung

Aus der Zeitung „Tokio Nichi Nichi Shinbun" vom 27. November 1878.

Über den jüngsten Zwischenfall in Fusan schreibt ein dortiger Risident an ein hiesiges Geschäftshaus folgendermaßen:

Am 26. September verfügte die Koreanische Regierung ganz unerwartet, daß von Exporten und Importen Zölle zu erheben seien. Solche Zölle waren früher nie erhoben worden, und die Folge war, daß die Koreanischen Kaufleute den Handel einstellten, und keiner mehr sich in Fusan (unserer Niederlassung) sehen ließ, denn die Wege dahin waren durch Zollbarrieren versperrt. Nachdem mehrere Tage in dieser Weise hingegangen waren, begaben sich die Beamten unserer Handelsagentur (Yamanoshiro und Nakano) am 6ten Oktober nach Toraifu und stellten den Koreanischen Behörden vor, daß die jüngste Maßregel das Aufhören des Handelsverkehrs zur Folge gehabt hätte, sowie daß dieselbe dem Geiste des Japanisch-Koreanischen Vertrags entgegen sei. Die Koreaner aber liehen diesen Vorstellungen ein taubes Ohr und bestanden darauf, daß es die Japaner nichts angehe, wenn ihre Regierung ihrem Volke Zölle auferlege. So mußten unsere Beamten unverrichteter Sache den Heimweg antreten. Am 10. beriefen sie eine Versammlung der Kaufleute und teilten ihnen die Erfolglosigkeit ihrer Bemühungen mit. Diese beschlossen darauf, von dem ihnen nach Artikel Ⅳ des Vertrags zustehenden Rechte Gebrauch zu machen, wonach es ihnen frei stand, innerhalb der Vertragsgrenzen Hausierhandel zu treiben und ferner eine Mitteilung in Koreanischer Sprache an den Straßenecken anzuschlagen, worin die einheimischen Kaufleute auf das Ungerechte und vertragswidrige der Maßregel aufmerksam gemacht und versichert wurden, daß dieselbe bald widerrufen würde. Am anderen Morgen nun ganz früh zogen die fünfzehn Kaufleute, welche an jener Beratung teil genommen hatten und von jeder Firma ein Mitglied mit kleinen Paketen, in denen sie allerlei Waren trugen nach Fusan und dem nahegelegenen Dollmertscher-Amte. Hier stellten sie den Beamten vor, daß sie, weil die einheimischen Kaufleute wegen der Zölle nicht mehr in die Niederlassung kämen, jetzt auf Grund des Artikels Ⅳ des Vertrages ihre Waren nach Fusan und Toraifu zum Verkauf bringen würden, da die Beamten sofort keinen Bescheid gegen konnten, so baten sie die Japaner, in die Niderlassung zurückzukehren, sie würden inzwischen nach Toraifu gehen und die Sache dem Gouverneur vortragen. Unsere Kaufleute aber weigerten sich wegzugehen, und beschlossen sich in der Nähe des Amtes aufzuhalten und den Bescheid abzuwarten. Als aber bei Einbruch der Nacht ein Dolmetscher vom Amt erschien und sie nochmals zur Rückkehr aufforderte, da die Entscheidung nicht so schnell getroffen würde, daß sie hier abgewartet werden könnte, da verloren sie alle Hoffnung in dieser Weise zum Ziele zu gelangen, und beschlossen, am nächsten Tage mit dem Frühesten nach Toraifu zu gehen und bei den dortigen Beamten auf einen schnellen Bescheid zu dringen. So durchwachten sie in der Nähe des Amtes die ganze Nacht; in der Niederlassung aber wurde um Mitternacht jedes Haus benachrichtigt, daß am nächsten Morgen alle Residenten nach Toraifu ziehen sollten. So geschah es auch; die aus der Niederlassung vereinigten sich mit denen, welche die Nacht auf dem Amt zugebracht hatten, und über zwei hundert Mann stark erschienen sie vor den Beamten in Toraifu.

Eine Antwort wurde ihnen auf ihre Vorstellung vom vorigen Tage auch hier nicht zu Teil, sondern man verlangte eine Frist von 30 Tagen, um in der Hauptstadt Bescheid zu holen. Jedoch wurde vereinbart, daß von solchen Waren, die in Folge früherer Kontrakte zu liefern seien, keine Zölle erhoben werden sollten. Während aber diese Angelegenheit verhandelt wurde, brach vor dem Schloßtore zwischen Japanern und Koreanern wegen einer Kleinigkeit ein Streit aus; Ziegel flogen herum und verwundeten vier von den unsrigen; und da unsere Leute Dolche, kurze Lanzen und Stöcke bei sich hatten, so brachten sie wiederum einigen Koreanern Verletzungen bei. Genaueres aber ist hierüber nicht bekannt. Bald jedoch legte sich die Aufregung wieder und um 4:30 Uhr Nachmittags verließen die Unserigen Toraifu und begaben sich auf den Heimweg. Vorher aber waren zwei Residenten, die zu Pferde gekommen waren, in die Niederlassung geschickt worden, um dem Agenten den Vorfall zu melden, und etwa um 4 Uhr waren sie dort eingetroffen. Als der Agent ihre Meldung vernommen, ließ er die Sturmglocke läuten, sammelte alle, die in der Niederlassung zurückgeblieben waren und ließ Flinten und Speere bereit machen. Er selbst aber machte sich mit den Ärzten der Agentur auf den Weg nach Toraifu. Unter den Zurückgebliebenen war die Aufregung groß. Als der Agent aber bis zum Dolmetscher-Amte gekommen war, brachten ein Bote die Nachricht, daß der Zwischenfall friedlich erledigt sei. Deshalb kehrte er wieder um und abends um 8 Uhr trafen auch alle, die nach Toraifu gezogen waren, wieder ein. Die Verwundungen, welche einzelne von unseren Landsleuten davongetragen hatten, waren ganz unbedeutend und jetzt ist die Ruhe vollständig wieder hergestellt.

Toraifu ist eine kleine Stadt mit Schloß, eine halbe Stunde westlich von Fusan gelgen und Hauptstadt des Landbezirks, zu welchem Fusan gehört. Die Japanische Niederlassung mit etwa 50 Häusern liegt 5 Minuten von Fusan, hart am Meere. Nach der Landseite hin ist sie mit hohen Mauern umgeben. Auf dem freien Raume zwischen Fusan und der Niederlassung liegt das weiter unten erwähnte Dolmetscher-Amt. Die Beamten sind der Japanischer Sprache mächtig und vermitteln den Verkehr des Japanischen Agenten mit dem Gouverneur zu Toraifu. Fusan selbst ist

ein erbärmliches Dorf, der Hafen aber ziemlich gut.

F. J. U.
gez. P. Kempermann

Anlage 2. zu Bericht № 162.
Übersetzung aus der „Japan Weekly Mail" vom 8. December 1878.

Koreaner und Japaner.

Die Annahme, daß die kürzliche Anwesenheit des Herrn Satow in Korea mit den jüngsten Zwistigkeiten zwischen Japanischen Kaufleuten in Fusan und den Koreanischen Behörden in irgend welchem Zusammenhange gestanden, scheint unsererseits eine irrige gewesen zu sein.

Die „Egeria" verließ Fusan vor Ankunft des Japanischen Gesandten, Hanabusa, daselbst und letzterer hat sich daher jetzt nicht der moralischen Unterstützung zu erfreuen, welche er sonst bei Geltendmachung seiner Forderungen durch die Anwesenheit des Britischen Kriegsschiffes im Hafen gefunden haben würde.

Über die Differenzen zwischen Japan und Korea in der Zollfrage bringt Herr Satow durchaus keine Informationen.

Während seines Aufenthalts in Fusan hörte er nichts von den vorerwähnten Ruhestörungen; seine Mission dorthin hatte lediglich den Zweck, den Koreanischen Behörden für das große und unerwartete Wohlwollen und den Schutz zu danken, welche sie der Mannschaft der „Barbara Taylor" gegenüber an den Tag gelegt.

Ihr Verhalten bei Gelegenheit dieses Schiffbruchs unterschied sich nicht allein in auffallender Weise von dem bei ähnlichen Fällen vor Jahren beobachteten Verfahren, sondern liefert an sich einen seltenen Beweis von Menschlichkeitsgefühl und Großmut, der selbst der höchst civilisierten Nation zur Ehre gereichen würde.

Sie beherbergten und beköstigten die Mannschaft über zwei Monate lang, bargen und landeten die Ladung mit aller unter den Verhältnissen nur möglichen Sorgfalt, verluden dieselbe wieder an Bord des „Hakon Adelsten“ und verweigerten jede ihnen angebotene Entschädigung seitens des Kapitäns und des Agenten des schiffbrüchigen Schiffes, ja selbst die Bezahlung der zu den Arbeiten benutzen Kulis.

Herrn Satow selbst gegenüber zeigten die Koreanischen Beamten, mit denen er in Berührung kam, die größte Zuvorkommenheit und Höflichkeit, vermieden jedoch jeden näheren Verkehr.

Wenngleich sie augenscheinlich ihre Politik insofern geändert haben, daß sie Willens sind Schiffbrüchige menschlich ja selbst großmütig zu behandeln, so ist es ebenso evident, daß sie soweit tunlich ihre Abgeschloßenheit von der Außenwelt zu bewahren wünschen.

Es ist klar, daß sie die Japaner möglichst fern zu halten suchen.

Wahrscheinlich unter dem Druck innerer Verfassungskämpfe, von denen man s. Zt. hörte, und auch wohl dank dem Einfluß, den Japan durch die seitens Sir Thomas Wade so glücklich geregelten Formosa-Schwierigkeiten gewann, gingen die Koreaner einen Handels-Vertrag mit Japan ein; sie zeigen jedoch weder irgend welche Bereitwilligkeit in der Ausführung seiner Bestimmungen, noch scheinen sie im geringsten empfänglich für die Vorteile, die der Fremde-Handel ihnen gewähren könnte.

Bis heute haben die Japaner nichts gewonnen; Ihr Handel in Fusan beruht zwar dem Wortlaut nach auf einer besseren Basis, jedoch scheinen die Koreaner, wie wir sehen, geneigt, ihn durch einen feindseligen und lähmenden Tarif zu unterdrücken ---- genau ebenso, wie eine gewisse Fraktion Japanischer Politiker den fremden Handel ersticken würden, wenn sie freie Hand hätten und nicht durch feste und wohlmeinende Freunde geleitet würden.

Der Japanische Handel in Fusan ist offiziell geregelt und besteht nicht wie bevor in einer Art tolerierten Schmuggelhandels; dies ist aber auch ihr ganzer Gewinn. Der Handel selbst gedeiht nicht, nichts ist vereinbart mit Bezug auf die beiden neuen Häfen, die nach dem Vertrage schon im Oktober desvergangenen Jahres geöffnet werden sollten.

Unsere Leser werden sich vielleicht der von uns vor einigen Monaten übersetzten Notifikation der Japanischen Regierung erinnern, welche der Küstenbevölkerung ihr Verhalten den Koreanern gegenüber vorschreibt, die durch das Wetter hierher verschlagen würden. Diese Bestimmungen fielen uns damals als besonders Harte auf ----- es war vorzüglich darauf Bedacht genommen, daß die unglücklichen Leute sowohl ihre eigenen Bedürfnisse als auch die Ausbesserung ihrer Fahrzeuge hinlänglich bezahlten, und einer der Paragraphen spricht den Japanischen Beamten das Recht der Entscheidung darüber zu, ob das Wrack der Ausbesserung noch wert sei oder nicht ---- eine Befugniß, die nur zu leicht zum Mißbrauch führen kann.

Wären irgend welche unglückliche an der Küste Japans schiffbrüchige Koreaner diesen scharfen Regulationen unterworfen und so in einer der „Barbara Taylor“ gegenüber von ihren eigenen Beamten beobachteten ganz entgegengesetzten Weise behandelt worden, so würde die von den Rückkehrenden unter ihren Landsleuten verbreitete Kunde hiervon gewiß nicht dazu beigetragen haben, den Verkehr beider Länder zu fördern.

Jener Erlaß und das Verhalten der Japanischen Kaufleute in Fusan wie es die eigenen Zeitungen schildern, bilden, wenn überhaupt noch erforderlich, einen Beweis mehr für die Anmaßung, die Selbstsucht und Willkür der Rasse.

Sie widerstehen der Zollerhöhung in Korea dadurch, daß sie die Zollbeamten in die Flucht jagen, beschließen ihre gesetzlose Handlung damit, daß sie Tage darauf den Gouverneur vom Tokuneki-Fu angreifen und einige dreißig Personen unter den Leuten, die sich zum Schutz desselben gesammelt, töten und entsenden alsdann einen Gesandten auf einem Panzerschiff, um „Genugtuung“ zu fordern.

Gleichzeitig versuchen sie selbst hier den fremden Handel durch einen maßlosen Tarif zu ruinieren und klagen laut darüber, daß sich die Fremden nicht ihren noch in den Kindheit liegenden, unbestimmten und wirren Gesetzen unterwerfen wollen.

Würden die Japaner das Verhalten der Koreaner in Quelpart den schiffbrüchigen Seeleuten gegenüber nur nachahmen und mehr Achtung vor dem Gesetz an den Tag legen als dies bei Fusan der Fall zu sein schien, so würde nicht allein ihr Handel mit Korea an Ausdehnung gewinnen, sondern es hätten auch ihre an die Westmächte gestellten Forderungen um Gewährung von „Unabhängigkeit“ und „gleichen Rechten“ mehr Aussicht auf Erfolg.

Der Tod des Herrschers von Korea.

PAAA_RZ201-018901_029			
Empfänger	Auswärtiges Amt in Berlin	Absender	Carl Conrad Friedrich Lueder
A. 968 pr. 23. Februar 1879.		Shanghai, den 7. Januar 1879.	

A. 968 pr. 23. Februar 1879.

Shanghai, den 7. Januar 1879.

№ 1.

An das Auswärtige Amt in Berlin.

Dem hohen Auswärtigen Amte habe ich die Ehre, ganz gehorsamst zu berichten, daß zufolge Privatnachrichten aus Newchwang der junge Herrscher von Korea verstorben sein soll. In Katholischen Missionskreisen hält man es für möglich, daß eine Regentschaft eingesetzt werden wird, welche unter dem Einflusse der angeblich dem Christenthum und den Fremden nicht abgeneigten Mutter des Verstorbenen stehen würde.

Lueder

Shanghai, 7. Februar 1879 № 1
den Tod des Herrschers von Korea betreffend.

Berlin, den 26. Februar 1879

A. 968.

Für die Nordd. Allgem. Ztg.

Die letzte aus Ostasien hier angekommene Post bringt die Nachricht von dem Tode des jungen Herrschers von Korea. In katholischen Missionskreisen in Nord-China hält man es für möglich, daß eine Regentschaft eingesetzt werden wird, welche unter dem Einfluß der, angeblich dem Christentum und den Fremden nicht abgeneigten, Mutter des Verstorbenen stehen würde.

Japan und Korea; Beilegung der Differenzen.

PAAA_RZ201-018901_032 ff.			
Empfänger	von Bülow	Absender	Gutschmid
A. 1223. p. 8. März 1879.		Tokio, den 16. Januar 1879.	
Memo	1. Aug. v. 25. 3. an den Reichsanzeiger.		

A. 1223. p. 8. März 1879.

Tokio, den 16. Januar 1879.

№ 12.

A. 5.

An den Königlichen Staatsminister und Staatssekretär des Auswärtigen Amts
Herrn von Bülow, Excellenz, Berlin.

Euerer Excellenz habe ich die Ehre im Anschluß an die Berichte № 150 und № 162 vom 24. November und 21. Dezember v. J. betreffend Differenzen zwischen Japan und Korea, ganz gehorsamst zu melden, daß die Mission des Herrn Habanusa, welcher am 10. d. M. hier wieder eintraf, den gewünschten Erfolg gehabt hat.

Der von dem Gesandten nach der Hauptstadt von Korea entsandte Agent Yamanoshiro hat nach längeren Verhandlungen mit der Regierung und unterstützt durch die Gegenwart eines Panzerschiffes die bedingungslose Zurücknahme der anständigen Zollverordnungen erwirkt, ohne die diplomatische Tätigkeit des Herrn Hanabusa in Anspruch zu nehmen, und ohne daß Letzterer mit den dortigen Behörden überhaupt offiziell in Berührung gekommen wäre.

Dem Vernehmen nach ist die unerwartet rasche Erledigung dieses Zwischenfalles dem Umstande zuzuschreiben, daß, als die Koreanische Regierung bereits im Oktober v. J. in Voraussicht möglicher Verwicklungen mit Japan, in Peking angefragt hatte, ob sie für diesen Fall auf die Unterstützung des dortigen Hofes rechnen könne, ihr vom Tsungli-Yamen die Antwort zu Teil würde, China sei gegenwärtig mit seinen eigenen Angelegenheiten zu sehr beschäftigt, als daß er der Regierung von Chosen beistehen könne; Korea solle äußersten Falles den Japanischen Forderungen nachgeben.

Bei der Ankunft des Herrn Hanabusa in Fusan war die dortige Regierung bereits im Besitz der Antwort des Tsungli-Yamen.

Das Panzerschiff „Hiye Kann", welches den Gesandten nach Nagasaki zurückbrachte, ist heute wieder nach Korea abgegangen, um dort bis auf Weiteres zum Schutz der Japanischen Niederlassung von Fusan stationiert zu bleiben.

Gutschmid

Inhalt: Japan und Korea; Beilegung der Differenzen.

Berlin, den 25. März 1879 A. 681, 1223

Für den Reichsanzeiger
Nichtamtlich.
Politische Nachrichten

Abschrift nebenstehender Notiz mit obiger Überschrift ist (auf ungestempeltem Papier und Ohne Nummer und Unterschrift) unter Couvert an die Redaktion des Reichsanzeigers zu senden.

Tokio, den 16ten Januar 1879.

Vor einigen Monaten verbreitete sich hier die Nachricht, die japanische Regierung beabsichtige, dem Nachbarlande Korea den Krieg zu erklären. Dieses Gerücht gewann an Glaubwürdigkeit, nachdem das Auswärtige Amt in der in Tokio erscheinenden japanischen Zeitung eine Notiz veröffentlicht hatte, in der die koreanische Regierung angeklagt wurde, japanischen Kaufleuten gegenüber gesetzwidrige Maßregeln ergriffen zu haben. Bald darauf verlautete es auch, daß ein hochgestellter japanischer Beamter, namens Hanabusa, an Bord des Panzerschiffes „Hiye Kan" nach Korea abgereist sei. Derselbe ist jedoch am 10ten Januar bereits nach Japan zurückgekehrt, und man hat nun mit Bestimmtheit in Erfahrung gebracht, daß alle Differenzen zwischen Japan und Korea glücklich und friedlich beseitigt worden sind. Es ist Beamten gelungen, die bedingungslose Zurücknahme derjenigen Zollverordnungen zu erwirken, welche den ersten Anstoß zur Unzufriedenheit der japanischen Regierung abgegeben hatten. Dem Vernehmen nach ist die so unerwartet rasche Erledigung dieses Zwischenfalls dem Umstande zuzuschreiben, daß, wie die koreanische Regierung bereits im Oktober v. J., in Voraussicht möglicher Verwicklungen mit Japan, in Peking angefragt hatte, ob sie für diesen Fall auf die Unterstützung des dortigen Hofes rechnen könne, ihr vom Tsungli-Yamen die Antwort zu Theil wurde, China sei gegenwärtig mit seinen eigenen Angelegenheiten zu sehr beschäftigt, als daß es der Regierung von Chosen beistehen könne. Korea solle, äußersten Falles, den japanischen Forderungen nachgeben. Das japanische Panzerschiff „Hiye Kan", welches den Gesandten Hanabusa nach Nagasaki zurückgebracht hatte, ist heute wieder nach Korea abgegangen, um dort, bis auf Weiteres, zum Schutz der japanischen Niederlassung von Fusan stationiert zu bleiben.

[ ]

PAAA_RZ201-018901_040			
Empfänger	Auswärtiges Amt in Berlin	Absender	Lueder
A. 1513 pr. 22. Mai 1879.		Schanghai, den 7. Februar 1879.	

A. 1513 pr. 22. Mai 1879.

Schanghai, den 7. Februar 1879.

№ 20.

An das Auswärtige Amt in Berlin.

Im Anschluß an den ehrerbietigsten Bericht vom 7. v. M. № 1 habe ich die Ehre, dem hohen Auswärtigen Amte ganz gehorsamst zu berichten, daß weiteren Nachrichten aus Newchwang zufolge, welche in der hiesigen Zeitung North-China Daily News vom 7. d. M. veröffentlicht sind, es zweifelhaft erscheint, ob in Korea der „junge“ oder der „alte“ Herrscher verstorben ist.

Lueder

Der Tod des Herrschers von Korea.

PAAA_RZ201-018901_041			
Empfänger	Auswärtiges Amt in Berlin	Absender	Lueder
A. 2885. p. 24. Mai 1879.		Schanghai, den 9. April 1879.	
Memo	s. Ang. v. 29. 5. an den Reichskanz.		

A. 2885. p. 24. Mai 1879.

Schanghai, den 9. April 1879.

№ 39.

An das Auswärtige Amt in Berlin.

Im Anschluß an den ehrerbietigsten Bericht vom 7. Januar und 7. Februar d. J. № 1 und 20 habe ich die Ehre, dem hohen Auswärtigen Amte ganz gehorsamst zu berichten, daß, wie hier eingetroffene Koreaner und Meldungen aus Newchwang vom 2. d. M. übereinstimmend bestätigen, nicht der Herrscher von Korea, sondern die Witwe des früheren Herrschers dieses Landes verstorben ist. Eine politische Bedeutung soll diesem Todesfalle nicht beigeleitet werden dürfen.

Lueder

Shanghai, 7. Februar 1879. № 20.
den Tod des Herrschers von Korea betreffend.

Berlin, den 28. Mai 1879

A. 2885

Für den Reichsanzeiger.
Nichtamtlich.
Politische Nachrichten.
Land. Ort. Datum

Abschrift nebenstehender Notiz mit obiger Überschrift ist, (auf ungestempeltem Papier und ohne Nummer und Unterschrift) unter Couvert an die Redaktion des Reichsanzeigers zu senden.

Schanghai, den 9. April 1879.

Die vor einiger Zeit von hier aus gemachte Mitteilung von dem Tode des Königs von Korea wird durch direkte Nachrichten aus Korea dahin berichtigt, daß nicht der regierende König, sondern die Mutter seines Vorgängers gestorben ist. Eine politische Bedeutung wird diesem Todesfalle nicht beigelegt.

Korea, Quelpart.

PAAA_RZ201-018901_044 ff.			
Empfänger	Bismarck	Absender	Eisendecher
A. 940 pr. 19. Februar 1880.		Tokio, den 30. Dezember 1879.	

A. 940 pr. 19. Februar 1880.

Tokio, den 30. Dezember 1879.

№ 156.
A. 66.
vertraulich.

An Seine Durchlaucht den Herrn Reichskanzler, Fürsten von Bismarck, Berlin.

Aus ziemlich sicherer Quelle habe ich unter der Hand in Erfahrung gebracht, daß zwischen Rußland und Japan bezüglich Koreas eine ganz bestimmte Abmachung besteht. Wenn ich recht informiert bin, wurde vor etwa anderthalb Jahren zwischen den genannten Staaten eine geheime Konvention abgeschlossen, in welcher beide Theile sich verpflichten die Interessen und Beziehungen des anderen Theils in Korea nicht zu stören.

Mein damaliger Britischer Kollege, Sir Harry Parkes, dem die Existenz dieser Abmachung anscheinend von einem Japanischen Beamten gegen entsprechende Belohnung verraten wurde, soll auf seine telegraphische Anfrage hin vom Torei-fu Office autorisiert worden sein, für eine Abschrift des Übereinkommens bis zu 1000 Pfund Sterling zu zahlen.

Er hat die Abschrift dann, wie mir mein Gewährsmann mitteilt, für 5000 Dollars erhalten.

Ich gestattete mir früher gehorsamst zu berichten, daß Sir Harry zur Zeit der Japanisch-Koreanischen Vertrags-Verhandlungen eine Britische Expedition nach Korea in Londen lebhaft befürwortete, neuerdings höre ich, daß mein Englischer Kollege damals seiner Regierung die Besetzung der dieser Abmachung anscheinend von einer zu Korea gehörigen Insel Quelpart vorgeschlagen und deshalb bereits eine größere Anzahl Kriegsschiffe hier versammelt hatte.

Vermutlich ist den Japanern dieser Plan nicht ganz unbekannt geblieben, sie sollen gegenwärtig ernsthaft daran denken, Quelpart selbst zu besetzen.

Die sehr gebirgige, wohl angebaute und stark bevölkerte Insel hat vermöge ihrer centralen Lage zwischen Korea, Japan und China eine strategische Wichtigkeit, sie soll indessen keine guten Häfen besitzen.

(Euerer Durchlaucht habe ich nicht verfehlen wollen, von dem Vorstehenden ehrerbietigst Meldung zu erstatten, -- selbst auf die Gefahr hin Bekanntes zu referiren.)

Ich darf ehrerbietigst hinzufügen, daß Sir Harry Parkes, der mit Vorliebe geheime und namentlich gegen die Russische Machterweiterung in Ostasien gerichtete Pläne verfolgte, angeblich zur Zeit des Satzuma-Aufstandes im Jahre 1877 eine Okkupation Hakodate's beabsichtigte, um damit einem möglichen Vorgehen Rußlands zuvorzukommen.

Eisendecher

Inhalt: Korea, Quelpart.

Berlin, den 20. Februar 1870

A. 940

An
die Missionen
in
1. Petersburg № 90.

Vertr.
Sicher!

Ew: pp. beehre ich mich beifolgend zur gefälligen und vertraulichen Kenntnisnahme Abschrift eines Berichts des K. Minister-Residenten in Tokyo vom 30. Dezember eine geheime Convention zwischen Russland und Japan bezüglich Koreas und die Haltung der englischen Regierung zu dieser Frage betreffend ergebenst zu übersenden.

[Unterschrift]

Vereinigte Staaten. Mission nach Korea.

PAAA_RZ201-018901_049			
Empfänger	Auswärtiges Amt in Berlin	Absender	
A. 3776 pr. 24. Juni 1880.		Tokio, den 12. Mai 1880.	

A. 3776 pr. 24. Juni 1880.

Tokio, den 12. Mai 1880.

№ 68.

A. 26.

An das Auswärtige Amt des Deutschen Reiches, Berlin.

Die Vereinigte Staaten Expedition nach Korea, über welche ich in den gehorsamsten Berichten № 57 und 59. Meldung erstattete, scheint vorläufig gescheitert.

Kommodore Shufeldt ist, nachdem er in der Tat einen kurzen Besuch in Fusan gemacht hat, gestern mit seinem Schiffe in Yokohama eingetroffen. Es steht demnach zu vermuthen, daß er den gegenwärtigen Zeitpunkt nicht für günstig hielt. Demnächst mehr, da ich Weiteres über die Mission des Kommodores zu melden die Ehre habe.

Eisendecher

Inhalt: Vereinigte Staaten. Mission nach Korea.

Berlin, den 25. Juni 1880

A. 3776

An
die Missionen
in
1. Petersburg. № 403
5. London. № 354

Ew. pp. beehre ich mich beifolgend zur gefälligen vertraulichen Kenntnißnahme Abschrift eines Berichts des K. Minister-Residenten in Tokio vom 12. Mai die Mission der Vereinigten Staaten nach Korea betreffend ergebenst zu übersenden.

Vertr.
Sicher!

In Vertretung des № 2127
Reichskanzlers.
[Unterschrift]

Korea. Vereinigte Staaten Mission.

PAAA_RZ201-018901_053 ff.			
Empfänger	Auswärtiges Amt in Berlin	Absender	Eisendecher
A. 3808 pr. 25. Juni 1880.		Tokio, den 30. April 1880.	

A. 3808 pr. 25. Juni 1880.

Tokio, den 30. April 1880.

№ 59.

A. 21.

An das Auswärtige Amt des deutschen Reiches zu Berlin.

Im Anschluß an den Bericht № 57 vom 27. d. M., betreffend eine Amerikanische Mission nach Korea gestatte ich mir auf Grund weiterer vertraulicher Ermittlungen ehrerbietigst zu melden, daß s. Zt. die Japanische Regierung selbst zu dieser Expedition die erste Anregung gegeben hat.

Als vor anderthalb Jahren etwa der Englische Dolmetscher Herr Satow sich nach Korea begab und die Britische Regierung ihr Augenmerk auf die Insel Quelpart richtete, (cfz. si. pl. die gehorsamsten Berichte № 162 vom 21. Dezember 1878 und № 156 vom 30. Dezember 1879) schien es den Japanischen Staatsmännern erwünscht, sich in Korea einen Bundesgenossen zu erwerben, der nötigenfalls mit ihnen gemeinschaftlich gegen das gefürchtete Vorgehen Englands Front machen könnte. Man wandte sich deshalb an die Vereinigten Staaten und ließ in Washington andeuten, wie Japan bereit sei, einen Amerikanischen Abgesandten in Korea zu unterstützen. Auf die Eröffnung hin erhielt Kommodore Shufeldt Vollmacht zu einem Vertrags-Abschluß mit Korea.

Inzwischen waren aber die Verhältnisse in Japan wesentlich andere geworden, und als der Kommodore in die Ostasiatischen Gewässern eintrat und bei der hiesigen Regierung die versprochene Unterstützung nachsuchte, wurde ihm von dem Nachfolger des Herrn Terashima, wie ich bereits zu melden die Ehre hatte, eine abschlägige Antwort zu Teil.

Herr Inouye verstand sich schließlich dazu dem Amerikanischen Bevollmächtigten ein Einführungsschreiben an die Japanischen Behörden in Fusan mitzugeben, lehnte aber, unbekümmert durch den lebhaft geäußerten Unwillen meines Amerikanischen Kollegen, jede Einwirkung auf die Koreanische Regierung definitiv ab.

Trotz dieses Refüs wird Kommodore Shufeldt, wie ich höre, demnächst von Nagasaki aus, wo sein Schiff gegenwärtig im Dock liegt, und zwar ohne Begleitung weiterer Vereinigten Staaten Kriegsschiffe, nach Korea abgehen.

Japanischerseits sieht man dem Resultat der Expedition mit Spannung und nicht ohne eine gewisse Besorgnis entgegen.

Herr Inouye meint, daß die Koreaner sehr wenig geneigt seien mit den Vereinigten Staaten in Beziehungen zu treten, die feindliche Aktion der Amerikanischen Flotte vom Jahre 1871 stehe bei ihnen noch in frischem Andenken; ein Erfolg der Mission ist daher nicht wahrscheinlich, im Gegenteil liegt die Befürchtung eines abermaligen Zusammenstoßes nahe.

Unter solchen Umständen muß es überraschen, daß Herr Shufeldt, den ich persönlich kenne und als ausgezeichneten Offizier schätze, nicht entweder einen günstigeren Moment abwartet oder aber wenigstens mehr Schiffe heranzieht, um nötigenfalls mit Nachdruck auftreten zu können.

Was die gegenwärtigen Beziehungen Japans zu Korea betreffen, so sind neuerdings anläßlich der Entsendung von Japanischen Polizisten nach Fusan und Gensan kleine Differenzen entstanden; im Übrigen scheint das freundschaftliche Verhältnis nicht gestört.

Herr Hanabusa ist zum Minister-Residenten in Korea ernannt und wird bald nach Ankunft des hier erwarteten Koreanischen Abgesandten nach der Hauptstadt Seoul abreisen und alsdann dauernd dort residiren.

Eisendecher

Inhalt: Korea. Vereinigte Staaten Mission.

Berlin, den 29. Jan. 1880.

A. 3808

An
die Missionen
in:
1. London № 369
16. Washington № A. 19
Sicher!

Abschrift eines Berichts des K. Minister-Residenten in Tokio vom 30. April die Amerikanische Expedition nach Korea betreffend, wird ad № 1. 16 zur persönlichen Kenntnisnahme mitgeteilt.

(ohne Unterschrift)
(i. m.)

Korea

PAAA_RZ201-018901_060 ff.			
Empfänger	Auswärtiges Amt in Berlin	Absender	Eisendecher
A. 4931 Pr. 11. August 1880.		Tokio, den 23. Juni 1880.	

A. 4931 Pr. 11. August 1880.

Tokio, den 23. Juni 1880.

№ 90.

A. 36.

An das Auswärtige Amt des Deutschen Reiches, Berlin

Fast noch mehr als die Kuldscha-Frage nimmt hier gegenwärtig Korea die allgemeine Aufmerksamkeit in Anspruch. Die unmittelbare Veranlassung zu solchen plötzlich für Korea bekundeten Interessen ist die Mission des Kommodore Shufeldt. Sowohl die Englander, wie die Franzosen haben anläßlich des Besuches der Vereinigten Staaten Corvette Ticonderoga in Fusan ein Kriegsschiff nach Korea entsendet, um die Resultate der Amerikanischen Demarchen zu beobachten und sonst Informationen über die Verhältnisse einzuziehen.

Herr Shufeldt befindet sich inzwischen noch in Nagasaki, in Erwartung des Antwortschreibens

der Koreanischen Regierung auf seine durch die Japaner vermittelten Propositionen.

Die Vertreter Italiens und Frankreichs scheinen eine allgemeine Pression der fremden Mächte in Korea zu Gunsten der baldigen Eröffnung zu wünschen. Mein Britischer Kollege und der Englische Admiral vermuten, daß die formidablen Seestreitkräfte, welche Rußland in Ostasien versammelt, nicht sowohl gegen China, als gegen Korea zur Verwendung kommen sollen. Wie die Engländer von jeher der maritimen Machtentfaltung einer anderen Großmacht mit Mißtrauen und nicht ohne eine gewisse Beunruhigung folgten, so herrscht auch hier derzeit in der Britischen Flotte wie unter den Englischen Offiziellen bezüglich der angeblichen Russischen Pläne einige Aufregung. Admiral Foote will wissen, daß die Russen die eventuell gewaltsame Erwerbung von Port Lazareff, eines vorzüglichen Koreanischen Hafens nahe der sibirischen Grenze ins Auge fassen.

Obgleich ich nicht in der Lage bin, diese Gerüchte absolut zu dementiren, möchte ich doch den Äußerungen meines Russischen Kollegen entnehmen, daß die Verstärkung der

Flotte lediglich in den mit China drohenden Komplikationen ihren Grund hat und daß gegenwärtig nicht die Absicht vorliegt, gegen Korea etwas zu unternehmen. Die Russische Eskadre wird nach Ankunft der noch erwarteten Fahrzeuge aus zwei großen Panzerschiffen und etwa sechs schnellen Korvetten bestehen und alsdann den Flotten aller anderen Mächte hier überlegen sein. In dem Admiral und General-Adjutanten Boutaroff erhält sie einen fähigen und erprobten Führer.

Die Entsendung eines S. M. Schiffes nach Gensan oder Fusan scheint mir vorläufig nicht erwünscht; ich empfehle im Gegenteil unsererseits völlige Zurückhaltung und ein Abwarten der Ereignisse. Sollte die politische Lage sich ändern, so würde ich mir eventuell gestatten, die Abordnung eines Schiffes telegraphisch ehrerbietigst zu beantragen. Für den Fall, daß die Amerikaner ihr Ziel ohne Gewaltmaßregeln erreichen, sollte man meines ganz unmaßgeblichen Erachtens auch von Deutscher Seite vorgehen, erfolgt aber ein feindlicher Zusammenstoß der Koreaner mit irgend einer fremden Macht, so liegt es, wie ich glaube, für die späteren Deutsch-Koreanischen Beziehungen im Interesse des Reiches, sich jeder Teilnahme zu enthalten und einen günstigeren Zeitpunkt abzuwarten.

Ich gestatte mir in der Anlage einige Korea betreffende Zeitungsausschnitte ehrerbietigst anzuschließen.

Eisendecher

Inhalt: Korea. 1 Anlage

Anlage Bericht № 90.

Echo du Japon, 7. Juni

Par suite de l'exportation considérable de riz qui a été faite en Corée, les prix de cette degrée sont très-élevés. On la paye actuellement à raison de 15 mons (environ trois sen) le sho ; celle même quantité ne valait l'année dernière que 3 mons. Le gouvernement se propose, paraitil, d'intendire l'exportation du riz.

Echo d. J. 7. Juni

A partir du mois de Juillet, un servicede stemers sera installé entre Yokohama et la Corée.

Le nombre des voyageurs à destination de ce pays va toujours croissant.

Echo d. J. 11. Juni

Nous lisons dans le Hotchi Chimboun:

Des nouvelles arrivées de Corée annoncent qu'un navire de guerre anglais est arrivé sans être attendu à Fousan dans l'aprè-midi du 21 Mai. Plusieurs officiers de ce navire sont aussitôt allés à terre, ont visité la concession japonaise et se sont rendus au consulat japonais.

Ⅱs sont retournés à bord dans la soirée.

On rapporte qu'aussitôt que le pavillon anglais a été aperçu par les autorités coréennes, celles-ci ont informé de ce fait le gouverneur du Torai-fu, qui a fait rassembler en toute hâte les soldats des districts voisins et les a dirigés sur Fousan.

Echo d. J. 12. Juni

Une personne revenue récemment de Corée, écrit au Mainitchi Chimboun que le nouveau port de Ghenzanchin (Corée) est très-riche en poissons de toutes sortes: des centaines de baleines visitent leur golfe et causent une grande surprise à ceux qui les voient, sans profiter aux commercants. Les, résidents coréens disent que jamais la pêche n' a été entreprise en grand dans ces parages. Outre les baleines et toutes sortes de poissons, on y recueille une grande quantité de plantes marines qui pourraient réaliser de bons prix une fois livrées au marché.

Echo d. J. 12. Juni
Corée

Le Hotchi nous donne les détails suivants sur l'arrivée de la mission japonaise à Ghenzanshin (Corée) :

L' Akitsoushimu maru, ayant à bord Mr. Mayéda, consul-général et plusieurs négociants japonais, est arrivé à Ghenzan-shin le 20 mai. Le consul et sa suite ont seuls pu se loger dans les maisons vides, les autres passagers ont dû se dresser temporairement des tentes. Les Coréens ne se sont pas montrés très-bienveillants; rien n'était prêt et les

Japonais se trouvaient dans un grand embarrass pendant les premicrs jours qui ont suivi leur débarquement ; dans cette confusion plusieurs d'eux n'ont pu se procurer de quio manger. On finit quand même par s'entendre, des barraques furent élevées et permirent aux Japonais de se loger un peu plus confortablement. Le pays parait beaccoup plus riche en productions de toutes sortes que les environs de Fousan. Le riz, le poisson, les légumes, lesgrains y sont très abondants.

Les coolies se payent à raison de 60 mon par jour et par homme. Quand les Japonais se promènent dans les rues, les Coréens accourent en foule pour les voir, et ne reculent pas devant les menaces pour selisfaire leur curiosité.

Du même journal :

Un navire de guerre russe est arrivé à Shodjo dans la province de Kankintai. Les officiers à bord se sont rendus shez le gouverneur de la ville pour le prier d'expliquer à son gouvernement que la Russie est décidée d'entamer des relations commerciales avec la Corée. Les Coréens n'ont par encore répondu à cette proposition qui, croit-on, sera reietée comme celle des Américains. En attendant le navire russe est toujours à Shodjo.

Notons les deux nouvelles suivantes ayant trait à la Corée, empruntées au Tchoya :La compaguie senyousha établie à Fousan a reçu avis que les Coréens désirent acheter par leur entremise un steamer et engager un capitaine pour le commander. Les deux parties ayant pu s'entendre sur les stipulation du marché, la Senyousha a demandé au gouvernement japonais un emprunt, pour lui pemettre d'exécuter le contrat qu'elle a passé avce les autorités coréennes.

L'ouverture des deux ports (Fousan et Ghenzanshin) a suggéré à la Mitsu Bishi Tidéc d'établir un service à vapeur régulier entre ces deux localités. Le Kwanko maru a été désigné pour ce service et dessert la ligne depuis le 1er Juin. Les départs ont lieu dix fois par mois.

Nous lisons dans le Mainitchi:

Une rixe sérieuse, sans conséquences graves, a éclatée à Fousan entre les Japonais et les Coréens, au sujet du change du papier-monnaie japonais contre les monnaies coréennes. Les inconvénients résultant de cette situation financière étaient tells qu'ils paralysatent le commerce et que la plupart des transactions s'exécutaient en échange de riz ou d'autres marchandises. Cet état de choses n'était pas tenable ; cependant on prenait ses mesures en conséquence ; mais voilá que tout à coup le gouvernement coréen publie une notification par laquelie il défend I'exportation des denrées qui servaient d'échange. Résultat immédiat : Arrêt complet dans les affaires. Le 30 mai, environ quatre-vingts Japonais se rendirnent au Torai fu, proférant des injures, menaçant d'attaquer le gouverneur s'il ne rapportait la décision qu'il venait de prendre. Les portes de sa résidence furent fermées et les Japonais ne purent entré. Grâce à un interprète qui s'est chargé de transmettre leur plainte au gouverneur, la foule se dispersa tranquillement. Le lendmain le consul du Japon est allé lui-même voir les autorités coréennes et a obtenu sans peine la levée de la probation du riz et des autres céréales.

Courier du Japon, 15. Juni

Nous lisons dans Mainitchi Chimboun:

Nous avons déjà informé nos lecteurs de I ' empêchement apporté par le government Coréen à I' exportation du riz par les néociants Japonais établis à Fousan. Nous apprenons aujourd'hui par un de nos correspondants qu'un conflit vient de se produire à ce propos entre les Coréens et nos nationaux. Nous nous boirnerons pour I' instant, à mettre sous les yeux de nos lecteurs la correspondance don't il s'agit, nous proposant de discuter plus tard, le fait en luimême. Voici cette correspondence:

Dès le commencement de cette année, notre commerce d'importation se trouvant paralysé par la dépréciation de notre papier-monnaie et le manque de débouchés pour la plupart de nos articles, nous en étions réduits à expédier des riz, quand le 20 Mai dernier, le gonvernement coréen nous enleva même cette unique source de profit, en défendant, sous les peines les plus sévères, l'éxportation de cette denrée. En même temps, des mesures excessivement rigoureuses étaient prises par les autorités locales, pour assurer I'exécution de ces presscriptions. Des officiers furent envoyés sur toutes les routes, avec ordre d'empêcher, sous quelque prétexte que ce fût, les riz d'arriver à Fousan; d'autres furent chargés de visiter tous les bateaux mouillés le long des côtes. Il en est résulté que plusieurs habitants de la concession ont manque de riz, même pour consommation.

Le 27 du meme mois, notre Consul ayant en communication de la défense susdite damanda immédiatement des explications à ce sujet au gouverneur de Togounéghi, qui ne lui répondit que le 29, et c'est après avoir reçu sa réponse que le Consul envoya Mr. Arakawa, officier du Consulat, à Togounéghi, pour suivre les négociations entamées. Mais ces dernières n'ayant pas abonuti, Mr. Arakawa dut revenir à Fousan.

Le Consul, à qui la Chambre de Commerce avait adressé, le 29, un mémoire demandant le retrait par le gouvernement Coréen de sa notification du 20, se décida alors à se rendre en personne à Togounéghi pour voir le gouverneur, Ceci se passait le 31 ; mais dès la veille les chefs de quartier de la Concession s'étaient réunis et avaient décidé d'un commun accord que le lendmain ils se présenteraient en nombre à Togounéghi, et exigeraient, même par la force, qu'on leur livrer du riz, dont plusieurs d'entre eux manquaient. Le Consul prévenu de la résolution que venaient de prendre ses administrés et désirant avant tout éviter le retour d'un conflit dans le genre de celui qui avait déjà eu lien précédemment, s'efforca de les détourner de leur projet. Sur ces entrefaites, il apprit qu'une vingtaine de résideuts avaient déjà quitté la concession vers onze heures du matin, se dirigeant vers la ville de Tokounéghi, et que cette première troupe était suivie par une autre composée de cinquante personn s. Il envoya aussitôt I' interprète Nakano à la poursuite de ces hommes, pour les engager, en son nom, à ne commetre aucun acte de violence, et il fit prévenir en même temps gonverneur qu'il allait se rendre auprès de lui pour prendre en commun une décistion an sujet de cette affaire.

En voyant cos deux ban les reéunies, qui formaient ensemble un total d'environ quatre vingts persounes, les Coréens prirent I'alarme. Ils s'empressèrent de fermer les portes du Chateau, et se rénnirent au nombre de trois ou quatre cents pour en defendre I'entrée. Des pourparlers s'étaient engagés entre eux et les Japonais lorsque I'interprète Nakano arriva et parvint, à force d'instances, à obtenir de ces derniers qu'ils se rotirassent.

Le Iendemain, le Consul quittait Fousan dès neuf heures du matin pour se rendre à Tokounéghi, où il ne put arriver qu'à onze heures, et avce becaucoup de peine, la pluie qui n'avait cessé de tomber toute la nuit ayant fait déborder les rivières, et les environs de la ville étant entièrement sous l'eau.

Les négociations entre lui et le gouverneur commencèrent aussitôt son arrivés en ville; mais bien qu'elles cussent duré jusqu'à sept heures du soir, elles ne purent aboutir le même jour et durent être reprises le lendemain. Ce ne fut qu'à neuf heures qu'on put enfin se mettre d'accord et que la convention suivante fut signée entre les deux parties:

Article ler. - L'interdiction mise sur la vente du riz est levée à partir de ce jour, premire juin.

Article 2. - Tout officier ou particulier Coréen qui sera pris à vendre du riz aux Japonais,

clandestinement et en dehors du marché, sera, quelque soit son grade, arrété et envoyé aussitôt au gouverneur de Tokounéghi.

Avis de cette transaction a été donné immédiatement aux différents chefs de quartiors, ainsi qu'au président de la chambre de Commerce.

Falsche Nachricht betr. beabsichtigten Besuch Seiner Königlichen Hoheit des Prinzen Heinrich von Preußen nach Korea.

PAAA_RZ201-018901_066 f.			
Empfänger	Auswärtiges Amt in Berlin	Absender	Johann Heirich Focke
A. 5553 pr. 8. September 1880.		Shanghai, den 23. Juli 1880.	

A. 5553 pr. 8. September 1880. 3 Anl.

Shanghai, den 23. Juli 1880.

№ 107.

An das hohe Auswärtige Amt in Berlin

Die hier erscheinende, für das Organ des Taotai geltende Chinesische Zeitung Shen Pao brachte, einer Notiz in dem Shanghai Courier zufolge, in ihrer letzten Nummer die Nachricht, daß Seine Königliche Hoheit Prinz Heinrich von Preußen sich nach Korea zu begeben beabsichtige, um einen Handels- und Freundschafts-Vertrag mit jenem Lande abzuschließen.

Nachdem ich zur Vermeidung weiterer Mißverständnisse in offiziellen Kreisen der betreffenden Redaktion eine Berichtigung habe zugehen lassen, welche ich nebst jenem Artikel im Chinesischen Original und Übersetzung hier ganz gehorsamst beizulegen mich beehre, wollte ich nicht verfehlen ebenmäßig zu erwähnen, daß Seine Königliche Hoheit der Prinz von Genua an Bord der Italienischen Fregatte „Vettor Pisani" zur Zeit in Japan, dem Vernehmen nach außer anderen nördlichen Häfen auch Korea besuchsweise anzulaufen gedenkt und sich zu diesem Zwecke die Dienste des Dolmetschers beim hiesigen Großbritanischen Konsulat geliehen hat — worauf die obige Nachricht zurück zu führen sein dürfte.

Focke

Falsche Nachricht betr. beabsichtigten Besuch Seiner Königlichen Hoheit des Prinzen Heinrich von Preußen nach Korea.

Übersetzung

Anlage ad. Bericht № 107.

Shin Pao vom 23. Juli 1880

Das im östlichen Meer fern abgelegene Korea hat, trotzdem es als untertänige Landschaft von China gilt, doch seine Abgeschlossenheit mit der Außenwelt, namentlich gegen fremden Handel bis zur Zeit standhaft behauptet. Zwar hat das Reich einen Vertrag mit Japan abgeschlossen und scheint der bereits rege commerzielle Verkehr zwischen beiden Ländern von Tag zu Tag an Bedeutung so zu gewinnen, daß der Schluß nicht fern liegt, Korea werde mit der Zeit sich nicht auf Japan allein beschränken können. So hat denn auch neulich der Kaiser von Rußland behufs Eröffnung von Handelsplätzen ein Schreiben (an den König von Korea) gerichtet, und nachdem desgleichen Frankreich und Amerika wiederholt Kriegsschiffe nach dort um Handelsverbindung anzubahnen entsandt haben, ist gerüchtweise die Nachricht hier eingetroffen, daß auch Seine Königliche Hoheit Prinz Heinrich von Preußen, Enkel Seiner Majestät des Kaisers von Deutschland, Korea behufs Abschließung eines Vertrags besuchen werde. Sollten den Japanern, die den Verkehr eröffnet haben, der Reihe nach Rußland, Amerika, Frankreich und Deutschland sich anschließen, so dürfte das Stückchen Reich im östlichen Meer, obgleich an und für sich von geringer kommerzieller Bedeutung, doch sehr bald nach Eröffnung seiner Häfen für die fremden Nationen, von europäischen Händlern in lichten Schaaren überlaufen und von fremden Gütern massenweise überschwemmt werden.

Gestern erhielten wir seitens des Kaiserlich Deutschen General-Konsulats folgende Zuschrift:

„Zu meinem Erstaunen finde ich in einem Artikel des Shanghai Couriers vom gestrigen Datum die Angabe, daß, zufolge der Shen Pao in einer ihrer letzten Nummern, Seine Königliche Hoheit Prinz Heinrich von Preußen behufs Abschließung eines Freundschafts-Verkehrs sich nach Korea begeben hat. Da der durchlauchtigste Prinz, vor schon geraumer Zeit von Shanghai aus, die Heimreise nach Europa angetreten hat, so ist nicht ersichtlich wie höchstderselbe sich zur Abschließung eines Vertrags nach Korea begeben sollte, und muß ich daher der Vermutung Raum geben, daß die werte Redaktion Seine Königliche Hoheit mit einer anderen Person (dem Herzog von Genua) verwechselt hat.

Zur Vermeidung von Mißverständnissen in Chinesischen Kreisen ersuche ich die geehrte Redaktion die in fragestehende Tatsache in der morgigen Nummer richtig stellen zu wollen.“ Soweit die uns zugegangene Zuschrift.

Dem obigen Ersuchen stattgebend, wiederrufen wir hiermit die vorher von uns veröffentlichte Nachricht für richtige Übersetzung.

Gez. Ch. Keindel

23. July 1880

傳聞更正 ○昨接大德國領事署來函云啓者玆閱晋源報內載 貴館於本日報內列有本國海哪哩親王曾與高麗國立有條約之事不ㅁ駭異査海哪哩親王前由ㅁ啟行逕回本國並無與高麗立約之擧 貴館不知何所見而云然或係別國之事由於傳聞之誤耶務望 貴館卽於明日報內更正免致以諸傳訛爲盻求函如此定係傳聞之誤合亟更正以釋衆惑

24. July 1880

高麗近事 ○高麗僻處東海雖稱藩於中國然實閉關自守商道不通自與日本立約通商商情殊旺計日加增而欲與高麗通商者又不止日本爲然査得俄廷有國書至高商令開埠通商法美兩國又先後發戰船赴高商與開埠通商今又有德王孫遄赴高麗商訂通商之說高麗雖東海小國商務不大乃日本通之於前俄欲通之於繼法美德又通之於後使盡如諸國所謂均開口岸則高麗一隅不且千商雨集萬貨雲屯哉錄之以諗來者

Dem Central-Büreau

Die ganz ergebenste Anzeige, daß A. 5553 durch folgende Marginal-Verfügung:

„Ref. Cop. von A. 5553 nebst Anlage und von der darauf bezüglichen Verfügung für die Akten bei Ⅱ; Sodann A. 5553 an Abteilung A mit Abschrift dieser Angabe und von Ⅱ 27594 und 29908.“

diesseits erledigt worden ist.

Tiemann
17. 11. 80

A. 5553.

An Abthg. II zu geneigter Kenntnißnahme, mit dem gz. erz. Anheimstellen, den Inhalt für eine Erwiderung an Gs. [*sic.*] auf dessen Bericht über Korea zu verwerthen.

H. 13. 9.

[ ]

PAAA_RZ201-018901_077 f.			
Empfänger	Auswärtiges Amt in Berlin	Absender	Graf zu Solms
A. 5656 pr. 13. September 1880.		Madrid, den 9. September 1880.	
Memo	s. Ang. v. 15. 11. nach Madrid		

Abschrift II 27594
Kaiserliche Gesandtschaft des Deutschen Reiches in Spanien

A. 5656 pr. 13. September 1880.

Madrid, den 9. September 1880.

№ 148.

An das Auswärtige Amt. Berlin.

Bei dem gestrigen Empfange des Staatsministers fragte derselbe mich, ob mir etwas bekannt sei über einen Handelsvertrag, den wir mit Korea abzuschließen im Begriff ständen. Man habe ihm gemeldet, daß wir zu dem Zwecke Schiffe und eine Mission dorthin geschickt hätten. Alles was in jenen Gewässern vorgehe, interessiere Spanien lebhaft, er habe sich daher näher erkundigt, England und Frankreich faßten die Sache als eine rein deutsche Angelegenheit auf, und die Spanische Regierung trete dieser Ansicht bei.

Ich habe dem Minister erwidert, daß mir über die Sache nichts bekannt sei; nachdem ich aber in Bezug auf die Verhandlungen mit China und Japan bei jeder Gelegenheit die Nothwendigkeit eines festen Zusamnenhaltens der Europäischen Mächte und Vereinigten Staaten gegenüber jenen Ländern auf das entschiedenste zu betonen beauftragt gewesen sei, könnte ich ihm die Übersetzung aussprechen, daß wir auch in Korea nichts unternehmen würden, was die Interessen der anderen Staaten zu beeinträchtigen geeignet wäre. Ich glaubte im Gegentheil, daß etwaige Begünstigungen und Handelsvortheile, die wir in Korea erlangen könnten, vorausgesetzt immer, daß die Nachricht wichtig sei, auch den anderen Staaten zu Gute kommen würden.

(gez.) Graf zu Solms.

Korea

PAAA_RZ201-018901_079 ff.			
Empfänger	Auswärtiges Amt in Berlin	Absender	Eisendecher
A. 5710 pr. 16. September 1880.		Tokio, den 22. Juli 1880.	
Memo	s. Erl. v. 28. 10. nach Tokio A3 mitgeteilt 24. 9. nach Petersburg 724 s. Ang. v. 27. 10. an den österreichischen Geschäftsträger		

A. 5710 pr. 16. September 1880. 1 Beil.

Tokio, den 22. Juli 1880.

№ 96.
A. 40.
vertraulich.

An das Auswärtige Amt des deutschen Reiches, Berlin.

Die Möglichkeit, daß Russland die Gelegenheit der Anwesenheit einer bedeutenden Flotte zur mehr oder minder gewaltsamen Acquisition eines koreanischen Hafens benutzen könnte, gibt den Leuten hier immer noch zu denken. An eine bestimmte Absicht von russischer Seite glaube ich vorläufig nicht, immerhin könnten aber die Ereignisse zu diesem Schritte drängen und falls der Friede mit China erhalten bliebe, läge wohl eine Verwendung der Eskader in dieser Richtung nahe. Gegenwärtig ist Nagasaki der Sammelplatz für die russischen Schiffe; 2 Panzerfregatten und 4 Konvetten befinden sich bereits dort, 2 weitere Panzer und 6 Korvetten oder Kreuzer werden innerhalb der nächsten 6 Wochen erwartet. Zum Oberbefehlshaber der im Ganzen aus einigen 20 Fahrzeugen bestehenden maritimen Streitkräfte Russlands in Ostasien ist nicht, wie Anfangs bestimmt, Admiral Butakow, sondern der bisherige Marine-Minister Admiral Lessowski ausersehen. Es werden sich alsdann 3 Admirale auf der Station befinden, Lessowski, Baron Stackelberg und Aslambekof.

Die neuesten Nachrichten aus Peking und das versöhnlich gehaltene Dekret betreffend die Begnadigung Chung Stow's sowie die energischen Rüstungen Russlands lassen ein schließliches Nachgeben der Chinesischen Regierung immer wahrscheinlicher erscheinen. Auch mein hiesiger russischer Kollege ist dieser Ansicht; ich habe Grund zu vermuten, daß er für den Fall einer Verständigung mit China in Petersburg die Anknüpfung von

Beziehungen mit Korea empfehlen würde, sobald es den Amerikanern oder einer anderen fremden Macht gelingt sich dort Eintritt zu verschaffen. Dazu sind indessen die Aussichten bisher gering; Kommodore Shufeldt, der mittlerweile auch von der chinesischen Regierung ein Introduktionsschreiben für die Koreaner erhalten hat, wird trotzdem nach allem was ich höre, kaum reüssieren. Ebenso lauten die Berichte der Kommandanten der britischen und französischen Kriegsfahrzeuge (Lynx und Pegasus), die kürzlich einen Besuch in Fusan machten, wenig günstig. Der Herzog von Genua wird voraussichtlich bei seinem in diesen Tagen bevorstehenden Anlaufen von Fusan und Gensan dieselben Eindrücke empfangen. Die Abneigung gegen die Fremden in Korea ist eben gegenwärtig noch so groß, daß nur mit Gewalt etwas durchzusetzen wäre. Ein zeitweilig hier anwesender, recht intelligenter Koreaner, der gut Japanisch versteht und wahrscheinlich mit der Regierung in Seoul Verbindungen unterhält, bestätigt mir das und fügt hinzu, daß namentlich die Amerikaner und Franzosen in Korea verhaßt seien (in Folge ihres früheren kriegerischen Aufenthalts), daß man auch die Engländer nicht liebe und die Russen sehr fürchte. Deutschland, meinte er, sei in seinem Lande noch weniger bekannt, könne aber jedenfalls auf mehr Sympathien rechnen, als irgend eine andere Nation. Der Ausgang des Krieges gegen Frankreich habe bei seinen Landsleuten lebhafte Freude erregt.

Angesichts dieser Äußerungen und bei der besonderen Bereitwilligkeit der japanischen Regierung ein etwaiges Vorgehen Deutschlands in Korea nachdrücklich zu unterstützen, habe ich die Frage erwogen, ob es nicht vielleicht doch an der Zeit sein möchte, wenn ich im Auftrage der kaiserlichen Regierung von hier aus nach Korea eine zunächst ganz vertrauliche Anfrage bezüglich anzuknüpfender Beziehungen richtete. Den Japanern würde ein solches Vorgehen außerordentlich willkommen sein, sie würden den Brief durch ihre Behörde in Fusan oder durch den Gesandten, dessen Rückkehr nach Korea bald in Aussicht steht, übermitteln und ein Begleitschreiben beifügen. Käme ein abschlägiger oder gar kein Bescheid, so wäre meines ganz unmaßgeblichen Erachtens wenig verloren und man hätte wenigstens den Versuch gemacht. Die Entsendung eines seiner Majestät Schiffe nach Korea zum Zwecke der Überbringung eines Briefes halte ich nicht für erwünscht. Auch meine ich, daß das Schreiben vielleicht nur die Bereitwilligkeit der deutschen Regierung in ein Vertrags-Verhältnis zu treten, ausdrücken sollte, weniger einen diesbezüglichen Wunsch. Ich habe Gelegenheit genommen mit dem Vertreter Österreich-Ungarns über die Eventualität eines solchen Vorgehens in Korea vertraulich Rücksprache zu nehmen und Herr von Hoffer scheint geneigt, seiner Regierung ein ähnliches Verfahren zu empfehlen, sofern man in Wien überhaupt auf die Anbahnung von Beziehungen Wert legt. Daß besondere materielle Vorteile vorläufig weder Deutschland noch Österreich-Ungarn durch den Handel in Korea erwachsen werden, verhehle ich mir nicht; nach den japanischen Erfahrungen und bei der Armut des Landes werden deutsche Kaufleute in der ersten Zeit schwerlich bedeutende Geschäfte machen, aber eine gewisse Entwicklung der Handelsverhältnisse kann kaum ausbleiben. Wie dem hohen Auswärtigen Amt ich schon früher gehorsamst zu melden die Ehre hatte, ist es namentlich ein politischer Gesichtspunkt - die Besorgnis vor russischen Annexionen in Korea -, welche die hiesige Regierung bestimmt, die Zulassung einzelner, politisch nicht direkt interessierter Mächte zu wünschen. Man glaubt weniger an russische Unternehmungen, sobald z.B. Deutschland zu Korea in ein Vertragsverhältnis getreten ist und fürchtet, daß der japanische Vertrag das Petersburger Kabinett nicht genieren würde.

Zwischen Russland und Korea bestehen zur Zeit, wie ich höre, keinerlei Abmachungen, nicht einmal der Grenzverkehr ist geregelt und das Gerücht von einem in Korea eingetroffenen russischen diplomatischen Agenten bestätigt sich nicht.

Der oben erwähnte, hier ansässige Koreaner, welcher als Buddhapriester einen großen Teil seines Vaterlandes bereist hat, bezeichnet den Verkehr an der russischen Grenze als ganz unbedeutend. Wasserläufe, dichte Wälder, Gebirge und eine nahezu unbewohnte Strecke Landes von über 100 englischen Meilen (auf koreanischer Seite) sollen die Gegend schwer passierbar machen; die spärlichen, meist der Tiger- und Bärenjagd obliegenden, koreanischen Bewohner, fristen kümmerlich ihr Dasein und wandern, wie bekannt, zahlreich nach Russland aus, wo sie halb verhungert und zerlumpt ankommen und gegen Nahrung und Kleidung als willkommene Arbeiter freundlich aufgenommen werden. Etwa 10 000 dieser Leute sollen sich im Laufe der Jahre auf russischem Gebiet, das sie in Folge des in Korea bestehenden Auswanderungsverbotes nicht wieder verlassen können, festgesetzt haben; sie sind bescheiden, unterwürfig, haben geringe Bedürfnisse und leben mit den russischen Ansiedlern angeblich im besten Einvernehmen.

Die auf koreanischer Seite in weiten Zwischenräumen etablierten militärischen Grenzposten haben die Auswanderung nicht zu hindern vermocht.

An der koreanisch-mandschurischen Grenze soll im Winter, wenn die Flüsse gefroren sind, ein ziemlich reger Verkehr herrschen; die Regierung von Seoul entsendet alljährlich zur Überwachung desselben einen Kommissar in diese Gegenden. Die Hauptausfuhr aus Korea bildet Rindvieh, eingeführt werden insbesondere Pferde.

Zu China scheint Korea gegenwärtig in demselben Verhältnis zu stehen, wie Lin Kin vor der formellen japanischen Annexion; zwei Mal im Jahr, im Januar und im August, begibt sich eine Gesandtschaft von Seoul über Land nach Peking, die erste um Geschenke zu überbringen, die zweite um den chinesischen Kalender zu holen; im Übrigen ist die Regierung in Seoul als völlig unabhängig zu betrachten. Wenn ich meinem koreanischen Gewährsmann Glauben schenken darf, so besitzt Korea eine reguläre Armee von etwa 36

– 40000, größtenteils mit Gewehren älteren Modells bewaffneten, Soldaten; abgesehen von einigen stärkeren Garnisonen gehören zu jedem der 360 Verwaltungs-Bezirke (oder Präfekturen) 100-Mann-Truppen. Eine Zusammenziehung dieser einzelnen Haufen nach einem gegebenen Punkt hat anscheinend große Schwierigkeiten; mein Gewährsmann behauptet, der Vertrag mit Japan sei nur deshalb zu Stande gekommen, weil man nicht Zeit gehabt habe eine hinreichende Macht um Seoul und Fusan zu konzentrieren; die koreanische Regierung sei anfangs entschlossen gewesen sich auf nichts einzulassen. (Ein der japanischen Zeitung „Osaka Simyo" entnommener Artikel betreffend Korea ist ehrerbietig angeschlossen.)

Ich darf schließlich ebenmäßig bemerken, daß nach den Äußerungen des britischen Geschäftsträgers England vorerst Korea gegenüber passiv bleiben wird, so lange nicht Russland dort vorzugehen Miene macht.

Eisendecher

Inhalt: Korea. 1 Anl.

Anlage Bericht № 96.

A LETTER FROM COREA.

(The Osaka Simpo.)

(Readers will please note that the following are extracts from a private letter, dated June 22nd, sent to a member of this office, by his friend in Fusan).

Concerning the prohibition of the export of rice, of which so much has been said, there were one or two cases more, in which the article intended for export was confiscated and the owners arrested; however, it appears now that the government proclamation, withdrawing the prohibition, has become thoroughly known to the Coreans, and the vessels laden with rice are coming one after another into the port.

On the 18th June Mr. Consul Kondo held an evening party, which can be described briefly as follows: - The Consulate, as well as the gardens attached to it, was brilliantly illuminated with a great number of little paper lanterns, and in the drawing room in the upstairs of the Consulate, the Corean musicians, who were invited for the occasion, played the national tunes of Corea, and performed Corean dances. The last dance, performed by an old Corean, resembled very much our own, and it was so comical that it provoked the audience to hearty laughter.

The Amagi-kwan, in the harbour, was also illuminated on both sides with red and blue lights, and some fifty fireworks were displayed to enhance the amusement of the evening. The gentlemen present were the Consul (the host), and his attaches; the captain and the Officers from the Amagi-kwan, and the principal merchants.

As to the Corean guests, there were the Bensatsu-kwan (a title of an Office) and his suite, and the officers of the Custom House, numbering in all (including the Japanese) nearly a hundred. After spending the evening in a most pleasant manner, the party separated at about 11 p.m. Many people, native as well as Japanese, flocked near the grandest gathering we have ever seen since opening of the port.

Since the establishment here of the police force, the registration of the settlers is very well attended to, but owing to the want of a sufficient number of policemen, theft is very frequently committed by the Coreans, and no house situated at Hommachi has escaped their depredations. Last night (22nd), during the storm, a large amount of the Corean cash (some say it was 500 kwan of cash, equal to our 1,350 yen, but the accurate amount is not known), which was deposited in the godown belonging to the First National Bank, by which it was taken as security, was stolen; and the whole inhabitants are so much disturbed, that they cannot sleep with ease and comfort.

There being signs of cholera breaking out in many Fu and Ken of our native land, a meeting was opened on the 20th June to deliberate on sanitary matters, and it is to continue for ten days, every evening. It is presided over by Mr. Kondo, and there are 20 persons assembled, consisting of the attaches of the Consulate, the police officers, the physicians, the members of the Chamber of Commerce, and the principal merchants. The constitution of the members of the Chamber of Commerce of this port is of a different nature from those of our native land. The members elected by ballot from every ward, and they are only required to attend to commercial matters, but often to political matters. In this respect, they resemble the members of a Fu assembly. So they are now called upon to participate in the deliberation on sanitary matters.

The Amaki-kwan left this port suddenly for Gensan-shin yesterday (22nd). It is said that the engines of that ship are a little damaged, so after a short stay at Gensan-shin she will be sent to Nagasaki, where the necessary repairs will be made.

The appearance of foreign men-of-war at this port seems to be the order of the day. We had an American man-of-war in the harbour, and soon after an English one and again, on the 16th June, a French man-of war. Fournier (the name of the captain, apparently mistaken for the name of the ship, which I presume was the Lynx-Tr.) made her appearance. The captain and a few officers immediately landed in our settlement, and applied to Mr. Consul Kondo for his introduction to the governor of Toraifu, and begged the permission of that functionary to travel to that city, through Mr. Kondo. He also requested Mr. Kondo to forward a letter (the captain's private letter) to the governor.

The Consul accordingly communicated the matter to the governor of Toraifu, but it cannot be supposed for a moment that the officials of the Corean government, who are strict adherents to the policy of closing the ports, would ever entertain such a desire with favour, so they not only forbade the journey of the Frenchmen, but also refused to receive the letter, acting in the same manner as they did to the Americans.

The Frenchmen having no hope of success, left for Nagasaki on the 18th, very early in the morning. The weather at this port is naturally very changeable, but we are now in the wet season, and when the sun shines the thermometer is between 75 and 80 degrees, but when it rains it suddenly falls to 64 or 65 digress, and we have often to change our clothes, which is troublesome.

The origin and commencement of our commerce with foreign nations are very old. More than two thousand years ago, in the 90th year of the reign Suijin Tenno (A.D. 61), Taji Mamori was sent to the country of Tokoyo to obtain some fragrant herbs; and this was the occasion.

The code promulgated in the 4th year of the reign of Montoku: Tenno (854), contains the following articles: - "No bows, arrows, and no other military weapons are allowed to be used in exchange with the goods of any barbarians; and no iron-smith is allowed to live in the eastern and the northern portions of the empire." "Before the government officials have made the exchange of goods, no person is allowed to make the exchange secretly with any barbarians."

"No articles so prohibited are allowed to be sent beyond the boundary (of the empire), except those granted by the emperor to the barbarians who come to pay homage to the Imperial court." Besides, in the 2nd year of Jingokeiun, in the reign of Shotoku Tenno (768) quantities of cotton were distributed to Sadaijin, Udaijin and downwards, to purchase with the goods of Shiraki (one of the kingdoms in ancient Corea); in the 2nd year of Kasho, in the reign of Jimmio Tenno (849) a trading ship from China (To dynasty) arrived at Dazaifu (in Kiusiu), and in the 14th year of Jogan, in the reign of Seiwa Tenno (872), the Kuranoriyo (department of treasury) exchanged goods with the people from Bokkai (a province of China), and the people of the capital were allowed to make exchange of goods with them. The number of arrivals of the Chinese ships increased throughout the dynasties of So, Gen and Min. As to the European ships, the Portuguese vessel, which arrived in the 12th year of Tenmon (1543) at the time of the

Shogun Ashikaga Yoshiharu, at Tanegashima, introducing the guns, was the first. The opening of Nagasaki to the trade with the Portuguese, which was largely done, was in the 1st year of Genki, in the reign of Ogimachi Tenno (1570). The trade with the English and Dutch was commenced in the 5th year of Keicho (1600), in the reign of Goyoji Tenno, when the trading ships of the two nations arrived at Sakai in Idzumi, whence they went to Yedo, where (?) Yanyans and Anjin (Will Adams), the Dutch and the English chiefs respectively, had interviews with Tokugawa Iyeyasu and obtained permission to trade regularly every year.

At this period, our merchants knew the advantages of going abroad for trade; and the example of one Ibarakiya and one Amagasaki who obtained permission of the government to trade in Annam, was followed subsequently by about five or six thousand men, who obtained permission to trade in Cambodia, Siam and other western countries, and they went abroad, but it is to be regretted very much that the brave and enterprising spirit of those men was checked by the policy of the expulsion of foreigners, since the prohibition of the Catholic religion, and such spirit was soon crushed down after a few years. The trade was now confined to Nagasaki, with the merchants by the foreign ships; and the government did nothing but limit the number of the trading ships and the general foreign trade; so the advantages of the commerce was seized by the merchants of Min (China) and of the West.

The import of manufactured goods was great, but gold and silver were shipped away in large quantities. During fifteen years only, between the 9th year of Genroku (1696) and the 7th year of Hoyei (1710), in the reign of Higashiyama Tenno, and the shogun of Tokugawa Tsunayoshi, old gold and silver worth 11,659,699 yen in the present currency were shipped away.

Again, during five years between the 1stand the 5th years of Shotoku (1711-1717), in the reign of Nakamikado Tenno and the shogun Iyetsugu, 173,665 yen worth of the precious metals left Japan. Since then, for 143 years till the 5th year of Ansei (1858), when the treaty of commerce was made with America, English and other western nations, more or less coins were sent beyond the sea every year. Still at the present day, while the trade is carried on regularly with a dozen foreign countries, the export of the precious metals is increasing.

Ah! In the country which is so old in the matter of commerce as to have continued trading above two thousand years, what is the reason of our merchants not being skilled in it, and instead of accumulating wealth, of their always occasioning losses? We think there are more than one reason for this, but the fact of their not trading abroad, and being contented in awaiting the import of foreign goods, has a share in it to a great extent.

There are many places abroad for their enterprise, and those who have recently established themselves at Shanghai, Tientsin, Hongkong, Fusan, and Vladivostock are doing pretty well.

Fusan is the only port which was opened solely by us, so Corea, amongst all other countries of our commerce, stands first for the promotion of our enterprise. We have there our own settlement, which will serve as the model to our merchants in the future. Although the country itself is but a poor and sterile one, either the decline or prosperity of the Corean trade will have great concern in ours. We are in receipt of a table of import and export of Fusan, which we will fully produce in our further issue; we here only make the brief mention of it, as follows: -

October, 12th year of Meiji

Orignal Value.

Japanese goods- 18 sorts · · · · · · · · · · · · · · · Yen 5,233

Import -

Foreign ,, 18 ,, · · · · · · · · · · · · · · · 62,478

Export -

Corean ,, 21 ,, · · · · · · · · · · · · · · · · 60,560

Number of settlers - 798; 523 male, 275 female.

November.

Japanese goods - 24 sorts · · · · · · · · · · · · · · · Yen 6,387

Import -

Foreign ,, 17 ,, · · · · · · · · · · · · · · · · · · 25,711

Export -

Corean ,, 35 ,, · · · · · · · · · · · · · · · · · · · 69,387

Number of settlers - 1,008; 683 male, 325 female.

December

Japanese goods - 19 sorts · · · · · · · · · · · · · · · Yen 6,625

Import -

Foreign ,, 19 ,, · · · · · · · · · · · · · · · · · · 65,416

Export -

Corean ,, 28 ,, · · · · · · · · · · · · · · · · · · · 63,368

Number of settlers - 1,150; 786 male, 364 female.

January, 13th year of Meiji.

Japanese goods - 18 sorts · · · · · · · · · · · · · · · Yen 5,570

Import -

Foreign ,, 15 ,, · · · · · · · · · · · · · · · · · · 44,102

Export -

Corean , , 22 , , · · · · · · · · · · · · · · · · · · 68,591

Number of settlers - 1,144; 763 male, 381 female.

February

Japanese goods - 15 sorts · · · · · · · · · · · · · · · Yen 4,131

Import -

Foreign , , 16 , , · · · · · · · · · · · · · · · · · · 47,879

Export -

Corean , , 18 , , · · · · · · · · · · · · · · · · · · 80,858

Number of settlers - 1,147; 769 male, 378 female.

Can the increase or decrease of our population at the Settlement indicate the prosperity or decline of our trade with Corea? According to the foregoing tables, we see that the population, which numbered 798 in October last, had increased to 1,000 in the following month, 1,144 in January, 1,198 in March, growing to 1,291 in April, showing an increase of 500 persons since October last. This alone would appear to be an indication of the improvement of trade, but the port of Fusan being merely a trading place, and not a permanent colony where the cultivation of the soil is required of us, the prospect of trade cannot be judged by the increase of population only. Can we judge it, then, by the increase or decrease of the amount of exports and imports?

The total export and import trade in October last was 128,371 yen; in December, 141,428 yen; in February, 132,666 yen; and in April, 137,146 yen. There is a slight increase to be noticed this year, but there are some articles which have to be reshipped to Japan, which average from 500 to 1,000 yen per month. As to the difference in value between the exports and imports, we see a worse result this year than last, the Corean demand having fallen off. In October last the imports exceeded the exports by more than 7,000 yen in December by over 8,000 yen, but in February of this year the balance of trade was reversed, the exports exceeding the imports by nearly 3,000 yen, and in April by over 4,500 yen; therefore the increase in the total amount of the imports and exports cannot be taken as an indication of the favourable prospects of the trade.

Besides which, those imports comprise more foreign goods than our own, the latter not reaching half the amount of the former.

In order to show this difference, let us take the month of October last as an example, when the total imports exceeded 69,999 yen, the foreign goods amounting to 57,000 yen. Though it may be said that there has been a slight improvement this year, still of a little over 48,000 yen, which was the total amount of the imports in March, about 37,000 yen was for foreign goods. Therefore our future efforts to reduce the imports foreign goods will meet with the utmost difficulties; and we have a great task before us in order to import foreign and Japanese goods in equal proportions. Our Government, being sensible of this, bestows especial attention on the trade with Corea, and our merchants there, knowing this, have established a Chamber of Commerce, hold friendly meetings frequently, and strive in every way to improve the trade; but if the tables given are correct we cannot undertake to say that the trade with Corea has manifested any signs of improvement from October to April last, a period of 210 days.

Such is the result of the trade at Fusan, where the natives thoroughly understand the benefits to be derived from commerce. Can we then hope with confidence for the future prosperity of trade at Gensan-shin, with yet another port to be opened? If we consider the present condition, we cannot have much hope for the future, but may suppose that the general prospects may be somewhat improved, Gensan-shin being near the capital of the Corean kingdom and those merchants who are going to reside there being of a richer and higher class than the others; together with the fact that better regulations for commerce shall be framed out of the experience gained by contact with the Coreans at Fusan.

As regards to our merchants at Fusan, they certainly would not prefer to import foreign goods in preference to our own, but owing to the choice of the Coreans being rather on the side of foreign goods than our own, they are probably obliged to do contrary to their wishes, in order to suit the demand. So notwithstanding the good advice of the Consul, and against their own wish, they have been importing foreign goods greatly in excess of our own.

On further consideration of this matter, we believe that although the Coreans in the interior may be different in point of honesty and simplicity from those who live near Fusan, who have had long intercourse with Japanese and are acquainted with business, still there will be no difference in their partiality for foreign goods, as those sold by us at Fusan have doubtlessly found their way into the capital and other large towns. Some are compelled to conclude that the result of the opening of the new port and the observance of the improved regulations may appear in the increase of imports and exports, but it is impossible, while our own national productions remain unimproved, to produce an entire change of prospect, by reducing the imports of foreign goods to one fourth of one fifth of our own.

We shall have something further to remark on this subject in our next issue.

Even we, who are not directly interested in the Corean trade, feel strongly the importance of entirely withdrawing foreign goods from the Corean market, in order to insure our prosperity there; and we cannot help deploring that this cannot be done now. How much more, then, must this be felt by the merchants who are trading in Corea. However, neither the wish of the Chamber of Commerce, nor the efforts of the Consul at Fusan, can alter the choice of the Coreans from foreign goods to our own; and of our imports there the former are always far in excess of the latter. How difficult is the trade with Corea!

This we believe, as we have said, arises from the fact that our commerce with Corea was opened in the time of Shiraki and Koma (ancient kingdoms in Corea), which has been continued above 2,000 years, and the two countries being close to each other, with somewhat similar national customs and productions, they do not feel so much curiosity and convenience in our goods as they do in foreign goods. Therefore it is certain so long as our manufactures are not improved our goods cannot have any weight in the Corean market, in spite of the efforts of the Consul and the Chamber of Commerce.

The policy of the Coreans - upper and lower classes alike - is the closing of their ports and the expulsion of foreigners; so they dislike America and France as serpents, and hate Russia and England as demons, strongly resembling our own condition during the period of Kayei (1848-53) ; however, it is evident that a little country like Corea cannot keep for long her stupid policy against the tide and wind of the world.

Notwithstanding, whether through peaceful means or warlike force, if a port is once opened to the nations of Europe and America, their influence will be sure to produce (* These and other figures do not agree with the tables given, but I can do nothing but leave them as they are. - Tr.) a revolution in her policy, unexpected to the Coreans, and will move her towards the path of civilization. This we know from our own experience, in what has taken place in our own country during the last ten years. Then the new things to be undertaken by Corea will be the reorganization of her army and navy, the establishment of scientific schools, and the construction of railways and telegraphs; and the merchandise to be demanded by will necessarily be arms, medicines, scientific instruments, iron and glass ware, kerosine oil, sugar, blankets, and all other articles of European and American production.

It is well as long as our merchants continue to hold the monopoly of the Corean trade, and act the part of brokers for merchandise from abroad, but it will not be many years before a treaty of commerce is forced upon Corea by Russia, England, America and France, as will be seen from our correspondence from Corea as well as the foreign news, given in our columns from time to time. So it will not be long before Europeans and Americans shall establish themselves in Corea, where their merchandise shall be directly imported by themselves, when there will be an end to our brokering business. What result will we see in the amount of imports and exports, if our trade remains till then in the same condition as at present?

If we compare the amounts of imports and exports during March and April last, we will find that the total amount of exports in March and April was 63,462 and 91,299 yen respectively, while that of the imports in the same period is only 5,394 and 4,288 yen; and the round sums of 50,000 and 80,000 yen, the difference between them, being paid in specie by us - to the Coreans, will serve as their funds wherewith to purchase more foreign goods. Everybody who has seen the tables of imports and exports at Fusan should be aware of this deplorable fact, and this only after a few years' intercourse with that country.

Although, therefore, the number of settlers has been increasing and the general condition of things seems improving, the commerce there can not be taken as an encouragement of enterprise abroad to all merchants. Such is the fact at present, so when we shall come to witness the sad event of our brokerage of foreign goods being destroyed and our merchants being driven out of the field by the new comers - the Europeans and the Americans - and the money expended hitherto on the Corean commerce by our government and people turn out to be mere water floss. Besides, our failure in Corea will greatly discourage our foreign trade in the future, and hinder the growth of our general commerce, of which we have no doubt.

In order to prevent the future failure, to maintain the trade in Fusan, to secure our prosperity at Gensan-shin, and another ports yet to be opened, and to contend successfully against the smart Englishmen and Americans, and the cunning Russians and Frenchmen, who will establish themselves there and will try to deprive us of our commercial advantages, what means will serve the purpose best? We believe if our patriotic people will, with untied effort, give attention to the mining of metals, and the grazing of cattle, to the cultivation of waste lands, and to the establishment of manufactories, where arms, medicines scientific instruments, iron and glass ware, kerosine oil, sugar, blankets, and any other such articles as are imported from Europe and America, can be produced, whereby we can prevent the excessive imports of goods into our own, country, and there is no reason why we, who are only at a distance of 18 ri from the Corean market, cannot cope with the Europeans and the Americans, who are many thousand ri away and therefore compelled to spend a great deal of time and money in coming there, provided we form a large "Corean Trading "Society," and find out the taste and fancy of the Coreans.

Besides, the Coreans being people of simple and economical habits, they would not care whether the articles were of European or Japanese make, so long as they were handy and convenient, and the prices cheap. Also our national productions, which will suit the taste of the Coreans, are not wanting. Indeed, our merchants being naturally only accustomed to the siting trade (meaning trade at home), and not to the walking trade (meaning trade abroad), the advantages have always been seized by the foreigners; and now what would serve us as the step of trading abroad and its encouragement, breaking the old dull custom, can be sought nowhere except in our trade in Corea. - Hiogo News Translation.

Berlin, den 24. September 1880. A. 5760

An
die Missionen in
1. Petersburg № 729

Ew. pp. beehre ich mich beifolgend zur gefälligen vertraulichen Kenntnißnahme. Abschrift eines Berichts des K. Gesandten in Japan vom 22. Juli, Korea betreffend
ganz ergebenst zu übersenden.
In Vertretung des Reichskanzlers.

(i. m.)

Korea

PAAA_RZ201-018901_097 ff.			
Empfänger	Auswärtiges Amt in Berlin	Absender	Eisendecher
A. 5970 27. September 1880.		Tokio, den 19. August 1880.	
Memo	Pr. Baden-Baden d. 30. Septbr. 80. № 22. s. Erl. v. 28. 10. nach Tokio A3 s. Ang. v, 27, 10. an den österr. Geschäftsträger hier.		

A. 5970 27. September 1880.

Tokio, den 19. August 1880.

№ 104.

A. 42.

An das Auswärtige Amt des Deutschen Reiches, Berlin

Im Anschluß an die gehorsamsten Berichte, welche ich neuerdings über Korea zu erstatten die Ehre hatte, darf ich nunmehr ebenmäßig melden, daß Kommodore Shufeldt seither vergebens auf ein Antwortschreiben der koreanischen Regierung gewartet hat und wahrscheinlich binnen kurzem die japanischen Gewässer verlassen wird. Bei der absolut ablehnenden Haltung der Koreaner und angesichts der Instruktionen von Washington, welche ihm anscheinend ein gewaltsames Vorgehen nicht gestatten, bleibt dem Kommodore nichts übrig, als unverrichteter Sache heimzukehren.

Über den Besuch des Herzogs von Genua in Korea ist hier noch nichts bekannt geworden, man erwartet den Herzog mit seinem Schiffe demnächst in Yokohama. Meines ganz unmaßgeblichen Erachtens dürfte Seine Königliche Hoheit kaum glücklicher gewesen sein als Kommodore Shufeldt. Daß er einen Versuch gemacht hat mit Korea Beziehungen anzuknüpfen, möchte ich nach den Äußerungen des Grafen Barbolani annehmen. Der Letztere meint, Italien habe ein ganz besonderes Interesse zu Korea in ein Vertragsverhältnis zu treten, da die dortigen Seidenwürmer ein vorzügliches Gespinst lieferten und sich für Italien besser eigneten wie die japanischen.

Der langerwartete koreanische Gesandte traf mit zahlreichem Gefolge kürzlich in Tokio ein. Der vornehmliche Zweck seines Herkommens scheint die den Japanern vertragsmäßig zugesagte und von Korea nicht gewünschte Eröffnung eines dritten Hafens zu sein. Ferner sollen Differenzen betreffend den Zolltarif, das dauernde Residieren des japanischen

Vertreters in Seoul, sowie die Reisausfuhr aus Korea von dem Gesandten hier geschlichtet werden.

Wie mir Herr Inouye gestern mitteilt, zeigt der Gesandte durchaus keine Neigung mit den hiesiegen fremden Kollegen bekannt zu werden; der Minister wird indessen dennoch eine Begegung herbeizuführen suchen und ist inzwischen bemüht, den Koreaner von der politischen Nützlichkeit eines Verkehrs mit anderen Mächten zu überzeugen.

Eisendecher

Inhalt: Korea

[ ]

PAAA_RZ201-018901_101 f.			
Empfänger	Bismarck	Absender	
A. 6070 pr. 1. Oktober 1880.		Wien, den 30. September 1880.	
Memo	s. Ang. vom 27/10 nach Wien 840		

A. 6070 pr. 1. Oktober 1880.

Wien, den 30. September 1880.

Seiner Durchlaucht
dem Herrn Reichskanzler Fürsten von Bismarck, Berlin.

Baron Haymerle hat mir einen Bericht des K. U. K. Österreichischen-Ungarischen Gesandten am Japanischen Hofe vorgelesen, wonach letzterer von Herrn von Eisendecher aufgefordert ist, sich den Schritten, welche dieser beabsichtigt, um von der koreanischen Regierung die Eröffnung jenes, dem europäischen Handel bisher verschlossenen Landes zu erwirken, anzuschließen. Baron Haymerle sagte mir, daß er gern bereit sei, mit der Deutschen Regierung bei diesem Schritte Hand in Hand zu gehen, bemerkte aber, daß den europäischen Kriegsschiffen, welche sich bisher dort gezeigt hätten, meist eine sehr unfreundliche Behandlung zu Teil geworden sei.

Da mir in dieser Angelegenheit vom Auswärtigen Amts aus noch keinerlei Mitteilungen oder Instruktionen zugegangen sind, so habe ich den Minister gebeten, den dortigen K. und K. Österreichisch-Ungarischen Geschäftsträger zu beauftragen, dieserhalb Erkundigungen einzuziehen.

[*sic.*]

[ ]

PAAA_RZ201-018901_103			
Empfänger	Auswärtiges Amt in Berlin	Absender	Brandt
A. 6181 pr. 6. Oktober 1880.		Peking, den 14. August 1880.	
Memo	s. Ang. v. 15. 11. nach Madrid		

Abschrift Ⅱ 29908.
Gesandtschaft des deutschen Reiches in Peking
A. № 109.

A. 6181 pr. 6. Oktober 1880.

Peking, den 14. August 1880.

An das Auswärtige Amt, Berlin

Der Versuch der Regierung der Vereinigten Staaten mit Korea in Verbindung zu treten, die in der letzten Zeit sich häufig wiederholenden Besuche englischer und französischer Kriegsschiffe in dem Hafen von Fusan, sowie vielleicht auch ein unbestimmtes Gefühl, daß bei Zusammenziehung eines starken russischen Geschwaders in den Ost-Asiatischen Gewässern voraussichtlich gleichzeitig irgend welche Maßregeln mit Bezug auf Korea ins Auge gefaßt worden seien, scheinen auf die Chinesischen Staatsmänner ihren Eindruck nicht verfehlt zu haben. Wenigstens hat der General-

Gouverneur Li hung chang vor Kurzem ein Schreiben an den König von Korea gerichtet, in welchem er denselben auffordert, sein Land dem fremden Verkehr zu öffnen. Ein ähnliches Schreiben vom Mai 1879 war erfolglos geblieben, über das Resultat dieses zweiten Versuchs habe ich bis jetzt nichts erfahren können.

(gez.) Brandt.

Beziehungen zwischen Korea und den Europäischen Mächten.

PAAA_RZ201-018901_104 ff.			
Empfänger	Graf zu Limburg-Stirum	Absender	M. Pasetti
A. 6461 pr. 16. Oktober 1880.		Berlin, den 16 Oktober 1880.	
Memo	vertraulich s. Ang. v. 27. 10. nach Wien 840. s. Ang. v. 27. 10. an den Oesterreich. Geschäftsträger hier. s. Erl. v. 28. 10. nach Tokio A. 3.		

A. 6461 pr. 16. Oktober 1880. 1 Anl.

Berlin, den 16 Oktober 1880.

Sr. Hochgeboren Herrn Grafen zu Limburg-Stirum
Kgl. Preußischem Gesandten etc. etc. etc. Berlin.

Hochgeborener Graf!

Wie Euer Hochgeboren aus dem abschriftlich mitfolgenden Berichte des K. u. K. Minister-Residenten in Japan Herrn von Hoffer gefalligst entnehmen wollen,[13] erbittet sich eine Instruktion über sein Verhalten gegenüber der vom Kaiserlich Deutschen Gesandten Herrn von Eisendecher, an ihn gerichteten Aufforderung zu gemeinsamen Schritten bei der koreanischen Regierung um dieses Land dem europäischen Handel zu erschließen.

Euer Hochgeboren wollen daraus zugleich die hierbei in Betracht kommenden tatsächlichen Verhältniße und die Erwägungen entnehmen welche Herrn von Hoffer veranlassen, der K. u. K. Regierung das Eingehen auf die Anregung des deutschen Vertreters nahe zu legen.

Bevor meine Regierung diesem Antrage näher tritt, wünscht dieselbe darüber orientiert zu sein, wie die Kaiserlich deutsche Regierung über eine derartige Aktion bei der koreanischen Regierung denkt, wie weit sie dieselbe zu verfolgen entschlossen ist und ob sie auf die Cooperation Österreich-Ungarns in der Tat großen Wert legt.

Ich erlaube mir daher, erhaltenem Auftrage gemäß bei Euer Hochgeboren diesen Gegenstand in ganz vertraulicher Weise, ganz ergebenst zur Sprache zu bringen und mir

13 ["Wie … wollen,": Von anderer Hand durchgestrichen und darüber "Der K. u. K. Minister-Resident in Japan" geschrieben.]

über die vorstehenden Fragepunkte eine gefällige Mitteilung unter Rückschluß der zuliegenden Abschrift zu erbitten.

Zugleich benütze ich diesen Anlaß um Euer Hochgeboren den Ausdruck meiner ausgezeichnetsten Hochachtung zu erneuern.

M. Pasetti

Inhalt: Beziehungen zwischen Korea und den Europäischen Mächten.

---

ad. № 6461.

Abschrift
eines vertraulichen Berichts des Ritters
v. Hoffer. d. d. Tokio, den 5. Juli 1880

Der kaiserlich deutsche Gesandte am japanischen Hofe, Herr von Eisendecher, hat ganz vertraulich die Aufforderung an mich gerichtet, mich einen von ihm beabsichtigten Schritte anzuschließen, um von der koreanischen Regierung die Eröffnung jenes bisher dem europäischen Handel verschlossenen Lands zu erwirken.

Der von Herrn von Eisendecher vorgeschlagene modus procedendi bestände darin, sich zunächst bei dem Abgesandten Koreas, dessen Ankunft im Laufe dieses Monats hier entgegengesehen wird, der Geneigtheit der Koreanischen Regierung zur Einleitung derartiger Verhandlungen zu versichern.

Im Falle daß diese Vorbesprechungen ein günstiges Resultat ergäben, würden wir mittelst kollektiver Note den formellen Antrag an die Koreanische Regierung stellen, und diese Note behufs Beförderung an ihre Bestimmung den japanischen Minister des Äußern übergeben.

Das weitere Vorgehen würde von der Antwort der Koreanischen Regierung abhängig sein. Wenn dieselbe, wie erwartet werden kann, zustimmend lautet, so bin ich von Herrn v. Eisendecher eingeladen, mich mit ihm an Bord eines der ihm zur Verfügung stehenden deutschen Kriegsschiffe der ostasiatischen Station nach Korea zu begeben, um mit der Regierung des Landes gemeinschaftlich die Verhandlungen zu beginnen, deren Zweck wäre, Korea dem deutschen und dem österreich-ungarischen Handel zu erschließen. Eine militärische Aktion sei, wie Herr Eisendecher bemerkt, auch im Falle der Weigerung der koreanischen Regierung auf Verhandlungen einzugehen, ausdrücklich ausgeschlossen.

Auf diese Aufforderung habe ich dem deutschen Gesandten erwidert, daß ich im Hinblick auf die innigen, zwischen unseren Regierungen bestehenden Beziehungen in allen innerhalb des Rahmens der Traktate befindlichen Fragen mich ohne Zaudern zu gemeinschaftlichen Schritten ihm anschließen würde, sowie ich auch, wie ihm ohnehin bekannt, seitens der K. U. K. Regierung beantragt sei in Angelegenheit der Vertragsremission Hand in Hand mit ihm zu gehen.

Der vorliegende Fall sei aber außerhalb dieses Rahmens gelegen. Ich glaubte daher in dieser Frage vorerst die Weisungen meiner Regierung erbitten zu müssen.

Herr v. Eisendecher erklärte, daß er diese Erwägungen vollständig würdige.

Er werde auch seiner Regierung telegraphisch berichten, sobald er sich bei dem Koreanischen Abgesandten über die Absichten der Koreanischen Regierung Aufklärung verschafft habe, betreffs seiner weiteren Schritte und eventueller Zwischenfälle werde er überdies nicht ermangeln mich in Kenntniß zu erhalten.

Da die Ankunft der Koreanischen Abgesandten sich noch längere Zeit verzögern kann und auch die Vorverhandlungen der deutschen Gesandten mit dem Koreanischen Diplomaten voraussichtlich keinen gar zu raschen Verlauf nehmen werden, so wäre immerhin möglich, daß gegenwärtiger Bericht in die Hände E. E. gelangt, bevor sich das kaiserliche Kabinett in Berlin in dieser Frage an Hochdieselben gewendet haben wird.

Indem ich die telegraphischen Befehle E. E. hiermit ergebenst erbiete, erlaube ich mir noch folgende erläuternde Bemerkungen beizufügen.

Japan, welches in früheren Zeiten Souveränität-Rechte über Korea ausgeübt hat, ist der einzige fremde Staat, dem einzelne Punkte Koreas traktatmäßig erschlossen sind und welcher regelmäßige Handelsbeziehungen mit Korea unterhält.

Es ist eine unbestreitbare Tatsache, daß es Japan gelungen ist, durch eine kluge Pflege dieser Beziehungen einen stetig wachsenden politischen Einfluß in Korea zu gewinnen, welches in dem ostasiatischen Inselreiche den Schützer seiner Integrität gegenüber China sieht, während es den Interessen Japans in Korea entspricht, alle Bestrebungen zu unterstützen, welche das Abhängigkeitsverhältnis jenes Landes zu China noch mehr zu lockern geeignet sind. Doch ist es natürlich, daß Japan den Bestrebungen solcher Mächte den Vorzug gebe, von denen Japan glaubte

keine Annexions-Politik in Korea besorgen zu müssen. In diesem Augenblicke ist Japan von verschiedenen Mächten umworben, welche dessen Einfluß in Korea im eigenen Interesse benutzen möchten. Nordamerika, Frankreich, England, Deutschland und selbst Italien.

Von allen diesen Bestrebungen ist jene Deutschlands den japanischen Staatsmännern am sympathischsten, da sie der Meinung sind, daß die deutsche Regierung in Korea sowie in Ostasien überhaupt zunächst nur Handelszwecke verfolge. Es unterliegt daher keinem Zweifel, daß Japan für Deutschland dasselbe, wenn nicht Besseres tun werde, was es vor einigen Wochen auf Drängen des nordamerikanischen Gesandten dem nordamerikanischen Kommodore Shufeldt zugestanden hat, der mit einem Empfehlungsschreiben des Ministeriums des Äußeren für die koreanischen Behörden versehen wurde.

Der deutsche Gesandte in Japan seinerseits legt aber offenbar großes Gewicht darauf, die ersten Schritte in Gemeinschaft mit einer innig befreundeten Macht zu tun, denen friedliche Absichten und loyale Gesinnungen jeden Gedanken einer Eroberungspolitik in Ostasien ausschließen.

Es ergibt sich auch jetzt die günstige Kombination, daß selbst China angesichts des mit Rußland drohenden Konfliktes, die Eröffnung vertragsmäßiger Beziehungen Koreas zu anderen Mächten mit Befriedigung aufnehmen würde, da China in solchen neuen Beziehungen Koreas zu fremden Ländern einen Damm gegen das Vordringen Rußlands an seiner östlichen Grenze erblicken würde. Überdies liegt bereits das Beispiel des zwischen Japan und Korea abgeschlossenen Vertrages vor.

Korea der abendländischen Kultur und dem Handel zu erschließen, nachdem alle früheren in dieser Richtung unternommenen Versuche nichtasiatischer Mächte erfolglos geblieben sind (so vor Kurzem die direkten Anerbietungen von Nordamerika und Frankreich), wäre allerdings ein schönes Ziel und Deutschland unser natürlicher Bundesgenosse zur Erreichung derselben.

Genehmigen u. s. w.

Berlin, den 27. Oktober 1880 A. 6070. 6461

An
Tit. Prinz Reuss

Wien № 840
j. e.A. 6461 ohne die Anlage und mit Weglassung des Eingeklammerten, sowie des diesseitigen Schreibens an Freiherrn von Pasetti

Unter Bezugnahme auf den ergb. Bericht № 460 vom 30. v. Mts., die Beziehungen zwischen Korea und den europ. Mächten betreffend, beehre ich mich hiermit angebogen Abschriften aus Schreiben des österr.-ung. Geschäftsträgers vom 16. d. M. und der diesseitigen Antwort darauf, zur vertraulichen Kenntnisnahme g. a. zu übersenden.

I. V. d. R k.
[Unterschrift]

Berlin, den 27. Oktober 1880 A. 6461. 5710. 5970. (II Angabe)

An

Tit. Freiherr von Pasetti

Berlin

Ew. tit. danke ich erg. für die gefällige Mitteilung des wider beigefügten Berichtes des K. u. K. österr.-ung. Minister-Residenten in Japan, der im wesentlichen bestätigt, was der k. Gesandte in Tokio, Herr von Eisendecher, über gemeinsame Schritte bei der korean. Regierung, um dieses Land dem europäischen Handel zu erschließen, nach hier berichtet hatte.

Herr von Eisendecher ist seitdem beauftragt worden, mit vorsichtiger Zurückhaltung von Maßregeln Abstand zu nehmen, welche seinen, oder den vereinten deutsch-österr. Bemühungen einen wahrnehmbaren Eclat bereiten könnten. Die Entsendung eines deutschen Kriegsschiffes nach Korea wäre deshalb auch nicht anzuempfehlen; dagegen erachten wir es zulässig, daß H. von Eisendecher eine Anfrage bezüglich anzuknüpfender Handelsverbindungen an die Regierung von Korea machte, vorausgesetzt, daß diese Anfrage eine vertrauliche bleiben könnte und daß mit einiger Zuversicht anzunehmen wäre, dieselbe würde in Seoul eine freundlichere Aufnahme finden, als ähnlichen Schritten anderer Großmächte seither dort zu Teil geworden ist. Sollte dazu kein Anlaß vorhanden sein, so würden wir es anderen Staaten, die ein größeres Interesse als wir an der Eröffnung von Korea haben, überlassen, die Initiative zu ergreifen, um Korea dem Verkehr mit Europa zu erschließen.

Indem ich mich der Erwartung hingeben darf, daß Instruktionen, wie sie dem kaiserl. Gesandten in Tokio erteilt worden sind, der K. u. K. Oesterr.-Ung. Regierung unbedenklich erscheinen werden, habe ich deshalb Herrn von Eisendecher ersucht, auch in Zukunft gemeinschaftlich mit Herrn von Hoffen in der in Frage stehenden Angelegenheit vorzugehen.

Ich ergreife diese Gelegenheit um Ew. Tit. den Ausdruck meiner ausgezeichneten Hochachtung zu erneuern.

R. d. H. G. z. L. St.

[Unterschrift]

Berlin, den 28. Oktober 1880 A. 5970. 5710. 6461 (I Angabe)

An
Tit. von
Eisendecher

Tokio
№ A.3

Unter Bezugnahme auf die geh. Berichte № 96 und 104 vom 22/7 und 19/8- teile ich Ew. tit. erg. mit, daß die oesterr. -ungarische Regierung, nachdem sie durch ihren Vertreter in Tokio von seinen Unterredungen mit Ew. tit., die Eröffnung von Korea betreffend, unterrichtet worden ist, ihre Bereitwilligkeit zu erkennen gegeben hat, in dieser Angelegenheit Hand in Hand mit uns vorzugehen. Das Wiener Kabinett hat jedoch gleichzeitig daran erinnert, daß die wiederholten Versuche fremder Mächte, mit den Koreanern in Verbindung zu treten stets auf starken Widerstand gestoßen sind und daß bisher keine Anzeichen vorliegen, wonach zuversichtlich anzunehmen wäre, die vereinigten deutsch-österreichischen Bemühungen werden bessere Resultate erzielen, als von anderen Großmächten erreicht worden sind. -Ew. tit. gefällige Berichte bestätigen dies, mir scheint es daher geraten, mit Zurückhaltung von Maßregeln Abstand zu nehmen, welche uns einen wahrnehmbaren Eclat bereiten könnten. Ich bin deshalb mit Ew. tit. einverstanden, daß die Entsendung eines deutschen Kriegsschiffes nach Korea nicht angezeigt ist; dagegen erscheint es - soweit die Verhältnisse von hier aus übersehen werden können - zulässig, eine Anfrage bezüglich anzuknüpfender Handelsverbindungen, an die Regierung von Korea zu richten, vorausgesetzt, daß eine solche Anfrage eine ganz vertrauliche bleiben könnte. - Das Objekt, um das es sich für uns handelt, ist kein wertvolles, denn es erhellt aus Ew. tit. Berichterstattung, daß besondere Vorteile, weder für Deutschland noch für Oesterreich, aus dem Verkehr mit Korea erwachsen dürften. Unter diesen Umständen würde sich die Entsendung eines Briefes an die Koreanische Regierung doch wohl nur dann anempfehlen, wenn Ew. tit. die Überzeugung gewonnen hätte, daß man in Seoul geneigt wäre, eine solche Demarche entgegenkommend anzunehmen; anderenfalls würden wir vorziehen abzuwarten, daß andere Staaten, die ein größeres Interesse als wir an der Eröffnung von Korea haben, die Initiative ergreifen, um die Regierung dieses Landes zu veranlassen, sich dem europäischen Handel und Verkehr nicht ferner zu verschließen.

Ich darf annehmen, daß die österr.-ungar. Regierung unsere Auffassung in dieser Beziehung teilt, und ersuche Ew. tit. deshalb ergebenst, auch in Zukunft mit deren Vertreter gemeinschaftlich in der in Frage stehenden Angelegenheit vorzugehen.

I. V. d. R k

[Unterschrift]

Korea

PAAA_RZ201-018901_125 ff.			
Empfänger	Auswärtiges Amt in Berlin	Absender	Eisendecher
A. 6748 pr. 29. Oktober 1880.		Tokio, den 5. September 1880.	

A. 6748 pr. 29. Oktober 1880.

Tokio, den 5. September 1880.

№ 113.
A. 45.

An das Auswärtige Amt des Deutschen Reiches zu Berlin

Der koreanische Gesandte, welcher mit seinem zahlreichen Gefolge in diesen Tagen Japan wieder verläßt, hat es hier ängstlich vermieden, mit Fremden in irgend welche Berührung zu kommen.

Zwar soll, wie mir der Minister des Äußeren mitteilt, der Gesandte persönlich ihm gegenüber für Korea die Notwendigkeit, mit den Völkern des Westens in Verkehr zu treten, wohl anerkannt haben; diese Ansicht scheint aber sonst weder von der Koreanischen Regierung noch von dem Volke geteilt zu werden.

Dem strengen Befehl seiner Vorgesetzten, die Fremden zu vermeiden, ist der Gesandte so gewissenhaft nachgekommen, daß er sich, als ihm bei einem Besuche im hiesigen Auswärtigen Amte ein fremder Angestellter begegnete, die Hände vor die Augen hielt.

Wichtige Verhandlungen haben mit dem Gesandten hier angeblich gar nicht stattgefunden, er ist vom Tenno empfangen worden, hat einer Parade beigewohnt und eine Anzahl von Regierungs-Etablissements in Augenschein genommen, sich überhaupt möglichst über fremde Einrichtungen informirt.

Durch Vermittelung des in dem gehorsamsten Berichte № 96 vom 22. Juli erwähnten zeitweilig hier wohnenden Koreaner Asano habe ich zwei Herrn der Gesandtschaft kennen gelernt, die einen recht guten Eindruck machten. Es waren ältere Leute, die in verständiger ruhiger Weise fragten und Auskunft gaben und sich namentlich für militärische Dinge interessierten. Ich benutzte die Gelegenheit, ihnen über Deutschland allerlei Mitteilungen zu machen und ihnen auseinanderzusetzen, daß das Deutsche Reich, so weit mir bekannt sei, gewiß bereitwillig mit Korea Handels-Beziehungen anknüpfen würde. Deutschland habe und wolle keine ausländischen Besitzungen und seine Interessen in Ostasien lägen lediglich im friedlichen Handel und Verkehr mit anderen Nationen. Die beiden Herren versprachen mir, die Vorteile eines Handels-Vertrages mit Deutschland dem Gesandten, sowie ihren Landsleuten zu Hause darzulegen, und Herr Asano, welcher mit der Gesandtschaft Tokio auf einige Zeit verläßt, gelobte ein Gleiches und zeigte sich besonders eifrig in seiner Vorliebe für deutsche Beziehungen.

Mit Herrn Inouye nahm ich gelegentlich über die Koreanischen Beziehungen Rücksprache, er verfehlte mir nicht, daß er einem Russischen Vorgehen in Korea, sofern es sich nicht auf Handel und Verkehr allein beschränke, mit lebhafter Besorgnis entgegensehe; Russische Annexionen in Korea würden eine stete Bedrohung Japans bedeuten. Japanischerseits allein sei man nicht im Stande, derartigen eventuellen Absichten entgegenzuarbeiten, und halte er es deshalb im Interesse Koreas und Japans für sehr erwünscht, wenn andere Nationen, die keinen politischen Zweck dort verfolgen und früher noch nicht mit den Koreanern in Konflikt geraten seien, zu diesem Lande in feste Beziehungen träten; alsdann dürfte Rußland vielleicht rücksichtvoller auftreten. Der Minister hat den koreanischen Vertreter auf diese Dinge aufmerksam gemacht und ihm und seiner Regierung den Abschluß eines Vertrages mit Deutschland ganz besonders empfohlen. Auch Herrn Asano hat er vor der Abreise noch zu sich beschieden und ihm in ähnlicher Weise die Verhältnisse klargelegt.

Der Genannte denkt in zwei Monaten wieder hier zu sein und wird mir alsdann über die Stimmung in Korea und die mutmaßliche Aufnahme etwaiger Deutscher Eröffnungen Bericht erstatten.

Der Herzog von Genua hat sich nur eine Woche in Korea, und zwar in Fusan aufgehalten. Eine Zeitungsnotiz darüber schließe ich ehrerbietigst mit dem Bemerken an, daß der darin erwähnte Englische Konsul ein Dolmetscher des Britischen Konsulats zu Shanghai ist, der dem Herzog auf seinen Wunsch zur Verfügung gestellt war.

Mein Russischer Kollege versichert, über etwaige Pläne seiner Regierung bezüglich Koreas gar nichts zu wissen; er wird sich in diesen Tagen mit einem Kriegsschiffe nach Nagasaki begeben, um mit Admiral Lessowsky dort zusammenzutreffen. Das Gros der Russischen Flotte ist nach Wladiwostock beordert, angeblich weil die neuesten Nachrichten aus Peking beruhigend lauten.

Eisendecher

Inhalt: Korea. 1 Anlage.

Anlage der № 113.

Courier du Japon, 2. Sept. 80

On écrit de Fousan (Corée) au Mainitchi Chimboun, à la date du 19 Août :

Le navire de guerre italien "Vetter Pisani" est entré dans le port de Fousan le 1er Août. On sait que S. A. R. le Duc de Gênes en a le commandement. En dehors de l' état-major, se trouvaient aussi à bord Mr. le Consul d'Angleterre à Shanghai et un négociant de Kobé. Les choses ne se sont point passées cette fois comme à l' arrivée navires de guerre américains et français. Ⅱ n'y a eu aucune négociation officielle avec le gouvernement coréen lorsque l' on a su que le Vettor Pisani ne venait ici que pour un voyage de plaisir. On dit toutefois que S. A. le Duc de Gênes aurait adressé une lette au gouverneur de Torai-fu pour lui témoigner ses remerciements de la protection et de l' hospitalité que les officiers coréens ont accordés à un navire de commerce italien qui, l' année dernière, fit naufrage dans les parages de l' ile Sai, mais que suivant l' habitude des autorités coréennes, cette lettre n'aurait pas été acceptée par le gouverneur. La missive rédigés par le Consul d'Angleterre à Shanghai avait été traduite en style officiel Chinois.

Le consul Japonais a donné le 3 courant à Son Alt. le Duc de Gênes un dîner servi à la coréenne, seule distraction qui pût être offerte dans un pays où tout manque. Le prince a accepté l'invitation avec grand plaisir. II est arrivé au consulat vers six heures du soir, accompagné du commandant du second du Vettor Pisani, du Consul Anglais de Shanghai et du résident de Kobé dont il a été fait mention, lequel parle un peu le Japonais. Le dîner a été servi dans la grande salle du premier. Le prince paraissait enchanté et a mangé de tous les mets qui lui ont été offerts. Le lendemain il a fait avec ses officiers une partie de chasse dans l' ile de Zokei. Ces messieurs ont tué un cerf, un *noro* (?) et dix faisans.

Le Vettor Pisani a quitté Fousan le 7, en route pour Vladivostock. Avant d'entrer dans le port de Fousan, il avait rencontré dans les parages de l' ile Taishou le paquebot Tchitosé-maru, à bord duquel se trouvait l' ambassade coréenne. Les Coréens de Fousan disent que le navire Italien était arrivée avant le départ de l' ambassade, ce départ aurait certainement été retardé de quelques jours, attendu qu'il serait, sans aucun doute, survenu des difficultés, avec un gouvernement aussi ombrageux que le leur.

L'Amaghi-Kan, venant de Ghensantson, est entré ici le 14. Au dire des officiers, les travaux de concession de ce port sont en grande partie terminés. Le commerce avec l'étranger prend de l'extension. La température est assez froide.

Berlin, den 31. Oktober 1880 A. 6748

An tit. Freiherr von Pasetti

Berlin

mitgeteilt 31/10

nach Wien 848

Ew. tit. beehre ich mich, im Anschluß an das diesseitige Schreiben vom 27. Oktober. erg. mitzuteilen, daß der kaiserl. Gesandte in Tokio d.d. 5/9 berichtet, der Chef der koreanischen Mission habe während seines Aufenthalts in Japan möglichst vermieden mit Fremden in irgendwelche Berührung zu treten und werde nun in wenigen Tagen mit seinem zahlreichen Gefolge nach seiner Heimat zurückkehren. Herr von Eisendecher hat jedoch Gelegenheit gehabt, zwei Mitglieder der koreanischen Mission kennen zu lernen und hat diese bereit gefunden, den Gesandten sowie seine Landsleute darüber aufzuklären, daß es Korea nur zum Vorteil gerreichen würde, wenn dieses Land mit denjenigen europäischen Mächten in Verbindung treten wollte, welche, wie Deutschland und Oesterr.-Ungarn, in ihrem Verkehr mit ostasiatischen Nationen lediglich Handelsinteressen verfolgen.

Die japanische Regierung scheint einem russischen Vorgehen in Korea mit Besorgnis entgegenzusehen, da russische Annexionen in dem Nachbarland auch Japan bedrohen würden. Sie wünscht deshalb, daß Deutschland und Oesterreich-Ungarn feste Beziehungen zu Korea herstellen möchten, da Russland alsdann diesem Lande gegenüber vielleicht rücksichtsvoller auftreten würde. Der koreanische Gesandte ist von den Japanern auf diese Lage der Dinge aufmerksam gemacht worden, und Herr von Eisendecher erwartete in etwa zwei Monaten - von Anfang September ab gerechnet - Berichte über die Stimmung in Korea zu erhalten, sowie auch über die mutmaßliche Aufnahme, welche etwaigen deutschen oder deutsch-österreichischen Eröffnungen dort zu Teil werden würde.

Indem ich ergebenst anheimstelle Vorstehendes zur Kenntnis der K. u. K öster.-ungar. Regierung bringen zu wollen, ergreife ich diese Gelegenheit, um Ew. tit. den Ausdruck meiner ausgezeichneten Hochachtung zu erneuern.

R. d. H. G. z. L. St.

[Unterschrift]

Berlin, den 31. Oktober 1880 A. 6748

An
Tit. Prinz Reuss

Im Anschluß an den diesseitigen Erlaß № 840 vom 27. 10., die Beziehungen zwischen Korea und den europäischen Mächten betreffend, beehre ich mich Ew. tit. beifolgend Abschrift eines Schreibens an den öst.-ung. Geschäftsträger vom 31. d. Mts. zur vertraulichen Kenntnisnahme g. n. zu übersenden.

I. V. d. R k.
[Unterschrift]

Abschrift.

A. 5553

Berlin, den 15. November 1880

Ⅱ 27594, 29908

An
den Herrn Hochgeboren

Madrid

Bei A. zur Gef.

Mitzeichnung

Kel. cop. von A. 5553 und von d. darauf bezügl. Verfüge für die Akten bei Ⅱ

Ew. pp. benachrichtige ich mit Bezug auf den gef. Bericht № 148 vom 9. September d. J., betr. Korea, daß die Frage wegen der Anknüpfung von Vertrags-Verhandlungen zwischen dem Reich und Korea hier bisher nicht über das Stadium einer ersten Erwägung hinausgekommen ist. Von anderen Europäischen Staaten in dieser Richtung unternommene Versuche sind bisher an dem hartnäckigen Widerstand von Regierung und Bevölkerung jenes Landes gescheitert. Nur Japan ist es gelungen, durch Abschluß des Vertrags vom 27. Februar 1876 seine Beziehungen zu Korea zu regeln. Gestützt auf diesen Vertrag hat die Regierung der Vereinigten Staaten von Amerika vor einiger Zeit den Kommodore Shufeldt mit Einleitung von Vertrags-Verhandlungen beauftragt. Nachdem die ersten direkten Annäherungs-Versuche erfolglos geblieben waren, hat die Amerikanische Regierung die Vermittelung Japans in Anspruch genommen. Ob diese zum Zweck führen werde, steht noch dahin, scheint aber zweifelhaft. Sollten wir früher oder später, dem Beispiel anderer Mächte folgend, versuchen, Vertragsbeziehungen zu Korea anzuknüpfen, so würden wir auch hinsichtlich dieses Landes wie mit Bezug auf China und Japan unsererseits durch Solidarität der fremden Staaten die beste Bürgschaft für die gleichmäßige Wahrung der allseitigen Interessen erblicken. Die von Ew. pp. in dieser Beziehung dem kgl. Spanischen Herrn Staatsminister gegenüber gemachten Bemerkungen entsprechen daher vollkommen unserem Standpunkt. Anlangend das Gerücht von einer angeblich stattgehabten Entsendung deutscher Kriegsschiffe nach Korea, so beruht dasselbe auf einer Verwechselung, an welcher vielleicht eine in der „Shanghai Presse" erschienene irrtümliche Notiz die Schuld trägt. Danach hätte S. K. H. Prinz Heinrich von Preußen sich in einer Mission der bezeichneten Art nach Korea begeben. Zu jener Zeit hatte indes S. M. S. Prinz Adalbert mit S. K. H. dem Prinzen Heinrich an Bord die Rückreise nach Europa bereits angetreten. Tatsächlich beabsichtigte nach unseren Nachrichten damals S. K. H. der Herzog von Genua mit Seinem Königl. Italienischen Kriegsschiffe außer anderen nördlichen Häfen Ost-Asiens auch Korea besuchsweise anzulaufen, und hatte sich zu diesem Zweck die Dienste des Dolmetschers bei dem Großbritannischen Konsulat in Shanghai gesichert.

Indem ich zw. pp. erg. ersuche, gelegentlich die vorstehenden Mitteilungen gesprächsweise zu verwerten, übersende ich Ihnen zu gleichem Zwecke beifolgende Abschrift eines Berichts des Kais. Gesandten in Peking vom 14. August d. J. demzufolge Englische und Französische Kriegsschiffe neuerdings vielfach den Hafen von Fusan besucht haben.

D. R. K.
I. V.
(gez.) Graf zu Limburg-Stirum

Abschrift ad. II 29908, 27594 u. A. 5553 Berlin, den 15. November 1880

A. 6181 A. 5656

An den Kaisl. Geschäftsträger Herrn Freiherrn

Schenck zu Schweinsberg Hochwohlgeboren Madrid.

Euere Hochwohlgeboren benachrichtige ich mit Bezug auf den gefälligen Bericht № 148 des Kaiserlichen Gesandten vom 9. September d. J. betreffend Korea, daß die Frage wegen der Anknüpfung von Vertragsverhandlungen zwischen dem Reich und Korea hier bisher nicht über das Stadium einer ersten Erwägung hinausgekommen ist.

Von anderen Europäischen Staaten in dieser Richtung unternommene Versuche sind bisher an dem hartnäckigen Widerstand von Regierung und Bevölkerung jenes Landes gescheitert. Nur Japan ist es gelungen, durch Abschluß des Vertrags von 27. Februar 1876 seine Beziehungen zu Korea zu regeln. Gestützt, auf diesen Vorgang hatte die Regierung der Vereinigten Staaten von Amerika vor einiger Zeit den Commodore Shufeldt mit der Einleitung von Vertragsverhandlungen beauftragt. Nachdem die ersten direkten Annäherungsversuche erfolglos geblieben waren, hat die Amerikanische Regierung die Vermittelung Japans in Anspruch genommen. Ob diese zum Ziele führen werde, steht noch dahin, scheint aber zweifelhaft.

Sollten wir früher oder später, dem Beispiel anderer Mächte folgend, versuchen, Vertragsbeziehungen zu Korea anzuknüpfen, so würden wir auch hinsichtlich dieses Landes wie mit Bezug auf China and Japan unsererseits in der Solidarität der fremden Staaten die feste Bürgschaft für die gleichmäßige Wahrung der allseitigen Interessen erblicken. Die von dem Grafen zu Solms in dieser Beziehung dem Kgl. Spanischen Herrn Staatsminister gegenüber gemachten Bemerkungen entsprechen daher vollkommen unserem Standpunkt. Anlangend das Gerücht von einer angeblich stattgehabten Entsendung deutscher Kriegsschiffe nach Korea, so beruht dasselbe auf einer Verwechselung an welcher vielleicht eine in der „Shanghai-Press" erschienene irrthümliche Notiz die Schuld trägt. Darauf hätte S. K. H. Prinz Heinrich von Preußen sich in einer Mission der bezeichneten Art nach Korea begeben. Zu jener Zeit hatte indeß S. M. S. „Prinz Adalbert" mit S. K. H. dem Prinzen Heinrich an Bord die Rückreise nach Europa bereits angetreten. Tatsächlich beabsichtigte nach unseren Nachrichten damals S. K. H. der Herzog von Genua mit einem Kgl. Italienischen Kriegsschiffe außer anderen nördlichen Häfen Ost-Asiens auch Korea besuchsweise anzulaufen, und hatte sich zu diesem Zweck die Dienste des Dolmetschers bei dem Großbritannischen Konsulat in Shanghai gesichert.

Indem ich Ew. pp. ergebenst ersuche, gelegentlich die vorstehenden Mittheilungen gesprächsweise zu verwerthen, übersende ich Ihnen zu gleichem Zwecke beifolgende Abschrift eines Berichts des Kaisl. Gesandten in Peking vom 14. August d. J. demzufolge Englische und Französische Kriegsschiffe neuerdings vielfach den Hafen von Fusan besucht haben.

Der Reichskanzler.
In Vertretung.
(gez.) Graf zu Limburg-Stirum

Die Jüngsten Versuche zur Eröffnung Koreas. Der Besuch des Vettor Pisani; russische Beziehungen zu Korea

PAAA_RZ201-018901_148 ff.			
Empfänger	Auswärtiges Amt in Berlin	Absender	Brandt
A. 7146 p. 15. November 1880.		Peking, den 28. September 1880.	

A. 7146 p. 15. November 1880.

Peking, den 28. September 1880.

A. № 120.
Vertraulich.

An das Auswärtige Amt in Berlin.

Wie dem Auswärtigen Amte ich bereits früher ganz gehorsamst zu melden die Ehre gehabt, waren in der letzten Zeit von verschiedener Seite wie z. B. durch die amerikanische Fregatte Ticonderoga und das französische Kanonenboot Lynx, von letzterem auf Veranlassung des hiesigen französischen Gesandten, vergebliche Versuche gemacht worden, mit den Koreanischen Behörden in Verbindung zu treten.

Diesen Versuchen hat sich kürzlich ein neuer, von Seiner Königlichen Hoheit dem Herzog von Genua mit der italienischen Korvette Vettor Pisani unternommener angeschlossen. Die Anregung zu demselben war durch den italienischen Gesandten in Japan, Grafen Barbolani, gegeben worden und hatte die Italienische Regierung ihre Genehmigung telegraphisch erteilt. Als Vorwand diente die vor zwei Jahren erfolgte Strandung des italienischen Schiffes Bianca Pertica auf Quelpart, bei welcher Gelegenheit ein Mann der Besatzung namens Santori gerettet und von der Bevölkerung freundlich behandelt worden war, wofür der Kommandant des Vettor Pisani den Dank seiner Regierung auszusprechen beauftragt wurde.

Ein Dolmetscher des britischen Konsulats in Shanghai, M. Spence, begleitete die Expedition und die nachstehenden Einzelheiten sind einem, von demselben an die britische Gesandtschaft erstatteten Bericht entnommen, von welchem mein italienischer Kollege Herr de Luca mir in der zuvorkommendsten Weise gestattet hat, Kenntniß zu nehmen.

Der „Vettor Pisani" verließ am 28. Juli Simonoseki und ankerte am 29. früh in der Bai von Fusan (Toraifu). Der Versuch mit den koreanischen Behörden durch die Vermittlung des Japanischen Konsuls in Verbindung zu treten mißlang, wie in allen früheren Fällen, da die Koreaner sowohl den Empfang eines ihnen auf diesem Wege übermittelten Schreibens des Adjutanten des Herzogs von Genua Fregatten Capitain Grafen Candiani, in dessen Namen und durch den überhaupt die Verhandlungen geführt wurden, als auch eine Einladung zur Besichtigung des Schiffes, ablehnten.

Der bereits wiederholt von anderer Seite ausgesprochene Verdacht, daß die japanischen Beamten trotz ihres scheinbaren Entgegenkommens, die Koreanischen Behörden in ihrer ablehnenden Haltung bestärkten, hat bei dieser Gelegenheit eine neue Bestätigung dadurch erhalten, daß der Koreanische Präfekt mit dem der Japanische Konsul über die Angelegenheit zu korrespondieren behauptete und der sich angeblich in Toraifu aufhalten sollte, woraus die Verzögerung in der Erledigung der Angelegenheit erklärt wurde, sich während der Dauer der Verhandlungen in der japanischen Niederlassung im Hause des Konsuls befand.

Am. 6. August ging der Vittor Pisani wieder in See und traf um 8. an dem Nord-Ende der Yung-Hing Bai (Port Lazareff) ein.

Nach manchen vergeblichen Versuchen mit den eingeborenen Behörden in Beziehungen zu treten oder die Beförderung eines Schreibens an dieselben zu ermöglichen, erschien am 14. der Präfekt von Yung-Hing zum Besuch, oder wohl richtiger, um aus eigener Anschauung über das fremde Schiff berichten zu können, an Bord. -

In einer längeren Unterredung bei welcher das Argument, daß die Abschließung eines Vertrages mit Italien Korea gegen etwaige Annexionsgelüste Rußlands schützen würde, die Hauptrolle spielte, versuchte Graf Candiani vergeblich die Koreaner zur Annahme seines Danksagung wie Vorschläge enthaltenden Schreibens zu bewegen; der Präfekt erklärte sich schließlich nur bereit, eine Abschrift anzunehmen, daß ihm bei dieser Gelegenheit, nach Abtrennung des Siegels, das Original Schreiben unter dem Vorwande, dadurch seinen Beamten die Mühe des Abschreibens zu ersparen, in die Hände gespielt wurde, dürfte an der Thatsache nichts ändern, daß auch hier die Annahme der fremden Mittheilung entschieden abgelehnt wurde.

Auszüge aus dem Schreiben des Grafen Candiani wie aus dem über die Unterredung geführten Protokoll, beehre dem Auswärtigen Amt ich mich in der Anlage, mit der Bitte um strengste Geheimhaltung, ganz gehorsamst zu überreichen.

Was die in dem Schreiben des Grafen Candiani enthaltene Bemerkung anbetrifft, daß er in zwei Monaten zurückkehren würde um die Antwort der Koreanischen Regierung in Empfang zu nehmen, so liegt, soweit ich habe in Erfahrung bringen können, eine derartige Absicht nur für den Fall vor, daß augenblicklich in Tokio befindliche Koreanische Gesandte, der dortigen italienischen Gesandtschaft die Bereitwilligkeit seiner Regierung zur Anknüpfung von Vertrags-Verhandlungen, anzeigen sollte.

Am 15. August ging die Korvette nach dem in derselben Bai gelegenen nur 12 Seemeilen von ihrem bisherigen Ankerplatz gelegenen, dem japanischen Handel geöffneten Hafen Gensan und von dort am 19. nach Japan zurück, wo sie am 22. in der Tsuruga Bai eintraf.

Die in dem Bericht M. Spence's enthaltenen Bemerkungen über die commerciellen Verhältnisse in Korea beehre ich mich in extenso beizufügen, eben so wie einige Bemerkungen desselben, über die Art und Weise der Behandlung der Koreaner durch die Japaner. Dieselbe steht in einem eigenthümlichen Widerspruche zu den Ansprüchen, welche seitens der Japanischen Regierung bei Gelegenheit der Vertragsrevision erhoben wurden.

Ueber angebliche Russische Verhandlungen mit Korea habe ich mir in Erfahrung bringen können, daß vor einiger Zeit die Beziehungen zwischen dem russischen Grenz-Kommissar im Ussuri Gebiet und der Koreanischen Bevölkerung der Grenze, resp. den Behörden derselben sich freundlicher gestaltet hatten und auch ein gewisser Handelsverkehr, namentlich mit Schlachtvieh für Wladivostock entstanden war. Nach den letzten Nachrichten war derselbe aber, auf angeblich aus der Hauptstadt Korea's gekommene Befehle, wieder eingestellt worden.

Was im Allgemeinen die verschiedenen, in der letzten Zeit zur Anknüpfung von Beziehungen mit Korea gemachten Versuche anbetrifft, so möchte ich dieselben insofern für bedauerlich halten, als jeder vergebliche Schritt selbstverständlich den Dünkel der Koreanischen Regierung vermehren und sie in dem Glauben bestärken muß, daß sie im Stande sein werde, sich dauernd der Eröffnung des Landes zu widersetzen.

Eine mit einigen Schiffen unternommene, auf vorhergegangene Mittheilungen der Chinesischen Regierung gestützte Expedition, würde trotzdem voraussichtlich hinreichen, ohne Anwendung von Gewalt, wenn auch vielleicht nicht ohne die Androhung derselben, die Anknüpfung von Verhandlungen und die Abschließung eines Vertrags zu ermöglichen; ein Resultat, dessen Bedeutung meiner ganz gehorsamen Ansicht nach hauptsächlich darin liegen würde, den fremdenfeindlichen Elementen in China und Japan das Argument zu nehmen, welches ihnen der erfolgreiche Widerstand des kleinen Landes gegen alle Eröffnungs-Versuche bisher geboten hat.

Der Kaiserlichen Gesandtschaft in Japan habe ich direkt auszugsweise Mittheilung dieses Berichts zugehn lassen.

Brandt

Inhalt: die Jüngsten Versuche zur Eröffnung Koreas betreffend. Der Besuch des Vettor Pisani; russische Beziehungen zu Korea.

3 Anlagen.

Anlage 1 zu - Bericht A. № 120 vom 28. September 1880

Auszug

Aus dem Protokoll über das Gespräch zwischen dem Präfekten von Yung-Hing und dem Fregatten=Capitain Graf Candiani an Bord des Vettor Pisani am 14. August 1880 in der Bai von

Yung-Hing

Pref: How many men have you under you in this ship?

Can: Over 250. You see that our intention in coming here is a good one. China and Russia seem to be about to go to war and if they do, such a war may do great damage to Corea. Corea's abstention from all intercourse with foreign nations is a danger to her.

Pref: What do you mean by danger?

Can: The Russian seaports are closed with ice during the winter and it is possible that the exigencies of war may carry Russia to occupy one of your seaports in order to garrison troops to accumulate provisions and to be a convenient basis for war like operations against China. This is the danger I speak of.

Pref: I will report your despatch and the whole of this conversation to the governor.

Can: Very good. Tell him that Italy has long desired to be at peace with all the world and she is especially anxious to be the friend of Corea. Call his attention to the portion of my despatch referring to the difficulties existing between your neighbors, what is the most important part of it and tell him, that if Corea would make only a treaty with Italy, it would be of the greatest advantage to her.

Pref: I will. The day is getting late and I must be going.

Anlage 2 zu - Bericht A. № 120 vom 28. September 1880

Auszug

Aus dem Schreiben, von welchem dem Präfekten von Yung-Hing am 14. August 1880 an Bord der Vettor Pisani in der Yung-Hing Bai eine Abschrift übergeben worden ist

Yung-Hing Bay 14. August 1880.

As we have come here on a mission of thanks, we are desirous to observe your laws strictly, but at the same time we feel compelled, to make some observations regarding those prohibitions which we beg you to transmit to your superior officers.

Every person who travels by sea is liable to shipwreck or is often obliged, by the force of circumstances, to seek shelter in the port most convenient to repair the ship or buy in provisions for her crew. This is a fact recognised by every nation of the world, and the right to relief which ships and sailors have is considered to be theirs by the laws of humanity.

It would be a most vexatious thing if an Italian ship were to put in here in distress in order to repair or to buy provisions and found that she could obtain nothing. It is probable that in such a case the crew, constrained by necessity, would employ force to procure the things they were in want of, and would pay no attention to your Corean laws. For so long as no relations exist between Corea an Italy so long will it be exceedingly difficult for the Corean authorities to obtain justice in cases where Italian subjects may have broken Corean laws, and indeed it is possible they can easily leave your coasts in their ships.

It would be much more convenient then, if a convention dealing with this matter were at once established between representatives of your country and mine, for it is impossible, that the existing state of things can long continue.

Italy has the strongest desire to be always on good terms with Corea and a treaty between the two countries would not be but of the greatest use to you, for your prolonged isolation has had the effect of placing you at this moment in a position of great inferiority in material resources as compared with other nations. At this moment the two great nations whose territories are contiguous to yours are on the point of going to war, and it will be difficult for Corea to escape the consequences, which sooner or later such a struggle must entail upon her. Such would not be the case if Corea were a power recognised by the leading nations of Europe, for they would in that case be interested in the protection of the independence of your country.

I hope then that you will bring those considerations to the notice of your Government. In less than two months, in all probability we shall return here, or proceed to Fusan, in order to know what the intentions of your Government are, so that I may inform the Italian Government to enable them to come to some decision in the matter.

"y"z" Candiani.

Anlage 3 zu - Bericht A. № 120 vom 28. September 1880

Auszüge

Aus den Berichten von Mr. Spence
über die Expedition der „Vittor Pisani"
nach Korea - August 1880.

Behandlung der Koreaner
durch die Japaner.

When a Japanese brings a case against a Corean, the Prefect of Torai trys the case by Corean law.

In practice, however, any supposed offence by a Corean in the settlement is summarily dealt with by the first policeman who catches him or by any Japanese who cares to assume the task of beating the offender. I regret to say that Japanese treat the Coreans who come to the settlement merely as visitors, out of curiosity, very badly. They buffet and kick them, as they would beasts and it seemed marvelous to me, how these strong stalwart men put up with the vile treatment they received from the Japanese pigmies. I have no doubt that it is for this reason that stones are thrown by the Coreans at foreigners when they try to approach any of the villages which fringe the shore of the harbour of Fusan, and that the timidity and submissiveness which we found elsewhere in Corea were said to be wanting here.

On this port (Gensan) again, I regret to say, I have been witness to the brutal manner in which the Japanese settlers treat the Coreans. I do not think that the worst class of European rowdies would ever behave so badly to harmless and inoffensive Asiatics as one finds the Japanese in Corea behaving to the Coreans. For example I saw Japanese take a pailful of dirty water and throw it into the face of a grave dignified and well dressed Corean for no other reason than that he was gazing with some interest at the new houses and probably to make the bystanding Japanese laugh, which they did heartily. I have little doubt that in a year or two it will be as difficult for foreigners to land in the neighborhood of Gensan, as it is reported to be now in the vicinity of Fusan. I told the Consul General what I thought of the conduct of his nationals, but he seemed to think, that all Coreans were bad and that a promiscuous kick could not fail to fall upon a Corean who deserved it. He gave the Prince the usual caution about the danger of walking outside the settlement limits, unless for a short distance with an escort.

Japanischer Handel mit Corea

Fusan is as yet a free port. There is neither an import nor an export tariff. The Corean authorities have stationed a small Custom house at the jetty where goods are landed but its functions are confined to preventing the importation of articles which are in Corea, a government monopoly or articles whose importation has been forbidden by treaty. A tariff is at the present time in process of negotiation and as soon as the amount of duty is agreed upon, it will be put in force.

In 1879 the imports were of the value of 560,000 yen. They consisted of English cotton goods, Japanese copper, foreign dyes and Japanese silk goods and notions. I visited nearly all the shops in the settlement and carefully examined the cotton goods which were exposed for sale. I was surprised to find that they consisted entirely of ordinary English grey and white shirtings of 7 lb. to 8 lb. pr. piece. It is notorious in China that Corea is one of the principal markets for American sheetings and for the heavy and more expensive cotton cloths imported into Shanghai. In the settlement of Fusan, however, I could not find a single piece of heavy cotton cloth either English or American. All the goods were light weight, had come from Shanghai and bore the names and marks of well known importing houses. The present consumption of piece goods is from 5000 to 7000 pieces a month and is increasing.

The exports in 1879 amounted to 670,000 yen, they consist of Rice, Fins, Golddust, dried fish, seaweed and medicines. There is no restriction at present to the export of grain.

The volume of the trade of the port is increasing and for the half year ended June 30th last it amounted to 760,000 yen. It is very surprising that so small a trade can support 2,300 residents. In other ways, however, than legitimate commerce the Japanese try to make money in Fusan, for I saw more than one large house where Japanese girls were entertaining crowds of Coreans with tea, music, singing etc.

The currency of the port is Corean cash which are more valuable than Chinese. It is, however, only suitable for small transactions and in order to make the smallest purchases a Corean visitor to the settlement has to have two or three servants to carry the few strings of cash he means to spend. The few transactions of any magnitude which take place are done by means of barter, so many pieces of cloth for so many bags of rice. A short time ago the Corean Government suddenly interdicted the export of rice and the consequence was that the Japanese merchants lost heavily through the inability of their Corean customers to complete their contracts and the whole trade of the port was deranged until the prohibition was removed.

Hempen clothes are universally worn by the labouring classes and the thread is spun much finer than would be possible with European hemps. I tried to get some specimens of the fibre but I was unsuccessful. It must be the same, I think, as the "China flax" which grow in the neighbourhood of Newchwang and as the importation of that fiber into England has long been desired by our flax spinners and is only restricted on account of its high price attention will probably be drawn to the Corean hemp whenever the country is opened. The better classes wear white cotton clothes and many of them boast of an overall made of foreign cotton cloth, the gloss and finish of which they much admire. For that they prefer a heavy "honest" cloth, such as American sheetings. Of silk culture there was none, they spin, however, the cocoons of the wild ailanthus (bombyx ailantii) and I procured hanks of their silk which to my unexperienced eye seemed closely to resemble Shantung silk.

Of ornamental work such as porcelain, bronzes etc. they have none. We saw some worthless pearls, some silver work for feminine trappings and official insignia. The ceramic art is quite rudimentary and they attach an extensive value to the commonest Japanese ware.

[ ]

PAAA_RZ201-018901_173 f.			
Empfänger	Graf zu Limburg-Stirum	Absender	M. Pasetti
A. 7403 pr. 27. November 1880.		Berlin, 26. November 1880.	

A. 7403 pr. 27. November 1880.

Berlin, 26. November 1880.

An. Hochgeboren
Herrn Grafen zu Limburg-Stirum
Kgl. Preußischem Gesandten Berlin.

Der unterzeichnete Österreichisch-Ungarische Geschäftsträger hat nichts unterlassen, die gefällige Antwortnote Seiner Hochgeboren des Herrn Grafen zu Limburg-Stirum vom 27. v. Mts. Z. 6461, welche sich auf die Erschließung Koreas für den europäischen Handel bezog, der K. u. K. Regierung zur Kenntnis zu bringen.

Dieselbe hat nunmehr unter Ausspruch ihres verbindlichsten Dankes für die Mitteilungen der Kaiserlich Deutschen Regierung, sich gerne bereit erklärt, deren Wunsche entsprechend, den K. u. K. Vertreter in Japan mit Anweisungen ewigen gemeinschaftlichen Vorgehens mit Herrn Eisendecher zu versehen. -----

Indem der Unterzeichnete beizufügen die Ehre hat, daß im Sinne obiger Zusage, Herrn von Hoffer in Tokio die bezüglichen Instruktionen bereits erteilt worden sind, welche mit den dem deutschen Herrn Gesandten zugegangenen identisch sind, benützt er diesen Anlaß zum Ausdruck seiner ausgezeichnetsten Hochachtung.

M. Pasetti

Korea

PAAA_RZ201-018901_175 ff.			
Empfänger	Auswärtiges Amt in Berlin	Absender	Eisendecher
A. 433 p. 25 Januar 1881.		Tokio, den 4. December 1880.	
Memo	s. Ang. v. 4/2 nach Tokio		

A. 433 p. 25 Januar 1881.

Tokio, den 4. December 1880.

№ 138.

A. 55.

An das Auswärtige Amt des deutschen Reiches zu Berlin

In dem gehorsamsten Berichte № 113 vom 5. September d. J. gestattete ich mir die Abreise des hier lebenden Koreaners Asano nach Korea zu erwähnen. Der Genannte ist nunmehr als Beamter im Auswärtigen Dienst seiner Regierung wieder in Tokio eingetroffen und hat mir die vertrauliche Mittheilung gemacht, daß nach seinen Eindrücken die Koreanische Regierung nicht abgeneigt scheine mit einzelnen Europäischen Mächten, speziell Deutschland oder England, in Beziehungen zu treten. Er fügt hinzu, daß allerdings die fremdenfeindliche Partei immer noch einigen Einfluß habe und man daher auf anfängliche Schwierigkeiten vielleicht gefaßt sein müsse, lediglich Besorgniß vor Russischen Annexions-Plänen habe eine gewiße Änderung in den Anschauungen der Koreanischen Staatsmänner hervorgerufen. Entgegen seiner früher geäußerten Ansicht halte er es jetzt zur Sicherung des Erfolges für zweckmäßig, wenn ein fremder Gesandter mit einer Anzahl von Kriegsschiffen direkt nach Korea, dem der Hauptstadt nächstgelegenen Hafen ginge und wenn sich vielleicht gleichzeitig ein anderes Kriegsfahrzeug in Fusan und Gensan abwechselnd zeigte. Es kommt doch wesentlich darauf an, seinen Landsleuten durch möglichste Entfaltung maritimer Streitkräfte zu imponiren.

Herr Asano fügte diesen Eröffnungen hinzu, daß er von der Koreanischen Regierung beauftragt sei, sich in Tokio über etwaige Russische Pläne, über die politische Lage und die Möglichkeit des Bezuges von Gewehren und Geschützen zu informiren, daß er aber schon in wenigen Tagen wieder nach Fusan abreisen müsse. Er bat mich angesichts seiner unmittelbar bevorstehenden Rückkehr inständigst, ihm, wenn irgend thunlich, ein deutsches Gewehr mitzugeben, das er den Behörden in Seul vorlegen und dessen Annahme für die

Koreanische Armee er empfehlen wolle.

Nach meinem pflichtgemäßen Dafürhalten schien mir eine Berücksichtigung dieser Bitte im Hinblick auf mögliche spätere Beziehungen zu Korea politisch erwünscht; ich nahm deßhalb nicht Abstand von dem Kommandanten Sr. M. S. Vineta, welchem ich die Veranlassung vertraulich mittheilte, ein komplettes Gewehr nebst einhundert Patronen auf meine Verantwortung für politische Zwecke zu requiriren und dem Koreaner Asano für seine Regierung zu überlassen.

Indem das Auswärtige Amt ich ganz gehorsamst bitte, diese meine Handlungsweise nachträglich geneigtest gutheißen zu wollen, darf ich ebenmäßig bemerken, daß der Empfänger des Gewehrs dem hiesigen Minister des Äußeren Inouye und dem Japanischen Gesandten in Korea Hanabusa als durchaus zuverlässig bekannt ist, daß er mir seine Bestallung als Beamter vorgezeigt hat und daß er unzweifelhaft, als der einzige mit fremden Verhältnissen halbwegs vertraute und Japanisch sprechende Koreaner, bei etwaigen Vertrags-Abschlüssen der Vermittler und Dolmetscher sein wird.

Sollte das hohe Auswärtige Amt eine Expedition nach Korea behufs Abschluß eines Vertrages im Deutschen Interesse überhaupt für angezeigt halten, so würde ich größtmögliche Beschleunigung empfehlen.

Zwei Schiffe der Chinesischen Nation, sofern sie dort entbehrlich sind, würden alsdann am Besten in Tsushima mit Sr. M. S. Vineta zusammentreffen und im Geschwader nach Korea weitergehen.

Was den Vertrag selbst betrifft, so möchten die Japanischen Abmachungen, mit denen die Koreaner bereits vertraut sind und die sich anscheinend bewährt haben, etwa als Muster und Anhalt dienen können.

Entsprechend den früheren Intentionen der Kaiserlichen Regierung kann ich eine vorherige Verständigung mit England bezüglich Korea nur gehorsamst befürworten, eine gemeinschaftliche gleichzeitige Expedition aber scheint mir in Anbetracht des damit unzweifelhaft hervorgerufenen Russischen Mißtrauens, weniger erwünscht.

Ich darf schließlich ehrerbietigst melden, daß Admiral Lessowsky, welcher gegenwärtig in Nagansaki an einem Oberschenkelbruch darniederliegt, angeblich Befehl erhalten hat, Vermessungen an der Koreanischen Küste vornehmen zu lassen und daß der Japanische Gesandte in Korea, Herr Hanabusa, kürzlich wieder von hier nach Fusan und Seul abgereist ist.

Eisendecher

Inhalt: Korea.

Berlin, den 4. Februar 1881 A. 433

An

Tit. von

Eisendecher

Tokio A.1.

Unter Bezugnahme auf den gef. Bericht № 138 vom 4. Dezember, die Anknüpfung von Beziehungen mit Korea betreffend, beehre ich mich, Ew. tit. erg. mitzuteilen, daß, nach der diesseitigen Auffassung, ein direktes Vorgehen in dieser Angelegenheit augenblicklich noch nicht genügend motiviert erscheint. Ew. tit. frühere Berichte ließen kaum einen Zweifel darüber, daß die Koreaner allen Annäherungsversuchen der Westmächte eine abwehrende Haltung entgegengegensetzen setzen würden, und es liegen heute noch keine sicheren Anzeichen vor, daß die aufgeklärtere Partei in Korea genügenden Einfluß gewonnen habe, um die dominierenden Elemente im Lande fremdenfreundlicher zu stimmen.

Der Koreaner Asano scheint zwar anzunehmen, daß die Besorgnisse seiner Regierung vor russischen Annexionsplänen eine gewisse Änderung in den Anschauungen der koreanischen Staatsmänner hervorgerufen habe; er räumt aber gleichzeitig ein, daß eine etwaige deutsche Expedition wahrscheinlich große Schwierigkeiten zu überwinden haben werde, um mit der Regierung von Seoul überhaupt in Verbindung treten zu können. -Bei dieser Sachlage und in Anbetracht des Umstandes, daß Ew. tit. selbst sich nur wenig reellen und unmittelbaren Vorteil für Deutschland von der Anknüpfung von Handelsbeziehungen mit Korea versprechen, dürfte es sich anempfehlen, unser Verhalten den Koreanern gegenüber vorläufig noch nach Maßgaben des diesseitigen Erlaßes vom 28. Okt. v. J. zu regeln. -Schließlich erwähne ich noch, daß die Auslieferung eines Gewehrs nebst 100 Patronen an den Koreaner Asano die gewünschte Bewilligung gefunden hat.

R. d. H. G. z. L. St.

[Unterschrift]

Besuch der Italienischen Korvette „Vettor Pisani“ in Korea.

PAAA_RZ201-018901_185 ff.			
Empfänger	Auswärtiges Amt in Berlin	Absender	Focke
A. 957 pr. 22. Februar 1881.		Shanghai, den 10. Januar 1881.	

A. 957 pr. 22. Februar 1881. 1 Anl. (7 Bogen)

Shanghai, den 10. Januar 1881.

№ 8.

An das hohe Auswärtige Amt in Berlin.

Der mißlungenen Expedition des Kommodore Shufeldt nach Korea im Monat Mai v. J. , auf welche sich der gehorsamste Bericht vom 8. Juni v. J. № 89 bezog, ist einige Monate später diejenige der unter dem Kommando Seiner Königlichen Hoheit des Prinzen Thomas, Herzogs von Genua, stehenden italienischen Korvette „Vettor Pisani“ gefolgt, welche eine gelegentliche Erwähnung gleichfalls bereits in dem gehorsamsten Berichte vom 23. Juli v. J. № 107 gefunden hat. Über das Resultat der Letzteren war hier nichts Gewisses bekannt geworden. Da jedoch allgemein angenommen wurde, daß auch dieser Versuch, Beziehungen zu der Koreanischen Regierung anzuknüpfen, erfolglos geblieben sei, so erregte es nicht geringes Erstaunen, als vor einiger Zeit aus Europa Zeitungsnachrichten hierher gelangten, nach welchen es der Italienischen Regierung gelungen sei, einen Freundschafts- und Handels-Vertrag mit Korea abzuschließen.

Der kollegialischen Gefälligkeit der Kaiserlich-Königlich-Österreichisch-Ungarischen Konsulatsverwesers hierselbst, Herrn Vice-Konsul Haas, verdanke ich jetzt die vertrauliche Mitteilung anliegender Rückübersetzung einer Abschrift des chinesischen Textes der Verhandlungen, welche bei Gelegenheit des Besuches der Italienischen Korvette in Korea stattgehabt haben. Der Verlauf derselben, wie er sich an der Hand dieses Schriftstückes verfolgen läßt, war kurz folgender:

Nachdem die Korvette in Fusan, dem durch Staatsvertrag den Japanern geöffneten Hafen an der Südspitze Koreas angelangt ist, schreibt Korvetten-Capitain Graf Candiani, indem er sich ausdrücklich als ersten Adjudanten des Prinzen Thomas bezeichnet, an den Koreanischen Distrikts-Präfekten. Zweck des Besuches sei die Überbringung des Dankes der Italienischen Regierung für menschenfreundliche Behandlung eines vor 2 Jahren bei Tsi-Chon schiffbrüchig gewordenen Matrosen; es wird gebeten, hierüber der

Landesregierung zu berichten (№ 1). Graf Candiani übersendet diese Depesche dem Japanischen Konsul in Fusan zur Weiterbeförderung, wobei dem Präfekten die besondere Versicherung erteilt werden soll, daß ein anderer Zweck der Mission als der angegeben nicht obwalte, für die gebührende Anerkennung der erbetenen Konsularischen Vermittlung werde Seine Königliche Hoheit der Prinz Thomas Sorge tragen (№ 2). Die Depesche wird befördert, ihre Entgegennahme jedoch, wie auch die Einladung zu einem persönlichen Zusammentreffen in einer Mitteilung des Präfekten an den Japanischen Konsul höflich abgelehnt, worüber dieser dem Grafen Candiani berichtet (№ 3). Ein Antwortschreiben des Letzteren drückt zunächst Erstaunen und Unwillen über das Verhalten des Präfekten aus, droht mit ernsteren Komplikationen, die daraus entstehen könnten, und erinnert an die Vorteile, welche bei der gegenwärtigen Verwicklung zwischen China und Russland ein Verkehrsverhältnis mit dem fremden Nationen für Korea zur Folge haben würde; der Japanische Konsul wird ersucht, auch diese Mitteilung zur Kenntnis des Präfekten zu bringen (№ 6). Ob dem Ersuchen gewillfahrt würde, erhellt aus den Aktenstücken nicht. Es unterliegt jedoch keinem Zweifel (und ist mir auch von dem die Expedition als Dolmetscher begleitenden Englischen Konsulatsbeamten Spence seiner Zeit bestätigt worden), daß die Japanische Regierung Beziehungen anderer Länder zu Korea mißgünstigen Auges betrachtet; ihr dortiger Vertreter wird daher Instruktionen haben, dieselben tunlichst zu hintertreiben, auch wenn er scheinbar seine Vermittlung zu ihrer Anknüpfung eintreten läßt. Vermutlich ist dem Grafen Candiani hierüber nachträglich das rechte Licht aufgegangen, denn die Korvette begibt sich jetzt nach dem Hafen Lung-hsin, wohl in der Voraussetzung, daß es an einem abgelegenen Platze leichter sein werde, in direkten Verkehr mit den Landesbehörden zu treten. Der Graf setzt eine andere Mitteilung an den dortigen Distriktspräfekten auf (№ 7). Obgleich er auch hier mit der Erzählung von dem schiffbrüchigen Matrosen beginnt, so wird doch nun mit dem wirklichen Zwecke der Expedition nicht mehr länger hinter dem Berge gehalten. „Meine Regierung ist von dem innigsten Wunsche beseelt" —schreibt er --- „mit der Ihrigen in ein Bündnis ewiger Freundschaft zu treten" und führt denn gleichfalls die Gefahr eines Chinesisch-Russischen Krieges vor, um seinen Argumenten für den Vertragsabschluß größeren Nachdruck zu verleihen. Der Absendung dieser Depesche scheint ein Besuch des Präfekten an Bord zuvorgekommen zu sein welchen derselbe --- wie aus einer Bemerkung in dem Bericht über die stattgefundene Unterredung (№ 8 des Aktenstücks) zu schließen ist ---, aus eigenem Antriebe, um Nachfrage zu halten, abgestattet haben dürfte. Im Laufe des Gesprächs erkundigt sich der Präfekt nach dem letzten Abgangshafen der „Vettor Pisani." Die Antwort verschweigt, daß bereits in Fusan die Anbahnung eines Verkehrs mit den Landesbehörden erfolglos versucht worden ist, dagegen wird der Beamte nun gedrängt, das für ihn vorbereitete Schreiben sich einhändigen zu lassen. Nach langer Weigerung nimmt er dasselbe endlich in einer ihm den Charakter, als Depesche benehmenden Form (wohl ohne Stempel und Unterschrift) entgegen, worauf ihm noch mündlich die von dem Konflikte zwischen den beiden Nachbarschaften Corea's handelnde Stelle zur Beachtung für das anzuknüpfende Freundschafts-Verhältnis besonders empfohlen wird, während schon vorher die Absicht geäußert worden war, binnen zwei Monaten zurückzukehren, um die Antwort der Centralstelle des Landes abzuholen. Mit einer festen Weigerung des Präfekten, ihm angebotene Geschenke an Eßwaren und Wein anzunehmen, schließt die am 14. August v. J. stattgehabte Unterredung und damit das Aktenstück.

Die Absicht, nach Korea zurückzukehren, ist, soweit bekannt, bislang nicht ausgeführt worden; das Schiff hat sich in der Zwischenzeit meist in Japan aufgehalten, von wo es jetzt hier erwartet wird, um dann bald seine Rückreise nach Europe anzutreten. Das direkte politische Interesse jener nicht zum Abschlusse gekommenen Verhandlungen ist daher gering. Wohl aber liefern dieselben einen neuen Belag für die auch in anderen Weltteilen gemachte Beobachtung, wie sehr Italien gegenwärtig bemüht ist, seinen Einfluß im Auslande zu mehren und irgendwo festen Fuß zu fassen. Warum das Augenmerk gerade auf Korea gelenkt würde, ist allerdings unerfindbar, denn die dort betriebene Seidenzucht dürfte kaum einen genügenden Grund für das an den Tag gelegte freundschaftliche Interesse abgeben, und trotz der Äußerungen des Grafen Candiani über die Möglichkeit italienischen Schiffbruchs an der koreanischen Küste ist zur Zeit wenig Aussicht für die Entstehung direkter Handels- und Schiffahrts-Beziehungen zwischen Italien und jenem Lande oder dem fernen Osten überhaupt vorhanden.

Focke

Shanghai, 10. Januar 1881 № 8
betr. Besuch der Italienischen Korvette „Vettor Pisani“ in Korea.

Übersetzung 1 (Depesche)

Graf Candiani, Kön. Italienischer Korvettenkapitän, 1. Adjudant Sr. Kön. Hoheit des Prinzen Tomasi macht folgende Mitteilung:

Vor 2. Jahren erlitt an der koreanischen Küste bei Tsi-Chon ein italienisches Handelsschiff, Namens „Bianca" Schiffbruch, wobei die an Bord befindlichen Seeleute - bis auf einen, namens San-to-ri sämmtlich ertranken. Letzterer kam mit dem Leben davon, er wurde dank der Bevölkerung jenes Platzes freundlich aufgenommen, von den Lokalbehörden untergebracht, bekleidet und ernährt, so daß er wohlbehalten später seine Heimat wieder erreichen konnte.

Als meine Regierung von dieser durch die koreanischen Behörden unserem Seemanne zu Teil gewordenen freundlichen Behandlung Kunde erhielt beauftragte sie mich mit unserem gegenwärtig in den japanischen Gewässern stationierten Kriegsschiff „Pisani" mich nach Fusan zu begeben und den Behörden und dem Volke Korea's den Dank meiner Regierung darzubringen, auch bin ich beauftragt die seiner Zeit von den Lokalbehörden und der Bevölkerung für den in Rede stehenden erretteten Seemann ausgegebenen Gelder ihnen zu ersetzen. ----

Wenn die Mission der nun in Fusan eingetroffenen „Vettor Pisani"-- die Überbringung des Dankes an Korea --- nicht erfüllt werden könnte, so wäre dies ein sich zu bedauernder Umstand und die zwischen unsern beiden Regierungen bestehenden freundschaftlichen Beziehungen würden dadurch eine Störung erleiden.

In Anbetracht dieses Umstandes und in Befolgung des von meiner Regierung mir erteilten Auftrages, erlaube ich mir diese Note an Herrn Präfekten zu richten und bitte ich nach genommener Einsicht um gefällige Antwort, auch bitte ich den Inhalt meiner gegenwärtigen Depesche an Ihre hohen Regierungsbehörden zu berichten.

Dies meine Mitteilung. An den Kön. koreanischen Präfekten des Departements Tung-lai. Kuang-sü, 6. Jahr, 6. Monat, 27. Tag (2. August 1880)

2.

Brief an Kin-teng, japanischen Konsul für koreanischen Hafen Fusan, Candiani eröffnet hiermit:

Ich habe an Shen Tung-chen, koreanischen Präfekten des Departements Tung-lai, eine Depesche gerichtet, welche ich unverschlossen an Herrn Konsul hiermit zu übersenden mir erlaube mit der Bitte dieselbe nach genommener Hinsicht mit einem Einbegleitungsschreiben Ihrerseits gefälligst weiter zu befördern.

Ich bin mir sehr wohl bewußt, daß die koreanischen Behörden mit Mächten, zu denen

Korea in keinem Vertragsverhältnisse steht, nicht zu verkehren wünschen, da aber meine Depesche nur Dankesworte enthält, so hoffe ich, daß der Herr Präfekt die guten Absichten meiner Regierung nicht mißachten wird. Aus demselben Grunde ersuche ich Herrn Konsul in Ihrem Einbegleitungsschreiben, der Dolmetsch dieser guten Absichten meiner Regierung bei jenem Präfekten sein und ihm erklären zu wollen, daß unser Kriegsschiff an Korea eine Mission des Landes für s. zeitige Lebensrettung eines italienischen Seemannes habe-- und daß mit dieser Mission keine anderen Absichten geknüpft seien.

Die vom Herrn Konsul in dieser Angelegenheit gefälligst zu unternehmenden Schritte werden von S. Königlichen Hoheit dem Herrn Prinzen Tomasi zur Kenntnis Ihrer wie unserer Regierung gebracht werden.

6. Jahr, 6. Monat, 27. Tag (2. August 1880)

3.

Antwort des koreanischen Präfekten des Departements von Tung-lai an den Japanischen Konsul für Fusan.

Ich habe Ihren Brief erhalten und danke vielmals für die darin enthaltenen guten Absichten.

Wenn einem Menschen ein Mißgeschick trifft, so ist es Pflicht ihn aus demselben zu erretten. -- Wir alle sind des Himmels Geschöpfe und haben als solche unter einander stets dieselben Pflichten zu beobachten. Als einst ein italienisches Schiff bei Tsi-Chon zu Grunde ging und von dessen gesammter Mannschaft nur eine Person errettet werden konnte, so war das des Himmels Fügung und dessen Schutz waltete über dieses eine Menschenleben. Wenn daher die Lokalbehörden und die Bevölkerung zu dessen Rettung auch beitrugen, so war das nichts außergewöhnliches, es war nur eine Pflichterfüllung. Nun sendet die italienische Regierung aus diesem Anlaß speciell ein Kriegsschiff mit einem Schreiben, worin der Zweck und die guten Absichten von dessen Ankunft auseinandergesetzt werden. Ich habe dieses Schreiben gelesen und bin hierfür innigst dankbar.

Unser Reich jedoch pflegte bisher mit den fremden Nationen keinen schriftlichen Verkehr zu halten, es enthält mithin die Notwendigkeit dieses Schreiben bei mir anverwahrt zu halten und sende ich deshalb dasselbe wieder zurück, -- ich fühle mich zwar über dieses mein Vorgehen beschämt, da ich mit der Rücksendung des Schreibens die wahrhaft schönen Absichten des Absenders tief betrübe, doch bitte ich Herrn Konsul für mich die Entschuldigungen vorzubringen und den Italienern zu sagen, daß - trotzdem sie von den weit zurückgelegten Weg ermündet sein müßten - ich dennoch die lang bestehenden Landessitten nicht verletzen kann; - dies bitte ich statt meiner zu sagen, damit sich die Herrn nicht erzürnen.

Dies meine Bitte; -- eine besondere Antwort.

6. Jahr, 6. Monat, 28. Tag (3. August 1880)

Der Präfekt des Departements von Tung-lai, Shen Tung chen, an den japanischen Konsul Kin-teng Chen-tsu.

4.

(Derselbe Präfekt an denselben Konsul als Antwort auf eine wahrscheinlich gedruckte oder in 3ter Person lautende Einladung zu einem Mahle, bei welchem auch Graf Candiani hätte anwesend sein sollen. Anm. d. U.)

Von den in Ihrem Schreiben enthaltenen zahlreichen guten Wünschen, bin ich mir von früher her bereits bewußt und zweifle ich deshalb auch nicht, daß Sie mir verzeihen, wenn ich Ihre gütige Einladung nicht annehmen kann, obwohl dieselbe nur von den besten Absichten spricht, so erlauben unsere Sitten nicht sie anzunehmen, was Ihnen auch bekannt ist; ich bitte daher in diesem Sinne für mich den Dolmetsch zu machen, wofür ich im Voraus danke.

6. Monat, 28. Tag (3. August)

gez: Shen Tung-Chen

5.

Die Antwort des japanischen Konsuls (an Graf Candiani)

Ich hatte gestern die Ehre von Eur. Wg. eine Depesche zu erhalten, die für Shen-Tung-Chen, den koreanischen Präfekten des Departements von Tunglai, bestimmt und unverschlossen an mich mit der Bitte gesandt war sie weiter zu befördern. Eur. Wg. ersuchen mich ferner den bestehenden koreanischen Behörden zu erklären, daß diese Depesche nur Worte des Dankes für eine s. Z. bewirkte Lebensrettung eines italienischen Seemanns enthalte.

Wohlders Bitte gemäß habe ich die Depesche sofort an den Präfekten gesandt und hierzu auch die erwünschten Erklärungen gemacht, überdies habe ich einige Beamte der Präfektur zu mir bitten lassen und ihnen diese Angelegenheit detailliert auseinandergesetzt.

Ich habe jetzt die Antwort des Präfekten erhalten, in welcher er sagt, daß es gegen die Landessitte sei solche Dokumente in Empfang zu nehmen und er daher die Depesche zurücksende. Trotzdem ich in dieser Angelegenheit meiner Dolmetschdienste mit Eifer mich hingab, muß ich doch mit tiefem Leidwesen constatiren, daß meine Schritte resultatlos blieben.

Die Antwort des Präfekten erlaube ich mir Eur. Wg. hiermit in Abschrift vorzulegen und knüpfe hieran die Bitte, daß Wohlders ihm gütigst verzeihen und nicht zürnen mögen. Ming-chi 13. Jahr 8. Monat 3. Tag (3 August 1880) Der kais. japanische Konsul in Fusan Kin-Seng-Cheng-tsu an den Grafen Candiani, Kgn. italienischen Korvetten Capitain und 1 Adjudanten Sir. Königlichen Hoheit des Prinzen Tomasi

6. (Brief)

An Kin-teng, japanischen Konsul in Fusan. Candiani eröffnet hiermit: Ich habe gestern Ihr wertes Schreiben in Sachen meiner an den Präfekten des Departements von Tung-lai gerichteten Depesche erhalten und habe von dessen Inhalt gebührende Kenntniß genommen.

Daß der Präfekt von Tung-lai die in Rede stehende Depesche anzunehmen sich weigerte, setzte mich in nicht geringes Erstaunen, da ich mir nicht vorstellen konnte, daß die Annahme der Depesche verweigert werde. Ihnen jedoch Herr Konsul danke ich verbindlichst für die in dieser Angelegenheit unternommenen Schritte und gehabten Mühen. Civilisierte Regierungen und solche, die zueinander im freundschaftlichen Verhältnisse stehen, pflegen bei Fällen, welche die Errettung von Menschenleben betreffen, der Convenienz gemäß sich auf schriftlichem Wege zu bedanken. Meine nun an den Präfekten von Tung-lai gerichtete Depesche entsprach und geschah dieser Convenienz gemäß. Der Präfekt, indem er von den in dieser Depesche ausgedrückten Gesinnungen Kenntniß nahm, kann nicht anders als sich darüber freuen. Aus dem von jenem Präfekten an Herrn Konsul gerichteten Antwortschreiben entnehme ich jedoch, daß, da zwischen Italien und Corea bisher kein Verkehr stattfand, der Präfekt in diesem Falle die koreanischen Gesetze zu befolgen habe, welche nämlich verbieten mit einer fremden Macht in irgend welche Correspondenz zu treten, aus diesem Grunde durfte der Präfekt meine Depesche nicht behalten, was er auch seinen vorgerichteten Behörden berichtet hat.

Diese Erklärung finde ich sehr sonderbar, daß Corea deshalb mit dem Auslande in gar keinem Verkehr steht, weil darüber bestimmte Landesgesetze oder Vorschriften bestehen sollen, ist unrichtig und bitte ich um gefällige Einsendung eines Auszuges der betreffenden Gesetzesparagrafen. Der vorliegende Fall betrifft ein italienisches Handelsschiff, das Schiffbruch erlitt und bei welcher Gelegenheit nach den Prinzipien der Humanität und mit Anstrengung ein Menschenleben errettet wurde, __ hierüber war meine Regierung äußerst erfreut. Was liegt aber für eine Bürgschaft vor, daß bei künftigen Fällen der gleiche Vorgang betrachtet wird; eine solche Befürchtung ist um so mehr begründet, als in früheren Zeiten verschiedene Male ausländische Schiffe an der coreanischen Küste Schiffbruch erlitten, wobei Menschenleben zu Grunde gingen, die Behörden und das Volk Corea's benahmen sich dabei nicht so gut wie in dem vorliegenden Falle. Wenn in Zukunft italienische Schiffe an der coreanischen Küste Schiffbruch erleiden sollten, so kann die italienische Regierung sich nicht darauf verlassen, daß die Lokalbehörden und das Volk Corea's dabei nochmals nach den Prinzipien der Humanität handeln werden. Sollte dann etwa eine Behandlung stattfinden, so wie sie früher herrschte, so wird meine Regierung gewiß nicht in derselben Art, wie im vorliegenden Falle, vergehen und in guter Absicht und mit aller Höflichkeit eine Dankesdepesche absenden, nein, sie wird dann Mittel ersinnen um den Verkehr mit Corea zu erzwingen.

Überdies wünscht Corea nicht mit uns in freundschaftliche Beziehungen zu treten, damit ladet sich Corea nur eine große Verantwortung auf und verletzt seine eigenen Interessen. Wenn italienische Seeleute in Korea renitent werden sollten, so hat die italienische Regierung keine Macht über sie. Die Geschichte unseres Reiches während vieler hundert Jahre zeigt, daß Italien keine Politik der Habsucht treibt und seine Stärke und sein Wohlstand basirt nicht etwa darauf, daß es von der Schwäche und Armuth anderer Reiche Vorteile zog. Unser Handel ist außerdem nicht groß.

Aus diesen Gründen braucht auch Corea sich nicht im mindesten zu fürchten mit uns in Verkehr zu treten. Corea grenzt überdies an mächtige Nachbarstaaten, die zu einander in diesem Augenblicke nicht im guten Einverständnisse stehen; etwaige Schwierigkeiten, die von dort aus kommen würden, wird Corea nicht aus dem Wege gehen können. Aus allen oben angeführten Gründe ist es daher Corea's Vorteil, daß es mit andern fremden Staaten in Verkehr trete, um so mehr als die zwei Nachbarreiche bis jetzt noch zu keinem Einvernehmen gelangt sind, was im Interesse des Friedens zu bedauern ist.

Die zwischen mir und Herrn Konsul, sowie zwischen Herrn Konsul und dem Präfekten des Departements von Tung-lai gewechselte Correspondenz werde ich meiner Regierung zur Prüfung und Entscheidung vorlegen, ebenso werde ich den Sachverhalt über die Verweigerung der Annahme meiner Depesche von Seiten des Präfekten von Tung-lai an unsere in Peking und Tokio beglaubigten Minister berichten. Wenn daraus Complicationen entstehen sollten, so fällt dann die Verantwortung hierfür nicht etwa auf mich, sondern ganz und gar auf den Präfekten von Tung-lai. Ich werde jedoch trachten, daß meine Depesche nach Han-cheng gelange.

Nachdem Herr Konsul mit dem Präfekten des Departements von Tung-lai in Correspondenz stehen, so bitte ich Herrn Konsul von diesem meinem heutigen Schreiben dem Präfekten von Tung-lai gefälligst eine Abschrift zukommen lassen zu wollen, wofür ich im Voraus bestens danke.

6. Jahr, 7. Monat, 1. Tag (6. August 1880)

7. (Depesche)

Graf Candiani, Kön. italienischer Korvetten-Capitain I. Adjudant Sr. Kön. Hoheit des

Prinzen Tomasi etc. macht folgende Mitteilung:

Vor zwei Jahren hatte eines unserer Handelsschiffe, Namens „Bianca" an der coreanischen Küste bei Tsi-chai Schiffbruch erlitten. Von der Mannschaft dieses Schiffes ertranken sie alle, bis auf einen Namens San-to-ri, der mit dem Leben davon kam. Derselbe konnte dank der Sorgfalt und Pflege des Volkes jener Örtlichkeit errettet werden, er wurde ferner dank ihrer dortigen Lokalbehörden von denselben aufgenommen, ernährt und bekleidet und erreichte er schließlich wohlbehalten seine Heimat. Als meine Regierung erfuhr, wie freundlich und wohltätig ihre Lokalbehörden unseren Seemann behandelt haben, war sie hierüber mit Dank erfüllt; sie benutzte die Anwesenheit unseres Kriegsschiffes „Vettor Pisani" in diesen Gewässern es anher zu beordern.

Ich habe nun die Ehre anzuzeigen, daß ich in diesem coreanischen Seehafen angelangt bin und daß ich an Herrn Präfekten dieses Schreiben des Dankes für die Regierung und das Volk Corea's richte, --- dies tue ich in getreuer Erfüllung meiner Pflicht, einer Pflicht, die mich mit großer Freude erfüllt.

Als s. Z. die betreffenden Lokalbehörden und das Volk das Leben eines Seemannes retteten, hatten sie dieserhalb auch Auslagen gehabt, ich bin bereit dieselben voll zu ersetzen. Wenn unser Schiff direkt nach Tsi-Chon sich begeben und dort die Dankesmission erfüllt hätte, so wäre dies wohl der schnellste Vorgang, da aber die dortige Küste offen ist, so ist es für unser Schiff sehr ungünstig da zu ankern und ist es deshalb hier eingetroffen. Dies ist der Grund, weshalb ich diese Depesche an Sie Herrn Präfekten richte und Sie bitte meine Dankesdepesche der Centralregierung in der Hauptstadt zukommen lassen zu wollen.

Ich bin mir wohl bewußt, daß die Regierung Ihres Reiches mit dem Auslande nicht verkehren will; da ich selbst keine Gelegenheit habe persönlich Ihren hohen Staatsministern den Dank meiner Regierung vorzubringen, so bin ich gezwungen Herrn Präfekten zu ersuchen der Übermittler hiervon sein zu wollen. Ich bin an diesem Platze bereits seit einigen Tagen eingetroffen, während dieser Zeit konnte unser Schiff, dessen Provisionen ausgegangen sind, solche nicht vom Lande beziehen, da Ihre Landes-Gesetze jeden Verkehr mit Ausländern verbieten.

Auf der ganzen Welt, in jedem Lande ist es ein- und auslaufenden Schiffen gestattet Trinkwasser einzuschiffen und zu fischen, aber die hiesige Uferbevölkerung sagt uns, daß die koreanischen Gesetze uns verbieten, Wasser einzunehmen oder zu fischen. Unser Schiff kam um der Regierung des Landes zu danken und wird sich auch den Landesgesetzen fügen.

Ich wünsche Ihnen mitzuteilen, daß Seefahrer niemals über die Bestandsicherheit ihres Schiffes Bürgschaft leisten können. Wird das Wetter gefahrdrohend, so sucht das Schiff einen Hafen anzulaufen, in welchem es vor den Unbillen des Wetters sicher ist, -- mitunter läuft das Schiff in einem Hafen ein, um Reparaturen vorzunehmen oder Provisionen einzunehmen, über die Behandlungen solcher Fälle herrscht in allen Ländern das gleiche Gesetz. Die Mannschaft eines zu Grunde gegangenen Schiffes ist überaus unglücklich, ihr von Seiten der Lokalbehörden alle mögliche Hülfe angedeihen zu lassen, ist selbstverständlich.

Sollte in der Folge ein italienisches Schiff in einem der Häfen Corea's einlaufen, sei es um den Unbillen des Wetters zu entgehen, oder um Provisionen einzunehmen oder Reparaturen vorzunehmen, so wird es nicht ermangeln hierüber die nötigen Erklärungen zu geben, aber es ist uns unmöglich, die Bürgschaft zu geben, daß die Mannschaft solcher Schiffe bei dieser Gelegenheit den bestehenden coreanischen Gesetzen unbedingt Folge leisten wird und es könnte leicht der Fall eintreten, daß sie ihre Forderungen mit Gewalt sich erzwingt. Italien steht mit Corea in gar keinem Verkehrsverhältnisse; gegen Italienische Seeleute, die die Gesetze Corea's verletzen, können daher die Lokalbehörden nicht vorgehen, die Seeleute können ungehindert sich auf ihre Schiffe begeben und damit das Weite suchen, ihre Bestrafung wäre dann unmöglich; -- ein fürwahr unhaltbarer Zustand.

Am besten wäre es daher, wenn die beiden Regierungen hohe Staatsmänner designieren werden, die über alles dieses sich berathen und Bestimmungen entwerfen, diese könnten dann gut zum Vorteile beider Teile sein. Meine Nation ist vom innigsten Wunsche beseelt mit der Ihrigen in ein Bündnisse ewiger Freundschaft zu treten, da aber Ihre Nation bisher mit anderen keinen Verkehr unterhielt, so ist sie schwach und verfallen. Sollte daher ihre Nation mit Italien einen Vertrag schließen, so würde derselbe für Corea von großem Vorteile sein. Es ist noch zu erwähnen, daß Corea an zwei große Reiche grenzt, die sich gegenwärtig zu einander feindselig stellen, es ist zu befürchten, daß in nicht sehr langer Zeit auch Ihr Reich in diese Complicationen geraten wird. Wenn nun Corea mit europäischen Mächten im Freundschaftsverhältnisse stünde, so wäre es sicher von denselben Schutz zu genießen. Corea ist ein souveräner Staat und hat daher als solcher nicht zu befürchten von anderen Nationen Unrecht und Unbillen ertragen zu müssen.

Aus allen diesen Gründen erlaube ich mir an Herrn Präfekten die Bitte zu richten meine obige Darlegung der Verhältnisse an Ihre H. Staatsbehörden zu berichten. Ich werde nach zwei Monaten wieder kommen und vielleicht in Fusan die von Ihrer Centralregierung hierauf erfolgte Erwiederung einsehen, so daß ich dann dieselbe sofort meiner Regierung mitteilen kann.

Dies meine Mitteilung.

An Li, coreanischen Präfekten des Departements Yung-hsing.

Kuang-hsü, 6. Jahr, 7. Monat, 8. Tag (13. August 1880)

8.

Memoire einer bei einem Besuche des Präfekten von Hung-hsing am Borde des Schiffes (Vettor Pisani) gehaltenen Conversation.

Erklärung — das Schiff wird 3 Kanonenschüsse abfeuern, es ist dies bei uns eine übliche Höflichkeit, die einem Besucher von Rang erwiesen wird, -- ich bitte dabei nicht zu erschrecken. Antwort. - Viel zu viel Güte, bitte sich nicht die Mühe zu geben.

Erklärung. Das ist so Schiffssitte.

Antwort. Diese Sitte war mir bisher unbekannt.

Frage. Was ist Ihr werther Familien- und Eigenname? Was für eine Regierungsstelle bekleiden Sie?

Antwort. Mein Familienname ist Li, mein Eigenname Ki-cheng und ich habe den Rang eines Expedits-Commissärs (5 Rang) und bin Präfekt von Yung-hsing.

Erklärung. Unser Schiff kommt aus Europa und ist italienisch. Vor zwei Jahren hat ein Handelsschiff unserer Nation an der coreanischen Küste bei Tsi-chon in Folge eines Sturmes Schiffbruch erlitten, wobei die gesammte Mannschaft — bis auf einen — ertrank. Dieser eine wurde nur Dank der Behörden und der Bevölkerung jener Örtlichkeit errettet, er wurde ernährt und bekleidet und kehrte dann wohlbehalten in seine Heimat nach Italien zurück. Meine Regierung ist hierüber vom tiefsten Drucke erfüllt und hat mein Schiff beordert nach Corea sich zu begeben und der hiesigen Lokalregierung wie auch der Bevölkerung zu danken.

Antwort. Angehörige was immer für eines Staates, die — sei es schwimmend oder als Leichen — an unsere Ufer getrieben werden, werden stets von uns angenommen und genießen Schutz. Dies ist bei uns Sitte und sind hierüber weitere schriftliche Mitteilungen überflüssig. Ich erlaube mir überdies darauf aufmerksam zu machen, daß ich über Tsi-chon keine Jurisdiktion habe, warum kommen Sie denn hierher?

Erklärung. Unser Schiff war bereits bei Tsi-chon, da aber dort kein günstiger Ankergrund ist, so ist es hier eingelaufen.

Frage des Präfekten: In welchem Jahr und Monate hat Ihr Schiff Italien verlassen? Welcher war der letzte Hafen, den es berührte?

Antwort. Wir verließen Italien im 5. Monate des verflossenen Jahres (Juni 1879) und fuhren nach Japan, woselbst das Schiff stationiert ist. Vor Kurzem erhielten wir von der Regierung den Auftrag diese Dankesmission nach Corea auszuführen.

Frage des Präfekten: Was ist Ihr werter Name? Welche Stelle bekleiden Sie in Ihrem Reiche?

Antwort. Ich heiße Candiani, bin Korvetten-Capitain und gehöre dem erblichen Grafenstande an.

Frage des Präfekten: Ich wünsche die Namen der hier anwesenden Offiziere zu kennen so wie auch wessen Ranges sie sind.

Antwort. Es sind derer hier 12 und zwar Millelire, Spence, Bianca, Lamberti, Teng-i-en (?), diese sind höhere Offiziere, die übrigen sind kleine Kriegsmandarine.

Erklärung. Dem Auftrage meiner Regierung gemäß habe ich eine Depesche des Dankes vorbereitet, welche ich Herrn Präfekten bitte anzunehmen und nach genommener Einsicht ihren Inhalt Ihren H. Behörden in der Hauptstadt mitzuteilen.

Antwort. Es ist nicht Gepflogenheit unter den Lokalbehörden unseres Landes — sie mögen was immer für einen Rang einnehmen — einen Gegenstand direkt an die Centralregierung zu berichten, ein solcher Gegenstand hat zuerst in Form einer Eingabe an die Thoroffiziere der Hauptstadt (?) berichtet zu werden und es hängt von diesen ab was mit einer solchen Eingabe geschehen soll.

Erklärung. In diesem Falle verfüge ich Herrn Präfekten den Inhalt meiner Depesche an die betreffenden Thoroffiziere der Hauptstadt (?) zu berichten, diese werden dann höheren Orts berichten.

Antwort. Ich habe jedes Ereigniß an die Thoroffiziere der Hauptstadt (?) zu berichten, da ich selbst aus eigener Machtunvollkommenheit nichts unternehmen kann. - Wenn Schiffe fremder Nationen hier ankern, so muß ich den Grund ihres Kommens erfragen und das Ergebniß dieser Nachfrage habe ich stets an die Thoroffiziere der Hauptstadt (?) zu berichten, dies ist eine meiner Pflichten. — Die jetzt niedergeschriebene Conversation habe ich auch in meinem Berichte aufzunehmen.

Erklärung. Diese Einrichtung ist sehr gut und ermöglicht auch die Ausführung meiner Absicht, indem Sie diese von mir vorbereitete Depesche, in welcher der Grund unserer Ankunft auseinandergesetzt ist, annehmen und deren Inhalt höheren Orts berichten.

Antwort. Die Gesetze unseres Landes sind derartig, daß ohne besondere Genehmigung des Landesfürsten die Centralbehörden in der Hauptstadt nicht wagen Schreiben von anderen Reichen anzunehmen, umsovielweniger dann die Localbehörden.

Erklärung. Unser Schiff ist hier in Folge eines von meiner Regierung erfolgten Auftrages; wenn nun Herr Präfekt diese Depesche nicht annehmen, so kann ich meinen Auftrag nicht ausführen; überdies ist diese Depesche an Niemand anderen als an Herrn Präfekten gerichtet.

Frage. Warum wollen Sie diese Depesche gerade mir geben? Ich kann den Grund hiervon nicht verstehen.

Erklärung. Weil Sie der Beamte sind jener Örtlichkeit, die unserem Schiffe zunächst liegt, und weil uns wesentlich darum liegt, daß Ihre Regierung erfahre, in welcher guter Absicht wir hierher gekommen sind.

Antwort. Wir wollen darüber nicht weiter Worte wechseln. Ich muß zur Annahme Ihrer Depesche vorher ausdrückliche Bewilligung meiner Regierung haben. Daß ich Ihretwegen früheren Orts berichten soll, ist bei uns Gepflogenheit. Ich muß fürs Erste Instructionen der Thoroffiziere der Hauptstadt (?) erwarten und werde dann demgemäß handeln, ein anderer Weg ist mir nicht offen.

Erklärung. Ob Sie die Depesche in Empfang nehmen wollen oder nicht, hängt ganz von Ihnen ab, ich bitte Sie aber von derselben Einsicht zu nehmen, Sie werden dann die Absicht unseres Herkommens kennen. Wenn Sie daraufhin an die Thoroffiziere der Hauptstadt (?) berichten, so wäre dann meine Mission fürs Erste erfüllt. Die Depesche enthält sehr vieles; wenn sie daher eine Abschrift davon haben wollen, so kann ich Ihnen eine solche liefern; -wie?- Erwiederung des Präfekten. An welchem Tage tritt das Schiff seine Rückreise an?

Antwort. Sobald diese Angelegenheit beendet ist, werde ich mit dem Schiffe abfahren und diesen Platz verlassen.

Erklärung: Was die Frage einer Abschrift der vorliegenden Depesche anbelangt, so ist dieselbe nochmals abzuschreiben überflüssig, -- ich nehme nur den gestempelten Theil ab, d.h. den Kopf und das Ende der Depesche und gebe Ihnen die Depesche so wie sie ist. - Ich bitte überdies Herrn Präfekten den Grund der Ankunft unseres Schiffes den Thoroffizieren der Hauptstadt (?) zu berichten, ich werde in zwei Monaten deren Erwiederung auf Ihren Bericht abholen.

Frage des Präfekten: Wieviele Offiziere und Leute hat das Schiff?

Antwort. Das Schiff hat über 200 Leute.

Erklärung: Der Grund unseres Hierherkommens ist ein Guter. Da jetzt Rußland und China auf gespanntem Fuß stehen, so hat Corea bei einem demnächst zu erwartenden Ausbruch eines Krieges zwischen den beiden Mächten sehr vieles zu befürchten. Da aber Ihre Nation mit keiner ausländischen Macht in Verkehr zu treten wünscht, so stehen Ihnen um so schwerere Complicationen bevor.

Antwort: Was haben wir denn zu befürchten?

Erklärung: Rußlands Seeküste ist im Winter mit Eis verschlossen, Rußland muß demnach sich in Besitze eines coreanischen Seehafens setzen, wo es Truppen landen und Provisionen einnehmen kann, von hier aus wird es dann auch seine militärischen Operationen gegen China ausführen. — Aus diesem Grunde ist für Corea Gefahr im Anzuge.

Antwort: Die Angelegenheit der Depesche sowie die jetzt niedergeschriebene

Coversation werde ich den Thoroffizieren der Hauptstadt (?) berichten.

Erklärung: Sehr gut. — Italien wünscht mit allen Mächten in Frieden zu sein, ebenso wünscht es mit Corea in Freundschaftsverhältnisse zu treten. Am beachtenswertesten in der Depesche für Sie ist der an Ihren Grenzen bevorstehende Conflikt zwischen Ihren zwei mächtigen Nachbarstaaten. Ich bitte Sie diesen Umstand in Ihrem Berichte an die Thoroffiziere der Hauptstadt (?) besonders hervorzuheben, auch bitte ich diesen zu erklären, daß falls Ihr Reich mit Italien in Vertragsunterhandlungen zu treten wünscht, dies darum zu Ihrem Vorteile sein würde.

Der Präfekt sagt: Selbstverständlich werde ich nicht ermangeln die schöne Absicht Ihrer Herkunft meinen Vorgesetzten zu berichten. - Es wird spät und ich bitte ans Land gehen zu dürfen.

Erklärung: Der Rang des Herrn Präfekten ist ein hoher und ebenso Ihr Alter; -- Sie haben einen weiten Weg gemacht um an Borde unseres Schiffes zu kommen; ich bin Ihnen dafür zu unendlichem Dank verpflichtet.

Antwort: Ich bin nur gekommen um Auskunft zu erlangen. — Dies ist meine Pflicht und Sie haben mir dafür nicht zu denken.

Antwort: Ich habe einige Flaschen Wein von unserem Lande, sowie verschiedene Eßsachen für Sie bestimmt und ich bitte Sie dieselben anzunehmen.

Antwort: Ich danke vielmals hierfür, doch darf ich nichts annehmen, die Landesgesetze gestatten es nicht, ich erlaube mir Ihre Gaben zurückzustellen.

Erklärung: Wein und Eßsachen sind nur eine Kleinigkeit, Sie haben wegen deren Annahme nichts zu befürchten. Sie können dieselben eventuell weiter verschenken. Der Präfekt sagt: Ich danke Ihnen vielmals für die am Borde Ihres Schiffes mir zu Theil gewordene gute Behandlung, -- ich danke nochmals recht sehr, ich muß jetzt wider Wunsch aufbrechen.

Antwort: Ich bitte im Boote einzusteigen.

6. Jahr 7. Monat 9. Tag (14. August 1880)

für die Übersetzung

gez. Haas.

[ ]

PAAA_RZ201-018901_219 ff.			
Empfänger	Auswärtiges Amt in Berlin	Absender	Eisendecher
A, 1546 pr. 21. März 1881.		Tokio, den, 1. Februar 1881.	

A. 1546 pr. 21. März 1881. 1 Anl.

Tokio, den, 1. Februar 1881.

A. № 7.

An das Auswärtige Amt des deutschen Reiches zu Berlin.

Dem Auswärtigen Amte habe ich die Ehre in der Anlage eine Correspondenz der Japanischen Zeitung „Osaka Shimpo" aus Korea in Englischer Übersetzung ganz gehorsamst vorzulegen.

Der darin erwähnte Koreaner Ritojin ist dieselbe Persönlichkeit, welche sich unter dem Namen Asano längere Zeit in Japan aufhielt und über die ich mir früher sowohl, wie namentlich in № 138 vom 4. December v. J. bereits zu berichten gestattete. Derselbe dürfte voraussichtlich in diesem oder dem nächsten Monat nach Tokio zurückkehren und ich erwarte als dann, daß er mir über die eventuelle Geneigtheit seiner Regierung mit Deutschland in Beziehungen zu treten, weitere Mittheilungen machen wird. Den Instruktionen des hohen Erlasses A. 3 vom 28. Oktober v. J. entsprechend habe ich nicht verfehlt vorläufig mit meinem hiesigen Österreichisch-Ungarischen Kollegen etwaige Schritte unserer beiderseitigen Hohen Regierungen zur Anbahnung eines Vertragsverhältnisses mit Korea eingehend zu erwägen; wir sind dabei beide zu der Ueberzeugung gelangt, daß im Augenblick auf ein Entgegenkommen von Seiten Korea's noch nicht mit Sicherheit zu rechnen sein wird und daß wir daher bis zur Rückkehr des Herrn Asano-Ritojin ein Vorgehen in der Frage nicht empfehlen Können. Sollten die Eröffnungen des Genannten die Geneigtheit der Regierung in Seoul zur Anknüpfung von Beziehungen unzweifelhaft ergeben, so würde ich mir erlauben dem hohen Auswärtigen Amte je nach Umständen telegraphisch oder schriftlich gehorsamst Meldung zu erstatten. Herr von Hoffer ist in diesem Falle bereit nach Wien in demselben Sinne zu berichten.

Seitdem die neuesten Telegramme der Japanischen Regierung aus Petersburg die Erhaltung des Friedens zwischen Rußland und China in ziemlich sichere Aussicht stellen, tritt hier wieder die Befürchtung Russischer Anexionspläne in Korea mehr hervor. Je mehr

Glauben und je weitere Verbreitung derartige Gerüchte finden, um so eher werden die Koreaner sich bestimmen lassen, ihr Land einzelnen fremden Mächten zu öffnen.

Ich zweifle nicht an der Aufrichtigkeit des hiesigen Ministers der Auswärtigen Angelegenheiten, wenn er wiederholt erklärt, etwaige Demarchen Deutschlands in Korea nach besten Kräften unterstützen zu wollen.

Eisendecher

Anlage zu Bericht № 7. A.

COREAN NEWS.

(Translated from the correspondence of the Osaka Shimpo.)

Fusan, 19th December, 1880. - H. E. Hanabusa, our minister to Corea, arrived here on the 5th instant by the man-of-war Amagi Kan and, after staying at the consulate for two days, left for the capital on the morning of the 7th instant, accompanied by two attaches and an interpreter from the consulate. We hear that His Excellency will now reside permanently at the capital.

Mr. Ritojin a native of the capital of Corea, and who since September of last year had been travelling in our country, where he was considered as the advocate for the civilization of Corea, returned here on the 17th instant by the Chitose-maru, and left for the capital overland. I saw this gentleman while he was here: he was clad in the European fashion, with a gold watch chain glittering about his waist, and his hair was dressed according to the European style. He speaks our Tokio dialect so like a Japanese that no one would take him for a Corean. He is a man of such high intelligence and elevated mind, that he equals the learned men of civilized countries. It is said that he came home with the intention of memorializing his Government at the risk of his own life, being grieved at the uncivilized state of his country. When the wishes of this gentleman will come to be realized without danger to his life, it is expected that the Corean Government will necessarily change its old policy of seclusion, and throw open several ports for commerce with all nations of the west. Therefore this gentleman is regarded at present with great interest as the reformer of the general policy of the East.

It is intensely cold here at present. The thermometer ranges between 45 and 50 degrees Fahr. at noon; between 35 and 36 in the morning and evening, and between 24 and 25 at midnight. All water is entirely frozen, but nevertheless the weather continues to be bright and clear, and we have had no snow. The northerly winds are, however, very fierce and piercing.

It has been hitherto usual at the end of every year for the Corean cash to fall extraordinarily in value, as our paper currency became scarce, but this year, on the contrary, cash are unusually scarce, and instead of falling they are rising in value. The rate of exchange is now between 25 1/2 and 30 per cent. premium against Japanese paper currency.

We cannot foretell what further fluctuation may take place at the new year (old style), but under present circumstances, we suppose no great change will occur.

A letter from Gensanshin, which left there overland last month arrived here on the 16th instant, says that not much trade has been done since the steamer (what steamer is not mentioned) left, and the cause might be attributed to the scarcity of foreign muslin; the unsettled state of the difficulty between Ikeda & Co. and the Coreans about the hemp business; and the excessive coldness of the weather; the snow lying two feet deep since the 23rd ultimo. Metals were, however, in good demand and some business was done in them every day, but owing to the increasing severity of the weather, no large transactions could take before next March.

The thermometer was at 30 degrees Fehr. at noon, and about 21 degrees in the morning and evening.

I sent you an account of the intended formation of a league by our Corean merchants, as suggested by Mr. Hirose Saihei, the vice-president of the Osaka Chamber of Commerce, while he was here. The subject has been submitted to the deliberation of the Chamber of Comerce, and resolutions adopted.

Those who have entered into the covenant by the formality of signing their names and affixing their seals to the document are thirty in all.

If the above gentlemen will observe the covenant strictly, and exert themselves for the promotion of our trade, it will not be difficult to recover our former losses and restore our commercial rights. I earnestly hope they will continue in their present resolution.

The covenant as adopted by the Chamber of Commerce begins thus; - "There having arisen many malpractices and corruptions among those who are engaged in trade at the port of Fusan in Corea, our commercial rights at the port have become almost absorbed by the influence of the Corean merchants, and this must be extremely humiliating to all our countrymen. The cause of such a state of things is not to be sought anywhere but in the short-sighted conduct of our traders, who are too eager to secure any temporary profits and lack the perseverance necessary to calculate upon the future of their business. This matter will not only provoke scorn from the Coreans, but will also be prejudicial to the honor of our country, and its financial position. Therefore we, who engage in the Corean trade, bind ourselves to observe the following covenant." (I omit the remainder of the document, as it is nearly the same as what I furnished you with previously.)

In my last despatch I mentioned the system of Exchange which was proposed to obviate the inconveniences of using Corean cash. Mr. Kojiyama, of the branch of the Kiodo Shosha; Kubo Muriaski, of Sumitomo's, and Mr. Sato Masakatsu, of the Kinseisha - the originators of the Exchange - submitted the rules of the establishment to the Chamber of Commerce, and they were finally approved of. Application was then made to the authorities to open the Exchange, and permission to do so was accorded on the 16th of December instant. Arrangements are now in active progress to commence business, which will be done as soon as ever the building is completed. After this Exchange is opened. I feel confident neither our merchants nor the Coreans will be inconvenienced carrying about large quantities of coin, and counting thousands of cash on every transaction. Indeed the benefit which will be derived is so great, that there is no necessity for me to say that this new undertaking must inevitably prosper exceedingly.

Two or three men have lately proposed to establish a newspaper at this port, which will be distributed gratuitously. This journal is intended to contain all matters of interest to the Coreans and Japanese residents. If issued without charge it will certainly render us great assistance in attaining our objects, and at the same time prove a powerful auxiliary in leading the natives into the paths of civilization. I do not think anything can possibly be devised calculated to be more beneficial to us people living in Fusan. The paper will, I understand, be called the Chosen Shimpo, and it is proposed to issue it weekly in pamphlet form; the upper portion of each page being printed in Japanese and the lower in Corean. We, both Japanese, and Coreans, will be greatly benefited by this publication, and at the same time the light of Japan will shine abroad, and the influence of her merchants be increased. The projectors of the "Chosen" have asked for assistance, and many persons have agreed to lend a helping hand. Subscriptions to a large amount have already been received, and it is reported that the first number will make its appearance as soon as the printing plant is got in order. - Hiogo News.

[ ]

PAAA_RZ201-018901_224			
Empfänger	Auswärtiges Amt in Berlin	Absender	Brandt
A. 1550 pr. 21. März 1881.		Peking, den 26. Januar 1881.	

A. 1550 pr. 21. März 1881.

Peking, den 26. Januar 1881.

A. № 7.

Vertraulich

An das Auswärtige Amt in Berlin.

Dem Auswärtigen Amt beehre ich ganz gehorsamst zu berichten, daß nach einer vertraulichen Mittheilung des General Gouverneurs Li Hung chang an mich, die Koreanische Regierung sich mit dem Gedanken vertraut gemacht haben soll in nicht zu langer Zeit einige Häfen dem Weltverkehr zu erschließen.

Brandt

In Aussicht genommene Eröffnung koreanischer Häfen.

PAAA_RZ201-018901_225 ff.			
Empfänger	Auswärtiges Amt in Berlin	Absender	Brandt
A. 1550 pr. 21. März 1881.		Peking, den 26. Januar 1881.	

A. 2663. pr. 25. April. 1881.

Peking, den 28. Februar 1881.

A. № 14.

An das Auswärtige Amt Berlin

Im Anschluß an meinen ganz gehorsamsten Bericht A. № 7 vom 26. Januar d. J. beehre dem Auswärtigen Amt ich mich anzuzeigen, daß ein koreanischer Abgesandter in Tientsin eingetroffen ist, um sich mit dem General Gouverneur Li Hung chang über die beste Art und Weise, wie einige koreanische Häfen den Fremden geöffnet werden könnten, ins Einvernehmen zu setzen. Wie verlautet soll dies zuerst in der Weise geschehn, daß die koreanische Regierung unter von ihr selbst aufgestellten Bedingungen die bis jetzt nur für den Japanischen Handel geöffneten Häfen auch für den Verkehr mit andern Staaten erschließt und den Abschluß förmlicher Verträge mit denselben auf eine spätere Zeit vertagt.

Zugleich macht sich in Korea eine gewisse Rührigkeit auch nach der Richtung der Vermehrung der Wehrkraft des Lands geltend. Eine Anzahl Krupp'scher Geschütze kleineren Calibers sind von Bevollmächtigten der Regierung in Tientsin von den chinesischen Behörden angekauft worden und empfangen einige koreanische Officiere in dem dortigen Regierungs-Arsenal Unterricht in der Behandlung und dem Gebrauch der fremden Feuerwaffen. Dagegen ist das Anerbieten der Sendung einer chinesischen, militairischen Mission nach Korea abgelehnt worden und haben die Koreaner auch darauf bestanden, daß die angekauften Geschütze chinesischerseits nur bis an die Grenze Koreas transportirt werden dürften, von wo die Weiterbeförderung dann durch die Koreanische Regierung stattfinden würde.

Meine früheren ganz gehorsamsten Mittheilungen, die verschiedenen im verflossenen Jahre stattgefundenen vergeblichen Versuche zur Anknüpfung von Beziehungen mit Korea betreffend, beehre ich mich noch zu berichten, daß auch der Kommandant des französischen Kanonenboots Lynx, Capitaine de frégate Fournier, bei seinem Besuch des

Hafens von Fusan mit einem an das Ministerium der Riten gerichteten Schreiben Mr. Bource's versehn gewesen ist, in welchem dieser letztere seinen, Dank für die milde Behandlung und schließliche Freilassung zweier französischer Missionäre aussprach. Auch die Annahme dieses Schreibens ist von koreanischen Behörden abgelehnt worden und will Mr. Fournier bei dieser Gelegenheit, wie mir mein französischer Kollege vertraulich mittheilte, aus dem Munde des Japanischen Consuls in Fusan erfahren haben, daß seine Regierung ihn angewiesen habe, die Bemühungen anderer Mächte zu Korea in Beziehungen zu treten, nicht allein nicht zu unterstützen, sondern denselben sogar auf das Entschiedenste entgegen zu wirken.

Brandt

Inhalt: In Aussicht genommene Eröffnung koreanischer Häfen betr.

Berlin, den 29. April 1881

A. 2669

An

die Missionen in

1. Petersburg №
2. Wien № 174
3. Rom №
4. Paris №
5. London №
6. Constantinopel №

Vertraulich

Ew. p. beehre ich mich beifolgende zur gefälligen vertraulichen Kenntnißnahme Abschrift eines Berichts des K. Gesandten in Peking vom 28/2 d. Mts, die Eröffnung von Korea betreffend ganz ergebenst zu übersenden. In Vertretung des Reichskanzers:

N. d. G. Gf. L. K.

[Unterschrift]

Gerücht über die Annektion Korea's.

PAAA_RZ201-018901_231 ff.			
Empfänger	Bismarck	Absender	Focke
A. 3129 pr. 15. Mai 1881.		Shanghai, den 5. April 1881.	

A. 3129 pr. 15. Mai 1881.

Shanghai, den 5. April 1881.

№ 46.

An den Reichskanzler, Fürsten von Bismarck, Durchlaucht in Berlin.

Die fortdauernde Anwesenheit der seit vorigen Spätsommer in Japan konzentrierten Russischen Flotte gibt der Japanischen und der Anglochinesischen Presse stets neuen Stoff zu Kombinationen aller Art. Insbesondere wird versichert, daß die Annektion Korea's oder doch des Hafens Lazareff mit Bestimmtheit in Aussicht genommen sei und daß deshalb die Flotte hier verweile.

Euerer Durchlaucht nehme ich ehrerbietigst Gelegenheit dieser Zeitungsnachrichten Erwähnung zu tun, um hinzuzufügen, daß dem auf der Durchreise nach Hongkong und Singapore per Russischen Kreuzer „Asia" vorgestern hier eingetroffenen Contreadmiral Aslambegoff von solchen, seiner Regierung zugeschriebenen Plänen nichts bekannt zu sein scheint. Gesprächsweise äußert sich derselbe vielmehr dahin, daß die unter dem Befehl des Vizeadmirals Lessovsky und des Contreadmirals Baron Stackelberg stechende Flotte in ein bis zwei Monaten, sobald die Ratifikationen der neuen Russo-chinesischen Konvention ausgetauscht wären, nach Rußland zurückkehren und nur er selbst mit den zur politischen Station dauernd gehörigen Schiffen in diesen Gewässern zurückbleiben werde. Die Genesung des Vizeadmirals Lessovsky, der an den Folgen eines im vorigen Herbst erlittenen Beinbruchs leidend den ganzen Winter in Nagasaki zugebracht hat, nehme günstigen Fortgang, und dürfte bis zum Empfang der Rückberufungsorder vollendet sein.

Focke

betr. Gerücht über die Annektion Korea's.

[ ]

PAAA_RZ201-018901_234			
Empfänger	Bismarck	Absender	Hasch
A. 3487 p. 30 Mai 1881.		Berlin, den 29. Mai 1881.	

A. 3487 p. 30 Mai 1881. 1 Beil.

Berlin, den 29. Mai 1881.

A. 3018 III.

An den Reichskanzler, Fürsten von Bismarck, Durchlaucht (Auswärtiges Amt)

Euerer Durchlaucht beehre ich mich den in der Anlage des Schreibens vom 22. Mai 1881 - A. 3129 Ⅰ. N. 1591 -- übersandten Bericht des General-Konsuls in Shanghai, die Anwesenheit russischer Kriegsschiffe auf der ostasiatischen Station betreffend, nach erfolgter Kenntnißnahme anliegend mit dem verbindlichsten Danke ganz ergebenst zurückzusenden.

Hasch

Die Politik der Vereinigten Staaten in Ostasien.

PAAA_RZ201-018901_231 ff.			
Empfänger	Bismarck	Absender	Brandt
A. 3129 pr. 15. Mai 1881.		Peking den 26. April 1881.	

A. 3975 p. 24 1881.

Peking den 26. April 1881.

A. № 30.

An den Herrn Reichskanzler, Fürsten von Bismarck in Berlin.

Im Anschluß an meine ganz gehorsamsten Berichte A. № 136 vom 4. December 1880 und A. № 19 vom 23. März dieses Jahres die Politik der Vereinigten Staaten in China betreffend, habe Euer Durchlaucht ich die Ehre, in der Anlage Auszüge aus dem in Amerikanischen Zeitungen veröffentlichten Berichte des Kommodore Shufeldt über seine Mission nach Korea ebenmäßig zu überreichen. Dieselben bestätigen leider die in meinen ganz gehorsamsten Berichten früher ausgesprochene Ansicht, daß in Amerikanischen Kreisen die Tendenz immer mehr hervortrete, der Politik der Vereinigten Staaten in Ostasien eine, den anderen Vertrags-Mächte feindliche, Richtung zu geben.

Brandt

Inhalt: die Politik der Vereinigten Staaten in Ostasien betreffend. 1 Anlage.

Anlage zu Bericht A. № 30 vom 26. April 1880

Auszüge
aus dem veröffentlichten Bericht des Commodorle Shulfeldt über seine
Mission nach Korea

The acquisition of Alaska and the Aleutian Islands, the treaties with Japan, Sandwich Islands and Samoa are only corollaries to the proposition that the Pacific Ocean is to become at no distant day the commercial domain of America. The Atlantic, either by force of circumstances or national indifference, has been given over to foreign flags, backed by the immense weight of European capital, but under natural law the flow of commerce, as of emigration, is from the east towards the west, and the geographical position of the United States, in conformity with this law, points to the Pacific Ocean as the main highway of trade, and our country as the source from which the Oriental nations must obtain whatever they need in the way of commercial exchange. In all probability, within the next half century the United States will find its largest market in Asia rather than in Europe. Thus a treaty with Corea becomes but another link in the chain which binds the East to the West, and would give to our country that moral precedence in Corea which is so universally conceded to it in Japan. The marauding expeditions of Europeans and Americans, for the purpose of illicit traffic, or the still more contemptible object of robbing royal graves of supposititious golden coffins, added to the (so considered) unprovoked attack of the French squadron in 1871, have naturally rendered the Government and the people of Corea averse to any intercourse. Yet in the very logic of events, Corea can no longer remain secluded. Japan has already forced a treaty upon her, and Russia is silently preparing to appropriate the northern ports, and if any means can now be found to get beyond the barred gates, and to reach the Central Government, I am convinced that Corea could be made to understand not only the policy of a treaty with the United States, but its absolute necessity as a matter of protection against the aggression of surrounding Powers.

Moreover, it is a duty we owe to these people to become the pioneers of a more enlightened policy in the East. European power is not employed to civilise Orientals, but to subordinate them and to keep them subordinate for the purpose of trade or proselytism. A distinguished Chinese officer recently said to me. What have European treaties done for China but to force upon her opium and missionaries? The United States should take higher grounds, and while demanding protection for its citizens, should ask for nothing more than she is willing to concede.

I do not wish to see the United States use coercive measures in Corea, or anywhere in the east, yet, as I have said before, America is the pioneer of the Pacific, a little which she should not only recognize but claim. For this reason - if for no other - I hope she will not resign her place in Corea to other Powers, both willing and anxious to retard her progress or cripple her prestige in the East.

Korea

PAAA_RZ201-018901_242 ff.			
Empfänger	Bismarck	Absender	Eisendecher
A. 3978. p. 24. Juni 1881.		Tokio, den 4. Mai 1881.	

A. 3978. p. 24. Juni 1881.

Tokio, den 4. Mai 1881.

A. 16.

№ 106, Bms pr. 26 Juni 1881

An den Herrn Reichskanzler, Fürsten von Bismarck, Durchlaucht, Berlin.

Nach Berichten des Japanischen Gesandten in Korea ist dort zwischen der sogenannten liberalen Partei, welche die Eröffnung des Landes und den Verkehr mit Fremden befürwortet, und den Konservativen, welche die alte Abgeschlossenheit aufrecht erhalten wollen, ein ernster Conflikt entstanden. Der König selbst scheint an der Spitze der liberalen Bewegung zu stehen, während sein Onkel die Führerschaft der fremdenfeindlichen Partei übernommen hat.

Wenn man den Wahrnehmungen des Herrn Hanabusa Glauben schenken darf, so sind im Augenblick die Altkoreaner die Stärkeren; sie haben eine besondere weiße Tracht angelegt und tragen auf ihren Gewändern das Abzeichen des Beiles, um damit anzudeuten, daß sie bereit sind für ihre Sache den Tod zu erleiden. Der König soll in sehr energischer Weise Seine Ansicht vertreten und die Häupter der Gegenpartei mit entschlossenen und kräftigen Worten zurückgewiesen haben; es ist Ihm trotzdem bisher nicht gelungen, die Feinde der modernen Reformen zu bekehren; sie haben im Gegentheil an Macht und Einfluß gewonnen und den Liberalen ist ihre Hauptstütze durch den plötzlichen Tod des Sohnes des ersten Ministers, der angeblich an Gift starb, entzogen.

Auch der lange in Japan unter dem Namen Asano ansässige Koreaner, fast der Einzige, welcher mit Fremden überhaupt in Berührung gekommen war und die Eröffnung eines Verkehrs mit anderen Nationen stets befürwortete ist spurlos verschwunden; die Einen sagen er sei ermordet, Andere glauben, er hatte sich nur verborgen.

Die Japanische Regierung erwartet hier binnen kurzem eine neue aus ca. fünfzig Mitgliedern bestehende Koreanische Mission, welche der König gegen den Willen der Conservativen nach Japan entsendet, um dort Informationen über fremde Länder und

Völker zu sammeln. Elf Herrn der Missionen sollen Verwandte des Königs sein.

Der Vertreter Japans wird in der Koreanischen Hauptstadt Tag und Nacht ängstlich bewacht; ganz ähnlich wie in Japan zur Zeit der ersten Verträge scheint man Herrn Hanabusa gern aus Seül entfernen zu wollen unter dem Vorwande für seine Sicherheit nicht einstehen zu können. Derselbe hat indessen bestimmten Auftrag erhalten auf seinem Posten auszuharren.

Ein ernsthafter Zusammenstoß zwischen den beiden Parteien in Korea ist nicht unwahrscheinlich, die hiesige Regierung würde in einem solchen Falle Kriegsschiffe zum Schutze des Gesandten nach dem der Hauptstadt nächstgelegenen Hafen senden.

Eisendecher

Inhalt: Korea

Berlin, den 25. Juni 1881

A. 3975

An
die Missionen in

1. Petersburg № 263
5. London № 216

Ew. p. beehre ich mich beifolgend zur gefälligen Kenntnißnahme Auszüge und den in amerik. Zeitungen veröffentlichen Berichten des Kommodores Shufeldt über seine Mission nach Korea ganz ergebenst zu übersenden.

N. d. H. St. R. S.
[Unterschrift]

Berlin, den 25. Juni 1881

A. 3978

An
die Missionen in

1. Petersburg № 262
2. Wien № 271
3. Rom № 172
4. Paris № 202
5. London № 215

Ew. p. beehre ich mich beifolgend zur gefälligen vertraulichen Kenntnißnahme eines Berichts des K. Gesandten in Tokio vom 4. vorig. Monats K O R E A betreffend ganz ergebenst zu übersenden.

N. d. H. St. R. S.
[Unterschrift]

Berlin, den 25. Juni 1881

A. 3978

An
den Königlichen Gesandten

Herrn von Wentzel
hochwohlgeboren
Hamburg.

In Verfolg meines Erlasses vom 23. Januar 1870 (№ 3) beehre ich mich Ew. Hochwohlgeboren beifolgende Abschrift aus Bericht des Kaiserl. Gesandten in Tokio vom 4. v. Mts. Korea betreffend zur gef. Kenntnisnahme ergebenst zu übersenden.
N. d. H. St. R. S.

[Unterschrift]

Korea

PAAA_RZ201-018901_250 ff.			
Empfänger	Bismarck	Absender	Eisendecher
A. 4937 pr. 16 August 1881.		Tokio, d. 24. Juni 1881.	
Memo	mitg. 17/8 nach London, Petersburg, Washington (concept in actis Japan 1.)		

A. 4937 pr. 16 August 1881.

Tokio, d. 24. Juni 1881.

A. № 20.

Seiner Durchlaucht
dem Herrn Reichskanzler, Fürsten von Bismarck zu Berlin.

Den hohen Erlaß vom 4. Februar d. J. 6. A. 1, betreffend die Anknüpfung von Beziehungen mit Korea, habe ich Seiner Zeit zu erhalten die Ehre gehabt.

Der Mißerfolg, von welchem die Expedition des Kommodore Shufeldt begleitet war, hatte anscheinend nicht die Wirkung, die Regierung der Vereinigten Staaten zum Aufgeben ihrer Ziele bezüglich der Anbahnung von Handelsbeziehungen mit Korea zu bestimmen. Vielmehr ist der genannte Kommodore, offenbar zu dem angedeuteten Zwecke, vor Kurzem nach Peking gesendet und der dortigen Gesandtschaft der Vereinigten Staaten pro forma in der Eigenschaft eines Marine-Attachés beigegeben worden. Es dürfte hiernach die Annahme gerechtfertigt erscheinen, daß das Kabinet von Washington, nachdem sich die Japanische Unterstützung als unwirksam erwiesen, den Versuch machen wird, seine Zwecke durch Vermittelung China's zu erreichen. Über den mutmaßlichen Erfolg dieser Bemühungen möchte ich mir zur Zeit ein sicheres Urtheil nicht erlauben. Indessen ist die Situation in Korea jetzt insofern eine veränderte, als der in meinem ganz gehorsamsten Berichte vom 4. vor. M. s. № 16 A. erwähnte Konflikt zwischen der fremdenfreundlichen Partei und ihren Gegnern an Schärfe verloren zu haben scheint.

Die Koreanische Mission, deren Sendung nach Japan ich in demselben Berichte als bevorstehend bezeichnete, ist vor einigen Wochen hier eingetroffen. Die betreffenden Herren beschäftigen sich eingehend mit dem Studium der staatlichen Organisation und Entwicklung Japans und sollen aus ihrer Anerkennung und Bewunderung desjenigen, was sie sehen, keinen Hehl machen. Sie zirkulieren in ihrer nationalen Tracht, mit oder ohne

Japanischer Begleitung, frei in der Stadt, vermeiden es aber, mit Fremden in Berührung zu kommen.

In der hiesigen Presse, welche sich mit der Frage der Eröffnung Korea's viel beschäftigt, ist durchschnittlich die Ansicht vertreten, daß der Zeitpunkt der letzteren nicht allzu fern sei. Auch Herr Ueno und andere Japanische Staatsmänner sprechen sich in diesem Sinne aus. Ich hege indessen doch allnachgerade einige Zweifel, ob die Herren und die Japanische Regierung überhaupt ernsthaft geneigt sind, irgend eine fremde Macht bei etwaigen Annäherungsversuchen in Seul zu unterstützen. Die Erfahrungen des Herzogs von Genua und des Herrn Shufeldt scheinen eher das Gegentheil zu beweisen.

Der zuletzt in meinem ganz gehorsamsten Berichte vom 1. Februar d.J. 6. A. № 7 erwähnte Koreaner Asano oder Ritojin ist, wie ich mir zum Schlusse ehrerbietigst zu bemerken gestatte, zwar nicht, wie es früher hieß, ermordet, bis jetzt aber auch nicht wieder hierher zurückgekehrt.

Eisendecher

Inhalt: Korea

Die Eröffnung Korea's

PAAA_RZ201-018901_254 ff.			
Empfänger	Bismarck	Absender	Brandt
A. 2313 pr. 25. April 1882.		Peking, den 9. März 1882.	

A. 2313 pr. 25. April 1882.

Peking, den 9. März 1882.

A. № 14.
Vertraulich

Seiner Durchlaucht
dem Herrn Reichskanzler, Fürsten von Bismarck zu Berlin.

Bei einem Besuch, welchen der Dolmetscher Arendt den Ministern des Tsungli-Yamen gestern abstattete, machten dieselben ihm die Mitteilung, daß die chinesische Regierung ihren Einfluß aufbiete, um Korea zu bewegen, in Beziehungen zu dem Auslande zu treten, und daß die Regierung des Landes auch dazu geneigt sei, daß sich aber im Volke ein starker Widerstand dagegen geltend mache.

Es ist dies das erste Mal, daß die Minister sich offen für die während der letzten Zeit hauptsächlich von Li Hung chang vertretene Politik der Eröffnung Korea's ausgesprochen haben und dürfte dieser Tatsache daher eine gewiße Bedeutung nicht abzusprechen sein.

Von Tientsin geht mir die Nachricht zu, daß in der nächsten Zeit eines der Dampfschiffe der chinesischen Gesellschaft nach Korea gehen werde, zu welchem Zwecke habe ich nicht erfahren können, doch dürfte das Schiff wohl dazu bestimmt sein als Vorläufer der projektierten Shufeldt'schen Expedition zu dienen.

In Tientsin selbst befinden sich in diesem Augenblick ungefähr hundert Koreaner, welche an den chinesischen Regierungs-Etablißements und Schulen Unterricht empfangen.

Brandt

Inhalt: Die Eröffnung Korea's betreffend.

[ ]

PAAA_RZ201-018901_257			
Empfänger	Auswärtiges Amt in Berlin	Absender	Brandt
A. 2348 pr. 27. April 1882.		Peking, den 27. April.	

A. 2348 pr. 27. April 1882.

Telegramm.

(Peking) Troitzkosawsk, den 27. April -------------- 1882. 6 Uhr 30 Minuten

Ankunft: 5. 30

Der. K. Gesandte in Peking

an Auswärtiges Amt.

Entzifferung:

der amerikanische Gesandte geht Anfangs Mai nach Korea zur Unterzeichnung des in Tientsin vereinbarten Vertrages.

Brandt.

Korea

PAAA_RZ201-018901_259 ff.			
Empfänger	Bismarck	Absender	Eisendecher
A. 3560 p. 19. Juni 1882.		Tokio, den 27. April 1882.	

A. 3560 p. 19. Juni 1882.

Tokio, den 27. April 1882.

A. 27.

Seiner Durchlaucht
dem Fürsten von Bismarck

In hiesigen politischen Kreisen nimmt man als sicher an, daß der zur Zeit in Kobe befindliche Amerikanische Admiral Clitz im Verein mit Commodore Shufeldt die Absicht seiner Regierung, von Neuem einen Annäherungsversuch an Korea zu machen, demnächst zur Ausführung bringen werde. Bestätigt sich diese Vemuthung, so darf man wohl davon ausgehen, daß die Vereinigten Staaten sich nicht zum zweiten Male einem Mißerfolge aussetzen werden, vielmehr der Erreichung ihres Zieles ziemlich sicher sind.

Die chinesische Regierung scheint, wie ich bereits in früheren Berichten zu erwähnen die Ehre hatte, die Eröffnung von Korea zu begünstigen und dürfte Commodore Shufeldt in seinen diesbezüglichen Bestrebungen unterstützt haben, worüber Euerer Durchlaucht, wie ich annehme, eingehendere Meldungen aus Peking vorliegen werden. Eine derartige Politik China's ist leicht verständlich, wenn man die Möglichkeit einer Russischen Aktion gegen Korea oder eines gesteigerten Japanischen Einflusses und die sich in beiden Fällen für die Pekinger Regierung ergebenden ungünstigen Folgerungen in Erwägung zieht.

Über die Stimmung in Korea selbst liegen hier im Allgemeinen nur unzuverlässige, auf Japanische Korrespondenzen zurückzuführende Nachrichten vor. Indessen lassen dieselben darüber keinen Zweifel, daß sich im Volke wie in der Familie des Königs und der Regierung zwei Parteien einander scharf gegenüber stehen, deren eine für und die andere gegen die Eröffnung des Landes agitirt. Die Japaner erfreuen sich jedenfalls keiner besonderen Beliebtheit. Sie sollen im Verkehr mit den ihnen an Größe und Körperkraft überlegenen Koreanern mit großer Härte verfahren und sich eine gleiche kulturhistorische Mission anmaßen, wie sie den Westmächten in Japan zugefallen ist. Charakteristisch sind die in der hiesigen Presse oft laut werdenden Klagen über die Höhe der von Japanischen

Waren erhobenen Zölle und des Verbotes des Reisens und der Niederlassung außerhalb der vertragsmäßig geöffneten Häfen.

Der Japanische Minister-Resident in Korea, Herr Hanabusa, welcher vergangenen Winter in Tokio verbrachte, hat sich vor kurzem auf seinen Posten zurückbegeben. Er beabsichtigte ursprünglich länger hier zu bleiben und seine beschleunigte Rückkehr mag theils mit der vermutheten Amerikanischen Aktion, theils mit der durch einige Angriffe auf das Leben von Japanern bedrohten Sicherheit der dortigen Japanischen Kolonie in Verbindung stehen. Herr Hanabusa verschließt sich, wie ich aus vertraulichen Gesprächen mit ihm entnahm, keineswegs der Erkenntniß, daß die einmal ins Rollen gerathene Frage der Eröffnung der Halbinsel nicht mehr aufzuhalten ist und ihrer Lösung über kurz oder lang entgegengeht.

Der Englische Gesandte, Sir Harry Parkes, scheint sich mit der Angelegenheit ziemlich eingehend zu beschäftigen und ich habe Grund zu der Annahme, daß derselbe seiner Regierung vorgeschlagen hat, auch ihrerseits Schritte zur Anknüpfung von Handelsbeziehungen mit Korea in Erwägung zu nehmen.

Die Bedingung, von der Euere Durchlaucht, Inhalts des Erlasses vom 28. Oktober 1880 A. 3, hochdero weitere Entschließungen in der Sache abhängig gemacht haben, nämlich daß eine andere Macht die Initiative ergreift, um die Eröffnung Korea's für den fremden Handel herbeizuführen, dürfte sonach ihrer Erfüllung einen erheblichen Schritt näher gerückt sein. Wenn auf Grund der früheren Sachlage nach Inhalt des hohen Erlasses vom 4. Februar 1881 A. 1. mir ein direktes Vorgehen Deutschlands in der Angelegenheit nicht genügend motivirt erschien, so wollen mir Euere Durchlaucht hochgeneigtest gestatten, es im gegenwärtigen Augenblicke als wünschenswerth zu bezeichnen, daß die kaiserliche Regierung für der Fall des Gelingens der Eröffnungsbestrebungen Amerikas oder eines anderen Staates schon jetzt bestimmte Stellung zu der Frage nimmt. Meine Ansichten über den praktischen Werth, welchen die Erschließung des Landes für den deutschen Handel haben würde, sind zwar im Allgemeinen auf jetzt dieselben, welche Euerer Durchlaucht ich in früheren Berichten zu unterbreiten die Ehre hatte. Sollten indessen die schwebenden Revisions-Verhandlungen wie zu erwarten, zu der Eröffnung Korea's führen, so würde sich auch dieser Punkt in etwas verändertem Lichte darstellen, da die deutsche Schiffahrt dann nach Befinden in größererm Maßstabe an dem Zwischenhandel von Japan und Korea Theil nehmen könnte; ein großes Gewicht möchte ich jedoch, soviel sich jetzt übersehen läßt, auch diesem Argument nicht beilegen. Wichtiger erscheint mir das Moment des politischen Prestiges und unter diesem Gesichtspunkte würde ich es als im diesseitigen Interesse liegend betrachten, daß auch Deutschland in der Koreanischen Frage eine gewisse Rolle spielt.

Für den Fall, daß Euere Durchlaucht geneigt sind, der Angelegenheit näher zu treten, darf ich ganz gehorsamst hinzufügen, daß eventuelle Schritte vielleicht besser von hier als von Peking aus unternommen werden. Es spricht hier für die geographische Lage Korea's, welches mit Japan in regelmäßiger Dampfschiffverbindung steht, sowie der Umstand, daß der des Englischen vollständig mächtige und mir gut befreundete Japanische Ministerresident Hanabusa eventuell eine geeignete Mittelsperson bei vertraulichen und mehr privaten Vorverhandlungen sein könnte. Darüber glaube ich keinen Zweifel hegen zu sollen, daß Japan die bisher beobachtete Haltung, welche der Eröffnung Korea's für den Handel anderen Staaten ungünstig war, aufgeben wird, sowie von irgend einer Seite eine ernstliche Demarche in Aussicht steht.

Indem ich ganz gehorsamst bemerke, daß ich nicht unterlassen werde, Euerer Durchlaucht über den Verlauf der geplanten Amerikanischen Aktion, im Falle eines entscheidenden Erfolges telegraphisch zu berichten, darf ich einige im Laufe der letzten Monate gesammelte Notizen aus Japanischen Zeitungen hier ehrerbietigst anschließen.

Eisendecher

Inhalt: Korea. 1 Anlage.

Anlage zu Bericht A. 27.

Notizen aus Japanischen Zeitungen
über Korea

1. Nach polizeilichen Erhebungen belief sich die Zahl der Japanischen Bevölkerung in Fusan im vergangenen Februar auf 1852 (1082 Männer und 770 Weiber.) Anzahl der von Japanern daselbst bewohnten Häuser: 418. Außerdem 95 unbewohnte Häuser.

Die Ausfuhr von Reis aus Fusan belief sich im Jahre 1880 auf 92755 koku im Werthe von 72996 yen, während im Japan 1881 nur 44895 koku im Werthe von 380040 yen ausgeführt wurde.

2. In Gensan wurden aus Japan 1881 Waren im Werthe von 770444 yen eingeführt, darunter 90% Baumwollenwaren. Die Ausfuhr betrug 728438 yen, darunter 80% Goldstaub und Leder, 20% Ginseng, Seegras u. s. w. Die Japanischen Bazare wurden im Laufe des Jahres von 23681 Koreanern besucht. Klima ungesund und feucht. Die Mehrzahl der

Japaner von Wechselfieber heimgesucht. Straßen sehr schmutzig, selbst bei gutem Wetter.

3. Nach einer von der Regierung in Seul angeordneten Zählung betrug die Bevölkerung von ganz Korea in Jahre 1881 16227885 Personen, welche in 3480911 Häusern wohnten.

4. Die koreanische Regierung hat sich an die Japanische Vertretung mit der Bitte gewandt, einen Kavallerieoffizier behufs Bildung eines Kavalleriewegs zu ihrer Verfügung zu stellen. Desgleichen hat die koreanische Regierung bei dem Arsenal in Tokio namhafte Bestellungen auf Lieferung von Schießgewehren gemacht.

5. Der Kapitän des Japanischen Postdampfers Tsuruga Maru, angelangt den 20. April in Nagasaki, hat die Direktion in Tokio telegraphisch benachrichtigt, daß Herr Oboutchi, Agent der Compagnie in Gensan, bei einem Spaziergange in der Umgebung der Stadt von Eingeborenen angegriffen und schwer verwundet worden sei. Ein buddhistischer Priester ist ermordet und der Agent der Compagnie Okuragumi schwer verwundet worden.

Echo du Japon 28. April. 82.

Troubles en Corée.

On a appris récemment que des résidents japonais à Ghensan-shin, Corée, avaient été attaques par des Coréens. Nous empruntons à ce sujet quelques détails au *Hotchi Chimboun* :

Le 31 mars dernier, vers dix heures du matin deux prêtres bouddhistes japonais, l'un nomme Hassoumoto et l'autre Tani, Mr. Kodama, agent de la compagnie Okoura-goumi et Mess. Oboutchi et Hamaté, agents de la compagnie *Mitsu Bishi*, se promenaient aux environs de Ghensan-shin. Tous, à l'exception des deux prêtres, avaient emporté des fusils pour chasser en route. Se trouvant près du village d'Ambé, situé à un kilomètre de la concession japonaise, ils furent surpris par une violente averse ; ils résolurent d'aller se mettre à l'abri de l'autre côté d'un canal qui passe en cet endroit ; ils venaient de traverser un pont qu'ils avaient déjà dépassé de trois cents mètres lorsqu'à un détour de la route, ils se trouvèrent tout à coup en présence d'une bande de deux cents Coréens environ, qui en les voyant, parurent se consulter entre eux. Les Japonais peu rassurés expliquèrent poliment aux indigènes le motif de leur petite excursion. Quelques-uns de ces derniers entamèrent une conversation et l'un d'eux proposa aux promeneurx d'aller dans le village d'Ambé. Cette invitation fut déclinée, et comme il commençait à être tard les prêtres et leurs compagnons reprirent le chemin de Ghensan-shin. Ils étaient arrivés à peu près au milieu du pont construit sur le canal, quand les Coréens qui les avaient suivis les attaquèrent en leur lançant des pierres, des tuiles, des morceaux de bois, etc. Les Japonais n'étant pas en nombre suffisant pour riposter, prirent la fuite, mais ils avaient parcouru à peine vingt pas lorsque Mr. Oboutchi fut atteint à la tête par une grosse pierre qui le blessa grièrement. Il demanda alors à Mr. Kodama de taire usage, de son arme ; celui-ci en effet tira deux ou trois coups de fusil qui firent reculer les assaillants, mais ils revinrent bientôt et entourèrent les Japonais qui, obligés de soutenir Mr. Oboutchi, ne pouvaient pas marcher bien vite. A ce moment un prêtre, Mr. Tani et Mr. Hamaté, l'un des agents de la compagnie Mitsu Bishi, réussirent à s'échapper. Les autres comprenant que toute résistance était inutile essayèrent de parlementer ; on ne les écouta pas. Quelques uns de ces forcenés s'emparèrent de Mr. Oboutchi, déjà blessé et le frappèrent violemment ; Mr. Hassoumoto, que voulait le défendre, fut renversé ; plusieurs Coréens se précipitèrent sur lui pour le maintenir pendant qu'un autre, armé d'un gros bâton, le frappait de toutes ses forces sur la tête ; ils ue l'abandonnèrent que lorsqu'il eut cessé de vivre. Quant à Mr. Kodama, il reçut plusieurs à coups la poitrine et perdit connaissance.

Lorsque Mr. Oboutchi reprit ses sens, les Coréens avaient disparu ; un seul était resté, c'était l'homme qui portait les bagages ; il réussit à se lever et chercha immédiatement ses compagnons ; l'un était mort, l'autre Mr. Kodama, grièvement blessé, était encore évanoui. Mr. Oboutchi, très-faible lui-même fut obligé de partir seul, soutenu par le guide coréen, pour Ghensanshin, où il arriva à minuit.

Mess. Tani et Hamaté étaient déjà partis avec un certain nombres de leurs compatriotes pour secourir les blessés. Ils revinrent à Ghensanshin avec Mr. Kodama et le cadavre du prêtre bouddhiste.

Dans la matinée du 1er avril, le consul du Japon ayant été prévenu, envoya immédiatement le médecin de la marine attaché au consulat, pour prendre soin des blessés et faire l'autopsie du cadavre. Les résidents japonais voulaient venger leurs compatriotes, mais le consul et le chef de la police défendirent toute représailles.

Mr. Mayéda, consul général a adressé une circulaire à tous les résidents japonais, dans laquelle il leur recommande de rester calmes et les informe qu'il a envoyé un rapport au gouvernement sur les faits qui se sont passés le 31 mars, qu'il n'a pas les pouvoirs nécessaires pour prendre une décision dans ce cas et qu'il doit attendre des ordres de Tokio. Le gouvernement coréen a donné l'ordre de rechercher les coupables.

Auswärtiges Amt

Abth. A.

Politisches Archiv d. Auswärt. Amts

Acta

betreffend

Korea.

vom Juli 1882

bis November 1882

Vol: 2.

conf. Vol: 3.

Politisches Archiv des Auswärtiges Amt

R 18902

KOREA № 1.

[ ]

PAAA_RZ201-018902_002			
Empfänger		Absender	Eisendecher
A. 4796 pr. 31. Juli 1882		Tokio, den 31. Juli 1882.	
Memo	Abschrift der Übersetzung für S. M. die japanische Gesandtschaft in Korea wurde angegriffen. Der Minister und sein Gefolge retteten sich mit Booten und wurden von einem englischen Schiffe nach Japan gebracht.		

A. 4796 pr. 31. Juli 1882
Abschrift.

Telegramm.
Tokio, den 31. Juli 1882. 9 Uhr 15 M. V.
Der Koreanische Gesandte an Auswärtiges Amt.

Japanese legation in Korea attacked minister and suite escaped in boats and were brought to Japan in british surveying vessel.

sig. Eisendecher.

[ ]

PAAA_RZ201-018902_003			
Empfänger	Auswärtiges Amt in Berlin	Absender	Eisendecher
A. 4796 pr. 31. Juli 1882		Tokio, den 31. Juli 1882.	

A. 4796 pr. 31. Juli 1882

Telegraphie des Deutschen Reichs.
Berlin C.

Nr. 78/111

aufgen. 31. 7. 4 Uhr 48 M. V. M.
ausgef. 31. 7. 4 Uhr 55 M. V. M.

Telegramm aus Tokio. Nr. 74.

Japanese legation in Korea attacked minister and suite escaped in boats and were brought to Japan in british surveying vessel

Eisendecher.

[ ]

PAAA_RZ201-018902_004			
Empfänger	Auswärtiges Amt in Berlin	Absender	Eisendecher
A. 4796 pr. 31. Juli 1882		Tokio, den 31. Juli 1882.	

Abschrift
A. 4796 pr. 31. Juli 1882

Telegramm.

Tokio, den 31. Juli 1882. 9 Uhr 15 M. V.
Der K. Gesandte an Auswärtiges Amt.

Übersetzung.

Die japanische Gesandtschaft in Korea wurde angegriffen. Der Minister und sein Gefolge retteten sich auf Booten, und wurden von einem englischen Schiffe, daß an der Küste mit Vermessungen beschäftigt war, nach Japan gebracht

gez. Eisendecher.

Berlin, den 31.Juli 1882

A. 4796
(I. Ang.)

An des Kaisers und Königs Majestät

Ew. K. u. K. M. gestatte alleruntertänigst ich mir, angeschlossene Abschrift eines Telegramms des Herrn von Eisendecher aus Tokio vom 31. d. Mts. ehrfurchtsvoll zu überreichen. Über die Ursachen des darin gemeldeten plötzlichen Ausbruchs von Feindseligkeiten zwischen Koreanern u. Japanern liegen hier augenblicklich nur Vermutungen vor.

Wie Ew. M. in huldreicher Erinnerung haben werden, ist es den Amerikanern nach langjährigem Bemühen im letzten Monat Juni gelungen einen Handelsvertrag mit Korea abzuschließen. Ew. M. Regierung hatte bis dahin eine Annäherung an Korea nicht gesucht, da die hier vorliegenden Berichte aus Peking und Tokio zu erkennen gaben, daß besondere Vorteile für Deutschland aus dem Verkehr mit Korea nicht erwachsen würden, und es sich deshalb anzuempfehlen schien, die Initiative zur Erschließung jenes Landes anderen Nationen zu überlassen, die ein größeres Interesse an jener Frage hatten als Deutschland. Nach Eintreffen der Nachricht jedoch, daß die Regierung von Korea bereit sein dürfte, einen Vertrag mit Amerika abzuschließen, wurde Ew. M. Gesandter in Peking angewiesen seinerseits die Geneigtheit der koreanischen Regierung zum Abschluß eines Vertrages mit Deutschland in vorsichtiger Weise zu sondieren und eventuell sich zu dem Zweck nach Korea zu begeben.

Ein Telegramm des Herrn v. Brandt aus Schanghai meldete bald darauf, daß derselbe am 18ten Juni mit Ew.M.S."Stosch" und Ew. M. Nbt."Wolf" von Chefoo nach Korea abgegangen sei, und ein zweites Telegramm, ebenfalls aus Schanghai und vom 12ten d. Mts., brachte sodann die Mitteilung, daß es Ew. M. Gesandten am 30.Juni bereits, also anscheinend ohne Schwierigkeiten, gelungen sei, einen Vertrag mit Korea abzuschließen. Das kurze Telegramm, welches diese Tatsache meldet, wird durch Berichte ergänzt werden, die noch aus Asien und nicht vor Ende des Monats August hier eintreffen können.

Man darf jedoch jetzt schon die Vermutung aussprechen, daß die koreanische Regierung, nachdem sie soeben ihre Geneigtheit zu erkennen gegeben hat, sich den fremden Mächten freundschaftlich anzuschließen, an dem Angriff auf das Lebend eines fremden Gesandten unschuldig ist. Vielmehr dürfte auch in Korea eine sogenannte "nationale" Partei existieren, wie das in Japan und China der Fall ist, die das Heil des Landes in seiner vollständigen Abgeschlossenheit erblickten und bei der ihr innenwohnenden Barbarei vor keiner Gewalttat zurückschreckt, wenn sie hofft, daß es ihr dadurch gelingen werde, die fremden Eindringlinge aus dem Land zu vertreiben. - Der Angriff auf die englische Gesandtschaft in Tokio im Jahre 1859, deren Urheber von der japanischen Regierung selbst verfolgt wurden, erscheint demnach als ein Analogon des Angriffs auf die Mächte, welche bereits Verträge mit Korea abgeschlossen haben, liegt in dem Vorfall keine Veranlassung auf die Vorrechte zu verzichten, die ihnen von der koreanischen Regierung soeben eingeräumt worden sind.

N. S. E.
[Unterschrift]

(II. Ang.)

A 4796

Beifolgende Abschrift eines Telegr. des Kaiserlichen
Gesandten in Tokio vom 31. Juli,
einen Angriff auf die jap. Gesandtschaft
betreffend, wird
dem Chef der kaiserlichen Admiralität
Herrn Staatsminister von Stosch
Excellenz
zur geneigten Kenntnisnahme s. p. r.
ganz ergebenst übersandt.
Berlin, den 31. Juli 1882
In Vertretung des Reichskanzlers

i. m.

[ ]

PAAA_RZ201-018902_011			
Empfänger	Graf von Hatzfeldt-Windelburg	Absender	Gironim
A. 4940 pr. 5. August 1882.		Berlin, den 3. August 1882.	

A. 4940 pr. 5. August 1882. 1 Anl.

Berlin, den 3. August 1882.

An den kaiserlichen Botschafter, beauftragt mit Wahrnehmung der Geschäfte des Staatssekretärs im Auswärtigen Amte Herrn Grafen von Hatzfeldt-Windelburg, Excellenz

Euer Excellenz beehre ich mich das mir unterm 31. v. Mts. - J. № 2527 - übersende Telegramm des Kaiserlichen Gesandten zu Tokio vom 31. vor. Mts. nach Kenntnißnahme und Mitteilung an den Chef der Ost-Asiatischen Nation, Commodore von Blanc, mit verbindlichsten Danke ganz ergebenst zu remittieren.

Der Chef der Admiralität.
In Vertretung.
Gironim.

THE JAPAN DAILY MAIL.

№ 181. — August 8, 1882.

The Revolution in Korea.

The following intelligence was published in an Express issued yesterday afternoon from this office. Our surmise that the attack on the Japanese Legation at Soul was the outcome of a rising of the anti-foreign party in Korea against the constituted authorities, turns out to be correct, news having been received that simultaneously with the Japanese affair, the Palace of the King was attacked and many Ministers and notables were slain.

Further particulars of the *émeute* in Korea have been received by the government. On the 6th instant (Sunday) the *Nichi Nichi Shimbun* published a short extra giving the following information; The *Iwaki Kan* arrived at Simonoseki direct from Korean waters on the 4th, and Captain Awoki immediately telegraphed to the Naval Department: - "Fusan is safe; but serious trouble is reported to have occurred in Soul. The King is safe. The queen and thirteen Ministers of State and other dignitaries are dead. Tai-in Kun has assumed charge of Government." The same day Mr. Hanabusa telegraphed to Lieutenant Midzuno at the Head-quarter Staff Office: - "Lieutenant Horimoto; Ike Keinoshin and Okada Kaku (students); Kurosawa; and three policemen have been killed. The wives of the King and Heir apparent, and Ri Saiwo, Kin Hogen, Bin Kenko, In Retsuyu, and others are also murdered. Tai-in Kun has assumed direction of the Government." From these telegrams it would appear (says the *Yomiuri Shimbun*) certain that those who attacked our Legation were adherents of Tai-in Kun (blood-father of the King and leader of the anti-foreign party), and that, simultaneously with the assault upon the Japanese, they made a raid on the Royal Palace. The Monarch himself entertains progressive opinions, and those progressionists who are at one in their ideas with their Master, are Ri Saigen, a cousin of the King, and Cabinet Adviser; In Retsuyu, Minister of Military Affairs; Bin Yeiyoku and Cho Jinnyei, Privy Councilors, and several other notables, including Kin Koshiu and Ko Yeishoku. etc, who came to Japan some years ago. Hence, we may fairly conclude that among the thirteen murdered Ministers of State and dignitaries were these progressionists. Yet it is rather strange that Bin Taiko and Bin Kenko, influential members of the anti-progressive party, should have been killed. In any circumstance it is obvious that the anti-foreign party has broken out into rebellion, assailed and vanquished the progressionists, and obtained control of the Government. Hence the writer concludes that amicable negotiations will be impossible.

Besides the telegrams above mentioned the *Nichi Nichi Shimbun* of to-day (the 7th) publishes the following special despatch received from Mr. Hanabusa dated Shimonoseki on Sunday: -

"The *Iwaki-Kan* has returned. The state of things at Seoul is thus: - Horimoto, Okada, Ike, Kurosea, and three policemen were killed. Tai-in Kun invaded the King's Palace and poisoned the wives of the Monarch and of the Heir apparent. Ri Saiwo (ex-First Minister of State), Kin Hogen (Minister of Commerce), Bin Kenko (Minister of Finance), Bin Taiko (Minister of Public Works), In Retsuyu (Minister of Military Affairs) and others were murdered, and Tai-in Kun has usurped the administrative power. The Korean Government has apprised the Japanese Consulate at Busan, through the Daiando (?) of Tokunegi Fu that: - The recent events had their origin in other disturbance, and the effect at last fell upon the (Japanese) Legation. As all the soldiery hat mutinied we were unable to protect the Legation. We are very much grieved etc., etc. The report concluded with the affirmation that the King was safe."

Another telegram received from Colonel Sugiura at Shimonoseki the same day states: "I hear from the officers on board the *Iwaki Kan* which returned here last night (5th inst.) from Gensan Via Fusan, that Horimoto and others have been murdered. The Government has devolved upon Tai-in Kun. Queen Bin (the younger sister of Bin Yeiyoku is in hilding in the neighbourhood of Soul. The officials of Takunegi Fu (within whose jurisdiction the Japanese settlement at Fusan is situated), Gensan and the environs treat Japanese with great kindness." A telegram has been received stating that Mr. Inouye, Minister of Foreign Affairs, was prevented by rough weather from leaving Kobe on the morning of the 5th instant. - General Oyama, Minister at War, and Lieutenant-General Soga, Chief of the Head Quarters Staff Office, returned to Tokyo from Hokkaido on the 4th inst. It is possible that the former minister will proceed to Shimonoseki shortly. - We stated recently that two half-battalions of troops would be despatched from the Kokura branch barracks to escort Mr. Hanabusa to Soul. We are further told that the necessary preparations for the despatch of a similar force from Kokura have been made, and the steamer *Wakanoura Maru* left Yokohama for that port on Saturday morning to take them on board. - The Naval Department has proclaimed that one hundred and fifty boats of the Takasbima colliery would be borrowed by the Government for the conveyance of coal thence to Nagasaki. The *Nichi Nichi Shimbun* contradicts as false the paragraphs which appeared in the extras of the *Hochi* and *Fiji* to the effect that Fusan and Gensan were unsafe, and that on receipt of the telegrams above mentioned all the members of the Cabinet met on Sunday and that the Emperor himself was present. - The Kongo Kan arrived at Shimonoseki at 6 a. m. on the 5th instant, and left for Jinsen, Korea, at 6 a. m. on Sunday.

The *Mainichi Shimbun* reports that the Peking Government has sent telegraphic order to the Chinese Minister in Tokyo, to return immediately. It is supposed that he has been thus sent for in order to receive instructions as to the policy he should pursue in the Korean business.

The *Nichi Nichi Shimbun* of Saturday says: - His Excellency Inouye, Minister of Foreign Affairs, arrived at Kobe at 6 p. m. on the 4th instant, and left for Shimonoseki at 4 p. m. of the 5th. - The Imperial yacht *Fingei Kan* (with 140 men on board under the command of Captain Isobe), with provisions, and 600 cases of ammunition and 25,000 pairs of *Waraji*, all sent by the War Department, quitted Shinagawa for Jinsen, Korea, on the 4th instant. The *Fingei* is the swiftest our war vessels, and will therefore be employed to carry despatches between Jinsen and Shimonoseki. - The *Riujo Kan*, which was to be sent in the middle of next month on surveying duty, in has been ordered to remain at Shinagawa. The stations of all the other men-of-war have also been determined, probably, it is said, with a view to the organization of a second expeditionary squadron. -On the 2nd instant an order was issued to the Kumamoto garrison that all officers and men on leave should rejoin their regiments. The reserves are also ordered to be in readiness, and various movements of the troops throughout the country are spoken of. Mr. So Yosuke, an attache of the Japanese Legation at Soul, and brother-in-law to Mr. Terashima. Minister to the United States, was wounded in the legs. He is under treatment at Nagasaki. The whereabouts of a nephew of Mr. Cousul Kondo, who fought bravely against the rioters at Jinsen, is yet unknown. It is feared that he has been killed. - The subjoined is from a letter sent from Soul on the 13th ultimo. It may serve to indicate the date of things in Korea before the trouble and therefore we give it in full: - "Recently some British, American, and German men-of-war came to Jinsen, and provisionally concluded commercial treaties with the Korean Government. The sudden visit of these ships caused great excitement among the populace; but through the intervention of China, everything was amicably arranged. The Chinese Commodore Tai Josho and Inspector Ba Kenchin are said to have greatly contributed to wards the conclusion of these treaties. While the foreign vessels were here the Japanese Minister visited them in confortunity with universal usage. The Soul Government has appointed Kin Hogen and Kin Koshiu to represent them in the revision of the Custom's Tariff, and exchanged protocols with the Japanese Minister. Since then, however, no negotiations have been conducted. In connection with the Anpen Affair (that is to say, the outrage at Gensan-shin in March last) negotiations are steadily conducted but in writing only. A short time since, and ex-official, Ri Tetsu-u, and literate of the province of Chiusei, Haku Raku-Kwan, have been imprisoned because they memorialized the Government in a fanatic tone about current events. Ri suggested that the King, in order to demonstrate to the public his sagacity and prudence, should severely punish such crafty servants as Kin Koshiu, Gio Indhiu, Jo Kohan, and others (progressionists) who, says the memorialist, desire to sell their country to foreign nations for their own private interests. Of course, this representation was rejected and the writer has been exiled to the province of Kankiyo. Haku Raku Kwan, on his part, insisted upon the rupture of peaceful with Japan. The spirit of his memorial was much more violent then that of Ri, and, in some respects, attacked the reputation of the Monarch. Therefore the literate has been condemned to death; but owing to the extraordinary drought now prevailing, his execution has been postponed to propitiate the gods who are daily importuned for rain. Kimmai, the Second Minister of the State, has also memorialized the King, and retired from his office. On the other hand, a private gentlemen, by name Kaku Kiraku has been appointed to a military post because he forwarded to the Sovereign a document advocating progress. Thereupon some of his turbulent neighbors sacked his residence. Apart from the ill-feeling existing between the Government and people, even the Cabinet is divided into two parties, progressionists and anti-progressionists. They are bitterly antagonistic and the business of Government is much disturbed. On the whole, the King himself holding progressive opinions, it is hoped that the conservatives will be worsted. Speaking generally, the Koreans are now divided into two nearly equal parties.

The *Fiji Shimpo* asserts: - In consequence of recent events a submarine cable will be laid between Nagasaki and Fusan. A preliminary survey has already been made, and work will be promptly undertaken. – The M. B. steamer *Wakanoura Maru* left Yokohama for Shimonoseki on Saturday morning, with 598 bags of uncleaned rice, 120 bags of *Hoshi-i* (rice boiled and dried), 28 casks *Katsuobushi* (dried bonito), 600 boxes of ammunition, 75 tents, and 58 packages of various arms. - The Government has informed the Mitsubishi Kwaisha that in view of the Korean affair it cannot be predicted at what moment the steamers of the Company may be called upon for service, and that therefore all necessary preparations should be made beforehand. - The Chinese Minister in Tokyo, with fifteen or sixteen of his suite went to Yokohama on the 4th instant on pressing business. Military officers have of late been making purchases of old Japanese swords; the price of which has consequently greatly risen.

It would be idle to underrate the serious nature of the last news from Korea. The attack on the Japanese Legation at Soul must now be regarded as one incident of a rebellion instigated, to a great extent, by a feeling of hostility to foreign intercourse. A few days ago the mishap which had befallen the Japanese Envoy was regarded by Westerns as a curious parallel to Sir Rutherfood Alcock's experience in Tokyo on the night of July the 2nd, 1861, but the troubles in Korea now exhibit a new feature of resemblance to those of the old Foi days in Japan, for as the anti-foreign fanaticism was here taken advantage of to undermine the Shogun's Government, so it has served in Korea to strengthen a revolt ending in the overthrow of the King and the murder of his principal Ministers. At the same time it is to be observed that certain points in the riots at Soul forbid us to attribute the revolution entirely to a spirit of conservatism. It is more probable that the leaders of the rebellion only availed themselves of that phase of popular feeling, and that the attack on the Japanese Legation would not have formed an item in the programme had not the outbreak been unexpectedly precipitated. Be this as it may, however, the Japanese have now to deal with a prince who has just risen to power by the act of the men he will be called on to punish, and it will require great tact and moderation to disentangle such a complication without an appeal to arms. So far the Government of Tokyo has shown a must praiseworthy imperturbability, and we only hope that the murders now reported from Soul may not rouse the indignation of the military class to a dangerous degree. The presence of H. E. Inouye at Shimonoseki is most fortunate, for not only will his great influence enable him to retain complete control of the negotiations, but in his good souse and judgment we have also the best possible guarantee against any resort to unnecessarily violent measures. It is by no means improbable that the antiforeign views of the new Korean Ministers may be considerably modified by accession to power, and that they will be prepared to afford Japan the reparation she cannot choose but demand. The conciliatory message said to have been forwarded to the Consulate at Fusan through the Local Authorities seems to justify such a hope; but at the same time it must be observed that the origin of the message requires confirmation. As to China's attitude in the matter, there can be very little doubt. Probably nobody is more disappointed at the complexion affairs have assumed than Li Hung-chang himself, who contemplated nothing of the sort when he made such an adroit use of Commodore Shufeldt's treaty-seeking mission. He had almost succeeded in establishing a precedent which would have been most useful to China in her future foreign relations, and his plans are now completely upset by a turbulent most that Korea has placed herself at the mercy of the Japanese by an act which deprives her of all civilized sympathy, and we shall not be at all surprised to hear that the usurpers at Soul have received from Peking something very little resembling a congratulatory message. The only redeeming feature of the trouble is that it has come in time to prevent England's ratification of Admiral Willes‘ treaty, for Her Majesty's Government will assuredly pause before they admit to the comity of nations a country with so little regard for treaty obligations.

The murder of Lieutenant Horimoto and his comrades seems the more lamentable, in as much as we had entertained some faint hopes that the prompt and humane action of

Sir Harry Parkes might have prevented that catastrophe. For no sooner did the first news of the attack on the Japanese Legation reach Tokyo than the British Minister telegraphed to Captain Hoskyn, of H. M. S. *Flying Fish*, desiring him to proceed at once to Korea, and if possible render some assistance to the men whose lives were placed in such terrible jeopardy. But it was unfortunately too late, and we have only the satisfaction of reflecting that on this, as on other occasions, English sympathy and benevolence found worthy expression.

[ ]

PAAA_RZ201-018902_014

Empfänger	Auswärtiges Amt in Berlin	Absender	Brandt
A. 5065 pr. 10. August 1882.		Tientsin am 10. August 1882.	

A. 5065 pr. 10. August 1882.

Telegramm.

Tientsin am 10. August 1882. 1 Uhr 50Min N. M.
Ankunft : 5 〃 50 〃

der K. Gesandte an Auswärtiges Amt.

Entzifferung.

Nr. 4.

Chinesische Regierung sendet Kriegsschiffe nach Korea auf Wunsch der Regierung zur Stützung gegen reaktionäre Partei.

Brandt.

Berlin, den 13. August 1882 A. 5065

An
tit. von Stosch
Excellenz

Ew. beehre ich mich g. e. mitzuteilen, daß nach einer aus Tientsin hier eingegangenen telegr. Meldung vom 10. d., die Regierung von Korea in Peking um Unterstützung gegen die reaktionäre Partei in Korea gebeten hat, und daß in Folge dessen chinesische Kriegsschiffe nach dort abgesandt worden sind.

Vertr. d. R. K.
[Unterschrift]

Aufstand in Korea.

PAAA_RZ201-018902_016			
Empfänger	Bismarck	Absender	Eisendecher
A. 5902. p. 19 September 1882.		Tokio, den 7. August 1882.	

A. 5902. p. 19 September 1882.

Tokio, den 7. August 1882.

A. 51.

Seiner Durchlaucht
dem Fürsten von Bismarck

Euerer Durchlaucht hatte ich die Ehre unter dem 31. vorigen Monates telegraphisch Meldung über den Angriff zu erstatten, welcher vor Kurzem auf die Japanische Gesandtschaft in Korea erfolgt ist und den Japanischen Minister-Residenten nebst Gefolge genöthigt hat, das Land zu verlassen.

Die erste authentische Darstellung des Sachverhaltes, welche hierher gelangte ist in dem Telegramme des Herrn Hanabusa enthalten, das derselbe unmittelbar nach seinem Eintreffen in Nagasaki an den hiesigen Minister der auswärtigen Angelegenheiten richtete. Eine Abschrift dieser Depesche beehre ich mich Euerer Durchlaucht anbei ganz gehorsamst zu überreichen. Gleichzeitig darf ich die Kopie einer Offiziösen identischen Note des Herrn Inouye vom 2. d. Mts. beifügen, mittels deren die japanische Regierung den fremden Vertretern von dem Vorgefallenen vertraulich Kenntnis gegeben hat.

Die Nachricht hat hier begreiflicher Weise große Aufregung hervorgerufen. Es erschien anfangs zweifelhaft, ob der Angriff ausschließlich den Japanern galt, welche in Korea wenig beliebt sein sollen, oder ob sich derselbe als ein fanatischer Ausbruch der allgemein fremdenfeindlichen Partie darstellte. Später eingegangene Meldungen lassen jedoch kaum einen Zweifel darüber, daß die letztern Annahme die zutreffende ist. Ihnen zufolge hat sich das Haupt der fremdenfeindlichen Partei Tai-in-Kun, der Vater (nach einer anderen Lesart Onkel) des bisherigen Königs, nach dem er zuvor die Königin und die Kronprinzessin durch Gift getödtet, der Regierungsgewalt bemächtigt. Die Minister und 13 höhere Beamte, unter ihnen die Führer der fremdenfreundlichen Partei (Bin Taiko und Bin Kenko) sollen getötet, der König dagegen unversehrt sein. Der in Korea zurückgebliebene Japanische Offizier Horimoto, sowie drei sind ebenfalls getödtet worden. In den Japanern geöffneten Häfen Fusan und Gensan ist bis jetzt die Ruhe nicht gestört, indessen hat man je ein Kriegsschiff zum Schutze der Japanische Ansiedler nach den genannten Plätzen beordert.

Die Haltung der japanischen Regierung in der Angelegenheit ist gegenwärtig eine ebenso maßvolle als entschiedene. Wie in dem Schreiben des Herrn Inouye erwähnt wird, sind (am Morgen des 1. d. Mts.) 3 Japanische Kriegsschiffe mit einer Besatzung von etwa 650 Mann nach Korea abgegangen. Dieselben werden in Shimonoseki Herrn Hanabusa nebst Gefolge an Bord nehmen. Der Minister des Auswärtigen hat sich am 2. d. Mts. mittels Postdampfers gleichfalls nach Shimonoseki begeben, um dort eine persönliche Zusammenkunft mit dem vertriebenen Minister Residenten zu haben. Der Kriegsminister Oyama, welcher sich auf Urlaub in Yezo befand, ist telegraphisch zurückberufen worden und bereits wieder hier eingetroffen. Beurlaubungen von Offizieren und Truppen sind eingestellt und in Generalstabe ist man sichtlich mit eventuellen Kriegsvorbereitungen beschäftigt.

Gleichwohl habe ich die Überzeugung, daß die gegenwärtige Regierung einem unberechtigten Drängen der Armee und Flotte zu kriegerischem Einschreiten nicht nachgeben wird. Herr Inouye ist sich der auf ihm ruhenden Verantwortlichkeit wohl bewußt und unterschätzt weder die ernsten und nachtheiligen Folgen überhaupt, welche eine kostspielige und die unruhigen Elemente des Landes aufregende Kriegführung mit sich bringen würde, auch insbesondere den politischen Schaden, welchen Japan durch eine akute Trübung der ohnehin gespannten Beziehungen zu China erleiden müßte,.Welche Haltung Pekinger Regierung in der Angelegenheit einnehmen wird, ist zur Zeit von hier aus schwer zu beurtheilen. Dem Vernehmen nach ist ein Chinesisches Kriegsschiff nach Korea bereits abgegangen.

Ich habe Herrn Inouye die Ansicht nicht verhehlt, daß mir eine friedliche Lösung dieses bedauerlichen Zwischenfalles in hohen Grade wünschenswerth erscheint, und glaube mit Sicherheit annehmen zu dürfen, daß der Minister von der gleichen Auffassung durchdrungen ist. Ich gebe mich deshalb der Hoffnung hin, daß ernstere Komplikationen nicht eintreten werden. Hierin bestärkt mich die in einem neueren Telegramme des Herrn Hanabusa enthaltene Meldung, daß die Koreanische Regierung dem Japanischen Konsulate in Fusan ihr Bedauern über das Vorgefallene mit dem Hinzufügen ausgedrückt habe, sie sei selbst in Folge des Aufstandes, an welchem auch die Armee Theil genommen, verhindert gewesen, der Japanischen Gesandtschaft irgendwelchen Schutz angedeihen zu lassen.

Den von Kommodore Shufeldt abgeschlossenen Koreanisch-Amerikanischen Vertrage ist, wie Euerer Durchlaucht bereits uns Peking gemeldet sein dürfte, die Ratifikation in

Washington versagt worden. Admiral Aits hat, wie ich gehorsamst hinzufügen darf, telegraphisch Auftrag erhalten, sich mit dem Amerikanischen Gesandten in Peking (Herrn Russell Young) behufs Vereinbarung des weiteren Verhaltens in der Sache in Verbindung zu setzen und gleichzeitig ein Kriegsschiff nach Korea zu schicken.

Eisendecher

Inhalt: Aufstand in Korea. 2 Anlagen.

---

1. Anlage zu Bericht A. 51.

On the 23rd 5 p. m. of this month, several hundreds Coreans and suddenly arose and attacked the Legation, throwing stones, arrows and shots and setting fire to the Legation. Though the resistance lasted for seven hours no help came from the Government, and cutting a way through the mob, we attempted to go to the palace, but the gate of the castle was not open to us and there was nothing to do for us but to withdraw to Jinsen while resting at that place, troops of the municipality also suddenly arose and attacked us. There and then two policemen were killed and three wounded. After great effort we cut a way through and got on the sea in boats from Saibutsuho. On the 26h day we met off the place called Nanyo, the English surveying ship "Flying-Fish", by which received a kind treatment we arrived at Nagasaki now, even wounded safe. It is said that the mobs of the 23rd also attacked the Royal palace and the residences of Bin Taiko and Bin Kenko. In views of the occurrence at Jinsen, we cannot be without concern about Fusan and Gensan. The protection ship Iwashikan is now at Gensan, desire another ship to be sent to Fusan, and in addition to providing means for protection, inquiry is to be made as to the condition of the capital and safety of the Government and the king. For the future action at the capital, full number of protection-ships and guards are necessary. I await - your instructions Secretary Kondo, captain Nirund and twenty four others arrived at Nagasaki. The fate of Lieutenant Horimoto and eight others is unknown. Half past twelve a. m. 30th of July to Inouye Gaimukio from Hanabusa at Nagasaki.

2. Anlage zu Bericht A. 51.

Foreign Office
August 2. 1882.

Nosieud le Ministre

I am desirous of placing you in possession of the following particulars as to the recent attack upon the legation of His Imperial Majesty in Corea, with the main outline of which you are already familiar, and at the same time to inform you as to the action already taken or in contemplation by this Government.

As you will observe from the telegram, a copy of which in translation I beg to enclose for your information, the attack was of a very serious nature, and if the reports which Mr. Hanabusa speaks of as having reached him should turn out true, it was not solely directed against his Imperial Majesty's Legation, but partook of the nature of an outbreak of a political party directed also against those favouring foreign intercourse, including it would appear the palace itself a thing which doubtlessly concerns the common interests of many nations. But the information thus far in the possession of the Government affords no certain clue to the situation. It is remarkable that no warning of such an occurrence would seem to have reached either the Legation or/it is to be assumed/ the Government of Corea.

Whatever may subsequently be found to be the explanation of the event, it is evident that the Envoy and the members of the Japanese Legation were the object of fierce and outrageous attack, not by a single mob only, but repeated by armed men upon their reaching the sea coast in their retreat, which compelled them to betake themselves to the open sea. Fortunately enough, however, they met on their way home in boats Her Britannic Majesty's surveying vessel "Flying Fish" by whose opportune assistance they were rescued from their position and brought to Nagasaki.

In addition to those who made good their escape, there are still nine Japanese subjects - 〃 -including Lieutenant- 〃 -Horimoto unaccounted for: and, having regard to the danger of this party and the precarious condition of the Japanese residents at the ports of Corea, H. I. J. M's Government determined at once to send three men-of-war, which have already started, to Corea. The Envoy, Mr. Hanabusa, has also received instructions to return to the Capital of Corea with a view to Obtaining from that Government an explanation of the serious outrage committed, and generally to watching over the interests of his nationals. For his protection and that of the Japanese residents generally a military detachment of about 300 men will be sent, a measure which this Government considers absolutely necessary under the circumstances. The commanders both of this small force and of the men-of-war have received distinct instructions not to take any hostile or violent measures, but to act solely for the protection of the Japanese mission and residents, and in such a manner as, consistently with the maintenance of peaceful measures, to uphold the dignity of the Empire which has been so grossly offended.

I am particularly desirous to leave you fully assured of the entirely peaceful and unequivocal intentions of this Government in the matter. I do not disguise from my self that the despatch of ships of war and of an armed land-force, however small, may not improbably receive exaggerated importance, and give room in quarters less well informed to misconstruction of the intentions of this Government. I trust therefore that you will be so good as to communicate the contents of this note to your Government at the earliest opportunity.

Any further information you may desire I shall be happy to afford you so far as lies in my power.

I am very faithfully and truly yours
Sign) Inouye Kaoru.

His Excellency
K. von Eisendecher

A. 5902

Der folgende Bericht des Kaiserlichen Gesandten in Tokio vom 7. v. M. den Aufstand in Korea

betreffend, wird

dem Chef der Kaiserlichen Admiralität, Herrn Staatminister von Storch,

Excellenz

zur geneigten Kenntnißnahme s. p. r. ganz ergebenst übersandt.

Berlin, den 21. Dezember 1882
in Vertretung des Reichskanzlers.

The London and China Express
September 22, 1882.

GERMANY AND KOREA.

The Berlin correspondent of the *Globe* writes: - An influential Berlin paper, discussing the advantage of the new treaty of commerce the Germans have succeeded in concluding with the Korean Government, hints at the large proportionate number of Germans from the Baltic provinces among the inhabitants of Wladiwostock and Nikolajovsk on the Amoor, and intimates that a permanent naval station of the German East Asiatic squadron at one of the Korean port, and an extensive trade as well as communication with the Koreans and Chinese neighbors, may easily induce the latter to make common cause with their joint foes, the aggressive Russians.

Der koreanische Aufstand.

PAAA_RZ201-018902_032			
Empfänger	Bismarck	Absender	Zedtwitz
A. 6058 pr. September 1882.		Tokio, den 18. August 1882.	

A. 6058 pr. September 1882.

Tokio, den 18. August 1882.

A. 55.

Seiner Durchlaucht
dem Fürsten von Bismarck

Über den Aufruhr in Korea, welcher den Gegenstand des Berichtes des Herrn Gesandten vom 7. d. Mts. A. 51 bildete, liegen gegenwärtig verschiedene, in der Hauptsache übereinstimmende Darstellungen von Augenzeugen vor. Unter ihnen erscheint diejenige eines Japanischen Hauptmanns mit Namen Midzuno, welcher sich im Gefolge des Minister-Residenten Hanabusa befand, wegen des einfachen und anspruchslosen Tones der Erzählung besonders glaubwürdig. Ich gestatte mir deshalb, Euerer Durchlaucht diesen in das Englische übertragenen Bericht anbei im Zeitungausschnitte ganz gehorsamst zu unterbreiten.

Der Umstand, daß es der wenig zahlreichen Gesandtschaft gelang, sich mit nur geringen Verlusten durch die aufrührerische Menge durchzuschlagen, mag zwar als ein ehrenvolles Zeugniß der Umsicht, sowie des persönlichen Muthes des Herrn Hanabusa und seines Gefolges gelten, andererseits aber glaube ich nicht fehl zu gehen, wenn ich in ihm einen Beweis dafür erblicke, daß der gegen die Japanische Gesandtschaft selbst gerichtete Aufstand nur beschränkte Dimensionen angenommen hatte; denn dem Angriffe größerer Volksmassen hätten 27 Japaner trotz ihrer besseren Bewaffnung und sonstigen Überlegenheit auf den Dauer gewiß keinen erfolgreichen Widerstand entgegensetzen können.

Die eigentliche Ursache des Aufruhrs scheint auch keineswegs der Fremdenhaß gewesen zu sein. Derselbe stellt sich nach den neuesten Nachrichten vielmehr dar als ein Ausbruch der Unzufriedenheit der Truppen, welchen die Regierung den Sold längere Zeit nicht ausgezahlt. Diese durch anhaltende Dürre und hohe Preise der Lebensmittel gesteigerte Unzufriedenheit benutzte der Vater des gegenwärtigen Herrschers, Tai-in-Kun, um zu seinen Gunsten einen Wechsel in der Regierungsgewalt herbeizuführen. Über die Vorgänge, welche sich in Folge dessen in dem Palais des Königs abspielten, giebt der in Anlage 2 in Zeitungsauschnitte ganz gehorsamst beigefügte Bericht eines der fremdenfreundlichen Partei angehörigen Koreaners (Boku Gihei) nähern und anscheinend wahrheitsgetreue Auskunft.

Das Englische Kriegsschiff "Flying Fish", welches Herrn Hanabusa nebst Gefolge nach Nagasaki brachte, ist inzwischen wieder nach Korea zurückgekehrt. Der Kommandant hat sich mit dortigen Behörden in Verbindung gesetzt und von ihnen die Bestätigung der Nachricht erhalten, daß die Königin getödtet, die Regierungewalt in den Händen Tai-in-Kun´s und von den in Seoul zurückgebliebenen Japanern Niemand mehr am Leben ist. Andererseits ist ihm versichert worden, daß die Ordnung theilwiese wiederhergestellt und Tai-in-Kun den Fremden freundlich gesinnt sei.

Über Tai-in-Kun melden die Zeitungen, daß derselbe 19 Jahre, als der damals minderjährige König auf den Thron gelangt sei, die Führung der Regierung für den Letzteren übernommen habe. Auch nachdem der König die Volljährigkeit erreicht, habe Tai-in-Kun die Zügel der Regierung nicht aus dem Händen gelassen und dies erst dann gethan, als ihn die Familie der Königin, insbesondere Bin Taiko und Bin Kenko, die in dem Berichte des Herrn Gesandten vom 7. d. Mts. erwähnten Führer der fremdenfreundlichen Partei, hierzu gezwungen hätten. Hierauf sei sein Haß gegen die Familie der Königin zurückzuführen und deshalb habe er die letztere, Bin Taiko, Bin Kenko (seinen eigenen Schwager) und die muthmaßliche Thronerbin (Tochter von Bin Taiko) tödten lassen.

Die chinesische Regierung hat, wie mir der hiesige Kriegsminister Oyama mittheilt und Euerer Durchlaucht voraussichtlich bereits aus Peking gemeldet sein dürfte, am 6. oder 7. des Monates 10 Kriegsschiffe mit einer Besatzung von etwa 1000 Mann nach Korea gesendet, welche ungefähr gleichzeitig mit den Japanischen Kriegsschiffen und Herrn Hanabusa dort eingetroffen sein werden. Nach der Nämlichen Mittheilung finden in Chefoo weitere Zusammenziehungen von Truppen statt. Das Pekinger Kabinett macht das Recht der Suzeränität über Korea mit Entschiedenheit geltend und nimmt die Befugniß in Anspruch, die Ordnung in dem Vasallenstaate unter Ausschluß fremder Einmischung mit eigenen Mitteln wiederherzustellen.

Der Vize-Minister des Äußeren, Herr Shioda, teilte mir in Abwesenheit des Herrn Inouye vertraulich mit, daß der hiesige Chinesische Gesandte eine Note in diesem Sinne an die japanische Regierung gerichtet habe. Inzwischen hat die letztere den längere Zeit vakant gebliebenen Posten eines Japanischen Ministers in Peking durch Ernennung des Admirals Enomoto, welcher früher Gesandter in St. Petersburg war, wieder besetzt. Es kann dieser Schritt als ein Zeichen dafür angesehen werden, daß die japanische Regierung nach wie vor bestrebt ist, eine friedliche Lösung der Angelegenheit herbeizuführen. Die schwebenden Kriegsgerüchte haben bereits einen sehr nachtheiligen Einfluß auf den Kurs des Papiergeldes geübt, welcher seit dem Eintreffen der ersten Nachrichten von dem Koreanischen Aufstande von 156 auf 174 gefallen ist.

Herr Inouye ist heute von Shimonoseki wie der nach Tokio zurückgekehrt; Neuigkeiten von Belang hat derselbe nicht mit hierher gebracht; der Zweck seiner Anwesenheit bestand lediglich in der persönlichen Erteilung von Instruktionen an Herrn Hanabusa.

Sobald hier Meldungen über den Empfang des Letzteren in Korea vorliegen, werde ich nicht verfehlen, Euerer Durchlaucht anderweit ganz gehorsamst Bericht zu erstatten.

Zedtwitz

Inhalt: Der koreanische Aufstand. 2 Anlagen.

Bericht A. 55. Anlage 1.

Japan Weekly Mail
Vol. VI. № 32.
v. 12. August 1882.

About three o'clock in the afternoon of the 23rd of last July, a messenger arrived at the Legation from the Military College, bearing a letter stating that the soldiers were engaged with some rioters who appeared disposed to attack the Legation, and that we were requested to be in readiness to defend ourselves. Shortly afterwards a Korean employed in the Legation came in, and said that several hundreds of rioters had attacked the palace and the residences of Bin Taiko and Bin Kenko, both of whom are relatives of the Queen. A boy reported also that three Japanese students had been assailed and severely wounded near the South Great Gate while trying to gain the shelter of the Legation. Three policemen were despatched to their rescue. The Sabikan sent a messenger to us advising that we should escape to the hills at the back of the Legation, and shortly afterwards Ri Shokan came and repeated the message. We answered that if the rioters attacked the Legation the Korean Government would have to depatch soldiers to protect us, and that he had better so instruct the Commander of the Royal Guards. This he agreed to do, and then retired, In the meantime, great numbers of Koreans were gathering on the rear, and the street opposites to the Legation was in a fearful uproar. Sergeant Chiwara and a constable were sent to find out what was in progress, and when they returned reported clouds of dust rising in the direction of the barracks occupied by the Royal Guards, but were unable to tell the state of affairs inside the castle. By this time all the Koreans in our employment had run away. At about half-past five we heard a loud shouting, and immediately afterwards showers of stones, arrows, and other missiles began to rain down upon the Legation, while some of our adversaries attempted to force an entrance by the gates Captain Midzuno and Mr. Oka (inspector of police) assumed command of the police and attaches, and while posting their men so as to defend all the important points, the front gate was left open and everything made ready to slaughter any of the rioters who dared enter. None attempted to do so. We heard the rascals shouting. "burn them out," and then saw flames issuing from a house close by. Several other buildings were fired, and then the conflagration spread to the Legation. Two of our party commenced shooting at the men who were burning the houses, and after several had been thus killed the remainder retired a short distance, but being heavily reinforced opened fire on us with match-locks, arrows, &c., and burned more houses. As they did not seem disposed to leave, we concluded that if we could only hold them at bay for a few hours the Korean troops would arrive to our rescue, but none came by midnight. At this time all the houses in the neighbourhood were on fire, and only the hall and one room of the Legation remained. We were all gathered in the hall, and then Captain Midsuno exclaimed: - "Shall we remain here to die, or fight our way through this rabble?" Then turning to the Minister, Mr. Hanabusa, he asked his decision. Two attaches suggested getting to Yokwashin by the hill in the rear, as the road was easy. Inspector Oka said our lives would then be thrown away, as the hill was steep, and it would be better to make a rush through the front gate and die after killing as many of the rioters as possible. Mr. Hanabusa declined to accede to either proposal, and decided that we should go out by the gate to seek assistance from the royal guards. If we found ourselves refused there, then we could continue to the palace, where we would be with the King, either in danger or safety. "There is no use in dying without an object," said Mr. Hanabusa, "and moreover it will be difficult to cut a way through such a dense mass." Then we all got ready, and excluding Lieutenant Horimoto - last heard of at the college - the three students already mentioned, and the three constables sent to look for them, found we numbered twenty-eight all. Oka and Asayama led the van, while Chiwara and Midsusima covered the rear of our terribly small column. Then at midnight, when the flames were already encircling the hall, and with the banner of Japan waving in our midst, we rushed out upon the foe, brandishing our glittering swords. The rascals fell back precipitately as we slashed a lane through them, although it had evidently been their intention to prevent our escape, for they had erected barricades across the road in several places. These barricades impeded their fight, and we succeeded in killing more than twenty of them before we reached the broad street. Here the rioters dared not approach us, so they contented themselves with throwing stones, tiles, &c., from a safe distance. We now mustered our little band, and found that the sole casualty we had sustained was one man slightly wounded in the leg. Slowly we made our way to the barracks of the Guards, where we found a small gate open. Entering, we saw four or five ruffians throwing stones from an upstairs room, and after a shot or two from revolvers put them to flight, except one fellow, who got killed by a sword cut. Investigation disclosed that there was now no one in the barracks, and thinking the Guards had all gone to the place, we decided to follow there also. Arrived at the South Great Gate of the palace we, summoned the porters, but could obtain no reply. The gate was of iron and locked, so we found it impossible to enter. Finding all our attempts to get in fruitless, Mr. Hanabusa decided that we should first make for Yokwashin, and then if we were fortunate enough to succeed in reaching there, consider what step we should take next. Mr. Hanabusa then decided that we should endeavor to reach Yokwashin, and accordingly we set out amid heavy rain, which drenched us to the skin. Owing to the darkness we frequently got off the road, and on glancing back towards the city saw the flames still rising in the direction of the Legation. Early in the morning of the 24th we arrived at Yokwashin, and desired to stop there in order to obtain full particulars of the riot, but as the garrison was very weak, we decided to push on towards Jinsen. Before leaving, however, we entrusted the officer in charge with letters to the Minister [for Foreign Affairs?] and Commander of the Royal Guards, stating briefly how we had defended ourselves, waited for assistance which never came, and were unable to obtain administration to the palace. We added that we were going to Jinsen, and hoped the Government would crush the rioters without delay.

After leaving Yokwashin we came to a ferry, but as the people refused to take us across, we seized a boat and rowed over ourselves. A thunderstorm now commenced, accompanied by very heavy rain. Again we were saturated, and the wet rendered the road almost impassable. At ten o'clock in the forenoon we rested at a farm house, and having cooked some barley, ate it eagerly. Resuming our toilsome journey we at leugth reached Jinsen about three o'clock in the afternoon, and were kindly received by Teishiyo, the Governor, and Koyeki, the Sabikan. The principal hall of the Government building was allotted to the Minister and his suite, while the escort were lodged in a house opposite. The Governour, who is also commander of the Jinsen garrison, treated us very well, and presented Mr. Hanabusa with some pieces of cloth. This kindness put us completely at our ease, and as we were nearly falling down with fatigue we were soon enjoying a much-needed rest. At about five o'clock or after only two hours' sleep, we were awakened by three of the escort entering the hall. They quickly closed the gate, and then we noticed they were wounded and carried naked swords. They reported that they had been attacked while asleep, and some of their number were killed. Seizing our arms we prepared to face this new danger, and almost immediately a fire was opened upon us from the fence at the rear of the building. Kobayashi and Asayama returned the fire, and the latter received a wound in the right leg. We soon learned to our dismay that the soldiers of the garrison had joined the rioters, and then we made up our minds to force a way to the sea shore. Emerging in a body from the gate, we found thirty or forty soldiers armed with spears and swords drawn up to dispute our passage. Asayama fired two shots into them, and upon Captain Midsuno and Sergeant Chiwara charging them boldly, the rascals dispersed and allowed us to pass out. The rioters tried to pursue us, but our retreat was ably covered by Inspector Oka and Kobayashi, a constable, who fired into the mob when they pressed too close. Then the rioters took to throwing stones and calling out. "Hanabusa! Hanabusa!" the Minister's name. A few more shots from Kobayashi gave them a distaste for this an amusement, and they retired precipitately.

Although no longer molested, we were apprehensive that the rioters would lay in ambush for us at some of the steep places on the narrow road to Saibutsuho. We luckily came across two men on horseback who had been sent with news of the disturbance. Matsuoka and two others went with these men, and after reconnoitering reported the road clear. One of the students was mounted on a horse, and sent ahead to have a boar ready when our main body arrived. Another horse was offered to Mr. Hanabusa, but he ordered Asayama to ride it because he was wounded. Asayama, however, would only mount if the Minister did so as well, and they both got on the horse. In the meantime the rioters began gathering our rear and firing upon us from the hills, but we sustained no injury.

When our party arrived at Saibutsuho, Matsuoka and Sugihara were ordered to procure a junk large enough to stand a voyage, but the natives refused to hire one, and therefore they seized a boat they thought suitable. The survivors of our party now embarked, and two constables had been killed at Ninsen. Two other men were missing whose fate we could not ascertain, while five more were wounded.

During our halt at Jinsen we had heard that a British man-of-war was anchored off Nanyowan, and on the morning of the 25th we sailed in quest of her. We resolved, also, that if we could not find the British vessel, we would steer for Toyoshima. We now encountered a head wind, so the junk made no progress, and a dense fog came on about daylight on the 26th. After the sun up the weather cleared, and as the fog rose our eyes were gladdened by the welcome sight of stately three-masted vessel. Quickly we hoisted the Rising Sun flag we had jealously guarded during all our perils, and after a brief moment of intense anxiety, had the satisfaction of seeing that it was observed from the vessel. We now knew we were saved, and shortly afterwards the steam launch of H. M. S. *Flying Fish* came alongside our junk, and brought us on aboard that vessel. The commander, officers, and crew of the *Flying Fish* proved themselves our good friends, and we say no more.

The place where the *Flying Fish* lay at anchor is called Puchiruto, a distance of about fifteen nautical miles from Saibutsuho. They told us on board the fog prevented them leaving before, and to this fortuitous circumstance we doubtless own our lives.

Before parting, Mr. Hanabusa entrusted the master of the junk with three letters. The first was to the King announcing our escape, and that he would see us again soon; the second to the Commander of the Royal Guards asking him to bury the killed and protect the survivors; and the third was addressed to Lieutenant Horimoto, in case he was still alive. All our business was completed by ten o'clock, p. m. and then the *Flying Fish* left for Nagasaki.

Bericht A. 55. Anlage 2.

Japan Weekly Mail
Vol. VI. № 32.
v. 12. August 1882.

"At the time of the outbreak at Soul, on the 23rd of the July last, a gentleman, by name Boku Gihei (one of the leaders of the Korean progressionists, who has made frequent visits to Japan), escaped from the King's Castle in disguise, and after making some compact with Privy Councillors Bin Yeiyoku and Ko Yeikei, went by stealth to Gensan. There he was allowed to embark on board the Japanese man-of-war *Iwaki Kan*, which promptly left for Shimonoseki. On her way the ship put into this port (Fusan), on the 2nd instant, when the fugitive told some officials of our Consulate what he had actually seen while he was at Soul. I give below a condensation of his narrative. . . . The outbreak is ascribable to various causes. Among them the most immediate was the failure of supplies for the troops. In fact, this failure afforded the Tai-on Kun the opportunity to carry out his long-cherished secret design. Originally the military at Soul consisted of about 5,700 men, who of late have been subjected to severe drilling. But by some mismanagement, the Korean Government has not supplied them with provisions since the 1st month (Korean calendar) of this year. This naturally caused great dissatisfaction among the soldiery, who made frequent applications to the authorities. In June last the Government furnished supplies for one month only, and then nothing more than old and weavelly rice. This added fuel to the flames. Afterwards, the troops secretly sent to the Government rice godowns, four sergeants, who assaulted the officials in charge of the stores. The men were arrested and sentenced to a long term of imprisonment. The excitement of the soldiers was redoubled, and they, after serious consultation, applied to In Yuretsu, who was at the head of military affairs, for supplies, explaining their distressed condition; but as that chief left their application unanswered they then petitioned the Cabinet The Minister, however, gave them no reply. Exasperated by such cold bloodedness on the part of the authorities, the petitioners went to the residence to him of the want of mercy of their rules. The Tai-on Kun, who had long been scheming for his own advantage, was delighted with the chance thus offered. He received the men cordially, and, after having heard their sad story, told them that their complaint was reasonable; that their wrongs must not be neglected even for a moment, and that, therefore, if they would swear to obey his direction, he would surely so manage things for them that they would be satisfied. As might have been expected, the soldiers, charmed with the suave words of the old Prince, readily swore to implicit compliance with whatever orders he might issue. Whereupon he, after praising them for their valour, instructed them thus: - "Everything depends upon me. All that you have to do is this. On the 14th day you must (1) make a rush upon the *Kato-kan* (the parade ground of the troops drilling in Japanese style, where Lieutenant Horimoto's residence was); (2) attack the *Seisui Kwan* (? the Japanese Legation); and (3) storm the House of Bin and kill the whole family. Then you will immediately invade the King's Palace and loudly declare your purpose of finding the queen. You will shout loudly 'Bring out the queen!' 'Bring out the queen!' I shall be in the Palace before you, and shall then manage things as I direct. This is my scheme. Do not disclose it to anyone." The visitors accepted the other in its integrity and returned to their barracks. His plans thus matured, the Tai-on Kun went to the Palace in the night of the 9th day (Korean calendar) i. e. 18th July, and with an air of candour expounded to the King and Queen the insufficiency of the supplies for the troops and the consequent excitement. Next he impeached the negligence of the Minister, stating that it was distressing that the army, the country's bulwarks, should be estranged from the Government at a time eventful for Korea's domestic and foreign policy. In the afternoon of the appointed 14th day (23rd of July last) frequent reports were brought to the Palace to the effect that a mob had suddenly assembled outside the Castle; that it had already set the *Kato-Kan* and *Seisui-Kwan*, etc., on fire, and was assailing Bin's house. The Tai-on Kun, pretending to be much exasperated by the outrages of the rioters, induced the Monarch to take refuge within the Royal Guards; quarters in an inner part of the Castle, and he himself went to the Queen's house and spent some minutes in pretending to take measures for her protection. At this time the eunuchs and court ladies were panic-stricken at the report that the rioters had broken through the Palace gate: the hurtling of arrows and the clash of saked swords, and the yells of the assailants shouting 'Where is the Queen?' 'Where is the Queen?' added to their dismay. The Tai-on Kun then persuaded the Queen, who was lying on the floor overcome with grief and resentment, that she had better die than expose herself to the insults of the rabble; and so she took from his hand a cup of poison. The poor lady gave one-half of the mixture to the infant wife of the Heir Apparent (a girl only eleven years old) and swallowed the remainder herself. Alas! that a Queen and Princess, who perhaps had never experienced any greater sorrow, than that their beloved flowers had been blighted by storm or that the shining moon in an autumn night had been obscured by a jealous cloud, should have perished under such miserable circumstances! Prior to this, Bin Yeiyoku (who was secluded in his private residence, mourning the death of his mother), on the receipt of the news that the rioters, having destroyed the *Kato-Kan* and *Seisui-Kwan*, were about to invade the house of his father, Bin Taiku, hastened to his rescue. But when he was approaching the place about eighty or ninety ruffians came up; and in order to avoid them he hid himself under the stone-bridge leading to the front gate. Meanwhile, the assailants advanced, and broke into the house. Yeiyoku could than no longer remain in concealment: he leaped out of the drain, and gained his father's bed-room from the rear of the house. He found a crowed of ruffians in the room. They fell upon his father, Taiko, and beat him to death. Yeiyoku fought fiercely to save his parent; the being overmatched, fled to the Palace to inquire into the fate of the Sovereign. There he learned from the few survivors that the Monarch had taken shelter in the Royal Guards' quarters. Yeiyoku hastened thither and summoned his Master by some secret code of signals. When the King appeared in the porch, his faithful servant threw himself at his feet, explaining what had happened and saying with tears: - "My father has just been killed by rioters. Shall I go to kill them to revenge my father? No! I cannot leave your Majesty. Shall I stay here and guard your Majesty? Then I am unable to avenge my father. What shall I do? Have heaven and earth no mercy upon me?" On hearing this the King himself burst into tears, and there was silence between the two for some minutes.

At length the King said: - “I leave everything to your discretion; but at any rate, the present is no time to raise forces. Discard your mourning and take the earliest opportunity of going Japan to explain the events to that nation, and to borrow troops from her to quell the insurrection. Set out with all speed!” Accordingly, Bin Yeiyoku, with Ko Yeshoku and Boku Gihei, quitted Soul, and after consultation in a farmer’s house, decided that the third named gentlemen should go to Japan. On parting, Bin told him: - ‘I myself wish to go with you; but as the disturbance in Soul are not yet allayed and still more because the fate of the King is uncertain, I with Ko, will remain. Hasten, you, to Japan: explain the state of affairs, and if that country sends force to our aid, return with them and report to us in our private code. We will soon join you under some disguise. In the event of the Japanese Government’s doubting us, you must prove our integrity even by your death.”

Der koreanische Aufstand.

PAAA_RZ201-018902_042 ff.			
Empfänger	Bismarck	Absender	Zedtwitz
A. 6059 pr. 29. September 1882.		Tokio, den 21. August 1882.	

A. 6059 pr. 29. September 1882.

Tokio, den 21 August 1882

A. 57.

Seiner Durchlaucht, dem Fürsten von Bismarck.

Euerer Durchlaucht beehre ich mich in Verfolg des Berichtes vom 18. d. Mts. № 55, betreffend den koreanischen Aufstand, ganz gehorsamst zu melden, daß nach einem heute Morgen auf dem hiesigen Auswärtigen Amte aus Shimonoseki eingetroffenen Telegramme Herr Hanabusa in Korea angelangt ist und sich am 16. d. Mts. mit einer bewaffneten Eskorte von 300 Japanern über Land nach der Hauptstadt Seoul begeben hat. Nach der nämlichen Depesche befinden sich in den Gewässern von Korea nur 3 Chinesische Kriegsschiffe, welche übrigens keine Truppen gelandet haben. Mit dem Seitens der Chinesischen Regierung dorthin abgesandten, im Range eines Tautei stehenden Special-Kommissar hat der Japanischen Minister-Resident Besuche ausgetauscht. In der Hauptstadt ist Letzterer von dem gegenwärtigen Herrscher Tai-in-Kun in der ehrenvollsten Weise in Audienz empfangen und nebst Gefolge in einem neuen, innerhalb des Schlosses gelegenen und zu diesem Zwecke besonders hergerichteten Hause untergebracht worden. Tai-in-Kun soll bei dem Empfange erneut seinen fremdenfreundlichen Gesinnungen Ausdruck gegeben haben.

Nach diesen Ereignissen erscheint die Gefahr eines Konfliktes zwischen China und Japan für's Erste beseitigt. Der Minister der Auswärtigen Angelegenheiten theilt diese Auffassung und gab derselben mir gegenüber mit dem Hinzufügen Ausdruck, daß die japanische Regierung, nun weiteren Schwierigkeiten aus dem Wege zu gehen, die gegen die Koreanische Regierung zu erhebenden Entschädigungsansprüche auf ein möglichst geringes Maaß beschränken werde.

Zedtwitz

Inhalt: Der Koreanische Aufstand.

Berlin, den 30. September 1882

A. 6058. 6059

An
den Kaiserlichen Gesandten
Herrn von Wentzel
Hochwohlgeboren
Hamburg
№ 27.

In Verfolg meines Erlasses vom 23. Januar 1870 (№ 3) beehre ich mich Euer Hochwohlgeborenen beifolgende Bericht des krl. Geschäftsträgers in Tokio vom 18. od. 21. v. M. von koreanischen Aufstand betreffend.

originaliter sub fide remissionis
ergebenst übersenden,
I. V. d. R. K.

Die in Korea ausgebrochenen Unruhen.

PAAA_RZ201-018902_047 f.			
Empfänger	Bismarck	Absender	Focke
A. 6113 pr. 2. Oktober 1882.		Shanghai, den 18. August 1882.	

A. 6113 pr. 2. Oktober 1882. 4 Anl.

Shanghai, den 18. August 1882.

№ 92.

Seiner Durchlaucht, dem Fürsten von Bismarck.

Euerer Durchlaucht beehre ich mich anliegend einige Zeitungsausschnitte zur hochgeneigten Kenntnißnahme ganz gehorsamst zu übersenden, betreffend die am 23. v. M. in Korea ausgebrochenen Unruhen. Die letzteren scheinen aus Anlaß der von Korea neuerdings abgeschlossenen Verträge mit ausländischen Mächten von der den Fremden abgeneigten Partei instigirt , mit einem Angriff auf die Japanische Gesandtschaft eröffnet zu haben. Sowohl Japan wie China haben Kriegsschiffe und Streitkräfte nach dem in Aufruhr befindlichen Lande entsandt, auch eine Amerikanische Korvette ist von Chefov dahin übergangen. Der Brief aus Tientsin (3) enthält bemerkenswerthe und meiner unmaßgeblichen Ansicht nach richtigen Äußerungen über Rußland's Stellung zu Korea, repective über die diesem Reiche oft irrigerweise zugeschriebenen Annexions-Absichten auf das gedachte Land oder Theile desselben.

Focke

betr. die 23. v. M. in Korea ausgebrochenen Unruhen.

AN

DAS AUSWÄRTIGE AMT DES DEUTSCHEN REICHES

R. D. S. Berlin

The JAPANESE PRESS ON THE COREAN AFFAIR. 1st August.

With regard to the recent occurrence in Corea, the *Nichi Nichi Shimbun*, which asserts that its information is authentic, publishes the following telegram, and said to have been received by the Foreign Department from Mr. Hanabusa, Minister to Corea: -

"Nagasaki, 12, 30 a. m., 30th July. His Excellency Inouye Kaoru, Minister of Foreign Affairs.

At 5 p. m. on the 23rd instant a mob several hundred strong suddenly attacked the Legation (at Seoul). They threw stones, shot arrows and bullets, and set fire to the place. We defended ourselves to the utmost for seven hours; and during all this time no assistance was rendered us by the (Corean) Government. At last, we cut a path through the mob and made our way to the palace, but all the gates were closed and there was nothing for it but to retreat to Jinsen Fu. There, again, while we were taking a short rest, the native soldiery unexpectedly surrounded and assailed us. Two (Japanese) policemen were killed and three wounded, and others probably suffered also. We again cut our way through with great difficulty and escaped to Saibutsuho, where we obtained boats and put off from the shore. On the 26th we fell in off Nanyo with the British surveying-vessel *Flying Fish*, which took us on board, and treated us with the greatest kindness. We have just now arrived in her at Nagasaki, even our wounded still being safe. We hear that on the same day (the 23rd) the insurgents also attacked the palaces occupied by the King, also those of Bin Taiko and Bin Kenko. In view of this occurrence we cannot but feel concern for the safety of our settlements at Fusan and Gensan. The man-of-war *Iwaki Kan* is now at the later port, and I trust that you will send another corvette to Fusan for the protection of our nationals, and for the purpose of enquiring into the state of Affairs at Seoul and the safety of the King and his Government. Secretary Kondo, Lieutenant Midzuno, and twenty four others have arrived at Nagasaki; but whether Lieutenant Horimoto and eight others were killed, or whether they are still alive is not known to me. I await your instructions.

(Signed) HANABUSA YOSHITADA."

On receipt of this telegram it was immediately decided that men-or-war - the *Nisshin Kan* and the *Kongo Kan* - should be despatched forthwith to Ginsen, and a third - *Amagi Kan* - to Fusan. Orders have also been issued for the embarkation of 300 troops, under

General Takashima, to act as a guard to H. E. Hanabusa. It is hoped that the outrages are entirely the act of a lawless mob, and we understand that, although the Government of Japan deems it necessary to provide for the protection of its nationals, as well as to seek a sufficient explanation from the Corean authorities, the utmost moderation will be excercised only be excercised and force will only be resorted to as a measure of self-defense. Probably the outbreak is to be regarded as the last protest with for the anti-foreign party in Corea, in while case the nature of our relations with that country in the immediate future must be largely influenced by the conduct of the Japanese at the trying juncture, and it must be satisfactory to know that Mr. Hanabusa's instructions are of an unequivocally pacific character.

2nd August

Referring to the Corean affair, the *Nichi Nichi Shimbun* says: - The Government has given instructions that the men-of-war *Kongo Kan, Nisshin Kan*; and *Amaki Kan* should take on board provisions, commencing in the afternoon of the 30th ultimo, and leave Yokohama at 10 p. m. the ensuing day (31st), the first two for Jinsen and the third for Fusan. (The *Iwaki Kan* is already at Gensan-Shin; and so no other vessel of war will be sent to that port). From the Foreign Department Mr. Miyamoto, one of the Chief Secretaries, with three subordinates, two police-inspectors and fifteen policemen, and Mr. Mayeda, Consul-General; from the Headquarters Staff Office, Colonel Sugiyama, Lieutenant Isomura, and several others; and from the War Department a Colonel and Mr. Goyama, Accountant, and others: - all these embarked on either *Kongo* or *Nisshin*, which vessels will call at Shimonoseki on their way. On the other hand, Messrs. Hanabusa, Minister, and Kondo, Consul, left Nagasaki at 5 p. m. on the 31st ult., and will meet at Shimonoseki the party from Tokio. If it is then deemed advisable, the Minister and Consul will shortly return with Mr. Miyamoto and his suite to Jinsen and proceed thence to Seoul. A sum of 170,000 yen (of which 20,000 yen was in silver) was allotted for the expedition. It is said that no additions have been made to the ordinary complement of the vessels employed [the *Kongo* carries 350 men, the *Nisshin* 250, and the *Amaki* 250]. Lieutenant Sone of the Navy was appointed, on the 31st ult., and attaché of the Foreign Department, and, it is said will shortly be despatched to Corea. Soon after the British surveying-vessel, which rescued the Minister and his party, arrived at Nagasaki, a certain British corvette at that time in the latter port immediately sailed for Corea. The day before yesterday, the Government procured a chart of Corean waters from the Hydrographical Bureau of the Navy Department.

The Nagasaki special correspondent of the *Fiji Shimpo* telegraphs, under date 7.35 a. m. of the 30th July: - "In the Corean capital numerous mobs assembled simultaneously at 5 p. m. on the 23rd instant. They set the Legation on fire and perpetrated all manner of outrages. The occupants cut a path through the besiegers and went to the King's palace, with the (Corean) Magistrate of Keiki, but could get no assistance. They then retreated to Jinsen. There, again, they were assaulted, and were compelled to wander further. They took boat in the bay of Nanyo, and afterward met a British surveying vessel on the 26th, and arrived here on her at 12 o'clock last night (29th). At Seoul there remained seven Japanese. What became of them is unknown, except that one was slightly wounded. At Jinsen four were killed, and three injured, and the fate of two others is not known. Hanabusa and Kondo are unhurt."

A private telegram from Nagasaki dated the 30th of July to the *Fiji* states: - "On the occasion of the disturbance at Seoul on the 23rd inst., the rioters first attacked the king's Palace and kidnapped the Heir Apparent (a child only eight years old). Whereupon the King sent a messenger to our Legation asking for assistance. But before any answer could be returned by the Minister, the mob attacked the Legation, and his Excellency and others were compelled to retreat to Jinsen, cutting their way through the assailants."

"On the 31st ultimo all the Ministers of state and Privy Councillors met in the Cabinet to consider what measures should be taken in this emergency. On the night of the 30th many distinguished civil and military officials of Satsuma origin held a private conference in the residence of General Kuroda, and forwarded an application to the Government requesting that he might be appointed Special Envoy to Corea. Immediately on Hearing of the outrage the commandants of all the local garrisons sent telegraphic applications to the War Department requesting that they might be attached to the Corean expedition."

"Just as we have penned these words" (says the *Fiji*) "information has reached us to the effect that, on the 31st ult., the higher military officers met in the Headquarters Staff Office and had serious deliberations. In accordance with their wish, the Government has determined that Lieutenant-General Takashima shall be sent to Jinsen as 'Investigating Envoy,' escorting Mr. Hanabusa and taking with him a battalion of infantry from any depôt near Nagasaki. The staff of the said Lieutenant-General will be one Colonel, two Lieutenants, and several civil officials, who have been ordered to proceed immediately to Nagasaki, whence the party will set sail for the peninsula soon after the troops shall have arrived. General Oyama, Minister of War, and Lieutenant-General Soga, chief of the Head Quarters Staff Office, who have lately gone to Hokkaido on a tour of inspection, have been recalled. It is said that the event in question being, as it really is, an indignity offered to our national prestige, the Cabinet has decided resolution and regardless of cost. All the foreign Ministers met in the Yonrio Kwan on Monday afternoon. Mr. Inouye, Minister of Foreign Affairs, was present at the gathering"

The cause of the outrage is ascribed by the *Choya Shimbun* to the recent conclusion of treaties by the Seoul Government with America and Great Britain; while the heavy punishments inflicted upon some of the anti-foreign have created great indignation among members, who at last have appealed to force.

Knowing nothing about the trouble, Kin Giokkin, a Corean Gentleman, who has resided in Tokio for some time, left Kobe for his home on the morning of the 31st. The Foreign Department has sent a telegram to meet him at Agamagaseki, announcing the disturbance and advising him to postpone his return to the peninsula. Another Corean gentleman, Jo Kohan, now in Tokio, left Kobe by the Genkai Maru on the 30th, in order to consult with Giokkin Kin. - *Japan Daily Mail.*

N. Ch. D. N. 15. 8. 82.

TIENTSIN.

A most important communication in the form of a despatch to the commander of the U. S. corvette Monocacy at Chefoo from the United States Legation at Peking, passed through this place yesterday; and doubtless that war-vessel will have in consequence proceeded to Corea, before this letter reaches Shanghai. Before considering the motives that have induced the United States Government's representative in China at the present juncture to order the Monocacy to the Corean coast, and before endeavouring to foresee the consequences of such a step, it is necessary to look back at the events which have taken place regarding Corea during the last few months, so that a complete view may be obtained of the origin of the actual political situation and the issues involved in it.

According to an article from the Japan Mail which was inserted in the *North China Daily News* about a week ago, "the interval between the visit of the Duke of Genoa and the mission of Commodore Shufeldt, was the period to which may be ascribed the active interference of the Chinese Government in the Corean peninsula, as manifested by the autograph letter of Li Hung-chang, published about that time; in which Russia and Japan were explicitly charged with aggressive designs on Corea, and which recommended treaty relations with America, England and France as an antidote to the same." This assertion or supposition of the distinguished Chinese statesman whose letter has been brought before the public as a justification for the present policy of China towards Corea, is a baseless hypothesis manufactured for the purpose of exciting enmity between China and

Russia and Japan, and also for creating evil feeling between Corea and the above mentioned powers. One can hardly believe that Li Hung-chang ever wrote such a letter containing grave gratuitous accusations against Russia and Japan, as his accurate political information must have told him that they were unfounded; but whether the letter be authentic or no, it has certainly served the purpose for which its publication was intended, and it is time that the truth of the matter should be made known.

Now I can and do unhesitatingly declare, that during the last twelve years not a single Russian vessel or ship of war has ever visited a Corean port, and moreover that during these last twelve years the Russian Government has never either directly or indirectly had any political or other communication with the Corean Government upon any subject whatever, and has never during that period made any attempt at aggression on Corean territory, and much less has presented any *ultimatum* to the Corean Government or any proposal for obtaining possession of either Port Lazareff or any other port on the Corean coast. Any assertion therefore such as has appeared in the apocryphal letter of Li Hung-chang, or in the China and Japan newspapers, attributing aggressive designs on Corea to Russia, is absolutely false, and I defy anyone to bring proof of the contrary. As regards Japan's policy towards Corea; without endorsing or disavowing the aggressive designs also laid at her door, and without the clear proof that there has been no pressure employed to coerce Corea into dependence on Japan, it can at least be said that Japan in her relations with Corea has only followed in the wake of western nations in forcing her relations on Corea, just as America, England, France and other Powers have done in opening China and Japan to foreign commerce and diplomatic intercourse; and that before an ultimate condemnation of Japan's conduct towards Corea is recorded, an indefinite number of chapters in the history of America, England, and other powers with China and Japan must be obliterated from memory. And now to turn to the present moment. Corea under some influence or other has caused the Japanese Ambassador and his suite to flee for the safety of their lives, and has even killed several Japanese citizens who were rightfully residing there under aegis of a properly concluded treaty. What would be the line of action of any European Power towards Corea if the government of that country had treated an Ambassador, say of Germany or the United States, in such a manner? and what right would any other foreign power have to interfere in such violation of international right and amity as that which has lately occurred in Corea? except, perhaps, by endeavouring to urge Corea to make ample satisfaction for such an outrage; and even then, only according to Japan's estimate of compensation due to her for the insult perpetrated.

China of course with her presumed suzerain rights over Korea, might, if these rights are distinctly clear, do something towards appeasing the wounded Japanese honour; or if guided by unwise counsels might add to the flames of discord by backing up Corea in the first proof that country has given of her appreciation of treaties with foreign powers by deliberately breaking off intercourse with Japan by violence and murder. China has taken a step towards Corea, and it remains to be seen with that intentions. The Chinese Government, as soon as the knowledge of the Japanese trouble in Corea reached this place, telegraphed to His Excellency Ma (the former plenipotentiary in Corea) who was at Shanghai, to proceed immediately to Chefoo, whether the two ironclad monitors and a gunboat were despatched to meet him; and this force proceeded to Corea a few days ago with Ma as its head. Rumour here says that China has sent this force to protect Corea, and to impede Japanese troops from landing there. Other Chinese gunboats are to follow as soon as they have completed their preparations at Port Artur, and in a week or so a Chinese squadron will be on the Corean coast facing the Japanese.

The duty of Japan is clear, - viz., to promptly obtain reparation for the grievous insult she has sustained; and the only way this is to be done evidently by force of arms. We hear by telegraph that a Japanese expedition has already gone to Corea and that the Japanese mean fighting or obtaining satisfaction. Should China unwisely commit any hostilities against Japan, war between the two countries will be the result, should the burning which exists between them break forth, it will doubtless embitter and prolong the contest to the detriment of both nations and to the harm of all foreign commerce. But that the United States Government should make a warlike demonstration in Corean waters at such a critical moment is incomprehensible, except in the case that there are American citizens in Corea to protect; and everyone knows that this is not the fact. The only apparent motive in the *Monocacy* going to Corea is to back up the Chinese anti-Japanese influence in Corea; and should any conflict with Japan ensure therefrom, a grievous responsibility will accrue to the promoters of this Quixotic mission of an American corvette to the troubled waters.

America gets the credit of supporting China in the Corean Japanese difficulty, and naturally the conduct of Commodore Shufeldt as the pioneer of the establishment of China suzerainty right over Corea has given rise to the opinion that a great Power like America, which submits to being made use of in substantiating a dubious question like Corea's dependence on China, is also ready to serve in defending the consequential results of such supposed dependence; were it only out of regard for political consistency. What is to prevent in such case the other Powers from giving their countenance to Japan as they ought to do under the violation of international obligations of which Japan is the present victim, and of which any other Power may be the sufferer before long? Is the present cloud in the east a harbinger of more extended complications? There have been nothing but mistakes committed *ab initio* in this Corean affair. Leaving aside the personal yearning of the American Commodore to open Corea by placing the United States the first western nation admitted there, how can it be reconciled with national self-respect that certain great Powers appeared as suitors at the Corean Court for recognition as being under the protection and patronage of a Chinese mandarin? It is perhaps a Nemesis on western intrusion into the extreme Orient that the last act of the drama of opening up oriental countries to calico and hardware should be performed in their personification of humble dependents on their cherished customers.

Time will clear up the history of the massacre of Japanese in Corea, and also of who were the instigators of the crime. It will doubtless be placed on the shoulders of any but the right man. The news just received of a rebellion in Corea and the attack on the King's palace by an anti-foreign excited populace, will perhaps be brought forward to explain the attack on the Japanese that occurred before that event. In any case Japan will be perfectly right in exacting from Corea full reparation for the disaster she has met with there, be the authors of it either indigenous or exotic. The Chinese profess their sincere sympathy with their supposed feudatory the King of Corea; and are now sending orders to their fleet to protect the monarchy against rebels. No doubt it is a laudable enterprize, and other Powers, such as America and England, are said to have been asked to send war-ships to Corea for the same object; or at least that they have been prompted by sympathy to interfere in Corea about matters which not one of them would dare to do in Europe, under the circumstances of there being no European or American subjects whose lives are endangered by the Corean native insurrection.

ORIENS.

11th August A 6113/82

COREA.

The *Jiji Shimpo* says that the *Iwaki-kan* was intended to proceed to Genzan, but was stopped by an order from Tokio to go to Fusan for further information, and consequently sailed from Shimonoseki on the 5th instant.

A report is current in the capital to the effect that Yukitsushun, a Corean noble, Ichuko, son of Iuyeretsu murdered by the rebels, and Corean notables now in Tokio, have laid a memorial before the prime minister setting forth that Rikawo (Tai in-kun) is guilty of a crime unpardonable in heaven or on earth; and that, as Japan will send an army to punish them, they in view of the murder of the Queen and many friends, desire the assistance of that army to punish Rikawo and followers with the utmost severity.

We have private advice from Tokio to the effect that the Corean difficulty threatens to assume the gravest aspect; and to render recourse to force a necessity. The Government must certainly have the best advices, but it is possible the true state of affairs is yet in doubt. The acknowledged relationship of Corea to China is an element of considerable difficulty in the way of prompt action on the part of Japan; and hopes are still freely expressed that the Chinese Government may be induced to interfere to compel the submission of the insurgent Coreans, and the tender of the amende honourable to Japan. Grievous as the injury and insult are which Japan has to fear, the calmest counsel will be the best; for a war, even with a nation so barbarous and insignificant as Corea, is a thing to be regarded with the deepest anxiety.

Mr. Hanabusa telegraphed on the afternoon of the 5th instant to Mr. Yoshida, senior vice-minister for foreign affairs the following message. In consequence of the line being broken, the telegram was not received in Tokio till the 6th.

"*Iwaki-kan* returned here (Shimonoseki). Horimoto, Okauchi, Ikeda, Kurosawa and three police killed. Tai-in-kun broke into the palace, poisoned the Queen and wife of the heir apparent Ri Saio Kin Hogen, Bin Kenko, Bin Taiko, In Yaretsu, and others to the number of twenty-one, were murdered. Tai-in-kun assumed charge of government and ordered Ta-kunigi-fu to communicate to consulate that the disturbance was purely local, and he was sorry the legation had been attacked but was unable to prevent it, because the soldiers revolted; but a letter would be sent. The King is safe."

Two companies of the 2nd battalion of the 14th regiment, stationed at Kokura, have been ordered to proceed to Corea.

The *Choya Shinbun* says that the Chinese minister has been becalled from Corea.

In reference to the Corean affair the *Mai Nichi Shinbun* says the public are in a condition of great excitement, and eagerness to know what is going on; but as telegraphic communication with Corea does not exist, and the councils of the cabinet are not disclosed, nothing of a trustworthy character can be ascertained; and on the other hand it is most desirable not to mislead the public on a matter so important; the following particulars are, however, the most reliable. Upon the arrival of the news from Nagasaki all the sangi assembled at the residence of H. E. Kuroda, cabinet adviser, and a meeting was held the next evening, the 31st ult., the conferences showing a division of opinion, one section of the government being in favour of a peaceful policy. Finally it was decided that one sangi should proceed to Corea, and that the action of the government here should depend upon his report. The sangi selected for the mission is H. E. Inouye, who will leave by the M. B. S. S. *Kumomoto Maru* for Nagasaki, where he will await the arrival of the *Iwakikan* in which vessel, with a suitable escort and suite, he will proceed to Ninsen.

Captain Arima is appointed to command a detachment of 150 gendarmerie; and a further force of 80 police will be added to form the escort of H. E. Inouye. Two companies of infantry will be despatched to the foreign settlements of Corea for the protection of the residents there.

A preliminary grant of 150,000 yen currency and 20,000 yen specie, has been made for the expenses of the expedition.

A meeting of the foreign representatives was hold on Monday, (7th), and a despatch on the subject was forwards to the government by Sir Harry Parkes, H. B. M. Minister.

Mr. Oku, acting Japanese Consul at Gensan, is reported to have sent the following to the Government: - "On the 23rd of this month (July) a number of Corean soldiers attacked and burnt our legation. Three or four on our side were killed, but the number slain on their side was several tens. The Minister is staying at Ninsen. The day following the outrage on the legation the palace was attacked, and a Corean Minister and store-keeper of rice killed. The outbreak is attributed to the indignation of the soldiers at the Government not giving them rice and yet being so hospitable to us. The rebels strongly barricaded the gates of the castle and refused to allow any but merchants to enter. It is not known whether the difficulty is settled or not. The *Iwaki kan* will load provisions from the consulate and proceed to Ninsen tomorrow, and the presence of a man-of-war for the protection of the settlement is much needed here."

A telegram received from Shimonoseki announces that the Corean rebels are very powerful; and that it is impossible for Mr. Hanabusa to penetrate to the capital with the escort, namely, two companies of troops, at his command. The government having resolved to greatly increase the expeditionary force, they have resolved to recall H. E. Inouye at once.

One hundred and seventy cases of rifles and four hundred cases of ammunition are reported to have been forwarded to Corea by the *Genkai Maru*. — *Japan Gazette.*

The news received from Corea during the past week is of a most revolting and outrageous nature, and is in itself more than sufficient proof that considerable trouble will inevitably be experienced before familiar foreign intercourses with that hitherto isolated country can be placed on anything approaching a secure basis. The powerful party that has throughout been averse to the opening of the country to foreign trade have broken out in revolt against the policy of the Imperial Government, and the extent to which they intend to uphold their anti-foreign views is fully borne out by the extreme measures they have adopted towards the leaders and advocates of the advanced liberal party, irrespective of either rank or station-including even the heads of the royal household. The Japanese man-of-war *Iwaki Kan*, for some time past stationed at Corea, conveyed late particulars of the tragedy at Seoul to Kobe, which were in every respect confirmed upon the arrival here of the H. B. M's surveying vessel *Flying Fish* on Thursday evening last. It has now been ascertained beyond a doubt, that the seven members of the Legation who were missing at the time the Minister and main staff effected their escape, were murdered by the rebels. The unfortunate party consisted of Lieut. Horimoto, three student-interpreters, and three policemen. In addition to the Japanese victims, the Queen, Crown Prince, and eleven of the highest officials – probably the Ministers of the various departments – were either murdered or intimidated into committing suicide by poisoning. Most likely they ended their career by the latter method, as we believe it is equally incumbent upon high-born Coreans to drink a cup of poisoned wine, as formerly Japanese under similar circumstances were in honour bound to commit harakiri (disemboweling). Dai In Kun, the rebel leader, also forced his way into the palace, and compelled the King, his nephew, to invest him with the office of Regent, in order that he could assume entire management of foreign affairs. The King was not injured in any way, but he is powerless to act in the matter. On Friday last (4th), the Japanese men-of-war *Kongo Kan*, *Nisshin Kan*, and *Amagi Kan*, were despatched from Kobe for Corea, with the Minister for Foreign Affairs on board one of them, for the purpose of endeavouring to arrange the matter amicably; failing which it is the intention of the Japanese Government to adopt stronger measures to exact their demands - and the probability of arms having to be resorted to is certainly viewed with favour by the majority of Japanese residents. The vessels selected for the mission were however delayed for a couple of days, as the *Amagi* got ashore in the Inland Sea, and the other two were detained at Shimonoseki whilst charts of the Corean coast were telegraphed for and sent up from Nagasaki. The *Amagi* has since been got off, but whether she is damaged or not we cannot say. The *Flying Fish* fell in with one of the men-of-war, and transferred the Japanese officials she was taking up She, however, proceeded on her way to Seoul, and we learn that a Corean official boarded her to express regret at what had occurred, and for the purpose of offering an assurance that order would speedily be restored, and also that the country would be prepared to fulfill her recently signed treaty obligations. As yet, we believe, Admiral Willes is not in possession of the facts of the case, owing to his being somewhere up in the extreme North, cut off from all telegraphic communication: in fact is not known exactly where he is. Although not of very great importance as yet, still it might have been a matter for regret that whole of the British fleet, with the exception of two or three gun vessels, should be where they could not be summoned and their speedy assistance relied upon in any unexpected emergency.

Judging from reports published in the native press, the recent outbreak at Corea was undoubtedly a premeditated one, organized solely by the anti foreign party, in opposition to the policy of the advanced party of the Imperial Government; in which case it would seem that the question of Japan taking summary steps in the matter entirely depends upon whether the liberal party are sufficiently strong and willing to punish the offenders themselves, and guarantee the future safety of foreign residents. – *Rising Sun.*

[ ]

PAAA_RZ201-018902_054			
Empfänger	Graf von Hatzfeldt-Wildenburg	Absender	Der Chef der Admiralität
A. 6119 Pr. 2. Oktober 1882.		Berlin. den 30. September 1882.	

A. 6119 pr. 2. Oktober 1882. 1 Anl.

Berlin. den 30. September 1882.

An den Kaiserlichen Botschafter,
beauftragt mit Wahrnehmung der Geschäfte des Staatssekretärs im Auswärtigen Amte
Herrn Grafen von Hatzfeldt-Wildenburg.
Excellenz

Eurer Excellenz beehre ich mich beifolgenden unterm 21. September cr. sehr gefälligst übersendeten Bericht des Kaiserlichen Gesandten in Tokio, den Aufstand in Korea betreffend, nach Kenntnißnahme mit verbindlichem Danke zurückzusenden.

Der Chef der Admiralität.
In Vertretung
[Unterschrift]

Aus der „Pall Mall Gazette“
№ 5490 vom 4. Oktober.

The news that the Chinese have promptly interfered to suppress the recent disturbance in Corea is of some importance to nations having treaties with the country. The Chinese Admiral, it is stated, has arrested and taken to Peking the leader of the revolt, who was also the King's father, and who had seized the throne. It is further reported that a decree has been published by the Emperor of China sentencing the usurper to perpetual imprisonment in Pao-ting-fu, the provincial capital of Chihli. The Chinese claim to suzerainty over Corea has thus been vigorously asserted within a few months of the signature of treaties in which the United States, Great Britain, and other countries negotiated with Corea as an independent nation. So long as trade is allowed to go on, and the provisions of the treaties are observed, the Western Powers will doubtless allow China and Corea to settle their own difficulties; but there can be little doubt that this last, and for China unusually rapid, movement is intended to afford foreign nations a practical demonstration of her interest in and authority over the neighbouring peninsula.

Berlin, den 6. Oktober 1882

A. 6113

An
den Königlichen Gesandten
Herrn von Wentzel
Hochwohlgeboren
Hamburg.
№ 29.

In Verfolge meines Erlasses vom 23. Januar 1870 (№ 3) beehre ich mich Ew. Hochwohlgeboren beifolgenden Bericht der Kaiserlichen Gesandtschaft in Shanghai vom 18. Oktober d. J. von koreanischen Unruhen betreffend.

originaliter sub fide remissionis
ergebenst zu übersenden.
I. V. d. K. H

Der Koreanische Aufstand.

PAAA_RZ201-018902_057 ff.			
Empfänger	Bismarck	Absender	Zedtwitz
A. 6224 8. Oktober 1882.		Tokio, den 31 August 1882.	
Memo	mitgeth 9. 10. nach London u. Washington Orig 9. 10. nach Hamburg		

A. 6224 8. Oktober 1882.

Tokio, den 31 August 1882.

A. 60.

Seiner Durchlaucht
dem Fürsten von Bismarck.

Über die Verhandlungen, welche der Inhalts meines ganz gehorsamsten Berichtes vom 21. d. Mts. A. 57 nach Seoul zurückgekehrte Japanische Minister-Resident mit der Koreanischen Regierung wegen der Japan zu gewährenden Genugthuung führt, ist bisher wenig in die Öffentlichkeit gedrungen. Die Forderungen, welche Herr Hanabusa zu stellen beauftragt ist, sind dem Vernehmen nach folgende:

1. Bestrafung der Rädelsführer bei dem Angriffe auf die Japanische Gesandtschaft.
2. eine das Vorgefallene entschuldigende Aufklärung des Sachverhaltes, verbunden mit dem Versprechen, ähnlichen Vorkommnissen in Zukunft vorzubeugen.
3. Entfernung aller fremdenfeindlichen Plakate und Inschriften im Lande.
4. Ersatz der Japan durch die Angelegenheit erwachsenen Kosten.

Ferner soll Herr Hanabusa angewiesen worden sein, der Koreanischen Regierung die Eröffnung von ein oder zwei, mit der Hauptstadt womöglich in telegraphische Verbindung zu setzenden Hafen, sowie die Einführung einer für Handelszwecke brauchbaren Münzsorte anzuempfehlen, ohne jedoch auf der Erfüllung dieser Ratschläge zu bestehen.

Bei seinem Einzuge in Seoul hat der Japanische Minister-Resident eine Proklamation erlassen, in welcher gesagt wird, daß die ihn begleitenden Truppen lediglich zu seinem und seines Gefolges Schutz und keineswegs dazu bestimmt seien, Feindseligkeiten zu beginnen. Die Bevölkerung habe deshalb nichts zu fürchten und möge ihren täglichen Beschäftigungen in gewohnter Weise nachgehen.

Die von Peking aus angeordneten schleunigen und starken Rüstungen scheinen, wenigstens zum Theil, durch die Berichterstattung des hiesigen Chinesischen Gesandten veranlaßt worden zu sein, welcher die Invasion Japanischer Truppen und die Annexion Koreas durch Japan als unmittelbar bevorstehend gemeldet haben soll.

Welche Stellung China endgültig in der Angelegenheit einnehmen wird, ist zur Zeit von hier aus schwer zu beurtheilen; jedoch sprechen nach wie vor alle Anzeichen für eine friedliche Lösung.

Sobald hier sichere Nachrichten über das Ergebniß der in Seoul gepflogenen Verhandlungen vorliegen, werde ich nicht verfehlen, Euerer Durchlaucht anderweit ganz gehorsamst zu berichten.

Zedtwitz

Inhalt: Der Koreanische Aufstand.

Berlin, den 9. Oktober 1882

№ 6224

(I. Ang.)

An die Mission in 5. London № 481 7. Washington A.14	Ew. p. beehre ich mich beifolgend zur gefälligen vertraulichen Kenntnißnahme Abschrift eines Berichts des Kaiserl. Geschäftsträger in Tokio vom 31. August vorig. Monats, von koreanischen Aufstand betreffend,

ganz ergebenst zu übersenden.

In Vertretung des Reichskanzlers.

Berlin, den 9. Oktober 1882

A. 6224
(II. Ang.)

An
den Königlichen Gesandten
Herrn von Wentzel
hochgeboren
Hamburg.

In Verfolge meines Erlasses vom 23. Januar 1870 (№ 3) beehre ich mich Ew. Hochgeborenen beifolgenden Bericht des hiesigen Geschäftsträgers in Tokio vom 31. Oktober d. J. vom koreanischen Aufstand betreffend,

originaliter sub fide remissionis
ergebenst zu übersenden.
J. V. d. K. H

Die Lage der Verhältnisse in Corea betreffend. Intervention der Chinesischen Regierung.

PAAA_RZ201-018902_064 ff.			
Empfänger	Bismarck	Absender	Brandt
A. 6269 pr. 11. October 1882.		Peking, den 8, August 1882.	

A. 6269 pr. 11. October 1882. 1 Anl.

Peking, den 8, August 1882.

A. № 43.

Seiner Durchlaucht
dem Fürsten von Bismarck.

Euer Durchlaucht werden durch die Berichte der Kaiserlichen Gesandtschaft in Tokio voraussichtlich bereits von den jüngsten Vorgängen in Korea in Kenntniß gesetzt worden.

Am 23. Juli ist das Gebäude der Japanischen Gesandtschaft in Seoul von Pöbelhaufen angegriffen worden; nach mehrstündiger Vertheidiung haben die Mitglieder der Gesandtschaft und die derselben beigegebene japanische Escorte, alles in allem 25 bis 26 Köpfe stark, das brennende Gebäude verlassen müssen und sich nach dem Flusse durchgeschlagen, wobei zwei Leute der Escorte gefallen sind; den übrigen ist es gelungen auf Booten, deren sie sich bemächtigt, das offene Meer zu erreichen, wo sie von dem englischen Vermessungsschiffe "Flying fish" aufgenommen und nach Nagasaki gebracht worden sind.

Die japanische Regierung beabsichtigt, ehe sie weitere Schritte thut, den Minister-Residenten Hanabusa mit zwei Kriegsschiffen und einer Escorte von 500 Soldaten nach Corea zurückzusenden, um sich über die Absichten der herrschenden Partei zu vergewissern. Der Minister der Auswärtigen Angelegenheiten wird sich unterdessen nach Shimonoseki begeben, um dem Schauplatz der Ereignisse näher zu sein.

Nach Japanischen wie Chinesischen Nachrichten hat an demselben Tage ein Angriff auf den Palast des Königs stattgefunden, es unterliegt also keinem Zweifel, daß die Bewegung von der alt-coreanischen, fremdenfeindlichen Partei ausgegangen und eben sowohl gegen die liberalere Regierung, wie gegen die Fremden gerichtet ist. Der vor Kurzem erfolgte Abschluß der Verträge mit dem Auslande, mag den äußeren Anstoß zum Ausbruch gegeben haben.

Wie mir das Tsungli Yamen gestern durch das in der Übersetzung anliegende Schreiben mittheilte, haben die Koreanischen Minister Kin-yün chih (der zweite Bevollmächtigte bei dem Deutsch-Koreanischen Vertrags-Abschlusse) und Collegen in der Befürchtung vor weiteren Ausschreitungen der Aufrührer sich an die Chinesische Regierung mit der Bitte gawendet, daß ihnen eine Chinesische Land und Seemacht zu Hülfe gesendet werden möchte und das Yamen hat bereits in einem Berichte an den Thron darum gebeten, daß die Handelssuperintendenten des Nordens und Südens (d. h. die General Gouverneure von Chihli und den Beiden Kiang´s) angewiesen würden, Kriegsschiffe zum Beistande nach Korea zu entsenden.

Unter den Umständen, bei der Unterstützung der Chinesischen Regierung und dem Druck, den die Japaner in demselben Sinne auszuüben nicht unterlassen werden, dürfte, falls die Ereignisse in Korea sich nicht sehr schnell und in sehr ungünstiger Weise entwickelt haben sollten, es der liberalen Partei, an deren Spitze der König steht, gelingen; der Bewegung Meister zu werden und auf der eingeschlagenen Bahn fortzuschreiten.

Brandt

Inhalt: Die Lage der Verhältnisse in Corea betreffend. Intervention der Chinesischen Regierung. 1 Anlage.

Anlage zu Bericht A. № 43

Peking, den 7. August 1882
(Kuangsü 8 Jahr 6 Monat 24 Tag.)
Übersetzung.

An Seine Excellenz, Herrn von Brandt, Peking. (Brief)

Indem wir Euerer Excellenz nochmals für die wiederholten Miteilungen über die Unruhen in Korea unseren Dank aussprechen, beehren wir uns Ihnen unsererseits mitzutheilen, daß auch wir verschiedene Telegramme ähnlichen Inhalts von unserem Gesandten in Japan, Li (Shu chang) erhalten haben, aus welchen wir ferner entnehmen, daß an demselben Tage auch der Palast des Königs von Korea angegriffen worden ist.

Der stellvertretende Handelssuperintendent der Nördlichen Häfen (Chang-shu-sheng), ferner theilt uns brieflich mit, daß die Koreanischen Minister Kin-yün-chih und Kollegen sich an ihn gewandt und, unter Hinweis darauf, daß die Aufrührer es gewiß nicht bei der Vertreibung des Japanischen Gesandten würden bewenden lassen, darum gebeten haben, daß ihnen eine Chinesische See-und Landmacht zu Hülfe gesandt werden möchte.

Unser Yamen hat jetzt bereits in einem Berichte an den Thron darum gebeten, daß die Handelssuperintendenten des Nordens und Südens angewiesen werden möchten, Kriegsschiffe nach Korea zum Beistande zu entsenden.

In dankbarer Anerkennung der uns Seitens Euerer Excellenz erwiesenen Aufmerksamkeit, beehren wir uns Ihnen Vorstehendes mitzutheilen.

Wir ergreifen u. s. w.

Karten von den Ministern des Tsung li Yamen.

Für richtige Uebersetzung

gez: E. Arendt.

Die in Korea ausgebrochenen Unruhen.

PAAA_RZ201-018902_073			
Empfänger	Bismarck	Absender	Focke
A. 6272 pr. 11. Oktober 1882.		Shanghai, den 20. August 1882.	
Memo	Orig. 15. 10. nach Hamburg.		

A. 6272 pr. 11. Oktober 1882. 3 Anl.

Shanghai, den 20. August 1882.

Seiner Durchlaucht
dem Fürsten von Bismarck

Eurer Durchlaucht beehre ich mich im Verfolge des gehorsamsten Berichts vom 18. d. M. № 90 einige weitere am 23. v. M. in Korea ausgebrochenen Unruhen betreffende Zeitungsausschnitte (North China Daily News) anliegend zur Hochgeneigten Kenntnißnahme ganz gehorsamst zu übersenden

Focke

betr. die in Korea ausgebrochenen Unruhen.

N. Ch. S. N. 22. 8. 82

ANTI-FOREIGN MEMORIAL, PRESENTED TO THE KING OF COREA BY THE REBEL PÔH LO-KUAN.

Your servant Pôh Lo-kuan, in great trepidation and fear, prostrating himself a hundred times, sends up this Letter to him from whom all Heavenly blessings flow, our Lord the King. Your Majesty's servant has not even sufficient merit to justify him in dying for his country; yet he dares to present a petition full of grotesque and foolish words, not seeking to avoid death by the axe as his reward. What reason is there, then, for my audacity?

I am the son of a Captain of the Royal Guard, who was raised from obscurity by one of your Majesty's holy and intelligent predecessors, and who has served under three Kings, for more than forty years; such was the benignity showered upon him by your Majesty's ancestors, comparable only to the favour of Heaven and Barth. The parents of your Majesty's servant have been long desirous of making some return for the ten-thousandth part of your Majesty's kindness; but ten years ago his father became useless from a stroke of paralysis, so that he can now neither lie nor sit without assistance, and the very thought of the Royal Family brings tears to his eyes. As for me, Your servant, stupid though I am, do I not think upon the duty of following the example of my father? The step I am now taking seems out of my place as an officer of Government; according to the Statutes of the state of Lu, I have thus made myself au outlaw— even rebels would have the right to kill me. But, all the servant of your Majesty's Government to-day who are not rebellious and riotous subjects, are very few; although they have studied the books of Confucius, Mencius, Cheu-tsze and Chu-tsze, they yet ponder the teachings of Jesus and Matthew [瑪竇Ma-to—Matthew or Matteo Ricci?]; they eat the grain of their own country and the country of their parents, but wear the costume of the dwarfed foreigners (the Japanese) and that of France and America. They have left rectitude and entered [the paths of] depravity. They are the rightful servants of this country, but they work for others; they change our civilised state into barbarism, favouring their private ends at the expense of the public welfare to such an extent that they lead even your Sacred and Intelligent Majesty into delusions. Your servant therefore begs your Majesty's sanction that he may behead these men. But whether they be put or death or no, Your servant is himself deserving of Capital punishment. But am I afraid of being put to death, so that I do not dare to kill them? If I put them to death, and I rebel, that is sufficient cause why I should die myself. That would be great good fortune for me. The death of Your servant would be better for the country than his life, for three reasons: (1) there is no other way to show the sincerity of his father's patriotic love; (2) there are no other means to shame the divided allegiance of Government officials: (3) there is no other way to rebut the contempt of the Japanese Hanabusa. If I am to die, then, what may I not dare to say first? Your servant wishes to explain fully the dangers at present threatening our country, and their origin. I sincerely beg your Majesty not to turn a deaf ear on account of the insignificance of the Memorialist or the contemptible nature of his Words, but to investigate his representations thoroughly. Now in the year Jen Chen, when the Dwarf country (Japan) was defeated by Corea, it harboured vengeance and heaped up resentment to such an extent that it took ten years to sharpen a single sword and ten years to perfect a single art. There was no place whether their merchant-vessels and trading-boats did not resort; hand-in-hand they went everywhere and concluded treaties with foreign countries, to delude and deceive the Middle Kingdom, narrowly watching any internal trouble in our country. This they have done for years. Yet though they watched even our ears and cheeks, they were not able to carry out their plans; and for these reasons. Our country uses patriotism and piety as its armour and sword, virtue and rectitude as its walls and fortresses; impregnable by either stratagems or strength. They therefore spread rumours throughout our country that Corea would be ruined by means of her Ancestral Temples. But the temples of Ancestral Worship are the places where virtue is exalted and merit recompensed, where learning is explained and doctrine illustrated; where, through all holy generations the country has been ruled and the state protected by deep counsels and farsighted precautions. If anything has been done advantageous to the body-politic or calculated to defend the Holy Doctrine, there it is honoured with an Imperial testimonial. When your Majesty first ascended the throne in Your tender youth, powerful nobles conducted the affairs of state on their own responsibility, who were infected with heterodoxy. The Royal, Holy, and Patriotic Temples were then all demolished. This was like the prohibition of the wooden-bow in the Chou dynasty, which only hastened the fall of the empire; or like the precaution taken by Ts'in Shih Huang against the northern barbarians [胡] which actually brought about the speedy destruction of his House.[14] At the time of the destruction of the temples, arose a great noble, related to You by blood, who obscured your Majesty's intelligence, inciting both those within and without the Palace with the assurance that the Temples were not any benefit to the country; so that all mouths were unanimous on the subject. Therefore the proper love of relatives for one another was swept away and mutual affection destroyed. It was then that he instituted a military guard, and precipitated the discussion as to who should be recognised as Heir Apparent. Then in the year Ping Tsz a compromise was concluded, and Government officials who were privy to the plot did not dare to open their mouths. Thus was disaster brought upon the country, — our great and exalted country of a thousand chariots, which had always exercised its own independent rights! What reason was there for our having recourse to Hanabusa, and so reducing our country to such a state of insignificance, forgetting the enmity which forbad us existing under the same heaven with him, and satisfying an avarice which is not even satiated by the swallowing of a tiger? Whatever [the Japanese] ask, we give them; whatever they

14 † It was predicted in the reign of Ts'in Shih Huang that the ruin of his dynasty would result from 胡, which he interpreted as referring to the 胡 barbarians in the north, and therefore built the Great Wall. But the prophecy was fulfilled in the person of his son and successor, whose name was also 胡 — ED.

command, we obey; fearing only lest we do not come up to their requirements! If, after your Majesty has passed a thousand autumns and ten thousand generations, Your successor ascends the Precious Throne, this Hanabusa will say that it was he who established him; and how can we put the stopper on such talk? The Book of Poetry says, "As long as etiquette is not infringed, the four peoples will be upright; when fathers and sons, elder and younger brothers are worthy of imitation, then the people will take example by them." Sedition and anarchy never take their rise otherwise than from [the rulers.] In the first instance, Tsui J-hsüen said, „If the treaty of peace is decided upon, then your Majesty's fortunes are ruined forever;" and, lastly, Hung Tsai-ho said, "If the books of Jesus are allowed to circulate, everybody will rebel against the cardinal virtues and in every family the five relationships will be destroyed." But these representations did not accord with Your Royal ideas, and Tsai-ho's body succumbed to the Great Punishment. Alas, alas, how pitiful! The memorial of the upright Minister embodied what was inseparable from the peace of the country, and what he succumbed to was the natural cause of rebellion. Even in my stupidity, I can see that not one of the officials in your holy Dynasty, like Hsin Ching-chi of the Han Dynasty, can bear to see your Majesty's name handed down to the world and to posterity at the slayer of a noble and a worthy man. It is beyond sighs and groans. Your servant has found out the opinion of all classes - metropolitans, students, and even women. When Tsai-ho was about to undergo his death, it was found that the lock of his prison door would not open; when he was on his way to the place of execution the axle of his cart-wheel broke down three times. If it were not on account of his patriotism, which penetrated even to the Sun and Moon, and his sincerity, which reached to the Gods above, how could it have come to this? Your servant is only angered that he could not walk in the same track, and follow him to death, and wander with him in the regions below the earth; for he cannot endure the sight of a dynasty of five hundred years falling into the hands of the barbarians, and thirty million souls entering the mouths of dogs and sheep. Alas, alas, how painful is all this! For our country is the country of our remotest ancestors; and this country your Majesty has overthrown in Your single person, which is not the way to preserve that which has been committed to Your Charge. The Book of History says, "The example set for the Yin dynasty is not far off; it is only in the Hsia dynasty, [immediately preceding it]." Why does not your Majesty take the affairs of ancient times as your example? Li Chi [one of the ancient Corean kings] reverently yielded his right and declined to ascend the Throne; so that the monks and nuns passed in and out of the Forbidden Precincts (or palace) until Hsing Ao established himself as king, and he treated the people as though they were charcoal under his feet. Our great ancestor, the Great King, raised the Flag of Rectitude, and immediately possessed the Eight Regions, establishing universal peace among all living. All the rules, laws, regulations and precedents of the country are handed down with care and reverence, lest they should be lost, until they have reached the present day; is not, then, the responsibility of your Majesty both serious and weighty? Above, there is the Charge transmitted to You by Your august ancestors; below, the millions and billions of people gazing up at You; both of which it is Your duty to ponder, with fear and trembling. You should rise early and sleep late, avoiding both laziness and recklessness, then would Your State prosper. But You do none of these things; all You think of is the safety of Your own skin. You abolish the laws of Your Royal ancestors; You drain the very blood of Your living subjects. Those whom you ought to treat generously, you treat coldly; those you ought to treat coldly, you treat generously. You seek the assistance of foreign banditti [the Japanese] to pacify the lawlessness of Your own Kingdom, is not this being guilty of remissness towards our national institutions? Even the Five Rulers were unable to make the barbarians their subjects; the Three Princes 三王 [Yü, T′ang, and Wên Wang] could not govern them in peace. In the Nine Classics, neither Confucius nor Mencius states what method he cherished [for their complete subjection]. The virtue possessed by your Majesty at the present day is insufficient to make You love those near to You at home, and yet You wish to enter into friendship with the later world. Your servant not only fears that the revolution of last year may burst wrath again now, but lest the four chief Fortresses of the Kingdom may be invested within three years' time, and that under your Majesty's own eyes. For this reason [*sic.*]isü Yuën-chih - [and ten others], - though [*sic.*] any right to address your Majesty, have no fear of death and punishment, but those straightforward words and sharp remonstrances. These, indeed, are truly patriotic and public-spirited subjects, who honour the Sacred Person and protect the true Doctrine. If your Majesty lent an ear to their expostulations, and adopted the measures they propose, our decrepid country might be rejuvenated. But not only as your Majesty not listened to the unanimous voice of ten thousand tongues, but You have driven the speakers into exile. Even at a General Amnesty, those who had protested against the depraved Doctrine [Christianity] and the conclusion of friendship [with the Japanese] were excluded from pardon, were not restored to their families, but are left in prison and chains for their whole lives. You only promote those who adopt the foreign [*sic.*]ress, and study Japanese books and arts, thus dazzling and deceiving Your eyes and heart. You are as one who wears shoes in his head and a hat on his feet, in that You take the precepts of the barbarians and raise them above those of Your Royal ancestors. You maintain the office of Hanabusa, and place him at the right of all the princes and ministers. Your servant now perceives that your Majesty's true sympathies [or heart, 本心] are not with us, but with them; You do not condemn what is depraved, but what is right and true. Yao and Shun led the world by benevolence, and but few could keep up with them; [while the King pursues a different course]. The students in the Royal Colleges cannot but sound the praises of Hanabusa, and the Ministers of state are desirous of yielding political Administration into his hands. In this case, although your Majesty have the one desire of protecting Your own person, is it possible that it can be done? In front and rear, to the right and to the left, there is not one who is not a tool of Hanabusa's. If You comply with this state of tings, the country will be lost; if You make a stand against it, Your own person will be in danger. Who could have thought that the injury from this peace-confabulation would reach such an extremity as this? But those who do argue in favour of peace, do not do so for the sake of your Majesty's own happiness; it is for the happiness, rather, of the ministers. Tien Tsz-fang said, "If the ruler of a state once loses his country, it is never heard that he becomes a independent sovereign again." If your Majesty once loses Your country of a thousand chariots, who will again wait upon your Majesty with a thousand chariots more? From this it may be proved that all your Majesty's servants can be party to the conclusion of a peace; it is Your Majesty alone who cannot [because he would then become a subject.] It is now said that their weapons are finely tempered and sharp, and their boats light and speedy; the whole world, with its myriad states, is subject to them, and how can Your little country stand against them? — Those who say this do so to frighten and move your Majesty; they know how to praise the advantages of others, but not those of ourselves. This is prohibited by the usages of war, and according to law such persons ought to be put to death. But things which are advantageous in the water, are not advantageous among the mountains. Now the mountains and rivers of Ch'in-chiu are dangerous and remote, and the inhabitants robust and fearless; moreover Chi-tsz taught them the doctrines of the Virtuous and Benevolent ones, so that even these rude country-folk are acquainted with decorum and rectitude. In bygone days, Corea was as mighty as Sui Yang and as prosperous as T'ang Kao Tsu; so it continued until the present dynasty. Japan repeatedly came with her bandits and as repeatedly was defeated and ran away. Coming to the middle year of the reign of Hsieu Tsu, there occurred another danger from Japanese invasion. Li Erh and Tsao Hsien prepared plans for repulsing the invaders, but the Government did not adopt them. Afterwards, in the year Jên Chên, came Taiko Hideyoshi, accompanied by a million soldiers, covering the sea, burning our palaces, and violating our Royal Mausolea. Alas, how painful! Can one bear to put it into words? The Royal cortege had to move to the West, and take up its position in the interior; but happily we received the timely assistance of the Imperial Mings, besides a number of patriotic officials [named] whose services in recuperating the country and reinstating the kingly power were pre-eminent. Yueh-hsien, a common wench of some remote village, was yet distinguished by such sincere patriotism as to cut off the head of the invading chiefs, thus striking down the spear of the front-rank men. Ling-kuei, a simple mountain hermit of Wei-chên, knowing how to prove himself grateful to his country, crossed the sea to Japan with an army, every soldier of which was worth a hundred, and compelled the Japanese to pay a tribute of three hundred hides a year; being desirous to exterminate the oxen altogether. Afterwards, three hundred Japanese were delivered yearly, instead of animals. In the time of Jên Miao, the barbarian King proclaimed his independence, whereupon certain high officials [named] condemned him with righteous indignation, and proposed measures of defence; but the Court did not listen to them, so the barbarian soldiers descended on us without warning, and the circumstances were such that we were helpless. Concealing our resentment and suppressing the anguish of our hearts, we made an unconditional surrender; alas, alas, how sad! Who counselled this plan of submission? It was Tsui Ming-chi. At that time there was an officer named Ling Ch'ing-yeh, who being on garrison duty at I-chou, did not arrive in time to participate in the disasters; so he attacked the barbarian chief half way on his return march, calling out in a loud voice as he plunged into the middle of the ranks, every one of his soldiers doing duty for a hundred, and the barbarians were utterly defeated. Then the vanquished chief showed his conqueror the Letter of Surrender writer by the Corean King, at which Ch'ing-yeh wept bitterly and recalled his soldiers. We see from this that no generation in without deep counsellors, intrepid generals, dauntless and courageous warriors; and it depends upon the use made of them whether even the mightiest empire upon earth rises or falls, flourishes or sinks into decrepitude. The finely-tempered and sharp arms, and rapid, light boats [of the enemy], might be of equal advantage to us as to them; what anxiety then, should we have? Now the bravery and the strategic ability of Hanabusa are not equal to those of Sui Yang, T'ang Kao Tsung, Taiko Hideyoshi, or the barbarian King above referred-to, by a very long way; and those in Your Court who are now desirous of entering into amicable relations with him are the descendants of those who acquired merit in the [wars of the] year Jên Chên, and the grandsons of those who gave their vote against the same thing in the year Ping Tsz. They do not think of their ancestors, wearing the impenetrable mail and bearing the sharpened spear, braving the sword and trampling upon thorns in their efforts to raise their country; but, falling under the temptation of bribery, they have promulgated specious and groundless words, and plans which had not been properly discussed. They have divided blood-relations and stirred up edition in the state. These men are not only criminal towards your Majesty, but also guilty towards their ancestors; not only guilty towards their ancestors, but also to Tsui Miug-chi [who advised surrender to Japan.] During the trouble of the year Ping Tsz, knowing that the invading army could not be resisted, he went himself and discussed the matter with everybody; with falling tears he spoke of the surrender being necessary, — fearing Heaven and acting in defence of the state. Up till now it has survived for three hundred years. At the time of the surrender, he was reproached with having caused the sovereign to fall into evil ways, and universally condemned. People said, "Write it on the books of history, for the admonition of posterity!" Wherefore, Your servant, often travelling through the Capital, heard this common saying from nobles and high families; the words are still ringing in our ears, our galls are still burning with resentment. The men I impeach do not remember the repeated precepts of their ancestors and fathers, and incur premature destruction. - Huaug Tsun-hsien who was first in the Japanese Legation, and is now the Consul-General at San Francisco, this man is also one of Hanabusa's gang. Deluding our country with gifts, he advised us to enter into relations with Japan, to have connection with America, and to bring ourselves into closer relations with China, in order to protect ourselves against Russia. But Japan has been our enemy for a hundred generations; from the very beginning downwards, justice has never permitted us to have friendly relations with her. America is situated at the ends of the earth; what use would it be to connect ourselves with her? China we have been subject to for three hundred years; it is impossible to make our relations closer than they are. Russia has no quarrel with us; why should we be anxious about her designs on us? I am beginning to doubt the disinterestedness of [Huang's] advice. But now I hear that Yü Yün-chung is made an Envoy to China, asking China to let us pay tribute once every five years [instead of annually]; is this the way in which we are to increase the closeness of our relationship to China? Thus in one day, we suddenly violate the rule that we have been following for three hundred years; is there not cause here for future trouble? Formerly we were in a state of great enmity [toward Japan]: today we are in a state of great anxiety, for Hanabusa has been wanting to raise troops and invade us for a long time. Fearing lest China should follow the example of the Ming and come to our rescue, he has hit upon this plan to set China and Corea at variance; when these two states go to war, and are worn out, Japan will just sit down and imitate the fisherman [who devoured the two fighting oysters]. If, then, the plan of Hanabusa be listened to, the country will surely go to destruction; and it is better to die under the Imperial Laws than under the hands of barbarians. Therefore I ask that those officials who favour friendship with Japan should be put to death, for the sake of example to the rest. I beg your Majesty to make a clean sweep, and to cut off every one, abolishing that which is depraved without hesitation. In ancient times Shun the Great punished the Four Criminals, and the entire world concurred. Ch'êng Wang put three of his uncles to death, and the government of Chou was undisturbed for a long time. Wei Wang of Ch'i boiled the Minister O, and acquired fresh power among the feudal princes. Among Your officials to-day there are the Four Criminals, the Three Uncles, and the Minister O. When real criminals are degraded and deposed, the Royal Houses will become undisturbed, the hearts of the people will be Royal, and the enemy will retreat. But if not, nine families will strive for the possession of one fine steed, the guard of Royal princes will turn their spears against each other, and the sons of the different branches of the Royal Family will follow at the heels of one another. This is inevitable. And if Your servant knows this to be inevitable, and says it not, then he differs in nothing from the traitors. Writing this petition in his blood, and not knowing how to order his words, with much fear and trembling, he is unable to support the crushing responsibilities of the position. - [Translated for the *N.-C. D. N.* from the *Nichi Nichi Shimbun.*]

The

North-China Daily News.

IMPARTIAL, NOT NEUTRAL.

SHANGHAI, AUGUST 19, 1882.

No one with any acquaintance with the rulers, the people, or the perpetual intrigues of the East can have been surprised by recent events in Corea. A revolution was sure to be attempted after such a complete reversal of the policy of the past as was involved in the negotiation of treaties with foreigners. That the revolution was either preceded or accompanied by an attempt to massacre the only foreigners within reach of the patriotic party and mob, is also in accordance with the spirit of politics in these and neighbouring latitudes. The friendship of Chinese and Japanese - that is, the classes whom we meet in trade and who make profits by us - was only obtained to its present extent after much political travail and sorrow by the government and the ruling classes, the Japanese Government know that the outbreak of their nobles and their followers against foreigners cost the Empire. And so far as our knowledge of the Coreans goes they are as exclusive, and carry themselves towards the outside world quite as haughty a demeanour, as distinguished the Japanese prince and swashbuckler of twenty-five years ago. They are said to have disliked the Chinese for ages quite as heartily as the conduct of the settlers at the ports opened to trade have recently made them hate the Japanese. They have preserved their exclusiveness for centuries, though they have in their time been compelled to accept the help of both of their neighbours. Few, if any of them, can know much more about foreigners than the tales which the Chinese may been told them for their own purposes. We may be certain that these stories were all of one kind, and intended to teach the suspicious and timorous Corean that the men from over the sea meant to take their country from them. Accompanying these stories would be assurances of the everlasting love of the Emperor of China for his dependent, and the advice to rely on Chinese support alone turning a deaf ear to Japanese and all other Barbarians. "Codlin of Peking is your friend, and not Short of Tokio, London, or any other address," was no doubt the burden of much advice tendered by the Chinese to the Corean Government. Notwithstanding that an outbreak intended to stop and probably reverse the recent policy of the Seoul statesmen was to be expected the events of the last fortnight or three weeks in Corea seem to have taken every one concerned by surprise. The Japanese Embassy must have considered itself quite safe; the Chinese may have had any inkling of what was about to take place, as former plenipotentiary to Korea had gone from there and paid a flying visit to Li Hung-chang in his retirement in Anhui. This however is more surmise on our part. The King was taken by surprise, but this is according to usage when revolutions are attempted in the East, and it is very likely that his soldiers or guards had been withdrawn from the neighbourhood of the palace. The intelligence which has reached us, is to the effect that the former King who made the treaties with foreigners has been deposed and that another reigns in his place. The immediate cause of the outbreak was that the soldiery in the Castle at Seoul - numbering about 5,500 men - had not been paid since the first month of the Corean Calendar, probably March, with the exception of one month, which the King was induced to pay in June. This threw them into the arms of Dai In Kun the usurper, who affected to sympathize with them, and by whose advice they are supposed to have acted. He is said to have directed them to attack the Japanese Legation and the residence of Bin Yei Yoku the Councilor, and to slaughter the residents in all these places. The outbreak took place on the 23rd ult., while Dai In Kun was at the palace. When he heard of it he recommended the King to withdraw to the headquarters of the Royal Guards as the palace no longer afforded him security. Then he went to the Queen, and was with her when the insurgents broke into the palace yard calling for her. Upon this, Dai In Kun, says the report from which we quote, advised Her Majesty to commit suicide rather than wait to be butchered, and handed to her a cup containing poison. The poor lady gave half to the recently married Crown Princess, and both expired almost immediately. In the meantime the King was at the barracks of the Royal Guards when Bin Yei Yoku sought him and informed him of the course of events. The King is said to him recommended his minister to set out for Japan and seek aid there, but it should be remembered that this comes from a Japanese newspaper. The King further uttered some philosophical sentiments which are probably as true as his desiring to rely on Japan, and seeing that all was lost, his Minister, when the barracks were attacked by the mob, rushed into the throng of his enemies and died sword in hand. Dai In Kun assumed charge of the Government, and the King, or late King, apparently remains safe in the barracks of the Royal Guards. The Japanese Government are sending an expedition to Corea to demand redress for the injuries which their embassy has received. Rumour has it that the Chinese have determined to send ships and soldiers to support the Coreans against the Japanese, but we are inclined to doubt these reports. China does not move so quickly, and is much more likely to try what can be effected by diplomacy before resorting to a display of force. But in the meantime Ma, who represented China in Corea about the time the treaties were signed, has returned there with two monitors to support his mission, whatever it may be. Whatever course China may determine to take there is from all we have heard too much reason to fear that a war with her would be enthusiastically received in Japan. It is said it would be welcome to the Government. In China the arrogance of some of the officials and their hangers-on might lead them to support a policy which would drive a high-spirited nation like Japan into declaring war, but we should hope that the counsels of the more prudent statesmen will prevail, the more especially as it is doubtful if the efficiency of the Chinese army and navy has been sufficiently attained to make it certain that the great resources of this country would be available to cope against a thoroughly trained enemy, while the navy and army are in their present disorganized condition. But as yet nothing is known of the views of the Court at Peking on recent events in Corea.

N. Ch. D. N. - 24. 8. 82

The Outbreak in Corea

On the 4th of August, 1882, "H. M. S." *Flying Fish* arrived at Chi-wu-pu. Mr. Hisamidzu, a Japanese officer, on landing, found that the villagers had fled, leaving all their houses empty. He then proceeded up the main road leading to Ninssen-fu, where he met a villager whom he had known during a previous visit to the place, and to whom he delivered three despatches - one for his Majesty the King, one for the *Kuang-tsa shin* [a Government officer] of Kin-ki [a town] and another for Governor Ninseng. The villager agreed to take them to their addresses, and Mr. Hisamidzu returned to the *Flying Fish*. In the afternoon he saw a Corean on horseback, waving his hand and making signals. Mr. Hisamidzu accordingly put off in a boat, and found that the man was a courier bearing despatches from the Governor to the effect that he would come on board the next day or as soon as the weather cleared up. On the 5th August Hisamidzu landed again, and was informed that the Governor had come the day before; but while he was waiting for the floodtide, at about 2 p. m., he had suddenly fallen down dead! The supposition was that he had been poisoned by the rebels. Mr. Hisamidzu thereupon got into his boat again; but just as he was pushing off, a Corean suddenly rushed out and scrambled in too, begging to be taken on board the ship. He said he was a servant of the late Min Taien-hao [a Corean official who had lately fallen]; that the rebels were approaching from all sides, and that he had no place to hide in. Mr. Hisamidzu accordingly took him on board, and the following facts were elicited from him in examination: -

"The rebels have made a raid upon a certain garrison where a force of three hundred soldiers is kept, and made a clean sweep of all the arms. The men who did this were foreign-drilled. - The King is said to be in safe keeping, but the Queen has been poisoned. - There Japanese corpses have been seen lying a little way from the parade-ground aforesaid. The corpse of Horimoto, younger brother of the Japanese Minister, was recognized by some Coreans from its likeness to him. It was lying on the side of the street, covered with wounds, the nose and mouth being choked full of sand and mud. About fifty Coreans were killed upon the road." - After giving this information, the man begged Mr. Hisamidzu to take him either to Japan or to one of the other Corean ports.

On the 7th August, about 9 a. m. a crowd was observed upon the Bluff, among which was somebody waving a flag. This place, it must be noted, was nearer to the *Flying Fish* than Chi-wu-pu. After some discussion with the Captain, Mr. Hisamidzu decided upon landing, the Captain kindly providing him with a special body-guard of armed seamen. A boat was lowered and proceeded to where the people were assembled. It was soon seen that a troop of mounted soldiery were on the Bluff, in the midst of which stood a Corean officer in a white hat. This was immediately recognized as mourning for the late Queen. On landing, Mr. Hisamidzu found that the officer belonged to the Liberal Party, that he was well acquainted with the members of the Legation in Seoul, and now in the service of Dai In Kun. He was the bearer of a message to say that his chief was prevented by illness from coming, as he had intended. Mr. Hisamidzu thereupon conveyed the officer on board, when the following conversation ensued:

Q. – How is the King?

A. – The King is safe.

Q. – How are the Queen, and the members of the Cabinet?

A. – Four high officials have been killed naming them; and the Queen is dead. She was sitting in the Palace with the King, on the 23rd ult., when the rebels rushed in. The King took her hands, and tried to assist her in escaping; but she sank in a state of exhaustion, and died of terror. The Dai In Kun then took the government into his own hands. He was once said to have been at the head of the Anti-foreign Party, but his sole intention since the outbreak of the rebellion has been quite different from that with which he is credited, and he has now sent me here on a special mission to explain you that his views are in favour of peaceful and friendly intercourse with other nations being most necessary. The late attack upon the Japanese Legation and the massacre which followed are events which he looks upon with sadness and regret, and which he will never ceases to deplore. No day passes that he does not express his sorrow at it. He makes particular request that you will communicate to your Minister that Yu Shang, a member of the Liberal Party, and formerly Governor of Tokaifu, has been lately appointed *Kei-ki-kuan Satausi*. The system of Government will be continued as before. The outbreak was occasioned entirely by the soldierly, who had some causes of dissatisfaction, and this led to their lawless acts. Until now, the Dai In Kun has been unable to arrest them, but he fully intends to do so. The dead bodies of the Japanese who were murdered at Seoul have been already buried in the place selected for that purpose by order of the Dai In Kun; those who died in Ninseng have been interred in the Governor's cemetery in that town. The number of soldiers who mutinied has been estimated at four thousand."

The above conversation was repeated by the superior of this officer the same day, and confirmed. The Corean who came on board was subsequently landed. – [Summarised for the *N.-C. D. N.* from the *Western Sea Gazette* and other Japanese newspapers published Nagasaki.

N. Ch. D. N. - 25. 8. 82

We print today two despatches which seem to place the relationship between China and Corea in a very clear light. In one, China distinctly repudiates any right or which interfere in Corean affairs, which, she says, are managed on an entirely independent basis; in the other, Mr. Low records his interpretation of the statement in a manner which is equally unmistakable. According to the showing of the Tsung-li Yamen, Corea has practically nothing whatever to do with China, and the action subsequently taken by Admiral Rodgers is a sufficient proof that Mr. Low's comments upon the despatch in question were acquiesced in by the Chinese Ministers.

COREA'S RELATIONS TO CHINA.

Extracted Copies of Letters from the officials of the Tsung-li Yamen to Mr. Low, U. S. Minister at Peking, and his Letter to Mr. Fish, U. S. Secretary of State: page № 111 *in the work of Foreign relations of the United States* 1871.

№ 29.

Mr. LOW TO MR. FISH.

Legation of the United States,

Peking, 3rd April, 1871.

Received 22nd July.

Sir, - I have the honor to send here with translation of a note from the Foreign office, in reply to one from me requesting the good offices of the Chinese Government to send a letter from me to the King of Corea.

The note, you will observe, contains a declaration that, while Corea is considered and treated as a tributary Kingdom, entire independence is conceded in all that relates to is Government, religion, and intercourse with foreign nations.

This declaration is made at this time, undoubtedly, to guard against complications that may possibly grow out of an attempt by foreign nations to open intercourse with Corea, and relieve this Government of all responsibility for the acts of the Coreans, whether hostile or otherwise.

It is altogether probable that this course has been adopted by the Chinese officials in consequence of the action of the representative of France, who assumed to hold China responsible for the acts of the Coreans who murdered and expelled the French missionaries in 1866.

The announcement that the sending of the letter is a departure from long-established custom and therefore exceptional, which must not to construed into a precedent for granting similar favors in the future is put forth in this way to be quoted in case any other Government should ask a similar favor.

The timidity of the Chinese officials when called upon to perform any duty not in accordance with long-established precedent and custom is quite apparent, and also their desire to avoid all complications which may by any possibility involve their Government in difficulty.

The note in question also exhibits in rather a striking manner the superabundance of circumlocution with which all action of the officials is attended.

This will be more apparent when you are informed that prior to writing the letter in question or making any request to have it sent, I sought an interview with the members of the Foreign Office at which I explained fully my purposes, the objects I have in view, and what I desire them to demand; and obtained from them a promise that my wishes should be complied with.

I have the honour, etc.,

F. F. Low.

№ 1

LETTER FROM THE FOREIGN OFFICE.

28th March, 1871.

Sir, -We were honoured on the 7th of this month by receiving your despatch, in which you informed us that as you had been appointed special envoy to go to Corea there to negotiate upon matters of public interest, you decided to send a letter to the authorities of that land and therefore requested us to forward it on your behalf.

In relation to this request we may observe, that although Corea is regarded as a country subordinate to China, yet she is wholly independent in everything that relates to her Government, her religion, her prohibitions, and her law; in none of these things has China hitherto interfered.

It was necessary, therefore, in order to forward your despatch, for the Foreign Office to present a memorial, requesting that it might be transferred to the Board of Rites to be sent on; but we previously stated to you, that it is impossible to determine now whether the Corean authorities will return an answer.

On the 12th instant, we memorialized the throne, requesting that the Board of Rites might be allowed to write a despatch to accompany this letter to be forwarded to Corea and notified that Board at the same time. We have now received an answer from the Board, stating that on the 22nd of this month His Majesty had been informed that this despatch, carefully sealed, had that day been transmitted to the Board of War to be sent on by its couriers. - This answer further stated that in all the relations of China with its dependent states the long established rules of the board of rites had never contained any provision about forwarding letters to them; the permission now granted for it to do such a thing was therefore only for this occasion; it was an extraordinary favor, quite in excess of usage, and one which could not on any account be again granted.

We therefore make known this reply to your excellency; and while doing so avail ourselves of the opportunity to wish that you may enjoy daily happiness.

Cards of WEN-SIANG, PAO-YUN, TUNG-SIUN, SHIN KWEI-FAN. MAO CHANG-HI, TSUNG-LUM, CHING-LIN.

N. Ch. D. N. - 25. 8. 82

The s. s. *Chintung*, Captain Winsor, arrived from Corea yesterday morning. From her report it appears that she left Chan-fu on the 17th inst., it company with the *Yehsin* and *Kungpai* for the purpose of embarking troops, and arrived at Chefoo the same night. The three vessels above-named left Chefoo on the afternoon of the 18th with the Chinese flag-ship *Weiyuen* and the gunboat *Taean*. They anchored at Wai-hai-wei at 7.30 p. m. on the same date. They weighed anchor at 8. a. m. on the 19th and proceeded direct to Corea. After a favorable voyage, with light easterly winds, they sighted Ferrier Islands early on the morning of the 20th. The *Weiyuen, Taean, Chintung,* and *Yehsin* were then close together, with the Kungpai a little behind. The *Weiyuen* then took the lead, as her officers, having been there before, knew the navigation. The squadron anchored at Kitten Rock to the south of Kien Chau Island and about ten miles west of Cape Chanine where the treaties were signed. The *Yeshin* was the first to discharge her troops and the other ships' boats assisted in the work. On the 21st *Chintung* and *Kungpai* went on to a point named Bouquet Nathalie and discharged their troops there during the day. The *Chintung* left on the morning of the 22nd, proceeded direct to this port and arrived at 8. a. m. yesterday. When she left two Chinese ironclads were lying at Kitten Rock. On the passage to this port she passed a Chinese gunboat bound for Kitten Rock. Whilst the *Chintung* was at anchor at Bouquet Nathalie the smoke of steamers was observed near the entrance to Seoul River, which were believed to be Japanese men-of-war. The Japanese are reported to have landed about five thousand troops and the Chinese force taken over by transports numbers about 3,000. The landing passed off very quietly, only a very few Coreans being seen. The Chinese troops are all armed with Manser rifles. The *Weiyuen* carried about 500 men, the *Chintung* 600, the *Yehsin* and *Kungpai* between 800 and 900 each, and the *Taean* was filled principally with baggage, ammunition, &c. The *Yehshin* left Corea about two hours before the *Chintung* bound for Tung-chow Fu to take up a reinforcement.

[ ]

PAAA_RZ201-018902_080			
Empfänger	Bismarck	Absender	Otto von Wentzel
A 6273 pr. 11. Oktober 1882.		Hamburg, den 10. Oktober 1882.	

A 6273 pr. 11. Oktober 1882.

Hamburg, den 10. Oktober 1882.

№ 40.

Seiner Durchlaucht
dem Fürsten von Bismarck.

Euerer Durchlaucht beehre ich mich den mit dem hohen Erlasse № 27. vom 30. v. M. mir zugefertigten Bericht des Kaiserlichen Geschäftsträgers in Tokio vom 18. und 21. August d. J., den koreanischen Aufstand betreffend, hierneben gehorsamst zurückzureichen, nachdem ich davon den entsprechenden vertraulichen Gebrauch gemacht habe.

Wentzel

[ ]

PAAA_RZ201-018902_081			
Empfänger	Bismarck	Absender	Wentzel
A 6300 pr. 13. Oktober 1882.		Hamburg, den 12. Oktober 1882.	

A. 6300 pr. 13. Oktober 1882. 1 Anl.

Hamburg, den 12. Oktober 1882

№ 42.

Seiner Durchlaucht
dem Fürsten von Bismarck.

Eurer Durchlaucht beehre ich mich den mit dem hohen Erlasse № 29. vom 6. d. M. mir zugefertigten Bericht des Kaisl. General-Konsuls Shanghai vom 18. August d. J., die koreanischen Unruhen betreffend, hierneben gehorsamst zurückzureichen, nachdem ich davon den entsprechenden vertraulichen Gebrauch gemacht habe.

Wentzel

Berlin, den 15. Oktober 1882 A. 6272

An
den Königl. Gesandten
Herrn von Wentzel
Hamburg.
№ 32

In Verfolg meines Erlasses vom 23. Januar 1870 (№ 3) beehre ich mich Ew. Hochwohlgeboren beifolgenden Bericht des K. Gen.-Konsuls in Shanghai vom 25. August originaliter sub fide remissionis ergebenst zu übersenden.

N. d. J. U. St. S
i. M.

Die Zustände in Corea.

PAAA_RZ201-018902_083 ff.			
Empfänger	Bismarck	Absender	Brandt
A. 6342 pr. 15. Oktober 1882.		Peking den 16. August 1882.	
Memo	Orig. 26. 10. nach Hamburg		

A. 6342 pr. 15. Oktober 1882.

Peking den 16. August 1882.

A. 46.

Seiner Durchlaucht
dem Fürsten von Bismarck

Im Anschluß an meinen ganz gehorsamsten Bericht vom 8. August dieses Jahres A. № 43. die Lage der Verhältnisse in Korea betreffend, beehre Euer Durchlaucht ich mich zu berichten, daß es nach später hier eingegangenen Nachrichten, dem früheren Regenten Tai yüan chün (jap. Tai in kung) d. h. Prinz des großen Hofes, Adoptie-Vater des Königs und Führer der reactionieren Partei, gelungen ist, sich des Palastes und mit der Person des Königs, der Regierung zu bemächtigen. Die Königin, die Gemahlin des 9 jährigen Thronfolgers und fünf der freisinnigen Minister sind ermordet worden; bei den Unruhen sind auch sieben in Koreanischen Diensten befindliche Japaner umgekommen.

Eine Botschaft, welche Tai-yüan chün durch den Gouverneur von Toraifu an den Japanischen Konsul in Fusan hat gelangen lassen, des Inhalts, daß die jüngsten Ereignisse in Korea nur auf die innere Politik des Landes Bezug hätten und der Aufstand der Soldaten es der Regierung unmöglich gemacht habe, der Japanischen Gesandtschaft Hülfe zu leisten, scheint darauf hinzudeuten, daß derselbe versuchen wird, sich mit den Japanern friedlich auseinander zu setzen, vielleicht umso freie Hand gegen China zu bekommen.

Hier d. h. in Tientsin und Chefoo werden die Rüstungen mit unerwartetem Eifer und Energie betrieben; am 10. dieses Monats ist der Kaiserliche Kommissar Ma mit dem Admiral Ting, der den Oberbefehl über die ganze Expedition führen soll, mit drei Kriegsschiffe von Chefoo nach Yen-chuan abgegangen; sieben weitere sollen sich von Jaku theils direkt, theils über Port Arthur nach dort begeben haben.

Als Landungskorps sind vorläufig 6 Bataillone (à 500 mann) unter dem General Hu Chang ching, welche in Teng-chon in der Nähe von Chefoo in Garnison stehen, designiert;

vier Schiffe der China Merchants Co. sind am gestrigen und vorgestrigen Tage nach Teng-chou dirigiert worden, um die Truppen an Bord zu bringen.

Ein Theil der Truppen General Hu's ist früher von einem preußischen Feuerwerker Namens Schnell, der sich noch in Chinesischen Diensten befindet, ausgebildet worden; mit der Ausbildung eines anderen Theils derselben nach preußischem Muster waren in der letzten Zeit einige von dem P. Schnell herangebildete chinesische Offiziere thätig.

General Hu wie Admiral Ting sollen tüchtige und brauchbare Führer sein. Li Hung chang wird binnen kurzer Zeit in Tientsin zurück erwartet. Ich habe nicht feststellen können, ob er wirklich dorthin zurückberufen worden sei, zweifle aber selbst nicht an der Richtigkeit der Nachricht.

Brandt

Inhalt: Die Zustände in Corea betreffend.

Die neuerdings hier getroffenen militärischen Maßregeln.

PAAA_RZ201-018902_087 ff.			
Empfänger	Bismarck	Absender	Pelldram
A. 6343 pr. 15. Oktober 1882.		Tientsin, den 15. August 1882.	
Memo	Orig. 26. 10. nach Hamburg		

A. 6343 pr. 15. Oktober 1882.

Tientsin, den 15. August 1882.

№ 41.

Seiner Durchlaucht
dem Fürsten von Bismarck.

Eurer Durchlaucht habe ich die Ehre ganz gehorsamst zu berichten, daß der Aufstand in Korea und die Vertreibung der Japanischen Gesandtschaft aus Seoul, augenscheinlich bei der Chinesischen Regierung, die Befürchtung erweckt haben, die Japanische Regierung möchte diese Gelegenheit benutzen, um in Korea festeren Fuß zu faßen.

Damit es den Chinesischen nun nicht, wie vordem in Formosa ergehe, wo sie sich auf langen Schriftwechsel über staatsrechtliche Fragen einließen, während die Japaner inzwischen des streitige Territorium besetzten, zeigt die hiesige Regierung sehr großen Eifer um schleunigst selbst in Korea eine größere Kriegsmacht entfalten zu können. Nachdem der, in neuere Zeit, mit mannigfachen besonderen Missionen betraute, designierte Tao tai Ma kié-tchong etwa am 8. d. Mts. von Ischfu mit nur drei Kriegsschiffen nach Korea gegangen ist, sind demselben, wie ich höre, noch 7 Chinesische Kanonenboote gefolgt, 2 derselben haben in Tanu noch größere Quantitäten Munitionen & Pulver eingenommen.

Außerdem werden von Teng-chou Provinz Schantung noch 6 Bataillone mandschurischer Bannertruppen, auf besonders gecharterten Handelsschiffen nach Korea gebracht werden. Zu diesem Zwecke sind bereits drei bis vier Schiffe der Chinesischen China Merchants Steamship Co. unterwegs. Die Bataillone sind nominell 500 Mann stark. Unter jenen 6 Bataillonen befinden sich etwa 600 Mann, die bis vor etwa 2 Jahren von einem füheren Preußischen Unteroffizier einexerziert wurden. Die Truppen sind, so wie ich höre, mit Remington-Gewehren bewaffnet.

Das Ober-Commando über Flotte & Landungstruppen ist dem Admiral Ting anvertraut, der im vorigen Jahre zwei in England construierte Kriegsschiffe nach China gebracht und bei dieser Gelegenheit auch Berlin & Bredow besucht hat. Die Landtruppen stehen unter dem Kommando des Korps-Kommandeuers, Generals Wu-chang-ching. Die hier garnisonierenden Truppen dürften schwerlich den hiesigen Militär-Bezirk verlaßen, da man keineswegs gesonnen zu sein scheint, die Hauptstadt irgendwie von Truppen zu entblößen.

Die Japaner suchen zu verbreiten, daß, nachdem, nach Vergiftung der Königin & der Kronprinzessin von Korea, der Prinz Tai Yun-Kun die dortige Regierung übernommen, die vollkommenste Ordnung zurückgekehrt sei. Sie deuten auch an, daß der jetzige Herrscher den Fremden freundlich gesinnt sei und scheinen zu hoffen, daß auch die abgeschlossenen Verträge von der neuen Regierung anerkannt werden. Es ist nicht unschwer zu verkennen, daß die Japaner wünschen, die Verhältnisse als möglichst geordnet darzustellen, um soweit als thunlich die Chinesische Einmischung zu verhindern.

Der Vice-König Li jung-chang soll nochmals von Peking den äußert dringenden Befehl erhalten haben, seine Trauerzeit abzukürzen & sofort hierher zurückzukehren. Er wird wohl auch unter den obwaltenden Verhältnisse diesen Befehl nicht länger unbeachtet lassen können.

Pelldram

Inhalt: Die neuerdings hier getroffenen militärischen Maßregeln betreffend.

Entsendung von Geschützen nach Korea.

PAAA_RZ201-018902_091 f.			
Empfänger	Bismarck	Absender	Pelldram
A. 6344 pr. 15. Oktober 1882.		Tientsin, den 16. August 1882.	
Memo	Orig. 26. 10. nach Hamburg		

A. 6344 pr. 15. Oktober 1882.

Tientsin, den 16. August 1882.

№ 42.

Seiner Durchlaucht
dem Fürsten von Bismarck.

Euerer Durchlaucht beehre ich mich im Anschluße an gestrigen Bericht № 41 betreffend neuerdings hier ergriffene militärische Maßregeln, ganz gehorsamst zu melden, daß ferner noch 40 Gebirgsgeschütze gleichfalls nach Korea entsendet werden.

Die Geschütze haben 4 bis 5 m und sind schmiedeeisernes chinesischen Fabrikat. Die hier garnisonierende Artillerie der Garde des Vice-Königs hat für dieselben 10 Geschützführer gestellt.

Pelldram

Inhalt: Entsendung von Geschützen nach Korea.

Rückkehr Li Hung-chang's nach Tientsin

PAAA_RZ201-018902_093 ff.			
Empfänger	Bismarck	Absender	Pelldram
A. 6345 pr. 15. Oktober 1882.		Tientsin, den 20. August 1882.	
Memo	Orig. 26. 10. nach Hamburg		

A. 6345 pr. 15. Oktober 1882

Tientsin, den 20. August 1882

№ 44.

Seiner Durchlaucht
dem Fürsten von Bismarck.

Euerer Durchlaucht beehre ich mich ganz, gehorsamst zu melden, daß zuverlässigen Nachrichten zufolge, der Handelssuperintendent der Nördlichen Häfen & vormaligen General, Statthalter hierselbst, Li hung-chang, Anfangs des nächsten Chinesischen Monats, welcher am 12. September d. Js. beginnt, hierher zurückkehren wird.

Die 100 Tage, welche für die tiefste Trauer nach seiner verstorbenen Mutter verordnet sind, haben bereits vor Kurzem ihr Ende erreicht & es scheint immerhin auffallend, daß Li, dem in Folge der jüngsten koreanischen Schwierigkeiten, erhaltenen dringenden Befehle des Kaiserlichen Hofes zu Peking, nicht mit größerer Beschleunigung nachkommt.

Gerüchtweise wird verbreitet, daß die Chinesische Regierung noch größere Truppenmaßen aus dem Militärlagern, an der großen Mauer heranziehen und gleichfalls nach Korea befördern will.

Pelldram.

Inhalt: Rückkehr Li Hung-chang's nach Tientsin betreffend.

Landung Chinesischen Truppen in Korea und Kriegsrüstungen.

PAAA_RZ201-018902_096 ff.			
Empfänger	Bismarck	Absender	Pelldram
A. 6346 pr. 15. Oktober 1882.		Tientsin, den 26. August 1882.	
Memo	Orig. 26. 10. nach Hamburg		

A. 6346 pr. 15. Oktober 1882.

Tientsin, den 26. August 1882.

№ 46.

Seine Durchlaucht
dem Fürsten von Bismarck.

Eurer Durchlaucht habe ich die Ehre, im Anschluße an den Bericht zu melden, daß, ziemlich sicheren Nachrichten zufolge, die erste Sendung Chinesischer Truppen ohne besondere Schwierigkeiten in Reshan, dem Hafen von Seoul, gelandet ist.

Sie fanden durch angeblich etwa 2000 Mann japanischer Truppen vor, die von dem bisherigen japanischen Gesandten in Korea, Hanabusa, begleitet waren.

Die Chinesischen Soldaten, zunächst etwa 700 an der Zahl, die indessen durch weitere Truppensendungen, wie früher erwähnt, baldigst Verstärkung zu erwarten hatten, gingen gegen Seoul vor und errichteten in dessen Nähe Erdschanzen.

Die Koreaner empfingen die Chinesen ganz freundschaftlich. Ebensowenig kamen die letzteren mit den Japanischen Truppen in Mißhelligkeiten.

Das Gerücht, daß größere Chinesische Truppen-Sendungen aus dem Innern des Reiches nach Korea geplant werden, scheint sich zu bestätigen.

Der hierselbst dauernd mit den Waffen ankaufen betraute Militär-Mandarin Lin ging vor einigen Tagen von hier mit dem als Agenten für Herrn Krupp und für die Amerikanische Winchester-Compagnietätigen Herrn Schmidt nach Schanghai; wahrscheinlich, über die Ankunft von 20,000 Winchester Gewehren nebst Patronen, die dort in Consignation gegeben lagern, zu unterhandeln.

Pelldram

Inhalt: Landung Chinesischen Truppen in Korea und Kriegsrüstungen.

Die in Korea ausgebrochenen Unruhen.

PAAA_RZ201-018902_099			
Empfänger	Bismarck	Absender	Focke
A. 6347 pr. 15. Oktober 1882.		Shanghai, den 1. September 1882.	
Memo	Orig. 26. 10. nach Hamburg		

A. 6347 pr. 15. Oktober 1882. 6 Anl.

Shanghai, den 1. September 1882.

№ 101.

Seiner Durchlaucht
dem Fürsten von Bismarck.

Eurer Durchlaucht beehre ich mich im Verfolge des gehorsamsten Berichts vom 25. v. M. № 96 einige weitere die am 23. Juli d. J. in Korea ausgebrochenen Unruhen betreffende Zeitungsausschnitte (North Daily News) zur hochgeneigten Kenntnißnahme ganz gehorsamst zu übersenden.

Li hung chang, der einer Familientrauer wegen in seine Heimat Anking beurlaubt war, ist zurückberufen und hat sich, ohne Shanghai zu berühren, vorgestern Abend nach Tientsin in Woosung eingeschifft. Der Königlich Großbritannische Gesandte Sir Thomas Wade, der sich, auf der Rückkehr nach Europa begriffen, gerade hier aufhielt, begab sich in derselben Nacht ebendorthin, um mit Li hung chang Rücksprache zu halten.

Focke

betr. die in Korea ausgebrochenen Unruhen.

N. Ch. D. N. - 29. 8. 82

The principal news from Corea may be summarized as follows: - About 7,000 Chinese troops have landed and are encamped near Seoul; and as soon as the force is increased they are to get into the city somehow. The Japanese also want to be allowed to enter;

and this, writes our informant, is a question which may possibly bread further dissensions. On the whole, however, our advices are of a distinctly pacific tendency, thanks to the extreme moderation of the Japanese, and the Chinese moderation of the Japanese, and the Chinese themselves look upon the settlement of the question without an appeal to arms as highly probably. - We also hear that Li Hung-chang is to remain some time in Chefoo, so as to direct affairs from that place; further, that the telegraph is ordered to be constructed from Tientsin to Chefoo viâ Chi-nan Fu. The mission of Admiral Enomoto to Peking is expected to lead to an amicable settlement between Japan and China; but this will depend entirely on whether the Chinese can be brought to take a reasonable and logical view of the situation. It is evident that China has no clear status by which she is entitled to middle in the Corean quarrel; while the right of the Japanese to exact an apology from Corea, and guarantees for future security, is not to be disputed. The question of China's now alleged but formerly-repudiated suzerainty over Corea will now be thoroughly investigated, and even that of her suzerainty over Anam, Nepal, and Siam. It is to the interest of France, Great Britain, and Japan that China's assumption respecting those South-Asian states should either be thoroughly established or else declared null and void. It will scarcely be possible to avoid bringing these questions to an issue, and if this is accomplished great good will be attained by the actual position of affairs.

N. Ch. D. N. - 1. 9. 82

We hear from the north that there are arrivals from Corea, but no reliable information was to be obtained. Everyone is most reticent, and it is inferred from this that Chinese have no good news, and that they are not comfortable there. It is stated that five hundred Chinese soldiers have been admitted into the Capital, but no other movements of troops are reported — except that a division is ordered from Newchwang to the Corean gate. The Japanese are said to be in possession of despatches most compromising to China and that copies of them are in the hands of some foreign official at Peking.

N. Ch. D. N. - 30. 8. 82

The Japanese Consul at Hongkong has received an interesting piece of news by telegraph, which seems not to have reached Shanghai. Mr. Hanabusa, the envoy to Corea, has been received in a very friendly manner by the Dai In Kun, the King's father, who has provided him with apartments in the Royal Castle at Seoul. Amicable courtesies have also been exchanged between Mr. Hanabusa and Ma Kien-chung, the later of whom is advising the Coreans to make an ample apology to Japan for their outrage on the Minister and his suite. Matters are said to be progressing very favourably, and so far there seems no change whatever of a rupture. There cannot however but be some element of danger in the close proximity of two bodies of fighting men so naturally hostile to each other as the Chinese and Japanese marines. It is to be hoped that nothing will occur between these forces to counteract the pacific endeavours of their respective superiors.

N. Ch. D. N. - 26. 8. 82

THE FORCES OF CHINA AND JAPAN

Japan has a fairly-trained army ready for service, comprising about 40,000 men of all arms; and from old soldiers and the military classes large reserves could be drawn quickly (첨부 사진 참조)'. The fleet, however, is in bad condition. The *Foo-so* ironclad is much weakened by corrosion and, we have read in the Yokohama papers, has indifferent capabilities for sea service. The other vessels of Japan are not in good order for warfare against a naval power. On the other hand, the Japanese crews are well trained, the officers are fairly efficient, and the direction is in one department. There is unity in both the Japanese navy, and army, and unity will in time of need prove to be a vast power in disputing with China, as is shewn by the despatch in getting ready so large a force.

China has nine or ten very powerful gun-vessels, known as the Alphabetical fleet; two superb and heavily-armed cruisers; and a fair set of useful light draught gun-boats belonging to the Chihli division. But the officers are ill-trained, and there would be no power of combining with other squadrons. The large iron-clad, with four 43-ton guns, has not yet left Stettin, and may be counted out for the present. The Shanghai fleet is of very bad quality, and utterly unfit for war. The Foechow fleet was well built, well armed, and fairly officered: but Mons. Giquel's and Captain Tracey's labours have been put aside, and probably the Foechow fleet is now only in degree better than the Shanghai squadron. The Canton fleet might be turned to good account, but it is small, and weakly armed.

As to the Chinese army, there is but one worthy the name, that of Li, who has some

45 to 50,000 men, at most, under arms in Chihli, and about 45 batteries (about 96 guns) of Krupp's field guns. Li, by calling in old soldiers, might raise his force to 70,000 men, it is said, but we have not accurate details on the head. The forces of China are not actual but potential, and until there is supreme and intelligent direction, unity, and scientific training, China, with all her yet latent powers, may suffer reverse after reverse in a quarrel with a weaker but more intelligent militant nation.

We should expect that Li will be required at once to return to his old post. Tso has good military ideas, and has the confidence of the Chinese people; but his age and infirmity tell upon him.

We have been informed that Commodore Shufeldt received from Grand Secretary Li, on the eve of Li's departure from Tientsin for Anking, a pressing request to return, to take charge of and carry out the Chinese naval re-organization which were proposed by Tso, Li and Shen Pao-chen in 1874 but which still remain in the stage of project. - *China Mail.*

N. Ch. D. N. - 25. 8. 82

H. E. Poh, the Corean Envoy, left this for Peking by the *Hae-an* yesterday morning. He arrived here on Thursday by the *Hiroshima Maru*, and has come to China on business connected with the rebellion in Corea.

TIENSTIN.

A Correspondent writing under date of the 19th inst., whose letter appears to have been delayed, supplies the following items of news: - H. B. M.'s gunboat *Moorhen* arrived from Chefoo and will probably leave on or about the 23rd inst. for Newchwang. It is currently reported that one of the officers expects his discharge by the mail and that he will join H. I. O. M.'s reverence cruiser *Ling-feng*. It is also said that the Seven Chinese gunboats, under the command of Admiral Ting, which accompanied the special ambassador, Taotai Ma Kien-chung, have returned to Chefoo in consequence of the Corean Government having prohibited them from entering the River Seoul and threatening to fire on them if they attempted to do so. This accounts for Admiral Ting's arrival here on the 13th and departure for Chefoo on the 15th, with, it is believed, instructions to force an entrance. H. E. Wei Chang-chung accompanies him with 3,000 troops from Têng-chou Fu. What does this mean? Are the Coreans going to use the shot and shell against China with which H. E. Li has so plentifully supplied them? If so, there is something behind. The destruction of the Japanese Legation, taken in conjunction with subsequent events, is a mystery which time alone can solve.

The

North-China Daily News.

IMPARTIAL, NOT NEUTRAL.

SHANGHAI, AUGUST 26, 1882.

The documents we have been enabled to publish during the past week on the Corean question will no doubt have been read with unusual interest. We have, first, the very extraordinary Memorial presented to the King before the outbreak of the rebellion by the scholar Poh Lo-kuan. This paper, which bears the imprint of a practiced and able pen as well as of a particularly independent mind, affords an excellent example of the anti-foreign feeling cherished by the disaffected Party. The writer throughout identifies Corea with China; applies to it, in more than one instance, the nomenclature which is generally considered the exclusive property of the great empire, and breathes defiance of all outside nations, especially Japan, in most uncompromising terms. The King himself is abused roundly. He is charged, in so many words, with being false to the traditions of his ancestors, and a traitor to his native land. He is compared to a man who wears his hat on his feet and his shoes on his head, in that he is so subversive of what is right and proper as to place the heterodox and dangerous theories of the foreigner on a higher level of excellence than the holy precepts of the departed Kings. A more thorough exposition of the old Conservative oriental spirit it would be difficult to conceive, and the paper is a valuable on for that reason. One of its salient characteristics is hatred of Japan; and this is due, probably, not only to the bitterness bequeathed by wars that have been waged between the two countries in bygone days, but also to the fact that Japan is the nearest foreign neighbor of Corea, and therefore the one to be most dreaded. In his eyes to the menaces of Russia, and dismisses America with the naïve remark that country is situated much too far to be a source of any anxiety whatever. Shortly after the presentation of this petition to the King the rebellion broke out in earnest, and the tragic scenes were enacted which have been so fully detailed in our columns. The catastrophe, after all was only what might have been foreseen. A country with so rigorously exclusive a policy as Corea has had for centuries could not, in the nature of things, be subjected to a modification of that policy without at least one violent outbreak. If it is short and sharp, so much the better, and at the present moment we do not think that things look so hopeless as they have been represented. This is due, we believe, to the singularly calm and judicious attitude taken up by the Japanese. A gross outrage has been committed upon the Legation at Seoul and the other Japanese residents in the country an insult which, as appears at first sight, can only be wiped out in blood. The Japanese, however, take a far more statesmanlike view of the question. They see, not only their subjects massacred, but the Queen of Corea herself poisoned, and the King depised. It is, in fact, not the Government of Corea that has insulted the Government of Japan. It is the Rebel Party, to which the Corean Government itself has fallen a victim quite much as the Japanese. Under these circumstances, Japan has abstained from doing that for which no civilized Power would have blamed her. She does not even demand an indemnity; she asks simply for an apology, and guarantees for future good behaviour. The peaceful professions of the Dai In Kun may or may not be worth very much; still, the tenor of his despatches to Mr. Hisamidzu is distinctly pacific, and he has already offered what may, without stretching a point, be termed an informal apology. How far this may be followed up in a practical manner is, of course, a very important question. Rumours have been current here of other complications, not to say an actual outbreak of navel warfare; but these have not been confirmed, and are not, we believe, of a trustworthy nature. As far as our information goes, there is nothing whatever to prevent a peaceful solution of the present difficulty, and we feel justified in looking forward to receiving news that an arrangement has been come to ere long, But, to effect this, we believe that there is one thing absolutely needful for Japan and that is the moral countenance and support of China, who has so enormous an influence and prestige in Corea. Now China appears to be in rather a quandary. She is unquestionably being tempted to assume an attitude of indignation towards Japan for what she might call the interference (!) of the latter in Corea. But, on the other hand, Corea is in a state of anarchy and such an attitude on the part of China would amount, virtually, to a condonation of rebellion-which would strike at the root of every principle on which her own Government is based. Then again, China has distinctly disclaimed all rights and responsibilities in Corea of any kind; so that the expedition she has set on foot appears to be wanting on raison d'etre. In a word, she does not yet quite know what her policy should be. She cannot support the Corean usurper without sanctioning revolt, and she cannot replace the rightful King without risking a popular emeute. But she may do much good if only she is guided by wise principles. It is fair to conclude that, were China to bring the pressure of her enormous moral influence to bear upon Corea, the difficulty would be settled with comparatively little trouble, and that Japan, and all other Powers, might reasonably expect an immunity from insult, if not a cordial reception, in future. Sudden acquiescence is as much as we can look for from the Coreans for the present. The struggle is yet going on and the hermit-nation will not be frankly and fully reconciled to entering into friendly relations with foreigners all at once. But it is to be hoped that, whatever may be the party eventually established in power, the grotesque and shortsighted counsels of Pôh Lo-kuan will not form the basis of its foreign policy. Corea must be taught that her own independence and integrity as a nation rests in a very great degree upon the alliances she forms with the foreigners she now hates and fears. She has nothing to fear grown either China or Japan, and we believe that in a solid friendship with both these countries, to begin with, will be found her first and most important safeguard. The two Powers we have named are, we should hope, too keenly alive to the importance of preserving friendly mutual relations to permit of any foolish jealousies creeping in, which cannot but weaken both; and Japan, at any rate, will no doubt recognize in the Corean troubles no more than a repetition of those through which she herself passed, years ago, before she reached her present elevation.

[ ]

PAAA_RZ201-018902_107			
Empfänger	Bismarck	Absender	Wentzel
A 6428 pr. 19. Oktober 1882.		Hamburg, den 18. Oktober 1882.	

A 6428 pr. 19. Oktober 1882.

Hamburg, den 18. Oktober 1882.

№ 45.

Seiner Durchlaucht
dem Fürsten von Bismarck.

Euerer Durchlaucht beehre ich mich den mit dem hohen Erlasse № 30 vom 9. d. M. mir zugefertigten Bericht des Kaiserlichen Geschäftsträgers in Tokio vom 31. August d. J., den koreanischen Aufstand betreffend, hierneben gehorsamst zurückzureichen, nachdem ich davon den entsprechenden vertraulichen Gebrauch gemacht habe.

Wentzel

Die Unruhen in Korea.

PAAA_RZ201-018902_108 f.			
Empfänger	Bismarck	Absender	Focke
A. 6535 pr. 25. Oktober 1882.		Shanghai, den 9. September 1882.	
Memo	Org. 26. 10. nach Hamburg		

A. 6535 pr. 25. Oktober 1882. 4 Anl.

Shanghai, den 9. September 1882.

№ 104.

Seiner Durchlaucht
dem Fürsten von Bismarck.

Euerer Durchlaucht beehre ich mich, im Verfolge des gehorsamsten Berichts vom 1. d. M. № 101 einige die Unruhen in Korea betreffende Zeitungsausschnitte (North China Daily News) zur hochgeneigten Kenntnißnahme anliegend ganz gehorsamst zu übersenden. Der wesentlichste Inhalt derselben ist, daß der Chinesische Admiral den Dai In Kun, Oheim des entthronten koreanischen Königs und Haupt der dortigen revolutionären Partei, auf hinterlistige Weise gefangen genommen und nach Peking geführt hat, sowie daß die Verwicklung zwischen Japan und Korea eine befriedigende und definitive Lösung gefunden hat. Die von der japanischen Regierung in dieser Angelegenheit bewährte Mäßigung, verbunden mit Raschheit und Energie der Aktion, findet allgemeine Anerkennung.

Focke

betr. die Unruhen in Korea.

The

North-China Daily News.

IMPARTIAL, NOT NEUTEAL.

SHANGHAI, SEPTEMBER 4, 1882.

If we gauge correctly recent advices from the North, the Peking Government seem disposed to wash their hands of the Corean matter, in so far as they hold Li Hung-chang responsible for its speedy settlement, he having originated the line of policy which has culminated in the present crisis there. Our view is strengthened by the fact that the Viceroy's departure from his native province was some days in advance of the shortened period of mourning allowed him, and that Chefoo, not Tientsin, is to be his rendezvous. Chefoo was the scene of the astute Viceroy's diplomatic success in 1876, but it would seem as if he is not likely to increase his diplomatic laurels on this occasion, for a more complete exhibition of the "meddle and muddle" policy it is difficult to conceive than that inaugurated by Li with Commodore Shufeldt, which ended in the Corean tragedy of the 23rd July last. Both appear to have blindly accepted the statement of the Chinese officials that the Coreans were altogether prejudiced against the Japanese, and Admiral Willes even went so far as to employ a Chinese official as his interpreter instead of waiting for Mr. Consul Aston, his avowed reason being that Mr. Aston came from Japan. While both these officers were playing so completely into the hands of the Chinese they were evidently quite ignorant of the fact, which any careful observer of current events was aware of, that there were really two Parties in Corea, the Progressive and the Anti-foreign, and that they were actually contributing towards the success of the latter Party, and as a matter of course, to the defeat of the object they had in view. No doubt the progressive party in Corea was in a minority; but is was headed by the King and his remarkably able Consort, the late murdered Queen, and was slowly gathering strength. We do not accuse the Chinese of aiding and abetting the late revolution, but we do think there is sufficient evidence to show that their representatives were indiscreet enough to go beyond the dictates of national rivalry, and to encourage a spirit of insubordination at a critical moment which has led to the late lamentable catastrophe. The difficulty of the Chinese Position is apparent; for they have, as we shewed the other day, to elect to support one or the other parties, and either course is surrounded with difficulty. But it seems beyond doubt that if they act consistently they must support the imprisoned King, although doubtless their full sympathies are with the usurper's Party. Neither do we see clearly how position is improved by the military expedition they have set on foot there. It is a curious feature in conexion with his force, that the designated troops were sent from a small out-of-the-way garrison in Shantung, and that they are described as well attired and armed with the Meuser rifle. It is to be presumed that if the troops were intended to come into contact with Japanese troops in Corea the Chinese would send some of their picked foreign-drilled forces, and that they would choose some other more experienced leaders than the late French interpreter to the Tientsin yaunen, Ma Taotai, and Admiral Ting. These gentlemen no doubt are very estimable officials but our enquiries hardly lead us to believe they possess either the ability or experience to command an offensive expeditionary force abroad, that is, of course, if success is the object sought after. The revolution in Corea prematurely forced the Chinese hand, and the despatch of the troops from Shantung was evidently prompted by the necessity entailed on the Chinese Government either to do something in support of those new claims, which (for the past year) they have been making such strenuous efforts, to secure recognition by Foreign Powers, by a backstair line of policy essentially Chinese, or else to waive them altogether; they were further put on their mettle by the creditable promptness shown by Japan in the matter, and were influenced by the desire to impress foreign nations generally with the conviction that they were equally capable of making a military demonstration abroad. But from all we hear, when the true character and effectiveness of the Chinese contingent in Corea is properly appreciated, we fear, that Chinese military prestige will not be increased thereby in foreign estimation. It is satisfaction to record that our advices from the north continue to be of a pacific character, and we have faith in Li Hung-chang's tact to rescue China from the false position she has assumed in the matter without loss of either "face" or dignity.

N. Ch. D. N. - 6. 9. 82

We hear that extreme irritation exists among the Japanese at the capture of the Dai In Kun by China, and that some very energetic protests are likely to be made ere long against an action which they consider a direct insult to themselves.

The demands now being made by Japan upon Corea are seven in number, according to the Chefoo Correspondent of the *Shên Pao*. They are thus summarized: (1) The Corean Government shall permit Japan to open two new ports to trade. (2) Full protection shall be afforded to all Japanese soldiers in the different treaty ports, and in their travels on the shore between the same. (3) The Japanese ambassador shall have full liberty to travel at pleasure through all the provinces and districts of Corea. (4) Honourable burial shall be given to the bodies of all the murdered Japanese. (5) Fifty thousand dollars shall be paid by the Corean Government to the different families of those who were thus killed. (6) An indemnity [no amount stated] shall be paid to Japan to cover the expenses of the expedition she has been obliged to send. (7) Japanese regiments shall be permanently quartered in the Corean capital. - The Correspondent also states that the Chinese are sending ships to Kuan-tung to take soundings of the waterways, with a view to the despatch of steamers to Corea by the inland or river route without going viâ Chefoo. One of the gunboats - the *Chên Nan* - was already making active preparations for an engagement; but the general impression seems to have been that everybody was awaiting the arrival of Li Hung-chang before taking any steps. The rebels in Seoul have been all dispersed, and much depends upon the acceptance by the Coreans of the demands of the Japanese Government.

N. Ch. D. N. - 7. 9. 82

Private telegraphic advices received yesterday dated Tokio, the 4th inst., announce the satisfactory conclusion of the difficulty between Corea and Japan. All demands for the ample reparation of the national honour have been acceded to, and protection for the future has been guaranteed. - This news will be greeted with pleasure by all foreigners in the Far East, who will also combine in applauding the extreme moderation and tact shown by the Japanese Government under the recent trying circumstances. It is to be hoped that the not unnatural resentment felt by individual Japanese against China for her seizure of the Dai In Kun will not be permitted to influence the policy of the Government. Indeed it is reasonable to suppose that in view of the very pacific turn that affairs have taken, the matter may be allowed to drop; unless, of course, the arbitrary action of China should in any way prevent the satisfactory fulfillment of the engagements now entered into with Japan on the part of the Corean Government. It seems only reasonable to infer from this telegram that the King of Corea has been reinstated in power.

N. Ch. D. N. - 8. 9. 82

The *Yehsin* yesterday brought intelligence fully confirming the settlement of the difficulty between Corea and Japan, news of which we published in our last issue.

The Japanese papers contain the following news regarding the ships of war in Corean waters on or about the 18th ultimo. When the *Meiji-maru* left Bussaisho near Ninsen, there were at anchor the following vessels: - *Kango-kan*, *He-yei-kan*, *Nisshin-kan*, *Seiki-kan*, men-of-war, and *Wakanoura-maru* and *Shinagawa-maru*, merchant steamers; American, *Monocacy*; Chinese, Yoi and *Choyu*. Several Corean war-junks were also in the port. The *Meiji-maru* reports further: - Passed three British ships of war under sail, steering N. W., off southern part of Corea.

COREA.

H. E. Li Hung-chang arrived at Chefoo after midnight this morning, 4th Sept. He did not land, though grand military preparations were made to receive him with due honour, and immense crowds of people thronged the hill and the shore eagerly waiting for a glimpse of the great statesman and general. Important despatches were waiting for H. E. here, for on the 2nd Sept. a gunboat from Corea brought a letter to him from the Corean King, and the Viceroy's Secretary arrived here the same day with letters from Peking. Probably those documents and the news of the capture of the Corean King's uncle Dai in Kun determined H. E. to hurry on to Tientsin without loss of time, and at about eleven o'clock he left in the Pautah for Tientain escorted by four Chinese gunboats. The gunboat which brought the letter from the Corean King returned to Corea (it is said) with an answer to the same.

The *Yehsin* arrived from Corea an hour or so after the Viceroy's departure, bringing the news that things were all settled and that the Japanese had got all they asked for, which turns out to be less than what was originally reported, - Tls. 500,000 to Japanese Government as indemnity to cover expenses of sending troops, etc., and Tls. 50,000 to relatives of the murdered men. Japanese troops are to remain at Seoul for a year and to leave when all danger to the Japanese Legation ceases, Japanese Consuls are to have jurisdiction for 50 li round treaty ports, two more ports are to be opened on the west Corean coast, and the Japanese Minister is to have the right to go anywhere in Corea.

The United States Minister, Mr. Russell Young, had an interview with Li Hung-chang on board the *Pautah*. The *Monocacy* is expected to be here on the 5th September.

Chefoo, 4th Sept.

NEWCHWANG.

The gunboat *Mei-yuen* arrived here on the 28th from Tientain with despatches for Sung the Commander-in-Chief of the military forces in Fêng-tien Fu (this province) and left on 31st ult. with him and his staff for Tientsin; or as rumour has it, in order to spy out the field of future operations, Corea to wit. Meanwhile many of the encampments around this vicinity are preparing for a general exodus in the direction of Tung-Pien-Men, East Corean Gate, some five or six days journey from this, where it is said some 30,000 braves will shortly assemble, some of them being transported there from Shan-hai Kuan (the Great Wall) by the China Merchants' steamers. The air in this vicinity is charged with rumours of China's wrath, which is generally understood to be about to vent itself against Japan; and as some large sums of Government money have lately been withdrawn from circulation, business here, unless silver arrives from the south, may be said to be done up for this season. At the moment, it is in a most lamentable state, there being but one steamer and three sailing vessels in port.

2nd September.

N. Ch. D. N. - 9. 9. 82

The following particulars of the settlement recently arrived at between Corea and Japan are official: -

(1). - The principal ringleaders of the outrage on the Japanese Legation to be punished.

(2). - A sum of $50,000 to be paid for distribution amongst the families of those Japanese who were murdered.

(3). - An indemnity of $5,000,000 (?) to be paid to Japan for the expenses incurred.

(4). - A guard of Japanese troops of sufficient strength to be station at the Capital until all danger of a repetition of the outrage is passed.

(5). - A special envoy to be sent to Japan with an apology for the outrage, signed by the King.

(6). - Treaty limits extended to 5 *li*; and within one year Yang-hua-chen shall be opened for trade.

(7). - The Japanese Minister and Consuls to be allowed to travel anywhere throughout Corea.

N. Ch. D. N. - 4. 9. 82

The Dai in Kun has been taken prisoner by the Chinese Admiral. Such is in the last news about the Corean embroglio that has reached us, and referred to in the letter of a Correspondent at Chefoo. It appears that the capture was effected by some finesse, Admiral Ting Ju-chang having invited the usurper to pay him a visit on board his flagship, and then quietly sailing off with him. The old Prince was furious when he discovered the treachery of his host, and bitterly denounced him for his bad faith; as though his own career had not been one of treachery for months past. The prisoner is to be sent to Peking, to answer to the Chinese Government for his crimes. Our Chefoo Correspondent seems to speak of two captures having been made by the Chinese; but there is no doubt that one is meant. We note with surprise, however, his assurance that the Japanese are demanding an indemnity of Tls. 5,000,000. We have had it on the highest official authority that Japan is not exacting one cash; but it is just possible that some compensation for subsequent expenses has recently been considered necessary.

CHEFOO.

The Chinese gunboat *Tai-an* arrived at Chefoo on 31st August having left Corea on the 29th. A Corean prince, who is the uncle of the King, was passenger on board, and after communicating with the Chinese authorities on shore the gunboat left same day for Tientsin. The Corean prince is said to be going to Peking, for the purpose of explaining the late massacre of Japanese and the insult to the Japanese Minister; and also to ask for the assistance of the Chinese Government so as to justify the interference of the Chinese.

Some report is also current that the Dai In Kun has been taken prisoner by the Chinese for his rebellion against the king, and that Ma (the Chinese plenipotentiary) sent him to Peking to answer for his action. A conference was being held at Seoul, and 400 Chinese and 400 Japanese troops were inside Seoul keeping guard.

Japan demands an indemnity of five million of taels from Corea, and the right of having a regiment of Japanese troops permanently quartered at Seoul as a protection to its Legation. The Japanese were receiving reinforcements, and as the *Tai-an* was leaving a large transport with Japanese troops was entering Seoul River.

N. Ch. D. N. - 5. 9. 82

Telegraphic advices from Tientsin received yesterday appear to leave no doubt that the Dai In Kun has been sent as a prisoner from that city to Peking. This forcible abduction of the leader of a revolutionary moment will, if we are not mistaken, lead to some very curious complications in the Corean question. The Corean revolution, according to latest advices, had settled down into a temporary peaceful groove by the simple fact, we suppose, that the 'heads' of the Progressive Party had nearly all fallen, and that there were none left to dispute the sway of the usurper. Admiral Ting, who is a fellow-provincial of Li Hung-chang, evidently had in mind the tactics of his chief at Soochow, years ago, in thus employing strategy to capture the present administrator of Corea. It was a unique specimen of oriental diplomacy, beyond question; and what its results will be is somewhat difficult to foretell. In the first place, Corea is left in a headless condition, and therefore in danger of anarchy which may drift into a civil war. The Chinese have taken possession of the man whom they are credited with having secretly prompted and cajoled, and with whose doings they have, on their own showing, no concern whatever. This highhanded interference will land them in responsibilities which may prove embarrassing; for unless order in Corea is speedily and finally restored, there can be no doubt that China might be held answerable by England, America, and France for the nonfulfillment of treaty-obligations on the part of the Corean Government, were it worth their while to take action in the matter. The position of China, it must be granted, is difficult. By supporting the Dai In Kun, she would have condoned rebellion – a thing fatal to her on prestige; by supporting the King, she would have encouraged a liberal and progressive policy against the adoption of which she was always striven so obstinately herself. But her sudden abduction of the usurper is, we take it, far likelier to increase her own embarrassments than to bring about peace and order; unless, indeed, she intends to re-instate the King - a step which would constitute an interference with the private affairs of an "independent" country which, a few weeks ago, nobody would have been readier to repudiate than she herself.

A correspondent in the North writes to us an follows: - It is probable that an alliance of China and Corea will take place against Japan, which will place Japan in very great difficulties.

Ankunft des Koreanischen Regenten in Tientsin.

PAAA_RZ201-018902_118 ff.			
Empfänger	Bismarck	Absender	
A. 6536. pr. 25 Oktober 1882.		Tientsin, den 3. September 1882.	
Memo	Orig. 26. 10. nach Hamburg		

A. 6536. pr. 25 Oktober 1882.

Tientsin, den 3. September 1882.

№ 48.

Seiner Durchlaucht
dem Fürsten von Bismarck.

Euerer Durchlaucht habe ich die Ehre, im Anschluße an den Bericht vom 26. v. Mts. № 96, betreffend die hier wegen der Koreanischen Unruhen getroffenen Maßregeln, ganz gehorsamst zu melden, daß der Regent von Korea Dai Yun-kun, dessen Familien-Name Li-han-jing sein soll, gestern an Bord eines Chinesischen Kanonenbootes hier eingetroffen und vorläufig in dem seiner Zeit dem Obersten Gordon und bis vor Kurzem einem, aus der Preußischen Rheinprovinz stammenden militärischen Instrukteur angewiesenen Tempel untergebracht worden ist.

Dai-Yun-kun ist der legitime Vater des gegenwärtigen Königs von Korea, der dieser Letztere indessen von der Withwe des früheren Königs adoptiert worden war, so wird sein Vater, nach dortigem, auch nach Chinesischem, allgemeinem Gebrauche, sein Onkel genannt.

Die Rolle, die Dai-Yun-kun bei der Revolte am 23. Juli d. J. gespielt hat, erscheint noch nicht völlig aufgeklärt. Einerseits wird erzählt, er habe die Emeute selbst angezettelt, um zur Herrschaft zu gelangen, die bisher noch in den Händen der Witwe des verstorbenen Königs war. Er habe deshalb auch diese und die ihr treuergebene, jüngst erst verheiratete Gemahlin des Thronfolgers veranlaßt, sich zu vergiften. Andererseits wird verbreitet, der Aufstand sei lediglich in Folge längerer Soldrückstände der Truppen entstanden und Dai-Yun-kun habe den Frauen den Giftbecher gereicht, um sie vor Insulten der aufgeregten Soldaten zu schützen. Letztere Version hat wenig Wahrscheinlichkeit für sich und scheint namentlich von den Japanern auszugehen. Sobald diese erkannten, daß China mit größerer Beschleunigung als man erwartete, eine militärische Demonstration in

Korea insinuierte, haben sie es verstanden, Dai-Yun-kun auf ihre Seite zu bringen. Sie erzählten im Zusammenhange damit auch, daß es ihm gelungen wäre, die Ruhe und Ordnung in Korea völlig wiederherzustellen, und daß er den Fremden äußerst freundlich gesinnt sie.

Über die Hierherkunft des genannten Koreanischen Prinzen verlautet, daß die Chinesische Unterhändler Ma-Kie-tschong und die gleichfalls in Korea anwesenden Admiral Ting und General Wu denselben der ihnen nicht gefügig genug und zugleich in den Händen der Japanischen Partei zu sein schien, zu einem Festschmause einladen. Zugleich wurde auch seine aus etwa 100 Koreanischen Soldaten bestehende Eskorte von den anwesenden Chinesischen Truppen bewirtet. Nach Tische wurde der Vorschlag gemacht, ein in der Nähe liegendes Chinesisches Kanonenboot zu besichtigen, das, nachdem der Koreaner an Bord gekommen war, schleunigst die Anker lichtete und über Tschifu hierher fuhr.

Es wird zugleich berichtet, die in Korea gelandeten Truppen hätten Seoul oder doch wenigstens ein Fort besetzt.

Hier wird der Koreanische Regent anscheinend in gewißer, wenn auch nicht schwerdrückender Gefangenschaft gehalten. Er ist wohl auf und in guter Stimmung. Es scheint beinahe, daß dieser Coup schon längst beabsichtigt war, da der oben erwähnte Tempel schon vor mehreren Wochen für Regierungszweck mit Beschlag belegt worden ist.

Der hiesige stellvertretende General Gouverneur Chang ließ den Printten wiederholentlich auffordern, ihn zu besuchen, dieser schützte jedoch Unwohlsein vor und ließ sich jedesmal entschuldigen. Dieses Verhalten scheint seinen Grund in einer Etiquetten-Frage zu haben, indem der Koreanische Regent dem General Gouverneur nicht den ersten Besuch abhalten will. Dafür spricht auch, daß er gestern Nachmittag den hiesigen Zoll-Tantai und den Stadt-Tantai empfing und längere Zeit mit ihnen konferierte. Über das Ergebniß dieser Besprechungen ist nur soviel bekanntgeworden, daß gleich drei hierselbst garnisonierende Bataillone am 5. d. Mts. von hierunter dem Kommando des Huang Tung Ling gleichfalls nach Korea abgesendet werden. Zwei dieser Bataillone sind nach preußischem Exerzier-Regiment ausgebildet, das dritte Bataillon scheint eine Art Reserve Bataillon zu sein. Alle drei Bataillone sind mit Mauser-Gewehren ausgerüstet. Bei diesen Truppen ist auch ein Chinesischer Offizier, der ungefähr 4 Jahre nach Spanda zur Ausbildung kommandiert war und der ziemlich gut Deutsch spricht. Sein Name ist Tsa-Lim-Pian. Vor einigen Tagen ist ferner der Oberkommandierende der Chinesischen Truppen in Nintschwang am Bord eines Chinesischen Kanonenbootes hier eingetroffen. Es könnte wohl möglich sein, daß man nötigenfalls auch Chinesischen Truppen des dortigen Bezirks auf der Landenge nach Korea zu befördern beabsichtigt.

Seit Kurzem hat sich hier das Gerücht verbreitet, daß drei der sogenannten alphabetischen Armstrong Kanonenboote, die von Tahu nach Korea abgesendet waren, an der dortigen Küste zu Grund gegangen sein sollen. Als Ursache für diesen allerdings noch nicht völlig konstatierten Unfall werden die unvollkommenen Seekarten für jene Gegenden, ferner der felsige Boden, die starken, mit der Ebbe und Flut schnell umschlagenden Meeresströmungen und die herrschenden Nebel bezeichnet.

Über die Forderungen der Japaner gegen Korea, als Genugtuung für den Angriff auf die Gesandtschaft in Seoul, verlautet, daß dieselben folgende Punkte ins Auge gefaßt haben sollen:

1. Die Zahlung einer Entschädigungssumme für ihre kriegerischen Vorbereitungen, es werden, wohl sehr hoch, 5,000,000 Yen angegeben.

2. Die Zahlung von Entschädigungen für die bei dem Aufstand beschädigten oder deren Hinterbliebene im Betrage von zusammen mehreren hundert-tausend Yen.

3. Die Erlaubniß, eine ständige militärische Eskorte in Seoul halten zu dürfen, wahrscheinlich wohl nur zum Schutze der Japanischen Gesandtschaft dort-selbst.

Im Mai d. J. kamen hier zwei von der Aktien-Gesellschaft Vulkan in Bredow bei Stettin gebaute Torpedo Boote in einzelne Teile zerlegt an. Dieselbe sind nunmehr zusammengesetzt, aber noch nicht probiert worden. Dieselben haben indessen so gut gefallen, daß das hiesige Militär Kommando vier weitere solche Boote bei Vulcan in Bestellung gegeben hat.

Der stellvertretende General Gouverneur hat in Folge der Koreanischen Schwierigkeiten die schleunige Herstellung einer telegraphischen Verbindung mit Tschifu ins Auge gefaßt. Er sucht indessen an dem erforderlichen Material. Ich darf mir gestatten, bei dieser Angelegenheit ganz gehorsamst zu bemerken, daß der Draht und die Isolatoren für die hiesigen Telegraphen-Leitungen aus Deutschland bezogen sind und anscheinend auch in Zukunft von da werden bezogen werden.

Pelldram.

Inhalt: Ankunft des Koreanischen Regenten in Tientsin.

[ ]

PAAA_RZ201-018902_126			
Empfänger	Bismarck	Absender	Wentzel
A. 6538 pr. 25. Oktober 1882.		Hamburg, den 24. Oktober 1882.	

A. 6538 pr. 25. Oktober 1882.

Hamburg, den 24. Oktober 1882.

№ 48.

Seiner Durchlaucht,
dem Fürsten von Bismarck.

Euerer Durchlaucht beehre ich mich den mit dem hohen Erlasse vom 15. d. M. № 32 mir zugefertigten Bericht des Kaiserlichen General-Konsulats in Shanghai vom 25. August d. J., die in Korea ausgebrochenen Unruhen betreffend, hierneben gehorsamst zurückzureichen, nachdem ich davon den entsprechenden vertraulichen Gebrauch gemacht habe.

Wentzel

Berlin, den 26. Oktober 1882. A 6342, 6343, 6344, 6345, 6346, 6347, 6535 u. 6536

An
den Königlichen
Gesandten Herrn von
Wentzel
Hochwohlgeboren
Hamburg
№ 34.

In Verfolg meines Erlasses vom 23. Januar 1870 (№ 3) beehre ich mich Ew. Hochwohlgeboren beifolgende Berichte des Geschäftsträgers zu Tokio v. 1 u. 9 vor. Mts, des Konsulats zu Tientsin, vom 15, 16, 20, 26 Bericht und v. 3 vor. Mts und des Kais. Gesandten in Peking von 16 August d. J., die Zustände in Korea betreffend,

originaliter sub fide remissionis
ergebenst zu übersenden.
N. d. H. w. St. S.

Die Politische Umwälzung in Korea.

PAAA_RZ201-018902_128 ff.			
Empfänger	Bismarck	Absender	Brandt
A. 6556 pr. 26. Oktober 1882.		Peking, den 29 August 1882.	

A. 6556 pr. 26. Oktober 1882. 2 Anl.

Peking, den 29 August 1882.

A. № 47.

Seiner Durchlaucht
dem Fürsten von Bismarck.

Euerer Durchlaucht habe ich die Ehre der Anlage eine auf Grund von in japanischen Zeitungen veröffentlichten Berichten über die Veranlassung und den Verlauf der politischen Umwälzung in Korea verfaßte Zusammenstellung der jüngsten Ereignisse daselbst ganz gehorsamst zu überreichen.

Direkte Berichte aus Korea fehlen ganz, doch scheint die große Thätigkeit, welche in den im Norden gelegenen geöffneten Hafen von den Chinesischen Behörden entwickelt wird, darauf hinzudeuten, daß die chinesische Regierung an dem Entschlusse einer bewaffneten Intervention festhält, sowie daß man in maßgebenden Kreisen die Schwierigkeiten eines solchen Unternehmens nicht unterschätzt.

Englische und amerikanische Kriegsschiffe sind zur Einziehung von Nachrichten nach Korea entsendet worden; ich glaube den hohen Intentionen Euer Durchlaucht entsprochen zu haben, indem ich das Kaiserliche Nations Commando benachrichtigt habe, daß unsererseits Veranlassung zu einem solchen Schritte nicht vorzuliegen scheine.

Abschrift eines Berichts des Kaiserlichen Kommandos S. M. KB. "Wolf" an das Kaiserliche Nations Commando über den Eindruck, welchen die Nachricht von dem vorerwähnten Ereignisse in Fusan hervorgebracht, beehre ich mich in der Anlage ganz gehorsamst zu überreichen.

Brandt

Inhalt: Die Politische Umwälzung in Korea betreffend.
2 Anlagen.

Anlage 1 zu Bericht A. № 47 vom 29. August 1882.

Einem von der japanischen Zeitung Nichi Nichi Shinbun veröffentliche Telegramme des aus Korea entflohenen japanischen Gesandten Hanabusa, datiert Nagasaki 30. Juli, zufolge, wurde die japanische Gesandtschaft in Seoul vom 23. Juli, Nachmittags 5 Uhr von einem Volkshaufen, der einige Hundert stark war, mit Steinen Pfeilen und Gewehrschüssen attackiert und das Gesandtschaftsgebäude in Brand gesteckt. Die koreanische Regierung leistete keine Hülfe. Der Gesandte und sein Gefolge schlugen sich durch den Volkshaufen durch und eilten nach dem Königlichen Pallaste, fanden aber dort alle Thore geschloßen. So flohen sie weiter und gelangten bis Jinsen (Ien chuan), wo sie sich eine Zeit lang von den erlittenen Mühseligkeiten ausruhten. Auch hier indessen wurden sie bald von koreanischen Soldaten angegriffen. Zwei Leute von der japanischen Escorte wurden bei dieser Gelegenheit getötet, drei Kinder verwundet. Die Flucht wurde daher weiter fortgesetzt. An einem Orte Namens Taibutsuho gelang es den Flüchtigen endlich, Böte zu erhalten, auf denen sie in See stachen. Am 26. wurden sie bei Nango von dem Englischen Kanonenboot "Flying Fish" aufgenommen und nach Nagasaki gebracht, wo sie am 30. Juli anlangten. Ehe sie Korea verließen, hatten sie gehört, daß am 23. auch ein Angriff auf den Pallast des Königs von Korea und auf die Wohnungen der Minister Bin Taiko (chines. Aussprache: Mi Taikao) und Bin Kenko (chines. Aussprache: Min Kienkao) stattgefunden habe.

Privatnachrichten einer anderen japanischen Zeitung (der Fiji Shimpo) stimmen im Allgemeinen mit obiger Darstellung überein, nur daß darin die Zahl der in Jinsen getötet Japaner auf vier angegeben und behaupt worden; die Aufrührer hätten sich der Person des 8 Jahre alten Kronprinzen bemächtigt; der König habe darauf durch einen Boten bei der japanischen Gesandtschaft um Beistand gebeten, bald darauf aber sei letzere selbst attackiert und ihre Mitglieder genötigt worden, zu fliehen.

Ausführliche Nachrichten über die Katastrophen vom 23., und zwar besonders über die Pallast-Revolution, gibt die Hiogo New auf Grund der Erzählung eines höheren koreanischen Beamten, Boku Gihei, von der liberalen Partei, welcher in Verkleidung von Seoul nach Gensan (chines. Aussprache: Yüanshan, bei Port Lazareff) flüchtete und von da auf einem japanischen Kriegsschiff nach Fusan gelangte. Seiner Darstellung zufolge hätten die 5500 Mann koreanischen Truppen, welche im Königlichen Palast stationiert waren, Monate lang keinen Sold erhalten, da ihre wiederholten Forderungen nach den Rückständen wenig oder gar keinen Erfolg hatten, sich an den herrschsüchtigen Onkel des Königs (im Japanischen: Dai in kun, chinesische Tai Yuän-kün oder Ta yin kün genannt) um Hülfe gewandt. Diesem, dem Haupt der unzufriedenen reaktionären, jedem Verkehr mit den Fremden abgeneigten Partei, gab diese Zwischenfall die lang ersehnte Gelegenheit zur Ausführung seiner ehrgeizigen Pläne.

Nachdem er den zum Aufruhr geneigten Soldaten seine Weisungen für ihr Vorgehen erteilt hatte, begab er sich selbst, um dem Mittelpunkte der Ereignisse näher zu sein, am Abend des 18. Juli in den Palast, woselbst er sich als Wortführer der ihren Sold fordernden Truppen gerierte und den König und der Königin Vorstellungen wegen der neuerlich eingeschlagenen, unheilvollen Politik machte.

Am 23. brach die Meuterei, wie vorher verabredet, aus. Die Japanische Gesandtschaft, die Kaserne, in welcher koreanische Soldaten, befehligt von einem japanischen Offizier, Leutnant Horimoto, nach europäischem Muster eingeübt wurden, und das Haus des schon oben erwähnt liberalen Ministers Bin Taiko wurden angegriffen. Als die Nachricht von diesen Ereignissen in den Palast gelangte, schickte der Dai In Kun, Oheim des Königs, den König ins Hauptquartier der Königlichen Garden, "Weil er dort sicherer sein werde" und begab sich selber, als wolle er sie beschützen, zur Königin. Als aber bald darauf die Meuterer in den Vorhof des Palastes eindrangen und laut nach der Königin riefen, gab der Dai In Kun dieser den Rat, lieber freiwillig zu sterben, als sich der Wut der Rebellen auszusetzen, und reichte ihr selbst einen Becher mit einem giftigen Trank. Die Königin trank die Hälfte davon und gab die Hälfte der neuvermächten Kronprinzessin. Bei beiden hatte der Trank sofortige, tötliche Wirkung.

Auch an den anderen Angriffspunkten hatte die Meuterei siegreichen Fortgang genommen. Der Minister Bin Taiko war unter den Händen der Aufrührer gefallen. Sein Sohn, der Staatsrat Bin Yei Yoku, welcher ihm zu Hülfe eilte, langte zu spät an dem Ort der Tat an und begab sich darauf ins Hauptquartier der Garden, wo er den König mit mehreren Getreuen vorfand, darunter den Berichterstatter Boku Ginei. Hier soll der König dieser japanischen Quelle zufolge, den Bin Yei Yoku aufgefordert haben, sich nach Japan zu begeben, um dort Rat und Hilfe zu suchen. Drei der Anwesenden, nämlich Bin Yei Yoku selber, Boku Gihei und ein Dritter, welcher bald Rio Yei Choku, bald auch Ko Yeikei genannt wird, übernahmen es, diesen Auftrag des Königs auszuführen. Als Kulis verkleidet verließen sie den Pallast und gelangten unter dem Schutze der finsteren Nacht bei strömenden Regen in eine Farm, wo sie verabredeten, daß Boku Gihei sich nach Japan begeben solle, während die beiden anderen als Beobachter der weiteren Ereignisse in Korea bleiben sollten. So gelangte Boku, wie oben erzählt, nach Gensan, und von da nach Fusan.

Auch in der Kaserne der europäisch eingeübten Truppen behielten die Meuterer trotz des tapferen Widerstandes, welchen die Angegriffenen unter Leitung des koreanischen Kriegsministers Yuretsu und des japanischen Offiziers Horimoto leisteten, die Oberhand.

Beide Genannten fielen kämpfend. Horimotos Leichnam wurde in Stücke gehauen und nackend auf einen Dunghaufen geworfen. Yuretsu's abgehauener Kopf wurde auf die Spitze eines Schwertes gesteckt und so zum Pallast getragen.

Aus den "North China Daily News" vom 18. August 1882.

Nach einem Telegramm Herrn Hanabusas an das Auswärtige Amt in Yedo vom 5. August aus Simonoseki, war der Gouverneur von Takunigi fu (Tarai fu) von Tai in Kun angewiesen worden, zu erklären, daß die Ruhestörungen durchaus localer Art gewesen waren und er sehr bedauere, daß die japanische Gesandtschaft bei der Gelegenheit angegriffen worden sei. Der Aufstand der Soldaten habe es leider unmöglich gemacht, ihr Hülfe zu leisten, ein Schreiben (mit Entschuldigungen?) werde aber geschickt werden.

Nach einer Mitteilung der "Rising Sun" soll ein koreanischer Beamter an Bord des "Flying Fish" bei Yenchuan (gegen den 8. August) sein Bedenken über das Vorgefallene ausgesprochen und zugleich erklärt haben, daß die Ruhe bald wieder hergestellt werden würde und Korea bereit sei, seine vor Kurzem eingegangenen internationalen Verpflichtungen zu erfüllen.

Anlage 2 zu Bericht A. № 47 vom 29. August 1882.

Kommand. S. M. Knbt "Wolf"
Shanghai den 8. August. 1882.

Abschrift.

An den Chef der ostasiatischen Station Herrn von Blanc an Bord „S. M. S. Stosch" Hochwohlgeboren.

pp. Ich hatte die Absicht am 1. August Fusan zu verlassen, als am 31. früh Morgens der japanische Konsul Herr Sueda, mit seinem Dolmetscher in großer Bestürzung an Bord kam und mir mittheilte, daß die japanische Gesandtschaft in Kleteho (Seoul, Miako) von der den fremdenfeindlich gesinnten Partei abgegriffen und der japanische Gesandte Hanabusa nebst Gefolge gezwungen sei nach Ginseng (wahrscheinlich Ten-chuan, Rose

Island) zu fliehen, von wo er mit einer Dschunke entkommen die "Flying Fish" getroffen habe und von dieser nach Nagasaki gebracht sei. Durch genanntes Kriegsschiff seien ihm diese Nachrichten in vergangener Nacht von seiner Regierung mit dem Bemerken übermittelt, daß in Nagasaki zur Zeit kein (japanisches) Kriegsschiff anwesend sei, welches nach Fusan gesandt werden könne, ein solches aber schon telegraphisch reguliert sei.

Der japanische Konsul sprach die Befürchtung aus, daß auch in Fusan Unruhen ausbrechen könnten und daß die japanische ca. 2600 Köpfe starke Ansiedlung ganz schutzlos etwaigen Angriffen preisgegeben sein würde und bat mich dringend, bis zur Ankunft eines japanischen Kriegsschiffes in Fusan zu bleiben und event. für den Schutz der Japaner einzutreten. Ich sagte ein vorläufiges Verbleiben sofort zu machte ihn jedoch mit der Nothwendigkeit meiner Anwesenheit zum 10. in Shanghai bekannt, mit dem hinzufügen, daß ich, im äußersten Nothfall, bezw. falls ein Angriff auf die Ansiedelung erfolgen sollte auch noch länger zu verweilen auf mich nehmen wolle, falls eben nicht inzwischen ein japanisches Kriegsschiff eingetroffen sei. Meine dabei gehegte Vermuthung, daß ein japanisches Kriegsschiff sehr bald eintreffen würde ging auch bereits am 2. Nachmittags in Erfüllung, und verließ ich, nach dem mir der japanische Konsul seinen größten Dank ausgesprochen hatte, da es am 3. Vormittags vollkommen dick war, Fusan am Nachmittage 12:30 unter Dampf.

pp. Der Kommandant

gez: Strauch

Korvettenkapitain.

Die Lage der Verhältnisse in Korea.

PAAA_RZ201-018902_140			
Empfänger	Bismarck	Absender	Brandt
A. 6622 pr. 30. Oktober 1882.		Peking, den 3. September 1882.	
Memo	Orig. 1. 11. nach Hamburg		

A. 6622 pr. 30. Oktober 1882. 2 Anl.

Peking, den 3. September 1882.

A. № 48.

Seiner Durchlaucht
dem Fürsten von Bismarck.

Nach den letzten aus Korea hier eingetroffenen, bis zum 28. v. Mts. reichenden Nachrichten, waren chinesische Truppen, 2600 Mann stark, mit Zustimmung der koreanischen Regierung am 24. oder 25. v. Mts. in Seoul eingerückt; denn als Eskorte des Gesandten dienenden Japanischen Truppen, 1500 Mann stark, war der Zugang zur Stadt verwehrt worden und lagerten dieselben außerhalb, während Herr Hanabusa selbst in der Stadt Quartier genommen hatte. Nach den Berichten desselben, der am 22. v. Mts. eine Zusammenkunft mit dem Könige und Tai in kun gehabt hatte, schien sich alles befriedigend anzulassen, eine Ansicht, die auch von den an Ort und Stelle befindlichen Chinesischen Beamten und Führern geteilt zu werden scheint. Hier in Peking faßt man die Sachen ersichtlich weniger optimistisch auf, wie auch daraus hervorgeht, daß Li hung chang telegraphisch zurückgerufen worden ist, um eventuell sofort nach Korea geschickt zu werden. Li ist bereits 2. d. Mts. von Shanghai nach Tientsin abgegangen.

Ein Urtheil über die Lage der Dinge in Korea zu gewinnen ist bei den unvollständigen umso oft widersprechenden Nachrichten nicht möglich ein Hauptgrund zu Besorgnissen liegt aber jedenfalls in der gegenseitigen Eifersucht Chinas und Japans und in der gleichzeitigen Anwesenheit der Truppen beider Mächte in und vor Seoul. Ein zufälliger Zusammenstoß könnte in diesem Augenblicke weitgehende Folgen haben.

Die Chinesischen Zeitungen bringen vielfach Artikel über die Lage und auf dieselbe bezügliche Schriftstücke; zwei der Shen pao entnommene, eine Mitteilung über die Zustände in Korea, namentlich auch mit Bezug auf die dem Aufstande vorhergegangenen Ereignisse, wie das von der Koreanischen Regierung nach dem Aufstande an die

Japanische Regierung gerichtete Schreiben, beehre Euerer Durchlaucht ich mich in der Anlage in Übersetzung ganz gehorsamst zu überreichen

Brandt

Inhalt: Die Lage der Verhältnisse in Korea betr. 2 Anlagen

Anlage 1 zu Bericht A. № 48 vom 3. September 1882

Die in Shanghai erscheinende Chinesische Zeitung Shen pao enthält in ihrer Nummer vom 19. August 1882 einen Artikel über die Vorgeschichte der Koreanischen Revolution, welcher seinem wesentlichen Inhalt nach lautet wie folgt:

Über den Ursprung der Wirren in Korea sind eine Menge widersprechender Gerüchte verbreitet. Nach den von uns angestellten Nachforschungen kann es keinem Zweifel unterliegen, daß der Anstifter kein Anderer ist als der Oheim des Königs von Korea. Dieser "Königs Oheim" nämlich ist das Haupt der reaktionären Partei, welche den altchinesischen Prinzipien einer völligen Abschließung gegen das Ausland huldigt. Schon die Eröffnung von Handelsverbindungen mit Japan erregte daher seine Unzufriedenheit, und seine Partei schmiedete beständige Anschläge gegen die Japaner. An der Spitze der liberalen Partei dagegen, welche behufs der Kräftigung und Hebung des Landes bei dem Hof eine mäßige Abweichung von den alten Regierung's Grundsätze und die Anknüpfung von Verbindungen mit den Staaten des Auslandes befürwortete, stand der Minister Min (offen entweder Min Tai-kao oder der Min Tcien kao der anderen Berichte - wahrscheinlich der Erstere).

Der König selber gab in richtiger Erkenntniß der Zeit-Erfordernisse den Anträgen der liberalen Partei Gehör, und so kamen die Verträge mit England und Amerika zustande.

Hierbei leistete China der Koreanischen Regierung kräftigen Beistand, ohne dabei andere Interessen, als die Wohlfahrt Koreas im Auge zu haben.

Das gesammte Ausland begrüßt diese neue Aera in der Geschichte Koreas mit Freuden und Beifall.

Als Minister Min die ersten einleitenden Schritte zu der kommerziellen Eröffnung des Landes tat, leitete ihm die reaktionären Partei den heftigsten Widerstand, aber obgleich die numerische Überlegenheit auf Seiten der reaktionären Partei war, so waren doch ihre Mitglieder bei Hofe nur sparsam vertreten, und diese wenigen Vertreter derselben waren noch dazu lauter ganz alte Leute ohne besondere Talente, welche eben nichts zu sagen wußten, als daß die altehrwürdigen Regierungsgrundsätze in keiner Beziehung abgeändert werden dürften. Der König ließ daher diesen Leuten nur wenig Ehre widerfahren, was zur Folge hatte, daß viele dieser Partei angehörige Beamter niederlegten und eine zuwartende und grollende Stellung einnahmen.

Die liberale Partei war zwar numerisch nur schwach, ihre Mitglieder bekleideten vielfach hohe Ämter, waren junge und tatkräftigen Leute, und standen in hohem Ansehn beim Könige.

Häufig kam es zwischen den Anhängern beider Parteien zu Reibereien und Thätlichkeiten und nur mit Mühe gelang einigen wenigen treuen Dienern der Krone, den Frieden einigermaßen aufrecht zu erhalten.

Als nun im selbigen Jahre Yü-Yün-chung nach Tientsin geschickt worden war, um einleitende Schritte wegen des Abschlusses von Verträgen mit England und Amerika zu treffen, machten die liberalen Regierungsmitglieder keinen Hehl aus ihrer Freude darüber. Die reaktionäre Partei rächte sich durch Spott und bittere Vorwürfe, und da sie sah, daß der König sich ganz und gar den Liberalen zuwandte, ließen direkte revolutionäre Anschläge nicht lange mehr auf sich warten. Der Attentat eines gewissen Li tsai jên im vorigen Jahre wurde zwar vereitelt und der Genannte mit dem Tode bestraft, bald darauf aber trat ein gewisser Hung tsai hao mit einem Pasquill gegen die Regierung hervor, welches gleichfalls seine öffentliche Hinrichtung zur Folge hatte. Es folgten die Anschläge des Chao-Ping-tien und Kiang tao yüan; auch diese wurden vereitelt und die Anstifter dingfest gemacht.

Als im vierten Monat (Mai/Juni) dieses Jahres die Handelsverträge zu Stande kommen, wurden der Hof mit einer Anzahl von Bittschriften, welche die Rückgängigmachung des Geschehenen verlangten bestürmt. Alle diese Bittschriften wurden vom König abschlägig beschieden. Die Bittschrift eines gewissen Yüeh kuan vom Stande der Literaten zeichnete sich durch besonders heftige Schmähungen gegen die Regierung und die Königliche Familie aus, weil er aber verdiente Staatsmänner unter seinen Vorfahren zählte, ließ der Hof Gnade statt Rechts walten und schenkte ihm das Leben. Da plötzlich in einer Nacht sah man sich auf dem Nan-shan (südlichen Berge) in der Nähe der Forts Feuer entzünden Es waren Signale zur Sammlung der Anhänger der reaktionären Partei. Es werden Gendarmen hingeschickt um zu fragen was das bedeuten sollte, "Wir sammeln im Interesse des Vaterlandes unsere Gesinnungsgenossen", lautet die Antwort. Der König erklärt die Leute für wahnsinnig und läßt sie ergreifen. Das Todesurtheil wird gegen sie ausgesprochen aber die Ausführung desselben aus Rücksicht auf die Grade stattfindenden religiösen Ceremonien (Gebete um Regen) noch vorläufig verschoben. Die Leute werden bis auf Weiteres in den Kerker geworfen. Die Gesinnungsgenossen nun zum Aufruhre mahnend, aller Orten umher und wenden sich an den Oheim des Königs, den sie zu auflodierndem Zorn zu reizen verstehen. Unzufriedenheit der Soldaten wegen gerade zu dieser Zeit vorgekommener Ungerechtigkeiten bei Verteilung der Löhnung kommt dazu und nun sendet der "Oheim" Aufrufe in alle acht Distrikte des Landes und fordert alle Gutgesinnten auf sich am 8. Tage des 6. Monats (22 Juli) auf einem gewissen Berge vor der Hauptstadt zu versammeln, um loszuschlagen.

Dem Hofe waren diese Vorgänge nicht unbekannt geblieben, aber er stand denselben ratlos gegenüber. Da es wahrscheinlich war, daß die Aufrührer in den Japanern gewiß ihre Feinde sehen würden, so wurde der Japanische Gesandte Herr Hanabusa gewarnt und aufgefordert, sich der Wuth der Angreifer zu entziehen.

Am folgenden Tage (23. Juli) brach die Revolte innerhalb und außerhalb des Palastes gleichzeitig los. Der Palast wurde ohne Widerstand gestürmt und auch auf die Japanische Gesandtschaft ein Angriff gemacht. Die reaktionäre Partei nämlich haßte die Japaner vor allen andern, weil sie in dem Abschluß eines Vertrages mit Japan den ersten Anfang der späteren Abschließung von Verträgen mit anderen Mächten erblicken. Von den Anhängern der liberalen Partei wurde über die Hälfte getötet. In der Nummer der Shenpao wird gesagt, daß 11 Minister getötet worden seien, von welchen die folgenden: Li-tsau-ying, Kin-fu-yüan, Min-kien-hao, Min-tai-hao und Yün-yu-lieh.

Das Übrige ist bekannt.

Für richtige Übersetzung
"gez." E. Arendt.

Abschrift.
Anlage 2 zu Bericht A. № 48 vom 3. September 1882.

Übersetzung.

Depesche der Koreanischen an die Japanischen Regierung.
Aus der Shênpao vom 21. August 1882.

Seit 300 Jahren hat Ihr geehrtes Land mit unserem unbedeutenden Königreiche in Frieden und Eintracht gelebt und durch die vor sechs bis sieben Jahren erfolgte Eröffnung (Koreanischer) Häfen und Anknüpfung von Handelsverbindungen ist der gegenseitige Verkehr seitdem ein noch lebhafterer geworden. Glückwünsche und Beileidsbezeigungen sind bei allen sich darbietenden Gelegenheiten ausgetauscht worden, ja wir haben auch nicht angestanden, uns in den Künsten, in den wir einander voraus waren, rückhaltlos zu unterrichten. So konnte der Frieden und das gute Einvernehmen als durchaus gesichert erscheinen.

Aber das Volk - Soldatenstand und Bürgertum - unseres unbedeutenden Landes hängt noch gar sehr an seinen alten Gewohnheiten; es hat von der Welt wenig gesehen und wird daher durch Fremdartiges leicht stutzig gemacht, so oft daher Untertanen Ihres geehrten Landes zu uns kamen, erregte ihr Erscheinen leicht Mißtrauen und Furcht. Andererseits behandelten Untertanen Ihres geehrten Landes unsere Landesangehörigen mit Mißachtung und von oben herab, wie dies Alles Ihrer Regierung schon seit lange nicht unbekannt sein wird.

Am 9. des laufenden Mts. (23. Juli) entstand unerwarteter Weise unter den Soldaten und dem Volke unseres Landes ein aus unerheblichen Ursachen hervorgegangener Aufstand. Wo Tausend den Anfang machten, schlossen sich ihnen zehn Tausend an; sie sammelten sich wie Ameisen und erhoben sich wie Wespen und in wenigen Augenblicken nahm der Aufruhr einen solchen Umfang an, daß an Widerstand nicht mehr zu denken war. Häuser wurden niedergerißen, Menschen wurden getötet. Plötzlich wurde auf die Kaserne, (wo unsere Truppen nach Japanischen Muster eingeübt wurden,) ein Angriff gemacht und die Instrukteure attaquirt. Die angegriffenen waren zu schwach zur Verteidigung, drei fielen und ihre entseelten Körper lagen am Wege. Später kamen noch vier andre zu Schaden, das Ch'ingshuikuan (dies kann nach dem Zusammenhange nichts sein als der Name des Japanischen Gesandtschaftsgebäudes in Seoul) wurde in Brand gesteckt. Angehörige Ihres geehrten Landes feuerten auf unser Volk mit Kanonen und hieben mit Schwertern auf es ein. Zwanzig, dreißig Koreaner fielen als Opfer. Wir wollen damit ja nicht sagen, daß nur wir die leidende Partei gewesen seien, unzweifelhaft hat ja auch Japan gelitten.

Die thörichte Schaar der Aufständischen dachte nicht daran, sich wieder von selbst zu zerstreuen; am 10. Monatstage (24. Juli) griffen sie vielmehr auch hohe Koreanische Würdenträger an, stürmten den Königlichen Palast, zogen brüllend mit Ungestüm umher wie ein Rudel Wildschweine, schreckten aus seiner Ruhe auch den Vater des Königs, die Königin stieg auf zu den Höhen des Himmels, zwei oder drei der höchsten Ratgeber der Krone wurden ergriffen und getötet. Es war eine gewaltsame Umwälzung, wie sie in einer tausendjährigen Geschichte nicht zum zweiten Male vorgekommen.

Als Ihr Gesandter Hanabusa sah, was für einen Verlauf die Dinge nahmen, dachte er auf Flucht, bestieg bei Chiwopu (Roze Island) ein Schiff und fuhr, von der drehenden Schraube getrieben, darauf eilig von dannen; wir wissen nicht, ob er seitdem Ihr geehrtes

Land schon wieder erreicht haben mag oder nicht. Damals verfolgten ihn die Aufständischen bis Fên-chuan. Die Leichname der auf der Flucht gefallen sechs Leute ebenso wie die jenigen der in der Hauptstadt getöteten haben wir von der Erde aufgelesen (wörtlich: "auf den Rücken genommen") und ehrenvoll bestattet. Die Begräbnißstätte ist durch einen dabei errichteten Pfahl kenntlich gemacht worden, so daß Sie dieselbe gar nicht verfehlen können, wenn Sie selbst herkommen.

In einer solchen Schreckenszeit war die Wiederherstellung der Ruhe das Wichtigste. Glücklicher weise ist es unseres Königs Erhabenen Vater, zu welchem das Volk seit lange mit Furcht und Vertrauen aufblickt und welcher abwechselnd Milde und Strenge walten zu lassen versteht, indem er der Schärfe des Schwertes der Anführer persönlich zu trotzen wagte, gelungen, die Mißleiteten zu belehren, ihre Herzen zu rühren und sie zur Ruhe zu bringen, so daß die gelehrten, die Beamten und das Volk, Jung and Alt, unseres Landes, aller Furcht ledig, wieder Zutrauen gefaßt haben. So haben die Ihnen unserer früheren Beherrscher unserem Land ihren heilbringenden Schutz in der Stunde der Noth nicht versagt.

Wenn in Zukunft bei der Wiederanknüpfung vertragsmäßiger Beziehungen wir uns mit gegenseitiger Rücksicht behandeln und treu die getroffenen Vereinbarungen ausführen zur ewigen Aufrechterhaltung des Friedens, so werden wir sagen können, daß aus einem Unglück ein großes Glück entstanden ist. Wir hoffen, daß Ihre geehrte Regierung an diesen unseren Worten gewiß nichts auszusetzen haben wird.

Wir ergreifen die Gelegenheit, Ihnen alles Gute zu wünschen. -

(gez.): der Salzdirektor
Kin-fu-hsüan.
(gez.): der..........(unverständlicher Amttitel)
Min-chên-kao
(gez): der Unterstaatssekretär
Tung-ch´ang-chih

Anm. der Redaktion der Shênpao.

In vorstehender Depesche fanden sich in dem uns zugegangenen Text viele merkwürdige Konstruktionen und sonderbar gebrauchte Zeichen; was wir vermutungsweise mit einer Sicherheit verbessern konnten, haben wir bereits geändert; jedoch bleiben auch so einige Stellen noch näherer Erklärung bedürftig.

Für richtige Übersetzung
(gez.): E. Arendt.

Die Lage der Verhältnisse in Korea und die Gefangennahme des Ta in kun.

PAAA_RZ201-018902_157 ff.			
Empfänger	Bismarck	Absender	Brandt
A. 6623. pr. 30 Oktober 1882.		Peking, den 5. September 1882.	
Memo	Orig. 10. 11. nach Hamburg		

A. 6623. p. 30 Oktober 1882.

Peking, den 5. September 1882.

A. № 50

Seiner Durchlaucht
dem Fürsten von Bismarck.

Von den Ministern des Tsungli-Yamen ist mir heute die Euerer Durchlaucht von dem Kaiserlichen Konsul Pelldram in Tientsin unter dem dritten dieses Monats № 48 gemeldete Gefangennahme und Überführung nach Tientsin des Onkels (Vaters) des Königs von Korea, Ta in Kun, bestätigt worden.

Nach den Mitteilungen der Minister wäre Ta in kun in das chinesische Lager behufs Entgegennahme einer Mitteilung eingeladen und ihn dort eröffnet worden, daß er auf Befehl des Kaisers von China nach Tientsin gebracht werden würde; die Minister fügten hinzu, daß er für den Augenblick in Tientsin zurückgehalten, ihn die Rückkehr nach Korea aber nie gestattet werden würde.

Im Allgemeinen sprechen sich die Minister über die Lage der Verhältnisse in Korea sehr befriedigt aus und geben der Hoffnung Ausdruck, daß der Ausübung der Regierungsgewalt durch den König und mit ihm durch die liberale Partei bald nichts mehr im Wege stehen werde. Auch die Ausführung der mit dem Auslande abgeschlossenen Verträge auf keine Schwierigkeiten stoßen.

Über die Haltung der Japaner äußerten die Minister, daß dieselbe bis jetzt eine sehr gemäßigte und friedliche sei; der japanische Bevollmächtigte habe allerdings den bedauerlichen Irrtum begangen, sich mit Ta in kun in Unterhandlungen einzulassen, aber die Wiederaufnahme derselben mit dem Könige stehe nicht in Frage und werde voraussichtlich zu einem befriedigenden Ergebniß führen. Über die Forderungen der Japaner behaupteten die Minister nur telegraphische und sehr unvollständige Nachrichten zu haben; Entschädigungsforderungen seien Seitens derselben allerdings aufgestellt worden; aber wie sie, die Minister, glaubten, nicht von erheblicher Bedeutung, außerdem habe der japanische Bevollmächtigte Hanabusa erklärt, daß dieselben bei der notorischen Mittellosigkeit Korea´s auch noch herabgesetzt werden könnten.

Das Verhältniß zwischen den Chinesen und den Japanern in Korea sie bis jetzt ein durchaus Befriedigendes. Der chinesische Kommissar Ma habe den Japanern mitgetheilt, daß er hoffe, daß die bis jetzt in Seul befindlichen Truppen, 4000 Mann, hinreichen würden, die Ruhe aufrecht zu erhalten, sollte das aber nicht der Fall sein, so werde er nicht anstehen, sich um Unterstützung an die Japaner zu wenden.

Wenn trotz dieser anscheinend friedlichen Aussichten weiter chinesische Verstärkungen nach Korea gesendet werden, so dürfte diese Maßregel ihren Grund wohl ebensosehr in der Besorgniß vor einem Aufstande der jetzt freilich ihres Hauptes beraubten Partei des Ta in kun als vor einem Zusammenstoß mit den Japanern haben.

Brandt

Inhalt: Die Lage der Verhältnisse in Korea und die Gefangennahme des Ta in kun betreffend.

[ ]

PAAA_RZ201-018902_161			
Empfänger	Bismarck	Absender	Brandt
A. 6624. pr. 30 Oktober 1882.		Peking, den 6. September 1882.	
Memo	Orig. 1. 11. nach Hamburg		

A. 6624. p. 30 Oktober 1882.

Peking, den 6. September 1882.

A. № 50.

Seiner Durchlaucht
dem Fürsten von Bismarck.

Euerer Durchlaucht beehre ich mich ganz gehorsamst zu berichten, daß der frühere General Gouverneur Lu hung chang gestern von seinem Trauer Urlaube nach Tientsin zurückgekehrt ist.

Wie mir von Tsung li Yamen mitgetheilt worden ist, wird Li vorläufig nur die Geschäfte als Handelssuperintendent der nördlichen Häfen wahrnehmen, dabei aber zugleich wohl mit dem Stellvertretenden General Gouverneur zusammen, mit der Leitung der sich auf Korea beziehenden Angelegenheiten betraut werden.

Brandt

Die Rückkehr Li hung chang's nach Tientsin.

PAAA_RZ201-018902_162			
Empfänger	Bismarck	Absender	Brandt
A. 6624. pr. 30 Oktober 1882.		Peking, den 7. September 1882.	
Memo	Orig. 1. 11. nach Hamburg		

A. 6625. pr. 30 Oktober 1882. 2 Anl.

Peking, den 7. September 1882.

A. № 52.

Seiner Durchlaucht
dem Fürsten von Bismarck.

Im Anschluß an meine ganz gehorsamsten früheren Berichte über die Lage der Verhältniße in Korea beehre Euerer Durchlaucht ich mich in der Anlage die Übersetzung zweier weiterer Artikel der Shênpao welche einige nicht unintereßante Einzelheiten enthalten, ebenmäßig zu überreichen.

Die als Anlage 1 dem gesandtschaftlichen Bericht A. № 48 vom 3. d. M. beigefügt gewesene ebenfalls der Shênpao entnommenen Darstellung der Ereigniße in Korea kann nach den Mittheilungen der Minister des Tsungli Yamen als durchaus zuverlässig angesehen werden.

Brandt

Inhalt: Die Rückkehr Li hung chang's nach Tientsin betreffend.

Anlage 1 zu Bericht A. № 52 vom 7. September 1882.
Abschrift.
Übersetzung

aus der Shênpao

1. Aus der Nummer vom 29. August 1882.

Wir haben bereits früher mitgeteilt, daß die chinesische Regierung zur Pacifikation Korea's 6000 Mann dorthin geschickt hat.

Wie bekannt, waren früher die nach Korea führenden Wasserstraßen auf's Strengste abgesperrt und Handelsverbindungen mit fremden Ländern fanden nicht statt. Seitdem es aber Japan gelungen war, Korea zur Anknüpfung von Verbindungen mit ihm zu verleiten, that eine gewiße Wandlung in den Anschauungen des Volkes ein.

Wir haben bereits früher gesagt, daß es dort eine reaktionäre und eine liberale Partei gibt, von welchen die erstere das nummerische Uebergewicht hat.

Vor einigen Jahren kam ein Koreanischer Gelehrter und Beamter, namens Pien yüan kuei - in Erwägung, daß Korea auf der einen Seite an das mächtige Rußland, auf der anderen an Japan stößt und daß sich hieraus mannigfaltige Gefahren für das Land ergeben - nach Peking und überreichte ein Schreiben, in welchem der Wunsch ausgesprochenen war, diese Verhältnisse in reifliche Erwägung zu ziehen. Unter dem leitenden Einfluß des General-Gouverneurs von Chili und Handelssuperintendenten des Nordens Li hung chang wurde darauf beschlossen:

1) das Land dem Handel aller Staaten des Auslands zu öffnen.

2) den Kin yün chih als Königlichen Gesandten mit zwanzig dreißig aufgeweckten jungen Leuten nach Tientsin zu schicken. Letztere sollten dort in der Maschinenbaukunst Unterricht erhalten.

Während nun die jungen Leute dort eben die erfreulichen Fortschritte machten, brach plötzlich die von der reaktionären Partei angezettelte Verschwörung aus.

Der Tian (etwa Unterstaatssekretär) Min (japan. Lesung Bin) als derjenige, von dem der Plan zu Anknüpfungen von Handelsverbindungen mit dem Auslande zuerst ausgegangen war, wurde ermordet.

Die Königin war eine Blutsverwandte dieses Staatsmannes, und der Grund, weshalb auch die Königin unter den Händen der Mörder fallen mußte, ist hierin zu suchen. Der Grund, weshalb auch der Kronprinz und seine Gemahlin in Mitleidenschaft gezogen wurden, dürfte gleichfalls darin zu suchen sein, daß sie als unter dem Einfluße der Königin stehend angesehen wurden.

Der Anstifter der Revolte war der Oheim des Königs, und so ist es zu erklären, daß auch dem Könige selber Demütigungen nicht erspart blieben.

Daß auch Pien yüan kuei (der oben erwähnte Koreanische Gesandte) nicht verschont geblieben sein wird, ist leider wahrscheinlich.

Die ganze Familie des Kin (yüan chik), welcher die jungen Leute, welche in Tientsin studieren, dorthin gebracht hat, ist ermordet worden und dasselbe Schicksal dürfte auch die Angehörigen derjenigen unter den jungen Leuten selber betroffen haben, welche angeseheneren Beamtenfamilien angehören. Kin (yüan chick) ist zum Tode betrübt. Er hat, nachdem er sich (gegen die Koreanische Sitte) die Haare geschoren (und sich damit gleichsam als Chinese nationalisiert hat), unsere nach Korea entsandten Truppen dorthin begleitet, um ihnen als Wegweiser zu dienen.

Unsere Truppen gehen nach Korea, um diesem die Ruhe wiederzugeben, nicht um den Japanern Angelegenheiten zu bereiten; indessen ist Korea ein Vasallenstaat China's und wir dürften daher nicht dulden, daß sich irgend ein Fremder einmischt. Sollte es, in Folge mangelnden Verständnisses hierfür, zwischen beiden Teilen dennoch zu Tätlichkeiten kommen, so würde die Zahl unserer Truppen in Korea auf mindestens circa 30,000 erhöht werden müßten. Wir hören, daß an Allerhöchster Stelle die Sachlage auf das Sorgfältigste erwogen wird und Li hung chang durch geheime Cabinets-Ordre den Befehl erhalten hat, ohne Zögern auf seinen Posten zurückzukehren.

gez. E. Arendt

Anlage 2 zu Bericht A. № 52 vom 7. September 1882.
Übersetzung.

Aus der Shên Pao.
2. Nummer vom 30. August 1882.

Von einem Korrespondenten - einem Ausländer - erhalten wir aus Chefoo soeben folgende Mitteilung;

Am 11. d. Mts. (falls Chinesisches Datum=24. August) ist das Dampfschiff Huai yüen von der Gesellschaft der China Merchants aus Korea nach Chefoo zurückgekehrt und erzählt, daß jetzt bereits 7000 Mann Chinesischer Truppen in Korea sind, welche alle in der Nähe eines Forts am Seoul Fluß kampieren. Sie haben daselbst ihr Lager auf einem Berg von mittlerer Höhe aufgeschlagen. Sie stehen unter den Ordres des Tautai Ma - mei

– shu (anderer Name Ma-kie-tschong's). Dieser soll übrigens im Gefühle zu großer Verantwortung den Großsekretär Li hung chang um schleunige Ablösung durch einen andern Beamten gebeten haben. Als die Huai yüen die Anker lichtete, lagen 9 Chinesische, 3 Japanische, und je ein Englisches, Amerikanisches und Französisches Kriegsschiff vor der Mündung des Seoulflußes. Obgleich die Chinesischen und Japanischen Truppen nicht weit von einander lagen, fand doch kein Verkehr zwischen ihnen statt, dagegen tauschten ihre Schiffe die üblichen Höflichkeitsbezeugungen mit einander aus. Am 12. (also 25. August?) ging das Dampfschiff Jin Sin von Chefoo aus mit Zelten, Munition etc. nach Korea in See. Es heißt, daß noch mehr Chinesische Truppen entsandt werden sollen und daß, sobald die ganze Truppenmacht versammelt ist, der Vormarsch in das Innere des Landes beginnen soll. Unser Korrespondent meint, daß bis jetzt ein Konflikt zwischen Chinesen und Japanern nicht stattgefunden habe und da der Japanische Gesandte Chia pên von yang (i. e. Enomoto) sich bereits auf den Weg nach Peking gemacht hat, um wegen Korea's zu unterhandeln, so steht wohl für die nächste Zeit ein Friedensbruch nicht in Aussicht. Es heißt ferner, daß Li hung chang, welcher der Koreanischen Wirren wegen seine Trauerzeit unterbrochen hat, um dem Schauplatz der Ereignisse näher zu sein, seine Residenz in Chefoo aufschlagen werde.

Für richtige Übersetzung.
(gez.) E. Arendt.

Der Abschluß eines Vertrages zwischen Korea und Japan zur Beilegung der schwebenden Differenz.

PAAA_RZ201-018902_170 ff.			
Empfänger	Bismarck	Absender	Brandt
A. 6626. pr. 30 Oktober 1882.		Peking, den 8. September 1882.	
Memo	Orig. 1. 11. nach Hamburg		

A. 6626. pr. 30 Oktober 1882.

Peking, den 8. September 1882.

A. № 53.

Seiner Durchlaucht
dem Fürsten von Bismarck

Nach einem gestern hier bei der Japanischen Gesandtschaft eingegangen Telegramm aus Tokio, hat die Koreanisch-Japanische Differenz durch einen am 30. September in Seul abgeschlossenen Vertrag, ihre befriedigende Erledigung gefunden.

Dieser Nachricht ist mir heute durch die Minister des Yamen bestätigt worden, welche mit der getroffenen Vereinbarung nicht unzufrieden zu sein scheinen.

Der 7 Artikel enthaltende Vertrag bestimmt:

1tens daß Korea eine Summe von &50.000 als Entschädigung für die Hinterbliebenen der ermordeten Japaner zahlt; 2tens daß Korea eine Summe von &50,000 innerhalb von fünf Jahren an Japan als Entschädigung für Kriegsrüstungen und sonstige Ausgaben zahlt;

3tens daß dem Japanischen Gesandten gestattet sein soll, während eines Jahres eine Leibwache zu seinem Schutz in Seul zu haben.

Die Minister behaupteten, daß der Bericht Li hung chang's, dem diese Angaben entnommen seien, nichts über die Stärke der Leibwache enthalte; Privat Nachrichten aus Tientsin geben dieselbe auf 1000 Mann an.

4tens daß dem Japanischen Gesandten und den Japanischen Konsuln gestattet sein soll, frei im Lande herumzureisen; anderen Japanern aber nicht.

Von den letzten drei Artikeln des Vertrages gaben die Minister an, daß dieselben von keiner Bedeutung seien, was ihre ersichtliche Abneigung weitere Auskunft zu geben gerade nicht sehr glaubwürdig erscheinen läßt.

Wie die Minister sonst noch erzählten, muß es zwischen den Rebellen und den chinesischen Truppen zu einem Zusammenstoße gekommen sein; zwei Dörfer, in welchen sich die ersteren verschanzt hatten sind von den letzteren genommen und von den Gefangenen eine größere Anzahl hingerichtet worden, der Rest der Rebellen, Soldaten, hat sich in das Innere des Landes geflüchtet.

Die in Korea befindlichen Chinesischen Truppen werden bis auf Weiteres dort verbleiben.

Der Chinesische Commissar Ma wird in den nächsten Tagen in Tientsin erwartet, die beiden Koreanischen Bevollmächtigten, welche unseren Vertrag unterzeichnet haben, werden ihn begleiten, wie ich glaube annehmen zu dürfen, um weitere Vereinbarungen, vielleicht in Betreff der Zahlung der Entschädigung an Japan oder des Handelsverkehrs zwischen China und Korea, mit der chinesischen Regierung zu treffen.

Auf der Japanischen Gesandtschaft, von welcher mir die Mitteilung über das dort empfangene Telegramm zugegangen war, behauptete man nichts über die Einzelheiten des Vertrages zu wissen.

Brandt.

Inhalt: den Abschluß eines Vertrages zwischen Korea und Japan zur Beilegung der schwebenden Differenz betreffend.

Beilegung der Japanisch-Koreanischen Differenz.

PAAA_RZ201-018902_174 ff.			
Empfänger	Bismarck	Absender	Pelldram
A. 6628. pr. 30. Oktober 1882.		Tientsin, den 11. September 1882.	
Memo	Orig. 1. 11. nach Hamburg		

A. 6628. pr. 30. Oktober 1882.

Tientsin, den 11. September 1882.

№ 49.

Seiner Durchlaucht
dem Fürsten von Bismarck.

Euerer Durchlaucht beehre ich mich im Anschluße an den Bericht vom 3. d. Mts. № 48. betreffend den weiteren Verlauf der Koreanischen Angelegenheit, ganz gehorsamst zu melden, daß Li hung chang am 5. d. Mts. aus seiner Heimat hier wieder eingetroffen ist, und vorläufig stellvertretungsweise den Posten des Handelssuperintendenten der Nördlichen Häfen wieder übernommen hat.

Gleich darauf zeigte mir einer der hier angestellten Chinesischen Dolmetscher an, daß die Japanisch-Koreanische Differenz beigelegt sie.

Die Bedingungen, die mir Li hung chang persönlich bestätigt hat, sind folgende:

1. Korea zahlt an Japan eine Entschädigung von 500,000 Silber-Yen innerhalb der nächsten 5 Jahre, als Entschädigung für den zu Kriegsrüstungen gemachten Aufwand.

2. Korea zahlt eine Entschädigung von 50,000 Silber-Yen an die Hinterbliebenen der ermordeten Japaner.

3. Es verbleibt eine Japanische Truppe in Rên-shan. Die näheren Bedingungen über diesen Punkt divergieren Li hung chang erklärte nichts genaues davon zu wissen. Einerseits wird behauptet, etwa 600-1000 Soldaten sollten vorläufig für 1 Jahr zum Schutz der Japaner in Korea verbleiben; andererseits heißt es, die Truppen sollten bis zur völligen Abtragung der Kriegsschuld in Korea bleiben. Außerdem soll abgemacht sein, daß die Japanischen diplomatischen Vertreter frei in Korea umherreisen dürfen, und daß Japanisches Kupfergeld aus Japan eingeführt werden darf, um den Kleinverkehr zu erleichtern.

Li hung chang erklärte, China dürfe sich grundsätzlich nicht in die Koreanischen Abmachungen mischen; es würden aber zu Aufrechterhaltung der Ordnung etwa 3000

Mann Chinesischen Truppen in Seoul verbleiben. Da yun kun (Da in kun) sei hierher gebracht worden, weil er, als Anhänger der Alt-Koreanischen Partei, stets zu Schwierigkeiten die Veranlassung geboten; wie bekannt habe er auch eine bedeutsame Rolle bei der Amerikanischen Verwickelung, bei Ermordung der Französischen Missionare und der eingebornen Christen gespielt.

Da yün kun würde vorläufig hier in leichter Gefangenschaft gehalten, und habe kaum Aussicht, je wieder nach Korea zurückkehren zu dürfen. Die mit den fremden Mächten abgeschlossenen Verträge wurden Seitens der neu reorganisirten Koreanischen Regierung völlig anerkannt.

Vor wenigen Tagen ist der Designierte Tautai Ma-kie-tchong mit zwei Koreanischen Abgesandten, Tsao-ning-haiu und Kin-hung-chi hier eingetroffen. Li hung chang sagte, die Koreaner waren hierher gekommen, um zu melden, daß auch die neue Koreanische Regierung ihre Tributpflicht gegenüber China's anerkennen; die Verhandlungen würden lediglich hier geführt werden und die Gesandtschaft würde demnächst von Ma begleitet nach Korea zurückkehren.

Letzterer hat in Anerkennung seiner Leistungen in Korea eine Rangerhöhung erhalten.

Pelldram.

Inhalt: Beilegung der Japanisch-Koreanischen Differenz betreffend.

Korea

PAAA_RZ201-018902_178 ff.			
Empfänger	Bismarck	Absender	Zedtwitz
A. 6631 pr. 30 Oktober 1882.		Tokio, den 9. September 1882.	
Memo	Orig. 1. 11. nach Hamburg		

A. 6631 pr. 30 Oktober 1882.

Tokio, den 9. September 1882.

A. 62.

Seiner Durchlaucht
dem Fürsten von Bismarck.

Euerer Durchlaucht habe ich die Ehre in Verfolg meines ganz gehorsamsten Berichtes vom 31. vor. Mts. A. 60 ebenmäßig zu melden, daß der Konflikt zwischen Japan und Korea nunmehr auf friedlichem Wege beigelegt worden ist.

Die hiesige Regierung, welche die Beförderung von Chiffrierten Lokal-Telegrammen an Privatpersonen zeitweise sistiert hatte, um der Verbreitung alarmirender Gerüchte und den auf die drohende Kriegsgefahr gestützten Baisse-Spekulationen entgegenzutreten, hat den fremden Vertretern gelegentlich der Aufhebung jenes Verbotes amtlich mitgetheilt, daß ein gütlicher Ausgleich mit Korea erfolgt sie.

Der Japanische Minister-Resident ist am 20. vor. Mts. von dem Könige in feierlichen Audienz empfangen worden und hat darnach dem allgemein als Haupt der Aufstandspartei betrachteten Tai-in-kun einen Besuch abgestattet. Beide haben ihm ihr Bedauern über das Vorgefallene ausgedrückt. Der König scheint durch chinesischen Einfluß wieder in seine Rechte eingesetzt worden zu sein. Tai-in-kun hat Korea — vermuthlich unfreiwillig — verlassen und sich an Bord eines Chinesischen Kriegsschiffes nach Tientsin begeben; es ist anzunehmen, daß ihn die Chinesische Regierung wegen der jüngsten Ereignisse zur Rechenschaft ziehen wird.

Die einzelnen Bestimmungen des zwischen Herrn Hanabusa und dem Koreanischen Bevollmächtigten getroffenen Übereinkommens sind folgende:

1. Die Koreanischen Behörden sollen innerhalb 20 Tagen die Rebellen festnehmen und die Rädelsführer streng bestrafen. Die Untersuchung soll unter Mitwirkung Japanischer Beamten stattfinden.

2. Die Koreanische Regierung zahlt an die Familien der bei dem Aufstande getödteten Japaner eine Entschädigung von 50000 Yen (Dollar).

3. Die Koreanische Regierung zahlt ferner die Summe von 500000 Yen in 5 jährlichen Raten als Entschädigung für die Verluste und Ausgaben, welche der Japanischen Regierung durch den Angriff auf ihre Gesandtschaft und die in Folge dessen nöthig gewordenen Maßregeln erwachten sind.

4. In der Hauptstadt soll Japanisches Militär zum Schutz der Gesandtschaft stationiert werden: die Koreanische Regierung trägt die Kosten für dessen Unterbringung. Nach Ablauf eines Jahres sollen die Truppen, falls der Japanische Gesandte dies für angezeigt hält, zurückgezogen werden.

5. Die Koreanische Regierung wird einen Spezial-Gesandten mit einem eigenhändigen, eine Entschuldigung für das durch die Rebellen angestiftete Unheil ausdrückenden Schreiben des Königs nach Tokio abordnen.

6. Die Vertragsgrenzen von Gensan, Fusan und Ninsen werden sofort um 50 Koreanische Ri (=circa 12 Kilometer) und in zwei Jahren um fernere 100 Koreanische Ri erweitert.

7. Spätestens nach Ablauf eines Jahres soll der (in der Bucht vom Ninsen gelegene) Hafen von Yokwaton den Handel geöffnet werden.

8. Die mit einem Koreanischen Passe versehenen Beamten der Japanischen Gesandtschaft sollen nebst ihren Familien ungehindert in Innern des Landes reisen dürfen und den besonderen Schutz der Koreanischen Beamten genießen.

Ich gestatte mir ganz gehorsamst zu bemerken, daß mir der Text des Abkommens selbst zur Zeit noch nicht vorliegt und die obigen Angaben auf einem Telegramm des Herrn Hanabusa basiren, welches mir der Minister des Äußeren zukommen ließ, mithin, kleine Unrichtigkeiten in denselben nicht ausgeschlossenen sind.

In hiesigen leitenden Kreisen herrscht eine nicht zu verkennende Befriedigung über die erlangte Genugthuung und man darf die Erledigung der Angelegenheit, wenn nicht neue Komplikation hinzutreten, in der That als eine für Japan ehrenvolle betrachten. Herr Inouye begiebt sich auf Urlaub und der für Peking neu ernannte Gesandte Enomoto beabsichtigt, am 20. d. Mts. die Reise dorthin anzutreten. Herr Hanabusa wird im Laufe dieses Monats in Tokio erwartet.

Zedtwitz

Inhalt: Korea

Berlin, den 1. November 1882.

A 6622, 6624, 6625, 6626, 6628 u. 6631

An den Königlichen Gesandten

Herrn von Wentzel Hochwohlgeboren.

Hamburg.

№ 37.

In Verfolg meines Erlasses vom 23. Januar 1870 (№ 3) beehre ich mich Ew. Hochwohlgeborenen beifolgende Berichte des Kaiserl. Gesandten in Peking v. 3. 6. 7. und 8. Sept., des Geschäftsträgers in Tokio v. 9. Sept., sowie des Konsulats in Tientsin, vom 11. Sept., sämtlich die Zustände auf Korea betreffend,

originaliter sub fide remissionis ergebenst zu übersenden.

N. d. h. u. St. S.

Korea

PAAA_RZ201-018902_187 ff.			
Empfänger	Bismarck	Absender	Zedtwitz
A. 6698 pr. 3. November 1882.		Tokio, den 25. September 1882.	
Memo	Orig. 1. 11. nach Hamburg		

A. 6698 pr. 3. November 1882. 1 Anl.

Tokio, den 25. September 1882.

A. 63.

Seiner Durchlaucht
dem Fürsten von Bismarck.

Der erste Schritt zur Ausführung des Koreanisch-Japanischen Abkommens, über welches ich die Ehre hatte Euerer Durchlaucht unterm 9. d. Mts. (A. 62) ganz gehorsamst zu berichten, ist am 12. d. Mts. geschehen, indem einige der Rädelsführer des Aufstandes in Gegenwart von Japanischen Beamten enthauptet und einige andere in die Verbannung geschickt worden sind.

Der hiesige Chinesische Gesandte, Li-Shu-Chang, gab bald nachdem der Abschluß jeden Vereinbarung bekannt geworden war, zu Ehren des am 20. d. Mts. nach Peking abgereisten Japanischen Gesandten Enomoto ein offizielles Diner, zu welchem außer anderen Japanischen Würdenträgern der Präsident des Staatsraths Sanjo, der Vize-Präsident Iwakura und der stellvertretende Minister des Auswärtigen, sowie sämtliche fremde Vertreter eingeladen waren. Herr Li-Shu-Chang hielt bei dieser Gelegenheit - wie ich vermuthe, nicht ohne Autorisation seiner Regierung - einen Toast, in welchem er seine Genugthuung darüber ausrückte, daß es gelungen sei, den Frieden zwischen Japan und China aufrechtzuerhalten, und die Hoffnung aussprach, daß die Mission des Herrn Enomoto dazu beitragen werde, diese friedlichen Beziehungen zu kräftigen und zu befestigen. Herr Enomoto antwortete in ähnlichem Sinne.

Inzwischen sind, wie mir Herr Iwakura vor Kurzem mittheilte, 3000 Mann Chinesische Truppen — darunter Artillerie — in Seoul eingerückt. Den Usurpator Tai-in-kun beabsichtigt die Chinesische Regierung nach Korea zurückzusenden. Wie mir Herr Iwakura sagte, wäre dies bereits geschehen. Den Anlaß soll die Fürsprache des Königs für seinen Vater geboten haben. Vom Standpunkte der Chinesischen Sittenlehre aus, welche eine Ahndung der vom Vater gegen sein Kind begangenen Vergehen im Allgemeinen nicht kennt, und dem Letzteren die Pietät gegen die Aeltern zur ersten Pflicht macht würde ein derartiger Schritt wohl erklärlich erscheinen. Die Zeitungen veröffentlichen ein bezügliches Schreiben des Königs an die Chinesische Regierung, welches hier für authentisch gehalten wird. Ich beehre mich, Euerer Durchlaucht anbei eine deutsche Uebersetzung dieses charakteristischen Schriftstückes ganz gehorsamst vorzulegen.

Die unzweideutige Machtentfaltung China's dürfte hinreichen, um Japan auch fernerhin von kriegerischen Abenteuern abzuhalten, welche, insbesondere im Hinblick auf die finanzielle Lage, ein großes Unglück für das Land bedeuten und keineswegs sicherer Aussicht auf äußeren Erfolg haben würden.

Der Minister des Auswärtigen, welcher sich vor Kurzem auf Urlaub begeben hat, nahm vor seiner Abreise von Tokio Gelegenheit, mir auseinanderzusetzen, wie es für Japan unumgänglich nothwendig sie, daß das staatsrechtliche Verhältniß Korea's zu China klargestellt werde. Herr Inouye sprach sich, wie schon bei früheren Anlässen, dahin aus, daß seine Regierung Korea als einen vollständig unabhängigen Staat betrachte, und bat mich um eine Auskunft darüber, welches Stellung die Kaiserliche Regierung zu dieser Frage nehme.

Da der von dem Kaiserlichen Gesandten in Peking seiner Zeit hierher mitgetheilte Deutsch-Koreanische Vertrag, in welchem des Abhängigkeits-Verhältnisses Korea's von China ebensowenig Erwähnung geschieht wie in dem Amerikanisch-Koreanischen Vertrage, zur Zeit nicht ratifizirt und mir nicht bekannt ist, welches die Ansichten der Kaiserlichen Regierung über jenen Punkt sind, so habe ich Herrn Inouye ausweichend geantwortet gesagt, daß mir zweifelhaft erscheine, ob für die Kaiserliche Regierung ein Anlaß vorliege, in der angedeuteten Frage jetzt bestimmte Stellung zu nehmen.

Ich vermuthe, daß Herr Inouye nach seinem Wiedereintreffen in Tokio auf diesen Punkt zurückkommen oder die Angelegenheit vielleicht in Berlin durch Herrn Aoki in Anregung bringen lassen wird.

Zedtwitz

Inhalt: Korea. 1 Anlage.

Anlage zu Bericht A. 63.
Abschrift.
Übersetzung.

Aus der Zeitung Nichi Nichi Shimbun vom 22. September 1882.

Das Schreiben des Königs von Korea, mit welchem derselbe die Chinesische Regierung um die Freilassung Tai-in-kun's bat und welches durch die Gesandten Cho-nei-ka und Kin-ko-shin nach Peking überbracht wurde, lautet seinem Hauptinhalte nach folgendermaßen:

In der ersten Dekade des 6. Monats (nach Koreanischer Zeitrechnung) brach ein Militäraufstand aus, welcher Unruhen im Inlande und Verwicklungen mit dem Auslande zur Folge hatte. Am 13. d. Mts. nun kamen der General Go-cho-kei, der Admiral Tei-jo-sho und der Zensor Ba-ken-chin als Abgeordnete des großen Landes (China) hierher und betraten die Hauptstadt. Meinem Vater Tai-in-kun statteten sie einen Besuch ab, welchen dieser noch an demselben Tage in ihrem Lager erwiderte. Die Unterhaltung über Hitze und Kälte war kaum beendet, als die Abgeordneten meinen Vater durch die Soldaten festnehmen ließen. Da er auch des Abends nicht zurückkehrte, obwohl ich schon lange auf ihn wartete, so gerieth ich in große Unruhe. Den Grund seines Ausbleibens erfuhr ich zuerst durch die Plakate, welche Abgesandten des großen Landes hier anschlagen ließen und aus welchen hervorging, daß mein Vater im Lager als Gefangener gehalten wurde. Die Stellen: "Das Gerücht bezeichnet Tai-in-kun als den Anstifter der Rebellion" und "als S. M. der Kaiser von China dies hörte, gerieth er in großen Zorn und sagte: Wenn Tai-in-kun an dem Aufstande Theil nahm, so muß er als das Haupt desselben angesehen werden" u. s. w. erweckten in mir die Überzeugung, daß mein Vater von Admiral Tei nach Peking gebracht werden sollte, um dort verhört zu werden. Trotzdem gelang es mir nicht einmal, von ihm Abschied zu nehmen, da die Soldaten ihn streng bewachten und der Dampfer schnell davoneilte. Als ich das Schiff auf das weite Meer hinausfahren sah, kam ich mir wie ein Kind vor, das gewaltsam von seiner Mutter getrennt worden ist. Mein innigster Wunsch ist, daß mein Vater unverzüglich hierher zurückgesandt werden möge.

Es waren einzig und allein die unzufriedenen Soldaten, welche den Aufstand erregten, und ich, der König, trage die Verantwortung, weil ich die Zügel der Regierung nicht fest in der Hand hielt. Das Licht des Himmels kann es bezeugen, daß mein alter, gebrechlicher Vater, der sich nur nach Ruhe sehnt, ohne Furcht vor Schwertern und Lanzen die Empörer beruhigte und dem Aufruhr ein Ende machte. Er darf deshalb nicht getadelt, sondern muß dafür hoch gepriesen werden. Statt dessen wird er jetzt für den Anstifter der Empörung gehalten, eine falsche Beschuldigung, die ihres Gleichen nicht hat. Daß ich mit der Bestrafung der Schuldigen zögerte, lag allein an meiner Energielosigkeit.

Mein Vater war an dem Aufstande nicht im Geringsten betheiligt. Und trotzdem erduldet mein 76 jähriger Vater jetzt Hitze und Sturm, ohne daß sich Jemand seiner annimmt. Wer wird ihn pflegen, wenn er hungrig ist oder erkrankt? Ich bitte flehentlich, daß er uns zurückgegeben werde. Alsdann werden Vater und Sohn, Herr und Diener, sich bis in die fernsten Zeiten für die Kaiserliche Gnade dankbar erweisen.

F. D. Ü

(gez.) Krien

Berlin, den 5. November 1882

A. 6556

An
den Königlichen
Gesandten
Herrn von Wentzel
Hochwohlgeboren.
Hamburg.
№ 38.

In Verfolg meines Erlasses vom 23. Januar 1870 (№ 3) beehre ich mich Ew. Hochwohlgeborenen beifolgenden Berichte des K. Gesandten in Peking vom 29. August d. J. die politische Umwälzung in Korea betreffend,

originaliter sub fide remissionis
ergebenst zu übersenden.

N. d. H. U. St. S.

Berlin, den 10. November 1882

A. 6623, 6698

An
den Königlichen
Gesandten
Herrn von Wentzel
Hochwohlgeboren.
Hamburg.
№ 39.

In Verfolg meines Erlasses vom 23. Januar 1870 (№ 3) beehre ich mich Ew. Hochwohlgeborenen beifolgenden Berichte des Kais. Gesandten in Peking v. 5. Sept. und des Kais. Geschäftsträgers in Tokio v. 25. Sept., die Zustände in Korea betreffend,

originaliter sub fide remissionis
ergebenst zu übersenden.

N. d. H. U. St. S.

[ ]

PAAA_RZ201-018902_200			
Empfänger	Bismarck	Absender	Wentzel
A. 6810 pr. 10. November 1882.		Hamburg, den 9. November 1882.	

A. 6810 pr. 10. November 1882.

Hamburg, den 9. November 1882.

№ 51.

Seiner Durchlaucht
dem Fürsten von Bismarck.

Euerer Durchlaucht beehre ich mich die mit dem hohen Erlasse № 34. vom 26. v. M. mir zugefertigten Berichte des Kaiserlichen Generalkonsulats zu Shanghai vom 1. und 9. Sept. und des Konsulats zu Tientsin vom 15., 16., 20., 26. August und vom 3. Sept., und des Kaiserlichen Gesandten zu Peking vom 16. August d. J., sämmtlich die Zustände in Korea betreffend, hierneben gehorsamst zurückzureichen, nachdem ich davon den entsprechenden vertraulichen Gebrauch gemacht habe.

Wentzel

Die Übersetzung einer fremden-feindlichen coreanischen Denkschrift betreffend.

PAAA_RZ201-018902_201 f.			
Empfänger	Bismarck	Absender	Brandt
A. 6829 pr. 11. November 1882.		Peking, den 12. September 1882.	
Memo	Orig. 14/11 nach Hamburg		

A. 6829 pr. 11. November 1882. 1 Anl.

Peking, den 12. September 1882.

A. 55.

Seiner Durchlaucht
dem Fürsten von Bismarck.

Euerer Durchlaucht beehre ich mich in der Anlage die Uebersetzung eines auf die coreanischen Wirren bezüglichen Schriftstücks zu überreichen, welches, als den Anschauungen der reactionären Partei den schärfsten Ausdruck gebend, immerhin auch nach Niederwerfung dieser Partei, als deren Manifest es angesehen werden könnte, einiges Interesse beanspruchen darf.

Der Chinesische Text ist dem Shênpao, japanischen Zeitungen und einer Mittheilung der hiesigen japanischen Gesandtschaft an mich entnommen worden; wenn die Uebersetzung trotzdem manche Lücken zeigt, so liegt dies daran, daß es nicht möglich gewesen ist, trotz der aufgewendeten Mühe, den chinesischen Text überall herzustellen.

Der Verfasser der Denkschrift, Pai lo k'uan, japanisch Haku-raku-kan genannt, war von der Regierung in's Gefängniß geworfen und zum Tode verturtheilt, das Urtheil indessen, der Verdienste seiner Vorfahren um den Staat wegen, nicht vollstreckt worden. Durch die Revolution war er aus dem Gefängniß befreit und von Ta in kun zum Friedensrichter ernannt worden. Welches sein Schicksal bei dem durch die chinesische Intervention herbeigeführten neuen Umschwung der Verhältnisse gewesen ist, ist noch nicht bekannt.

Brandt.

Inhalt: Die Übersetzung einer fremden-feindlichen coreanischen Denkschrift betreffend. 1 Anlage.

Anlage zu Bericht A. 55 vom 12. September 1882.
Abschrift.
Uebersetzung.

Denkschrift.

des koreanischen Gelehrten Pai Lo k'uan[15] übersetzt nach zwei sich gegenseitig ergänzenden Texten, von denen der eine in der Shênpao vom 28. August 1882 erschienen ist.

An den Statthalter des Himmels auf Erden, den Tugendreichen, den Hort der guten Sitten, meinen erhabenen Hern den König.

Wenn ich, Pai Lok'uan, ein einfacher Gelehrter, mit Furcht und Zittern und indem ich mich hundertmal in den Staub neige, es wage, dir, o König! Die nachstehende Eingabe zu unterbreiten, so könnte man mir zunächst vorwerfen, daß meine untergeordnete Stellung mir gar nicht das Recht giebt, mich in die vordersten Reihen vorzudrängen, um, so wie ich es will, mein Leben für das Wohl des Landes in die Schanze zu schlagen. Was ist denn also der Grund, weshalb ist mit kühnen Worten in den Vordergrund trete, ohne des Henkers Beil, das vielleicht meiner wartet, zu scheuen? Der Grund ist kein anderer, als weil ich mich einen Sohn des (früheren) Commandeurs der Garde, H'ung chu, nenne. Mein Vater hat das Glück gehabt, seine Laufbahn in einer glorreichen, glücklichen Periode unserer Geschichte zu beginnen; über vierzig Jahre lang hat er an der Seite des Thrones gestanden; er hat drei Herrschern gedient, welche ihn mit Wohlthaten überhäuft haben und die er deshalb wie höhere Wesen verehrte. Diese Wohlthaten auch nur zum zehntausendsten Theile zu vergelten, war der beständige Wunsch meiner Eltern. Seitdem aber vor jetzt zehn Jahren mein Vater durch einen Schlaganfall gelähmt worden, bedarf er sogar beim Sitzen und Liegen fremder Hilfe, und so bleibt ihm nichts übrig, als, wenn er an das Königliche Haus denkt, eitele Thränen zu weinen. Ich bin zwar nur ein einfältiger Tölpel, aber soviel ist mir doch klar, daß ich die Pflicht habe, in die Fußstapfen meines Vaters zu treten.

Es ist ganz richtig, daß ich mich durch mein gegenwärtiges Unterfangen der Ueberhebung über meine Stellung schuldig mache, aber in den alten heiligen Büchern (China's) ist zu lesen, daß "Jedem, wer er auch sei, das Recht zusteht, gegen rebellische Unterthanen und gottlose Söhne die strafende Hand zu erheben."

---

15 Dies ist der vollständige Name des Mannes, der in der Shênpao vom 19. August nur mit seinem Beinamen Lo k'uan bezeichnet ist, anfangs von mir irrthümlich Yüeh-k'uan transscribirt.

Nun aber sind augenblicklich unter den Würdenträgern an Deinem Hofe, o König, nur sehr Wenige, die nicht in die Klasse der rebellischen Unterthanen und gottlosen Söhne gehören. Denn sie sind zwar aufgezogen worden in den heiligen Lehren des Confucius, Mencius, Chengtsze und Chuhi, im Herzen aber sind sie zugewandt der Religion des Jesus welche Matteo Ricci in's Land gebracht hat. Sie nähren sich von dem Getreide, das auf den Fluren ihres Vaterlandes gewachsen ist, aber sie kleiden sich in die Gewänder der Japaner, Franzosen und Amerikaner. Sie haben den geraden Weg verlassen um sich auf krumme Pfade zu begeben. Statt ihrer Aemter zu walten in Interesse des eigenen Landes wünschen sie lieber als Knechte den fremden Eindringling zu dienen und unser schönes Land den Barbaren in die Hände zu spielen. Ihres Privatvortheils wegen schädigen sie das Gemeinwohl und haben auch deinen hellen Verstand, o König! bis zu diesem Grade verblendet.

Darum bitte ich dich: gieb mir ihre Köpfe, o König! Wenn ich nun ihre Köpfe fordere und sie ihre Köpfe behalten, so bin ich mir ganz klar darüber, daß mein eigener Kopf fallen muß. Aber soll ich etwa aus Furcht meinen Kopf zu verlieren, die strafende Hand gegen die Köpfe Jener nicht ausstrecken? Nein, so furchtsam bin ich nicht. Und wenn nun bei dem Strafgericht auch die Köpfe vertauscht werden, so ist ja mein Kopf gerade so gut wie der ihre, und der Tod kommt mir erwünscht.

Auch ist es aus drei Gründen viel besser, wenn ich sterbe, als wenn ich am Leben bleibe. Denn ohne meinen Tod würde es fehlen an einem Zeugniß für meines Vaters aufrichtigen Patriotismus, an einem beschämenden Beispiel für die Landesveräther bei Hofe und an einem Stachel zur Vereitelung von Hanabusa's unheilvollen Plänen.

Da ich also jede Frucht vor dem Tode abgelegt habe, ehe ich zu reden begann, so möge denn meine Rede freien Lauf haben, und ich will den Ursprung unserer heutigen Erniedrigung von Grund aus darlegen. Verachte nicht meine Worte, o König! weil sie aus dem Munde eines so unbedeutenden Menschen, wie ich es bin, hervorgehen, sondern ziehe sie in reifliche Erwägung.

Die Japaner haben uns die (schließliche) Vereitelung ihres Einfalles in unser Land (unter Hideyoshi) im Jahre Jên ch'ên (gleich 1592 unserer Zeitrechnung) nie vergessen können. Langsam haben sie ihre Schwerter geschärft, langsam sich in den Künsten des Krieges vervollkommnet. Ihre Handelsschiffe und Kauffahrteifahrzeuge haben alle Winkel des Meeres besucht, in allen Gewässern haben sie Verbindungen angeknüpft, sie haben mit China falsches Spiel getrieben und warten seit vielen Jahren darauf, einen Vorwand zu finden, um mit uns anzubinden.

Weshalb ist es ihnen trotzdem bis jetzt nicht gelungen, eine Blöße an uns zu erspähen?

Weil unser Land bisher angethan gewesen ist mit dem Panzer der Vaterlandsliebe und

Ehrfurcht gegen das Erbe der Ahnen, geschützt durch die feste Burg des Edelsinns und der Gerechtigkeit. Gegen solche Schutzwehr ist List und Gewalt machtlos.

Da ist denn eine angebliche Weissagung in unserem Lande ausgesprengt worden, die lautete: "Korea wird durch seine Stätten der Andacht und Lehre zu Grunde gehen." Stätten der Andacht und Lehre sind die Tempel, die den Andenken verdienter Staatsmänner, die Schulen, die dem Unterricht in den Grundsätzen der allen Weisen gewidmet sind. Es waren Stätten, gegründet von diesen erhabenen Ahnen, deren hohe Einsicht dadurch die Wohlfahrt des Reiches zu sichern bemüht war---, Stätten, in denen das staatsmännische Verdienst sowie die stille Arbeit des Gelehrten ihren Lohn fanden.

Als du, o König! - ein unmündiges Kind - den Thron deiner Vorfahren bestiegst, ging die Entscheidung in allen Regierungsangelegenheiten von einem [oder: "einigen wenigen"] allmächtigen Höflingen aus. Die lieben sich denn in der That von solch abgeschmackten Geschwätz hinters Licht führen und unsere sämmtlichen Ahnentempel und Religionsschulen wurden zerstört.

> [Im Text sind vier verschiedene Klassen von Anstalten genannt. Die genaue Bedeutung der einzelnen Ausdrücke läßt sich aber nicht ermitteln. Da der regierende König von Korea jetzt das 19th Jahr seiner Regierung schreibt, muß das sonst unbekannte Ereigniß, auf welches im Text angespielt ist, circa Mitte der sechziger Jahre dieses Jahrhunderts stattgefunden haben.]

Ist das nicht gerade wie das Verbot der Köcher aus Maulbeerbaumholz, welches den Verfall der Chon-Dynastie zur Folge hatte, oder wie der thörichte Bau der großen Mauer unter den Kaisern aus dem Hause der Tsin, welche doch schließlich nicht durch den Andrang barbarischer Stämme, sondern durch ihr eigenes Fleisch und Blut die Herrschaft einbüßten?!

[Unter der Regierung des Kaisers Süan von der Chin-Dynastie (827-782)) verbreitete sich in der damaligen Hauptstadt Chinas auf rätselhafte Weise eine Prophezeiung, daß der Dynastie durch Köcher aus dem Holze des wilden Maulbeerbaums und Pfeile einer gewissen Art großer Unheil widerfahren werde. Der Kaiser ließ daher die Anfertigung und den Verkauf solcher Köcher und Pfeile im ganzen Lande verbieten. Wenige Jahre später, nämlich 771 v. Chr., machten die mit Köchern und Pfeilen bewaffneten Nomaden an den nordwestlichen Grenzen des Reiches einen Einfall in China, eroberten die nicht weit von der Grenze gelegene Hauptstadt und tödteten den Kaiser Yu. SO war die Weissagung doch in Erfüllung gegangen, wenn auch in anderer Weise als man erwartet hatte. Von diesem Schlage erholte sich die Chou-Dynastie nie ganz. In dem von mir übersetzt "Schönen Mädchen von Pao" ist die Geschichte ausführlich erzählt. - Die zweite Weissagung, auf die der Verfasser der Denkschrift Bezug nimmt, bezieht sich auf den

Kaiser Scih Huangti von der Tsin-Dynastie (reg. 247-210), welcher durch eine Prophezeiung vor den Hu Hai gewarnt worden war. Er bezog dies auf eine von den nördlichen Barbaren (Hu) berührende Gefahr (Hai) und ließ daher gegen die Einfälle derselben die bekannte große Mauer, oder wenigstens einen Theil derselben erbauen. In der That war es aber Thih Huangti's unfähiger Sohn und Nachfolger, welcher gleichfalls den Namen Hu hai führte (reg. 209-207), durch dessen schlechte Regierung schon im Jahre 206 der Sturz der Tsin-Dynastie herbeigeführt wurde.] —

Ganz ähnlich haben zu unseren Zeiten hohe Beamte, und noch dazu Blutsverwandte des Königlichen Hauses, deinen hellen Verstand, o König, mit Dunkel umnachtet, das Volk verführt und verleitet, so daß es bald überall hieß, von den genannten Stätten der Verehrung und des Unterrichts drohe dem Lande Gefahr………. (Zwei unverständliche Sätze ausgelassen.) So ward die Liebe zu dem Liebenswerthen gleichsam fortgejagt, die Verehrung vor dem Verehrungswerthen gleichsam vernichtet. Dann, und in Verbindung hiermit, ward eine neue Königliche Leibgarde errichtet, und die vorzeitige Einsetzung eines Kronprinzen ward hierdurch veranlaßt und beschleunigt. Und darauf erfolgte der Vertragsabschluß vom Jahre Pingtsze [- 1876 unserer Zeitrechnung, in welcher Jahr der Abschluß des japanisch-koreanischen Vertrages fällt]. Unter den Beamten bei Hofe fehlte es zwar nicht an solchen, welche die hierbei im Spiele befindliche Hinterlist durchschauten, aber Keiner wagte zu reden. So hatte das Verderben seinen Lauf. Wäre in unserem Lande, welches die Grundlage der Stärke in vollem Maße in sich besitzt, bei der Einsetzung eines Thronerben einzig davon ausgegangen worden, den Würdigsten und Besten zu wählen: so brauchten wir wahrhaftig nicht in einen Hanabusa unsere Stütze zu suchen und auf solche Mittel zu verfallen. Aber wir haben vergessen, daß er einem Volke [Japan] angehört, welches wir [wegen seiner früheren Raubzüge nach Korea] hassen sollten wie einen Todfeind, mit dem wir nicht unter demselben Himmelszelt zu leben wünschen. Wir aber sind jetzt darauf bedacht, seiner unersättlichen Tigergefräßigkeit mit fetten Bissen zu fröhnen: Er darf bloß bitten, so wird es ihm gewährt; er braucht bloß zu befehlen, so geschieht es, und unsere einzige Sorge ist nur, wir könnten vielleicht durch zu geringe Dienstfertigkeit seine Mißbilligung erregen. Wenn nun, o König! nach Deinem Hinscheiden, welches den Himmel noch lange, lange Jahre hinausschieben möge, der Kronprinz den erhabenen Thron deiner Ahnen besteigt, und wenn Hanabusa dann sagt —und das wird er gewiß sagen -: "Sehet! der hat uns, den Japanern den Thron zu verdanken": wie wollen wir ihm den Mund dann stopfen.

[Wenn auch, wegen Mangels an genauerer Kenntniß der Ereignisse, auf welche hier angespielt ist, manches in obigem Passus unklar bleibt, so ist doch so viel deutlich, daß es eine dem jetzigen Kronprinzen feindliche Partei in Korea geben muß und daß der Verfaßer dem Könige vorwirft, er habe, nach dem er sich die Herzen des Volks entfremdet, zu dem Mittel gegriffen, eine neue Leibgarde von japanischen Instructeuren ausbilden zu laßen, um sich und seinem Nachfolger den Thron zu sichern.]

Im [chinesischen] Buche der Lieder heißt es: "des Herrschers Einsicht ist die feste Stütze seines Throns." Wenn die Königliche Familie dem Volke ein Muster giebt, wie das Verhältniß zwischen Vater und Sohn, zwischen Bruder und Bruder beschaffen sein soll, so läßt die Nacheiferung nicht auf sich warten. Aber wo das nicht der Fall ist, steht das Verderben vor der Thür.

[Hier ist offenbar darauf angespielt, daß der König, indem er sich der liberalen Partei anschloß, sich Opposition zu seinem eigenen Vater, dem Tai yüan kün, als dem Haupt der reacctionären oder conservativen Partei setzte.]

Deshalb hat zuerst Tiui Yi-hsüan unverhohlen ausgesprochen, daß wenn der Abschluß eines Vertrages [mit Japan] beliebt würde, es mit deiner Unabhängigkeit, o König! vorbei sein würde. Dann hat zuletzt [nämlich, wie aus der Vorgeschichte der Revolution in der Shênpao vom 19. August hervorgeht, im vergangenen Jahre: 1881] Hung tsai hao laut erklärt, daß wenn man die Verbreitung der Bücher des Jesus gestatte, das alte Sittengesetz unseres Landes einen vollständigen Umsturz erleiden werde. Aber seine Worte behagten dir nicht, o König! und er ward hingerichtet. O wehe! und abermals wehe!

[Vielleicht ist ein Plural zu übersetzen: ihre Worte behagten dir nicht und sie wurden hingerichtet. Dies läßt sich ohne Kenntniß der Ereignisse nicht entscheiden.]

Wenn gute Männer und Patrioten zu hohen Aemtern befördert werden, so ist das ein Wahrzeichen einer segensreichen Regierung. Wenn gute Männer und Patrioten gestürzt werden, so zeigen sich darin die ersten Anfänge anarchischer Zustände… (ein Satz der eine dunkle historische Anspielung enthält, ausgelaßen.)

O unglückseliger König! Warum mußtest du den Namen eines Henkers der Patrioten auf dich laden! Kommende Geschlechter werden nicht Zeit genug finden, sich dessen zu grämen.

Ich habe mich danach erkundigt und es wohl in Erfahrung gebracht, denn in der Hauptstadt erzählen es nicht nur die Männer, sondern sogar die Weiber: Als [der im vergangenen Jahre wegen seiner Denkschrift gegen alles Ausländische hingerichtete] Hung tsai kao zum Tode geführt werden sollte, weigerte sich das Kerkerthor, dem Schlüssel des Denkers zu gehorchen und die Achse der Karre, auf der er zum Richtplatz geführt wurde, brach dreimal. Hätte sein treuer und patriotischer Sinn nicht sogar die Gottheiten der Sonne und des Mondes und die hochwaltenden Mächte des Himmels gerührt, so wären solche Wunder wohl nimmer geschehen. O, hätte nur das Schicksal vergönnt, die Verbrecherkarre mit ihm zu besteigen und sein Los im Tode mit ihm zu theilen, um in seiner Begleitung die Gefilde der Unterwelt zu betreten. Denn ich mag es nimmer mir ansehen, wie unser fünfhundertjähriges Reich [die gegenwärtige koreanische Dynastie schreibt das 491 Jahr ihres Bestehens] eine Beute der Barbaren, unser drei Big Millionen zählendes Volk, ein fetter Bissen wird im Munde der Hunde und Hammel. [Hunde und Hammel sind die Barbaren. Ersteres als allgemeines Schmähwort, Lezteres weil Hammelfleisch die Lieblingsspeise der Barbaren an den Grenzen China´s Z. B. besonders der Mongolen ist. Noch heute heißen Letztere im Volksmunde in Peking: Sao Ta tsze „die nach Hammelfleisch riechenden Tataren“] O wehe und abermals wehe!

Und bedenke! das Land, Welches du regierst, hast du als Erbtheil von deinen Ahnen erhalten. Wenn daher du, o König! aus persönlichen Rücksichten dein von (dem Könige) Tai tsa gegründetes Reich auf den Kopf stellst, so wisse: nicht das ist der Sinn gewesen, weshalb das Erbe des Großen Thrones dir zugefallen ist.

Hast du denn, o König! die Warnungen der Geschichte vergessen? Vergessen den Lichi [offenbar der letzte König der vorhergehenden koreanischen Dynastie], welche, ein dehmüthiger, unfürstlicher Schwächling, (buddhistischen) Mönchen und Nonnen die Thore des Palastes öffnete? [Vergleichungspunkt: die jetzige Toleranz gegen das Christenthum.] Und als er dann dem Hsin Sn die Thronfolge sichern wollte und dadurch unsägliche Unheil über das Volk brachte, da erhob unser Tai Tsu, der Große König, [also der erste König der jetzt regierenden Dynastie] das Banner der guten Sache, und die “Acht Provinzen unseres Landes fielen ihm zu. So ward Er der Stifter des Friedens, der Gründer unserer Gesetze. Weil Seine Nachkommen Ihm in allen Stücken nacheiferten, darum haben sie sich bis jetzt auf dem Thron behauptet. Siehe! So groß ist die Verantwortlichkeit, die auf Dir lastet. Du müßtest beständig gedenkend der schweren Aufgabe, die Dir durch die Übernahme des Reiches Deiner Ahnen geworden, der Hoffnungen, die das Volk auf Dich setzt, mit Ernst und Fleiß deines Amtes walten, früh aufstehen und spät erst das Lager suchen, nie müßig, nie eitelen Vergnügungen nachjagend, damit der Glanz des Landes hell strahle. Aber von alle dem thust du nichts, sondern nur bedacht auf die Sicherheit deiner eigenen Person [wieder Anspielung auf die neue Leibgarde des Königs], läßest du die Einrichtungen Deiner Vorfahren verkommen, saugest des Volkes Blut aus, verachtest das Verehrungswürdige, verehrst das Verächtliche und rufest ausländischer Räubergesindel in´s Land, um der Entrüstung deines Volkes Trotz bieten zu können. Elender König!

Was gehen dich denn die fremden Barbaren an? Haben sich denn die alten Kaiser der grauen [chinesischen] Vorzeit um die je bekümmert, je nach Mitteln gesucht, sie an sich zu fesseln? Findest du im ganzen Confucius und Mencius ein Wort davon, auf welche Weise man suchen soll, sie zu gewinnen? Wenn Du, o König! unbeschadet Deiner glänzenden Tugend, die ich verehre, das eigene Volk dir entfremdest, um mit den zehntausend Staaten des Auslandes Freundschaft zu schließen, so werden sich, fürchte ich, in unseren Tagen die Ereignisse früherer Jahre wiederholen, ohne daß die Sicherheitsmaßregeln, mit denen du dich umgeben, Dir nützen. Das wird, sage ich dir, in weniger denn drei Jahren geschehen. [Freie sinngemäße übersetzung mit Fortlassung gehäufter historischer Anspielungen]. Daher haben dich Hsü Yüan-chih, Lin Yüan-shih, Hung Shih-chang, Huang Tsai-hsien, Li Wan chou, Kin Tsujung, Kin Shokue, Han Hung-Cieh, Shen Hsieh, Kin Singmo und Andere in Eingaben, voller Ueberhebung und Todesmuth wie die meinige, mit gerade herausgesprochenen Worten gewarnt und gemahnt. Das Alles waren Männer, denen das Wohl des Landes am Herzen lag voller Ehrfurcht vor dem heiligen Lehren der Vorzeit. Hättest du, o König, ihre Worte beachtet, ihre Rathschläge befolgt, so hättest du Glanz deiner Herrschaft zu mehren vermocht. Aber den einstimmigen Rath so Vieler hast du nicht nur verhöhnt und Mißachtet, sondern du hast sie verbannt und vertrieben. Bei Amnestien, die du erlassen, sind gerade diejenigen, welche wegen Angriffes gegen ketzerische Lehren, wegen Verdammung des Abschlußes von Verträgen verurtheilt worden waren, ausgenommen worden von der Begnadigung und, damit sie nicht zurückkehren könnten zu den Stufen des Thrones, hat man ewiges Gefängniß über sie verhängt. Nur diejenigen, welche sich in fremde Kleider kleideten, welche fremde Gewande um ihren Leib wanden, in japanischen Erfindungen das Heil finden wollten, japanische Lehre zu lehren sich mühten: nur diese verstanden es, Dein Herz, Deine Augen zu blenden. So haben wir unsere Hauptbedeckung und unsere Schuhe von Grund aus verkehrt, barbarische Einrichtungen adoptirt und über die Grundsätze der alten Weisen hinaus zu höherer Geltung erhoben. Und Hanabusa, den haben wir mit Ehren und Gunstbezeugungen überhäuft, so daß unsere eigenen Würdenträger ihm gegenüber gar nicht aufkommen können.

Dein Herz, o König! liegt offen vor nur. Es hat sich der Heimath abgewandt und ist in´s Ausland gegangen. Nicht die Lehre der Ketzer ist dir ein Greuel, sondern die Lehren der alten Weisen ein Aergerniß.

Als die alten unter den Kaisern der [chinesischen] Urzeit, Yao und Shun der Welt ein Beispiel hohen Herrschersinnes gaben, strömte ihnen alles Volk zu als aber Chieh und Chon [die übelberüchtigten letzten Kaiser der Hsia und der Shang-Dynastie, Ersterer 1818-1766, Letzteren 1154-1122] der Welt ein Beispiel tyrannischen Despotensinnes gaben, schmolz die Schaar ihrer Anhänger zusammen.

Wenn nun alle Gelehrten unseres Landes darauf verseßen sind, die Tüchtigkeit

Hanabusa's zu rühmen; wenn alle Würdenträger bei Hofe um die Wette die Leitung der Regierungs-Angelegenheiten an Hanabusa abzutreten bestrebt sind: so wird es auch um Deine persönliche Sicherheit, o König! gar übel bestellt sein. Denn bald wird es dahin kommen, daß vor Dir und hinter Dir, zu deiner Rechten und zu deiner Linken, sich nur noch Creaturen Hanabusa's befinden werden. Läßest Du Dich ganz von ihnen leiten, so geht das Reich zu Grunde, giebst Du ihnen den Abschied, so ist Dein eigenes Leben bedroht. Ja, das hast Du Dir wohl nicht gedacht, daß der Vertragsabschluß mit Japan so ungeheuerliche Folgen nach sich ziehen würde. Nun siehst du wohl, daß der Abschluß des Vertrages Dir wenig Gutes gebracht hat. Vielleicht freilich mögen Deine Höflinge ihren Vortheil dabei gefunden haben. [Siehe weiter unten den direkten Vorwurf der Bestechung durch die Japaner.]

Einst hat Pien tsze fang zu seinem Könige gesagt: Ich habe niemals gehört, daß wenn ein Fürst Thron und Land verloren, irgend Jemand ihm einen neuen Thron und ein neues Land zum Geschenk gemacht hätte. Wer, o König! wird, wenn Dir Dein Land, welches so viele wackere Streiter in's Feld zu stellen vermag, verloren gegangen sein wird, Dir ein neues Land und eben so viele wackere Streiter zum Geschenk machen? Hieraus magst du erkennen, daß alle deine Höflinge sich vielleicht auf den Vertragsabschluß einlassen konnten [denn sie haben kein Land zu verlieren] nur allein Du nicht, o König!

Die Vertheidiger des abgeschloßenen Vertrages sprechen und sagen: Sehet die Waffen der Fremden, wie vortrefflich sie sind, ihre Schiffe, wie schnell sie fahren. Alle Länder der Erde beugen sich vor ihnen. Wie sollten wir, ein kleiner, unbedeutender Staat, ihnen Widerstand zu leisten vermögen?! Auf diese Weise haben sie Dein Herz, o König! eingeschüchtert. Das sind die Leute, welche nur die Stärke des Feindes sahen, aber gegen die Stärke des eigenen Landes blind sind--: der größte Fehler, den man im Kriege begehen kann. Schon dafür allein haben sie den Tod verdient.

Auch vergeßen sie, daß, so stark jene auch zur See sein mögen; wir desto stärker sind auf dem Festland in unseren Bergen. Denn wir sind ein rauhes, abgehärtetes Gebirgsvolk, und zu dieser materiellen Stärke kommt noch hinzu, daß Chitzse [oder Kitsze der sagenhafte Gründer des koreanischen Staates im 12. Jahrhundert vor Chr., von Geburt ein chinesischer Prinz] die Grundlagen unserer Civilisation durch Unterweisung in Edelsinn und guten Sitten gelegt hat, weshalb der Charakter unseres Volkes sich durch eine tüchtige Gesinnung bis heutigen Tages hervorthut.

Daher ist es in früheren Zeiten den chinesischen Kaisern Yang-Ti (605-616) von der Sui-Dynastie und Kao-Tsung (650-683) von der Tang-Dynastie, erst nach langen Kämpfen gelungen, Korea zu unterwerfen. Ebenso hat unter unserem jetzt regierenden Herrscherhause Japan, trotz unzähliger Raubzüge in unser Land, jedesmal unverrichteter

Sache wieder abziehen müssen. Als unter der Regierung unseres Königs Hsüan Tsu [muß, wie aus dem Folgenden hervorgeht, vor 1592 nach Chr. regiert haben] wieder einmal die Räuber an unseren Küsten erschienen, traten Li Oerh [so liest der eine der beiden mir vorliegenden Texte. Der andere dagegen schreibt den Namen: Li Tan] und Chao Hsien mit vortrefflichen Plänen über die beste Abwehr der Einfälle hervor. Aber der Hof wies die guten Rathschläge zurück. So kam denn das Jahr Jen-chen (1592), in welchem Hideyoshi [chines. Aussprache: Ping Hsin-chi] mit hundertmal zehntausend Mann, welche die Gewässer des Meeres bedeckten, gegen uns zog, unsere Paläste verbrannte, unsere Grabstätten entweihte, beschimpfte. O wehe und abermals wehe! Das Wort stockt mir im Munde, wenn ich daran denke. Da verließ unser König die Stadt seiner Väter und zog sich nach Westen in das Innere des Landes zurück... [vier unverständliche Worte ausgelaßen]. Zuletzt aber ward uns Hülfe und Rettung durch der Ming-Kaiser Macht. Doch nicht allein durch sie; denn auch in unserem eigenen Lande erhoben sich viele gewaltige Helden, deren Verdienst an der Wiederherstellung unserer Unabhängigkeit nicht geschmälert werden darf. Ich will nur die Hervorragendsten unter ihnen nennen. Es waren: Li Hnanfn, Li Tchsing, Li Shun chen, kuo Tasichü und viele Andere. Sogar.... [Zwei unverständliche Worte ausgelaßen] Yüch Hsien. [d. h. Die "Mondfee" also ein Spitzname] ein übelberüchtigtes Weib aus einem weitentlegenen Dorfe, erhob sich, von Vaterlandsliebe getrieben, und wußte sich abgehauener Räuberköpfe zu rühmen. Eine That, die den Feind mit Schrecken erfüllte und seinen Muth dämpfte. Und... [Zwei unverständliche Worte ausgelaßen] Lingkue, ein buddhistischer Mönch aus den Bergen, in rühmlichem Eifer, zog über das Meer; mit einer kleinen Schaar von Helden, von denen jeder Einzelne es mit hundert Feinden aufnahm, griff er die Japaner an in ihrem eigenen Lande, und zwang sie zu einem jährlichen Tribut von 300 Rindshäuten. Auf diese Weise gedachte er ihr ganzes Geschlecht[16] zu vernichten. Später... [acht unverständliche Worte ausgelassen.] dann wieder zur Zeit Tenmiao [muß das Motto der Nengo sein, unter welchem der damalige koreanische König regierte. Die folgenden Ereignisse fallen in das Jahr 1636 nach Chr. Siehe weiter unten], als der Häuptling [Khan] der Barbaren [es kann kaum jemand anders gemeint sein als der damalige Mandschu-Häuptling Tai Tsung (1627-1643); die Koreaner waren in der That treue und dankbare Anhänger der Ming-Kaiser; aber die koreanischen Geschichtsquellen jener Zeit scheinen von den Chinesischen erheblich abzuweichen] sich

16 D. h. "die Japaner" nicht, wie in der Engl. Uebersetzung in der "North China Daily News vom 22. August der Sinn gefaßt wird: "die Rinder"; dieselbe englische Übersetzung läßt später die 300 Rindshäute durch 300 (japanische Sclaven.) Menschen ersetzt werden; fünf von den acht von mir ausgelaßenen Worten könnten allerdings diesen Sinn haben, aber es blieben dann immer noch drei unverständliche Worte nach.

den Kaiser-Titel beilegte, erhoben sich in unserem Lande viele wackere Männer, als da sind: Kin Shangjung, Kin Shanghsien, Yinchi, Yüchin und andere, welche die Mittel an die Hand gaben, den neuen Feind durch die Gerechtigkeit der guter Sache zu beschämen, durch geschickte Maßregeln von unserem Lande fern zu halten. Aber wieder machte sich der Hof ihre Rathschläge nicht zu Nutze. So brachen denn die Barbaren plötzlich mit unwiederstehlicher Macht in das Land ein, und mit verhaltenen Groll im Herzen, mit unterdrücktem Schmerze kam der "Vertrag unter den Stadtmauern" zu Stande [d. H. die Hauptstadt capitulirte]. O wehe und abermals wehe!

Wer war es, der Solches vorschlug und zur Ausführung brachte? Tsui Ming chi war es.

Damals nun lebte ein gewisser Lin Ching yîeh. Der war zu jener Zeit Präfect von Ichon. Er kam zu spät, um die Hauptstadt zu retten; aber auf seinem Zuge dahin stieß er auf das Heer der Barbaren. Er griff es an. Mit lautem Schlachtruf stürzte er sich auf die feindlichen Scharen. Jeder seiner Mannen bot hundert Feinden die Spitze und der Khan der Barbaren erlitt eine große Niederlage. Da zeigte ihm der Khan die Capitulations-Urkunde, worauf Lin Ching yîeh unter strömenden Thränen seine Truppen zurückzog.

So beweist die Geschichte, daß es an talentvollen Staatsmännern, geschickten Feldherren, braven Männern und muthigen Soldaten zu keiner Zeit gänzlich gefehlt hat; ob aber die mächtigen Reiche dieser Erde blühen oder verfallen, stark sind oder siechen, das hängt davon ab, ob und in welcher Weise der Herrscher der Menschen den Besten seines Volkes die ihnen gebührende Stellung verleihen und ihren Rathschlägen Folge zu leisten vermag.

Wenn die Waffen Jener so vortrefflich, ihre Schiffe so schnell sind, wie man sagt; nun gut, so mögen wir sie uns zu Nutze machen. Was schadet´s uns, wenn sie sie haben? [Dieser Passus scheint weder in die Tendenz des ganzen Schriftstücks, noch speziell hier in den Zusammenhang zu passen; der Text ist vermuthlich verderbt.]

Nun steht Hanabusa an Einsicht, Scharfsinn, Muth und erfinderischem Geist den Kaisern Yang Ti von der Sui-und Kao Tsung von der Tang-Dynastie, sowie auch dem Hideyoshi und dem Khan der Barbaren weit nach, und die Würdenträger an Deinem Hofe, welche jetzt immer nur zum Frieden und zu Verträgen rathen: sie sind die Urenkel der verdienten Staatsmänner vom Jahre Tênch'ên(1592), die Enkel derer, welche im Jahre Ping-tsze(1636) von Frieden und Verträgen nicht wissen wollten. Aber uneingedenk des Heldensinns ihrer Vorfahren, welche, eine gepanzerte und schwer gerüstete Schar, der Schärfe des Schwertes ihre Brust entgegenwarfen und der Dornen nicht achteten, die in der Wildniß den nackten Fuß ritzten: uneingedenk alles dessen haben unsere jetzigen Staatsmänner sich durch Bestechungen verführen, durch lächerliches Geschwätz irreleiten lassen. Ihre verkehrten Rathschläge haben den Sohn dem Vater entfremdet und das Land in Verwirrung geworfen. Die Elenden! welche Verbrecher sind, nicht nur gegen Dich, mein König, sondern Verbrecher auch gegen ihre eigenen Ahnen. Verbrecher nicht nur gegen ihre Ahnen, sondern Verbrecher auch gegen Tsui Ming chi.

Denn Tsui Ming hat als im Jahre Tingtsze die Horden der Barbaren hereinbrachen, nur, weil er ihre unbezwingliche übermacht anerkannte, mit Thränen in den Augen und obgleich er wußte, daß er dadurch den Fluch der Mitwelt sich zuzog, den "Vertrag unter den Stadtmauern" gezwungen abgeschloßen. [Diese Stelle sichert die Jahreszahl 1636 für diese Ereignisse; denn die in chinesischen Geschichtsquellen Tsui Ming chi und der oben genannte Lin Ching yîeh im Jahre 1642 als Anhänger der Ming und Feinde der Mandschu erwähnt werden, so kann nur das Tingtsze Jahr-1636 gemeint sein, indem dieselben ezelischen Jahresbezeichnungen, wie Tênch'ên und Tingsze nur alle 60 Jahre wiederkehren, also schon die nächstliegenden Tingsze-Jahre, 1576 und 1696, nicht passen würden]. Er, Tsin Ming chi, beugte sich in Demuth dem Beschluße des Himmels, [welcher den Ming die Herrschaft entzog und sie der Mandschu Dynastie zuwandte], und hat das Land dadurch gerettet. Unser dreihundertjähriges Bestehen von jener Zeit bis jetzt haben wir seinem Entschluß zu verdanken. In jener Zeit aber galt er und mußte er gelten als ein Verräther, der seinen König zur Pflichtvergessenheit verleitet habe, der den augenblicklichen Tod verdient habe. Und so ward denn auch sein Name als eine Warnung für künftige Generationen in unsere Geschichtsbücher eingetragen. So habe ich auch bei einem Besuch in der Hauptstadt seinen Namen von hervorragenden Gelehrten und Staatsmännern noch mit ungemildertem Zorn nennen hören. Noch klingen mir die Worte der Entrüstung in den Gren-Hur die jetzigen Höflinge scheinen kein Gedächtniß mehr zu haben für die Vergangenheit unsers Landes... [Neun unverständliche Worte ausgelassen].

Und der Huang Tsun hsien, früherer Gesandtschafts-Secretär, jetzt japanischer General-Consul im Goldgebirge (d. H. San Francisco), gleichfalls ein Anhänger Hanabusa´s: der ist es der durch Bestechungen der Ansicht bei uns Bahn gebrochen hat, wir müßten mit Japan Freundschaft schließen. mit Amerika Verbindungen anknüpfen, in ein noch engeres Verhältniß zu China treten, um uns vor russischen Übergriffen zu sichern.

Aber Japan ist seit hundert Generationen der bitterste Feind unseres Landes gewesen; Freundschaft mit ihm zu schließen, hat weder Sinn noch Verstand. Amerika liegt weit entfernt an den äußersten Grenzen der bewohnten Erde: was soll uns ein Bündniß mit ihm? China haben wir schon seit dreihundert Jahren als unseren Oberherrn anerkannt: in was für engeres Verhältniß sollen wir noch zu ihm treten? Rußland hat keinen Grund zum Hader mit uns: weshalb sollten wir einen Angriff von ihm fürchten?

Daher hat dieses ganze Gerede von Anfang an mein Mißtrauen erregt. Und jetzt nun gar, wo, wie ich höre, unser Gesandter Yü Yün chang den Auftrag erhalten hat bei der chinesischen Regierung zu befürworten, daß wir nur alle fünf Jahre einmal, statt wie bisher jährlich Tribut bringen sollen, frage ich: ist das die Art und Weise unsere Beziehungen zu China enger zu knüpfen? Wird China, wenn wir den Formen, mittels deren wir es seit dreihundert Jahren als unseren Herrn anerkannt haben, plötzlich den Rücken kehren, umhin können, uns seinen Zorn fühlen zu lassen? Ist es nicht klar, daß unser alter Erbfeind nur danach strebt, uns neues Leid zu zufügen?

Hanabusa nämlich hat schon seit Langen den Plan gehegt, mit Heeresmacht in unser Land einzufallen. Nur fürchtet er, daß China auch jetzt uns wieder zu Hülfe kommen könnte, wie zu den Zeiten der Ming-Kaiser. Deshalb sucht er auf diese Weise zwischen uns und China Zwietracht zu stiften, damit, wenn wir uns durch Kampf gegenseitig geschwächt, ihm dann der leichte Gewinn des Fischers zufalle. [Bezieht sich auf folgende, sehr alte chinesische Fabel. Eine Muschel und ein Vogel haben sich gegenseitig gefaßt, indem letzterer mit seinem Schnabel in das Fleisch der Muschel einhackt, während die Muschel mit zusammengeklappten Schalen den Schnabel des Vogels zusammenpreßt. Während sie so in einander verbissen sind, fallen sie beide einen Fischer zur Beute.]

Laßen wir uns daher von Hanabusa überlisten, so ist der Untergang unseres Reiches gewiß, und dann ist Alles zu Ende. Wenn wir aber einmal untergehen sollen: ist es dann nicht besser im mannhaften Kampfe für unsere ererbten Gesetze und Einrichtungen zu sterben; als uns von den Händen der Barbaren zermalmen zu lassen? Der Grund daher, weshalb ich, zur Warnung für Andere, die Köpfe derer unter deinen Höflingen verlange, welche den Verträgen das Wort reden, ist, weil ich wünsche, o König, Du mögest Dich zu einem großen Entschluß aufraffen, Du mögest die Abwege, die Du betreten, verlassen und Dich aller ängstlichen Bedenken entschlagen. Als Shun [der sagenhafte chinesische Kaiser, rg: 2258-2206] die "vier Verbrecher" bestrafte, wurde Ruh im Reiche; als der Kaiser Cheng (1115-1079) die drei (rebellischen) "Oheime" hinrichten ließ, folgte eine lange Zeit des Glanzes für die Chou-Dynastie; als der König We (378-333) von Tsi (altes Fürstenthum in der heutigen Provinz Shantung) den habsüchtigen Präfecten von Oa (District in Tsi) in siedendem Wasser zu Tode kochte, huldigten ihm alle Fürsten seiner Zeit als ihrem Schutzherrn. An Deinem Hofe sind sie jetzt sämmtlich zu finden: die "vier Verbrecher", die "drei Oheime" und der "Präfect von O" —, sie stehen Dir als Rathgeber zur Seite. Nur wenn diese Elenden ausgerottet werden, kann das Königliche Haus gesichert, können die Herzen des Volkes gewonnen, kann der Feind aus dem Lande gerieben werden. Wenn nicht, so werden Räuber und Diebe über den Marstall des Chin-yang-kao herfallen und die edlen Rosse unter sich Theilen [Chin-yang kao und seine Nachkommen waren berühmte Rossezüchter, mit ihrem Marstall ist hier Korea verglichen];

die Soldaten Deiner neuen Garde werden die Waffen gegen Dich kehren; Prätendenten aus anderen Zweigen Deines Hauses werden Dir den Thron streitig machen. Das kann, wie die Sachen jetzt gehen, nimmermehr ausbleiben. Und wenn ich, wohl wissend, daß es so können muß, schwiege, wäre ich dann nicht selber einem rebellischen Unterthan gleichzuachten? Darum habe ich, blutige Thränen weinend, diese Denkschrift geschrieben, ohne meine Worte zu wählen, mit Zittern und Bangen, einfältigen Sinns, wie mein Herzes mir eingab.

Ehrerbietig geschrieben von Deinem getreuen Unterthan, Pai Lok'uan, im 4. Monat des Tên wa-Jahres [d. h. in der Zeit zwischen dem 17 Mai und 15 Juni 1882] im 19 Jahre der Regierung meines Erhabenen Königs und Herrn.

Für richtige Uebersetzung.
gez. E. Arendt.

연구 참여자

[연구책임자] **김재혁** : 출판위원장·독일어권문화연구소장·고려대학교 독어독문학과 교수

[공동연구원] **김용현** : 출판위원·고려대학교 독어독문학과 교수
Kneider, H.-A. : 출판위원·한국외국어대학교 독일어학과&통번역대학원 교수
이도길 : 출판위원·고려대학교 민족문화연구원 HK 교수
배항섭 : 출판위원·성균관대학교 동아시아학술원 교수
유진영 : 출판위원·고려대학교 독일어권문화연구소 연구교수

[전임연구원] **한승훈** : 고려대학교 독일어권문화연구소 연구교수
이정린 : 고려대학교 독일어권문화연구소 연구교수

[번역] **김인순** : 고려대학교 독일어권문화연구소 연구원(R18900·R18901)
강명순 : 고려대학교 독일어권문화연구소 연구원(R18900)
박성철 : 고려대학교 독어독문학과 교수(R18902)

[보조연구원] **박진홍** : 고려대학교 대학원 한국사학과 박사수료
박진우 : 고려대학교 대학원 독어독문학과 석사과정
서진세 : 고려대학교 대학원 독어독문학과 석사과정
Mueller, M. : 고려대학교 대학원 독어독문학과 석사과정
이세한 : 고려대학교 독어독문학과 학사과정
곽민준 : 고려대학교 독어독문학과 학사과정
박지수 : 고려대학교 독어독문학과 학사과정
손우헌 : 고려대학교 한국사학과 학사과정
이원준 : 고려대학교 한국사학과 학사과정

[탈초·교정] Seifener, Ch. : 고려대학교 독어독문학과 부교수
Wagenschütz, S. : 동덕여자대학교 독일어과 외국인 교수
Kelpin, M. : 고려대학교 독어독문학과 외국인 교수

1874~1910

독일외교문서 한국편 1

2019년 6월 17일 초판 1쇄 펴냄

옮긴이 고려대학교 독일어권문화연구소
발행인 김흥국
발행처 보고사

책임편집 황효은
표지디자인 손정자

등록 1990년 12월 13일 제6-0429호
주소 경기도 파주시 회동길 337-15 보고사 2층
전화 031-955-9797(대표), 02-922-5120~1(편집), 02-922-2246(영업)
팩스 02-922-6990
메일 kanapub3@naver.com / bogosabooks@naver.com
http://www.bogosabooks.co.kr

ISBN 979-11-5516-905-6 94340
979-11-5516-904-9 (세트)

정가 50,000원